대한민국 부통령 인촌 김성수 연구

나남
nanam

나남신서 1429

대한민국 부통령 인촌 김성수 연구

2009년 10월 9일 발행
2009년 11월 5일 2쇄

저자_ 李炫熙
발행자_ 趙相浩
발행처_ (주) 나남
주소_ 413-756 경기도 파주시 교하읍
　　　출판도시 518-4
전화_ 031) 955-4600 (代)
Fax_ 031) 955-4555
등록_ 제 1-71호(79.5.12)
홈페이지_ http://www.nanam.net
전자우편_ post@nanam.net

ISBN 978-89-300-8429-1
ISBN 978-89-300-8001-9 (세트)
책값은 뒤표지에 있습니다.

나남신서 1429

대한민국 부통령 인촌 김성수 연구

이 현 희

나남
nanam

Study of Kim Sung-Soo, Vice President of Korea

by

Lee, Hyun-Hee

nanam

책머리에

이 책《대한민국 부통령 인촌 김성수 연구》는 인촌(仁村) 김성수 (金性洙, 1891~1955)의 65년간의 애국애족의 일생을 각종 내외 희귀 자료에 의거하여 학술적으로 연구한 일관성 있는 학술연구서이다.

그동안 인촌에 관련된 저술이 동아일보사에서 펴낸 것만도 대략 5 권에 이르고 있으나 그것은 거의가 복수의 필자가 모여 분담, 공저 형식으로 꾸며진 일화, 회고, 경험, 강연 중심적인 소개서라고 본다. 따라서 이번에 시도한 인촌 연구는 단독 저자 명의의 인촌에 관한 일 관된 심층연구서라고 보아 외람되나 단일 연구로서는 최초의 시도가 아닐까 하는 조심스러운 마음이다.

그동안 인촌을 존경하던 한 역사학도로서 여러 가지 관련 학술논문 을 집필, 발표하였으나 일관된 저술은 처음 시도해 보는 것 같아 용 기를 냈다. 오랜 기간에 걸쳐 내외의 자료를 광범위하게 수집, 분석, 비판하고 종합하여 연구를 착수한 지 몇 년 만에 이제 완료, 탈고하 고 이 책을 간행하여 학계에 보고하게 된 것이다.

그동안 필자를 격려해 주신 여러분에게 감사의 인사를 정중하게 올 린다. 그 같은 격려와 충고가 없었다면 이 책은 미완성으로 종료되었 을지도 모른다. 저자로서도 실로 감개무량한 순간을 맞게 된 것이다.

도움을 주신 분들에게 일일이 고마움을 표하고 하나님의 각별하신 기도와 격려로 은사, 은혜, 은총이 이를 감당하고 무난하게 마무리할 수 있었다고 보아 거듭 주님께 감사 올린다.

인촌은 전북 고창 부농의 자제로 태어나 한문을 수학하고 민권(民權)을 알게 되면서 송진우와 같이 일본 유학을 꿈꾸게 되어 미지의 세계로 빨려 들어가게 되었다. 와세다대학에 유학하고 소정의 학업을 마친 뒤 귀국하여 유학시에 그 대학의 설립자의 영향을 받아 꿈꾸었던 사립학교를 인수, 확장, 경영하여 일제 강점하 민족인재를 집중 육성하였다. 그것이 중앙학교였고 그 학교 내 기숙사를 민족운동의 요람지로 삼아 3·1운동 같은 거국 거족적인 민족운동을 계획하고 이를 종교계 등 각계와의 연계 속에서 실천하였다. 3·1운동이 여기서부터 태동한 것이다. 이를 계기로 일제의 대한정책이 외형적이나마 변경되어 민간신문의 발행을 허가해 인촌은 1920년 4월 1일 동아일보를 창간하였다. 이보다 앞선 시기에는 실력양성운동의 일환으로 경성방직을 창립하여 의생활에 획기적인 공헌을 하게 되었다. 민족 실력양성의 실체였다.

인촌은 1920년대 말 구미(歐美) 학습답사를 통해 선진국의 유수한 대학들을 찾아다니면서 장차 이 나라에도 대학을 설립할 준비를 게을리 하지 않았다. 이 시기에 임정 청사를 방문하고 도산(島山), 석오(石吾) 등을 만나 우남(雩南)에게 전달한 군자금을 조달한 바 있다.

학교의 설립은 중등학교 학생들에서 대학의 인재를 집중 육성하려는 인촌의 큰 포부가 이렇게 구체화된 것이다. 그는 구미학습시찰을 떠나기 앞서 인도의 간디에게 나라의 독립을 실현하는 방법을 묻는

서신을 보낸 바 있다. 그의 회답이 온 것인데 무저항 비폭력적으로
대하라는 방법론의 전수였다. 뿐만 아니라 이인과 김병로의 소개로
항일무료변호사 일본인 후세 다츠지(布世辰治) 변호사를 알게 되어
동아일보 사설에 그의 항일무료변론을 대서특필, 현창하여 크게 격
려해 준 일도 있다. 인촌은 이미 이 시기에 인도의 간디와 버금가는
세계적인 지도자 그룹에 올라 당당히 큰 인재로 평가되고 있었음을
주목하게 한다. 대단한 인물로서의 세계적인 위상을 짐작하게 하는
대목이다.

　구미시찰에서 돌아온 인촌은 고하(古下) 송진우(宋鎭禹)와 함께
보성전문학교를 인수 확장하고 그 학교 교사를 안암골에 새로 신축하
여 오늘날 석조(石造)로서의 위용을 자랑하게 되었다. 구미의 저명한
대학들이 거의가 석조로 구성되었음을 상세히 살피고 돌아온 후의 결
정이었다.

　그러나 동아일보사는 1940년 8월 동향의 동지 근촌(芹村) 백관수
가 사장으로 재직할 때 총독부의 강제 폐간에 속수무책인 채 조선일
보사와 같이 폐간당하고 말았다. 보전(普專)도 그 교명이 경성척식경
제전문학교라는 허무맹랑한 이름으로 변경, 격하되어 겨우 명맥만을
유지하고 있었다. 동 10월 총독부가 국민정신총동원연맹을 고쳐서
국민총력연맹을 조직하고 한국인을 강제로 전시체제하에 두고 악질
적인 전방위적 전시착취를 일삼았다. 일제의 최후 발악이 노골화되
더니 마침내 세계 침략전쟁을 야기하던 일본의 패망은 종결되어 사필
귀정이라고 우리는 8·15의 감격적 광복을 맞게 된 것이다.

　이 시기 인촌은 연천의 농장으로 소개를 하여 그곳에서 잠시 지내
게 되었다. 광복과 함께 상경하여 동아일보사, 경성방직, 보성전문

대학 등을 수습, 인수하여 이를 재건하기 시작하였다. 경성방직은 동생 수당(秀堂)에게 경영권을 넘겼으며 보전은 고려대학교로 종합화되어 인재육성의 요람이 되었다. 동아일보사도 복간되어 과거의 찬란하였던 민족언론의 기능을 수행하였다. 인촌은 늘 그렇게 경영을 주변사람에게 맡겼듯이 고려대는 현상윤에게, 동아일보사는 평생 동지 송진우에게 위임하여 경영하게 조치하였다.

고하(古下)는 인촌의 협력하에 한민당(韓民黨)을 맡아 수석총무로서 사실상의 당수 임무를 수행하였는데 갑자기 1945년 12월 말 자택에서 암살당하자 불가피한 선택으로 인촌이 그 당의 당수가 되었다. 교육계에 몸담으려 한 인촌을 정치계로 끌어들인 셈이 된 것이다.

해방정국은 의외로 복잡하게 돌아가고 있었다. 이승만이 33년 만에 귀국하고 임정(臨政)의 제 1, 2진이 귀국하면서 해방정국은 소용돌이치고 있었다. 이념의 대립갈등도 극심한 가운데 인촌은 임정의 법통성을 고집하여 이승만과 김구의 임정을 적극적으로 옹호하고 정통세력으로 인정하였으니 기타는 전부 정통화 세력이 아니라고 일갈한 것이다. 임정 이래의 건국은 임정의 정통성을 잇는 민주법통세력이 담당해야 순리에 맞는 것이며 유엔의 권능에 따라 정권을 인수인계하는 것이 정당하며 상식적인 방법이라고 해방정국의 교통을 정리하였다.

여운형의 건준(建準) 세력도 모두 부인하고 유엔의 권능을 통해 선거로서 정통세력을 국민들이 선택해야 한다고 정국수습책을 제시하였다. 그러나 미군정은 임정도 불인정하고 우남(雩南) 세력도 인정치 않아 군정은 임시정부를 수립하고 미소공위(美蘇共委)를 통해 남북의 통일정부를 수립해야 함을 역설하였다. 그러나 남침야욕을 견지한 북한의 김일성이 극력반대하고 김구, 김규식도 남한만의 단독선거를 반대하여 인촌은 우남과 같이 선거가 가능한 지역에서만이라도 먼저 선거로서 정부를 수립하고 뒤에 통일을 위한 협상을 하자는 의견에 접근하였다. 그러나 북한이 유엔감시단의 입북을 거절하여 무산되자 가능한 지역만이라도 총선을 실시하자는 인촌의 후원을 얻은 독촉(獨促)의 우남의 안이 설득력을 얻어 유엔 감시하에 1948년 5월 10일 총선이 실시된 것이다.

그리하여 정부수립에 우남의 독촉을 도와 절대적으로 기여한 인촌은 총선에서 그의 지역구를 조민당의 이윤영에게 양보하였는데 정부가 수립되고 초대 국무총리에 물망이 오른 인촌이 우남에 의하여 이 자리가 거절되는 큰 수모를 당하였다. 이윤영이 국무총리로 지명되었으나 국회에서 부결되어 이범석이 대신 지명되자 인촌은 그를 적극적으로 밀어 당선되게 하였다. 욕심 많은 노 정객 우남의 정치적 배신이 그런 엉뚱한 결과를 가져온 것이다.

그러나 인촌은 웅성거리는 한민당 동지들을 진정, 위로하고 정부가 수립된 뒤 우남 정부에 적극적으로 협력할 것을 당부하였다. 그는 전혀 안색도 변하지 않은 채 정부수립 축하식의 말석에서 조용히 축하박수로 꿈에도 그리던 나라의 건국을 새삼 마음으로부터 경축한 것이다. 인망, 덕망이 깊지 않고서는 불가능한 태연성을 가지고 축하식을 무난히 잘 수행한 것이다. 인촌의 인촌다운 대인풍의 약여하고도 의연한 면모에 우리는 박수를 보낸다.

나라는 세워졌으나 외교관계가 원만치 못하여 방위선상의 문제가 노출되더니 위장평화 공세자인 김일성의 남침으로 건국 2년 만에 6·25 전면전으로 민생이 파탄에서 허덕였다. 이보다 앞선 1947년 12월에 장덕수가 암살당하는 등 해방정국은 암살풍조 속에서 아수라장이 되고 말았다. 6·25의 전란을 맞은 정부는 즉시 국민을 버리고 부산으로 피란가고, 인천 상륙작전 결과 서울이 3개월 만에 수복되었다. 그러나 중공군의 개입으로 1·4 후퇴가 시작되어 다시 정부는 서울을 버리고 부산으로 피란했다.

1951년 5월 이시영 부통령의 사임으로 인촌이 국회에서 그 후임으로 선출되었다. 그러나 다음해 5월 부산정치파동 이후 7월 이승만 대통령은 영구집권욕이 발동하여 직선제를 전제로 한 발췌개헌안을 통과시키더니 급기야는 초대 대통령 중임 제한을 철폐하는 개헌안인 사사오입이라는 기상천외의 개헌안을 통과시켜 이승만의 영구집권을 도모한 것이다. 인촌은 국리민복을 위한 분골쇄신의 노력으로 부통령 재직 1년 만에 상식에 어그러진 정책들을 과감히 시정하고, 우남 독재에 항거하는 뜻으로 국회에 사표를 제출하고 물러났다.

동년 직선제 정부통령 선거에서 이승만과 무명의 함태영이 정부통령에 당선되었다. 1954년 5월 20일 제3대 민의원 총선거를 실시하였으나 부정선거로 자유당이 압승하였다. 모두 불법선거였다. 이는 결국 1960년 4·19혁명으로 자유당 정권은 종말을 고하고 만다. 인촌은 호헌동지회를 민주국민당으로 개편확대 강화하고 정통 야당으로서의 선명성과 건전성을 지키다가 1955년 2월 18일 서거했다. 민주국민당은 동 9월 민주당으로 거듭났다.

인촌의 사인(死因)은 여러 가지가 겹치고 있으나 우남의 독재가 가장 큰 심적 부담이었다고 보는 견해가 지배적이었다. 스트레스의 연속 속에 우남의 독소가 크게 자리하고 있어 양심적이고 온화한 인촌으로서는 극복, 감당하기 어려움이 작용하였을 것으로 판단된다.

　　그동안 연구, 조사한바 인촌은 모두 9번의 암살위협을 받았다. 고하, 몽양에 이어 인촌은 그 세 번째로 목표가 설정되어 있었다는 사실을 확인한다.

　　인촌은 인망, 덕망이 출중한 대인군자풍의 의인(義人), 거목이고 큰 지도자로서의 공선사후(公先私後)와 신의일관(信義一貫)된 담박명지(淡泊明志)의 자립자강과 대담성, 의연성, 결단성 등을 함께 지닌 보기 드문 이 시대가 요구하는 그런 인재였음을 새삼 이 연구를 통해 충분히 알 수 있었다.

　　이 책을 펴내는 데 많은 분에게 신세를 졌다. 나남출판사의 언론학 박사이며 사장이신 조상호 사장님과 방순영 편집부장 등이 내 일같이 기동성 있게 교정에서 문장길잡이까지 친절하게 안내하여 훨씬 수월하게 책을 꾸밀 수 있었음을 매우 고맙게 여기고 칭송해 마지않는다. 특히 자료수집 및 분석을 도와준 홍윤정 박사에게 감사드린다. 인촌 선생이 1930년대 인수확장한 대학을 졸업한 한 역사학도로서 그분의 가없는 학덕(學德)을 입었다. 얼마간이라도 학폐를 갚아야 한다는 생각이 이런 학술 작업장으로 필자를 인도한 것 같다.

2009년 여름 글쓴이

나남신서 · 1429

대한민국 부통령
인촌 김성수 연구

차 례

• 책머리에 5
• 서 론 23

제1부
큰 포부를 품은 고창 청년

제1장 출생과 성장
1. 인촌 김성수의 탄생 31
2. 줄포로 이사 35

제2장 새 학문 연마
1. 훈장의 지도와 혼인 38
2. 창평 영학숙의 신식 교육 40
3. 새로 어울린 야심찬 3총사 44

제3장 청운의 큰 꿈
1. 주권재민의 인식 49
2. 도쿄로의 탈출 53

제4장 신학문의 수용
1. 도쿄에 도착 58
2. 국권피탈과 와세다대학 입학 62
3. 실력양성의 본거지 와세다대학 입학 65
4. 고향 생각과 장남의 탄생 69
5. 하숙 생활과 한국유학생들과의 교류 71
6. 자취생활과 두 부친의 도쿄 방문 77

제5장 귀국과 중앙학교의 인수 경영
1. 와세다대학 졸업과 귀국 82
2. 백산학교의 설립의욕과 좌절 84
3. 중앙학교의 인수 제안 87
4. 부모의 설득과 중앙학교 인수청원서 제출 91
5. 인가획득과 초기 중앙학교 운영 93
6. 학교의 교지작성과 서울 계동의 교사 신축 95

제2부
민족운동 실천과
경제·언론창달 집념

제1장 3·1 혁명의 추진과 민족운동
1. 인촌의 독립사상 103
2. 도쿄유학생과의 교류와 인적 자원 107

3. 거국적 민족운동의 계획,
　중앙학교의 숙직실 111
4. 천도교와의 제휴 118
5. 고종의 독살과 국내정세 123
6. 인촌의 3·1혁명 추진과정 127
7. 민족운동의 요람지 중앙학교 133
8. 인촌의 민족운동 성취 137

제2장　경성방직의 창설과
　　　민족경제 달성의 의지
1. 경성방직 창설의 배경 141
2. 경성방직주식회사의 창립 144
3. 창립총회 개최와 경방의 발전 149
4. 충격의 삼품(三品)사건과
　신의일관의 표본 151
5. 태극성 상표의 자부심 153

제3장　동아일보의 창간과 언론창달
1. 동아일보 이전의 국내신문 156
2. 동아일보의 창간과 주식모금 활동 159
3. 주지를 선명하다 164
4. 인촌의 항일언론 항쟁 35년 167
5. 인촌의 영향 ― 6·10만세운동 등의 봉화 171
6. 일장기 말소의거와 인촌의 투쟁의욕 177
7. 인촌, 언론인으로서의 평가 179

제4장 민립대학의 설립운동

1. 민족 실력 양성운동 184

2. 민립대학의 설립추진 188

3. 민립대학 설립의 좌절과 경성제국대학의 방해 191

제5장 국산품 애호운동의 전개

1. 인촌의 국산품 애용의식 196

2. 동아일보의 국산품 격려 논설 198

3. 경방제품의 국산품 애호 분위기 201

4. 인촌의 간디, 후세 변호사와의 교류 205

제6장 신간회의 애국운동 참여

1. 민족단일당 운동의 실현 212

2. 신간회의 결성과 인촌 215

제3부
**민족대학 인수운영과
인재육성책**

제1장 구미 교육계의 학습탐사

1. 구주의 교육, 정치계 학습 탐사 223

2. 영국의 깊은 인상 227

3. 미주의 교육, 정치계 학습탐사 231
4. 동아일보의 정간(3차) 234

제2장 보성전문학교의 인수 확장
1. 인수 교섭론의 대두 239
2. 민족사학 보전의 인수 경영
　—민립대학의 출발 243

제3장 안암골의 웅자와 인재육성의 집념
1. 안암골의 신축교사 착수와 위용 247
2. 양부 원파 김기중의 서거 252
3. 도서관의 건립계획과 실천 255
4. 교수진의 초빙과 민족계 인사의 포진 261
5. 민족문화의 육성후원 265
6. 손기정 선수의 우승과 일장기 말소의거 267

제4장 보전 교장 시절의 대일 항전
1. 중일전쟁과 일제의 최후 발악 273
2. 통곡 속의 동아일보의 강제 폐간 276
3. 인촌의 해동 농장 은둔 281
4. 일제패전의 분위기와 최후의 발악, 보복 284
5. 보전의 경성척식 경제전문학교로의
　강제추락 289
6. 인촌의 작위 거부와 일제의 패망 292

제4부
한민족 광복과 정국 운영

제1장 민족의 광복과 한민당의 창당
1. 광복 전야 297
2. 일제의 패전과 한민족의 광복 300
3. 연천의 인촌숙소와 상경 303
4. 건국준비위원회의 결성과 인촌 308
5. 남북으로의 분단, 38도선의 획정과
   인공의 출발 313

6. 임정과 연합군 환영준비회의 조직
   ―국민대회 준비회의 발족 315
7. 인촌의 해방정국 운영방안 318
8. 한국민주당의 창당과 인촌 320
9. 민족주의 민주공화정체 지향 322

제2장 미군정에의 참여와 동아일보의 중간
1. 미군정의 고문과 동 의장의 임무 327
2. 공선사후의 업무처리 솜씨 330
3. 민족 지도자의 환국과 해방정국의 활기 335
4. 민족진영의 통합노력 340

5. 임정봉대론과 김구의 국권인수 고집 344
6. 민족 신문 동아일보의 중간 347
7. 신탁과 반탁의 소용돌이 정국 350

제3장 민족 지도자 송진우의 피살과
      인촌의 한민당 당수 피임

1. 민족 지도자 송진우의 암살 355
2. 인촌의 순국선열 추모사업 참여와
   그 행사의 주도 359
3. 건국에의 열정과 여론 환기 363
4. 인촌의 한민당 당수 취임
   ―운명적 타율적 선택 370
5. 계속되는 인촌의 암살 미수 위협과
   남로당의 공작 373
6. 임정의 비상국민회의와 공산계 민전의 대결 376

7. 제 1, 2차 미소공위의 무성과와
   우익정당의 통합 노력 380
8. 광복 1주년에 제한 인촌의 감상 386
9. 입법의원의 발족과 인촌의 민선의원 당선 389
10. 단독정부 수립의 가능성 394

제4장 독립정부 수립 구상의 구체안

1. 고려대학교의 설립과 종합대학으로의 확장 398
2. 한국 문제의 유엔 이관 400
3. 국제정치이론가 설산 장덕수의 암살과
   한민당의 충격 403

4. 유엔한위 단원의 서울 도착과 5·10 총선의 확정 407
5. 우남·인촌과 백범·우사의 상반된 정치적 견해 410
6. 남북협상의 허구성과 대한민국의 탄생 확인 413

제5부
대한민국 정부 수립과
정치력 발휘

제1장 대한민국 정부수립 의지
1. 불안한 국내 치안상황과
   5·10 총선 실시 준비 419
2. 총선의 준비와 인촌의 불출마 선언 423

제2장 총선의 실시와 한민당의 참여
1. 총선의 실시와 인촌 – 정부수립의 실현 426
2. 총선 결과와 인촌의 입각문제 430
3. 인촌의 한민당의 승리와 정·부통령 선출 434
4. 야당이 된 한민당과 총리후보 이윤영의
   인준부결 437
5. 이범석의 국무총리 인준과 인촌 439
6. 대한민국의 헌법 제정 공포 443
7. 대한민국 정부수립의 정식선포 446

제3장 민주국민당으로의 확대 발전
1. 이승만의 태도 표변과 국회의 동향 449
2. 합당운동과 민주국민당(민국당)의 탄생 453
3. 제2대 국회 개회와 개헌론 456
4. 인촌의 연두담화 발표 457

제4장 6·25 한국전쟁과 피란
1. 기습남침 전쟁의 도발과 수도 서울의 함락 461
2. 6·25 전시하의 정치 현상과 인촌의 견제 463

제5장 부통령 시절의 국리민복 추구
1. 서울 환도와 동아일보의 복간 466
2. 진해시에 서민주거 마련 467
3. 인촌, 제2대 부통령 당선-고사·수락 469
4. 인촌의 진해 임시거택 형태와 기자 탐방 471
5. 인촌의 부통령 취임인사와
   국리민복의 추구 474
6. 인촌의 와병과 개헌론의 대두 477
7. 자유당의 탄생과 우남의 개헌론 478
8. 부산 정치파동 480
9. 인촌의 국리민복 실시 481

제6장 반독재 호헌운동의 전개
1. 인촌의 부통령직 사임과 호헌운동의 계획 483
2. 헌정사의 오점, 발췌개헌안 486

제7장 환도와 민주화에의 투신
1. 환도와 독재 투쟁 488
2. 민국당의 참패와 자유당의 승승장구 490
3. 헌정의 추태와 호헌동지회 492
4. 인촌 사후 민주당의 탄생 495

제8장 민족지도자의 최후

1. 인촌의 병세 악화 499
2. 천주교로의 아름다운 귀의
   ―천국으로의 승천 501
3. 인촌의 국민장 결정과 고대 동산에 안장 504
4. 국내 전 언론에 나타난 인촌 김성수의 애도,
   추모문과 평가 505
5. 각계 인사의 인촌 평가 511

제9장 인촌의 친일파 혐의문제 변정(辯正)

1. 왜 친일문제가 다시 일어났는가? 516
2. 인촌의 친일혐의 논박과 항일투쟁의 평가 519
3. 마녀사냥식의 혹평 문제점 521

결 론 527

• 참고문헌 533
• 연보 547

• 가계도 553
• 찾아보기 555
• 저자약력 565

서 론

인촌(仁村) 김성수(金性洙, 1891~1955)는 전북 고창에서 부호 김경중의 4남으로 출생하여 줄포(茁浦)에서 성장하였다. 그는 16세 때 이웃의 고하(古下) 송진우(宋鎭禹)와 창평의 한 개인 학숙에서 내외의 신학문을 공부하며 청운의 큰 꿈을 키워나갔다. 이듬해 그는 고하, 근촌(芹村) 백관수(白寬洙)와 같이 부안 내소사 청련암에 들어가 공부하였다. 이들은 3총사였다. 그는 이런 간담상조하는 절친한 친구와 평생 교유를 계속하며 입지의 큰 뜻을 함께 펴갔다. 그들은 신학문을 배워야 외세를 배격하고 우리 민족문화를 잘 지키며 효율적으로 이를 육성해 나갈 수 있다고 믿었다. 그 중 인촌과 고하는 지인의 조력을 받아 파격적으로 일본행을 단독 결심하고 가족의 만류를 뿌리치며 18세 때에 도일하였다.

인촌은 와세다대학을 24세 때 졸업하고 고하는 메이지대학을 나왔다. 이 시기는 외세의 도전이 극심하였던 침략과 불운의 시대이기도 하였다. 인촌은 그가 다니던 학교의 창설자와 일본 근대화 선각자의 영향을 받아 국내에서 사립학교를 인수할 뜻을 가지고 귀국하여 이를 물색하던 중 25세 때 중앙학교를 인수 확장하여 크게 키워나갔다.

1910년 8월 일제에 의하여 나라가 병탄당하자 중앙학교는 화동에서 계동 신교사로 이전하였다. 인촌은 동시에 윤치소의 경성직뉴주

식회사를 인수 경영하는 한편 동지들과 함께 중앙중학교를 거점으로
뜻을 같이하는 이들을 포섭하며 3·1 혁명을 시도하였다. 그러나 각
계각층과의 연락 미비와 방법 및 이념 차이로 천도교, 기독교, 불교
등 3종단과는 합류하지 못하였다. 단지 동지 중 현상윤과 송진우가
33인 대표가 아닌 48인 중 하나로 함께 가담하여 민족운동을 전개하
였다. 인촌은 동지들의 강청으로 이 운동에는 참가하지 않고 향제로
잠시 낙향하였다. 이들이 체포된 뒤 뒷날의 활동을 위해서였다. 이
시기에 인촌은 경방(京城紡織)을 설립하여 사장에는 박영효를 앉히
고, 자신은 특유의 경영방식대로 1928년까지 취체역으로 앉아 뒤에
서 조력자로 회사일을 맡아 보았다.

  그는 경방을 통하여 민족경제를 발전시키려 시도하였으며, 1920년
4월 1일 화동에서 〈동아일보〉를 창간하여 언론창달의 큰 임무를 수
행하여 오늘날의 대신문사로 거듭나게 하였다. 동시에 인촌은 민립
(民立)대학을 설립하기 위하여 동분서주하였으며, 국산품 애호운동
에도 동참하였다. 또한 신간회(新幹會) 운동에도 동참하여 고향 동지
근촌 백관수 등과 민족운동에 이바지하였다.

  인촌은 1919년에 합부인 고씨와 사별하고 실의에 싸여 있다가
1921년 1월 하순 여성독립운동가인 용인 이씨 아주 여사와 속현(재
혼)하였다. 당시 31세였다. 이 여사는 여류 항일독립운동가였다. 인
촌은 1929년 2월에 재단법인 중앙학원을 창설하였으며 같은 해 경방
의 고문에 추대되었다. 이 시기에 인촌은 인도의 간디와 일제하의 무
저항적 항일투쟁을 논의하였으며, 간디의 답신을 받아 세계적인 민
족 지도자로서의 위상을 정립하였다.

  인촌은 민립대학을 설립하기 위하여 교육, 문물견학 학습차 구미
학습답사를 강행하여 이를 토대로 구미의 저명한 대학들을 살피고 약
2년 만에 귀국하여 중앙학교장에 취임함과 동시에 보성전문학교(普成
專門學校: 고려대)를 인수 확장하였다. 41세 때였다. 이 사실은 해외

언론에도 보도된 바 있다. 그는 보전의 주무이사로 전문대학의 일을 전담하였다. 그는 이 보전에 애착을 갖고 온 정력을 경주하였다. 보전 교장직을 10여 년 이상 맡았던 사실을 보더라도 그가 보전에 가장 큰 기대를 걸고 있지 않았나 싶은 생각이다.

동시에 충무공 이순신의 유적 보존에 앞장섰고, 농촌부흥이 곧 이 나라의 자강과 자립을 가져온다고 생각하여 하계 브나로드 운동을 전개하였다. 행주의 권율 장군 기공사(紀功祠)의 중수를 자담하였으며, 아산 현충사도 중건하여 민족의식 고취에 앞장섰다. 이와 같은 일련의 고적의 정리와 중건사업은 곧 문화민족의식의 선양과 민립대학 설립의 집념을 달성하기 위한 초석이었다. 그는 '보전' 교장시절에도 민족주의 교육을 통해 대일항전에 심혈을 기울였다. 보전 교수진이 거의 민족주의자로 짜여 있음을 보면 그의 의도가 짐작이 간다.

인촌은 보전 학생들에게 학병 거부를 은밀히 주지시켜 학병을 기피하도록 막후에서 영향력을 발휘했다. 결코 학병을 나가도록 권유한 사실이 없음은 당시 보전생들이 양심적으로 증언하고 있어 경청할 만한 신빙가치가 있다고 생각한다. 그가 쓴 것으로 알려진 학병 권유의 글은 총독부 기관지 〈매일신문〉 기자(김병규)의 대필이라는 것이 여러분의 생생한 증언과 해당신문의 전형적 논조의 고증 등을 통해 확인되는 것을 주목해 보아야 한다.

44세 때는 보전이 서울 안암동 신축교사로 이전하여 그 석조(石造)의 위용을 자랑하게 되었다. 인촌은 한때 보전의 정원초과 문제로 동 교장직을 사임하였으나 2년 뒤(1937년) 제12대 교장으로 다시 취임하여 학교를 재정비 확장해 나갔다. 한때 그 후임으로 윤치호가 거명되기도 하였다. 〈동아일보〉는 〈조선중앙일보〉에 이어 일장기 말소의 거를 겪었으며 백관수 사장 때인 1940년 8월 강제폐간의 쓰라림을 감수해야 했다. 1944년 4월에는 패전의 기색이 짙던 일제의 단말마적인 만행으로 보전이 경성척식경제전문학교로 강제 개칭당하는 큰 수

모도 겪었으나 하늘의 큰 뜻에 따라 인내를 거듭하다가 다음해 광복을 맞았다.

1945년 8월 우리민족이 광복되자 인촌은 국민대회 준비회를 조직하고 일찍이 우익정당인 한국민주당을 창당하여 고하를 그 대표로 앞세우며 자신은 일개 당원으로 좌파의 교란, 준동에 맞서서 민족우익진영의 최초의 정당운동을 전개했다. 그는 미국에서 33년 만에 돌아온 우남(雩南) 이승만(李承晚)을 도와서 대한민국을 세우고 다시 건국의 일을 도왔다. 그는 임시정부의 법통성을 고수, 유지하고 그에 따라 민주공화정체를 신정부의 정치목표로 삼아 이를 강력하게 추진하였다. 그는 신정부 수립의 최고 공로자로서 그 임무수행에 여념이 없었다. 인촌은 미군정에 참여하여 여러 가지 민주국가의 기초를 다졌으며 〈동아일보〉를 폐간 5년 만에 중간하여 언론창달의 위업을 계속, 신장하였다.

이런 시기에 가장 아끼던 동지 고하의 피살과 뒤이어 설산(雪山, 장덕수)의 암살은 인촌으로서는 견딜 수 없는 크나큰 고통이었으며 그의 앞길을 헤쳐나감에 있어서 망연자실하지 않을 수 없는 혼란의 연속이었다.

그리하여 자신의 의지와는 전혀 다르게 한민당을 직접 맡아 운영하였으며 이승만을 도와 임정의 법통성을 이은 국가건립을 위하여 김구(金九)를 추대하면서 이승만과 손잡고 대한민국을 다시 건설하자고 호소하였다. 동시에 반소반탁 운동에 신명을 바쳐 싸웠다. 공산당의 남한 파괴행동이 현저해지고 남북통일의 전망이 불확실해지자 우남과 같이 '선 건국 후 통일'의 기치를 내세우면서 선거가 가능한 남한에서만이라도 우선 총선을 통해 정부를 수립하자는 강력한 의지를 표명하였다. 대한민국을 남쪽에서나마 민주적으로 수립하자는 우남의 고견에 찬성하고 협동하면서 동참한 것이다.

이에 따라 유엔 감시하에 가능한 지역에서의 총선을 통해 국회가 구성되고 이를 통해 대통령이 선출되어 국가의 골격이 갖추어진 뒤, 1948년 8월 15일 나라를 빼앗긴 지 38년 만에 비로소 헌법에 의거하여 자유민주공화체제인 대한민국이 합법적으로 건립되고 유엔의 절대적인 승인을 받아 한반도에서 유일한 합법정부가 탄생하게 되었다.

인촌은 신정부 수립과정에서 당연히 국무총리로 지정받을 것이란 여론의 예상을 깨고 그 소망이 이루어지지 않은 가운데 자신의 선거구를 총리로 지명되었던 조민당의 동지 이윤영(李允榮)에게 양보하면서까지 북한의 조만식(曺晩植) 동지를 우대하려 하였으나 현실은 전혀 다르게 돌아가고 있었다. 철기 이범석(李範奭)을 총리로 밀어주는 덕망과 양보의 그리고 아름다운 미덕의 정치가 현실로 나타난 것이다. 정치는 우남 방식의 그런 권모술수에서 나오는 것인가 하는 생각에 모두들 회의에 빠져 있었다. 초대 우남 이승만 내각의 조각이 완료되고 나서 인촌은 정부수립 경축식장에 정당대표로 말석에서나마 새로운 나라의 역사적인 탄생을 경축하며 쓰린 마음을 조용히 달래고 있었다. 정치는 현실이라는 생각을 다시금 뼈저리게 느꼈을 것이다.

대한민국 초대 대통령 이승만의 독주로 인해 한민당이 힘을 발휘하지 못하자 인촌은 이승만의 독재체제를 조절, 방어하고 민주주의를 신장하기 위하여 기득권을 다 버리고 야당인 민주국민당을 만들어 여당의 독주를 견제하는 임무를 수행하였다. 이 당은 해공(신익희)에게 물려주고 인촌은 한걸음 뒤로 물러나 있었다. 그것이 인촌의 참모습이었다. 200명의 제헌국회의원이 당선되어 초대 제헌국회가 개원하였으나 인촌은 국무총리로 지명되지 않자 우여곡절 끝에 이범석을 지원하였고, 그가 인준되도록 한민당이 적극적으로 밀어주었다. 인촌은 조금도 우남을 원망하지 않았다. 제2대 국회가 문을 열었으나 출마하지 않은 인촌은 고려대학을 키우고 동아일보를 육성하는 일에 매진하는 한편 건전한 민주주의 정착을 위해 견제적인 야당으로서의 정당활동을 계속했다.

그러나 1950년 6·25 전쟁이 일어나 정부가 서울시민 등 국민을 내동댕이쳐 버리고 도망쳐 나가자 인촌은 가슴이 아팠다. 이승만 등 정부 고위층이 나 먼저 살아야 한다는 듯 수도 서울과 150만 시민을 포기한 채 피란가자 인촌도 고심 끝에 겨우 부산으로 갔다가 9·28 수복 당시 다시 서울로 돌아왔다. 그러나 다시 밀리자 1·4 후퇴시에는 부산으로 갔다. 그곳에서 잠시 머물다가 진해시내에 아담한 서민주택을 마련하고 제2대 부통령에 당선되어 약 1년간 전국적으로 복지국가 건설을 위해 선정을 베풀면서 국리민복에 전심전력하였으나 부산정치파동, 발췌개헌안, 사사오입개헌안 등 이승만의 독재가 날로 더 자심해지자 자진 사퇴하고 서울로 돌아왔다.

인촌은 동지들을 모아 반독재 호헌운동을 전개하면서 민주화에 전력투구하였으나 심신이 이미 허약해진 그는 발병하여 와병 중 1955년 2월 18일 향년 65세로 계동 자택에서 조용히 서거하고 말았다. 2월 24일 국민장(國民葬)으로 성대한 장례를 치르고 고려대 동산에 안장되었다. 그 뒤 남양주 오늘의 묘역으로 천장하여 지금에 이르고 있다. 1968년 9월 11일에는 부인 이아주 지사가 인촌의 뒤를 이어 갔다.

최근 과거사를 다루는 한 국가기관에서는 인촌의 일제강점 하의 행적을 문제 삼아 친일(親日) 혐의를 두고 그를 민족반역자로 몰고 갔다. 그러나 그들 기관이 지적한 친일문제는 사실상 문제를 진실 위에서 보지 아니하고 일제하의 언론이나 방송 등에 알려진 표면적으로 거명된 단순기록이나 잘못된 소문, 왜곡, 비방 등에 의존하여 표면적 사실만을 본 것으로, 착실한 검토 비판도 없이 인촌을 마녀사냥 식으로 친일 민족반역자로 매도 혹평함은 언어도단이라고 아니할 수 없다. 누가 그에게 자신 있게 정의(正義)의 돌을 던질 것인가? 이에 그의 친일문제를 철저히 사실에 입각해 개조식으로 해부하고 해명하려는 시도를 이 책에서 의도하기로 하였다.

仁村金性洙

제1부

큰 포부를
품은
고창 청년

출생과 성장

1. 인촌 김성수의 탄생

대한민국의 제2대 부통령을 역임한 울산 김씨(처음에는 학성 김씨) 인촌 김성수(1891~1955)는 전라북도 고창군 부안면 봉암리 인촌에서 태어났다. 지식인이며 재력가 지산(芝山) 김경중(金暻中, 1863~1945)과 장흥 고씨(1862~1938) 사이의 4남으로 출생하였으니 그 시기가 1891년(신묘; 단기 4224) 10월 11일(음력 9월 9일)이었다. 이때가 모친이 잉어 태몽을 꾸고 나서 얼마 안 된 시기였다고 한다. 아들을 연거푸 잃게 되자 모친은 고창 흥덕 소요암에 가서 주야로 빌며 치성을 드려 잉어 태몽 끝에 인촌을 얻었다고 한다. 큰 인물을 얻으려고 인촌 위로 세 명의 아들이 먼저 요절한 것이 아닐까 하는 생각도 든다.

그는 호남의 거유로 퇴계와 같이 태학에서 연구하고 옥과(곡성) 현감을 역임한 하서(河西) 김인후(金麟厚, 1510~1560)의 13대 손이다. 더 선대로 올라가 보면 신라 경순왕의 후손이기도 하였다. 형들이 일찍이 세상을 떠나 인촌이 장남이 되었다. 6년 뒤(1896년) 아우 수당(秀堂) 김연수(金秊洙, 1896~1979)가 태어났다. 그와 함께 앞뒷집에 살고 있던 그의 백부이며 양부(養父)인 원파(圓坡) 김기중(金祺中, 1859~1933; 동복현감)은 전주 이씨와의 사이에 정성스레 공을 들였

32

인촌리 전경

으나 어떤 이유인지 대를 이을 후손이 없었다. 원파는 1907년까지 의령원 참봉을 거쳐 용담(진안군), 평택, 동복(화순) 등의 군수를 역임한 모범적인 공직자였다. 김씨 문중의 후사문제로 열린 가족회의에서 동생의 아들 인촌(아명 판석)을 백부에게 양자로 입적시키도록 결정이 났다. 인촌의 나이 3살 되던 때였다.[1] 6백여 평 내외의 대지 위의 앞뒷집에 살고 있었던 친탁으로 알려진 원파와 외탁으로 알려진 지산 형제는 남이 부러워할 정도로 형제애가 돈독 특출하였는데[2] 그 다음대 인촌과 수당(김연수) 형제도 이와 비슷하였다.

인촌의 생부인 지산 김경중은 원파보다 4살 아래로 인망이 후덕 특출하였으며 경릉참봉 비서승 봉상시 부제조와 진산(금산) 군수를 역임한 역사학자로도 명망이 있었다. 애국계몽기인 1907년 《조선사》 17권을 저술하였는데 뒷날 이 유고를 모아 '지산유고'라고 하여 출간되자 학계에서도 주목하고 있다. 그는 선대로부터 유산을 형님 원파가 받은 것의 5분의 1인 2백 석을 물려받았으나 워낙 이재에 밝고 검소 질박하며 천운도 따라 줄포로 이사한 뒤부터 재력을 모아 1만 5천 석이라는 놀라운 부호로 비약발전하고 있었다. 그를 일러 하늘이 내린

1) 울산 김씨 족보.
2) 인촌기념회, 《인촌 김성수전》, 1976, 44~47쪽.

양정부친 김기중   생정부친 김경중

큰 부호였다고 칭송할 정도였다.

원래 인촌의 고향은 전남 장성이었고 가정이 그리 넉넉하지 않았
다.[3] 그의 가족이 고창으로 이주한 것은 조부 낙재(樂齊) 김요협(金
堯莢; 1833∼1909) 때였다. 낙재는 김명환(金命煥)의 아들로서 안빈
낙도한 명망 있는 선비로 알려져 지식과 인망을 쌓으며 우직하게 살
아가고 있었다. 그러니까 명환은 인촌의 증조부가 된다. 명환은 어느
날 전북 고창 해리에 볼 일을 다 보고 장성 집으로 가던 길이었다.
날이 어둑어둑하여 풍광이 수려한 인촌리에 이르자 그는 근동에서 부
유한 만석꾼 집으로 소문난 정계량(鄭季良) 진사댁을[4] 찾아 정중히
하루 유숙을 청탁하였다. 정 진사가 쾌히 승낙하여 밤늦도록 술상을

---

3) 울산 김씨의 시조는 경순왕의 아들 학성부원군 김덕지(金德摯)였고 그의 16
   대가 김온인데, 그는 조선왕조 이태조선조의 건국공로로 양주목사가 되었으
   나 개국 초에 일어난 제2차의 왕자란 당시 희생된 듯하다. 이때 부인 민씨
   가 여러 아들을 거느리고 장성으로 피난가서 정착하여 그곳이 울산 김씨의
   제2의 본관이 된 것 같다. 김온의 5대 손이 김인후였다.
4) 영일 정씨 정계량은 세종 당시 병조판서요 안평대군의 빙장(淵)의 후손으로
   알려져 있다. 지체가 있는 그런 소문난 뼈대 있는 집안이었다.

김경중이 저술한 《조선사》

가운데 두고 한담을 나누던 중 이야기가 혼사문제로 발전하여 그의 3남 김요협과 정 진사의 외동 여식을 짝 맞추어 혼인시키게 되면서 낙재는 장성을 떠나 고창으로 이주정착하게 되었다. 이후 이곳이 인촌의 고향이 된 것이다. 그러니까 낙재의 장모가 외동딸 규수를 시집보내자 허전하여 사위를 고창으로 와 이웃하며 살게 하여 그 이후 고창이 낙재의 고향이 된 것이다.

시집온 영일 정씨 부인(1831~1911)은 부유한 집안의 재능 있는 규수였으나 절약·검소의 기풍을 신조로 삼아 이후 김씨 가문의 근면검약한 전통적 가풍을 형성하게 되었다. 그 분이 인촌집안을 중흥시킨 인물로 정평이 나 있다. 인촌에 이르기까지 이런 아름다운 가풍의 전통은 계속 이어졌다. 남편 낙재가 화순현감을 지내는 동안에도 현 모양처인 정씨 부인은 단벌로 검소질박 겸손하게 생활하였고 겨울에 방 안에서도 손이 시릴 정도로 땔나무를 아껴 검소 소박한 모범생활로 남편을 출세하게 하였다. 정씨 부인의 이름난 내조로 벼슬가문의 전통을 세운 것이다. 이런 절약의 유전자는 울산 김씨댁 일문의 아름다운 전통으로 굳어져 오늘날까지 이어오고 있다. 5)

이 같은 헌신적인 내조와 절약으로 얼마 뒤에는 1천 2백석 지기의 토지부유층이 되었다. 이 재산을 물려받은 두 형제 원파와 지산은 근검절약의 천부적 자질과 한층 더한 정성으로 마침내 남이 부러워하는 토지부호 만석꾼지기의 소문난 부자로 재탄생된 것이다. 그러나 그의 재산형성 과정에 부정적 이견을 주장하는 경우도 있다. 이는 사실

5) 동아일보사, 《인촌 김성수의 사상과 일화》, 1985, 34~35쪽.

과 다른 견해로 알려져 있다.

2. 줄포로 이사

인촌의 집안이 전라도 부안군 줄포(茁浦)로 이전한 것은 인촌이 17세 되던 1907년이었다. 인촌이 태어난 인촌리는 줄포만을 끼고 북쪽으로 변산반도가 건너다보이는 매봉 산기슭에 위치한 아름답고 한적하며 부유한 복 받은 농촌이었다. 풍수상으로 볼 때 큰 인물이 배출될 형상이라고 전해진다.

줄포로 이사한 것은 당시 국내정세가 불안했던 것과 지산이 남다른 비약적 진출의 큰 꿈을 펼칠 수 있는 바다에 큰 기대를 걸면서 무한한 가능성이 있는 항구를 선호했던 것에 이유가 있었다. 첫째, 1894년 동학농민혁명과 갑오경장, 청일전쟁 등 3대 격동을 겪으면서 국내외 정세가 극도로 불안해지고 강력한 자본주의 외세가 침투하며 신구의 문물이 교차되는 혼란기에 접어들었기 때문에 안정적인 생활을 영위하기 어려웠다. 게다가 화적의 무리가 횡행하여 민생이 공포와 불안정상태 속에 빠져들어가고 있었다. 뿐만 아니라 조선에의 침략전쟁이 국토를 침식하고 국내정세를 불안하게 하였으니 청일전쟁과 1904년의 러일전쟁이 그런 외세침투의 대혼란을 가중시키게 된 격동의 큰 사건이었다.

둘째, 지산은 인촌리보다는 항구를 끼고 있는 줄포에서 어민들을 위한 새로운 희망찬 해상사업을 구상해 보고 싶었던 것이다. 바다는 무한의 성장동력을 제공해 준다고 믿고 있었기 때문이다. 줄포로 이사 온 후에도 원파와 지산 두 형제는 울타리를 사이에 두고 앞뒷집에서 오순도순 우애 깊게 함께 살고 있었다. 그러니까 이웃하여 생정(生庭)과 양정(養庭)이 함께 생활하고 있었으니 인촌은 이집 저집을

줄포에 있는 양가

기웃거리면서 중립적으로 살아가고 있었다. 양자로서의 외로움이나 소외감은 거의 없었다고 본다. 6) 생모(生母)도 인촌이 집에 오면 즉시 양가로 가도록 잘 유도하였다는 것이다. 그의 65평생의 지론인 공선사후(公先私後) 정신도 이처럼 공과 사를 완연히 구분하였던 유년기의 철저한 가정교육의 영향이 아닐까 한다.

인촌의 아명은 판석(判錫)이라고 하였다. 유년기의 인촌은 장난기가 심했다고 한다. 서당에 다니면서도 마을 아이들과 오이, 콩, 참외 서리를 자주 하여 주인에게 쫓기는 것을 즐겨하였다고도 전해진다. 마을 한구석에서 이상한 변고가 생기면 그것은 인촌의 수작으로 알 정도였다. 이 같은 장난기 어린 일화는 수도 없이 많이 전해진다. 큰 인물이 성장하려면 유년기에 장난기가 매우 심했었다는 사실을 이해 해야 한다. 한 번은 엽전을 삼켰다며 큰 소동을 벌이고는 호두를 먹으면 그것이 녹아내린다고 해서 깊숙이 간직해 두었던 귀한 호두를

6) 앞의 자료, 37쪽.

축냈던 일화도 전해진다. 총명한 아이였던지라 그런 재간에 관한 얘
기들이 수도 없이 유년시절의 일화로 널리 퍼져 있었다.

원파는 전라도 해안가 줄포로 이사 온 다음 해(1908년) 그곳에 영신
(永信)학교를 설립하여 인재를 양성하고 있었다. 양부의 학교경영은
인촌에게 뒷날 서울에서의 사립학교 설립의욕을 강력히 유도하였다고
도 생각된다. 기울어진 나라를 바로잡고 일으켜 세우는 데는 교육을
통한 인재양성이 더없이 귀중하다는 사실을 깨닫게 되었던 것이다.
인촌이 뒷날 서울의 사립 중앙학교를 인수 경영하기 10여 년 전의 일
이었다. 인촌의 학교설립 의욕은 아마도 이때 양부 원파의 엄격한 영
신학교 설립에 영향을 받은 것이 분명하였다. 따지고 보면 인촌이 학
교를 인수 경영할 때도 생부는 반대한 반면 양부는 후원과 격려, 적극
적인 지원을 아끼지 않은 것을 감안하면 양부의 결심이 인촌다운 인촌
을 만들게 한 것이 아닌가 한다. 양부는 일상교훈으로 4가지를 제시
하고 온 집안이 잘 지키도록 각별히 독려하였다.

첫째, 일을 대할 때는 공정광명(公正光明)을 잊지 말고, 사람을 대
     할 때는 춘풍화기(春風和氣)로써 하라.
둘째, 양입계출(量入計出)이면 민부국강(民富國强)이니 명심하라.
셋째, 자기에게 후한 자는 남에게 후할 수 없다.
넷째, 생활에 규도(規道)를 세우고 조선산(朝鮮産)을 사랑하라. [7]

이 같은 원파의 좌우명은 가훈으로서 인촌은 물론 울산 김씨 가문
의 후손들에게 잘 알려져 오늘날까지 성장교훈으로 내려오고 있다.
인촌을 집약한 중앙과 보전, 경방, 동아일보의 경영이 모두 원파의
교훈을 성실하게 받들어 시행한 결과라고 평가할 수 있겠다.

─────────────

7) 앞의 자료, 39쪽.

제
2 새 학문 연마
장

1. 훈장의 지도와 혼인

인촌은 7세 때 인근에서 알려진 저명한 훈장을 초빙하여 사서삼경 등을 배우며 폭넓게 글공부를 시작하였다. 어른들이 그 혼자 공부하도록 조치하였으나 그는 이를 마다하고 동리의 가난한 벗들을 데려다가 학용품까지도 다 조달해 주면서 공동으로 함께 공부하였다. 공동선(共同善)의 미학을 스스로 실천하고 전통을 세운 것이다. 남에 대한 특별배려는 이 시기에 싹튼 자비의 정성과 습관이 아니었을까 한다. 겸애 속에 이들과 같이 학문을 연마하기 시작한 것이다. 때로는 종이를 조달해 주기도 하고 잘하면 상품을 조달하기도 하면서 마치 훈장같이 어른스러운 리더의 풍모를 보여 모셔온 훈장이 감탄할 정도였다고 한다. 그런 중에도 장난스러운 행동은 여전하여 자그만 말썽도 곧잘 일으키곤 하였다고 전해진다. 1)

그는 각고의 노력으로 사서삼경과 중국의 고전을 어느 정도 이해하는 수준으로 성장할 수 있었다. 훈장도 놀라서 더 이상 가르칠 게 없다고 하였다는 것이다. 인촌의 한문실력은 가히 수준급으로 성장

---

1) 앞의 《인촌 김성수전》, 48쪽.

했다.

집안에서는 재래식으로 13살밖에 안된 어린 인촌을 결혼시키게 되었다. 당시 규수는 호불호(好不好) 간 본인이 물색하는 것이 아니고 전적으로 부모의 몫이었다. 배우자로는 두말할 나위도 없이 4~5년이나 연상의 여인이 정해져 있었다. 집안일을 할 일꾼을 골랐던 전통적 유습 때문이었다. 수소문 끝에 창평(담양군)의 명문거족인 장흥(長興)

첫 번째 부인 고광석(高光錫)

고씨 집안의 법도 있는 아름다운 규수 고광석(高光錫; 1886~1919)을 배필로 맞았다. 인촌보다 5살이 연상인 18세의 규수였다.

인촌, 즉 판석은 5년 연상의 부인을 아끼고 감싸주는 알뜰살뜰한 신랑으로서, 듬직한 배필로서의 제몫을 다하였다고 한다. 잠깐의 실수로 부인이 인두질하다가 인촌이 화상을 당했으나 시댁에 와서는 새 신랑이 자신이 실수로 다친 것이라고 극구 변명하여 위기를 넘겼다고 한다. 인촌은 임기응변의 처세술도 뛰어났던 현명한 소년인 것 같았다. 그러나 여기서 그는 유교적 교양을 쌓았고 장인으로부터 신식의 새로운 학문을 연수할 수 있어서 미지의 신비로운 세상에 눈을 뜨게 되었다. 그에게는 그의 장인(한학자 고정주)을 만나게 된 것이 큰 지적 재산의 보고가 된 것이다.

2. 창평 영학숙의 신식 교육

창평은 지금의 담양군이다. 이곳 출신의 애국계몽가가 인촌의 빙장(장인) 되는 큰 학자 고정주(高鼎柱; 1863~1934) 였다. 지산과는 동갑내기였다. 고정주는 자신의 개구쟁이 새 사위 인촌을 위해 고향에 신식학원을 설립하고 본격적으로 신식교육에 임할 계획이었다. 큰 학자 고정주는 인촌의 두 분 어른과 같이 호남에서 손꼽히는 애국계몽가요 선각자 중의 한 분이었다. 일찍이 규장각 직각(直閣)으로 봉사하다가 사직하고 고향에 내려와 1907년경 동지들과 같이 계몽단체인 호남학회를 발기하고 애국계몽운동에 전심하면서[2] 기울어진 나라를 바로잡으려면 인재육성보다 더 중요한 것은 없다고 믿고, 우선 창흥(昌興) 의숙(뒤에 창평학교로 발전)을 설립하여 향리의 청소년들이 구학문에서 벗어나 새로운 세상을 경험하고 맛볼 수 있게 신식교사를 초빙하여 한문, 산술과 영어, 일어, 한국사 등 신학문을 두루 섭렵할 수 있게 하였다.

인촌이 창평의 처가에 오자 그의 빙장은 창평읍 월동에 특별히 영학숙(英學塾)이란 신식학원을 열고 우선 아들 고광준(高光駿, 전 동아일보 사장 고재욱의 선부장)과 서랑 인촌이 재래식 학문에서 벗어나 신학문에 접하도록 특별히 배려하였다. 영어를 배워야 새로운 세상에서 형통하고 큰 인물로 행세할 수 있다고 믿고 서울에서 유능한 영어교사를 초빙하여 외국어 등 신식학문에 접근하도록 특별배려를 아끼지 않았다. 이처럼 첫 번째로 접한 일련의 민족구국 교육사상과 중앙학교, 보전(普專) 등 민족 사립학교의 인수 확장운동은 인촌의 민족교육 육성의 직접적인 계기와 자극이 되었다고 평가받는다. [3]

---

2) 이현종, "호남학회에 대하여", 〈진단학보〉, 33, 1972.
3) 신용하, "일제하 인촌의 민족교육활동,"《평전 인촌 김성수》, 동아일보, 1991, 240쪽.

최초로 신학문을 수학하던 창평 영학숙

최근(2008년 12월) 선각자 윤봉길 의사의 전기를 새롭게 저술한 연세대학교 4년생 허성호(27)의 *B. K. Story*(한국방송출판)에서 윤 의사가 "이미 자유라는 보편적 가치를 갈망해 미국으로 건너가 세계 혁명사를 공부할 생각으로 사전 언어준비차 열심히 영어를 익히는 선각자적 면모를 지녔던 인물"로 파악하였듯이[4] 인촌 또한 서울에서 초빙한 영어교사 이표(李漂)를 통해 영어를 익혀 세계문물에 통달할 거창한 포부와 청운의 뜻을 품고 영어학습에 접근한 것으로 볼 수 있다.

이 같은 경로에 따라 고정주는 서랑과 친아들의 장래를 위해 영어 등 신학문이 필요하다는 것을 새삼 인식한 것이다.[5] 선각자 고정주는 이 두 젊은 사람을 해외로 유학시켜서 장차 호남뿐 아니라 세계적인 큰 인물이 되게 뒷받침할 공산에서 이런 사전 준비조치를 취한 것이다. 그것은 자식과 사위를 향한 부모의 애틋한 교육적 사랑의 투자라고 평가할 수 있을 것이다.

인촌은 부모뿐만 아니라 빙장도 잘 만났으니 천연의 인덕이 있었던

---

4) 〈경향신문〉 2008년 12월 26일자.
5) 앞의 《인촌 김성수의 사상과 일화》, 46~47쪽.

것이 사실이다. 그는 영학숙에서 손위 처남인 광준과 같이 기거하며 신식학문 연마에 전심전력하였다. 그가 뒷날 중앙학교에서 영어를 가르쳤던 것도 이 당시에 배운 영어가 기초가 되어 주었던 것으로 보아도 좋을 것이다.

이 시기에 인촌은 평생의 동지를 처음 이 영학숙에서 만났다. 그가 곧 뚝심 있는 '벼락대신'이란 애칭을 붙여준 고하 송진우(古下 宋鎭禹; 1890~1945)라는 인촌보다 한 살이 위인 학생 벗이었다. 그것은 우연의 만남이 아니라 필연의 기연이라고 할 만하다. 인촌이 16살 때의 일이었다. 이후 그는 인촌과는 형(形)과 영(影)의 관계로 평생을 함께한 죽마고우로 지내게 되었다.[6] 때는 1906년 을사늑약이 강제로 체결된 지 1년 뒤였다. 극한 혼돈의 비상시국이었다. 그로부터 40여 년간을 두 사람은 죽마고우이자 이신동체(異身同體)로 간담상조(肝膽相照)하고 자별하게 지내게 된 것이다.

고하는 저명한 유학자 기삼연(奇參衍)의 제자라고 하였다. 고하의 기개는 따져보면 그의 스승이신 기삼연으로부터 연유한 것이 아닐까 한다. 자료에 나타난 고하의 인상을 살펴보면 다음과 같다.

> 쭉 째진 눈하며 꾹 다문 입술, 약간 불거진 광대뼈 등 일견 보아도 불의와는 타협할 줄 모르는 외곬의 개성 있는 인상파로 성깔 있게 보였고 무뚝뚝하여 붙임성이 전혀 보이지 않는 청년이었다.[7]

그의 고향은 창평에서 멀지 않은 담양군 고지면 손곡리(현 금성면 대곡리)이며 고하의 부친과 고정주는 호남에서 세세로 친교가 있어 학문을 배우려고 문을 연 이곳을 노크한 것이다. 고하는 자존심이 강해 마음의 문을 쉽게 열지 않았고 과묵했으며 웬만해서는 속마음을

---

6) 권오기, 《독립의 참뜻을 질기게 추구한 어른, 인촌을 생각한다》. 2005, 91쪽.
7) 앞의 《인촌 김성수의 사상과 일화》, 48쪽.

보이지 않았다고 한다. 덕망있는 인촌이 마음을 터놓고 친한 친구로 지내자고 간청하였으나 자신은 아무하고나 마음을 열고 간담을 상조하는 가벼운 사람이 아니라고 퉁명스럽게 일축하였다. 일견 거만스러운 듯싶은 그런 강한 존내심(尊內心)에 인촌은 불쾌감을 느끼기는커녕 오히려 내심 매력이 있다면서 자신도 모르게 끌

장지연의 〈시일야방성대곡〉

리고 있었다. '교류할 만한 가치가 있는 무게 있는 친구 같다'라고 보았다. 인촌은 학구파에 현실주의자였고 고하는 조용하기보다는 이상주의자이며 비분강개파이고 과격한 행동파라고 평가할 만하였다. 고하는 당시 〈황성신문〉에 장지연(張志淵)이 쓴 '시일야방성대곡'이라는 통분(痛憤) 논설을 신문에서 오려가지고 주머니에 넣고 다니면서 읽고 눈물을 뿌리는 등 과격하고 비분강개한 괄괄한 지사적 모습을 보였다고 한다.

인촌 등 창평에서의 친구들은 6개월 정도 함께 기거하며 신식공부를 열심히 하다가, 고하가 우물 안 개구리 노릇은 더 이상 할 수 없다고 투덜거리며 다른 길을 모색하기 위하여 아무 말 없이 짐을 챙겨 고향으로 돌아가 버리고 말았다. 인촌으로서는 아쉬움이 앞섰다. 고하가 고향으로 돌아가고 나니 인촌은 허전하기 짝이 없었다. 인촌도 그해 겨울 고향인 고창 인촌리로 돌아왔다.

3. 새로 어울린 야심찬 3총사

이미 언급하였듯이 인촌이 17세 되던 해(1907년) 그의 양부 원파가 줄포로 이사하자 동생 지산도 곧 그 뒤를 따랐다. 형제의 우의는 이것으로도 확인된다. 집안의 큰 어른 낙재(樂齋)가 75세, 조모는 77세였다. 생가의 동기간으로는 12세의 아우 연수(季洙)와 그 아래 누이동생 영수(榮洙), 막내 점효(占效; 김용완 회장의 합부인, 김명애의 모친; 이중흥 현 경방회장의 빙모), 그리고 위로 출가한 누님 수남(壽男)이 단란한 가정을 이루고 인촌과 어울려 화목하게 살고 있었다. 그가 살던 전북 부안의 줄포는 만경평야에서 수확되는 미곡이 일본으로 탈취되어 가는 한많은 피착취의 눈물어린 항구이기도 했다.

줄포는 온갖 물산의 집산지이고 외래품이 밀려드는 혼잡한 수입창구로도 활용되어 일본의 불량한 상인의 내왕도 잦았다. 일본 상인들은 자주 왕래하며 광목, 냄비, 석유, 물감, 비누, 성냥, 유리 그릇, 사탕 등을 수입하여 팔거나 행상으로 물건을 거래하였다. 인촌의 조부 낙재는 이런 물품을 사용하지 말라고 엄명을 내렸다. 이런 물품을 사용하면 나라가 망할 수도 있다고 걱정을 한 것이다. 일본을 미워한 까닭이었다. 더 나아가 이를 사용함으로써 삼강오륜이 붕괴된다는 전통적 윤리관을 갖고 있었던 것이다

이 시기에 인촌은 한때 줄포 출신의 건달청년과 어울려 화투놀이를 하다 조부의 근심을 사서 끝내 소년 판석은 생부 양부가

조부 김요협 공과 조모 정씨

보는 가운데 종아리를 맞았다. 아마도 사랑과 교훈의 이 따가운 매가 계기가 된 듯 장난이 심하던 판석이란 소년은 표변하여 이젠 어엿한 장래성 있는 청소년 인간 김성수로 변해 버렸다.

인촌은 이를 만회하기 위하여서 스스로 결심하고 사람되는 길을 모색하다가 1907년 초여름 부안 내소사(來蘇寺) 청련암(靑蓮菴)에 틀어박혀 인격수양을 겸하여 수학할 것을 청하였더니 부친은 이를 갸륵하게 여기고 쾌히

송진우, 백관수와 수학하던 청련암

승낙하여 이곳에서 공부에 열중하였으니 특히 여기서 평생의 친구를 만나 교제하게 되면서 인촌 인생의 큰 전환점이 생기게 된다.

내소사는 백제 무왕 때 창건된 유서 깊은 고찰로 풍광이 수려 청실하고 아담한 고풍스러운 아름다운 절이었다. 청련암은 내소사 뒤편 가봉 중턱에 있는 암자였다. 이곳은 일몰 낙조 때 장관을 이룬다. 이처럼 풍광이 뛰어난 이곳에서 인촌은 조용하게 수양하면서 청운의 꿈을 펼치기 시작하였다. 부친의 권유를 받고 또 한 사람의 친구를 만나 사귀게 되었다. 그는 고창 흥덕 출신 근촌(芹村) 백관수(白寬洙; 1889~1950 납북)로 인촌보다 2살 연장이었다. 근촌의 부친과 인촌의 부친은 서로 막역한 친구사이로 인촌이 조용하고 주변환경이 일품인 청련암에 공부하러 간다고 하니까 근촌의 부친이 근촌에게 권유하여 함께 벗하며 뜻을 모아 공부하게 한 것 같다. 근촌은 민족운동가이며 언론인으로서 평생을 애국애족하며 살았던 청렴강직한 지사였다. 고창이 낳은 명사 중의 한 분이었다.

고하 송진우

근촌 백관수

　그로부터 얼마 뒤 고하가 청련암으로 보따리를 짊어지고 찾아왔다. 인촌은 멍하니 쳐다보던 근촌에게 고하와 인사하게 하였다. 이로부터 세 청년은 자별한 뜻을 모은 대망의 삼총사가 된 것이다. 세 사람은 큰 뜻을 펼치지 못할 이유가 없다고 자신만만하게 젊은 패기와 드넓은 도량, 기개를 펴며 활달하게 장래의 일들을 신중히 담론 토의하기 시작한 것이다. 세 사람은 이곳에서 합숙하며 한문과 영어를 독학으로 마스터하면서 한편으로는 기암절벽을 기어오르는 심신수련도 게을리하지 않았다.[8]

　그들은 날로 기울어가는 국운을 조심스레 살피면서 우국의 애틋한 감정을 서로 나누고 심신단련에 열중하였다. 그러던 어느 날 네덜란드 수도 헤이그에서 만국평화회의가 열렸는데 고종이 파견한 이상설, 이위종, 이준 3명의 특사가 참석지 못하고 그 중 이준 열사가 울분으로 헤이그 숙소에서 분사(憤死)하였다는 비보를 접하게 되었다. 이 충격적인 소식에 고하는 비분강개하여 통곡으로 지샜다. 친구 근촌이나 인촌은 고하를 달래며 안정을 취하게 하고 함께 나라의 장래를

---

8) 앞의, 《인촌 김성수의 사상과 일화》, 54~55쪽.

걱정하였다. 인촌은 흥분하기보다는
실력을 축적하여 유사시에 간직하였던
힘을 활용하는 것이 애국에의 일보라
고 어른다운 말로 위로하며 실력양성
의 구체적인 방안을 제시하곤 하였다.

1907년은 어느 해보다 큰 사건이 연
속적으로 일어났다. 5월에는 이완용의
친일내각이 승승장구하면서 나라를 일
본에 넘겨주려는 위기에 봉착하였다.
7월 14일에 이준(李儁)이 순국하여 전
국을 비보로 가득 채우더니[9] 일제는

이준 열사(1859~1907)

기다렸다는 듯이 이를 구실로 뚝심 강한 고종을 퇴위시키고 아들 순
종을 황위에 오르도록 압력을 행사하여 전국의 애국국민을 격분시켰
다. 7월 24일에는 정미 7조약을 강제로 체결하게 하여 우리 정부의
차관(次官)을 일본인 중에서 마음대로 임명하였고 신문지법을 제정
하여 언론을 통제하려는 부당한 간섭을 노골화했다. 국권을 탈취하
기 위한 강제적 수순이었다. 8월 1일자로 1만 5천 명 정도의 구한국
군대를 해산시키자 그들이 각지에 흩어져 지방 의병에 가담함으로써
정미의병(후기의병)이라는 전국적인 규모의 의병투쟁이 치열하게 일
어났다. 해산당한 군인들이 전국에 걸쳐 의병에 가담하여 정국은 극
도로 불안정하게 돌아갔다.[10] 특히 고창, 정읍, 장성 등 전라도 일
대에서 유학자들의 분기로 의병항쟁이 극심하게 연속적으로 일어나
일본 수비대와 격전을 치렀다.[11] 허위, 이강년, 이인영 등이 양주에
서 13도 창의군을 결성하여 일본과 교전할 각오로 총력전을 전개하는

---

9) 〈구한국관보〉, 1907년 7월 16일.
10) 《陣中日誌》 1907~1908년 참조.
11) 〈대한매일신보〉, 1907년 8월 5일자.

등 전국은 전쟁상태로 돌아가고 있었다. 이동녕, 안창호 등이 신민회를 결성하고[12] 항전을 다짐하였다.

이 같은 급박한 국내사정으로 인하여 수양, 학습하던 유서 깊은 청련암의 신예 애국지사 삼총사도 자못 동요하기 시작하였다. 세 사람의 의견은 지금 시국이 급박하게 돌아가는데 국내에 앉아서 비분강개하며 개탄만 하고 있을 수는 없다는 데 모아졌다. 그들은 각기 그럴 듯한 고견을 양출, 제시하였다. 인촌은 실력을 길러야 한다고 했고, 고하는 일본을 알고 이기려면 도쿄로 가서 배우고 실력을 길러야 한다고 핏대를 올렸다. 서울 유학을 주장하던 근촌도 심사숙고 끝에 두 친구의 고견을 따라 도쿄행에 찬성하였다. 결국 결론은 세 사람이 공통적으로 일본을 알기 위하여 공부를 더 하고 와서 실력을 키워 기울어져 가는 나라를 살려야 한다는 실력양성과 우국론으로 종결지어진 것이다.

문제는 세상을 잘 모르는 완고한 부모님의 허락을 받아내는 일이었다. 우선은 각자가 부모님을 설득하여 허락을 받기로 했다. 말은 이렇게 쉽게 하였으나 허락을 받아내는 것은 여간 힘든 일이 아니었다. 고민은 여기에 있었다.

---

12) 이현희, 《임시정부 주석 석오이동녕과 백범김구》, 동방도서, 2002, 69, 94, 131, 142, 162, 170쪽.

청운의 큰 꿈

1. 주권재민의 인식

호남 삼총사가 해외로의 유학을 결정하고 각기 자기집으로 돌아가 부모님을 설득하여 도쿄행을 결행하기까지는 이만저만 벽이 높고 깊은 것이 아니었다. 인촌이 부모님에게 감히 가느다랗게 도쿄행을 입밖에 냈더니 당장 안 된다고 불호령이 떨어진 것이다. 이런 위급한 시국에 어찌 애지중지하는 장손을 외지, 그것도 적도(敵都) 일본에 유학시킨다는 말이냐고 화를 냈던 것이다. 절손이 될 위기에 처할지도 모른다는 김씨 문중의 종족 보존론까지 거론하고 나서자 옆에서 듣고 있던 부인 고씨(광석)도 외국으로 유학간다면 자신은 보따리 싸가지고 친정으로 가버리겠다고 으름장을 놓으며 결연히 도쿄행을 결사반대했다. 이만저만한 절대반대의 강경론이 아니었다. 자신의 친오빠 광준도 상하이로 유학간 뒤 종무소식이라 외국에 나가면 누구나 다시 돌아오지 못하는 것으로 각인되어 있었기에 남편 인촌도 유학가면 영영 돌아오지 못하는 것으로 알고 있었다. 생과부가 된다는 우려가 팽배하였다.

유학의 부푼 꿈을 실현시키려고 한창 큰 포부 속에 있었는데 믿었던 인촌의 부인까지도 절대반대이니 어찌할 묘한 방도가 서지 않았

50

다. 실의에 빠져 있는 인촌에게 구원의 사자(使者)가 나타났다. 고창 홍덕에 거주하는 집배원 정이라는 분이 인촌에게 몇 가지 실현가능한 방도를 일러주었던 것이다. 그는 이웃한 군산에 나가면 영어는 물론 신학문도 익힐 수 있다고 귀띔해 주었다. 인촌은 귀가 번쩍하였다. 이제 기회가 온 것이구나 하고 자세히 물었다. 자세히 군산의 최신정 보를 입수하였다. 은밀히 군산에 당도하여 미국인이 경영하는 병원 에 가서 온 뜻을 전하니, 당장 주예수를 믿으라는 것이었다. 그러나 상투도 못 자르게 하는 완고한 유교학자 집안의 사람에게 주예수를 믿으라는 것은 큰 충격이었다. 이 같은 권유를 받자 이는 절대 불가 능한 것으로 알고 차라리 신학문을 못할망정 예수는 믿을 수 없다고 아쉽지만 포기해 버렸다. 신식 습관에 익숙해지기가 이처럼 어려운 것이다.

그가 뒷날(1955년 2월) 임종 전 투병중일 때 주변의 권유로 사후 세상이 즐거워지고 마음의 평화와 영생을 누리며 천당에 당도하는 천 주교 말씀에 귀를 기울이고 그 종교에 귀의한 것을 생각하면, 이때 미리 예수를 믿었다면 더 큰 은혜와 은총, 축복을 입었을 것이고 마 음의 즐거움도 함께 얻었으리라고 확신한다.

광복 후 병중의 일이었다. 어느 해 정초에 중앙학교 교사로 근무한 바 있는 전 연세대 교수 김형석이 계동자택에 인사차 심방하였을 때 였다. 세배가 끝나자 인촌은 먼저 함께 기도하자고 제의하면서 민족 과 조국의 통일, 민주정치의 구현 등을 위해 간절히 기도하며 빌었다 고 한다.[1] 그는 반일보다는 스스로의 가치관을 가진 '독립'을 더 중 요하게 여기고 이런 구국의 기도를 심방객들 앞에서 자진하여 인도한 것으로 본다.[2] 인촌의 영생의 소망도 오직 하나님에게만 있다는 것

1) 김형석, 《암울했던 시대의 찬연한 광채, 인촌을 생각한다》. 2005, 동아일 보사, 85쪽.
2) 권오기, 앞의 인촌 추모의 글 92쪽.

을 묵시적으로 보여주는 것이다. 하나님은 영원하시고 변함이 없으
신 존재이고 우리의 거처와 동시에 피난처가 되는 것이다. 그것을 인
촌은 천주교에 귀의하면서 절실하게 느낀 것으로 믿는다. 그는 왜 내
가 일찍이 평화로움을 제공해 주는 예수님을 믿지 않았나 하고 후회
도 하였다고 한다.[3]

　그는 부안 줄포 근처 후포에서 남궁억, 윤효정 등이 대한자강회의
후신으로 설립한 대한협회의 시국강연회가 열린다는 소식을 접하고
그곳으로 달려갔다. 호기심이 발동하였기 때문이었다. 기대를 건 연
사는 동 협회의 파견원인 한승이(韓承履)였다.[4] 그의 강연에서 인촌
은 처음으로 주권재민(主權在民)이란 낯선 '민주'(民主)의 말을 듣고
큰 감명을 받고 흥분하였다. 백성은 주군의 하인과도 같다는 생각으
로 일관하고 있었는데 나라의 주인이 왕이 아니고 우리 일반 백성이
고 우리들 모두라고 생각하니 손이 다 떨릴 지경이었다. 백성들이 왕
의 정치를 얼마든지 비판하고 시정, 개선할 수 있다고도 한 대목에
와서는 그저 어안이 벙벙할 뿐이었다. 사실상 깜짝 놀랐다. 과연 그
럴까 하고 의아한 생각까지 들었으나 한승이의 진지한 강연을 청취하
고 나니 그 말씀이 타당하다고 인정하였다.

　새로운 세계를 맞게 된 것이다. 모든 인간은 법 앞에 평등하다는
놀라운 말을 들었다. 그는 이것이 민주공화주의의 기본인 것인가 하
고 경악을 금치 못하였다. 그러니까 자유민주주의 사상이 국가의 기
본이며 백성이 나라의 주인이라는 주장은 아무리 생각해도 무엄하기
이를 데가 없었다. 생각할수록 점점 더 미궁으로 빠져 들어가는 느낌
을 지울 수가 없었다.

　인촌은 주권재민의 민주사상을 알기 위하여 수소문 끝에 연사인 한
승이를 숙소로 단독 심방하였다. 인촌은 그에게 자신을 소개하고 부

　3) 김형석의 앞의 회고하는 글 참조.
　4) 이현종, 《대한협회에 대한 연구》, 아세아연구 , 13-3, 1970.

안 줄포에 산다고도 말하면서 신학문과 영어 등 외국어를 배우고 싶
다는 간절한 뜻을 전하였다. 한승이는 인촌의 내력을 묻던 중 '그러
면 줄포의 지산이 춘부장 되는가' 하고 상기된 채 정중히 물었다. 지
산이 곧 자신의 아버지라고 하자 두 손을 잡아 흔들고 반가워하면서
긴히 할 말이 있으니 군산으로 나오라고 했다. 군산에는 금호(錦湖)
학교가 있는데 자신이 그곳에서 영어와 물리학을 교육한다면서 신학
문에 접하면 세상이 달라진다고 미지의 세계에 대한 호기심을 더욱
부추기는 것이었다. 새로운 학문을 접하면 미래가 보이며 재래적인
구학문으로는 국제적인 경쟁력이 없다는 것이었다.

전문가의 연구에 의하면 지산은 대한협회 부안지부에 속해 있어서
신학문을 교육하는 한승이와 교류가 있었다고 한다. 인촌은 그런 저
간의 사실을 지산에게 말씀드리고 새로운 세상에 능동적으로 적응하
기 위하여 군산의 금호학교로 가서 국어를 비롯하여 산술, 역사, 지
리, 영어, 물리, 화학, 체육, 노래 등을 배워야 하겠다는 말을 해서
간신히 허락을 받아냈다. 그러니까 인촌은 신식학문까지도 두루 섭
렵하여 새로운 세계에 눈을 돌릴 수 있었다. 그는 그것을 큰 수확으
로 여기는 한편 여기서 멈출 것이 아니고 더 비약해야 한다고 굳게 믿
고 있었다.

그의 청운의 큰 꿈은 뭉게뭉게 피어오르고 있었다. 그것은 일본 도
쿄로 유학을 떠나는 혁명적인 큰일이었다. 상상하기조차 어려운 일
이 현실적으로 눈앞에 벌어지고 있었다. 그는 반일보다는 스스로의
굳건한 가치관을 가진 완전자주 '독립사상'을 더 추구하며 '독립자강'
의 대의명분을 지킨 건실한 참 애국지사였다.[5] 이러한 인식·사상체
계를 더욱 가치 있고 착실하게 보강선양실천하기 위하여 적도 일본으
로의 유학을 결심하게 된 것이다. 호랑이를 잡으러 그 굴로 향하게

---

5) 권오기, 앞의 글, 92쪽.

된 것이다. 그의 큰 포부가 실현될 숙명적인 자기 개척의 운명을 그
스스로가 창조·전진·파악하고 엮어 나간 것이다.

2. 도쿄로의 탈출

군산에서 인촌 등 3명의 친구와 같이 신학문을 수학하고 있다는 소
식을 전해들은 그의 부모님은 한편으로 대견해 하였으며 또 한편으로
는 그의 생활을 몹시도 궁금해 했다. 낯선 객주 집에서 합숙하며 같
이 공부하던 근촌(백관수)도 상투를 절단하였는데 인촌만은 그대로
기르고 다녀 '애 신랑'이라며 주변에서 가벼운 조롱을 받았다고 한다.
인촌은 상투를 그냥 두고서 공부해야 부모님이 안심하고 자신의 동태
에 관해 주의를 살피지 않을 것이라는 용의주도한 계산을 해가면서
장래 대성공의 웅도를 구상하고 있었다. 근촌은 그곳이 신식학교라
고 미리 상투를 잘라버리고 간편하게 나타났다. 그동안에도 인촌의
마음은 벌써 도쿄로 치달리고 있었다. 그러니까 마음은 온통 잿밥에
만 먼저 가 있었던 것이다.6)

이즈음 고향집으로부터 부친의 서찰이 당도하였다. 내용은 한양에
서 애국지사 홍범식(洪範植; 1910년 국권파탈 때 자결한 순국지사)이
금산군수로 발령을 받고 임지로 부임차 오니 나가서 정중히 영접하고
수인사를 드리라는 당부였다. 그는 배편으로 군산에 도착할 예정이
었다. 인촌은 부두로 나가 기다리다가 그 일행 두 사람을 영접하였
다. 그런데 그와 함께 온 소년은 그의 아들인 듯하였다. 바로 그 잘
생긴 아들도 만날 수 있었다. 그 학생은 일본 다이세이(大成)중학교
학생이라고 하였다. 그가 곧 임격정 필자로 유명한 괴산 출신의 가인

6) 앞의, 《인촌 김성수의 사상과 일화》, 59~60쪽.

벽초 홍명희

(可人) 또는 벽초(碧初)라고 한 홍명희(洪命熹; 1888~1950 월북)였다. 그는 천재로 알려져 있었다. 방학을 이용해서 잠시 귀국하였다는 것이다.

인촌보다 3살이 연상인 벽초가 일본에서 유학하고 있다는 소식을 접하자 그가 더 위대하게 보였고 궁금한 것이 갑자기 많아져 그를 잡고 여러 가지를 물어보았다.[7] 1868년의 메이지 유신 이후 급격히 발전하고 있는 일본의 여러 가지 발전과 부흥의 소식을 부분적으로나마 들으니 일본행이 더 기다려지고 호기심이 커져 더 이상 못 참을 것만 같았다. 말을 재미있게 하는 벽초에 따르면 일본 도쿄의 발전상은 상상을 초월할 만큼 거대하고, 번화한 세계에서도 손꼽히는 눈부시고 번창한 거리를 연상시키기에 족하였다. 그는 나도 그곳에 가서 그들의 발전상을 보고 익혀야 하겠다고 단단히 결심하였다. 큰 의도가 있었기 때문이었다. 당장에라도 달려가고 싶은 충동이 출렁거렸고 속히 그곳에 가 공부할 생각뿐이었다. 호기심은 또 다른 애착심을 불러들이고 있었다. 인촌의 일본에 대한 무한한 호기심이 그만큼 크고 깊었다는 증거이기도 했다.

인촌이 도쿄행을 결심할 시기에 상투를 미련 없이 밀어버린 고하(송진우)가 깔끔하고 말끔한 차림으로 찾아왔다. 고하는 서울에 가서 교원양성소에 들어가 멋진 교원이 되겠다는 포부를 밝혔다. 교육자가 꿈이라는 것이었다. 그러나 서울로의 큰 포부를 접고 함께 도쿄로 가자는 인촌의 의욕적인 토설을 듣고 고하는 인촌의 고견을 따르기로

7) 홍명희의 자서전, 〈삼천리〉, 1929 참조.

즉석에서 마음을 바꾸었다. 기차를 이용한 서울로의 상행(上行)이 곧 도쿄로의 도항으로 확대급변한 것이다. 그러나 모두 부모의 허락은 받지 않은 상태에서 자기 뜻대로 일본행을 고집하고 있었다. 부모가 알 리 없는 가운데 두 청년은 일본행을 결심한 것이다. 두 사람을 부추긴 한승이도 이들의 도항을 적극적으로 뒷받침해 준다고 하여 그들은 안도의 한숨을 내쉬며 안심하고 결행할 것을 마음먹었다.

일본으로의 도항절차는 군산 금호학교의 한승이가 시종 주선해 주었다. 그는 얻기 까다로운 도항증명서 등을 도맡아 책임지겠다고 나섰다. 문제는 오직 하나, 부모님의 승인을 받아오라는 것이었다. 그러나 완고한 부모가 응낙할 리가 없었다. 다시금 고민에 빠진 것이다.[8] 그러던 차에 인촌의 도쿄행 일이 주막집 주인의 염탐으로 해서 결국 부모님에게 알려졌다. 부모님은 아들 인촌이 허락도 받지 않고 도쿄로 유학을 떠나려는 욕심을 알아차리고는 머슴을 풀어 모친이 위독하다면서 인촌을 고향으로 유인하려 계획하였다. 인촌은 고하와 같이 두 집의 조부와 부모님 앞으로 도쿄행의 결의를 알리는 통고문을 작성하여 머슴에게 쥐어주고 줄포 본제로 달려가게 하였다. 서찰과 상투를 자른 사진까지 동봉하고 곧 큰 일꾼이 되어 금의환향하겠다는 출세를 위한 결심의 비장한 의사를 일방적으로 송달한 것이다. 무엄하기 짝이 없는 큰 불효를 범한 것이다.

인촌과 고하(古下)는 한승이의 자상한 수속에 따라 군산에서 신천지로 행하는 화륜선(火輪船) 시라카와마루(白川丸)라는 철로 만든 장중하고 튼튼한 동력선에 올라 고동소리 요란한 가운데 갈매기 나는 항구를 서서히 밀리듯 떠나 미지의 세계로 향했다. 일은 저질러졌다. 두 청년은 반드시 성공하여 귀국할 것을 두 손 모아 천지신명에게 약속하였다. 두 청년의 애티가 역력한 홍조 띤 얼굴은 장엄하고 엄숙한

---

8) 앞의, 《인촌 김성수전》, 66~68쪽.

빛으로 변하여 제법 대담하고 장렬하게까지 보였다. 두 청년은 두 손을 마주 잡고 서로 각오를 단단히 다지는 그런 근엄한 모습이었다. 큰 포부를 꼭 달성하고 돌아오겠다는 남다른 각오가 몸 전체에 힘차게 맥박 치며 흐르고 있었다. 이때가 나라를 일제에 탈취당하기 2년 전의 일이었다.

1908년 10월 중순, 인촌의 나이 18세, 고하의 나이 19세 때였다.[9] 이윽고 군산을 떠난 장중한 화륜선은 얼마 뒤 부산에 도착, 정박하였다. 여기서 다시 정기여객선인 부관(釜關)연락선에 옮겨 타고 망망대해를 지나 대망의 일본땅 시모노세키(下關) 항에 도착하여 뭍으로 나왔다. 이곳만 해도 부산과는 전혀 다른 거대한 도시인 것 같았다. 화려, 번화함을 즉각 느낄 수 있었다. 두 사람은 여기가 일본이구나 하는 감격 속에 설레면서 배에서 내렸다.

꿈에 그리던 아련한 미지의 세계, 메이지 유신(明治維新) 이후 발전하고 격변하는 일본을 찾아온 것이다. 큰 기대를 걸고 말이다. 이제 일본에서의 일이 펼쳐지게 된다니 그들은 큰 기대 속에 앞이 캄캄하고 현기증이 날 정도였다.[10] 그런 중에도 의욕만은 충천하였다. 그것이 젊음의 낭만이며 특권이고 기개가 아닐까 한다. 두 청년은 서로 손잡고 이런 어려운 난관을 돌파하자면서 단결 속에 서로를 격려하고 챙겨주었다.

인촌은 민족자강을 전제로 한 민족의식의 선양과 주권재민의 민주대의정치에 관하여 눈을 뜨기 시작하고 일찍이 신학문을 접하였기 때문에 일본에서의 민주주의 교육이 그렇게 낯선 교육만은 아니었으므로 어느 정도 자신감도 표출하고 있었다. 그는 촌티가 물씬 나는 고하와 같이 독립자강의 새로운 패러다임에 대한 의욕으로 가득 차 있

---

9) 앞의 《인촌 김성수전》, 68쪽.
10) 신일철, "한국근대화의 선구자 인촌 김성수의 생애", 《평전 인촌 김성수》, 동아일보, 1991, 18~19쪽.

었다. 그것이 일본에서의 굳건한 사상의 기저에 깔려 있었기에 어깨를 겨누고 함께 공부할 수 있었던 것이 아닌가 싶은 생각이다.

제 4 장 신학문의 수용

1. 도쿄에 도착

한국에서도 벽촌 출신 인촌과 고하(古下) 두 청년은 부모님의 승낙도 받지 아니하고 담대하게 나서서 현해탄의 출렁이는 거친 파도를 건너 이틀 만에 전혀 알지 못하는 낯선 땅 일본 시모노세키 항을 거쳐 기차 편으로 도쿄에 도착하였다. 그동안 언어가 불통이라 손짓 발짓하며 때로는 필담으로 겨우 의사를 소통할 수 있었다고 한다. 일본행을 알선해 준 군산의 한승이가 어떻게 하선하여 역으로 가서 기차편을 찾아 도쿄로 가야 하는지 자세히 안내해 준 것에 따라 승차한 것이다. 안내사항이 적힌 쪽지를 가지고 의욕에 가득 찬 두 청년은 주위를 두리번거리며 걸었다. 어디가 어딘지 모르는 그런 거리를 안내쪽지에 의존하여 무작정 걸었다.

번화한 도쿄역에 내리자 과연 여기가 일본인가 미국인가 할 정도로 규모가 크고 번쩍번쩍하며 모든 것이 신기할 뿐이었다. 도쿄에 도착한 의인 인촌, 고하 등은 성경에 '여호와의 이름은 견고한 망대(望臺)라 의인은 그리로 달려가서 안전함을 얻느니라(잠 18;10)'라고 하였듯이 이제 불안과 호기심 속에서도 신념 속에 숨을 고르며 안전함을 얻게 되었다. 또 한 가지 인촌에 해당하는 말을 성경에서 찾아본다.

'네 하나님 여호와께서 권고하시는 땅이라 세초부터 세말까지 네 하나님 여호와의 눈이 항상 그 위에 있으리니'(신 11;12). 이 말은 이 두 한국인의 일본에서의 활동을 예견하고 이곳이 주님이 내려주신 귀한 땅이라는 예언적 의미의 말이며 큰 활동을 예의 주시하겠다는 권고의 암시도 담겨져 있었던 것이다. 하나님이 동행하는 놀라운 섭리와 역사가 이제 그들을 위해 엄숙히 시작된 것이다.

두 사람은 시모노세키에서 도쿄 신바시(新橋)에 이르는 기간 중 군산에서 배운 일본어를 써 먹으려 하였으나 입이 그렇게 쉽게 떨어지지 않아 애를 먹었다. 전혀 말이 통하지 않아 몸을 폈다 굽혔다 하며 손짓 발짓과 심지어는 한문 필담으로 겨우 의사소통을 할 수 있었다. 군산보통학교의 일어교사인 박일병(朴逸秉)에게 열심히 일본말을 배웠으나[1] 자유자재로 일본말을 구사할 수는 없었다. 혀가 굳어져 있었기 때문이었다. 한때는 박일병을 통해 부모님에게 일본 유학을 허락받으려 했으나 허사였다. 아무튼 이처럼 언어의 장벽이 심각한 것인 줄은 미처 깨닫지 못하였다.

먼저 일본에 도착하여 공부하다 이들을 영접해준 고마운 친구 벽초의 권유로 중학교 입시준비를 위하여 세이소쿠(正則) 영어학교에 입학할 수 있었다. 대학에 입학하려면 어학과 중학과정을 이수해야 하기 때문이다. 그가 형제간보다 더 친절하게 나서서 모두 수속해 주어서 얼마나 고마운지 몰랐다. 이 학교에서 영어와 수학, 일본어를 익혔다. 특히 일본어는 당장 필요했기에 별도로 독선생을 소개받아 모셔 놓고 충분히 집중적으로 배워 겨우 의사소통은 할 수 있었다.

두 청년은 무사히 도착하였으니 고향집으로 사과 겸 안부인사를 정중하게 편지로 적어 보냈다. 출세하여 조부님과 부모님, 친지에게 훌륭한 후손이 되겠다는 안심과 결심의 고백서이기도 하였다.

---

1) 앞의 《인촌 김성수전》, 67쪽.

그러나 그동안 부인 고 씨의 비탄과 배신감은 절정에 달하였다고 한다. 그러나 세월이 약이라고 하지 않았던가. 도쿄에서의 경위를 설명하는 한편 드높은 목표와 정중한 사죄의 뜻을 절절히 밝히는 눈물어린 글을 받고서는 집안이 모두 숙연해져서 어느 정도 화가 풀렸다고 전해진다. 오히려 부모님은 그의 독단적인 엄청난 결심을 장하다고 여길 정도였다. 어린애가 아니라는 점에서 안도의 한숨을 내쉰 것이다. 다행스럽게도 이해가 된 셈이었다. 큰 인물이 되어 귀국하겠다는 것이 여간 대견한 것이 아니었기 때문이다. 철이 단단히 들었다고 본 것이다.[2] 그동안 많이 컸다고 생각한 것이다.

협력자 벽초는 촌사람과 다름없는 두 사람을 데리고 옷도 일본 분위기에 맞게 선택하게 하였고, 도쿄도내 주요 시가지를 상세하게 구경시켜 주었다. 그간 얼마간 갖고 있던 돈으로 일본인과 어울리기 위하여 일본 옷을 장만해서 입고 촌티를 겨우 벗었다. 세련되게 손질해 준 것이다. 처음 배를 타고 올 때는 너무나 시골청년이었기 때문에 벽초가 옷매무새를 고쳐주었다고 한다. 벽초는 먼저 도착하여 촌티를 벗어버렸으니까 세련되게 보였다.

그의 안내로 도쿄 번화가를 구경하던 인촌은 입을 다물지 못하고 감탄과 비탄을 동시에 내뱉었다. 감탄은 우리나라와 형편이 거의 비슷하던 일본이 보이는 비약적인 발전상에 놀라는 것이었고, 비탄은 규모 있는 도시의 정비사업과 고층건물의 위용, 깨끗한 거리 풍경, 상가의 질서정연한 상행위와 풍요로운 물품의 범람, 거래, 상냥한 친절 등을 보면서 우리가 왜 이렇게 뒤떨어졌을까 하는 생각에 낙담, 실망하는 것이었다. 두 사람은 한숨이 절로 나오는 것을 금할 수 없었다. 애국자의 눈에 비친 도쿄의 거리는 발전과 비약 그 자체였기 때문이었다. 우리는 언제 저렇게 비약적으로 발전할 수 있을까 하는

---

2) 앞의 《인촌 김성수전》, 68~69쪽.

낙후감과 절망감이 앞을 가리고 있었기도 한 때문이었다. 그러나 일
순간 인촌은 우리도 저렇게 할 수 있고 오히려 더 능가, 비약할 수도
있을 것이란 자신감을 갖게 되었다. 그것이 성장, 발전이라고 정의지
었다. 고하도 동감을 표시하였다. 우리도 일본을 따라갈 수 있고 오
히려 앞설 수 있다는 자신감도 표명하였다. 애국지사다운 포부이며
건전한 생각이었다.

　따져보면 일본은 조선조의 대원군과는 달리 1868년에 메이지유신
(明治維新)을 단행하지 않았는가 하는 자문자답을 하였다. 그것이 의
문투성이의 정답이었다. 서양제국주의 앞에 문호를 열고 과감하게
서양문물을 선별수용한 결과로 일약 서구화되었는데, 그 주요 원인
이 교육의 개방과 선구적 문물의 적극적인 선별흡수와 그것을 자신에
맞게 소화, 정착, 수용한 것에 있었다고 보고 큰 감명을 받았다. 한
편 부럽기도 하였음을 고백한 바도 있다.

　그동안 인촌과 고하는 크고 작은 의견 충돌도 많았으나 외국에서의
외로움이 더하여서인지 더욱 가깝게 우정을 다지고 있어 유학생 사이
에는 가장 친한 간담상조(肝膽相照)하는 그런 멋진 벗으로 인식될 정
도였다. 둘은 다음 해(1909년) 4월 긴죠(錦城) 중학교 5학년에 편입하
였다. 대학입시를 준비하기 위함이었다.[3] 본격적인 신학문에의 수용
이 그들을 기다리고 있었다. 이 당시 국내정세는 더욱 기울어지고 있
었다. 을사늑약 이후 한국의 국정은 점차 일제의 조직적인 침탈로 제
도적인 침략의 수모와 국력의 약화를 맞이한 것이다.[4]

---

3) 신일철, 앞의 글, 19쪽.
4) 이현희, "한국침략의 제 조약", 〈한국사상〉 8, 한국사상연구회, 1966.

2. 국권피탈과 와세다대학 입학

1908년 대한제국 정부의 친일외교관 스티븐스가 샌프란시스코에서 대한인 장인환과 전명운 두 애국의사에게 동시에 피격 사망했다. 1909년 10월 26일에는 일본의 추밀원 의장이며 동양침략의 원흉인 이토 히로부미(伊藤博文)가 러시아와 동양 침략문제를 협의하기 위하여 가는 도중 중국 하얼빈 역두에서 불멸의 안중근 의사에게 총살당한 의거가 잇달았다. 찌든 한국인에게 희망과 용기를 불러일으키는 쾌거가 일어나자 도쿄의 인촌 등 한국 남녀유학생들은 기쁨에 어쩔 줄을 몰라 표정관리를 해야 할 정도였다.

그보다 앞선 동년 4월 인촌은 고하와 같이 일본어에도 어느 정도 능숙해져 도쿄의 명문 사립대학인 와세다(早稻田)대학 예과에 입학할 수 있었다. 이 대학은 예과가 1년 6개월 수학해야 하고 본과로 올라가 3년을 수학해야 졸업할 수 있었다. 이 대학은 오쿠마가 설립한 저명한 사립대학이었다.

일제의 계획적인 대한제국 침탈은 일찍이 구미로부터 배운 제국주의적 영토 문화침략 수법에 따라 1905년 을사늑약 이래 5년간이나 집요한 점진적 침탈작전에 의하여 진행되어, 마침내 1910년 8월 22일 일제는 순종이 결재하지 않은 가운데 합병조약문을 강제로 체결하였다. 이는 이미 을사늑약과 함께 원천무효로 국제법상 공인되고 있지만 그 당시로서는 국력이 미치지 못하여 속수무책인 채 조용하게 나라를 탈취당하고 만 것이다. 일제는 8월 29일 마침내 정식으로 대한제국이 조약을 통해 일본에 강제로 합병된 것으로 백주에 발표하면서 한국이 자체로 나라를 지탱할 수 없어 이를 일본에 당분간 위탁한다는 명분의 침략수법을 표면화했다. 그리고 이를 사실인 양 세계우방에 즉시 널리 선전하고 알렸다. 우리와 수교를 맺고 있는 나라들은 그렇게 믿을 수밖에 없었다.

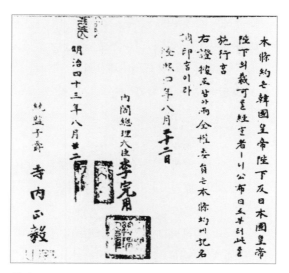

한일합방조약. 이 사본은 1910년 8월22일 이완용이 데라
우치(寺內) 총감과 체결한 합방조약 조인서의 끝 부분.

　　오랜 역사를 유지해 온 대한제국이 자체적으로 나라를 지탱할 수
없어 일본에 자진해서 위탁, 운영한다는 청천벽력 같은 괴변의 거짓
정보였던 것이다. 대한을 지배하는 주체가 일제통감부에서 일제강점
하에는 조선총독부로 변경된다는 것도 널리 공표하였고 나라명칭 또
한 '대한'에서 '조선'이라고 강제 개칭, 즉 폄칭되어 이후 1945년 8·
15까지 그대로 지속되었다. 실로 청천벽력같이 500년을 지탱해온 조
선-대한제국이 강압적이며 여러 가지 어불성설의 원천무효인 일방조
약에 의거하여 큰소리로 저항도 제대로 해보지 못하고 하루아침에 멸
망의 구렁텅이로 함몰된 것이다. 오호 통재라 아니할 수 없었다.

　　이런 사실은 도쿄의 〈아사히신문〉 등 도하 신문이 일제히 호외로
대서특필하여 남녀 유학생 사회가 모두 알게 되었다.[5] 특히 도쿄에
유학하던 400여 명의 한국인 남녀 유학생은 일본경찰의 엄중한 감시

─────────

5) 〈아사히신문〉, 1910년 8월 30일.

속에 그것을 큰 충격으로 받아들였다. 그들은 비탄, 통탄 속에 통곡
으로 지샜다. 하루아침에 나라가 없어지고 국민은 일제의 노예로 전
락한 것이다. 일본인들은 대한제국이 자진해서 나라를 이양하였다고
선전하면서 용약하며 환호성을 지를 때, 나라 빼앗긴 비탄과 슬픔이
어느 정도인지 인촌이나 고하는 동지들과 서로 손을 맞잡고 오열을
금치 못하였다.

그들의 후일담 속에서 당시의 비분강개(悲憤慷慨)함을 엿볼 수 있
다. 서로가 뒤엉켜 체면 없이 엉엉 울었다. '시일야방성대곡'인 것이
다. 어떻게 하다가 5천 년을 유지하던 강인한 전통국가가 그 절반의
역사도 못 되는 섬나라 일제에 먹힐 수 있겠느냐면서, 어찌하여 끝내
이 지경이 되었느냐고 비탄과 절망 속에 길거리에서 큰소리로 엉엉
울었다.

철야하며 통곡을 마친 고하는 결연히 정색을 하며 고향으로 돌아가
겠다는 최후의 통첩을 내뱉고 만류를 뿌리치고 일어섰다. 나라 없는
국민이 남의 나라에서 더 이상 무엇을 어떻게 할 수 있겠느냐는 것이
다. 인촌이 간곡히 눈물로 만류하면서 재기하자며 각오를 새롭게 외
쳤다. 인촌은 결의를 새롭게 다지면서 심각하게 손을 잡고 타일렀다.
고하에게 그럴수록 더 배워서 우리의 실력을 축적하고 일본을 이겨야
한다는 극일론(克日論)과 승일론(勝日論)을 동시에 폈다. 그러나 그
는 듣지 아니하고 흥분한 채 짐을 싸가지고 심각한 얼굴로 총총히 귀
국하고 말았다. 매우 난감한 처지가 되었다. 이 당시 도쿄에 와 있던
처남이며 애국계몽가 고정주의 장남 고광준도 비분강개 속에 그 뒤를
따랐다.

이럴수록 우리들 자신이 참고 견디며 국력을 더 기르고 실력을 양
성해야 한다는 것을 인촌은 힘주어 유학생 동지들에게 역설하였다.
상식이 통하는 인촌의 깊은 생각에는 그럴 만한 이유가 있었다. 즉자
적인 흥분이나 비분강개는 지속적인 저항이나 실력양성과는 거리가

멀다고 평가한 것이다. 승리는 자강과 실력양성에 있다고 믿었다.

이 같은 결심에 따라 주저치 아니하고 그는 마음먹은 대로 1911년 가을 와세다대학 예과를 졸업하고 와세다대학 정치경제학과 3년 과정으로 진학하였다. 그의 평소 포부는 이제 성숙단계에 들어갔다. 일본을 이기기 위해서는 일본을 더 많이 알아야 한다는 움직일 수 없는 이론인 것이다.

3. 실력양성의 본거지 와세다대학 입학

인촌이 막무가내인 고하와 작별하고 실력양성의 본거지인 와세다대학 본과에 입학한 것은 그의 나이 21세 때였다(1911년). 이 시기에 영일 정씨인 조모님이 별세하여 인촌은 상심 속에 명복을 비는 울적한 세월을 보냈다. 울산 김씨의 중흥을 가져온 장본인이기도 하였기 때문이다. 그는 그로부터 3년 뒤인 24세 때 졸업하였으니 만 3년을 꼬박 도서관에 파묻혀 있으면서 면학에 정진한 셈이다. 총명한 인촌이 가장 정신력과 판단력이 왕성하고 예민하던 발랄한 시기였다.

이런 만큼 인촌이 대학시절에 배운 것은 돌아와 모두 우리 민족을 위해 활용된 것이다. 정치경제학과를 지망하여 면학에 열중하였으나 그는 정치보다는 경제에 더 중점을 두어 공부하였다.[6] 압박받는 민족이 자유롭게 성장하고 광복을 누리려면 무엇보다 민족경제가 향상되어야 할 것이라고 멀리 내다본 것이다. 집념이 강한 인촌은 경제에 더 매력을 느끼고 도서관에서 살다시피 하면서 대학 도서관에 소장된 경제학 관련 내외 서적을 골라서 읽고 또 연구 독파하였다. 뒷날 경방운영도 이처럼 와세다 시절 경제학에 심취하였던 열정이 그런 방향

---

6) 《인촌 김성수전》의 앞의 자술 논설 참조.

인촌이 다녔던 와세다대학

으로 돌려진 것이 아닐까 한다.[7] 우리가 인촌 같은 위대한 사회적 선각자를 만난 것이 행운이라고 지칭할 만한 위업이다.[8]

그는 공부를 하면 할수록 더 매력적인 진리에 빠져 들어가게 되어 자신도 모르게 경제학 이론과 실제의 참 삼매경에 도달하곤 하였다. 그 속에서 그는 참 진리를 캐내고 익히며 학문의 도를 닦았다. 인촌 도 와세다대학 시절 본과 3년을 인생 중에서 가장 낭만이 흐르며 로 맨틱하였다고 술회하고 있음에서 당시의 학창생활이 얼마나 보람 있 었는가를 짐작할 만하다. 그가 보전(普專)을 인수 경영하던 시절 어 떤 잡지에 기고한 단편의 글은 당시의 학창시절의 감상을 명료히 극 명하게 보여준다. 호연지기(浩然之氣)를 펴던 인촌의 20대 초의 정 열이 넘치는 낭만의 기상을 엿봄에 가장 현실적인 글인 것 같다. 많 은 인촌 연구자들이 인용하여 인촌을 평가하는 귀한 자료로 활용하고

7) 주익종, 《대군의 척후》, 푸른역사, 2008, 7, 13, 63, 115, 220, 344~352쪽.
8) 경방 회장 이중홍의 증언(2008. 12. 12).

있어 인용이 불가피하다. 그는 일제하에서는 글을 많이 남기지 않았
다. 일부러 자신을 은폐하려는 의도가 아니었을까 하는 생각이다.

인촌은 그 당시를 회상하며 나는 한창 젊은 피가 끓는 청춘이라고
고백하며 이렇게 이어나가고 있었다. 귀국하여 사립학교를 설립하고
자 열망을 보였던 것도 모두 와세다대학 시절의 선각자 오쿠마의 영
향이 절대적이었던 것 같다. 귀담아들을 가치가 충분하다고 믿는다.

> 내 사지(四肢)에 흐르는 방분한 정열과 내 오관(五官)을 싸고도는
> 로맨틱한 정조(情調)는 막으려야 막을 수 없었겠지 않겠는가. 아마
> 이 뒤로도 와세다대학 시대는 나의 청춘의 회상과 아울러 영원히
> 내 가슴에서 사라지지 않을 것이다. 9)

도쿄의 명문 사립대학인 와세다대학은 일본인 거물 정치가 오쿠마
(大隈重信)가 설립한 저명한 기상 높은 고품격의 대학이었다. 한국인
이 많이 입학하였던 이유가 있었다. 와세다대학을 창립한 오쿠마는
총장도 역임한 백작출신의 지체 높은 존경받는 인물이었다. 인촌은
그를 존경하였으나 그의 사상이나 학설, 식견, 인품 등을 존경한 것
은 아니었다고 스스로 자술한 바 있다. 10) 그를 좋아하는 이유를 이
렇게 술회하고 있다.

> 먼저 세상을 위하여 권권(拳拳) 일념을 잃지 않는 우국 경세가로서
> 의 지조에 존경과 앙모(仰慕)를 가지고 있었다. 11)

인촌이 1936년도에 도쿄 유학시절을 회고하면서 절절한 애교심으

---

9) 김성수, 앞의 "대학시대의 학우들", 〈삼천리〉, 1934, 5.
10) 앞의 잡지 〈삼천리〉 1935년도 판.
11) 앞의 〈삼천리〉 1935년도 대학시대의 학우들 참조.

로 언급하는 와세다대학은 인촌의 재학 당시 매우 영세한 재정형편이
었던 것 같다. 처음에는 겨우 2만 엔을 얻어 교지 2천 평밖에는 마련
할 수 없었지만 이 당시의 와세다는 7백만 엔의 큰 재산을 보유할 수
있었다고 하였다. 인촌이 와세다에 재학할 때에도 지금에 비하여 설
비와 건물이 빈약하기 그지없었다는 것이다. 처음에 창설자 오쿠마
총장이 매년 2천 5백 엔씩을 유지로부터 찬조받아 보조, 투자하여 이
를 학교경영과 유지에 충당한 것 같다. 오쿠마 총장은 그동안 5백만
엔의 자금을 밖에서 조달하여서 오늘의 큰 와세다대학을 이루었다고
감동적으로 회상하였다.

　이 대학은 학문의 독립을 기본정신으로 삼아 연구의 새로운 패러다
임을 제창하고 있었다. 12) 이 대학 출신 인재들이 계속 배출되어 일
본의 주요 헌정을 영위하는 저명하고 빛나는 국가적 경륜을 생각하면
오직 감탄, 경복스러울 뿐이었다. 13) 인촌은 이를 두고 크게 감명을
받은 것 같다고 술회하면서 오쿠마를 일본인이 아닌 경세가로서 존경
하고 회고하였다. '오쿠마 백작은 모든 정치적 공로가 매몰되는 날이
온다 할지라도 와세다대학을 통한 교육사업가로서의 공적은 만고불
후하리라'14)고 감탄하며 회상하였다. 인촌이 우리를 침략한 나라의
국적 여부를 떠나 교육에 공헌한 오쿠마로부터 각인된 깊은 교육경세
가로서의 방법과 존경의 일념은 결코 적다고 할 수 없겠다. 은연중
교육입지적 영향을 받았음을 인식하게 한다. 15)

　오쿠마는 일본 규슈에서 하급무사로 태어나 자유민권운동가로 정
계에 나서서 영국식의 온건입헌론을 대표하는 개진당(改進堂)의 당

---

12) 《와세다대학 80년지》 245~9쪽.
13) 앞의 《인촌 김성수의 사상과 일화》, 82~83쪽.
14) 앞의 〈삼천리〉 1935년도 판 참조.
15) 한기언, "인촌의 입지: 교육입국의 이상", 《평전 인촌 김성수》, 동아일보,
　　1991, 151~195쪽.

수로 두 번에 걸쳐 총리대신, 즉 수상을 역임한 입지전적인 거물 정치가요 경세가, 교육개혁가였다. 인촌은 그의 웅대한 포부와 집념 강한 추진동력에 찬사를 보냈다. 결코 일본인으로서의 오쿠마가 아닌, 닮을 수 없는 경세가이며 창업자로서의 뛰어난 선각자로 본 것이다. 인촌이 뒷날 중앙학교나 보성전문을 인수 경영하였던 모델도 따져보면 오쿠마의 학교경영 방법에서 찾을 수 있다.

오쿠마에 의한 와세다대학 출신이 새로운 일본건설의 최전선에서 일하는 역군이 되고 있다는 사실에 인촌은 크나큰 감명과 관심을 가지고 있었다. 일제에 강점당하고 있는 우리의 현실 탓에 더욱 그런 아쉬운 상념이 떠올랐다고 본다. 말하자면 인촌의 새로운 '사업'의 추구에서 최대의 표본이 된 것 같다.[16] 그것은 우리나라와 비교해 볼 때 배울 점, 시정, 보완해야 할 점 등이 너무나 많이 남아 있었기 때문이었다. 그가 뒷날 중앙학교이나 보전을 인수 운영할 때 거물 교육자 정치가인 오쿠마를 참경영의 모델로 삼았던 것은 이 같은 연유 때문이었다. 인촌은 오쿠마의 강당연설을 주의 깊게 청취하고 감명을 받았다는 것이다.[17]

4. 고향 생각과 장남의 탄생

평생 절친한 지우 고하가 국권피탈로 인하여 비분강개한 나머지 인촌의 만류에도 불구하고 고집 세게 즉각 고향 전남 담양으로 급거 귀국한 지도 어느 사이 6개월이 흘렀다. 인촌은 그동안 친구가 보고 싶기도 하였으나 꾹 참고 면학에만 전념하면서 실력 속의 주의력·판단

---

16) 한기언, 앞의 논문 참조.
17) 앞의 "대학시대의 학우들", 〈삼천리〉, 1935년.

력을 길렀다. 오직 면학에 열중하여 고향 부모님의 기대에 부응해야 하는 큰 가문적 문제가 인촌 앞에 유일한 과제로 남아 있었다. 그동안 혼자 도쿄의 와세다대학에 다니면서 인촌은 보고 느끼는 것마다 모두 낙후된 한국과 비교될 때면 자신도 모르게 한숨과 분통이 터졌다. 왜 우리는 그렇게 발전하지 못하고 뒤로 처졌을까 하고 개탄도 여러 번 해보았다. 사사건건이 일본과는 차이가 너무 많이 나고 있었기 때문이다. 일본을 우리가 계몽하지 않았나!

그럴수록 인촌은 어금니를 꽉 깨물고 '조금만 참아 달라, 내가 곧 귀국하여 이를 개선하고 향상시킬 것이다'라고 애국자다운 결심에 결심을 새롭게 다짐하곤 하였다. 우선은 내 자신이 좀더 실력을 닦고 인격과 교양을 쌓아 성장해야 된다고 굳게 믿고 면학에 전심전력하였다. 고향의 부모님에게도 큰 인물이 되어서 귀국한다는 것을 공개적으로 맹세하지 않았던가.

더욱이 기다리던 장손 상만(1910년생; 相万)도 줄포에서 갓 태어나서 얼마나 보고 싶은지 모를 지경이었다. 자나 깨나 어린것이 눈에 밟혀서 못 살 지경이었다. 어떻게 생겼을까 하고도 자문자답해 보았다. 그럴 때면 고향에 홀로 남아 시부모님을 모시고 있는 부인 고 씨가 보고 싶고 그리워지기도 하고 미안하기도 하였다. 그리하여 다시 만날 때는 몰라보게 달라질 자신이 있다고 스스로 다짐하곤 하였다. 인촌은 일본에서 경험한 것을 결코 그냥 범상하게 넘기지 않으려 마음먹고 있었다. 성경에 있듯이 '내가 또 내 마음에 합하는 목자를 너희에게 주리니 그들이 지식과 명철로 너희를 양육하리라'(렘 3;15)라는 사실을 새삼 아들이며 장남인 상만으로부터 구할 생각을 하였다고 믿는다.

지금 생각해 보면 단지 아쉬운 것은 그가 일본에서의 개인의 기록물인 학창일기 또는 도쿄 체류일지라도 요점적으로 그려놓은 것이 남아 있었더라면 인촌 자신을 위하여서나 일제 강점하의 한국사를 이해

하는 데 얼마나 요긴하게 활용할
수 있었을까 하는 점이다. 김구의
《백범일지》나[18] 강재 신숙(申肅)
의《나의 일생》[19] 같은 기록물은
자신의 일생을 이해하고 그 당시의
시대상을 이해하기에 가장 적합한
제 1 차 자료일 것이기 때문이다.
기록의 중요성을 인식하였을 것으
로 믿고 있기 때문이다. 겨우 와세
다대학 시절의 자신의 학창시절을

장남 김상만 (1910~1994)

회상하는 극히 단편적인 짧은 글이 남아 있을 뿐이었다. 그의 선대
하서(河西)도 기록물을 남겨두지 않았던가. 그 자신이 항상 책가방을
들고 열심히 공부하였다는 와세다대학의 각종 도서관을 뒤지면서 면
학에 충실하였던 인촌이었기 때문이다. 그는 여기서 가장 보람찬 학
창시절을 지냈다고 귀국 후 여러 인사들에게 글과 말로 항상 피력하
곤 하였음을 볼 때 그나마도 도쿄에서의 활동상을 제한적으로나마 십
분 이해하는 기록으로 활용할 수 있었겠다고 본다.

5. 하숙생활과 한국유학생들과의 교류

비분강개파, 순후한 청년 고하(古下)가 귀국한 지 6개월이 흐른 뒤
느닷없이 다시 보따리를 싸 짊어지고 빙그레 웃으며 도쿄의 인촌 하
숙을 찾았다. 게다가 그의 6살 아래인 사랑하는 동생 김연수를 대동

18) 도진순, 《백범일지》 해설 참조.
19) 이현희, "강재 신숙의 민족독립운동", 《강재 41주기 추모 학술 기조논문》,
    2008, 11 21 천도교 대강당.

하고 당도하였다. 너무나 반가워서 어쩔 줄을 몰랐다. 남의 나라에서 만나니 더욱 반가울 수밖에 없었다. 아마도 줄포 부모님에게 동생도 함께 일본에 데리고 오라는 전갈을 여러 번 띄운 것 같았다. 그동안 안부의 편지도 고하에게 수십 번 송달한 것 같다. 그동안 수십 차례 왕래하였다는 간절한 대화와 서신 속에서 그런 주변상황을 짐작할 수 있다.

고하는 일본에 와서 대학에 진학하고자 했다. 헌데 와세다가 아니고 메이지대학을 선호하였다. 게다가 정치경제학과가 아니고 그 대학의 법과를 선택하였다. 장래의 세계는 법을 명료히 파악하고 활용해야 행세할 수 있다는 자기 나름대로의 법치흥국의 독특한 이론을 펼치고 있었다. 법을 통해 일제와 싸울 준비를 해야 한다는 것이다. 일제 강점하에서는 법의 활용이 승리할 수 있는 가장 효율적인 방법이라고 생각한 것 같다. 그의 지칠 줄 모르는 유창한 변설도 따지고 보면 모두 그가 배운 법률상식이 넘쳐났기 때문이다.

당시 고하는 집안형편이 갑자기 기울어 부모님으로부터 학자금을 지속적으로 조달받을 수 없었다. 그 당시의 학비는 한 달에 어림잡아 20엔(圓) 정도가 필요하였다. 하숙비가 12엔, 수업료에다가 교통비, 기타 잡비까지 합하면 20엔 정도가 필요했던 것이다. 인촌은 처음에는 허락받지 아니하고 도쿄행을 결행하였기에 몹시 쪼들리는 살림살이였다. 그러나 부모님이 용서해 주어 학비문제는 우선적으로 해결되었다. 그는 양부 원파에게 고하가 형편이 어려우니 그의 학비도 함께 조달해 주기를 간청하여 친구 고하의 학자금도 알선해 주었다.[20] 고하는 인촌의 도움을 받는 것이 자존심 문제라고 보았으나 인촌을 이해하게 되자 그런 문제는 두 사람 사이에 큰 문제가 될 것 같지 않다고 했다. 고하로부터 원파의 장손을 보았다는 기쁜 소식을 듣고 인

---

20) 앞의 《인촌 김성수의 사상과 일화》, 72~73쪽.

촌은 부인에게 고마운 마음을 갖게 되었다. 그 아들이 곧 1910년 1월 19일생인 김상만(金相万; 전 고려중앙학원 이사장, 동아일보 명예회장 역임)이다.

인촌은 도쿄에서 3년여 동안 유학생활을 하는 가운데 주로 학교 근처에 적당한 하숙을 얻어 생활하였다. 처음에는 우시고메구(牛込區) 쓰르마키초(鶴卷町)에서 하숙하다가, 뒤에는 동지들도 오고 하니 고하, 양원모(梁源模), 정노식(鄭魯湜) 등과 같이 우시고메구 이치가야(市谷)에 이사하여서는 전세로 한 집을 독채로 얻었다. 이를 한국유학생을 위한 자유로운 집합교류 장소로 삼아 여러 한국인 유학생들을 모이게 하여 토론과 정담을 교환하며 낭만 속의 멋진 학창생활을 영위하였다.21)

이 집은 인촌이 독채 전세로 들었기 때문에 이런 소문이 퍼지자 이 숙소는 곧 도쿄 한국인 유학생들의 중요한 집합장소로 돌변하였다. 부잣집 아들 인촌이 워낙 인심이 좋고 상식을 존중하며 예를 존숭하면서 자애롭고 인자스러운 감이 있었기 때문이다. 인촌은 교만하지 않은 고운 성품으로 이 집을 한국인 유학생이면 아무나 자유롭게 출입할 수 있게 개방하고 그들과 담론하였다. 마치 한국인 유학생회관과도 같았다.

인촌은 고향 서당에서 배운 예(禮)에 관하여 다음과 같은 평소의 지론을 갖고 있었다. 《논어》팔일(八佾)편에서 노나라의 임방(林放)이 예의 근본을 질문하자 공자는 두 구절로 대답하였다는 것이다. 예는 외관상 화려하게 거행하기보다는 차라리 검소한 것이 훨씬 낫고, 상례(喪禮)는 형식적으로 쉽게 치르기보다는 차라리 진정으로 슬퍼하는 것이 보다 낫다(禮與其奢也寧儉, 喪與其易也寧戚)라고 하면서 예의의 근본은 곧 성(誠)과 실(實)이라고 파악하였으니 유년시에 익

21) 앞의 자료, 74쪽.

힌 인촌의 논어 실력도 결코 외면할 수 없는 경지에 이른 것 같다.

그는 예는 검소하고 상례는 진정으로 슬퍼하는 것이라는 선현의 주장이 매우 타당하다고 믿고 있었다. 이처럼 중국 고전에 조예가 있는 인촌이었기에 그가 보이는 행동은 결코 5륜 5상에서 벗어나지 않았다. 인륜적으로 대인관계에서 결코 모나거나 무리하지 않았다고 평가할 수 있겠다.

인촌은 와세다대학 시절에 매우 귀중한 친구들을 만날 수 있었다. 사람이 지적 재산이라고 하지 않았나. 고하는 물론이고 8·15 전후 구국과 건설에 기여한 재제다사가 모두 이때 알게 된 자유민주주의를 신봉한 친우로서 인적 자원이라고 평할 만하다. 이들이 뒷날 새로 세워진 전통적인 대한민국을 위하여 정치, 경제, 사회, 문화부문에 걸쳐 혁혁한 중추적인 기여와 견인의 공로를 세웠던 것이다.

인촌과 같이 와세다대학 동문인 현상윤, 최두선, 양원모 외에 도쿄제국대학(도쿄대학)의 김준연(金俊淵), 박용희(朴容喜), 구라마에 고공(藏前高工) 출신의 이강현(李康賢), 메이지대학의 조만식(曺晚植), 김병로(金炳魯), 현준호(玄俊鎬), 조소앙(趙素昻), 정노식, 그외 신익희(申翼熙), 홍명희, 김도연(金度演), 유억겸(兪億兼), 김우영(金雨英) 등이 그들이다. 그 외 홍사익(일본 육군 중장), 지청천(광복군 총사령), 이응준(초대 육참 총장), 김광서(독립군 양성), 조철호(중앙 보전 체육담당 교수, 소년운동가), 권영한, 김준원, 염창섭 등 일본 육사 학생 20여 명도 함께 왕방하여 고국소식을 주고받곤 하였다. 도쿄 유학생들 사이에서는 이들을 이질적으로 대하였으나 인촌이 거중 조절로 악감정을 무마하곤 하여 화기애애한 중에 서로 마음 놓고 교류하였다. 인화 조정력이 뛰어난 인촌의 인품 덕분이었다고 해야 할 것이다. 인촌은 이처럼 헤아리기 어려울 정도로 재능 있는 멋지고 귀한 벗을 사귀게 되었다. 22)

이 당시 학생 친목회는 도별로 조직되어 있었다. 전라도의 호남다
화회를 비롯하여 모두 7개의 친목단체가 있었는데 1912년 4월경에
고하, 민세(民世; 안재홍) 등의 통합노력으로 '조선인유학생 학우회'
로 대동 통합하여 〈학지광〉이란 홍보지를 발행하면서 친목을 도모했
다.23) 인촌도 여기에 관여하면서 친우들을 교제대상으로 삼아 폭넓
은 신뢰 속에 교유관계를 맺었다. 인촌이 자취하는 집은 그의 친구들
로 더욱 붐볐고 화기애애한 가운데 국적이 없어진 중에도 조국애를
더욱 확인, 다짐하고 있었다.

인촌 특유의 폭넓은 애정과 극기, 겸양의 정신과 의인, 대인다운
인자함으로 인해 한국인 유학생들은 나라를 빼앗긴 지 얼마 되지 않
아 그를 구심점으로 삼아 자연히 모일 수 있었다. 그는 그것이 큰 재
력이며 인맥이라고 믿고 나라 잃은 국민으로 낙담하지 말고 용기백배
하여 신뢰 속에서 서로 격려하고 민족과 동포애를 담론하며 각자 실
력양성에 임하자고 다짐하였다. 그는 그것이 곧 국력의 양성이라고
보았다.

그 중에도 유독 설산(雪山) 장덕수(張德秀, 1895~1947)에게는 애
정이 더 당겼다. 설산은 인촌보다 4년이 아래였고 계씨 수당보다 한
살이 위였다. 황해도 재령 태생인 그는 언론인으로 희생된 바 있는
장덕준의 동생이기도 하였다. 빈농의 자제로 보통학교를 졸업한 뒤
관청의 사환으로 생계를 이어가다가 18세 때 보통문관시험에 합격하
여 21세경(1913년) 와세다대학 예과에 입학하면서 인촌을 알게 되어
불의의 총격으로 별세할 때까지 인촌과 가장 가깝고 깊은 연분을 맺
었다.

설산은 입지전적인 특출한 인물이었다. 그는 일본에서 일본어로

설산 장덕수

전국대학생 웅변대회에서 당당히 1등을 마크하여 일본인과 한국인들을 놀라게 하였다. 24) 한때는 섬에 유배되었다가 몽양 (夢陽) 여운형 (呂運亨) 의 주선으로 하의도에서 풀려난 뒤 유창한 일본어로 그의 통역을 맡아 몽양의 도쿄제국호텔에서의 사자후(獅子吼)를 생생히 전달하여 일본 정계 거물들을 일약 감동시켰다. 25) 설산은 와세다대학 주최로 열린 모의국회에서 총리대신 임무를 맡아 무난히 그 역을 소화하여 가장 잘하였다는 평가를 받았다. 일본인 교수가 장차 관리가 되라며 그에게 격려의 칭송을 마다하지 않았다고 한다.

그러나 그는 가난하였기 때문에 월 7엔 정도의 싸구려 하숙에서 면학에만 열중하며 살았다. 그는 일본인 상점에 다니면서 아르바이트를 하고 있었기에 한국인 유학생들과는 잘 어울리기를 꺼려하였다고 전해진다. 설산은 동아일보의 초대 주간으로 재직할 당시 독립운동 관계로 알게 된 유정 조동호(1892~1954)를 인촌에게 소개하여 임정에 있던 유정을 동아일보사의 기자 겸 논설위원으로 발탁하고 뒤에는 베이징의 특파원으로 활동하게 한 바도 있다. 26) 인촌은 그의 자존심을 조심하면서 음양으로 협조하여 주어 '인촌 사람'으로 삼은 것 같다. 인촌은 설산뿐 아니라 여러 학우들을 남몰래 재정적으로 지원하여 감동을 주었다고 전해진다. 작은 부자는 절약을 해야 하고 큰 부자는 베풀어야 한다는 것을 그는 몸소 실천한 인물이었다.

---

24) 이경남, 《설산 장덕수》, 동아일보사, 1981, 321~33쪽.
25) 이현희, 《조동호 항일투쟁사》, 청아출판사, 1992, 61, 87, 91, 98, 110, 124, 315, 327쪽.
26) 위의 책 258~60쪽.

　그와 함께 당시 돈 4만 원을 독립운동가 김좌진에게 지원한 일이
나, 27) 나라를 다시 찾는 일에 종사하던 인물들을 은밀히 지원해 준
사실은 너무나 유명한 일화이다. 28) 그리하여 김수환 추기경은 인촌
50주기 추모사에서 '인촌은 극기와 겸양의 자세로 세인에 모범을 보
이고 스스로 마음을 비움으로 천하인재들의 마음을 산 것입니다' 라고
그의 빛나는 유덕을 기렸다. 29)

6. 자취생활과 두 부친의 도쿄 방문

　인촌은 자취생활을 청산하고 학교와 교통이 편리한 곳의 하숙을 찾
았다. 그는 새 하숙을 골라서 고하와 동생 3명이서 한방을 사용하였
다. 동생 연수는 명문 아사부(麻布) 중학교에 편입학을 승인받아 열심
히 공부하여 명문 교토제국대학에 입학하였다. 삼고(三高)와 교토제
국대학이라면 도쿄의 일고(一高)와 도쿄제대에 버금가는 명문학교로
알려져서 수재들의 교육기관으로 이름나 있었다.
　한편으로 인촌은 뜻한 바가 있어 고향에 계신 두 어른을 자신이 재
학하고 있는 도쿄로 초청하였다. 그 자신이 귀국하여 한국땅에 일본
의 명문학교 못지않은 장래성 있는 사립학교를 창설할 꿈을 갖고 있
었기에 두 어른을 감동시키기 위한 의도적인 초청이었다고 본다. 사
립학교를 창설한다는 것은 자신의 포부만 가지고는 어림도 없는 대역
사였기에 부친의 절대적인 재정적, 인간적 도움을 요청해야 함을 우
선적으로 생각하였던 것이다. 그동안 간곡한 서신을 통해서, 또 방학
을 이용하여 귀국했을 때 자신의 포부를 간절히 밝힌 바 있어 두 분

---

27) 이강훈, 《민족해방운동과 나》, 제3기획, 1994, 26~8쪽.
28) 이강훈, 《이강훈 역사증언록》, 인물연구소, 1994, 261~7쪽.
29) 김수환, 《인촌을 생각한다》. 동아일보, 2005, 26~31쪽.

을 도쿄로 모시고 싶었던 것이다. 그는 교육광복과 함께 민족갱생이라는 일제 강점하 식민지 국민이 극복해야 할 과제를 실현시켜야 한다는 강한 꿈을 가지고 언제나 이것을 펼 웅도를 구상하고 있었던 것이다.[30] 일본에서 겪은 저명한 사립학교의 설립이 모두 입지전적인 명사들에 의하여 추진되고 실현되었기에 그런 전철을 자신도 밟고 싶었다. 자신도 그런 빛나는 반열에 들고 싶었다. 보잘것없는 나라고 못할 것이 있겠느냐는 평범하고 위대한 생각이었다.

형님 원파는 아우 지산에게 사랑하는 아들 인촌이 그렇게도 도쿄에 오길 학수고대하며 바라고, 게다가 둘째 연수도 지금 공부하고 있는 중이니 겸사해서 들러보면 좋지 않겠느냐고 제안했다. 동생 지산도 귀가 솔깃하여 도쿄행을 결심하기에 이르렀다. 호기심에 가득 찬 두 어른의 도쿄 나들이는 마침 와세다대학 창립 30주년 기념일을 맞아 단행되었다. 인촌은 뒷날 하나님의 세계에 들어가 구원을 받았다. 얼른 생각나는 것은 이런 말씀이다. 구약성경 출애굽기에 보면 '네 부모를 공경하라 그리하면 너의 하나님 나 여호와가 네게 준 땅에서 네 생명이 길리라'(출애굽기 20; 12)고 한 말씀을 음미해 볼 수 있다. 인촌이 그 두 부친을 극진히 공경하였으니 성경 말씀대로 하나님이 주신 땅에 영원히 큰 사업을 펼칠 수 있게 된 것을 의심치 않는다.

와세다대학은 1882년 도쿄전문대학으로 출발하여 1902년(창립 20주년) 지금의 와세다라는 명칭을 써서 의욕적으로 새 출발한 명문 사립대학이었다. 그 창립행사는 원래 1912년에 거행할 예정이었으나 메이지(明治) 왕이 사망하여 다음해, 즉 1913년에 거행한 것이다.

시골에서 이것저것 준비해 가지고 온 두 부친은 시골티가 역력하였다. 그들은 사랑하는 아들을 위하여 정성스레 준비한 것을 그에게 모두 주었다. 기쁨을 감추지 못한 인촌은 시간을 내서 시내의 주요 시

---

30) 앞의 《인촌 김성수의 사상과 일화》, 78~9쪽.

설과 각급 교육기관을 비롯하여 상가, 공장, 백화점, 역사, 전차, 택시, 자동차시설, 각종 교통기관 등을 두루 안내하고 신나게 설명하였다. 그때마다 두 분은 고개를 끄덕이고 감탄하며 감명받는 것 같았다. 발전하고 있는 국제도시 도쿄의 번영은 실로 놀랍기 한이 없었다. 인촌은 자신이 재학하고 있는 와세다대학의 창립 기념행사를 마지막 관람코스로 잡아 두 분에게 감상하게 하였다. 다분히 의도적이었다. 교육기관을 가장 인상 깊게 하자는 것이 그의 속마음이었다. 기념행사에는 총리대신, 외빈, 졸업생, 교직원, 학생 등 수만 명이 참가하여 성대한 장관의 기념식을 거행하였다. 감상한 두 분은 큰 감명을 받았다. 그들은 20여 일간을 체류하다가 귀국하였다.

두 부친은 인촌과 동생 연수, 고하 등을 앉혀놓고 일본이 저렇게 단시일 안에 비약적인 발전을 거듭할 수 있었던 이유가 무엇이냐고 상세히 물었다. 인촌은 당연히 메이지유신 덕분이라고 명료히 대답하였다. 일본의 도쿠가와 막부는 미국의 강한 포함외교에 굴복하여 미·일 화친조약(1858년)과 미·일 수호통상조약을 체결, 개방하였고, 이어 네덜란드, 영국, 러시아, 프랑스와도 잇달아 화친조약을 체결하였음을 아뢰었다. 일본은 개항 이후 하급무사들을 중심으로 한 세력이 등장하여 막부를 타도하고 국왕이 직접 통치질서의 중심이 되는 신정부를 세웠으니 이것이 곧 메이지 유신(1868년)이라고 설명하였다. 새 정부는 수도를 도쿄도에 정도하고 큰 개혁을 단행하여 국왕 중심의 중앙집권체제를 수립하였다고 말씀드렸다. 근대산업을 비약적으로 발전시켜 오늘의 일본이 우뚝 섰다는 설명에 두 분은 수긍한 것 같았다.

그는 이처럼 일본이 수구정책만을 고집하지 않고 외국의 문물을 선별 수용하여 자기 것으로 정착시켰다는 것과 그의 발전의 근본원인이 무엇인지를 분석적으로 설명하면서 원래는 우리가 일본보다 문명적으로 앞선 선진국이었으나 대원군이 대외개방 거부정책을 써서 우리는 우물 안의 개구리가 되었다고 제법 그럴듯한 문명 시혜론을 펴서 부모님을 설득하고 이해시키려 안간힘을 썼다. 그러므로 우리가 이제 마땅히 해야 할 과제는 일본을 따라잡는 것이고 그래야 승리한다고 힘주어 설명하자 원파는 매우 흐뭇해하면서 인촌이 저렇게 성장하였구나 하고 감탄을 금치 못하였다. 과연 고집을 부리면서 몰래 도망하듯이 빠져나가 유학한 보람이 있다고 평가하였다. 그러나 생부 지산은 아직도 인촌의 도쿄행이 못마땅한 듯이 미간을 찌푸리고 경청하고 있었다. 수긍이 안 된다는 그런 애매한 표정이었다.

인촌은 두 분에게 졸업하고 귀국하면 자신도 오쿠마 와세다대학 창업자 겸 총장처럼 한 번 나서서 사립학교를 설립하겠으니 꼭 도와달라는 간절한 말씀을 미리 드렸다. 그때 두 분은 그게 무슨 말인지 납득하지 못했다. 귀국하여 사립중학교부터 설립하여 인재양성을 위해 교육구국 사업을 단독으로 일으키겠다는 다소 엉뚱한 제안을 하자 원파는 가만있었으나 지산이 절대반대 의사를 표명하였다. 나이 40도 안 된 20대의 풋내기 아이가 무슨 당치도 않는 학교를 설립 운영하겠다는 것이냐고 역정까지 내는 것이었다. 학교는 아무나 운영하는 것이 아니라고 알아듣도록 타일렀다. 나이 20대 초반의 어린이가 그런 거창한 일을 할 수 있겠느냐는 것이었다. 시기상조라는 투였다.[31]

이렇게 하여 교육의 꿈은 지산의 반대에 봉착하여 일단 그 정도로 보류상태로 돌아갔다. 두 부친과의 교육구국사업의 거창한 계획은 인촌의 제안 설명만으로 끝이 난 것이다. 인촌의 마음속에는 이를 귀국하여 재연시키겠다는 강력한 의지가 활활 불타고 있었다.

인촌의 사립학교 설립 의욕은 이로부터 더욱 거세졌다. 와세다대학 총장 겸 설립자 오쿠마를 모델로 삼아 이번의 계획을 관철시킬 것이라고 단단히 결심을 굳힌 것이다. 인촌은 겉으로는 부드러우면서

---

31) 앞의 《인촌 김성수전》, 82~85쪽.

도 강력한 철통같은 결심과 불굴의 추진력, 불타는 집념을 갖고 있었다. 그의 그런 실천의 추진력이 만난을 극복하고 당초 약속대로 어려움 속에서 성공할 수 있었던 지름길이었는지도 모를 일이다. 아무도 그의 불타는 집념과 의욕을 저지할 수 없었다. 고집이 강한 부모님까지도 인촌의 웅대한 포부와 장차 실현시킬 머릿속의 설계안을 꺾지 못하였다. 그가 생각한 장래의 교육사업이 일생일대의 움직일 수 없는 철학이며 집념이기도 하였기 때문이다. 비록 시련은 뒤따른다 해도 말이다.

인촌은 생부의 결사적인 교육사업의 반대에도 일리가 있다고 얼마간 수긍하였다. 그동안 설립한 대부분의 학교는 재산과 명망이 뛰어난 내로라하는 저명인사가 관여하였기 때문이었다. 풋내기이며 20대 초의 새파란 무명의 청년이 학교를 설립한다고 하니 소가 웃을 일이라고 생각하여 인촌을 사랑하는 생부도 곰곰이 생각한 끝에 그런 명분 있는 반대를 거듭한 것이다. 아들이 미워서가 아니었다. 단지 양부께서 긍정적인 반응을 보였다는 것은 그로 하여금 학교설립의 미련을 갖게 하는 한 가닥 생기가 도는 희망의 메시지였고 그는 그것이 큰 힘이 될 것이라는 확신을 갖게 되었다.

제 5 장

귀국과 중앙학교의 인수 경영

1. 와세다대학 졸업과 귀국

　인촌의 공경과 효도어린 도쿄 초청으로 메이지유신 이래 급격히 발전하고 있는 거대한 일본의 수도를 처음 둘러본 호남출신 지주 원파와 지산은 감회가 남달랐다. 자못 흥분을 자아내는 범상치 않은 일이었다. 인촌 자신이 두 어른을 초청한 것은 다분히 귀국 후의 계획을 위한 의도적인 모심이었다고 본다. 와세다대학의 설립자 오쿠마의 설립정신을 자신도 그대로 따라서 졸업하고 귀국한 뒤 어떤 사립중학교를 서울에 설립하겠다는 청운의 뜻을 이미 고하에게 의논하고 협조도 당부해 놓은 터였다. 문제는 재정을 위한 조달책의 강구였다. 아무래도 두 부친의 절대적인 협조와 광대한 토지투척이 있어야만 가능한 사업이라고 보아서 두 분을 모신 것이다.

　두 분은 어렵사리 도쿄에 도착하면서 그곳의 비약적인 발전에 놀라 흥분의 도가니에 함입하고 있는 자신들을 발견하였다. 말로만 듣던 도쿄가 상상을 초월하여 일제 강점하 한국의 경성(京城; 서울)보다 훨씬 큰 국제적인 첨단과학 선진도시로 웅비하고 있음에 놀랐고, 한편으로는 얄밉기까지도 하였다. 저렇게 비약적인 발전의 이면 동력에는 19세기 이래 제국주의 수법 하에 한국을 불법적으로 침략하여 각종 자원과 인력을 수탈한 현실이 놓여 있었고 일본은 그것을 토대로 하여 착실히 부국을 창조하였기 때문이었다. 한편으로는 조선조 대원군의 대외통상 거부정책으로 자만에 빠진 우물 안의 개구리가 되었던 우리나라 조선조하고는 천지차이가 남에 너무도 마음이 편치 않았다. 따라서 그들은 과감한 대외 문호개방 정책을 써서 이처럼 초일류 선진국가를 형성할 수 있었다고 찬탄을 금치 못한 것이다.

인촌은 감동 속에 전후 6년 동안의 도쿄 유학생활을 청산하고 그리운 조국으로 돌아오게 되었다. 감개가 무량하였다. 모든 것이 새롭고 신기하게만 느껴졌다. 24세의 와세다대학 졸업생 인촌은 졸업성적이 중간쯤은 되었다고 한다. 한국학생으로서는 상당히 우수한 편의 성적이라고 지도교수도 그의 부친에게 칭송을 아끼지 않았다고 전해진다.

6년 전 도일 당시에는 거의 탈출하다시피 하여 촌티가 역력한 고하와 괴나리봇짐을 지고 일본유학을 권유한 주권재민의 선각자 한승이의 안내를 받아 조심스럽게 웅대한 철선을 탄 채 총총히 빠져나갔으나 금의환향하여 귀국할 때는 자못 조용히 간단한 봇짐만 챙긴 채 들어왔다. 그때가 1914년 7월의 무더운 어느 날이었다. 제1차 세계대전이 일어나던 해였다. 세계는 전쟁의 소용돌이로 공포 가운데 거침없이 함몰되고 있었다. 그가 도착한 곳은 고창이 아니라 전북 줄포 향제(鄕第)였다. 그곳에는 다섯 살이 된 사랑하는 장남 상만이 아버지를 알아보는 듯 모를 듯이 방싯거리고 있었다. 몇 번이고 안아 주면서 볼에 입을 맞추고 머리를 흔들면서 만면에 희색을 띠며 기쁨 속에 몇 번이고 스킨십의 애정을 표시하였다. 이를 본 고 씨 부인은 얼마나 그 모습이 사랑스럽고 믿음직스러운지 형언할 수 없는 희열을 느꼈다고 한다.

이신동체(異身同體)와 같은 고하(古下)는 신병으로 먼저 고향에 가서 치료중이었기에 인촌만 큰 포부와 희망을 안고 단신으로 돌아왔

다. 인촌이 도쿄에 유학중 조부 낙재 김요협이 1909년 77세로, 조모
영일 정씨가 1911년 81세로 2년 사이에 두 분이 별세하여 모두 고창
군 아산면 선운사와 반암리에 모셔졌다. 1) 그는 돌아오자마자 두 곳
을 배알하며 오열 속에 두 어른의 명복을 빌고 최고급 고등교육을 이
수한 자부심 속에 새로운 각오를 단단히 하였다. 학교설립의 각오를
두 분 어른 앞에서 다시금 맹세하였다.

2. 백산학교의 설립의욕과 좌절

전북 줄포에 있던 인촌은 평소의 포부를 실현시키려면 아무래도 시
골보다는 번화한 수도 서울로 가야 한다고 믿고 동년 여름 서울행을
단행하였다. 우선은 나라의 중심지 서울로 가서 일을 꾸며야 한다는
생각을 굳혔다. 일제 강점하의 우리교육계 동향을 예의주시하고 학
교설립의 계획을 실천할 생각 때문이었다. 게다가 고하를 문병차 고
향에 당도하자 고하가 큰소리로 지금 왜 여길 왔느냐고 크게 일갈하
면서 어서 서울로 가서 학교설립을 서두르라고 불호령을 내리는 바람
에 문병도 제대로 못하고 이내 병상을 물러나와 그길로 상경한 것이
다. 이처럼 고하도 인촌의 간절한 마음을 꿰뚫어 알고 있었다. 2)

무작정 상경한 인촌은 국권을 탈취당한 1910년대의 한국교육 현황
이 얼마나 취약하고 영세화를 면치 못하고 있는지 실감할 수 있었다.
관립학교, 미션계 학교, 민간인들의 사립학교 세 부류가 각기 독특하
게 이 시기에 겨우 유지되고 있을 정도였다. 인촌이 큰 관심을 가진
것은 우리의 힘으로 인재를 육성하자는 취지의 사립학교였다. 당시

---

1) 앞의 《인촌 김성수전》, 88쪽.
2) 병중의 고하는 도쿄에서 언약한 교육 광복운동을 추진하라고 강력히 권유하
   였다.

사립학교는 1905년의 엄주익의 양정의숙, 이용익의 보성전문학교, 민영휘의 휘문의숙, 엄귀비의 숙명여학교(명신여학교), 진명여학교, 신규식의 중동학교, 보인학회의 보인학교, 진학신의 양규의숙, 이준의 한북학교, 이봉래의 봉명학교, 기호 흥학회의 기호학교(뒤에 중앙중고등학교), 조동식의 동원학교(동덕여학교) 등과 안창호(평양 대성학교), 이승훈(정주 오산학교), 윤치호(개성 한영서원) 등이 각기 의욕적으로 설립하여 운영되고 있는 실정이었다.

이 시기에 일본 학교와 일본만을 찬양하는 신문기사에 대해 인촌은 큰 실망과 분노를 금치 못하였다. 3) 그로서는 이제 우리만의 민족교육이 필요한 시기가 도래하였다고 느낀 것이다. 일본에서 고등교육을 받은 인재다운 건실한 생각이었다. 따져보면 1910년대의 국내 비밀결사 항쟁이나4) 해외에서의 광복투쟁 준비가 어려운 여건을 무릅쓰고 착실하게5) 신민회의 해외기지건설 계획에 따라 이루어진 것은 다행스럽게 여겨지고 있다. 6) 가령 서간도 일대의 신흥무관학교를 운영해서 10여 년간 무관 3천 5백 명을 양성하여 동북삼성 일대에 이들을 적절히 실전배치하였던 것 등이 모두 1910년대의 광복을 위한 준비기간에 달성한 성과 중의 하나였다. 7) 1910년대의 사립교육기관은 일제의 식민지 탄압 말살책동에 밀려 소강상태를 면치 못할 정도였다. 인촌이 도쿄에서 목격한 것과 조국의 사립학교 경영실태는 비교가 되지 않을 정도로 우리는 너무 곤궁한 영세성, 낙후성 속에 있었다.

3) 〈대한매일신보〉, 1910년 5월 12일자 참조.
4) 최영희, "1910년대 민족운동의 원류", 《3 · 1운동 50주년기념논문집》, 동아일보사, 1969.
5) 신재홍, "1910년대의 국외에서의 민족운동"《한국사 21》, 1976.
6) 신용하, "신민회의 창건과 그 국권회복운동" 상, 하, 〈한국학보〉 8 · 9, 1977.
7) 이현희, "신흥무관학교연구", 〈동양학〉 19, 단국대, 1989.

　인촌은 큰 충격을 받았다.[8] 그 당시 한국인은 사립학교로 진학하는 것보다는 설폐(設閉)의 규칙이 까다롭지만 신식교육을 하는 서당으로 집중되는 현상이 뚜렷하여[9] 사립학교를 부흥시켜 민족운동의 지도적 역군을 배양하겠다는 결심을 굳히게 되었다.[10] 한국인 학생들이 사립학교로 진학할 수 없어 서당으로 집중되는 현실을 인촌은 매우 애석하게 여기고 새로운 신식의 교육기관으로서의 규격을 구비한 사립학교의 설립을 결행할 생각을 굳혔다. 이때 새로운 학교의 설립을 위해 신청한 것이 곧 백산(白山)학교였다.

　백산은 곧 백두산을 상징하는 단군조선의 영원성과 성산(聖山)의 민족사와 연관지어 깊은 의미를 내포하고 있다는 최남선의 건의를 받아 이를 조선총독부 학무국에 신청한 것이다. 그러나 세키야(關屋) 국장은 백산은 일본에의 강한 저항과 조선문화의 유구성이 동시에 표출됨으로써 매우 그 저의가 불온하다 라는 이유로 일언지하에 기각하고 말았다. 좀더 건전한 명칭을 가지고 오라는 것이었다. 일본을 숭배, 존경한다든지 찬양한다는 것 등을 의미하는 건전한 명칭을 구한다는 것이었다. 그런 요청은 너무나 당연한 귀결이라고 인촌도 짐작하고 있었다. 인촌으로서는 참을 수 없는 민족적 모멸감을 느낀 것이다.

8) 노영택, 《일제하 민족교육운동사》, 탐구당, 1979, 제1장 ~ 3장.
9) 세키야(關屋貞三郎), 서당규칙의 발포《조선휘보》, 1918년 2월호 조선총독부 1~3쪽.
10) 《조선총독부 통계연보》, 1915~19 각 년도 참조 일본인 다와라(俵孫人)는 한국의 학부차관으로서 1910년 7월 헌병대장 회의에서 연설하길 한국학교에서 청소년을 육성하면 독립 운동가를 양성하는 것이나 다름없으니 절대로 금물이라는 요지인 것이다.

3. 중앙학교의 인수 제안

이처럼 사립학교를 설립하겠다는 의욕이 가득 찬 20대 청년이 학교를 구한다는 소문은 자연 경영난에 봉착한 학교들이 뜻있는 유지와 재력가의 인수인계를 희망하는 의욕을 북돋아 주었다. 부실경영에 허덕이는 학교 수가 이만저만이 아니어서 이런 소문이 돌자 너도나도 자신의 학교를 인수하도록 사람을 놓아 중간에 교섭을 보내오는 일이 비일비재하였다. 말하자면 시중에 나온 '매물'이 그득하다는 말이 되는 것이다. 배짱 좋게 골라서 '좋은 물건'으로 보이는 부실학교를 선택할 수 있게 된 것이다. 그들이 지적한 '물 좋은 부실학교'란 손질을 잘하면 특급의 학교로 급성장할 수 있다는 매력이 붙어 있었기 때문에 사람들이 군침을 흘리는 경우가 있었다.

1905년 이래 국내에서 애국계몽기에 설립한 학회는 기호(畿湖) 흥학회(이용직, 지석영 등) 등 전국에 줄잡아 30여 개에 달했다.[11] 그러나 국권이 기울어지고 있었기 때문에 어떤 학회든지 자체유지가 어려워 경영난에 허덕이고 있어서 그에 부속된 학교도 누가 인수한다면 큰 은혜로 알 정도였다. 그들이 처음에는 의욕적으로 설립한 사립학교도 차차 경영실적이 적어져 부실하기 짝이 없었다. 모두가 재무구조의 악화 때문이었다. 더욱이 일제의 본격적인 침략이 노골화되면서 이런 현상은 두드러져 갔다.

기호 흥학회가 설립한 학교는 기호 흥학교로 1908년에 설립되어 처음에는 서울 소격동의 육군 위생원 터를 교사로 활용하다가 제 2대 교장 박승봉이 사재로 서울 화동 138번지의 한옥을 구입하여 이를 교사로 사용하고 있었다.[12] 중앙학교는 기호 흥학회 외에 흥사단, 호

---

11) 이송희. "한말 서북학회의 애국계몽운동, 상, 하", 〈한국학보〉 31 상 82~ 106쪽·하 117~151쪽.
12) 이 학교건물은 중앙학교의 주요 교사로 사용되다가 1920년 4월 1일 창간한

88

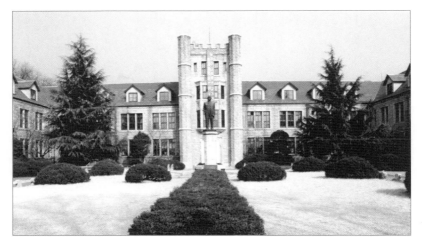

계동 중앙고등학교

남학회, 교남학회, 관동학회 등의 합동 단체지원으로 겨우 유지되고 있었다. 선명한 무궁화 한복판에 중앙의 중(中)자를 아로 새겨 넣은 빛나는 모표와 교모가 설계 제정된 중앙학교는 개인이 설립한 교육단체가 아니었다. 애국계몽기에 앞에서 말한 전국 각지에 설립된 애국계몽학회 중 여러 학회가 합동 지원하여 성립된 학교였다. 이렇듯 애국국민들의 힘을 모아 설립하였으므로 관립이 아닌 국민의 학교, 즉 '민립학교'라고 정의해도 좋을 것이다. 13)

그러나 중앙학교는 개화사상가인 제5대 교장 유길준(兪吉濬)이 1914년에 별세한 뒤 제6대 교장 권병덕이 이를 부흥시키고자 노심초사하였다. 다음 해인 1915년 3월 1일 제7대 교장 남궁훈(南宮薰)이 교장대리로 취임하였으나 경영악화로 재력과 재무구조가 부실하여 극심한 경영난에 봉착함으로써 인수자가 나오길 학수고대하고 있던

동아일보 사옥으로 활용하였다.

13) 앞의 《인촌 김성수전》, 98~99쪽.

터였다. 인촌은 이 소식을 듣고 매우 기뻐
하였다. 이제야 임자를 만난 것이 아닌가
하였다. 민족운동계의 원로인 중앙학회의
운양(雲養) 김윤식(金允植) 회장을 만나서
인수의사를 표하고 중간에서 교섭해 줄 것
을 요청하였다. 20대 청년이 원로를 만난
것 자체가 큰 사건이기도 하였다. 또 연분
이 닿는 원로 선각자 월남(月南) 이상재
(李商在)를 찾아가서 교섭을 자임해 줄 것
을 요청하자 20대의 청년이 상당히 겸손하

월남 이상재(1850~1927)

고 사리가 밝다고 여긴 월남은 쾌히 승낙하며 젊은이가 아주 잘 선택
하였노라고 칭찬하면서 속히 무조건 이 중앙학교를 인수하여 운영하
라고 우정 어린 충고로 격려해 주었다. 겸손과 의욕으로 충만한 인촌
을 보고 나서 그의 중후한 인품에 매료된 것이다. 겸손은 성실과 신
뢰감을 동반하는 것이다. 그렇기에 월남 역시 안심하면서 장래성이
충분하다고 평가를 내렸던 것이다.
　　인촌은 사회의 원로들의 우정 어린 평가를 그대로 신뢰하고 결심을
굳혔다. 운양이나 월남은 인촌이 도쿄에서 명문 사립대학을 졸업하
고 갓 돌아온 엘리트라고 생각하여 신뢰하고 그에게 중앙학교의 인수
를 강력히 권유하였던 것이다. 그들은 사람 보는 눈이 있었다고 본
다. 더욱이 인촌이 고창의 토지부호의 집안이라는 사실을 들어 알고
그들은 더욱 그가 인수의 최적임자라고 생각하였다.14) 월남은 개화
사상가로서 민족운동에도 앞장서서 일제타도를 외친 해학을 겸비한
원로 선각자로서 교육입국의 기치를 내건 선각적 지도자였다. 그는
인촌에게 무조건 이 중앙학교를 인수하라고 권유하면서 시간을 끌며

14) 이현희, "월남 이상재와 한국의 민족운동연구", 〈문명연지〉19, 한양여대,
　　2007.

망설이다가는 다른 사람에게 넘어갈 수 있다고 서둘러 달라고 독촉하였다.[15]

사실상 중앙학교는 더 이상 지탱할 수 없는 절박한 재무구조의 악화로 곤궁함에 빠져 있을 때였다. 이러지도 못하고 저러지도 못하는 진퇴양난에 봉착한 것이다. 누가 인수해 준다면 그것처럼 고맙고 보람 있는 일이 또 어디 있겠느냐는 그런 난감한 처지에 놓여 있었다. 인촌으로서는 학교설립을 위한 두 번 다시없는 천재일우의 호기였고 천우신조이기도 하였던 것이다. 이런 절호의 기회를 놓치고 나면 다시는 학교설립의 의욕과 단서도 찾아낼 수 없는 난처한 처지가 될 것이 자명하다고 스스로 판단하였다.

인촌은 서둘렀다. 이를 성사시키기 위하여 유력인사를 동원할 생각을 굳혔다. 원로들은 그가 선택하지 않으면 다른 유력인사에게 돌아갈지도 모른다는 절박성을 알려주었다. 인촌으로서는 실로 어려운 선택의 기로에 선 것이다. 이제 판단력이 강한 인촌이 최종 결심할 단계였다. 김윤식, 이상재, 유근, 유진태 등 원로들은 학회와 학교를 동시에 인수하라는 조건을 내걸었으나 신예 인촌은 이를 거부하고 오로지 사립 중앙학교 하나만 무조건 인수한다는 사실을 명백히 천명하고 오히려 이번에는 이쪽에서 일부러 특사를 시켜 속히 태도를 취하라고 전갈을 보냈다. 여러 가지 조건을 붙여서는 안 된다는 것도 함께 통지하였다. 결국 인촌의 당초 의도대로 학회가 아닌 사립학교만 인수하기로 최종 확정, 낙찰되었다.

그러나 난관은 이제부터였다. 재무구조가 취약한 중에 엄청난 학교 운영자금을 지속적으로 원만히 조달하는 것은 이만저만의 애로가 아니기 때문이었다. 부모님을 설득하여 보유하고 있는 토지를 끌어내는 수밖에 없었다. 그러나 그것은 쉬운 일이 아니었다. 고창의 토

---

15) 이현희, 앞의 논문 참조.

지부호인 두 부친을 억지로라도 졸라서 출자하도록 설득하고 기분 좋게 끌어내야 하는 어려운 과제가 남아 있었다. 양부보다 생부가 더 반대하였던 것은 이미 그분의 도쿄 방문시에 경험하지 않았던가? 교섭은 이만저만의 애로가 아니었다. 성사여부도 불투명하였다. 그러나 여기서 좌절할 인촌이 아니었다. 난관을 뚫고 나가는 것이 인촌의 특유의 뚝심이었고 돌파력이며 인생역정이기도 하였다.

4. 부모의 설득과 중앙학교 인수청원서 제출

인촌이 중앙학교를 인수함에는 조건이 따로 있지 않았다. 무조건의 인수라는 좋은 조건이었다. 참여한 인계자들이 25세의 인촌을 십이분 믿고 넘긴 것이다. 일본에서 대학을 이제 막 졸업하고 경륜이 적으나 포부와 야심으로 가득 차 있는 젊은이의 겸손과 장래성에 큰 점수를 준 것 같다. 종내는 이 학교를 운영해갈 지속적인 자금의 조달이었다. 설득 끝에 양부는 인촌의 큰 포부를 달성하라며 오히려 격려의 말씀과 함께 전 재산이라고 할 3천 두락을 쾌히 내놓았으나 절대반대 의사를 굽히지 않는 생부(生父)는 전혀 말이 먹혀들지 않았다. 16) 결사적으로 반대의 뜻을 보였던 것이다.

인촌은 중앙학교의 학감을 역임한 이항직(李恒稙)을 설득특사로 삼아 줄포 향제로 보내 생부를 설득하여 마침내 중앙학교의 경영문제가 난고 끝에 풀렸다. 따져보면 인촌은 양면작전을 구사하였다. 생부의 반응이 의외로 냉담하고 격렬하여 그 기세를 꺾을 수 없자 그는 문을 닫아걸고 며칠을 단식으로 버텼다. 음식을 일부러 다 거절하고 죽기로 맹세한 것이다. 양부가 더 몸이 쑤시는 듯했다. 서로간의 기

---

16) 앞의 《인촌 김성수의 사상과 일화》, 93~97쪽.

92

(氣) 싸움이 벌어진 것이다. 생부가 허락하지 않으면 자신은 해외로 나가 민족독립운동가로 나설 것이라고 최후통첩을 보냈다. 이를 받아본 생부 지산은 그때서야 할 수 없이 울며 겨자 먹기로 억지로 승낙했다. 17) 말하자면 양수겸장을 활용한 것이다. 특사의 설득과 단식을 겸한 위협적인 아름다운 저항이 바로 인수고집을 성사시킨 그 중심작전이었다. 18)

이 같은 애로와 고통 속에서 인수한 인촌의 중앙학교는 그의 소중한 민족인재육성의 유일한 산실이며 요람이었다. 그곳은 또 독립운동의 산실이기도 하였다. 인촌은 중앙학교를 민족운동의 요람지로 활용하고 싶었고 민족의 유위 유능한 귀한 인재들을 배출하는 민족주의 중심학교로 크게 성장시킬 각오가 확고하게 서 있었다. 일제 강점하에서 혁명적 3·1운동, 6·10만세운동, 광주학생운동19) 등으로 이어지는 격렬한 민족운동이 지속적으로 중앙학교에서 잇달아 먼저 일어났던 사실은 결코 우연의 일이 아니었다. 이것을 그는 가장 큰 자랑으로 여겼다.

인촌은 도쿄 체류 6년간의 학업과 견문도 사실상 사립학교 설립을 위한 준비운동이었다고 스스로 평가하였다. 그러기 위해서는 중앙학교를 민족운동의 중심 요람지로 삼아야 한다는 뜻을 굳히고 동지들을 포섭하는 일도 학교경영 못지않게 우선순위로 비중을 두었다. 그가 중앙학교를 보성전문보다 더 비중을 두고 각별히 운영해나간 사실로도 그의 인재육성의 집념을 알 수 있겠다. 이를 교직원에게도 수시로 알렸다. 따라서 인촌이 인수한 중앙학교는 뒷날 논의되던 민립학교요 민족학교의 시초라고 평가해도 무리가 아닐 것이다. 더욱이 그곳

---

17) 앞의 《인촌 김성수전》, 101~104쪽.
18) 앞의 "인촌의 독립을 위한 집념", 86~87쪽.
19) 이현희, 《한국민족운동사의 제인식》, 자작아카데미, 2004, 206, 299, 300, 331, 383, 416, 417쪽.

에서 혁명적인 3·1운동이 일어나지 않았던가?

5. 인가획득과 초기 중앙학교 운영

마침내 인촌은 작은 소원을 성취한 셈이었다. 그는 1915년 4월 27
일 중앙학회로부터 중앙학교 경영의 완벽한 인수절차를 종료하였다.
양부와 생부가 공동 설립자로 등록되었다.[20] 사실상의 설립자인 인
촌은 교장이 아닌 평교사가 된 채 5월 4일 교장 대리 남궁훈이 사임
하자 교육자이며 선각자인 석농(石儂) 유근(柳瑾; 1861~1921)을 학
교장에 추대하고 안재홍(安在鴻)을 학감에 임명하였다. 11월 10일
조선총독부 고등보통학교령에 의거하여 학칙을 변경하고 수업연한을
4년으로 개정 시행하였다.

돌이켜 보면 인촌은 조선총독부 학무국장 세키야와 근 1년간을 두
고 100여 번이나 되는 끈질긴 청원과 회견 끝에 겨우 인가를 얻었다
고 임정의 자료에서 지적하고 있다.[21] "왜 청년을 교육하려 하느냐"
고 퉁명스럽게 내뱉듯이 던지는 학무국장의 질문에 인촌이 "우리 민
족도 남과 같이 잘 살려고 함이오"라고 즉답하자 학무국장은 바보 같
은 소리라고 소리를 버럭 질렀다고 한다. 그는 조선인의 교육은 우리
조선총독부가 맡아서 잘하고 있지 않느냐고 하면서 돈이 남아돌아가
면 실업에나 활용하라고 핀잔을 주었다고도 한다.[22]

---

20) 조선총독부 학무국 당국자는 인촌의 학교인수 신청서를 유보한 채 딴전만
   피우고 있었다. 이에 인촌의 와세다대학 은사인 나가이(永井柳太郎)와 다
   나카(田中穗積) 두 교수가 서울에 온 것을 기회로 하여 그들로 하여금 당국
   과 교섭하게 하여 어려운 허가장을 받아 냈다.
21) 《한일관계사료집 2》— 임정편, 1919. 9. 23.
22) 앞의 《김성수전》, 104~106쪽.

석농 유근

사실 따져보면 인촌의 재부관(財富觀)은 매우 건전하였다. 그는 다음과 같이 그의 청결한 재부론을 피력한 바 있다. 경청할 명언이라고 본다.

나는 황금만능논자도 아니요 또 배금가의 신경을 가져본 적도 없다. 돈은 매우 소중한 것이지만 인격과 의리보다는 덜 소중하다. 나는 일찍이 돈이 제일이라고 생각해본 적이 없다. 부자는 결코 하늘에서 우연히 굴러 떨어지는 것이 아니다. 23)

인촌이 처음 인수할 당시 중앙학교는 서울 화동 138번지 홍수렛골의 건평이 겨우 80여 평 남짓한 평범한 옛날 한국식 기와집이었다. 1908년 개교 이래 인촌이 인수할 때까지 3백여 명의 졸업생을 배출한 기록이 있다. 인촌은 자신이 이 학교를 맡은 이후로는 인재육성에 진력하고 이를 위해 유능한 교사를 모셔왔다. 이때 마침 평생동지 고하(古下)가 1915년 7월 메이지(明治) 대학 법과를 졸업하고 귀국하여 인촌과 손잡고 중앙학교를 함께 운영하게 되었다. 인촌은 고하에게 교무일체를 맡기고 자신은 평교사로서 영어와 경제학을 강의하였다. 안재홍이 사직한 뒤 그 뒤를 이어 고하가 학감으로 봉직하였는데 고등보통학교령이 개정되면서 수업연한이 4년으로 1년간 연장되어 시설의 확충이 불가피하게 되었다. 마침 용인 출신 유근 교장도 후진을 위해 용퇴한다면서 1917년 3월 그 자리를 물러났다.

이에 인촌이 3월 30일자로 교장에 취임하여 다음 해 1918년 3월까지 약 1년간 성실하게 집무하였다. 24) 이처럼 인촌은 중앙학교가 자

---

23) 김성수, "백만장자의 백만 원 관", 〈삼천리〉, 1935년 9월호.

신의 학교였으나 전혀 오너십을 나타내지 않는 그런 겸양과 도덕적인 인격을 지니고 있어 천하인재들의 마음을 살 수 있었다고 평가할 만하다.[25] 또 현민(玄民) 유진오(兪鎭午)가 인촌은 겸손, 무욕(無慾), 무사(無邪)의 3요소가 구비된 인격자라고 평가한 것은 친소관계를 떠나 일견 경청할 객관적 평가의 참가치가 있음을 확인한다.[26]

성경의 다음 말은 만년에 교인이 된 인촌이 사회발전에 기여한 것을 의미하는 귀한 하나님 역사의 말씀으로 생각된다.

> 밀알 하나가 땅에 떨어져 죽지 않으면 한 알 그대로 남아 있고 죽으면 많은 열매를 맺는다(요한복음 12:24).

6. 학교의 교지작성과 서울 계동의 교사 신축

인촌은 중앙학교를 인수한 뒤 유근 교장이 사임하여 처음으로 약 1년간 교장직을 수행하고 있었다. 이보다 조금 앞선 시기에(1917년 3월 5일) 인촌은 중앙학교 교사 최규익(崔奎翼) 등 수십 명과 같이 경성고등교원양성소 내의 비밀결사인 조선 산직장려계(朝鮮 産織奬勵稧)가 전국중등교사를 중심으로 주주를 모집할 때 주동적인 역할을 수행하다가 일경에 체포되는 수난을 당하였다.[27] 이것은 인촌의 산업장려를 위한 전초적인 사업수행의 단초였다고 보아도 좋을 것이다. 경방(京紡)도 이런 연유로 창립한 것이 아닐까 한다. 그는 이 계세(稧勢)를

---

24) 인촌이 1년간 교장으로 재직할 때 인재양성과 민족운동의 요람지를 마련하고자 일선에서 열심히 뛰었다.
25) 김수환 추기경의 인촌 50주기 추모사 참조.
26) 유진오, 앞의 "인촌을 생각한다"의 추모의 글 참조.
27) 이현희, 《한국현대사산고》, 탐구당, 1975, 31~32쪽.

확장하여 실력을 양성해서 국권회복을 달성하려는 애국활동 중에 누군가의 제보로 잡힌 것이다.[28] 그런데 이 계에는 의외로 다수의 인사가 연계되어 있었다. 종교지식인 신흥우(申興雨), 이은상(李殷相) 등의 저명인사 130여 명이 이에 관련되어 국권피탈 이후 대대적인 국권회복운동을 계획하다가 밀고자의 제보로 일망타진된 것이다.[29]

그러나 인촌은 경찰서에 연행되어 혹독한 소정의 수색과 조사를 받고 훈방되었다. 중앙학교의 인수자이며 곧 교장이 되리라는 사회적 신분이 그로 하여금 억류보다는 사회적으로 활동하게 한 것 같다. 인촌은 곧 나와 중앙학교장에 취임하여 교무행정을 폭넓게 보았다. 그는 교장직을 선공사후(先公私後) 정신으로 수행하였다.

인촌은 그동안 준비하던 교지확장을 위해 노심초사하다가 1917년 6월 서울 계동 1번지 지금의 중앙중고등학교 자리를 매입, 확장하는 데 성공하였다. 당시의 대지는 4,311평이었는데 그 그윽한 우거진 숲속에는 상하이 대한민국 임시정부의 군무부장과 국무총리를 역임한[30] 애국지사 노백린(盧伯麟; 1875~1926) 장군의 6칸 크기의 한옥 한 채가 있었다.[31] 노백린 장군의 집도 인촌이 인수하여 6월 10일 그곳 학교대지 위에 신교사를 건축하기 시작하여[32] 11월 20일 건평 120평의 연와 2층 1동과 부속건물을 준공하고 성대하게 낙성식을 거행하였다. 12월 1일 화동 옛 교사로부터 완전히 이전하면서 계동시대 중앙학교의 웅자가 나타나기 시작하였다. 이때부터 인촌이 주재

28) 《경북경찰부 치안개요》, 260~4쪽 참조.
29) 이현희, "한국의 독립사상과 문화운동", 〈역사교육〉 22, 서울대 사대, 1977.
30) 이현희, 《대한민국 임시정부사 연구》 2, 혜안, 2004, 127~31쪽.
31) 이현희, 《계원 노백린장군연구》, 신지서원, 2000, 60~71쪽.
32) 중앙학교 교정에는 필자가 중심되어 노백린 장군의 집터였음을 알리는 서울시의 기념표석을 설치한 바 있다. 인촌도 이 집터가 노백린 장군의 집이었다고 하여 여간 기뻐한 것이 아니었다.

하는 명실상부한 계동의 명문사립 중앙학교
시대가 열린 것이다. 학생 수도 당초 80여
명 선에서 비약적으로 증가하여 약 3백여
명 선으로 증원확장되었다. 이 학교의 교사
들도 쟁쟁한 민족지도자급이 부임하여 인촌
의 민족주의 교육을 본받아 솔선하여 실시
하였다. 이로부터 바람직한 민주역군으로서
의 인재가 배출되게 된 것이다.

노백린 임정 국무총리

　　이제 중앙학교의 존재는 조선사회에서 누
구도 무시 못 할 하나의 민족산맥을 형성하
게 되었다. 인촌은 늘 자신을 뒤에서 조력하는 일꾼, 머슴으로 자처
하였듯이 교장을 1년 정도 역임하고 1918년 3월 고하(송진우)에게 그
자리를 물려주었고 각천 최두선(崔斗善)을 학감으로 보임하였다. 자
신은 물론 평교사로 돌아가 본래의 교육에 충실하였다. 그것은 인촌
이 조언자되길 선호한 결과로 볼 수 있다.[33] 총책임자 지위는 남에
게 넘기고 자신은 뒤에서 조력자, 후원자의 자세로 떠받드는 내조형
의 지도자를 자처하는 처세의 묘를 살린 것이다.[34] 현민 유진오가
지적한 것처럼 인촌은 고도의 경륜가이며 인의를 생활의 신조로 삼은
안목과 식견을 갖춘 의인이고 거인이었음을 증명하는 사례이다.[35]

　　그러나 자신이 인수한 중앙학교의 교지(敎旨)만은 인촌 자신이 직
접 작성하였다. 그것은 요약하면 웅원(雄遠), 용견(勇堅), 성신(誠
信)의 3대 요소였다. 그가 일찍이 와세다대학 때부터 계획하였던 사
립학교 운영인지라 창립자 오쿠마의 건학정신을 여기에 살려서 이런
교지를 설계할 수 있었던 것이다. 그것은 이 학교의 교육구국 및 입

33) 〈동아일보〉, 1924. 10. 23. 동아일보 취임사 참조.
34) 앞의 "독립을 향한 집념", 82~86쪽.
35) 김수환 추기경의 앞의 글 참조.

국의 웅혼한 기백을 떨치는 것임과 동시에 새 시대의 새로운 고도의
품격 있는 가치관을 나타낸 것으로 온건 민족주의자 인촌의 문화민족
사상이 무엇이었는가를 약여하게 집약한 사상체계라고 정의할 수 있
다. 인촌은 동시에 학생들에게 교복을 착용하게 독려하였다.

특별히 관심을 끄는 것은 인촌이 구상한 민족 교사진의 구성이었
다. 그들의 면모를 살펴보면 얼른 수긍이 가는, 그런 인재 중의 인재
라고 평가할 만한 뛰어난 인물들이 명단에 올랐다. 우선 이강현, 최
규동, 이중화, 이광종, 이규영, 권덕규와 신흥무관학교를 졸업한 변
영태(卞榮泰) 외에 유경상, 유태로, 고희동, 조철호, 박해돈, 나원
정(羅原鼎) 등 기라성 같은 쟁쟁한 민주인재들을 모셔온 것이다. 교
사로 모셔온 면면들을 보면 인촌의 인재평가 기준을 짐작할 수 있겠
다. 스카우트되어 온 이들 교사는 모두가 바로 인촌이었다. 인촌의
취지를 선도적으로 이해하고 그 심오한 뜻을 학생들에게 잘 이해시키
게 되어 학생들이 오히려 교사들을 따르는 그런 아름다운 교육적 현
상을 보여주었기 때문에 인촌의 교육열의는 더욱 욱일승천했다.

도쿄 유학시절부터 웅대한 계획을 추진하였던 포부가 곧 건실한 사
립학교의 운영이었으므로 5천 년의 한국역사를 짓밟은 일제를 점진
적으로 꺾을 항일 민족교육에 온 정략을 경주하였다. 그것은 곧 인촌
의 체계적인 민주독립사상이 교사들을 통해 학생들에게 감동적으로
쉽게 전달된 것으로 평가할 수 있다.[36] 인촌은 더 큰 일을 개척하려
는 또 다른 전진적 포부를 실현시켜 나갔다.[37] 그는 거국거족적인
혁명적 3·1운동의 최초 산실인 숙직실 — 계획 요람지 — 을 개설하
고 본격적인 민족운동을 일으킬 것을 은밀히 측근인사와 긴요하게 협
의하기 시작하였다. 일생일대의 큰 사업은 일제를 타도하고 민족의
완전자주독립을 되찾는 혁명적 대 민족운동의 봉화라고 그는 스스

36) 앞의 《인촌 김성수전》, 104~108쪽.
37) 김준연, "인촌 김성수선생을 보내면서", 〈동아일보〉, 1955. 2. 24.

중앙학교 숙직실. 인촌은 이곳에서 송진우, 현상윤 등과 3 · 1운동을 계획했다.

로 확신하였다.

　일본유학시절 전후 6년 동안 고하 송진우 등과 같이 일본의 중심도
시를 순시하고 학교를 통해 정치경제학을 연구한 뒤 귀국한 인촌은
그 특유의 독립사상을 체계적으로 조용히 실천에 옮길 것을 스스로
다짐했던 것이다. 그가 은밀한 중앙학교의 숲속 뒤편에 숙직실을 마
련한 것은 단순히 경비만을 위한 초소의 마련이 아니고 더 큰 일을
위한 전초적 포석이었다. 이 같은 큰 봉화의 깜짝 놀랄 일을 마음속
에 잉태하고 있었던 것이다. 38) 그것이 곧 사립 중앙학교 내의 깊숙
한 곳에 자리잡은 민족운동의 진원지-책원지인 유명한 숙직실이었
다. 39) 이곳에서 동지들과 같이 세상을 놀라게 할 혁명적인 3 · 1 운
동을 계획하고 동지들을 모아 연락을 취하였던 것이다.

　냉혹 무비한 헌병경찰 통치하에 이런 큰일을 일으킨다는 것은 신념

---

38) 민족문화협회, 《3 · 1운동》, 민족문화 문고 간행회, 1982, 321쪽.

39) 이현희, "3 · 1운동과 인촌 김성수", 《평전 인촌 김성수》, 동아일보, 1991,
　　 204~229쪽.

이 강하고 의지가 굳지 않으면 절대 불가한 엄청난 대혁명적인 의거가 아닐 수 없었다. 인촌의 대담하고도 위대함이 여기에 있는 것이다. 물론 천도교의 손병희 등 종교계 인사들과의 자체적인 연결과 계획, 주선으로 인하여 거국 거족적인 거사가 성공할 수 있었으나 인촌의 선도적인 임무로서의 중앙학교의 숙직실이 그의 원초적 시발점을 제공하고 위대한 집착의 설계가 여기서 착수되었던 것은 숨길 수 없는 사실이었다. 다음 제2부에서 상세히 그 전말을 풀어나갈 것이다.

仁村 金性洙

제 2 부

민족운동
실천과
경제·언론
창달 집념

3·1 혁명의 추진과 민족운동

1. 인촌의 독립사상

인촌의 민족독립사상은 언제부터 어떻게 형성되었으며 그 특징은 무엇인가. 그의 사상체계를 민족독립사상적 측면에서 파악해 본다는 것은 용이한 일이 아니다. 그가 남겨놓은 논문이나 강연록, 그리고 일기나 비망록 같은 자료가 상세하지 못하기 때문이다. 기록이 그만큼 중요한 의미를 내포하고 있는 것이다. 따라서 방증적인 자료에 의존할 수밖에 없겠다.

그러나 그의 독립사상이 형성된 것은 3·1혁명 이전일 것으로 보이므로 대체로 서거할 때까지 전후 2기로 구분해 볼 수 있겠다. [1]

그 제1기는 그가 태어나서부터 18세 때 도일하기 직전까지 약 20년간 조선조의 저명한 13대 선조 호남의 유학자 하서 김인후(金麟厚)의 가훈적 유교교육을 통한 충효적 교훈과 자주 자립적 전통사상 속에 배태된 독립사상이 체계적으로 형성되는 시기라고 생각해 볼 수 있겠다.

---

1) 3·1혁명 이후(1919) 그가 서거할 때까지(1955) 35년 동안 또 다른 일제 강점 하에서 독립사상이 폭넓게 체계화되었을 것이라고 본다. 그의 독립사상 배태기는 바로 이때일 것으로 볼 수 있을 것이다.

　다음 제2기는 그가 담대하게 허락도 없이 도일 유학하던 1908년 18세 이후부터 1919년 3·1혁명이 폭발하던 29세까지의 10여 년 동안이었다. 이때 그는 국내에서 수용하였던 유교적 충효사상이라는 바탕 위에 미국의 자립적 발전을 수용한 일본의 선구적 사상가, 개혁가 등으로부터 간접적 영향을 받아 세계사적인 안목 속에서 새로운 자아발견의 애국사상을 터득 정착시킬 수 있었다. 그것은 일본에 유학하던 동료 선후배 등으로부터의 상호보충적인 충격이나 서구적 신학문의 학습보완 속에서 가능할 수 있었다. 그러니까 일본 유학시절이라는 가장 민족적 감수성이 민감하고 발랄했던 20대 초에 피압박 속의 한민족의 장래를 염려하면서 이를 극복선양하기 위하여 자립사상이 서서히 체계화되고 온축되었다고 보는 것이 올바른 판단일 것으로 본다.

　그것은 그가 의욕적으로 사립의 명문이며 학문의 자유를 외친 와세다대학에 들어가 구미의 학문을 간접적으로 열심히 공부하여 배우고 익힌 것을 귀국 후에 실천으로 옮긴 때에 더욱 굳게 체계적으로 뭉쳐질 수 있었던 게 아닌가 한다. 그것은 그가 귀국한 뒤 곧 사립중앙학교를 교섭 끝에 인수하고 민족정신이 투철한 주변의 친구·선후배를 그 학교와 숙소 주변으로 집결시켰다는 것으로 알 수 있다. 마침내 그것은 온 국민이 경악, 용약할 3·1혁명을 최초로 계획, 실천으로 확산시켰다는 성공된 사례를 통해 그렇게 지적할 수 있을 것이다.

　1934년에 다음과 같이 회고한 말 중에서 나타나는 '온몸에 흐르는 정열과 정조'가 곧 인촌으로 하여금 조국애, 민족애, 동포애를 동시에 체계적으로 엮을 수 있었던 가장 적절한 사상체계의 호기가 아니었을까 싶다.

　　와세다대학에 들어간 것이 스물한 살 때요 졸업한 것이 스물네 살 때였으니, 내 사지에 흐르는 방분한 정열과 오관을 싸고도는 로맨

틱한 정조는 막으려야 막을 수 없었겠지 않겠는가. 2)

　　그는 이 와세다대학 시절을 자신의 청춘의 회상과 아울러 영원히 가슴에서 사라지지 않을 로맨틱한 민족·민주 사상의 온축된 체계로 인식한 것이라고 확신하였던 것이다. 인촌이 1911년 가을 와세다대학 본과에 진학했을 때 국권피탈에 비탄과 충격을 받고 귀국했던 고하(송진우)가 인촌의 신중론을 부러워하며 인촌의 계씨 수당 김연수와 함께 도쿄로 다시 돌아오면서 다시금 두 사람의 우정과 민족적 활동에의 구상은 더욱 구체화되고 돈독, 활발, 성숙해졌다. 고하는 인촌과는 달리 뜻한 바 있어 명문 메이지대학 법과에 입학하였다. 인촌과 고하는 각기 정치 경제와 법률공부에 전심전력하였다. 미래세계는 이런 학문의 위력이 좌우할 수 있다고 굳게 믿었기 때문이다.

　　인촌은 현대세계에서 가장 필요로 하는 장래성 있는 학문이 정치 사회 경제라고 믿었다. 비록 진학한 대학은 다르다 해도 두 사람은 항상 자주 만나 시국을 토론, 담론하면서 국내문제를 더욱 관심 있게 우선 연구의 대상으로 삼았다. 처음 인촌으로부터 학자금 등을 지원받았던 고하는 서먹서먹하게 대하였으나 그것이 인촌의 천성이고 그의 견해가 타당하다는 데 생각이 미치자 그와 같은 껄끄러운 감정을 깨끗이 정리하고 이전보다 더욱 가까이서 협조하기 시작하였다.

　　인촌은 대외정세와 관련된 전문서적을 탐독하면서 일본이 우리나라를 강점한 뒤 대륙에까지도 그 침략의 마수를 펼칠 것이라고 믿고 민주주의사상 — 자유, 평등, 박애 — 등을 신봉하기 시작하였다. 그것은 곧 애국계몽사상으로 승화, 발전하였다. 그가 와세다대학 본과에 입학한 때(1911년)는 중국에 신해혁명이 일어나 삼민(三民)주의에 따른 새로운 중화민국의 정통성이 회복된 때였다. 인촌은 우리는 언

---

2) 김성수, "대학시대의 학우들", 〈삼천리〉 1934년 5월호.

제 다시 우리의 정통성을 되찾을 수 있을까를 궁리하고 있었다.

그 다음 해에는 다이쇼(大正) 왕이 작고한 메이지 왕의 뒤를 이어 집권하였다. 다이쇼 시대가 도래한 것이다. 이 시기 일본에는 민권운동이 대대적으로 일어나고 있었다.[3] 인촌은 각종 민권운동에 관한 집회에 거의 빼놓지 않고 반드시 고하와 동행, 감동적으로 참관하였다. 여기서 두 사람은 큰 감명을 받았다. 일본제국주의 하의 민권운동은 곧 피침략 상태하에 있는 한국민의 필수적인 자립과 자활운동이라고 판단하고 국제정세를 예의주시하면서 둘은 굳게 뒷날들을 다짐하고 예측하였다. 이 같은 각오가 귀국 후 학교경영과 민족독립 운동,[4] 그리고 경제부흥 운동,[5] 언론운동 등[6] 자강부국의식으로 확신, 체계화되어 차츰 심화, 확대, 다양화되어 간 것이다. 인촌의 민족기업 활동의 의욕도 여기서의 짙은 영향 아래 싹터 민족기업의 대표 '경방'으로 구체화되었다.[7]

인촌의 민족교육운동의 새로운 각오와 포부가 처음 착실하게 계획된 시기도 바로 도쿄 유학시절이었다.[8] 따라서 인촌의 독립사상이 그 65평생을 초지일관되게 담박명지(淡泊明志)로 이끌어 한국의 근대화를 그만큼 앞당기게 된 것으로 믿을 수 있겠다.[9] 이것은 아무래도 남아 있는 한국국민의 큰 행운이었다.

---

3) 인촌기념회 편, 《인촌 김성수 전》, 동아일보사, 1976, 76~77쪽.

4) 최영희, "일제하의 민족교육", 《인촌 김성수의 애족사상과 그 실천》, 동아일보사, 1982, 58~84쪽.

5) 주익종, 《대군의 척후》, 푸른 역사, 2008, 19~22쪽.

6) 천관우, "인촌과 민족언론", 앞의 자료, 221~236쪽.

7) 조기준, "한국민족기업 건설과 사상적 배경", 앞의 자료, 85~155쪽.

8) 백낙준, "인촌 김성수와 민족교육", 앞의 자료, 207~220쪽.

9) 주요한, "한국 근대화와 인촌", 앞의 자료, 237~254쪽.

2. 도쿄유학생과의 교류와 인적 자원

이렇게 일제 강점기는 그들의 자의에 따라 마음대로 한국의 발전을 일제중심으로 통어(統御)할 때였다. 인촌은 도쿄유학 때 교유, 담론한 여러 명의 우수한 인재들과 어울려 나라를 찾고 근대화시키는 방도를 공동으로 모색하였다. 인촌은 그들이 다 민족의 필수자원이라고 믿었다. 메이지 유신의 신화를 그는 감명 깊게 인식하고 있었기 때문이었다.

인촌은 자신보다 5년 후배인 설산 장덕수를 비롯하여 최남선, 현상윤, 최두선, 유억겸, 김준연, 이인, 김용무, 신익희, 이강현, 이광수, 양원모, 조동호 등 유학한 나라와 대학을 초월하여 정치, 경제, 교육, 언론 등 각 분야에 걸친 유능한 인사와 교분을 두터이 하였다. 친구가 장래 큰 자산이라고 믿었다.

그들 친우들은 한결같이 일본이나 중국에서 열심히 일제의 비약적 발전을 익히고 감동 속에 참되게 배워 고국에 돌아가 빼앗긴 조국을 다시 찾아 일본처럼 발전의 동력과 활력이 넘치는 나라로 재건해야 하겠다는 각오가 역력하였다. 애국의식을 갖고 있던 인촌은 그들과 가까이 하면서 간담상조(肝膽相照)하고 애국애족(愛國愛族)에의 정열을 불태웠다.

인촌은 비록 우리나라를 탈취한 나라가 일본제국이나 그 나라의 뛰어난 선각자로부터는 배울 것이 있다고 생각하였다. 일제(日帝)라고 다 혐오한 것은 아니었다. 일본인이라고 하여 다 배척한 것은 아니었다. 선별 수용한 것이다. 그가 숭배한 사람들은 와세다대학을 설립한 오쿠마와 게이오대학을 설립한 세계적인 선각자 후쿠자와 유키치(福澤諭吉)였다.

오쿠마는 자유민권사상가로 정계에서도 비중이 있는 중후한 인물이었다. 그는 개진당을 조직하고 동지와 같이 손잡고 민권운동을 결속,

108

고려대박물관 소장의 《서유견문》 필사본

진행시켰다. 영국식 온건주의 민권운동가에 인촌이 매력을 느꼈던 것은 성품이 자신과 비슷하였으며, 침략국의 지도자답지 않게 중후한 객관적 인격이 있어서 그의 언행을 관심 있게 주목하였기 때문이다. 그의 사상과 경륜이 깃든 와세다대학은 그래서 학문의 자유

와 독립이 교지(敎旨)로 명기되어 있었다. 이것이 일본국민의 강점인 민족정신으로 승화, 체계화, 세계화되어 와세다대 학생은 누구나 오쿠마를 존숭하였다. 그는 정계에 있다가 대학으로 와서 총장으로 만년을 지내면서 자유와 민권사상을 고취하였으며 학문의 독립성을 강조한 위에 진리탐구에는 자유가 주어져야 함을 신조로 삼았다. 10)

후쿠자와는 개화사상가요, 교육자로서 일본인에게 깊은 영향을 주었다. 그의 대표적인 저서 중 《서양문견록》은 일본의 개화-근대화를 촉진시킨 서적으로 유길준의 《서유견문》도 이에 영향을 받은 것이다. 11) 그가 설립한 사립명문 게이오대학은 그의 서구 선진사상을 체계화한 내용으로 그의 독립자존이라는 자주사상을 나타내고 있었다. 그것이 일본 국력의 저력이라고 여긴다. 인촌이 그에게 관심을 갖게

10) 김성수, 앞의 논설 참조. 인촌은 "오쿠마는 모든 정치적 공로가 매몰되는 날이 온다 할지라도 와세다대학을 통한 교육 사업가로서의 공적은 萬古不朽하리라"고 회고한 바 있었다. 그는 와세다대학을 바로 독립사상 체계화의 온상이며 그 발상지라고도 생각하고 있었다. 그것은 진리탐구를 위한 학자의 독립성이 보장됨에 경탄하였기 때문이었다. 학문의 자유가 있는 대학은 그것이 비록 일본이라 해도 우리의 현실과 비교할 때 별천지와도 같다고 느꼈다. 앞의 《早稻田(와세다)대학 80년지》 참조.
11) 이광린, 《한국 개화사상 연구》, 일조각, 1979, 59~79쪽.

된 것은 바로 그 독립, 자립이라는 단어 때문이었다. 나라를 빼앗긴 불운한 조국을 생각할 때 독립자존과 자강만큼 우리 현실에 더 절실한 것은 없으리라고 그는 속으로 굳게 믿고 있었다.

인촌은 그 두 선각자-사상가의 학교경영과 독립자주사상을 마음속의 모델사상으로 간직하고 귀국하여 그 독립자주정신을 국가부흥을 위해 실천에 옮겼다.

도쿄는 사상의 백화점이라고 지칭할 만큼[12] 각종 외국사상이 활발히 용출, 전개, 수용되고 있었다. 자유민주주의 사상에서부터 공산주의 사상에 이르기까지 세계적 사상이 다양하게 신봉되고 일본국민은 그 뜻에 따라 자유롭게 선택권을 가지고 있었다. 인촌은 6년간 일본에 체류하면서 자유로운 학문연구와 사상흡수 수용으로 그 독립사상 체계가 이곳 생활에서 크게 체계화되고 영향을 받았다고 믿는다.

인촌은 고향으로부터 오는 학자금으로 자신 외에 재능 있고 장래성 있는 어려운 학우들에게 혜택을 베풀었다. 그러니까 그의 도움을 받은 학우는 고하(古下) 뿐이 아니었다. 그것을 인촌은 전혀 남이 알아차리지 못하도록 세심하게 배려하였다. 자존심을 침해하기 싫어서였다. 적선지방(積善之方)에 필유여경(必有餘慶)을 그는 굳게 믿고 있었다.

그런 가운데 그는 자유민주주의 사상을 체득하여 교육구국사상을 정립시킴으로써 독립사상의 체계적인 인식의 바탕을 마련하였다. 이를 토대로 교우를 맺은 조소앙, 여운형, 이광수, 장덕수, 신익희 등과 같이 해외에 나가 독립운동에 뛰어들 생각도 없지 않았다.

그러나 그는 일제의 억압을 받고 신음하는 우리 동포민족 사회에 직접적이고 실제적인 이득을 줄 수 있는 현실적 방법이 무엇인가를 곰곰이 생각했다.[13] 해외로의 탈출만이 국가와 민족에게 이익이 될

12) 강주진, "인촌의 독립사상과 노선", 《인촌김성수의 애족사상과 그 실천》, 동아일보사, 1982, 37쪽.

수는 없다고 믿은 것이다. 마치 월남(月南)의 경우와도 같다고 평가할 수 있겠다. [14] 일제 침략하의 고국을 지키면서 국민의 이익을 대변하여 베푸는 것도 민족독립 못지않게 시혜 면에서 크게 보람 있는 일이라고 믿었다. 마치 월남 이상재가 망명을 거절하고 국내에서 항쟁해야 했던 이론과 비슷한 것이었다. [15]

그 이론은 우선적으로 고국에 돌아가 우리의 청소년을 직접 키워 유능한 인재를 배출하고 그들이 광복투쟁에 전념한다면 탈취당한 조국은 쉽게 원상회복될 수 있을 뿐만 아니라 비약을 위한 재건사업에도 주도적으로 참여, 큰 성과를 거둘 수 있으리라는 것이었다. 그러니까 인촌은 광복투쟁에는 무장투쟁과 정신 문화사적인 양면의 항쟁이 동시에 병행 추진되어야 효과-실효가 있다는 평소부터의 생각을 굳히고 있었다. [16]

인촌은 학교교육을 통해 민족의식과 자강의 신념을 고취시키고, 유구한 단군조선의 5천 년 역사를 간직한 수준 높은 문화민족임을 자랑스럽게 여기도록 국민들을 선양하는 것이 그 자신에게 맡겨진 최대의 당면한 책무라고 믿었다. 인촌은 그 길을 충실히 걷는 것이 민족독립운동과 자강의 한 방편-방법으로 비중이 실리게 될 것이라는 확신을 가지고 있었다. 인촌은 자신과 교류가 있었던 도쿄 일본유학생들이 곧 큰 국가적인 재산이며 민족의 재건을 위한 활력의 본체라고

---

13) 앞의 《인촌 김성수전》, 86~87쪽.
14) 이현희, 월남 이상재의 한국민족운동, 〈문명연지〉, 19, 2007.
15) 이현희, "월남 이상재의 한국민족운동", 〈문명연지〉(한양여대) 19, 2007.
16) 인촌은 독립운동의 방략을 말할 때 총칼로 진행시킬 수 있는 것이 정도이겠으나 언론 교육 청년운동의 문화민족적 방법도 있다고 자신의 견해를 피력한 바 있다. 따라서 광복운동에는 무장투쟁과 정신문화사적인 항쟁이라는 양면성을 특징 있게 동시에 균형 있게 활용할 수 있는 것이라고 그의 측근들에게 강조하곤 하였다. 그중 특히 교육구국운동의 효율성이 높이 강조된 것을 주목할 수 있겠다.

믿었다. 따라서 사람 믿음의 자원으로의 활용과 전용이 무엇보다 장
래성 있는 큰 민족적 유산이라고 파악한 것이다.

3. 거국적 민족운동의 계획, 중앙학교의 숙직실

인촌이 향리로부터 처음 상경하여 매입한 가옥은 서울 계동 130번
지의 한옥으로 김사용(金思容)이 거주하고 있었다. 인촌은 학교경영
을 맡다 보니 가정다운 가정을 꾸밀 만한 시간적 여유도 없고 분위기
도 그렇게 안정되지 못하였다. 24시간 학교만을 생각하고 학교를 번
영시킬 방도를 강구하고 있었기 때문에 사실상 다른 일에는 그다지
신경을 쓸 마음이 없었다. 전적으로 학교운영에만 신경을 쓰고 있었
기 때문이었다.

마침 새로 단장한 멋진 계동 신축교사로 옮긴 뒤 인적이 드물고 수
풀이 우거진 이곳의 숙직실은 주요 교사들의 사택이 되기도 하였다.
그러나 그것은 단순한 사택이 아니었다. 그곳을 나라를 구할 비장의
무기로 삼게 된 것이다. 여기서 고하와 기당(幾堂) 현상윤(玄相允,
1893~1950년 납북)이 숙식을 같이하면서 해외에서부터 번영시킬 마
음을 갖고 있던 중앙학교의 일을 맡아 처리하고 있었다. 시간만 나면
여기에 모여 핵심참모들은 구수회의를 거듭하였다. 인촌이 마침 이
두 친구를 좋아하였기에 자신도 그들과 장래를 의논할 겸해서 이곳에
서 기거하는 일이 많았다. 오히려 집보다도 비밀이 잘 유지 보존된다
는 이점도 고려한 것이다. 필요할 때 식사는 가끔 가까운 거리에 있
는 김사용의 집에서 만들어 날라다 먹곤 하였다.

정주 출신인 기당(幾堂)은 와세다대학 사학 및 사회학과를 졸업하
고(1916년) 인촌의 초청을 받아 중앙학교를 인수한 지 얼마 안 된
1918년 동교의 교사로 부임하였다. 《조선유학사》를 저술하여[17] 그

분야에서 선구적 업적을 낸 바 있는 기당은 인촌의 대학후배로서 인촌보다 두 살 아래였다. 인촌이 28세, 고하가 29세, 기당이 26세였으니 이 세 사람은 곧 뒷날 3·1 혁명의 책원지로서 이 학교 숙직실을 민족운동의 요람지로 삼아 극비리에 보람 있게 한국현대사를 창조해 나갔던 것이다.

우리가 접근할 수 있는 〈인촌 김성수선생 묘비〉에 다음과 같이 명기되어 있듯이 중앙학교는 민족정신이 투철한 뛰어난 인재배양의 요람지로서 부각되었으니 그것은 인촌의 교육구국 정신의 구체적 성과였다.

> 결연히 일본 도쿄에 유학, 와세다대학 정경학부를 필하고 환국하자 10년 생취(生聚)와 원모(遠謀)로 중앙학교를 중흥하여 독립지사의 기개로 교풍을 삼고 지덕의 연마탐구에 힘쓰니 민족생명을 부지할 당대의 인물들이 여기서 배출되었다. 3·1 기미독립운동의 획책근거도 바로 이 학교였으며 그 후 길이 민족정신 함양의 본산이 된 것도 이 학원이었다. 18)

신뢰감이 드는 비문이다. 그는 이 같은 인재를 통해 우리 근, 현대 사회에 큰 빛을 던져 주었다. 중앙학교, 보전(고려대학) 등 학원을 경영하며 교육을 통해 유위한 인재를 양성하였으니 교육가로서뿐만 아니라 언론계, 실업계, 정치계 근대화의 공로자라고 추모한 애국투사 최승만의 추억담은 경청할 가치가 있다. 19) 도쿄의 사립 도요(東洋)대학 출신의 우수한 인재인 극웅(極熊) 최승만(전 인하대 학장)은 도쿄 2·8 선언에 가담하였으며, 인촌과 출신대학은 달라도 그 사람

---

17) 《기당전집》, 나남, 2008 참조.

18) 1991년 3월 27일 인촌기념회, 동아일보사, 고려중앙학원, 경방 등 5개 유관기관에서 공동으로 건립한 비문 내용 중의 일절이다.

19) 최승만, 《극웅필경》— 최승만문집, 1970, 138 ~640쪽.

됨이 마음에 들어 인촌의 사랑을 받았다.

중앙학교 숙직실은 단순히 숙직하는 건물로서만 기능한 것이 아니라 민족운동가의 정보교환 및 계획 모의, 집합 연락, 담론창출 장소로서 그 숨겨진 의미가 매우 심대하였다.

인촌의 친구인 도쿄제국대학 학생이던 김우영(金雨英)은 중앙학교 숙직실의 참다운 의미를 이렇게 감동적으로 표현하였다.

> 하기 방학에 귀국하면서 서울 계동의 중앙학교 숙직실은 우리 동지들의 집회의 처소였다. 인촌은 아직 서울에 이사도 아니하고 중앙학교 숙직실에서 오랫동안 기숙하였다. 고하도 인촌과 협력하여 교육구국사업에 종사하고 있었는데 … 일·미(日美) 전쟁을 예언하며 '불원한 장래에 우리 독립은 필연적으로 도래하리라'고 주장하면서 인촌은 묵묵히 경청하다가 왕왕 미소하면서 '그러니 우리 민족의 저력과 능력을 양성하여 호기를 면치 아니해야만 되지 않겠는가'라는 것이었다. [20]

이 의미 있는 글 속에서 인촌의 민족 실력양성 및 자강의 의지와 그 유용성이 국가사회에 얼마나 유익하게 연결되어 쓰일 것인가 하는 뚜렷한 민족사적 가치관을 연결해 엿볼 수 있다.

민족을 이끌어갈 장래의 역군을 길러낸 것은 중앙학교였고 기회를 잘 포착해 민족운동의 계획을 물샐틈없이 치밀하게 짜놓은 곳은 이 학교의 숙직실이었다고 해도 과언이 아닌 것이다. 그 연유를 따져본다면 인촌을 비롯한 여기 모였던 애국지사들의 부단한 열성과 노고 때문임이 확실하다.

오늘날 서울 계동 중앙중고등학교 숙직실 자리에 〈3·1운동 책원지〉라고 아로새긴 기념비가 우뚝 서 있는바 그 당시는 본교사 앞 운

---

20) 김우영, "내가 아는 인촌", 〈신생공론〉, 1955.

동장의 동남 편에 있었다. 현재는 석조의 대강당 자리에 있는 숙직실은 이렇듯 민족 최대의 거사 3·1혁명의 최초의 담론과 모의가 창출된 장소였다.[21]

민족운동의 분수령인 3·1혁명 당시 인촌은 중앙학교의 제9대 교장으로 있다가 고하에게 그 교장직을 넘겨주고 자신이 교주(校主)가 되었다. 물론 평교사로서의 신분이었다. 그 자신이 앞장서지 않는다는 철칙이 있었기 때문이었다. 학교의 전반적인 운영을 조정, 계획하기 위함이었다. 고하는 인촌에 이어 동교의 제10대 교장이었고, 기당(현상윤)은 동교의 실력 있는 핵심 유능교사였다. 이들이 엮어놓은 중앙학교라는 인위적인 위대한 '민족예술' 작품 속에는 민족대표 33인 중의 한 분인 청암 권병덕(權秉悳) 등이 있었다. 권병덕은 동교의 전직 교장이며, 민족대표 48인 중의 한 분인 임규는 동교의 전직교사였다. 3·1혁명 때 33인이나 48인 중에 끼어 있지 않았던 인물로 배후에서 영향력을 행사한 분에 포암 박승봉(朴承鳳)이 있었는데[22] 이분은 동교의 전직(2대) 교장이었다. 당시 학생시위 지도자 중 장기욱, 주익, 박경조(朴炅朝), 김왈수(金曰洙) 등은 인촌의 영향을 받은 동교의 학생들이었다.

그러니까 종교나 사회정당단체를 제외한 교육계의 대표적인 인사가 대거 주도적으로 민족운동에 참여한 것은 민족정기 선양이라는 인촌의 건학정신이 뚜렷한 중앙학교의 교장 이하 교사, 학생들이 단연 압도적인 다수를 차지하여 이 민족혁명을 합심하여 성공적으로 이끌었기 때문이었다고 평가된다.[23]

---

21) 앞의 《인촌 김성수전》, 114쪽.
22) 박 교장은 중앙학교가 창설된 이래 교사가 시급하다 해서 가산을 희사하여 화동 138번지에 있는 교사를 매수하였다. 동년 경복궁 옆 육군위생원에 있던 학교를 화동교사로 이전하였으니 이것이 중앙학교 최초의 한옥교사였다. 뒤에 동아일보사의 최초의 창간사옥으로 활용된 바 있어 인촌사업에 있어서 박 교장의 기여는 매우 컸음을 알 수 있다.

이렇게 중앙학교의 숙직실은 외형으로는 사택으로도 활용되었다.
인촌, 고하, 기당 3인은 물론 여기 모여든 관심 있는 인사들이 주위
를 살펴가며 극비리에 인촌의 독립정신을 살려 3·1혁명을 주도적으
로 추진했는데, 그 외에 또 다른 영향력을 행사할 인사가 이곳을 찾
았다. 그분은 보성학교 교장인 천도교인 여암 최린, 육당 최남선, 기
독교인 남강 이승훈 등이었다. 이들이 이곳에 가끔 나타나 극비회합
에 가세함으로써 모의는 성숙되고 활기를 띠기 시작하였다.[24]

인촌과 동향인 근촌 백관수(白寬洙)도 이곳을 왕래하면서 독립운
동에 기여한 바 있다.[25] 가끔 이곳을 찾아 29세의 인촌과 3·1혁명
을 논의하였다는 62세의 옥파 이종일(李鐘一)은 그의 비망록에서 당
시 일을 상세히 회고하였다. 그는 인촌, 고하, 기당, 근촌, 육당 등
에게 영향력을 앞뒤에서 행사한 것 같다.[26] 이종일은 "3·1혁명 같
은 거국 거족적인 의거를 일으키려면 천도교, 기독교, 불교, 유교계
등의 중진과 먼저 협의하여 일제히 다원적으로 거사해야 성공할 공산
이 크다"고 강조하면서 개별적으로 항쟁하면 성공할 확률이 적다는
사실을 환기시키고 먼저 반드시 민중계층과 연계하여 긴밀히 연합,
통일해야 할 것임을 역설했다.[27] 인촌도 그의 충고에 귀를 기울여
거사계획을 성숙되게 하였다.

23) 이현희, "3·1민주혁명에 관한 연구", 《일암 이영복선생 화갑기념논문집》,
　　천도교, 1982, 133~162쪽.
24) 최형련, "3·1운동과 중앙학교", 《3·1운동 50주년기념논문집》, 동아일보
　　사, 1969, 317쪽.
25) 이희승, "내가 겪은 3·1운동", 앞의 《3·1운동 50주년기념논문집》, 400쪽.
26) 이종일, 《묵암비망록》 1918년 12월 15일 "余往訪中央中學校宿直室, 桂洞
　　130番地, 此狹陋而謀議處也, 余相面靑年才藝者仁村古下幾堂芹村六堂,
　　時時偶面南岡如菴, 協論民族革命鬪爭細事, 余曰諸君欲將擧義則先協天
　　道敎基督敎佛敎儒敎界重鎭, 一齊擧事則必有成事焉, 而個別抗爭則稀有
　　成事, 故必先聯合民衆階層".
27) 앞의 자료.

　　민족대표 33인의 한 분으로 천도교도이고 언론인인 이종일은 30여 년이나 연하인 20대 청년 인촌을 보고 특히 마음이 든든하였다고 촌평하면서, 이 사람이면 장차 이 나라의 중심적 동량이 될 것이라는 자신의 인물소감까지도 잊지 않고 적어 놓았다.[28] 이종일은 자신의 일제하 민족운동계획을 말하면서 천도교와 청년 학생층과 연합하면 곧 큰일을 성사시킬 수 있다면서 중앙학교의 숙직실은 곧 민족운동의 온상, 즉 요람이라는 큰 기대에 부풀어 있었다.[29] 이 혁명은 천도교와 중앙중학교 팀과의 연계로 성사되었다고 회고한 것이다.[30]

　　천도교의 중진 이종일이 자기가 사장으로 일하고 있는 보성사(普成社)와 가까운 계동의 중앙학교 숙직실을 가끔 찾아온 것은 의기투합하는 청소년들을 포섭하여 동학농민혁명의 재현으로서 그 이래 대대적인 혁명적 민족운동을 일으킬 것을 구상하고 있었기 때문이다. 인촌, 고하 등은 대선배인 천도교의 지도자 이종일과의 교분이 민족운동을 일으키는 데 정신적인 지주가 되어 준다고 여겼음은 물론 이론과 실제에 관해서도 가르침을 받으려 하였다.

　　이럴 때 전 제국신문(帝國新聞) 사장 이종일이 일부러 중앙학교의 숙직실을 찾아 인촌, 고하 등을 격려 고무한 것은 우리나라 민족운동사상 성공을 위한 획기적인 사실이 아닐 수 없다. 이종일은 나라를 일제에 탈취당한 직후인 1910년 9월말 "이때부터가 민족독립운동에 뛰어들 시기다"고 확실하게 언급했듯이[31] 1910년 국망(國亡)시 그 참상을 좌시하지 않고 직접 민족운동을 전개하기 위하여 천도교내의

---

28) 앞의 자료, "觀照仁村金成洙君, 輝光顔面, 躍如雄渾之氣, 必有我國之最稀人才, 棟梁之材, 明也".

29) 앞의 자료, 1919년 1월 5일 "聯手我天道敎及靑年學生群, 則必有成事, 擧義之生氣 此室宿直室, 我必稱宣揚民族運動之溫床也".

30) 앞의 자료 참조.

31) 앞의 자료, 1910년 9월 30일.

직영 보성사 팀을 구성, 손병희, 권동진, 오세창, 최린 등을 움직이
게 했다. 32) 그러나 헌병경찰 통치하의 철권 강압책동에 따라 아직
거사시기가 성숙되지 못했다 해서 주춤하며 시세를 관망하고 있었던
것이다.

이에 답답해진 이종일은 소문으로 듣고 알게 된 중앙학교의 경영주
인 인촌 김성수라는 20대 후반의 유능한 청년과 그 친구들 — 고하,
기당, 근촌 — 을 만나 천도교와 제휴해서 거사 — 3 · 1 혁명 — 하면
성사율이 높다고 은근히 청년들의 동참을 권유하였다. 인재가 인재
를 알아보는 것이다.

결국 이 문제는 인촌, 고하, 기당 등이 중앙학교의 숙직실을 거점
으로 삼고, 단독으로 힘드니 조직자금이 유족하고 인재가 많은 천도
교와 손잡는 것으로 가닥이 잡혀 갔다. 자체의 힘만으로는 성사가 쉽
지 않았기 때문이다. 당시 천도교는 300만 명의 교도를 신도로 확보
하고 있었다.

이리하여 인촌은 교장직을 고하에게 물리면서 계동 130번지에 자
택을 마련하고33) 비밀이 보장된 그 숙직실은 전적으로 민족운동의
추진본부로 삼아 강력하고 세심한 배려 속에서 일을 추진하되 조직과
인물이 집중된 동학-천도교 측과의 상호보완적 연합추진을 구상하게
되었다.

32) 《동암일기》 1916년 11월 26일.
33) 앞의 《인촌 김성수전》, 114~115쪽.

4. 천도교와의 제휴

의암 손병희(孫秉熙)가 이끌고 있는 천도교 교단측과 손잡을 생각을 갖고 3·1혁명을 추진키로 한 인촌은 그가 경영주나 평교사로 있을 때 학생들에게 민족사상을 고취해서 학생들이 감격해 마지않았던 것을 뒷날 큰 인물로 성장한 인사들의 회고담을 통해 알 수 있다. 유홍(柳鴻)은 1916년 중앙학교 학생으로 인촌을 따라 강화도 마니산의 참성단(塹城壇)에 올랐다고 한다. 교장이 단군의 역사를 이야기할 때 인촌이 하염없이 눈물을 지었다는 회고와 함께 그 의미를 터득할 수 있어 단군성조를 숭배하는 인촌의 투철한 민족의식에 새삼 감동하였다고 하였다.[34]

통일원장관을 역임한 신도성(愼道晟)은 "인촌 선생은 수신(修身) 시간에 교재는 보지 않고 자신의 얘기를 많이 해주었는데, 은근히 민족정신을 불어넣어 주곤 하였다"고 증언한다. 인촌은 "3·1운동이 파고다(탑골) 공원에서 일어난 줄만 알고 있지. 사실은 중앙학교에서 시작된 것이야. 계획도 세우고 유인물도 만들고 그랬는데 바로 그것을 한 집이 저 집이야!"하면서 중앙학교 숙직실을 가리켜 주었다는 것이다.[35]

국회의장을 역임한 채문식(蔡汶植)은 "그 시대의 한국 땅에서 인촌 아니고 누가 그같이 민족의식이 맥박치는 그런 학교를 경영하였는가를 생각한다면 인촌은 위대한 선각 인사였다"고 회고하면서, "선생(인촌)은 완전한 한국인이었고 그와 같은 한국사람을 기르려고 무척도 애를 썼다. … 참으로 위대한 애국자라 아니할 수 없다"고 인촌의 독립정신의 위대함을 두고두고 기렸다.[36]

---

34) 앞의 《인촌 김성수전》, 110쪽.
35) 앞의 자료, 111쪽.
36) 앞의 《인촌 김성수전》, 112~113쪽.

인촌은 보성학교와 경신학교에서 일본인 교사를 배척하였다가 퇴교당한 학생 8명을 모두 중앙학교에 편입학을 허락하였다. 이것이 문제되어 조선총독부 학무국장(關屋貞三郎; 세키야)과 언쟁을 벌인 일도 있었다. 37)

매년 신년 초하룻날 학생들에게 일본식 찹쌀떡을 나누어 주는 대신 한지(韓紙)에 인절미를 싸서 준 사실은 인촌이 애국정신으로 조용히, 그러면서도 강력하게 항일(抗日)한 민족운동의 또 다른 한 가지 특기할 사례였다. 38) 이 같은 민족의식을 체계적으로 간직하고 강하게 실천으로 옮기던 인촌이었기에 독자적으로 민족독립운동을 계획, 실천할 수 있었다.

이 소식이 천도교의 이종일(李鍾一)에게 알려졌으므로 1918년부터 1919년 2월까지 근 2년에 걸쳐 숙직실을 왕래하였으며 천도교당을 찾았던 인촌과 담론한 것 같다. 39) 그것은 천도교와의 제휴를 권유하기 위한 조치였다. 천도교의 총수 손병희 성사(聖師)를 비롯하여 권동진, 오세창, 최린 등 중진이 중앙학교 팀(인촌, 고하, 기당)과 제휴할 것을 권고한 것 같으나, 앞에 언급한 이종일의 기록을 보면 근 2년에 걸쳐 자신이 인촌 등과 상호왕래하면서 교분을 두텁게 하고 제휴를 직접 권유한 것으로 보인다. 40)

이 시기는 윌슨의 민족자결주의 풍조가 국내외에 팽배한 시기였는데 그 결과적인 의미를 놓고 볼 때 간접적인 영향은 결코 무시할 수 없다. 물론 그의 민족자결주의 원칙은 제1차 세계대전의 승전국의

---

37) 보성학교에서 퇴학당하고 중앙학교로 편입학한 서항석의 회고담과 경신학교에서 퇴학당하고 중앙학교로 편입학한 정문기의 회고담 참조.

38) 앞의 《인촌 김성수전》, 115～116쪽.

39) 앞의 《묵암비망록》, 1919년 2월 20일 "我及仁村等青年論笑之季, 約有至2年之間, 協論勸誘, 仁村等青年及天道敎團, 聯手擧事則必有成功云, 仁村君亦來訪天道敎堂數次矣".

40) 이현희, 의암 손병희와 3·1운동.

이권을 위해 고안된 것으로 일제 강점하 한국의 경우에는 해당되지 않는다. 41) 인촌 등이 이것을 모를 리 없었으나 혹시라도 약소국인 우리에게도 그 같은 독립국가가 될 호기가 이념적으로나 사상적으로 도래하지 않을까 싶어 천도교와의 연합제휴를 모색하고자 왕래하며 간절히 기도하였던 것이다.

　더욱이 해외로부터 이승만(李承晩)의 특사도 들어와 국내동포의 궐기를 촉구하는 분위기가 고조 팽배해짐에 따라 '호왈(呼曰) 3백만 명'이라는 천도교도와 손잡고 일을 성사시키는 것은 시대적 요청이 아닌가 하고 인촌 등 3명은 절실히 느끼고 있었다. 민족종교단체로서는 최대의 교단조직이 있었기에 인촌 등 수삼 명은 자신들끼리만 폭넓게 민족운동을 논한 것이 아니라 국내의 천도교 등 영향력을 행사할 수 있는 유능한 다른 종교단체 인사와도 접촉, 고견을 듣고 있었다. 이때 고하(古下)는 보성법률 상업학교(고려대학교 전신) 교수 해공 신익희(申翼熙)와도 이 문제를 협론한 바 있다. 42)

　인촌 등 중앙학교 팀과 손병희 성사 등 천도교 팀, 그리고 박희도, 윤치호 등 기독교 팀, 보전졸업생 주익, 연희전문의 김원벽, 보전의 강기덕 등 학생 팀은 1918년 12월부터 다음 해 1월 중순 사이 그들 나름대로 독자적인 민족운동을 계획하고 있었다. 그러나 이종일의 권유로 인촌 등 중앙학교 팀은 천도교측과 손잡을 생각을 굳히고 있었다. 인촌 등은 미국의 이승만과 중국의 신한청년당에서43) 김규식(金奎植)을 한국대표로 파리강화회의에 파견 참석시킨다는44) 소식을

41) 이현희, "3·1혁명의 연구", 《성신여대논문집》 12, 성신여대, 1979 참조.
42) 유치송, 《해공 신익희일대기》, 해공 신익희선생기념회, 1984, 151~152쪽.
43) 김희곤, "신한청년당의 결성과 활동", 《한국민족운동사연구》 1, 한국독립운동사연구회, 지식산업사, 1986, 141~175쪽.
44) 이현희, "대한민국임시정부와 우사 김규식", 《우사 김규식연구회 창립기념 학술논문집》, 우사연구회, 1990, 15~32쪽.

들고 이 제휴운동을 급속히 성사시키기에 이르렀다.

천도교측에서는 1918년 12월 26일경 손병희가 권동진, 오세창을 동대문 밖 상춘원 그 자택으로 청하여 윌슨의 민족자결주의에 관하여 그 영향 등을 면밀히 검토하였다. 어느 정도의 민족운동을 일으킬 위력이 잠재하였는가를 면밀히 검토 분석하였던 것이다. 여기서 그들은 대중화, 일원화, 비폭력이라는 독립운동의 3대 진로와 방법을 결정하고, 최린에게 대외동지 교섭을 명하였다. 권동진, 오세창에게는 대내조직과 실행절차를 위임했다. 45) 이종일은 기록에서 그 자신이 중앙학교 팀의 인촌 등과 협론, 상담을 거쳐 천도교와 최종적으로 제휴할 것을 권유하였다고 주장한 바 있다.

천도교인인 이병헌의 "내가 본 3·1운동의 일 단면"이라는 앞의 글 속에서 중앙학교 숙직실과 연관된 중요한 증언을 글로 남기고 있어 경청할 가치가 있다.

> 당시 중앙학교 교장 송진우 선생은 최린 선생과 친교가 있었고 동교 교사 현상윤(1893~1950 납북) 선생은 보성학교 졸업생으로서 최린 선생과는 실제의 친의(親誼)가 있는 신우(信友)라, 중앙학교 숙직실에서 서로 만나 밀담할 때 송진우 선생은 "나도 깊이 생각하고 있다"고 하고 "우리가 실천하려면 인물구성을 하여야 할 것"이라고 하여 최남선 선생과 상합하기로 하였다. 최린, 송진우, 현상윤, 최남선 선생은 계동 김성수 선생 댁에 모여 운동의 대표로 구한말 중신 원로 중 박영효, 윤용구, 한규설, 윤치호를 교섭하기로 각각 분담하고, 독립선언서는 문장가 최남선이 기초하기로 하였다. 46)

이 글 속에서 3·1혁명의 모의는 중앙학교 팀이 천도교와 손잡고

---

45) 이병헌, "내가 본 3·1운동의 일 단면", 앞의 《3·1운동 50주년기념논문집》, 407쪽.
46) 앞의 글, "내가 본 3·1운동의 일 단면", 407~408쪽.

추진하되 국민의 신뢰를 얻어 동참시켜야 하므로 박영효 등 저명한 원로 정치가를 교섭, 앞장세우기로 합의 결정한 것으로 나타나 있다. 이를테면 이것을 주도적으로 성사시킨 인물은 인촌이었음을 알 수 있다. 계동 인촌 자택에 여암(如菴) 최린, 고하, 기당, 육당 등이 은밀히 자주 모여 회담 토론한 결론이 이렇게 나타났으므로 그렇게 인정할 수 있을 것이다.

이 학교의 숙직실과 인촌 자택에서 장소를 바꾸어 가면서 의견을 교환한 끝에 인촌은 국내에서도 해외 못지않게 민족투쟁을 전개해야 한다고 역설하였다. 인촌은 특히 해외 독립운동보다는 국내에서 2천만 한민족이 들고 일어나 거국거족적인 항일시위를 일으켜야 일제 당국자에게 직접적으로 저항하는 2천만 민중의 열성과 파급효과를 얻을 수 있으며, 우리의 민족적 양심과 정의의 행동을 보여주어 그들 스스로가 우리나라로부터 자진퇴각하게 해야 한다는 점을 모인 동지들에게 역설, 설득하였다. 모두들 수긍하고 고견을 곧 실천에 옮기기로 결정하였다. 중앙학교 팀은 천도교의 이종일의 권유를 받아들여 그와 여암 최린이 천도교 교주인 성사 손병희의 결단을 받아내기를 기다리고 있었다. 47)

이 시기에 도쿄 유학생단의 송계백(宋継白)이 밀입국하여 동교 숙직실로 와서 와세다대학 선배인 현상윤에게 모자 속에 은밀히 숨긴 독립선언문의 초고를 보여주었다. 감격한 현상윤은 우리들이 못 한 선언서를 이렇게 기초하였으니 우리가 가만히 앉아 있을 수는 없다고 자책하면서 분기하고, 인촌, 고하, 육당 그리고 천도교의 이종일, 최린, 권동진, 오세창에게 차례로 알렸다. 최린을 통해 손병희도 이를 읽고 청소년들이 민족을 위해 독립운동을 한다는데 어른인 우리가 어찌 가만히 앉아 있을 수 있겠느냐면서 최린에게 계획중이던 민족운

---

47) 앞의 《인촌 김성수전》, 129쪽.

동을 실천에 옮기도록 긴급지시하였다. 48)

　이것이 바로 일제가 경악한 3·1 혁명을 성공적으로 이끈 제 1단계의 계획 추진상황이라고 평가할 수 있겠다. 이때가 거사 진행상으로 볼 때 1919년 1월 중순경으로 미루어 유추해 볼 수 있다.

　인촌, 고하, 기당, 육당, 여암 등은 손병희의 재가가 나온 이상 활발히 움직여 민족운동의 3대 원칙하에 다음 단계를 모색하였다. 이에 따라 최린의 가택이나 중앙학교의 숙직실에서 독립운동의 방략을 토론하고 협의하였다.

5. 고종의 독살과 국내정세

　이렇게 인촌, 고하, 기당 등이 천도교측과 제휴하기로 합의를 본 다음 어느 날 천도교인이며 천도교 총부의 직원인 이병헌이 최린의 서신을 가지고 단숨에 계동 인촌 자택을 찾아와서 황급히 인촌을 만난 일이 있었다.

　이때 인촌은 고하, 기당, 육당과 연석회의 중에 있었다. 그 당시 인촌이 이병헌에게 당부한 말을 그는 이렇게 소상히 정확하게 회고한 바 있다.

　　김성수 선생이 "이 말은 단순한 우정으로 받아들인다"고 하면서 "모든 일에 시작이 있으면 끝이 있으니 초지를 관철하여 목적을 달성하려면 성실, 정려, 근면해야 하고 백절불굴의 일심으로서 일에 임하여 의심이 없으며 마음을 급하게 하지 말고 의리를 존중하고 친우간에 신의를 잃지 말아야 한다"고 하던 말씀이 아직도 귀에 들리

---

48)　손병희선생전기편찬위원회,《의암손병희선생전기》, 천도교, 1967, 제11장
　　참조.

는 것 같다.[49]

이 내용을 재음미해 볼 때 3·1혁명을 주도적으로 추진하던 인촌의 참된 민족주의자로서의 겸손 속의 애국심과 인간상 — 높은 품격 — 등을 짐작할 수 있을 것이다. 이 자리에는 고하, 육당, 기당 등이 합석하였으니 이 같은 말은 천도교측의 신의와 의리, 협동정신을 존중하면서 백절불굴의 투지로 심려치 않게 확실히 추진해야만 헌병경찰 통치하의 민족운동을 원만히 성사시킬 수 있다는 의미가 되는 것이다.

인촌이 중심이 되어 추진하고자 하였던 박영효 등 구한말 중신과의 참여 교섭은 고하와 육당이 분담했으나 그들이 신변을 우려하여 수락지 않아 성사되지 않았다. 실망 속에 또 다른 방법을 모색하던 중 고종(1852~1919)이 갑자기 일제 하수인에 의해 새벽에 독살(毒殺) 당하였다. 이때가 1919년 1월 21일이었다.[50]

일제 당국은 고종이 갑자기 승하(昇遐) 한 다음날(1월 22일) 24시간 뒤에 뇌일혈로 급서하였다고 간단히 발표하였으나 고종의 승하는 독살에 의한 것이라는 소문이 그 당시 국민들 속에 이미 퍼져 있었다. 민심은 그렇게 돌아가고 있었다. 소문이 이미 정설화되고 만 것이다. 누구나 이 사실을 믿기 시작하였다.[51] 1월 20일 밤, 저녁 수라를 끝내고 잠자리에 든 고종이 위독하다는 전갈이 다음날 새벽 창덕궁에 있는 순종에게 왔다. 순종은 급히 덕수궁 함녕전에 당도하였다. 총독부의 사주를 받은 전의(典醫)가 홍차에 비소(砒素)를 섞어 마시게 하여 사망하게 하였다는 것이다. 대한제국의 황제는 이렇게 하여 비운

---

49) 이병헌, 앞의 논문, 411쪽.

50) 〈매일신보〉 1919년 1월 21일.

51) 이상옥, "3·1운동 당시의 유언", 앞의 《3·1운동 50주년기념논문집》, 379
    ~384쪽.

으로 승하하신 것이다.52)

　세상을 바르게 살아가고 있는 국민들은 이미 고종의 독살을 믿고 있었다. 애국선비 송상도(宋相燾)는 자신의 저술에서 "무오년(1918) 겨울 12월에 역신 윤덕영, 한상학, 이완용이 태황을 독살하였다"53)며 독살설을 분명한 사실로 기술하고 있다. 원로 운양 김윤식(金允植)은 그의 저술에서 고종이 별안간 승하하여 아들도 임종을 못하였다고 참담하게 서술하였다.54) 그해 1월 말을 기해 대대적인 국민대회를 열어 고종 독살의 진상을 공개적으로 규명하기 위한 전단 '고(告)국민대회 격고문'이 손병희 명의로 나돌아 고종의 독살설을 더욱 정설화하였다.55) 이로 인해 보은 유생 유신영(柳臣榮)과 곡성 유생 김기순(金奇順), 장흥 유생 백성흠(白成欽) 등의 유생들이 잇달아 비분자결하는 비극적 사태도 일어났다.56)

　이 같은 고종 독살설은 유언비어가 아닌 사실로 알려짐으로써 국민들의 배일(排日) 감정은 극도에 달하였고 전국에서 사람들이 서둘러 망곡(望哭)하기 위하여 상복(喪服)을 입은 채 서울로 집결하고 있었다. 3·1혁명은 바로 그해 3월 3일 인산(因山)일을 기해 운집한 격분한 30여만 명의 국민과57) 일제의 헌병경찰제와 극악무도한 탄압,58) 그리고 그들의 무소불위한 국민생활의 약탈, 위협, 압제와 침해에다

52) 〈동아일보〉, 2009, 1, 21 "책갈피 속의 오늘", 참조 (이광표 기자 기명 '쓰러진 제왕의 꿈').
53) 송상도, 《기려수필》, 국사편찬위원회, 1980, 유신영조.
54) 김윤식, 《속음청사》, 국사편찬위원회, 1976, 기미년 1월 21일자.
55) 이현희, 《동학혁명과 민중》, 대광서림, 1985, 199~214쪽.
56) 송상도, 앞의 책, 유신영, 김기순, 백성흠 조 참조.
57) 장용학, "3·1운동의 발단경위에 대한 고찰", 앞의 《3·1운동 50주년기념논문집》참조.
58) 이현희, "3·1운동이전 헌병경찰제의 성격", 앞의 《3·1운동 50주년기념논문집》참조.

126

가59) 민족자결주의의 간접적인 영향,60) 2·8 선언,61) 무오 대한독립
선언62) (대한독립선언서) 등의 자극으로 전 국민적 호응과 동참이 가
능했다.63) 특히 고종의 독살설이 결정적인 내부적 요인으로 작용했
다고 생각된다. 고종이 천명을 다하고 세상을 떠났다 해도 유교적 지
배의식하에 있던 우리 국민은 애통해 하였을 것이 명백한데 하물며
허망 무도하게도 독살당했다는 사실에 망연자실, 충격을 받은 국민
들로서는 그대로 좌시할 수가 없었던 것이다.

고종이 독살당한 것은 1919년 1월 20일 야심이었으나 29세의 인
촌, 30세의 고하, 27세의 기당 3인이 중앙학교 숙직실, 사택 겸 인
촌댁, 천도교본부 등을 극비리에 왕래하면서 3·1 혁명을 본격적으로
추진하였던 것은 이 무렵이었다. 인촌 등 무서운 20대의 대담한 혁명
적 거사를 위한 횃불의 행진이었다.64)

한편 윤치호(尹致昊)의 일기를 보면 김성수와 함께 동아일보를 이
끌었던 송진우(宋鎭禹)가 윤치호를 찾아와 국제연맹이 창설될 것이
며 약소국들에게 자결권이 주어지지 않는다면 이 기구는 아무런 의미
를 갖지 못할 것이라고 주장하였던 것으로 기록되어 있다.65) 실제로
국제연맹은 1920년 1월 창설되었다. 이의 창설논의는 제1차 세계대
전중에 시작되었다. 윌슨이 민족자결 14개 원칙(1919년 1월 8일)을
발표하면서 민족의 자결과 같이 국제연맹의 설립을 제창하였던 것이

---

59) 박은식, 《한국독립운동지혈사》, 헌병경찰관계 항목.

60) 이보형, "3·1운동에 있어서의 민족자결주의의 도입과 이해", 앞의 《3·1운
    동 50주년기념논문집》 참조.

61) 최승만, 앞의 《극웅 필경》, 608~622쪽.

62) 조항래, "무오대한독립선언서의 발표경위와 그 의의에 관한 검토", 《윤병석
    화갑기념 한국근대사논총》, 지식산업사, 1990, 547~572쪽.

63) 신석호, "3·1운동의 전개", 앞의 《3·1운동 50주년기념논문집》 참조.

64) 김우영, "내가 아는 인촌", 〈신생공론〉 1955. 6. 7.

65) 윤치호, 《윤치호일기》, 역사비평사, 1919, 1, 18, 토, 2003

다. 당시 그의 일기를 보면 좌옹(佐翁) 윤치호는 일본의 힘을 과대평가하고 있었던 듯하다.[66]

그러나 인촌이나 고하의 직접적인 자필회고나 자술기록이 없어 더상세한 숨은 비밀의 사실은 알아낼 길이 없다. 단지 기당 현상윤이 남겨놓은 귀한 글을 볼 수 있어 여기에 의지해서 고종독살 전후 당시의 긴박하였던 국내외 정세를 3·1혁명 계획과 관련하여 추적해 보고자 한다.[67] 그 계획은 1918년 11월경부터 시작되어 몇 개월 동안 추진되고 있었다.

6. 인촌의 3·1혁명 추진과정

사실 일제 식민지배에 대한 효과적인 항의는 저명한 정치학자 김학준(金學俊)이 정곡으로 지적하였듯이 한국 자체 내에서 집단적으로 일어날 때 가능하다고 암시하였던 것에 대한 설명에 수긍이 간다.[68]

인촌, 고하, 기당 등 민족운동계의 거물지사 3인이 처음으로 3·1혁명 같은 거국거족적인 국민의 동참을 예견하고 대중적 혁명투쟁을 강력히 추진한 내용을 기당은 그의 회고논설 속에서 이렇게 담담하고 솔직히 표현하고 있다. 신뢰감이 가는 논설이다.

이때에 나는 김성수, 송진우 양씨와 중앙학교 구내의 사택(숙직실)에 동거하고 있었던 관계로 조석으로 시사를 말하는 동안에 말이

---

66) 김상태, 《윤치호일기》, 역사비평사, 2003, 66~67쪽.

67) 현상윤, "3·1운동 발발의 개요", 〈사상계〉 1963년 3월호 논설. 원래 이 글은 "3·1운동의 회상"이라는 제목으로 〈신천지〉 1946년 3월호에 기당이 기고했던 글이다.

68) 김학준, 《고하 송진우평전》-민족민주주의 언론인 정치가의 생애-, 동아일보사, 1990, 98~99쪽.

128

여기에 미치면 3인이 다 같이 초조하였었다. 그리하여 국내에서 큰 운동을 일으키려면 먼저 단결력이 있는 큰 종단 천도교를 움직이는 것이 상책이라는 데 의견이 일치하였다. 그때에 나는 천도교에서 경영하는 보성중학을 졸업한 관계로 동 교장 최린 씨를 가깝게 종유하던 터라 수차 최 씨를 찾아 천도교의 동향을 타진한즉 용력(用力)할 만도 하고 또 최 씨의 의견도 반대하는 기색이 적었으므로 그때부터는 송 씨와 동반하여 최 씨를 찾기로 하였다.

그리하여 1918년 11월경부터 시작하여 이후 수개월 동안에 긍하여 의견교환과 모의를 거듭한 결과 거사를 단행하기로 하고 일변 동지를 구하고 타 일변으로는 천도교의 중진 오세창, 권동진 양씨와 연락하여 최종 손병희 씨의 궐기를 종용하고 있었다.

그리하여 나는 최남선 씨를 수차에 긍하여 방문하였다. 그러나 최 씨는 용이하게 동(動)하지 아니하였다. 그러던 중 1919년 1월 초순경 일본 유학생 송계백 군이 장차 일본에서 발표하려는 일본유학생들의 독립요구 선언서 초고(이광수 작)를 휴대하고 비밀리에 입경하여 나에게 그것을 제시하였다. 그리하여 송 씨와 나는 그것을 가지고 먼저 때마침 중앙학교를 내방하였던 최남선 씨에게 보이니 최 씨도 금후로 국내의 독립운동에 참가할 것을 승낙하고 또한 국내운동의 선언서는 자기가 짓겠다고 쾌락하였다.

그때에 나는 다시 그 초고를 가지고 최린 씨를 경유하여 손병희 씨에게 제시하였다. 그러한즉 손 씨 왈 "어린 사람들이 저렇게 운동을 한다니 우리로서 어찌 앉아서 보기만 할 수 있느냐" 하여 그날 저녁에 최린, 송진우, 최남선과 나는 재동의 최린 씨 내실에서 비밀히 회합하였는데 이날 저녁에 5인은 기뻐서 축배를 들고 밤이 깊도록 독립운동의 실행에 대하여 구체적인 계획과 방안을 토의하였다. 그러한 결과 먼저 민족대표자의 명의로 조선독립을 중외에 선언하고 그 선언서를 인쇄하여 이것을 조선 전도에 배포하고 또 국민을 총동원시켜 크게 조선독립의 시위운동을 행하여 한국민족의 1910년의 소위 합방을 힘있게 부인하고 또 그들이 어떻게 독립을 열망하고 있는가를 내외에 표시케 하며 또 일변으로 일본정부와 그 정부의

귀·중(貴·衆) 양원과 조선총독부와 또
파리강화회의에 열석한 각국 대표에게
조선독립에 관한 의견서를 제출하며 또
미국대통령 윌슨 씨에게 조선독립에 관
하여 진력하기를 바라는 청원서를 제출
하기로 결정하고, 선언서와 기타 서류는
최남선 씨가 제작하기로 하고 우선 민족
대표로 하여 제일 후보자로 손병희 씨
이외에 박영효, 이상재, 윤치호 제씨의
승낙을 얻기로 하고 박 씨의 교섭은 송
진우 씨가, 이, 윤 양씨의 교섭은 최남
선 씨가 각각 분담하기로 하였다. 69)

기당 현상윤

이렇듯 우선적으로 좌장 인촌 등 3인이 천도교의 최린과 육당(최남
선) 등 애국지사와 최초로 3·1혁명의 시대적 요구와 그 당위성을
찬성, 수렴해서 국민 대중을 일깨우자는 데 의견의 일치를 본 것으로
미루어 알 수 있다.

그다음 추진상황에 관하여 기당 현상윤은 그 자신이 직접 경험한
바를 이렇게 솔직하고 담담히 신빙성 있게 기술하고 있다.

수일 후에 전기 4인은 다시 계동 중앙학교 사택에 회동하여 그동안
교섭의 결과를 보고하였는데, 그 내용은 박영효, 이상재, 윤치호 3
씨가 다 교섭을 거부하였다는 것이다. 그러므로 전기 4인은 다 제
2후보자로 하여 한규설, 윤용구 양씨에게 교섭하기로 하고, 한 씨
에게는 송진우 씨가 유진태 씨를 통하여, 윤용구 씨에게는 최남선
씨가 윤홍섭 씨를 통하여 각각 교섭하기로 하였다.
그 후 2, 3일을 경과하여 또다시 계동 중앙학교 구내 사택에 전기

---

69) 현상윤, 앞의 논설.

4인이 회합하여 그동안의 경과를 들었는데 한 씨는 처음에는 승낙
하였으나 윤 씨가 승낙지 아니하므로 한 씨도 승낙을 철회하였다는
것이다. 그러한즉 최린 씨가 민족대표를 다른 데 구할 것이 없이 손
씨를 선두로 하고 우리 4인이 자진 참가하자고 하여 먼저 최남선
씨에게 의향을 물으니 최 씨는 가업관계로 승낙할 수 없다고 하였
다. 그 다음에 송진우 씨의 의견을 물었는데 송 씨는 하겠다고 대답
하였다.
  그러한즉 최린 씨는 다시 최남선 씨를 향하여 최 씨가 승낙지 아니
하면 자기도 참가할 수 없고 또 천도교만으로는 이 운동을 진행할
수도 없으니 전부 이 운동을 중지하자고 제의하여 부득이 중지하기
로 결정하였다. 70)

이를 통해 볼 때 민족대표 추대문제와 지도적 역량이 있는 저명인
사가 이렇게 소극적이며 보신책에만 급급할 수 있는가 하여 기당 등
중앙학교 팀은 매우 실망, 격앙하고 자포자기적인 마음까지도 가지
고 있었던 게 아닌가 싶다. 71) 그러나 그것으로 물러설 수는 없어 천
도교와 기독교들을 포섭 동참시키기로 합의하였다. 그는 이어 다음
과 같이 말했다.

그러나 이만큼 진행된 운동을 중지하고 만다는 것은 심히 유감되는
일이므로 그 후 4, 5일을 경과하여 나는 최남선 씨를 자택으로 방문
하였다. 그리하여 최 씨에게 "기독교를 천도교와 연결시키는 것이
어떠하냐. 그리하자면 정주의 이승훈 씨를 상경케 함이 어떠하냐"
하는 의견을 말하였다. 그러한즉 최 씨 왈 "좋다. 그리하자" 하는지
라 나는 그 길로 수하동 정노식 씨의 숙소에 들러서 정 씨더러 동소
에 지숙하는 김도태 군을 정주에 파송하여 이승훈 씨의 내경을 구할

---

70) 현상윤, 앞의 논설 및 《중앙 60년사》, 96~101쪽.
71) 최형련, 앞의 논문, 318~320쪽.

것을 언탁하였다. 그리하였더니 2월 11일에 이승훈 씨는 급거히 상경하였다.

그러나 최남선 씨는 관헌의 주목을 피하기 위하여 자신은 이 씨와 회견치 아니하고 송진우 씨와 나더러 회견하라 하였다. 그리하여 우리 양인과 김성수 씨는 계동 김성수 별택에서 이 씨를 회견하고 그동안 재경 동지의 계획과 천도교의 거사동향을 말하고 기독교측의 참가와 동지규합의 일을 청하니, 이승훈 씨는 즉석에서 그것을 쾌락하고 김성수 씨로부터 수천 원의 운동비를 받아가지고 그날로 관서지방을 향하여 출발하였다.

그 후 이승훈 씨는 질풍우뢰와 같이 평남북을 순행하여 장로파의 길선주, 양전백, 이명룡, 유여대, 김병조 제씨와 감리파의 신홍식 등과 회견하고 그들의 민족대표자 되는 승낙을 얻고 그 인장을 모아 가지고 그 중의 신홍식 씨를 동반하여 다시 경성(서울)으로 왔다. 그리하여 곧 송진우 씨에게 내경(來京)의 뜻을 통지하였다.

그러나 그때에 관헌의 주목이 있을까 하여 관계 각인이 행동을 삼가던 때라 송 씨는 수차 이 씨를 비밀히 소격동 여관으로 왕방하였으나 하등 명쾌한 대답이 없고 또 교섭의 본인인 최남선 씨는 용이히 제1차도 재회치 아니하므로 이 씨는 심중에 대단히 의아하여 천도교와의 연계를 단념하고 기독교도 단독으로 독립운동을 전개할 것을 결심하였다.

그러는 때에 중앙청년회 간사 박희도 씨를 노상에서 만나니 경성(서울)에서도 기독교도들 사이에 독립운동에 관하여 인심이 동요되고 있다 하므로 이 씨는 곧 그들과의 회담을 청하여 20일 밤에 감리파의 오화영, 정춘수, 신석구, 최성모, 박동완, 이필주, 오기선, 신홍식 제씨와 회합하여 궐기의 계획과 운동방법을 협의하고, 또 이승훈 씨는 그날 밤 계속하여 별개로 남대문외 함태영 씨 집에서 이갑성, 현순, 오상근 씨 등의 장로파 인사들과 회합하여 역시 독립운동에 대하여 기독교측 단독의 계획을 협의하였다.

그러는 중에 2월 21일 최남선 씨가 비로소 이승훈 씨를 그 숙소로 방문하고 이 씨와 동도하여 재동의 최린 씨를 찾아 서로 회견케 하

였다. 이때에 이승훈 씨는 최린 씨에게 대하여 기독교도만으로 독
립운동을 단독으로 진행하고 있다는 뜻을 고하니, 최린 씨는 독립
운동은 한국민족 전체에 관한 문제이니 종교의 다름은 불문하고 마
땅히 합동하여 추진시킬 것인즉 기독교, 천도교가 합동하자고 제의
하였다.

그러한즉 이 씨는 동지들과 협의한 후 회답할 것을 약속하고 또 만
일 합동하는 경우에는 운동비를 얼마만큼 빌려달라고 하였다. 그리
하여 이승훈 씨는 최린 씨와의 회견이 있은 후에 곧 세브란스 구내
에 있는 이갑성 씨의 집에서 박희도, 오화영, 신홍식, 함태영, 김
세환, 안세환, 현순 씨 등과 회합하여 철야 협의한 결과 천도교측
과 합하는 문제의 가부는 먼저 천도교측의 운동방법을 알아본 후에
결정하기로 하고, 그 교섭은 이승훈, 함태영 양씨에게 일임하기로
하였다.

그러므로 이, 함 양씨는 최린 씨를 왕방하여 천도교측의 구체적인
의견을 물었다. 그러한즉 천도교의 의견도 기독교측의 그것과 다름
이 없고 또 최린 씨로부터 운동비 5천 원도 그 전날에 이승훈 씨에
게 대여되어 왔으므로 이, 함 양씨는 다시 함태영 씨 집에서 기독
교측의 동지들을 회집하고 협의한 결과 천도교측과 합동하여 추진
할 것을 결정한 것 같다. 72)

이 같은 추진상황은 3·1혁명을 진일보시킴에 있어서 훨씬 용이한
단계로 접어든 것을 의미할 뿐만 아니라 지도정신이 발달해간73) 천
도교와 기독교도 사이에서도 합동제휴에 있어서 민족사적 사명감을
의식한 것이 아닌가 싶은 생각이 든다. 74) 여기에 불교계, 75) 유교

---

72) 현상윤, 앞의 논설.
73) 최동희, "천도교지도정신의 발전과정", 앞의 《3·1운동 50주년기념논문집》
참조.
74) 김양선, "3·1운동과 기독교계", 앞의 논문집 참조.
75) 안계현, "3·1운동과 불교계", 앞의 논문집 참조.

계, 76) 학생계, 77) 여성 측도78) 적극 가담하게 되었다. 이리하여 3·1혁명은 곧 실천으로 옮겨지게 되었다. 따라서 기당은 그 취지를 정식으로 2월 24일에 천도교측에 통고하였다. 이때에 천도교측은 최린 씨를 대표자로 하고, 기독교측은 이승훈, 함태영 씨를 대표로 하여 수차에 걸쳐 협의한 결과, 독립선언은 이태왕(고종)의 국장일의 전일인 3월 1일 정오 탑동공원에서 행하기로 정하고 선언서는 천도교에서 경영하는 보성사에서 비밀히 인쇄하기로 하였다. 이때에 최린 씨와 이승훈, 함태영 3씨는 불교단체에도 운동의 참가를 구하여 한용운, 백용성 양씨의 승낙을 얻었다. 79)

7. 민족운동의 요람지 중앙학교

기당의 3·1혁명 발발 준비의 전후 사실을 들어보면 그 최초의 책원지는 중앙학교임을 알 수 있고, 그 배후의 정신적 지주는 인촌과 고하이며, 실무적으로 움직인 사람은 천도교인 여암과 학자 기당, 육당 등임을 알 수 있다. 그는 이어 다음과 같이 회고하고 있다.

이보다 먼저 송진우 씨와 나는 보성전문학교 졸업생 주익 씨를 통하여 시내 전문학교 학생 중에서 대표가 될 만한 인물들을 탐색하여 대기의 태세를 취하게 하였던 바가 있었는데, 이때에 박희도, 이갑성 양씨는 이것을 알고 차등 대표들과 회견한 후에 3월 1일 계획을 말하고 시위운동의 실시를 청한즉 차등 대표들은 이것을 쾌락

---

76) 허선도, "3·1운동과 유교계", 앞의 논문집 참조
77) 김대상, "3·1운동과 학생층", 앞의 논문집 참조.
78) 정요섭, "3·1운동과 여성", 앞의 논문집 참조.
79) 현상윤, 앞의 논설.

하고, 2월 28일에 보성전문의 강기덕 군과 연희전문의 김원벽 군과 의학전문의 한위건 3군은 승동예배당에서 시내 중등학교 대표자와 기타 남녀 전문학교 대표자 십수 명을 소집하고 시위운동에 대한 구체적 지령을 수여하였다.

그런데 이때에 천도교, 기독교, 불교 3파의 독립선언에 서명하기로 작정한 민족대표자 일동은 서로 대면도 할 겸 또한 최후의 회의를 행하기 위하여 28일 밤 재동의 손병희 씨 댁에 회동하였는데, 그 자리에서 탑동공원은 다수의 학생이 회집하니 분요가 염려된다고 하여 3월 1일에 행할 독립선언의 장소를 인사동 명월관 지점(태화관)으로 변경하였다. 그리고 최남선, 함태영, 송진우, 정광조, 현상윤 제인은 잔류간부로 하여 대표자들이 체포된 후에 제반 임무를 담당할 것을 결정하였다. 80)

물론 기당의 주장대로라면 인촌 등 중앙학교 팀이 가장 먼저 3·1 혁명을 주도적으로 개시한 것 같으나 천도교는 이종일의 회고와 같이81) 이미 1910년 9월 말경부터 동학농민혁명의 재현이라 할 만한 수준의 거국적인 민족운동을 독자적으로 강력히 추진한 것이었으니 양자간의 제휴가82) 타 종파를 움직이게 하여 전 종단을 불러들여 3·1혁명을 계획단계에서 성공리에 대중화할 수 있었던 것으로 판단함이 순리일 것 같다. 83)

이런 시기에 일본 도쿄에서 한국인 남녀유학생이 2·8 독립선언서를 낭독하고 정계요로에 독립청원서를 보냈다는 송계백 특사의 소식을 접하게 되었다. 이 선언서는 근촌 백관수가 초안을 짠 뒤 춘원 이

---

80) 현상윤, 앞의 논설.
81) 이종일, 《묵암비망록》1910년 9월 30일 참조.
82) 김학준, 앞의 책, 101쪽.
83) 신용하, "3·1운동의 재평가", 〈신동아〉175, 1979년 3월호, 동아일보사, 74~88쪽. 이현희, 《3·1혁명, 그 진실을 밝힌다》, 신인간사, 1999, 256~9쪽.

1922년 3월 중앙고보 제1회 졸업식에서 설립자 김성수, 최두선 전 교장, 송진우 동아일보 사장, 현상윤 교장 (왼쪽 부터)

광수가 윤색 가필한 것으로 알려져 있다. [84]

적의 수도 한복판에서 거행된 2·8선언이 보다 더 적극적인 3·1 혁명을 성사시킨 직접적인 계기가 되었다고 볼 수 있다. 요원의 불길처럼 전국적으로 울려 퍼져나간 독립시위운동은 인촌, 고하 , 기당 등 중앙학교 팀의 선편적인 공로가 매우 컸음을 알 수 있다. 따라서 인촌의 3·1혁명 추진은 고하, 기당, 육당, 근촌 등의 연쇄적인 협조와 그 계통적 진전에 따라 마침내 대중화 단계로 확산 성사되었다.

그러니까 3·1혁명은 인촌이 처음부터 주재하였으며 성사에까지 이르게 막전 막후에서 민족의 앞날을 위한 공선사후적 담박명지로 신의일관 속에 강력하게 앞장서고 때로는 뒷받침을 다하여 마침내 고귀한 민족운동의 불사조적인 금자탑을 구축할 수 있었던 것이다.

이때 고하는 인촌에게 더 이상 깊이 나서거나 표면에서 진두지휘함을 극력 억제하였다. 그것이 인촌이 민족대표 33인이나 동 48인에서 탈락한 최대 이유였다. 그 대신 고하와 기당이 33인이 아닌 48인에

---

84) 윤재근, 《근촌 백관수》, 동아일보사, 1996, 65~69쪽.

136

가담하였던 것이다. 고하는 도산(島山) 안창호(安昌浩)가 체포되어 그가 세운 평양 대성학교가 쇠잔해지는 선례를 남겼듯이 인촌이 민족운동 전면에 나섰다가 자신의 분신인 중앙학교도 그 같은 운명에 처해져서는 안 된다고 믿고 일선에서 뒤로 물러서길 강력히 권유하였다. 오히려 강제적으로 격리시킨 것이다.

그들이 추구하던 집념의 백년대계 구국민족운동의 큰 뜻도 하루아침에 수포로 돌아가고 인재양성도 남가일몽이 된다는 적극적인 만류에 인촌은 3·1혁명을 성사시킨 뒤 일단 일제의 수사망을 피해 퇴진하였다.[85] 예컨대 남강(南岡) 이승훈의 오산학교가 그의 3·1혁명 관련으로 인하여 동 3월 31일 일제헌병의 보복적 방화로 소실되었음을 상기할 필요가 있다.[86] 이 같은 이유로 거사를 앞둔 2월 27일 인촌은 향제 줄포로 내려갔다가 얼마 뒤 상경하였다.

인촌이 지급한 군자금 수천 원은 남강을 통해 유용하게 3·1혁명의 대중화 작업비로 충당되었다.[87] 그러니까 의암(義菴; 손병희)의 3·1혁명 자금 수천 원도 이 시기에 동시에 풀어서 군중시위를 위한 제비용으로 함께 들어간 것이다. 이는 매우 유용하게 활용되었다.

마침내 1919년 3월 1일 3·1혁명은 전국 방방곡곡을 가리지 않고 남녀노유, 문벌, 학벌, 지벌을 초월하여 창세기적인 응집력 속에서 전개되었다. 대한독립만세의 우렁찬 고동소리, 민족의 맥박과 횃불은 이래서 이때로부터 민족의 광복을 맞는 1945년 8월 15일까지 힘차고 줄기차게 지속적으로 연결된 것이다. 특히 3·1혁명으로 인해 중국 상하이에 대한민국임시정부라는 삼권분립 형태의 최초 민주공화 정통단일정부가 출범해서 대한제국 이래 국내외의 민족독립운동의 공화주의(共和主義)적 구심점으로서 대표성과 법통성을 지니고 27

85) 앞의 자료, 132~135쪽.
86) 앞의 《인촌 김성수전》, 143쪽.
87) 현상윤, 앞의 글 참조.

년 동안 국민에게 용기, 지혜, 신념, 희망, 자신감을 불러일으켜 주
었다. 88)

그렇다면 인촌의 3·1혁명 추진과 성공은 곧 군주제(君主制)의 결
별 청산의 첫 과업수행인 동시에 민주공화정치제로의 새로운 민주의
광장을 여는 데 원초적으로 기여하였다고 극명하게 평가할 수 있다.

8. 인촌의 민족운동 성취

인촌은 일본 유학시절 전후 6년 동안 현대 민주정치 감각이 깃든
독립자강사상을 몸에 익혔다. 그것은 그가 13대 선조 하서(河西) 김
인후의 유가적 민족주의의식을 바탕으로 한 서당교육과 국가의 위망
상태를 스스로 목격하면서 절실히 습득한 구국적 민족 구원의 사상체
계였다. 더욱이 국가와 민족의 장래를 개인보다 더 걱정하면서 공선
사후적 민족사상으로 뭉쳐지게 되었음을 확인할 수 있다. 89) 인촌은
일본에 체류하던 1910년 국망(國亡) 사실을 알게 되었을 때부터 곧
교육구국사상과 운동을 사상체계 속에 동시에 익히면서 그것을 실천
에 옮겨야 함을 사명의식으로 느끼고 있었다.

그는 고하, 기당을 비롯하여 40~50명의 한국인 유학생과 담론하
고 교류하며 청운의 뜻을 품고 열심히 연구하면서 사회생활을 영위하
는 가운데 그 민족사상을 터득했다. 90) 거기에 와세다대학과 게이오
대학을 운영하였던 오쿠마와 후쿠자와 같은 선각적 지도자의 독립,
자유, 자주, 민권사상을 배우고 돌아온 그는 한국의 피압박 현실을
목도하고 그들의 선진문명사상을 이 땅에 실천, 선포하면서 조국독

88) 이현희, 《대한민국임시정부》, 한국민족운동사연구회, 1991, 서론, 결론 참조.
89) 앞의 《인촌 김성수》, 2~4쪽, 373~380쪽.
90) 앞의 《인촌 김성수전》, 709~773쪽.

립의 그날을 기약하였다. 91) 중앙학교를 인수 운영하기 시작한 것은
그 때문이었다. 그것은 구국의 인재교육이라는 고귀한 불굴의 첫째
의 집념이며 소신이고 이념이었다. 92)

또한 신의일관(信義一貫)과 담박명지(淡泊明志)로 중앙학교를 인
수하면서 고하, 기당을 비롯하여 일본 유학생 선후배와 유력인사를
교사로 영입하고 운영을 맡겼다. 자신은 단지 평교사 겸 경영자로서
학교를 종합적으로 이끌어 나갔다. 93) 중앙학교는 사립학교로서 유능
한 인재를 양성하였을 뿐만 아니라 인촌의 중후하고 인자담박(仁慈淡
泊)한 인품을 바탕으로 그 학교 숙직실과 사택을 장차 민족운동의 요
람지로 삼아 인재를 집중시켜 3·1혁명을 계획하고 실천에 옮길 만반
의 사전준비를 게을리 하지 않았다.

이곳에 천도교인이며 민족대표 33인 중 한 분인 이종일이 찾아와
젊은이와 함께 민족운동을 일으켜 조국을 광복하는 데 천도교 등 종
교계와 제휴 연합하는 것이 상책 묘수라고 충고하고 권유하여 천도
교의 손병희, 최린, 오세창, 권동진 등과 연쇄적으로 접촉하여 마침
내 3·1혁명을 성사시켰다. 94) 혁명 당시 중앙학교 학생 장기욱이 지
휘하에 동교 학생이 탑골공원에 집결하여 독립만세 시위를 전개하였
고 가담자 중 인촌의 영향을 받은 30여 명의 동교 학생이 구속 기소
되었다.

인촌은 일본유학을 마치고 귀국한 이래(1914년) 서거할 때까지
(1955년) 40여 년간 한결같이 수많은 민족구국사업을 주도해 크게 성
공하여 국가사회 발전에 기여하였다. 그가 건국에 기여한 점은 특기

91) 강주진, 앞의 논문 참조.
92) 최영희, 앞의 논문 참조.
93) 김성식, "인촌의 인격과 사상", 《인촌 김성수-인촌 김성수의 사상과 일화》,
　　동아일보사, 1985, 참조.
94) 이종일, 앞의 《묵암 비망록》 1919년 2월 20일 참조.

할 만하다.

그 첫 번째의 큰 사업인 3·1혁명을 계획 모의하여 성사된 이후 동아일보의 창간, 경방의 인수 확장, 보성전문-고려대학의 인수 경영 등에 이르기까지 성공치 않은 일이 없었다. 그 첫 번째 민족사업인 3·1혁명이 동지들과 협론 속에서 성공하였기에 그 이후의 사업이 원만하고도 보람 있게 이어졌다고 본다. 95) 그것은 초지일관(初志一貫), 신의정성(信義精誠), 자강융성(自彊隆盛) 등 정당한 인간성의 추구에서 비롯되었기 때문이었다. 96)

이에 인촌은 3·1혁명을 성공시켰다. 그 최대성과가 대한민국임시정부(1919~45)라고 할 때, 분명히 인촌은 민주공화제도의 원초적인 출발과 우리나라 민주대의 헌정사의 시발점을 열어준 중심적 장본인이라고 말할 수 있겠다. 97) 동시에 우리나라 법통성의 현주소이기도 한 것이다.

인촌을 일러 겸양(謙讓), 신의(信義) 와98) 어질고 원만한 인격의 소유자라고 하지만99) 강한 저항과100) 불굴의 투쟁으로 일관된 소신 있는 강의(剛毅), 질박(質朴)한 맹렬의 투쟁가이기도 하였음을101) 지나칠 수 없다.

인촌은 제국주의, 공산주의, 이승만의 자유당 독재에 항거해서 민주공화정의 광장을 마련하는 데102) 솔선수범한 전형적인 선비적 기

---

95) 조병옥, "위대한 애국자", 앞의 《인촌 김성수의 애족사상과 그 실천》 참조.
96) 유진오, "인간 인촌 김성수", 앞의 《인촌 김성수의 애족사상과 그 실천》 참조.
97) 이현희, "대한민국임시정부의 비판적 검토", 〈사회과학논총〉 3, 성신여대, 1991 참조.
98) 김활란, "애국애족의 일념", 주84) 와 동일.
99) 김옥길, "한국민족의 스승", 위와 동일.
100) 윤택중, "민족자주 일깨운 영도자", 위와 동일.
101) 윤보선, "평범한 위인, 범상한 영웅", 위와 동일.
102) 장용학, "김성수", 《한국근대 인물백인선》, 동아일보사, 1970, 263쪽.

질을 모범으로 남긴 민주적 인재로 손꼽힐 수 있다는 점을 새삼 거론
치 않을 수 없다. 교육가요 정치가이며 언론인이고 실업가이면서 경
세가인 의인(義人) 인촌은 사람을 사람답게 대우하고, 기를 살려 주
고 인식하며 높이 평가할 줄 아는 덕망 깊은 지도자 중의 한 분이었
다. 이제 그가 펼친 민족사업들을 순차적으로 조명해 볼 것이다. 평
범한 비범함 속에서 강한 실천력을 구사한 것이 곧 인촌의 장점이며
그의 철학적 인생노선이기도 하였다. [103] 중앙학교는 조선사회에서
무시하지 못할 하나의 큰 희망찬 인물산맥으로 우뚝 서게 되었다. 이
것이 그의 처세의 참 진리이며 도(道)였다. [104]

　이후 인촌이 집념 어리게 직접 수완을 보였던 경방과 동아일보, 민
립대학 설치운동 등 민족중흥 사실들을 중점적으로 검토할 예정이다.
20대의 어린 내조형의 지도자 인촌의 인촌다움의 능력이 이제 주님의
권능과 섭리 속에 약여(躍如)하고 진솔하게 나타나게 될 것이다.

---

103) 김수환, 앞의 인촌 추모의 글 참조.
104) 신일철, "한국근대화의 선구자 인촌 김성수의 생애", 앞의 평전 《인촌 김성
　　　수》, 20~21쪽.

제 2 장 경성방직의 창설과
민족경제 달성의 의지

1. 경성방직 창설의 배경

　민족기업으로 손꼽히는 인촌의 경성방직주식회사는 어떻게 창립, 운영되었을까? 한국에서 기업 역사 90년이라는 것은 이만저만의 저력과 경영전략이 아니면 불가능한 대단한 위업이라 할 수 있다. 그 중 일제강점하의 35년이란 세월 속에서도 부단히 회사를 운영할 수 있었던 저력은 과연 무엇이었을까를 분석적으로 고찰해 보아야 한다.

　경성방직을 정식으로 창립하기 2년 전인 1917년 인촌은 방직을 전문으로 전공한 이강현(李康賢, 1888~1967)의 권유로 광희문 근처에 윤치소(?~1944; 윤보선 전 제4대 대통령의 선부장)가 경영하던 회사인 60여 명 규모의 경성직뉴(京城織紐)를 인수했다. 당시 이 회사는 경영난에 허덕이고 있었다. 윤치소는 1898년 사촌 윤치호와 같이 황성신문의 전신인 경성신문을 창간 경영한 인물로 중추원 참의를(1924~27) 지냈다.[1]

　이강현은 인촌보다 3년 연장으로 구라마에(藏前) 고등공업학교(도쿄공업대학의 전신)를 1911년에 졸업하고 귀국한 뒤에는 이 방면의 전

---

1) 김상태, 앞의 책, 115쪽.

문 학술논문을 집필하며 공업기술 전파에 전념하다가 주변의 권유에 의하여 인촌의 중앙학교 교사로 근무한 경력이 있는 근대방직 전문가였다.

경성직뉴는 1916년부터 댕기나 염낭끈이니 허리끈 등의 수요가 급감하여 회사경영이 힘들게 되자 시장에 매물로 나와 있었다. 이 회사는 최초로 전력을 사용하여 직조를 한 근대식 소규모 공장이었다.[2] 인촌은 승산이 있다는 방직전문가 이강현의 권유를 수용하여 이를 과감히 인수하였다. 운이 터진 것이다. 인촌이 손을 댄 사업은 의외로 히트를 쳤다고 한다. 사업수단과 그의 거북이 같은 형상의 외모와 같이 복운이 함께 맞아 떨어진 것이다. 민족산업 전선에 과감히 뛰어든 그의 첫걸음이었다. 이를 토대로 하여 인촌은 한 단계 더 비약하기 시작하였다.

직조공장의 역사를 살펴보면, 1897년도에 개화파 안경수가 대한직조공장을 설립한 것이 그 시초였으나 곧 문을 닫았으며, 2년 뒤인 1899년 민병석이 종로 직조사를 만들어 70여 필을 생산하였다. 근대적인 규모와 시설로서는 1902년에 개업한 김덕창의 직조공장이 근대성을 띠고 생산에 임하였다. 이강현은 재래식으로는 승산이 없으니 서구식 기계를 도입하여 과감히 한 차원 높은 근대적 기술방식을 채택해야 하고, 따라서 대량생산의 근대적 공장이 필요하다고 건의하면서 그 방식으로 개량해야 타사보다 경쟁력을 발휘할 수 있다고 큰 틀에서의 포부를 알려주었다.

인촌도 전문가의 고견을 일견 수긍하고 그렇게 영업방침을 세웠다. 이강현은 직조 원단의 가격이나 질적 승부 면에서 일본 제품과 비교할 때 조금도 뒤지지 않는다고 인촌에게 용기를 불러일으켰다. 또한 그렇게 되면 우리나라 고객도 국산품을 사용할 것으로 확신했

---

2) 윤보선의 회고담, 앞의 《인촌 김성수》, 138쪽.

다. 국산품 애용의 애국심이 발동한 것이다. 인촌으로서는 더 비길 데 없이 큰 자신과 용기를 얻은 셈이었다. 그의 지론인 국산품 애용의 주장이 점차 현실로 다가오게 된 것이다. 인촌은 곰곰이 생각하면서 이강현의 건의를 100퍼센트 신뢰하여 전적으로 수용할 수 있었다.

이강현은 치밀한 시장조사와 전망, 외국과의 공장규모 등을 비교 설명하고 국민들의 직조 선호도 등을 다각도로 탐사하여 가장 시급한 것이 직물류의 자급자족이라고 설명하여 인촌을 설득하였다. 더 이상 일제의 경제적 수탈을 수수방관하고 있을 여유가 없었다. 일은 급박하게 돌아갔다. 이제는 결단의 시간이 닥친 것이다. 더욱이 인촌이 주동이 되어 일찍이 수백 명의 동지를 연합하여 일으킨 비밀결사인 '조선 산직장려계'(産織奬勵稧)를 만들어 처음으로 국산품 애용의 깃발을 높이 들었던 사실이 있지 않았던가? 경성방직 창업의 배경은 이 산직장려계에서 그 실마리를 찾아볼 수 있겠다. 3)

산직장려계로 인촌의 포부가 일부 달성되었으나 그것으로 만족할 수는 없었다. 반드시 일본제품을 억눌러야 한다는 민족주의적 사상과 희망이 이런 새로운 산업시설인 방직회사를 염원하게 된 것이다. 포부는 더 큰 욕심을 잉태하게 되는 것이다. 그것이 인촌의 나라사랑의 일관된 염원이며 민족적 생산적 구상이기도 하였다. 인촌은 일본에서 공부하고도 일본을 능가해야 하는 것이 자신의 지론이며 평소의 소신이라고 믿었다. 경방은 곧 민족의 산업이라고 평가하고 이를 착수한 것이다. 4)

---

3) 이현희, 《한국현대사 산고》, 탐구당, 1975, 98~9쪽.
4) 조기준의 회고, 앞의 《인촌 김성수》, 139쪽 참조.

2. 경성방직주식회사의 창립

경방의 창립을 위하여 인촌은 지방의 주주들을 모집하러 일부러 대구에 들렀다. 여기서 평소 알고 지내던 서상일(徐相日)로부터 소개받은 서병오(徐丙五)를 만나 담론 중에 호를 '인촌'(仁村)으로 확정받고 그때부터 이 호를 즐겨 사용하였다. 그의 출생고을이 전북 인촌이므로 그냥 그 출생지를 상징으로 삼아 '인촌'이라 불렀는데, 그게 그렇게 부르기도 좋고 내용도 알차다는 해석이었다.

인촌(仁村)이란 말은 《논어》이인(里仁)편의 첫 장에 나와 있듯이 두 가지 의미를 내포한다. '인에 처하는 것이 훌륭하니 이럴까 저럴까 고르면서 인에 처하지 않는다면 어찌 지혜롭다고 하겠는가?'(里仁 爲美니 擇不處仁이면 焉得知리오). 이인위미(里仁爲美)는 두 가지로 해석된다. 주희는 이(里)를 마을로 보았다. 이 구절은 '마을은 어진 곳이 좋다'라는 의미가 된다. 그러나 맹자는 이(里)를 처한다는 뜻의 동사로 해석하였다. 다산도 이 주장을 추종하였다. 이 구절은 '인에 처하는 것이 훌륭하다', '인을 행동의 근거로 삼는다'라는 해석이 가능한 것이다.[5] 그러니까 인(仁)은 곧 마을로서의 의미와 처한다는 의미로 함께 해석함이 타당할 것으로 보아, 인촌의 경우는 두 가지가 다 유효하게 해석되어도 그 뜻은 다 같이 '어진 마을에 처하게 된다'라는 깊은 의미를 내포한다고 볼 수 있겠다.

작호(作號)를 권유한 서병오의 인촌에 대한 광범위한 해석이 매우 적중하였다고 볼 수 있다. 이로부터 김성수는 인촌이란 자신의 호를 즐겨 사용하였다.

인촌은 윤치소의 경성직뉴를 인수한 다음 방직전문가 이강현 등의

---

5) 논어 이인편.

건의로 일본제품에 저항하는 의미로서 우리 민족의 옷감을 우리 손으로 생산하고 방직산업의 육성, 번창을 위하여 규모가 큰 시설을 구비한 방직주식회사의 설립을 일제당국에 신청하기로 작정하였다. 착수가 곧 성공이라고 믿었다. 그는 이 방직회사를 창립하면서 주식회사 제도를 실시하였다. 당시로서는 여간 큰 모험이 아니었다. 그래도 그는 이를 강력하게 추진하였다. 그는 자신의 자본만으로도 회사설립이 가능하였지만 전국 방방곡곡을 순회하며 마치 독립운동자금을 모금하는 식으로 경방 주식을 공개적으로 모집하였다. 민족의 기업 이미지를 살리겠다는 의지의 주체화였다.

독립자금을 낸다는 것이 얼마나 위험하며 어느 누가 쉽게 할 수 있는 일인가. 그래도 국민들은 숨어서라도 군자금을 낸다는 참여의 자부심과 한국인이라는 긍지가 섰기에 이 일은 의외로 호응도가 높았다. 파급효과도 컸다. 인촌 자신도 자못 놀랐다. 일인일주(一人一株)의 애국운동을 전개한 것이다. 경방의 설립은 곧 민족운동의 연속이라고 선전하였다. 모두가 적극 호응하였다. 당시의 주식가는 50원이었다. 전국에 걸쳐 산재한 중소지주들을 심방하며 경방 설립의 취지를 설명하고 동참을 역설하여 광범위하게 공감대를 얻었다. 호응도가 좋았다.

창립 당시 발기인들의 인수주식은 3,790주이고 나머지 16,210주는 일반 공모주였다고 전해진다.[6] 인촌은 이런 주식공모운동을 "민족운동의 차원으로 승화시킨 것으로 생각되어 매우 자랑스럽고 보람 있었다"라고 주위에 상기되어 말할 정도였다. 그는 경방을 민족기업으로 생각하고 이를 집중 육성했다. 제조업으로서 늘 생각하던 자급자족을 통해 민족실력 양성에 이바지한 것이다.

경방 설립 취지문은 일제강점하에서 실업자가 속출하는 마당에 우

---

6) 조기준의 증언 앞의 자료 139쪽.

리 민족에게 일자리를 새롭게 창출해 주고 민족기술자를 양성한다는 설립 취지와 '우리 옷은 우리 손으로' 라는 호소력 있는 슬로건을 내걸고 거창한 민족실력 양성운동의 횃불을 높이 올렸다. 호응도가 높았다. 당시 일본인들은 우리 민족을 너무나 얕잡아 보아 주식회사 운영은커녕 구상할 능력도 없을 것이라고 아예 무시해 버렸다. 이런 틈새를 비집고 들어간 이가 곧 인촌이었다.

한국인의 능력을 그렇게 과소하게 평가할 수 있겠느냐고 분개한 나머지 이런 위대한 민족적 위업을 구상하고 신청한 것이다. 그는 최초로 공개기업인 주식회사를 시범적으로 운영하여 성공의 사례를 이루어 냈다. 모두가 경악을 금치 못하였다. 오직 일본상품에 맞서서 그들을 능가하겠다는 불굴의 집념과 의지가 이런 놀라운 위업을 가능하게 한 것이다.

인촌은 격식을 갖추어 경성방직주식회사 설립신청서를 일제당국에 접수하여 허가를 얻어냈다. 그것이 1919년 10월 5일이었다. 그러나 처음 일제당국은 허가를 내주지 않고 질질 끌었다. 이 시기까지 일본제품이 국내에서 폭리를 취하고 있었는데 한국인이 이와 경쟁한다면 일본제품은 한국인에게 뒤떨어지리라는 두려움으로 요리조리 피하면서 지연작전을 벌이고 있었다.

이미 1917년 일본의 유수한 미쓰이(三井) 재벌이 부산에 조선방직회사를 설립운영하는 중이어서 민족의식이 강한 경방이 설립되면 일본제품은 크게 불리할 것으로 인식되었기 때문이었다. 그러나 '한국의 경방쯤이야' 하는 격 낮은 방심이 경방의 허가를 내준 결과를 가져온 것이다. 설마가 사람을 잡는다는 말은 그래서 필요했던 것 같다.

1919년 8월 중순 조선총독부 식산국에 경방에서 제출한 정리된 창립취지서를 보면,

조선에 있어서의 면포의 수용은 통계가 시사하는 바에 의하면 연액

경성방직주식회사

4,200만원(圓)이며 그 중 2,700만원은 이 수입품에 의존하고 있는 현상이니, 이의 자급을 기도함은 조선경제 독립상 급무라고 할 것이다. 아래에 기명한 우리들은 이 기운에 제하여 경성방직주식회사를 창설하여, 우선 면직물의 제조를 제1기 기업(起業)으로 하며, 장래 적당한 시기가 도래하면, 방적업무도 겸영하고자 한다. 그리하여 조선공업의 발달을 도모하는 동시에 더욱 증산을 도모하고, 자금은 물론 여액(餘額)은 만주지방에도 이출할 것이며, 다수의 조선인에게 직업을 주고 공업적 훈련을 하는 동시에 주주의 이익을 희도(希圖)함을 목적으로 동지가 상모하여 본사 창립의 허가신청서를 이에 제출한 바이다.

라고 천명하였다. 설립인가 신청서의 발기인은 김기중, 김경중 두 분 부친과 박영효, 민영휘, 이일우, 최준, 박용희, 변광호, 장두현, 장춘택, 이성준 등 각지의 부호유지가 모두 망라되어 있었다.

경방의 주된 업무는 제직(製織)과 방적(紡績) 그리고 그 판매였다. 7) 판매이기 때문에 이익을 추구함은 당연한 일이나 쇄도하는 수입품을 대체하고 한국만의 공업발달을 촉진케 하여 뒤지고 있는 민족경제의 독자성·특수성을 구비하려는 목적을 염원하고 있음이 이 취지서에 여실히 드러나 있다. 그것이 인촌의 큰 뜻이다. 우리 기업사에서 최초로 주주를 모집하여 자금을 조달하는 주식회사로서의 면모를 약여히 보여주었다. 우리민족의 기술양성과 일자리 창출까지 웅대한 포부가 이 취지서에 가득 넘치게 담겨 있는 것이다. 산업자본의 출현은 매우 획기적인 민족발전의 발돋움이 아닐 수 없겠다.

회사는 설립당시부터 1인 1주 운동을 펼쳐서 국산품 애용과 일제상품 배척이라는 애국적 효과를 거두었다. 이를테면 기업공개를 일찍부터 시작한 셈이었다. 선각자의 거룩한 애국적 모습을 우리는 인촌에게서 볼 수 있다. 1주당 50원씩 2만 주를 발행하였는데 1주당 1회 불입금은 12원 50전으로 쌀 두 가마의 값을 넘고 있었다.

지성이면 감천이라고 하였다. 처음에는 단기이익을 노리던 전국 13도 지방의 토지 부호들이 망설였으나 인촌의 애국심과, 중앙학교를 20대에 인수 운영하여 흑자를 거둔 사실을 알고부터는 그를 전폭적으로 신뢰하여 마치 우리들이 다 독립운동에 동참한다는 듯한 민족적 긍지로 전면에 나서서 주금 모집에 동참하게 된 것이다. 8)

한편 인촌은 1919년 11월 법조인인 최진(1876~?), 박승직 등에게 권유하여 농업, 상업, 공업 진흥과 생활개선을 목적으로 '조선 경제회'를 창립하여 박영효를 동 회장에 추대한 바 있다. 9)

---

7)《경방 80년》, 1999, 경성방직주식회사, 48쪽.
8) 상동 자료, 50쪽.
9) 김상태, 앞의 책 145 쪽.

3. 창립총회 개최와 경방의 발전

내외가 주목한 경성방직의 역사적 창립총회는 1919년 10월 5일 역사적 장소인 인사동의 태화관에서 개최되었다. 7개월 전 3월 1일 천도교의 손병희 등 민족대표 33인(실은 29명 동참)이 모여 충격적인 독립선언서를 낭독하고 독립의 축배를 들며 엄숙하게 독립선언식을 거행하던 유서 깊은 곳이었다. 이들은 자진해서 잡혀간 것이다. 결코 자수가 아니었다.[10] 7개월 전에 독립선언서가 낭독되었다면 이때는 '경제 독립선언식'이 선포되던 날이었다고 표현해도 좋을 듯하다.

이날 오후 1시 유지와 주주 31명이 참석하였다. 참석한 인원상 3·1만세운동 때와 비슷하였다. 위임 인원은 99명이었다. 출석주수가 4,435주, 위임주수가 13,157주인 것으로 집계되었다. 인촌의 개회선언에 이어 의장을 선출하였는데 장두현이 당선되어 그의 진행으로 회의가 시작되었다. 정관 등을 정하고 취체역 7명, 감사역 5명을 뽑았다. 취체역은 박영효(사장; 1861~1939), 이강현(지배인), 선우전, 구포 출신 윤상은, 박용희(전무), 안종건, 인촌 등 7명이었고, 감사역은 장두현, 이일우, 장춘재(張春梓), 이승준, 조설현(曺偰鉉)의 5명이었다.

여기서도 인촌은 일반 취체역에 머물고 있었다. 그다운 처신이었다. 여기서 그의 겸손 겸양의 거인다운 인격이 노출되고 있는 것이다. 실질적인 창업주였으나 공선사후 정신 속에 뒤로 물러선 그의 개결(介潔)한 인품을 알 수 있다. 오너라고 함부로 뛰어들 그런 자만하고 경박한 인물이 아니었다.

발기인 인수 주식수 3,790주, 일반 공모주식수 16,210주와 제1회 불입금, 연체이자, 창립비 등의 상세한 내용이 포함되어 있었다.

10) 이병헌《3·1운동비사》, 시사시보사 출판국, 1959, 손병희 성사의 경찰 취조서 북한에서나 33인을 자수하였다고 비방하고 있을 뿐이다.

박영효 (1861~1939)

곧 이어 중역회의가 열렸다. 여기서 사장에 박영효(朴泳孝)를 뽑았다. 그는 1935년까지 경방 사장으로서 근무하게 된다. 단순한 명목상의 사장만은 아닌 것 같다. 전무에 도쿄제대 정치과 출신이며 관비파견생인 엘리트 박용희(1885~1949)를 선임하였다. 이어 두 번째 중역회의에서 방직전문가 취체역 이강현을 지배인으로 겸무하도록 조치하여 경방을 리드할 중역진이 잘 구성되었다. 이강현은 뒷날 수당 김연수가 경영을 담당할 때까지 공장 설립에서부터 직기의 설치, 종업원들의 기술지도 등 세심하게 회사운영을 맡아 동분서주하였다.

개화파이며 친일파로 알려진 박영효를 동 사장에 선임한 것은 총독부와 일제당국의 껄끄러움을 고려한 배려 차원적 선임이 아니었을까 한다. 경영은 이강현과 양심적인 서민풍의 파주 교하 부호출신 박용희(朴容喜; 1885~1949) 두 시스템으로 달리게 한 것으로 보인다.11) 취체역은 소장 실업가를, 감사역은 자신보다 연장자인 재력가를 선호한 것이다. 담박명지와 신의일관을 표방하며 공선사후의 정신으로 경방에서의 취체역으로 머문 인촌다운 철학적 운영이 세심하게 배려된 것으로 평가할 수 있겠다.

경방의 산실은 계동 130번지 인촌의 자택이었고, 공장이 설립되고 기대하던 제품이 생산된 것은 주식회사 설립 후 3년 반 만의 일이었다(1923년 3월). 경방 본사의 건물은 을지로 1가 143번지에 125평을 구입하고, 공장기지로 노량진에 1만 6천 평을 구입하였다. 기계구입비는 10만 원으로 잡고 전무 박용희와 지배인 이강현이 일본 나고야

---

11) 앞의 자료, 52~3 쪽.

에 있는 저명한 도요다 기계(직기) 회사에 가서 기계 100대를 발주하
였다. 이강현은 오사카에 들러 면사 도매상인 야기(八木) 상점과 다이
니혼(大日本) 방적회사의 면사 장기공급계약을 체결하고 왔다. 이듬
해 11월 전문기술자 2명을 나고야에 파견하여 기계조작법을 익히게
하고 경성 직뉴회사는 면포생산에 주력하도록 조치하였다.[12]

4. 충격의 삼품(三品)사건과 신의일관의 표본

방직전문가 이강현은 이 시기에 삼품(三品)이라는 거래방식을 알
게 되었다. 이것은 돈을 단기간에 벌어들이는 데는 매우 손쉬운 방법
이기도 하였다. 단기승부로 누구에게나 매력이 있었다. 돈을 마다할
사람은 없기 때문이다. 일종의 모험이며 투기와도 같은 위험부담을
안고 있는 거래형식이었다. 삼품이란 면화, 면사, 면포의 세 가지를
말하는 것으로 이 거래방식은 실물이 없어도 일정한 기일을 정해 놓
고 미리 거래할 수 있는 '선물거래'와도 비슷한 양식이었다. 몇 배의
이익을 단시일 내에 볼 수 있는 일종의 투기성 있는 거래이기도 하였
다. 그는 경방의 융성과 자신을 신뢰해준 인촌을 위하여 이런 투기방
식을 과감히 선택한 것이다.

일본의 오사카는 방적회사와 면화상의 중심도시이며 면제품을 세
계시장에 파는 면사 면포상의 중심지이기도 하였다. 삼품은 삼품취
인소(取人所)를 통해 정기적인 실물거래를 영위함은 물론 면화의 작
황 등 생산여건에 따라 선물매매가 성립되기도 하였다. 제 1차 세계
대전(1914~1918) 중에 여러 상품이 제대로 들어오지 않아 일본의 삼
품 값은 연속적으로 급격히 상승하였다. 이를 사재기만 하면 뒤에 엄

---

12) 앞의 《인촌 김성수전》, 166쪽.

청난 이익을 앉아서 쉽게 볼 수 있었다. 이강현이 착안한 것은 바로 이것이었다. 그는 애사심과 인촌에게 도움이 될 것이란 자기 나름대로의 공익적 계산하에 회사의 공금을 조심스럽게 삼품거래에 투자한 것이다.

처음에는 이득을 보았다. 그러다 보니 이강현은 크게 하여 더 많은 돈을 끌어들여야 하겠다는 대담한 생각을 하게 되었다. 물론 회사에도 도움이 될 것으로 판단한 것이다. 전쟁이 종료되고 당사국들이 전후복구를 서둘러 거래가 활발해지자 삼품들이 오사카로 밀려들었다. 시세가 폭락한 것은 이 같은 이유에서였다. [13]

1919년의 월평균 최고가격이 676원 50전의 면사의 삼품시세가 1920년 3월에는 243원 27전으로 폭락하여 회사에 이만저만의 손실이 아닐 수 없었다. 이강현은 무려 10여만 원을 앉아서 손해 본 것이다. 당시 경방의 불입자금이 25만 원이었는데 손해가 10여만 원이라면 보통 거금이 아니었다. 이를 하루아침에 날린 것이다. 이 손해액은 직기를 구입하기 위하여 가져갔던 금액이었다. 제 1기 영업보고서에 이익이 13,013원이었는데 제 2기의 영업보고서에는 132,550원의 순수손실금을 나타내게 되어 경방이 발칵 뒤집혔다. [14]

이제 막 출범한 회사인데 이런 엄청난 손실을 입었으니 모두가 실망 속에 경악할 지경이었다. 이 모두가 삼품거래 때문이었으므로 충격은 쉽게 무마되지 않았다. 이강현 지배인의 진퇴문제가 회사 운명의 큰 걸림돌이 된 것이다. 손실을 안고 그냥 유야무야하여 그를 유임시키느냐 하는 문제로 회사 전체가 큰 혼란을 겪었다. 대다수는 이강현을 퇴사시켜 책임을 물어야 한다는 방향으로 가닥을 잡았다. 1920년 6월 하순 중역회의에서 마땅히 책임을 져야 한다는 것이 대부

---

13) 앞의 《경방 80년》, 55쪽.
14) 조기준, "한국민족기업건설의 사상적 배경, 인촌 김성수의 민족기업 활동," 《인촌 김성수의 애족사상과 그 실천》 동아일보, 1982, 144~6쪽.

분 회사중역들의 공통된 의견이었다. 그 자신이 스스로 물러날 수밖에 없었다. 신축중이던 회사사옥도 업자에게 손해배상을 해야 해 경영위기에 봉착하였다. 모든 회사의 운영이 비정상적으로 돌아갔다.

그러나 인촌은 돈은 있다가도 없고 없다가도 있는 것이지만 사람을 한 번 잃어버린다면 인재를 아주 놓쳐 버린다는 점을 크게 부각시키고 자신이 사죄하면서 이강현의 퇴임을 적극 만류하여 설득하였다. 골치가 아파 흔들거리던 중역들도 더 이상 이 문제를 거론하지 않았다. 이강현은 죽을 각오하에 경방을 위해 분골쇄신할 것을 공개적으로 천명하고 회사업무에 복귀하였다.

인촌의 마음가짐을 익히 알 수 있는 순간이었다. 그의 용인의 슬기와 지혜가 넘치는 인품을 알게 한다. 신의일관의 산 표본이었다.

5. 태극성 표의 자부심

초창기 경방의 제품이 쏟아져 나오자 일제 당국은 상품의 상징인 '태극성(太極星)' 표가 한국의 고유한 국가적 상징으로서의 태극기가 아닌가 하면서 생트집을 잡기 시작하였다. 이에 이강현은 적극 나서서 지혜를 발휘하였다. 그 표는 태극기가 아니라 방적의 영문 표기인 Spinning에서 따온 영문의 첫자 S의 의미일 뿐이라고 항변하며 다른 의미는 전혀 없다고 고집을 부렸다. 15)

경영에 어려움을 겪던 인촌은 곤란한 경방의 운영을 돕기 위하여 양부에게 손을 내밀었다. 인촌을 잘 알고 있던 그는 '이것이 마지막 재산'이라는 최후 다짐을 받고 내주었다. 인촌은 토지문서를 거머쥐고 상경하여 즉시 이를 담보로 조선식산은행에서 8만 원의 융자를 받아

---

15)　앞의 《인촌 김성수의 사상과 일화》, 143~151쪽.

154

경성방직의 삼색으로 된 태극성 표

냈다. 양부로부터 받은 토지문서가 얼마나 많았던지 역사까지 지게로 운반하였다가 서울까지 가지고 왔다고 한다.[16] 인촌은 대부받은 이 거금을 가지고 경방의 임시사무소를 자택에서 쌍림동 276번지 경성직뉴로 이전하였으며 영등포 역전에 새로 공장건축공사를 의욕적으로 착수하여 어려운 처지에 놓여 있던 경방을 살려냈다. 그러니까 기사회생의 새로운 발전기로 접어들게 된 것이다.

경방은 민족기업으로 웅비하면서 주식회사 방식의 자본주의적 경영체제로 전환하여 근대화와 산업화의 진로를 스스로 모색하고 그 길로 일로 맥진하게 되었다.[17] 순수 민족자본주의의 육성과 경제적 민족주의 운동이 이런 분위기 속에서 힘차게 약진하고 웅비체제로 질주할 수 있었다. 그것은 인촌의 애국심이 충만하였기 때문이다.

인촌은 근대국가에서 필수적인 근대적 민족교육과 산업, 언론의 3대 필수요건을 우리 민족사회에 도입 운영하는 창조적인 자립갱생의 도를 발휘하여 주목을 받았다. 일찍이 의암 손병희 성사가 1902년도에 도전(道戰), 언전(言戰), 재전(財戰)의 3가지를 정부에 상소하여 민족발전의 전기를 마련하였듯이, 인촌은 이 3전을 곧 민족의식의 고취, 실력양성, 산업육성의 3박자로 만들어 손병희 못지않은 민족발전의 전기를 마련한 것이라 할 수 있다. 뿐만 아니라 도산(島山)의 민족운동과 실력양성에 버금가는 독립운동적인 민족구원의 도표였다

16) 앞의 《경방 80년》, 56쪽.
17) 신일철, 앞의 글 26쪽.

고 평가할 수 있겠다. 18)

경방은 일진일퇴를 거듭하다 창립 3
주년인 1922년 인촌의 아우 김연수가
상무 겸 지배인이 되면서 근대기업으로
크게 육성되었다. 1923년 1월에 경방
영등포공장이 준공되었다. 그해 3월에
는 시운전이 시작되었고 4월부터 제품
이 생산되기 시작했다. 이후 경방은 서
북지방의 판로를 개척하였고, 1924년에
는 6만 2,000필의 광목을 판매하였다.

수당 김연수 (1896~1979)
경성방직 사장을 역임하고 삼양
그룹을 창립했다.

이 시기에 인촌은 사랑하는 부인과 사별하였다. 1919년 10월 7일
첫 부인 고광석이 자녀분만 산고(産苦)에 시달리다가 그만 세상을 달
리한 것이다. 상만(相万), 상옥(相玉), 상기(相琪), 상선(相善), 상
흠(相欽)의 4남 1녀의 어머니이기도 하다. 부인의 나이 34세이고 인
촌은 29세 때였다. 인촌은 슬픔을 이기지 못한 채 그 길로 줄포로 내
려가 정중히 장례를 치렀다. 양부인 원파를 위해 마련해 두었던 장성
군 북하면 백양산 학봉(鶴峯) 후록의 이름난 명당에 정성스레 안장하
고 눈물로 작별하였다. 19) 회자정리(會者定離)라는 철리를 깨닫고 영
부인을 영영 저 세상으로 먼저 떠나보낸 것이다.

18) 신일철, 앞의 글 24쪽 참조.
19) 인촌의 누이동생 김점효(김명애의 모친)의 증언.

제
3
장 동아일보의 창간과 언론창달

1. 동아일보 이전의 국내신문

인촌은 중앙학교의 인수 확장으로 제1단계의 민족교육을 달성하였고 경성방직으로 민족의 산업경제를 펴나갔다. 두 가지의 민족부흥과 자강사업을 달성한 것이다. 그가 고안한 3대 과제 중 2개 분야를 고심 끝에 완성하였다. 나머지는 민족 언론이었다. 당시 일제는 이른바 문화통치를 한민족에게 베푼다는 회유의 명목으로 민간신문의 발행을 허가했다. 이를 그냥 지나칠 수 없다고 주변에서 신문발행을 적극 권유하는 인사가 늘어났다.

인촌은 혁명적 3·1운동을 주도하고 겪으면서 신문의 중요성을 새삼 느끼고 있었다. 일본 유학시절의 도쿄에서 일본신문의 발행을 몸소 경험한 바 있다. 그들 일제통치를 한국인에게 의도적으로 선전하던 선동성 신문의 기동성, 유용성, 전파성, 홍보성 등을 두루 알고 있었던 인촌이기에 신문 발행을 위한 천재일우의 기회를 놓칠 수 없다고 생각했다. 임시정부의 기관지인 격일간제의 〈독립신문〉이 상하이에서 발행되고 있음을 그 자신도 익히 알고 있었다. 힘들게 국내에 반입했던 〈독립신문〉의 지면을 눈여겨보고 있었던 터였다. 이를 통해 임정의 활동상을 알 수 있었다. 신문의 유용성을 새삼 인지하게

된 것이다. 1)

인촌은 그것을 매우 부럽게 생각하고 있었는데 조선총독부에서 민간신문의 발행을 허가해 준다니 이런 호기가 또 어디 있겠느냐면서 발행에 필요한 구비서류를 챙기게 했다. 2) 우리도 당당히 신문을 발행하여 국내외의 사정을 알리고 독립운동의 사실도 국내외 인사에게 인지하게 하여 직・간접적으로 독립을 촉진시키는 일에 크게 기여하게 한다는 것이 애국지사 인촌의 민족독립을 위한 큰 포부였다. 이미 상하이의 임정본부에서는 안창호, 이광수, 조동호 등이 1919년 8월 21일자로 〈독립신문〉 창간호3)를 발행하고, 국내에도 특파원, 파견원 등을 통해 얼마간 배부하였으므로 상당수의 한국인이 그 신문에 관하여 익히 알고 있었다.

당시 서울에는 조선총독부의 기관지인 〈대한매일신보〉를 접수하여 개제한 〈매일신보〉가 한글판으로 발행되고 있을 뿐이었다. 일제는 매신을 〈경성일보〉(일본어)에 통합하여 격을 낮추어 발행하였다. 한국인에게 언론을 통제하는 법적 근거는 광무 신문지법과 출판법이었다. 한국인에게는 신문발행의 요건을 까다롭게 적용하여 갖가지 규제가 이중 삼중으로 발목을 잡게 장치를 마련하고 있었다. 이에 비해 일본인들은 완화된 법을 적용하여 자유롭게 신문을 발행할 수 있었다. 이 완화된 법은 광무 신문지법과는 달리 계출제를 적용하고 있었다. 그러니까 신고제와 허가제의 차이라고 분별할 수 있다. 1910년 이후 국내에는 〈매일신보〉 외에는 없었으나 일본인들은 자유롭게 26개의 신문과 잡지를 폭넓게 발행하고 있었다. 4)

---

1) 상하이판 독립신문, 1919년 8월 21일 창간호.
2) 이현희, 《대한민국임시정부사》, 1, 1983, 집문당, 서론 참조 동 제2권 혜안, 2004, 345~9쪽.
3) 처음에는 독립이라고 제호를 정하였다가 뒤에 〈독립신문〉으로 확정하였다. 동 창간호 참조.

혁명적 3·1운동 당시 서울에서는 이종일, 윤익선 등이 지하신문으로 〈조선독립신문〉을 발행했다. 천도교의 보성사에서 3월 1일자로 1만 부를 발행하여 전국에 배포하였다.5) 또한 중국 상하이에서는 조동호 등이 신한청년당의 기관지급인 〈우리소식〉을 발행하였다. 한때 〈독립신보〉가 발행되었으나6) 얼마 뒤 임정의 기관지 〈독립신문〉이 창간되어 국내외에 배포, 널리 인지되었다. 이 신문은 1925년 11월까지 6년여 동안 약 200호가 발행되었다. 그동안 이광수, 김승학, 박은식 등이 사장으로서 독립신문사를 대표하여 지속적으로 독립운동의 홍보와 함께 항일독립운동에 종사하였다.7)

일본은 친일 언론인인 선우일로 하여금 동북삼성 봉천(심양)에서 1919년 7월 21일자로 〈만주일보〉를 창간 배포하게 하였다. 〈만주일보〉는 한국어 일간지 형태로서 선우일과 이상협과 같이 발행하였던 것 같다.8) 그러나 이상협이 깊이 관여하였는지는 확실치 않다.9) 선우일은 1920년 초 경영난으로 중단하였다고 한다. 〈만주일보〉는 친일적인 기사가 넘쳐나고 있어 〈독립신문〉이 이를 언론의 추악함이 독자들의 반감을 샀다고 극렬히 매도한 바 있다. 그 외 일본인이 도쿄에서 한국어 주간지 〈반도신문〉을 발행한 바도 있다. 신문지법으로 인해 서울이 아닌 도쿄에서 발행하여 서울에서 일부를 배포 인지하게 한 바 있다.

4) 정진석, "언론인 인촌 김성수,"《평전 인촌 김성수》, 동아일보사, 1991, 30
   9~12쪽.
5) 〈매일신보〉, 1919, 9, 10 동 9, 16 국편, 한국독립운동사 자료 5, 1975,
   1~15.
6) 이현희, 《조동호항일투쟁사》, 청아출판사, 1992, 134~9쪽.
7) 이현희, 《조동호평전》, 솔과 학, 2008, 27~9쪽.
8) 〈독립신문〉, 1919. 9. 2.
9) 정진석, 《한국언론사》, 나남, 1990, 337~8쪽.

3·1혁명으로 인하여 많은 가담 학생들이 옥중에서 고초를 당하고 있었다. 도쿄 유학시절부터 자별하게 지내던 김우영이 변호사업을 개업하고 있었다. 인촌은 그가 첫 변론을 맡은 정신여학교 학생 중 평북 강계 출신의 이아주(李娥珠; 1899~1968)의 재판과정을 처음부터 유심히 살피고 있었다. 인촌은 이아주의 법정진술을 듣고 크게 감명을 받았다. "조선사람이 조선독립만세를 절규하는 것도 죄가 되느냐?"라고 조목조목 큰소리로 따지는 품이 이만저만한 민족의식의 소유자가 아니고서는 가당치도 않는 일이라고 보고 크게 감탄하였다.10) 저런 열렬한 애국소녀가 또 어디 있을까 하고 그녀를 유심히 살폈다. 그녀는 실형 6월을 선고받았다. 〈동아일보〉에는 이아주의 옥중 시가 실렸다.11) 고문에 못 이긴 이아주는 병보석을 얻어 병원에서 치료를 받았다.12) 이것이 인연이 되어 인촌은 그에게 택인지명(擇人之明)의 혜안으로 청혼하여 그를 속현(재혼)으로 삼아 마침내 둘째 부인이 되었다.13) 그는 인촌이 1955년 2월 18일 와병 중 운명할 때도 정성껏 간호하고 끝까지 남편을 지켜보았다.

2. 동아일보의 창간과 주식모금 활동

극히 회유적이고 계략적인 음모에 따라 조선총독부가 민간인의 신문을 허가한다는 유화적 방침을 내놓자 이에 큰 뜻을 품은 유지인사들이 몇 갈래로 신문 발행을 암중모색하였다. 적극적으로 신문 발행을 모색하던 인사 중에는 평양 〈일일신문〉의 기자 출신인 장덕준(張

---

10) 김필례의 증언.
11) 〈동아일보〉, 1920. 4. 21.
12) 김우영의 증언.
13) 이현희, 《한국근대여성개화사》, 이우출판사, 1979, 이아주 항목 참조.

德俊) 과14) 〈매일신보〉기자 출신 이상협(李相協)이 있었다. 15) 옥중의 육당 최남선의 〈청춘〉이란 잡지를 복간하려던 〈아사히신문〉기자 출신 진학문은 육당과 절친한 사이였는데16) 이상협과 장덕준 등 3명이 인촌을 찾아가 신문의 유용성을 들어 창간을 건의하여 승낙을 얻어냈다. 인촌은 이미 중앙학교와 경방 등을 운영하고 있었다. 그가 재력이 있다는 사실을 알아차리고 유일한 기회이니 신문사업을 겸하라고 권유하면서 접근한 것이다.

인촌 자신도 도쿄 유학시절에 이미 일본 내의 여러 일간신문이 얼마나 국가사회발전에 기여하는가를 익히 알고 있던 차에 이들 3명의 전문 언론인 출신이 신문의 유용성 등을 들어 충분히 홍보하자 더 이상 지체할 사안이 아니라고 믿었다. 이들의 건의를 전적으로 수용하여 총독부 경무국에 인쇄인 이용문 명의로 신청서를 접수하였다. 이때가 1919년 10월 9일이었다. 그 어간에 이미 역사학자 장도빈 등 수십 명이 일제당국에 민간신문허가 신청서를 제출한 바 있었다. 그중 〈동아일보〉, 〈조선일보〉, 〈시사신문〉의 3개 신문사만 허가를 받았다(1920년 1월 6일). 17) 당시 〈매일신보〉는 앞의 '3 신문 허가 우선 시험적이라'고 기록하였으며, '동아일보 발기회'라는 표현도 나타나고 있었다. 18) 이는 곧 총독부가 한국인 신문의 발행허가는 이것으로 종료한다는 것이었다. 그것으로 일단 마감한다는 정책적 배려임을 알 수 있다. 잡음이 생길까 봐 서둘러 마감해 버린 것이다. 마감의 의도를 알 수 있겠다.

14) 유광열, 《기자반세기》, 서문당, 1970, 271~5쪽.
15) 동아일보사, 《동아일보사사》, 제1권, 1975, 68~9쪽.
16) 정진석, 《한국현대언론사론》, 전예원, 1985, 144~8쪽.
17) 조선일보는 대정실업친목회의 예종석, 시사신문은 협성구락부의 민원식이 주관하는 이동우의 명의로 각기 허가가 떨어진 것이다.
18) 〈매일신보〉, 1920, 1, 8 및 동 1, 14 참조.

그렇다고 인촌이 총독부로부터 허가를 받아 신문을 발행하게 되어 용약(勇躍)하면서 기뻐한 것은 아니었다. 이미 착수한 두 건의 민족의 부흥갱생사업을 계획하고 수행해내야 하는 벅찬 작업이 그 앞에 가로놓여 있었기 때문이었다. 아무리 일제의 유화정책이 풀려나간다 해도 일제하 언론의 참다운 사명을 완수하기란 좀처럼 쉬운 일이 아니기에 그의 고민은 클 수밖에 없었다. 뿐만 아니라 신문발행을 위한 경제상의

〈동아일보〉 창간호. 1920년 4월 1일

어려움을 어떻게 극복할 것이냐 하는 것도 큰 변수로 작용했다. 19)

　힘을 얻은 인촌은 신문발행 허가와 동시에 서울 화동 138번지의 구 중앙학교 교사에 동아일보 창립사무소를 두고 간판을 달았다. 이후 그는 7년간이나 이 한옥에서 사무를 본다. 자본금은 100만 원을 목표로 삼아 주식을 모집하기로 작정하였다. 경방 때와 같이 인촌은 전국을 돌며 동아일보의 창간취지를 설명하고 주식인수를 권유하였다. 족벌적인 요소를 배제하고 평등 속에 독자적인 민족지로서의 높은 품격을 구비하겠다는 원대한 계획이었다. 신문사업이 벅차다는 주변의 충고도 주식모집에 일조하였다고 본다. 19세기 한말(韓末)의 〈황성신문〉도 이런 주식모금으로 자금을 충당한 바 있다.

　목표액 100만 원(圓)을 채운다는 것이 그리 쉬운 일이 아니었다. 70만 원으로 축소 조정한 것은 그런 이유에서였다. 같은 날 허가가

19) 김성수, "난관은 두 가지", 〈별건곤〉, 1927. 2.

162

떨어진 〈조선일보〉의 경우는 대정실업회를 배경으로 하여 36명이 발기인으로 참여하여 20만 원을 모금목표로 설정하였으나 불입된 금액은 5만 원에 불과하였다. 동아일보의 주식을 인수한 이들은 78명이었는데 1월 14일 발기인 총회를 개최하였다.

사장에 박영효, 편집감독에 유근과 양기탁, 주간 장덕수, 편집국장 이상협, 정경·학예부장 진학문, 통신·조사부장 장덕준, 영업국장 이운, 서무부장 임면순, 광고부장 남상일, 판매부장에 유태로 등을 새로 선임하였다. 발기인 대표는 당연히 동사의 대표인 인촌이었다.

2월 1일에는 발기인 대표 인촌 명의로 회사설립 허가 신청서를 총독부에 제출하였다. 자본금은 100만 원이고 이를 주식 2만 주로 분할하여 1주당 50원으로 정하였다. 총 2만 주 가운데 16,500주를 발기인이 담당하고 3,790주는 일반 공모주로 배당하였다. 주식회사 동아일보의 허가가 정식으로 나온 것은 2월 6일이었다. 제1회의 불입금은 12원 50전이었다. 따라서 25만 원을 회사의 기업(起業) 자금으로 충당하였다.

신청서에 나타난 회사설립의 목적은 신문발행, 도서잡지의 간행 판매, 인쇄, 일상용품의 대리판매 등으로 규정되어 있다. 20)

비슷한 시기에 신청한 〈조선일보〉는 신문지법에 저촉되지 않으려고 서둘러 동 3월 5일에 창간호를 발행하였다. 허가받은 지 2개월 이내에 창간호를 발행해야 하는 동 시행규정 때문이었다. 부득이 발행 일자를 맞추기 위한 조처였으므로 순조롭게 발행이 이루어지지는 못하였다. 〈조선일보〉가 정상적으로 발행되기 시작한 것은 5월 9일부터였다. 21)

〈동아일보〉는 동 4월 1일 인촌 자택에서 준비 끝에 창간호를 발행하였다. 동아일보가 늦게 발행된 것은 발기인들의 인수주가 약속대

20) 앞의 《동아일보사사》, 1권, 90~1쪽.
21) 《조선일보 70년사》, 1, 1990, 69~72쪽.

동아일보사는 1920년 서울종로구 화동에 첫 사옥을 마련한 후(사진) 1926년 광화문 사옥과 1992년 서대문구 충정로 사옥을 세우면서 한국 현대사와 함께 발전해왔다.

로 제때에 들어오지 않아서 차일피일 지연하다가 인촌의 보증으로 차입금을 융통하였기 때문이다. 이들은 서둘러서 이날 창간하기에 이르렀다.

동아일보가 창간할 당시에는 전국에서 모인 20대 엘리트 청년들이 대거 영입되어 진용을 구성하였으므로 '청년신문'이란 멋진 평가를 받았다. 활기찬 신문이었다는 것이다. 인촌을 비롯하여 설산, 이상협, 진학문, 장덕준, 김명식, 남상일, 염상섭, 한기악, 유광열, 이서구 등이 20대 전후반의 손꼽히는 재기발랄한 유망한 청년들이었다. 창간 당시의 사정을 동 사장을 역임한 바 있는 각천 최두선(崔斗善)은 "유근을 비롯한 이상협 그리고 제가 창간업무의 심부름을 해서 마침내 인촌에게 이상협의 잘 짜여진 사업계획서를 전달하자 이를 보고 만족해하면서 자못 솔깃하였다"라고 증언하였다. 22) 결국은 이상협의

---

22) 최두선의 증언(동아일보, 1960. 4. 1).

예상대로 발행을 신청한 여러 신문 중 동아일보 등 세 곳의 신문만이
이때 정략적으로 허가를 받은 것이다. 이것도 교육구국사업이었다.

인촌은 이 당시 숙원이던 민립대학의 설립을 우선 목표로 잡아 그
유서 깊은 교명을 서울 중심의 '한양전문학교'라 하고 이를 설립하기
위하여 최두선과 이마를 맞대고 숙의중에 있었기 때문에 사실 신문에
는 전폭적으로 신경을 쓰지는 못하고 있었다.

3. 주지를 선명하다

동아일보는 이렇게 하여 유서 깊은 서울 화동 138번지 구 중앙학교
터에서 1920년 1월 14일 유지 78명이 모인 자리에서 발기인 총회를
열고 신문사의 출발을 알렸다. '동아(東亞)'라는 신문의 제호는 누구
의 의견을 따랐을까? 그것은 황성신문 사장을 역임한 원로 언론인 유
근(柳瑾)의 제안으로 그렇게 결정되었다. 일본의 압제로부터 과감히
벗어나기 위해서는 어떤 특정한 나라 이름보다는 활동의 규모를 크게
드높여서 동아시아적인 폭넓은 포부로 나가야 무한경쟁 속에서 크게
승리, 발전해 나갈 수 있다는 희망찬 건설적 확장적 논리였다. 설득
력 있는 이 제안에 누구나 전폭적으로 찬성하고 함부로 반대하지 않
아 이것으로 신문 제호는 합의 속에 낙찰, 확정되었다.

이 신문도 경방의 경우와 같이 2천만 한국인 전체의 의견을 수렴한
'국민신문'이라는 대의명분 아래 출범해야 마땅하다는 인촌의 큰 뜻을
따랐다. 그는 공개 주식회사체제로 발족시켜야 발전한다는 생각을
굳혔다. 이에 인촌은 6개월간을 쉬지 않고 전국 방방곡곡을 심방하며
각 지역을 대표하는 유지들이 관심을 갖고 자발적으로 이 신문의 주
주가 되게 설득하여 하나의 언론조직체를 조합하고자 했다. 경성방
직의 주주모집과는 달리 신문의 주주모집은 생각보다 의외로 힘이 들

동아일보사 설립 당시 발행된 주권

었다. 망설이는 유지가 늘어났다. 신문은 생각과는 달리 비영리사업
이기에 돈만 투자하고 배당금이 없을 것 같아 망설이는 유지가 상당
히 많았다.[23] 그것도 무리가 아니었다.

　인촌은 경방의 경우 때처럼 자긍심을 돋아주는 독립운동적 차원에
서 설득하여 참여의식을 드높였다. 그러나 그것은 생각보다 그리 쉬
운 일이 아니었다. 인촌은 전국을 거의 다 땀나게 누비면서 주식 공
모의 당위성을 홍보하고 적극 권유하였다. 입에 침이 마르도록 이해
를 시킨 경우가 허다하였다. 경남 산청의 어떤 선비는 인촌을 만나서
주식을 사라는 말에 잘못하면 '독립운동 하였다'라는 혐의를 받고 곤
욕을 치를 것을 생각하고 이를 사전에 무조건 거절하였다는 눈물 나
는 숨은 일화도 있다.[24]

　틀이 잡혀가던 민족의 신문 동아일보는 회사의 성격을 집약한 3대
주지(主旨)를 표방하여 동포들의 열렬한 지지찬동을 받으며 출범하

---

23) 앞의 《인촌 김성수전》, 156~8쪽.
24) 앞의 자료, 158~9쪽.

게 되었다.

  첫째, 조선민중의 표현기관으로 자임하노라.
  둘째, 민주주의를 지지하노라.
  셋째, 문화주의를 제창하노라.

  '창천(蒼天)에 태양이 빛나고 대지에 청풍(淸風)이 불도다. 산정수
류(山靜水流)하며 초목창무(草木昌茂)하고 백화난발하여 연비어약
(鳶飛魚躍)하니 만물 사이에 생명과 광영이 충만하도다 …'라는 명문
장을 보고 있노라면 설산의 글 솜씨를 짐작할 만하다. 이런 내용으로
가득 차 있으니 일제당국은 조금만 마음에 맞지 않으면 삭제, 발행
반포금지, 게재중지, 무기정간 등으로 애국심 강한 인촌과 동아일보
사를 괴롭혔다. 특히 인촌이 사장을 맡았을 때(1924년도) 신문의 압
수 건수가 가장 증가하였다. 물론 인촌에게 가한 직·간접적인 정신
적 고통은 이루 다 형언하기도 어려운 형편이었다. 다른 것이 고문이
아니었다.
  마침내 대망의 창간호는 타블로이드 배대판(倍大版)인 전지판 8쪽
의 규모로 세상에 첫선을 보였다. 기대에 부풀어 있던 동포들은 창간
호를 받아 쥐고 감격하여 목소리 높여 '동아일보 만세'를 크게 외치면
서 열렬히 환영하였다고 한다. 창간호에는 설산 장덕수의 명문장가
다운 창간사가 실려 있었다. 모두들 놀랐다. 그의 문장을 보고서는
역시 문장가의 명문이라고 혀를 내둘렀다고 한다. 그것이 곧 '주지를
선명하노라'라는 감탄이 나올 정도로 멋있는 제목과 내용이었다.[25]
인촌은 이를 수십 번이나 읽었다고 한다. 감동하였다. 그때마다 감탄
사를 연발하며 낙루하여 보고 있던 주위 사람들을 놀라게 하였다.

---

25) 이경남, 《설산 장덕수》, 동아일보사, 1981, 115∼9쪽.

천도교 계통의 어떤 종합지는 이에 관하여 가장 객관적으로 소감을 피력하였다. "동아일보는 배일(排日) 신문, 조선일보는 미치광이 신문 … 조선에는 신문다운 신문은 없지 않느냐 … 동아일보는 동아 자체뿐만 아니라 일반 민중도 민중의 대표신문으로 인정하는 동시 … 가끔 압수 정간의 처분을 당하고 …'26) 라고 한 단편의 평가를 볼 때 이들 허가된 신문 중 동아일보의 항일적인 고품격의 위상을 짐작할 수 있겠다. 그것이 곧 독보적인 민족지로서의 약여한 모습을 드러낸 것이다.

이리하여 인촌과 동아일보는 일제로부터 갖은 탄압 제재 앞에 가시밭길을 걸어 나오면서 독야청청하게 오늘날 2009년까지 창간 90년의 유구한 신문의 자랑스러운 형극의 역사를 유지관리 선양하고 있는 것이다.

4. 인촌의 항일언론 항쟁 35년

인촌은 그가 별세한 1955년 2월까지 65년 생애 중 1920년 〈동아일보〉를 창간한 이래 35년간 다른 업체 중 동아일보를 중심으로 언론항일투쟁사와 민주화운동사를 가장 보람 있게 연속적으로 엮어갔다. 어려움 속의 고통과 역경을 이겨낸 한평생이었다고 객관적으로 평가된다. 첫 번째는 동아일보를 창간하고 초대 사장에 개화파 명사 박영효를 추대하였다가 기사문제로 그가 물러나면서 제 2대 사장직에 올랐을 때부터였다(1920. 7~1921. 9). 물론 창간 보름 만에 평양의 만세시위운동 기사를 게재하여 총독부로부터 발매배포금지 처분을 받았다. 그 뒤 창간 6개월 만에 첫 번째로 첫 무기정간 처분을 받았다. 따져보면 창간 6개월 동안 총독부로부터 제재를 받은 것이 삭제 4건,

---

26) 〈개벽〉, 1925년 1월호.

168

발매반포금지 12건, 압수 발매배포금지 2건, 게재중지 1건, 합위(合爲) 19건에 달하였다.

논설기자 김명식(조선 부로에게 고함)과[27] 애국지사 권덕규(가명인 두상의 일봉)의 연재사설이 크게 문제되어[28] 유림에서 일제히 불매운 동을 일으켜 항의함으로써 정답을 찾지 못한 신문사가 큰 혼란에 빠 져들었다. 따라서 영입한 초대 사장 개화파 박영효가 그 책임을 지고 사장직을 사퇴하였다.[29] 이리하여 대타로 창업주인 인촌이 그 다음 에 이어 제2대 사장으로 선임되었다. 인촌이 직접 나서지 않는 관례 를 깨고 전면에 나타나는 것은 회사가 매우 어려운 처지에 봉착할 때 마다 이를 수습하기 위해서였다. 비상시국을 위한 수습책이었다. 오 너십을 통한 그의 무한한 능력이 필요했기 때문이었다.

이 같은 어려운 시기에 주최한 사업 가운데 하나가 우리민족의 뿌 리인 단군(檀君) 영정(影幀)의 현상모집이었다. 1921년 8월에는 민태 원 기자를 백두산에 보내 민족의 영봉을 새롭게 다각도로 조명하였 다. 민족의 영산이라는 상징성 때문이었다.

부득이한 경우가 아니면 반드시 주인 인촌은 뒤에서 동지들을 앞세 워 경영을 간접 조종하며 폭넓게 섭리하였다. 1920년 9월 25일 제1 차로 무기정간 처분을 당하였다. 사설 '제사문제를 재론하노라'가 문 제된 것이다. 총독부 당국은 그렇게도 주의를 주었음에도 동아일보 가 근신 개과하지 않고 자의대로 로마문제와 애란(愛蘭) 문제, 영국의 반역자 찬양 등 총독부 정책에 정면으로 반대의사를 명백히 표시하여 정간처분을 내렸다는 그럴듯한 표면적 이유를 내세웠다.[30]

이 기간에 설산(雪山)의 형인 장덕준 기자가 동북삼성 훈춘(琿瑃)

27) 김명식, 필화와 논전, 〈삼천리〉, 1934. 11.
28) 〈매일신보〉, 1920. 5. 21.
29) 〈매일신보〉, 1920. 5. 21.
30) 〈동아일보〉, 1921. 2. 21.

에서 일본군에 살해당하는 비운을 맞았다. 그는 청산리와 봉오동 등 격전지에서 여지없이 독립군에 참패한 일본군이 그 보복수단으로 한 국동포 5천여 명을 잔인하게 대량 학살한다는 소식을 듣고 현지에 취재차 달려갔다가 이런 변을 당한 것이다. 우리 언론사상 최초의 순직 기자로 기록될 불행한 충격적인 사건이었다.

동아의 정간은 일본의 우상숭배문제를 비판적으로 보도함으로써 총독부 당국자를 자극하여 일어난 것이다. 정간된 지 107일 만에 해제가 통고되었다. 그러나 1921년 1월 10일 해제가 되었음에도 불구하고 신문을 속간할 재정적 형편이 안 되었다. 따라서 재정형편상 2월 21일에 가서야 겨우 준비 끝에 속간하게 되었다. [31] 이를 계기로 주식회사 설립을 모색했다. 인촌의 뜻에 따른 회사의 궁여지책 끝의 자구책이었다.

이 궁여지책에 따라 인촌 재임중에 회사를 주식회사 체제로 전환한 후 회사를 살리기 위하여 고하(古下) 송진우에게 제 3대(1921. 9~1924. 4) 사장직을 물려주었다. [32] 작심한 고하는 개편된 진용과 함께 전국의 대(大)지국 제도를 소(小)지국 제도로 개편하고 지국장 회의를 열어 고견을 들어가면서 신문사의 원활하고 합리적인 경영체제를 정립해 나갔다. 그는 인촌과 같이 전국을 순회하였다.

이 시기에 만국기자대회에 김동성 기자를 특파하고 이상협 편집국장을 도쿄 대진재 현장에 취재파견하는 등 경영면에서 어려움을 극복하고 안정된 회사의 토대를 구축하였다. 사세도 늘어났다. 이는 모두 인촌과의 협의 조정 속에서 이루어진 성과 중의 하나였다.

인촌은 자금사정이 극도로 악화되어 궁리 끝에 제 2차 주식모집을 실시하였다. 당초에 예정했던 자본금 100만 원은 도저히 달성할 가

---

31) 〈동아일보〉, 1921. 2. 22.
32) 동 부사장은 장덕수, 전무는 신구범, 상무는 이상협, 주필은 장덕수, 편집 국장은 이상협이 각기 맡았다.

망이 없어 70만 원으로 하향 축소, 조정하였고 아울러 주식수도 2만 주에서 1만 4천 주로 대폭 줄였다. 제1회 불입금은 70만 원의 자본금 중 불입금 총액이 17만 5천 원이었으나 실제로는 15만 원이 들어와 2만 5천 원이 부족하였다. 부족분은 발기인이 아닌 동 전무 신구범(愼九範)과 양원모(梁源模)가 구사(救社) 차원에서 각기 분담하였다. 이들 둘이 각각 1만 5천 원과 1만 원을 출자한 것이다. 거금이었다. 그리하여 '주식회사 동아일보사'가 성립된 것이다. 1만 4천 주 중 발기인 인수주가 9,454주, 공모주가 4,546주였고 발기인으로 전국에서 모인 유지가 도합 55명이었다.[33] 인촌은 취체역으로 공식 직책을 갖고 있었다.

동아일보사는 사회주의계의 혼란과 일제의 언론 탄압책동에 밀려 곤경을 당하게 되었다. 1922년 3월 4일 조선청년회 연합회의 총회에서 서울청년회 계열의 설산(雪山)의 제명문제가 일어났다. 상해파 이동휘가 보낸 8만 루블의 공산당 자금이 설산 등에게 들어갔다가 사기를 당하였다는 요지였다. 설산은 피신하였고 동아일보는 전국 독자로부터 불매운동을 당하여 운영상 더욱 곤경에 처했다. 이 기세를 틈타 총독부 기관지(매일신보 등)가 앞장서서 이 불매운동을 선동하였다. 게다가 각파 유지들은 사장 송진우와 취체역 인촌을 식도원으로 유인하여 노동상애회라는 집단의 친일파 박춘금(朴春琴)이 위협하면서 억지로 한 장의 서약서를 받았다는 것이다. 이때 고하의 서약서가 공개되어 사내에서조차도 고하의 불신임을 거론하는 사태가 발생하였다. 난관에 처한 인촌은 도의적 책임을 지고 중역진의 총사퇴를 결의하였다.

1923년 12월, 인촌자택에서 민족진영의 중진이 모여 연정회(研政會)를 조직하였다. 이것은 합법적 정치결사로서 인촌·고하, 신석

---

33) 앞의 《동아일보사사》, 1, 163쪽.

우 · 안재홍(조선일보), 최린 · 이종린(천도
교), 이승훈(기독교), 박승빈(법조계), 조
만식 · 김동원(평양), 서상일(대구) 등이 모
였다. 결국 합법적 민족운동을 쟁취하려는
목적에서 뭉친 것이다. 이 시기에 독립신문
기자 조동호가 기자로 영입되었다. 이광수
는 1924년 1월초부터 '민족적 경륜'이라는 5
회 연속 사설을 통해 일제통치를 인정하는
유화조건으로 타협해야 한다고 주장했다가
큰 반대의견에 부닥치어 여론이 악화되자

이승훈(1864~1930)

동아일보를 자퇴했다. 인촌에게 더 이상 부담을 주지 않겠다는 결심
이 굳어져 스스로 책임을 지고 물러난 것이다. 이런 분란으로 인하여
동아일보는 위신이 크게 추락하는 안타까운 모습을 보이게 되었다.
인촌으로서도 매우 난감했다.

1924년 5월 14일 주주총회에서 제 4대 사장(1924. 5~10)에 민족대
표 33인 중의 한 분인 기독교의 남강 이승훈(李昇薰)을 영입하여 경
영을 맡겼다.[34] 물론 전체적인 경영은 인촌이 원격 조종, 섭리하였
다.[35]

5. 인촌의 영향 — 6 · 10 만세운동 등의 봉화

인촌은 1924년 10월, 남강에 이어 제 5대 사장으로 경영을 직접 관
장하였다. 어려운 시기였기 때문이었다. 고하는 주필, 설산은 부사

---

34) 주필 겸 편집국장에 홍명희, 상무에 윤홍열, 영업국장에 양원모가 새롭게
    임명되어 들어왔다. 인촌과 설산은 동 10월 21일 중역진에 보강되었다.
35) 정진석, 앞의 논문 "언론인 인촌 김성수", 《평전 인촌 김성수》 참조.

장에 임명되었다. 의욕적인 진용이 새로 짜여진 것이다. 명콤비 인촌
과 고하가 동아일보의 중흥을 위하여 다시 손을 잡았다. 이때 서울
광화문 신사옥을 마련하였다. 이후 인촌은 1927년 10월까지 3년간
사장에 재임하였는데 이때 동아일보는 적자운영에서 벗어났다. 그것
은 도쿄방면으로 광고를 수주하면서부터였다. 국내 광고유치보다 해
외의 경우가 더 큰 비중을 차지하였고 수입도 수준급이었다.

그러나 이 시기에 일제에 의하여 신문이 압수된 건수도 가장 많이
기록되고 있다. 36) 1923년까지는 대개 매년 10여 건에 그쳤으나 1924
년도와 그다음 해에는 56건과 57건이 기록되었다. 37) 가장 활발할 때
에 압수건수가 급증하고 있음을 눈여겨볼 수 있다. '신문은 민중을
상대로 하는 봉사기관인 동시에 당국의 감독이 많은 기관입니다. …
일반 민중의 의사와 시대에 적당하도록 언론을 발휘하려면 당국의 주
의가 많고 당국의 주의를 안 받는 범위 이내의 언론으로 발전하려면
민중이 철저히 외면하고 환영치 않습니다' 라는 애로 섞인 실무적 주
장에서 당시 언론항쟁과 관련해 인촌이 겪은 어려움을 일견 짐작할
수 있다. 38) 그러나 일제하에서 그런 압수는 동아일보만이 당한 것이
아니었다. 여타의 신문도 이런 경우를 종종 당하곤 하였다.

인촌은 크게 마음먹고 좁은 사옥에서 탈피하여 이 당시 광화문통
139번지의 대지 4백 평을 7만 원에 사들였다. 철근 콘크리트 조 형식
의 벽돌 연건평 473평의 큰 규모였다. 옛 황토현의 네거리이고 북으
로는 조선총독부 건물을 대면하게 되어 일제와 정면으로 대결하려는
전투태세로의 돌입을 선포한 것이나 다름없었다. 더욱이 이곳은 경
복궁이 있고 광화문 앞은 6조 거리가 있었으니 정부기관들을 감독하
고 수호할 수 있는 통제의 기능이 있다고 믿고 이곳을 사옥 터로 잡

---

36) 김성수, "난관은 두 가지", 〈별건곤〉 1927. 2.

37) 정진석, 앞의 저서 《한국언론사》, 451쪽.

38) 김성수, 앞의 논설.

동아일보 광화문 사옥

은 것이다. 견제의 의미도 담겨야 했다. 인촌의 당당한 대결자세를 엿볼 수 있는 권위와 위엄의 상징이기도 하였다. 따라서 비좁던 창간지 한옥의 화동으로부터 7년 만에 미련 없이 넓은 사옥으로 이전, 집무하였다.

점차 회사가 어느 정도 틀이 잡힌 건실한 신문사의 헌걸찬 의욕적인 모습을 보여주었다.[39] 그러나 사옥 신축자금이 모자라서 궁리 끝에 아우 수당의 3만 원과 양부 원파의 2만 5천 원 등을 재차 투입하여 착공 1년 5개월 만에 준공되었다(1926년 12월 10일). 이는 2개월 먼저 완공된 총독부 청사를 압도하여 우리 조선민족의 양심을 지키는 빛나는 봉화대와 같은 임무를 수행한 것으로 평가된다. 국내외의 광고수입도 잘 들어와서 적자경영은 면하고 서서히 대신문사로 비약하기 시작하였다.

그러나 인촌의 언론항쟁 열의는 더욱 가열해져서 압수건수가 점차 늘어나고 있었다. 사세 확장에 따라 1925년 2월 이관용을 모스크바에 특파하여 취재하게 하였고, 같은 시기에 태평양연안 기독교청년

---

39) 앞의 《인촌 김성수의 사상과 일화》, 178쪽.

회 주최의 태평양문제연구회 대회가 개최되었는데 이 회의에 한국대표로 서재필, 김활란, 신흥우, 유억겸, 동아일보 주필 고하(송진우) 등이 대거 참가하여, 한국문제를 의제로 상정하지는 못하였으나 일제 총독통치의 잔악상을 폭로하는 크나큰 실질적 수확을 거둘 수 있었다. [40]

그러나 신문은 1926년 3월 7일 제 2차의 무기정간 처분을 받았다. 동 5일자의 지면에 러시아에 있는 국제농민회 본부로부터 조선농민에게 전달해 달라는 글이 문제가 된 것이다. 주필 고하 송진우는 보안법 위반으로 징역 6월, 발행인(김철중)은 신문지법 위반으로 금고 4월을 각기 선고받았다. 인촌도 이에 관련하여 문초를 당하였다.

6월 10일 6·10 만세운동 때 중앙학교 학생들 10여 명이 주동이 되어 순종의 인산일을 기해 전국학생 1만여 명을 동원하여 시내 주요지점 9개 처에서 순종의 상여가 양주 홍릉으로 향해 통과할 무렵 종로 3가로부터 대한독립만세를 연창하면서 독립을 절규하여 이 운동이 전국적으로 파급되는 효과를 거두었다. [41] 이때 학생들의 격문에는 조선민족대표에 인촌과 최남선, 최린이 나란히 나와 있었다.

이 운동은 중앙고보생 박용규 등이 주동한 통동계의 학생이 인촌의 영향을 받아 일으키게 된 것이니 인촌의 독립열망이 지대하였음은 두말을 요하지 않는다. 인촌은 12월 10일 동아일보 사옥의 준공을 보았다. 2천만 민중의 구심점으로서의 형태 없는 정부의 표현기관으로서 우뚝 섰고 도심의 한가운데에 당당히 위엄을 갖추게 된 것이다. [42]

인촌은 1927년 10월까지 취체역 사장(제 5대)으로 있다가 고하가 제 6대 사장에, 설산이 부사장에, 김준연이 편집국장에, 김병석이 영

---

40) 신일철, 한국근대화의 선각자 인촌 김성수의 생애, 《평전 인촌 김성수》, 동아일보사, 1991, 30~31쪽.

41) 이현희, "6·10독립만세운동고", 〈아세아연구〉 33호, 고려대 아연, 1971.

42) 앞의 《인촌 김성수전》, 299~303쪽.

업국장(대리)에 각기 선임되었고, 중앙고보는 최두선이 교장의 책임을 맡았다. 이 어간에 민족지사 김현구가 우남(雩南)에게 보낸 서한 중에 인촌과 고하가 필화를 당하였다는 사실이 밝혀져 있다.[43]

1929년 2월 23일 사단법인으로 중앙학원이 설립되었고 그 정관에는 '조선인에게 교육을 실시함으로써 목적을 삼는다'라고 명시되어 있어 언론과 산업기관이 조선인 위주로 경영되고 있음을 확인할 수 있다. 1929년 인촌은 18개월간 구미 등을 시찰하기 위하여 외유의 길에 올랐다. 학계와 산업계를 학습하겠다는 것이 여행의 목표였다. 단순한 해외여행이 아니었음을 알게 한다. 하와이에서 우남 이승만 박사를 상면하였던 것은 매우 이례적인 조우(遭遇)였다고 본다. 우남은 인촌의 손을 잡고 '지금 우리 민족을 위해 유효한 투쟁을 펴고 있는 것이 동아일보이며, 장한 투쟁에 격려를 보낸다'라는 요지의 치사를 보냈던 것이다.

이 시기에 인촌은 우남에게 독립자금을 건네준 것으로 보인다. 우남의 《동문 서한집》에 그 사실이 나와 있다.[44] 1928년 8월 23일자로 인촌이 우남 이승만에게 보낸 서한에는 '동서로 떨어져 있어 뵐 기회가 없으나 늘 우러러 사모하는 마음만은 간절합니다. 지난해 백관수(白寬洙)가 돌아올 때 특별히 서신을 내려주시니 감사하고 송구함이 아울러 지극합니다. 하생은 부모님을 모시는 일은 그런대로 해나가고 있으나 경영하는 일에 있어서는(신문사 등) 갈수록 어려워져 차라리 일일이 말을 하고 싶지 않습니다. 지금 박형(동완)의 편에 편지로 안부를 묻고 다소간에 (자금을) 보내드리오니 정으로 받아주시길 바랍니다'라고 쓰여 있어 우남에게 군자금을 송부한 사실을 명확히 알 수 있다.[45]

---

43) 우남 이승만, 《동문 서한집》, 연세대 출판부, 2009, 207~8쪽.
44) 우남 이승만, 《동문 서한집》, 연세대 출판부, 2009, 32쪽.
45) 이승만, 《동문 서한집》, 중, 상동, 2009, 32~3쪽.

또 같은 날 근촌 백관수가 우남에게 보낸 서한에서 '동지 인촌과 고하가 이번 인편에 조품 한 가지씩을 보내드리려고 하는데 성심에서 우러나온 듯도 합니다. … 지리산 특제 목기 한 벌도 보내드리려고 합니다'라고 한 것을 보면 인촌과 고하가 우남에게 귀중한 선물을 보낸 것 같다.46) 이보다 한 해 앞인 1927년 1월 7일 윤치영이 우남에게 보낸 서한집에 보면 고하가 필화로 6개월 투옥되었으며 이광수가 동아일보의 주필 겸 부사장으로 다시 입사하였다고 되어 있다.47)

동아일보는 제3차 정간을 당하였으니 이때가 1930년 4월이었다. 인촌이 출타중일 때였다. 동아일보 창간 10주년을 축하하는 미국인의 축사를 꼬투리 잡았고, 윤치호의 축사도 문제가 되어 복합적으로 정간처분을 당한 것이다. 동아일보는 1931년 신춘문예에서 '조선의 노래'를 만들었고, 이충무공(이순신) 유적보존회를 만들었으며 아산에 현충사를 준공하였고, 동년 10월 권율 장군 기공사도 중수하여 민족지로서의 약여한 그 면모를 과시하였다. 그러니까 모두 민족의식 선양의 참뜻이 있었던 것이다. 그것이 인촌의 애국적 진심이었다.

또한 제1회 학생 하기 브나로드운동에서 학생계몽대는 한글을 가르치는 문맹퇴치 사업을 전개하여 큰 효과를 거두었다. 이 시기에 이광수의 계몽소설 〈흙〉이 동아일보에 연재되어 독자들의 박수를 받았다. 인촌은 1931년 9월 1일 중앙고등보통학교 교장으로 취임하였으나 다음 해 4월 이를 기당 현상윤에게 넘기고 자신은 민립대학 설립을 위하여 동분서주하다가 민족대학 보성전문학교의 인수경영을 생각하게 되었다. 그는 그것이 곧 민립대학의 설립이라고 굳게 믿고 있었다. 보전 인수의 큰 이유인 것이다.

그러나 이런 어려운 경영 중에서도 사세는 신장시켜 나갔다. 월간지 〈신동아〉(1931년)와 〈신가정〉(1933년)을 잇달아 새로 창간하는

---

46) 상동, 316쪽.
47) 상동 하, 112~3쪽.

등 경영상 어려움을 겪고 있는 중에도 인촌의 언론사세 확장정책에 따라 종합지를 발행하는 등 사세는 일로 크게 확대해 나갔다. 어려움을 겪으면서도 언론 발전의 고삐는 늦추지 않겠다고 이런 부대사업을 해낸 것이다. 인촌의 언론창달의 집념을 읽을 수 있다.

6. 일장기 말소의거와 인촌의 투쟁의욕

그러나 1936년 양정고보생 손기정 마라톤선수의 세계신기록으로 세계마라톤 제패에 감격한 나머지 놀랍게도 그의 가슴에 달고 뛰었던 보기도 민망한 일장기를 삭제한 '일장기 말소의거'로 동아일보는 제4차 무기정간을 당하였다. 창간한 지 얼마 안 된 자매지 〈신동아〉와 〈신가정〉도 같은 폐간의 운명을 당하였다. 이때 신문사 간부가 구속되거나 부사장 설산(장덕수), 주필 낭산(김준연), 편집국장 설의식 등 간부도 총사퇴하면서 인촌도 책임의 일단을 지고 취체역 자리에서 물러났다.

동아일보는 1937년 6월 2일 정간이 풀려서 재차 속간되었고 이어 제7대 사장에 인촌의 동향 친구 근촌 백관수가 취임하여 업무를 보다가 1940년 8월 일제의 간교한 한글 말살정책에 밀려 강제폐간 당하는 큰 언론탄압을 받게 되었다. 근촌도 눈물 속에 사퇴하였다. 일제의 분에 넘치는 세계침략의 야욕이 물자의 극심한 공황상태를 연출하였기에 일본 전역에 걸쳐서 신문사를 대폭 정비한다는 명분 속에서 민족지 동아일보도 더 이상 간행되지 못하였다. 그러나 무엇보다도 한국어 말살정책을 강압적으로 밀어붙이겠다는 간교 흉악한 침략수법이 끝내는 신문의 발행을 허락하지 않은 것으로 평가할 수 있겠다. 동아일보는 창간 20년 만에 언론항쟁의 쓰라린 막을 내리게 되었다. 인촌은 이 사태가 일어나자 며칠을 곡기를 끊고 통곡하였다고 한다.

178

그의 분신과도 같은 신문이 강제로 폐간당하니 마음이 편할 리가 없었던 것이다.

인촌은 보성전문학교의 교장 일에만 전념하였다. 물론 조선일보도 같은 운명을 당했다. 따라서 동아일보사는 해산하고, 1943년 1월 16일 그 대신 동본사(東本社)를 세워 고하가 사장을 맡았다. 궁여지책으로 부동산 임대업만 펼칠 수밖에 없었다. 1945년 광복 이후 12월 1일 동아일보는 내버려진 기계 등을 손질하여서 타블로이드 2면짜리로나마 의욕적으로 중간하고 제8대 사장에 고하 송진우가 취임하였다. 조선일보는 그보다 앞선 동 11월 23일에 복간되었고 총독부 기관지 매일신보는 〈서울신문〉으로 개제하여 동 10월에 정부기관지로 새롭게 출발하였다.

인촌은 광복 직후의 좌우익 간의 심각한 갈등대립구도 속에서 자유민주주의를 지키고 민주화운동에 크게 기여하였다. 그러나 한민당의 수석총무직도 겸하고 있던 고하(1890~1945)는 12월 30일 애석하게도 원서동 자택에서 괴한에 저격을 당해 향년 56세로 별세하였다. 고하의 갑작스러운 별세로 인촌이 통곡 속에 1946년 1월 제9대 사장에 선임되어 고하가 맡았던 한민당 당수직과 같이 언론과 정치를 겸업하게 되었다. 불가피한 타율적 선택이었다. 그것이 인촌의 본의가 아니었음은 물론이었다. 인촌은 1947년 2월 20일 사장직을 사임하고 정치에만 주력하였다. [48] 이때가 건국과정에서 민주화운동에 전념할 때였다. 그러나 그는 신문 등 언론경영선상에서 경영인으로 크게 영향력을 발휘한 바 있다. 1946년 7월 1일 동본사를 동아일보로 개편하고 다음 해(2월 20일)에는 자본금 70만 원을 500만 원으로 증자하였으며 제10대 사장에 최두선을 선출하여 진용을 새롭게 짰다.

인촌은 그의 말년에 동아일보의 취체역(1947~1949)과 고문(1949~

[48] 이현희, 대한민국의 건국과 인촌 김성수의 기여도, 〈경주사학〉 28, 2008, 37~68쪽.

1955)으로서 동아일보를 통해 지면으로서 우남의 기상천외한 독재통치에 맞서서 민주화운동에 기여하는 한편 약 1년간을 부통령으로서 민정쇄신, 국리민복과 건국에 전심전력하였다. 마지막으로 국민을 위한 봉사라는 심정으로 일한 시기였다고 평가된다.

인촌이 생존하던 1955년 1월 1일부터 동아일보는 배대판 석간 4면의 신문을 발행하였으니 곧이어 조석간 6면을 발행하기 시작하였다. 이어 2월 1일부터는 김성환의 시사풍자만화 '고바우 영감'이 연재되기 시작하였다. 49) 이것도 일간신문으로서는 매우 획기적인 시도였다.

7. 인촌, 언론인으로서의 평가

공선사후(公先私後), 신의일관(信義一貫), 담박명지(淡泊明志), 자립자강(自立自彊) 정신으로 좌우명을 삼은 인촌은 이 시기에 그의 생애 마지막이라고 생각하고 국가에 헌신적으로 몸을 던져 봉사했다. 그러면 인촌을 오늘날 우리는 어떻게 공정무사하게 가장 객관적으로 평가해야 할 것인가?

동아일보는 1920년 4월 창간 이래 뜻하지 않는 1950년의 6·25전쟁을 치르면서 동년 10월 4일 복간하였다가 다시 피난하여 1951년 1월 10일 부산에서 복간하여 언론창달을 위해 굳건하게 현지주민과 피난민들을 위해 궁금해 하는 국내외 소식들을 전달해 주고 사회정의 속의 민주화와 민생문제를 챙겼다. 이처럼 부산 피난지에서도 동아일보는 쉬지 않고 윤전기를 돌렸다. 인촌은 피난지 부산과 진해 일대에서 곤궁한 생활 속에서도 국민의 지위보전과 민생안전, 인권신장, 민주화 등을 위해 동분서주하였다. 새로운 국내외 정보의 갈증을 풀

---

49) 〈동아일보〉, 1955년 1월 1일 동 2월 1일(대한민국사 연표 1, 국사편찬위원회 338쪽).

180

어주기 위하여 인촌은 직접 기사도 챙기고 기자들을 채근하여 취재에 최대한 편리를 보아주었다. 이런 뒷받침으로 인하여 이 신문은 다른 일간신문에 비해 빠르고 정확한 기사를 취급하고 독자들의 열광을 받아가면서 성장했다. 어떻게 하면 국민들의 찌든 생활을 윤택, 명랑하게 할까 하는 공선사후 일념으로 그는 피난생활을 보냈다. 국민에게 웃음을 선사하자는 것이 인촌의 목표였다.

동아일보사는 1951년 10월 환도하였다. 이제는 서울 본사에서 복간해야 할 차례였다. 전쟁으로 인하여 폐허 속에서 전반적인 어려운 상황을 맞았으나 애쓴 보람이 있어 사세는 의외로 신장세를 보였다.

동아일보는 국민들의 옹호지지 속에 건전한 민주언론으로 크게 성장하였다. 그것이 인촌의 역량이었다. 그동안 의외로 잘못 찍은 활자인 '괴뢰'(傀儡) 운운한 오식사건으로 본의 아니게 동아일보는 무기정간 처분을 당하였는데 인촌이 별세한 이후 3월 18일의 일이었다. 이는 매우 참담한 일이 아닐 수 없었다.

1953년 8월 11일 자유당은 조선일보와 같이 이 신문도 불매할 것을 요구하는 신청서를 발표하여 곤욕을 치렀던 일도 있었다.50) 이렇게 하여 인촌의 언론신장과 민주항쟁은 창간(1920) 이래 약 35년에 걸쳐서 줄기차게 이어지고 있었다. 그 중간에 인촌은 투쟁 속에서도 건재하고 있었다. 돌아보면 동아일보가 창간한 1920년 4월 1일 일제 강점하로부터 우남 이승만의 자유당 독재에 항거하기까지 35년간의 가장 어려운 시기의 언론투쟁은 가히 인촌의 공선사후적이며 신의일관의 담박명지로 이어진 평생의 고귀한 희생적 생활철학이기도 하였다. 그는 운명하는 순간까지도 나라를 먼저 걱정하고 하나님에 의지하였고 민주화운동에 전심전력한 참 애국지사로서의 건실한 지사적 면모를 유감없이 보여준 20세기의 의인, 대인적 큰 인물이었다.

50) 〈동아일보〉, 1953. 8. 12.

동아일보가 여러 신문 중 그 위치를 확고하게 정립, 선양할 수 있었던 요인은 무엇일까? 그것은 정직과 진실로 일관된 인촌의 인망, 덕망 그리고 인격과 신의(信義) 통관(通貫) 속의 믿음이 경영인으로서의 신뢰감을 불어넣어 주었기 때문이다.

> 곧지 않게 사는 삶은 비록 살아 있다 해도 죽은 것이나 다름없다.
> (人之生也直, 罔之生也 幸而免)

이것이 《논어》 옹야(雍也) 편에서 지적한 경구인 것이다. 핵심어인 직(直) 은 성(誠) 과 은(恩)으로 구성되어 있다. 직은 몰래 조사해서 부정을 바로잡는다는 뜻이었는데 참 올바르다는 뜻으로 사용된다. 공자는 '사람의 생명 본질은 정직함이니 정직함이 없이 사는 것은 요행히 화를 면한 것일 뿐이다' 라고 논어 옹야 편에서 부연설명하고 있어 귀를 기울여 경청해야 할 사안이다. 인촌의 65생애의 일관된 철학이 곧 이 정직에서 출발한 것이 아닐까 한다.

중용에 보면 '군자는 평탄한 처지에서 운명을 기다리지만 소인은 험한 일(속임수)을 행하면서 요행을 구한다' 라고 설파되어 있다. 평탄한 처지란 올바른 마음을 가지고 성실하게 살아감을 의미한다고 볼 수 있겠다. 인촌의 인생철학이 여기에 스며들고 있다고 평가해 본다.

동아일보 편집국장 출신인 명문장가이며 광복론을 강조한 춘원 이광수가[51] 인촌은 신의(信義) 와 성충(誠忠) 으로 동아와 경방의 두 기업을 성공적으로 인도하였다고 평가한 것을 귀담아들을 필요가 있다. 두 회사가 어려움을 당할 때 은행에서 인촌 원과 부자(父子) 가 담보로 수만 원을 대출하여 회사를 유지하였다는 것을 강조함에 그의 노력의 일단이 얼마나 크고 힘들며 지대, 절실하였는가를 믿고 수긍하게 된다.

---

51) 김원모, 《춘원의 광복론》, 단국대출판부, 2009 참조.

　그러면서도 인촌은 사업 전면에 나서지 않고 뒤에서 후원자, 조력자의 임무를 묵묵히 수행하여 전면에서 실무를 보는 이에게 용기와 굳은 믿음을 주었다는 평가에 수긍이 간다.[52] 따라서 종업원 모두가 이 사업이 곧 내 개인의 일이라는 소박한 주인의식으로 적극성을 띠고 일에 임하였기에 무한성장이 가능하였던 것이다. 뿐만 아니라 인촌은 타고난 재력가였다. 꿈에 그가 태어난 방에 쌀독이 가득하였다는 후일담을 들어보면 그는 타고나면서부터 재부를 가지고 나온 것 같다. 이미 공황기인 1930년대에 두 형제가 줄잡아 약 5백만 원대의 놀라울 만큼 큰 재부를 소유하고 있었다는 것이다.[53] 재계 순위 3위였음도 결코 우연이 아니었다.[54]

　더욱이 그의 주변에는 인촌을 자진해서 능동적으로 도와주려는 인사들이 의리 속에 자발적으로 집중되어 있었다. 이는 그를 후원하기 위한 인재들의 집합이라 할 것이며 의욕적인 인촌의 기를 살려준 큰 요인이 되고 있다. 그중에는 고하, 설산을 비롯하여 춘원, 근촌, 최두선, 양원모, 이강현, 문상우 등 쟁쟁한 각계의 전문가, 권위자 여러분을 손꼽을 수 있다.[55]

　그 중에서도 고하(古下)와 인촌은 한 사람이면서 두 사람이기도 하고 두 사람이면서 한 사람이기도 하였으며 공교롭게도 상반된 성격을 소유하고 있었다는 것이다. 인간적으로 강(强)과 온(穩)의 조화의 미를 균형 있게 조합한 경우인 것 같다.[56] 저명한 심리학자의 평가에서 그런 해석을 찾아낼 수 있다. 고하 있는 곳에 인촌이 있고 인촌이 있는 곳에 고하가 있었다고 보는 것이다. 인촌은 동아일보를 창간한

52) 이광수, "일물월단, 김성수론", 〈동광〉 1931. 9 참조.
53) 유광열, "김성수계의 5백만 원", 〈삼천리〉, 1930. 10참조.
54) 박상하, 《경성상계》(京城商界), 생각의 나무, 2008, 132~134쪽.
55) 유광열, 앞의 글 참조.
56) 〈혜성〉, 1931, 3 참조.

이래 전후 35년간 고하를 비롯한 측근에게 경영권과 편집권을 과감히 위탁하고 그동안 6년여 기간만 인촌 자신이 직접 사장직에 재직하고 있었다. 이들에게 절대적인 신임을 보내 그들로 하여금 회사일이 곧 자신의 일같이 발 벗고 나서서 성심성의를 다해서 분골쇄신 노력하게 한 것이 오늘의 거대 동아일보사를 성장하게 한 근본 원동력이 되었다고 평가한다. 내것이라는 오너십을 고집하지 않은 것이 동아일보의 성장동력이었다.

동아일보의 성장은 인촌의 탁월한 경영수완과 이에 따르는 겸손과 부드러운 포용력과 신의에 절대적으로 힘입었다고 보는 견해가 타당할 것으로 본다.57) 그럼에도 불구하고 인촌 자신은 모든 신문의 주(株)가 곧 동아일보의 것이 아니고 전 국민의 주(株)라는 공동의 소유관념 속에 겸손한 경영의 마인드로 시종일관하고 있음을 우리는 기억하고 있어야 한다.

인촌의 참 인격이 그 속에 진솔하게 스며들며 발산하고 있는 것이다. "진실로 이 민족을 사랑하고 민중의 갈 길을 몸소 지시해 준 그런 성실한 지도자로서의 모습이 더 친근감이 들고 있다"라는 언론인 사학가 천관우의 평에 공감이 간다.58) 오늘날 우리가 배워야 할 학습의 요점이 곧 그의 겸손과 양보, 신의, 정직의 의인적, 거인적 덕목일 것이다.

---

57) 정진석 , 앞의 글, 335쪽.
58) 천관우, 인촌과 민주언론, 〈신동아〉, 1976. 4.

제4장 민립대학의 설립운동

1. 민족 실력 양성운동

인촌이 이미 일본에서부터 실현해보고자 한 큰 꿈이 곧 일제 강점 하 인재육성을 위한 사립학교의 설립운영이었다. 따라서 귀국한 그 는 중앙학교를 인수 확장하여 이 뜻을 실현시켜 나가고 있었다. 그러 나 더 진전하여 2천만이 사는 한국 땅에 20세기를 맞아 4년제의 대학 이 없다는 것은 일제의 방해공작 때문이라 믿고 말도 안 되는 소리라 며 이를 정면돌파하면서 대학설립을 적극 추진해 나갔다.

그 기원을 따지면 1907년의 국채보상운동으로 소급해 올라가야 한 다. 이 당시 우리가 일본에 진 빚이 1,300만 원에 달하고 있어 이를 우리 국민이 나서서 스스로 보상하자는 '나라빚 갚기 운동'이 거국적 으로 일어났다. 금주금연운동이 전국적으로 확산 파급된 것은 이 같 은 이유에서였다. 몇 개의 신문사에서는 프레스 캠페인을 일으켜 이 를 적극 뒷받침하였다. 그 시초는 1907년 1월 대구에서부터 시작되 어 서울 등지로 이어졌다.

결국 6백만 원의 모금이 달성되었으나 그 기금을 모집한 신문사의 간부 양기탁 등이 횡령혐의로 투옥되어[1] 이 모금활동은 중지되고 그 기금은 남궁억, 박은식, 노백린, 이상재 등이 의논한 결과 민립대학을 위한 기금으로 충당하도록 의논이 성숙 완료되었다. 민립대학을 설립하기로 한 이들은 대학설립 신청서를 데라우치 마사타케(寺內正毅) 조선총독에게 보냈다. 3·1혁명이 일어난 다음 해 사이토 마코토(齋藤實) 조선총독에게 다시 신청하였으나 거절당하고 말았다. 일제 당국은 이를 억제하기 위하여 궁리 끝에 한·일 간의 합동으로 설립하자는 대안을 제시하면서 정면으로 거절한 것이다.

1910년 일제는 나라를 강제로 탈취하면서 항일의식을 말살하고자 식민지 노예교육을 전제로 한 '조선교육령'이란 악법을 공포하였다 (1911년 8월). 이는 두말할 필요도 없이 한국인을 일제에 충성하는 충량한 바보국민으로 만들고[2] 일본어를 보급하며, 지식을 위한 교육보다 실업을 우선으로 하고, 한국에는 전문대학 이상의 교육기관은 두지 않는다는 우민화(愚民化)교육으로 종결되는 조치였다. 이어 10월에는 사립학교의 규칙도 만들어 사립학교 설치나 교사의 채용, 교과서와 수업내용 등은 모두 조선총독부의 인허가를 받도록 엄격히 조치했다. 그리고 이에 저항하면 학교를 폐쇄하겠다는 강경조치를 통보했다.[3]

더욱이 그들은 학생들을 교육하는 교사들에게 수업시간 중에 긴 칼을 차게 하거나 군복을 입고 위압적 자세를 취하게 하여 한국인 학생의 애국적 혈기를 제압하려는 망동을 서슴지 않았다. 내선(內鮮) 일체니 동근동조(同根同祖)니 하면서 식민지 영속성을 강조하는 망동을 가리지 아니하고 우리 학생들에게 강제하였다. 이런 일련의 강압수단이 곧 민족말살 책동이었던 것이다. 일제침략의 불법성을 미화하거나 정당성을 확보하려는 비상식적인 언행이었다. 의식화된 학생을 도태시키기 위하여 한국인에게는 절대로 4년제 대학의 설립을 허용

1) 이현희, "양기탁의 항일독립운동연구", 〈경주사학〉 27, 2008, 동국대.
2) 다보하시(田保橋潔), 《조선통치사론고》, 성진문화사, 1972, 180~203쪽.
3) 이현희, 《한국민족운동사의 재인식》, 자작아카데미, 1994, 285~6쪽.

할 수 없다는 논리인 것이다. 자제들을 공부시키려면 일본에 유학시키라는 억지였다.

이 시기에 일어난 3·1혁명은 민족의 실력을 기르고 무장독립전쟁을 강력히 펴자는 운동으로 구체화되었고, 그 목표는 외교적으로 우방의 협력을 얻어 국제적인 승인하에 자주독립의 기회를 포착하자는 것으로 요약될 수 있었다. 특히 임정이란 국가의 승인문제는 상하이의 대한민국임시정부의 외교적인 승리로 구체화된 것이다.[4] 그 중에서도 중요하게 떠오른 가능한 민족의 과제는 곧 실력양성이라는 큰일이었다. 그것은 교육운동을 비롯하여 경제, 문화, 사회, 지성, 청소년, 여성운동 등으로 구체화되고 있었다.[5]

1919년 9월에 한국에 새로 부임해 온 무단파 사이토 마코토 조선총독은 9월 초 남대문역(서울역) 앞에서 노인 강우규(姜宇奎) 의사의 폭탄세례를 받아 혼비백산한 바 있으나 회개하지 아니하고 "문화적 제도의 혁신에 의해 한국인을 잘 이끌어 그 행복과 이익을 증진하게 하고 문화를 발달시키고 국민의 힘을 충실하게 함으로써 정치적 사회적으로 일본인과 같은 대우를 받을 수 있도록 하겠다"라며 낯간지러운 술사로 우리 국민을 달래려 회유하였다.[6] 3·1혁명 이후 일본에서 한국 통치에 대한 비판이 일고 세계적으로 여론이 악화되자 한국 국민을 회유할 목적으로 고등수법인 문화정책(文化政策)을 들고 나온 것이다. 그러나 사실은 문화가 아니고 야만적인 통치수법이었을 뿐이었다. 헌병경찰이 그 보통경찰의 옷만 갈아입고 무장 헌병이 그냥 나온 것임은 이미 다 잘 알려진 사실이다.

조선민립대학 설립운동이 국민적 의지와 필요성 속에 강렬하게 재

4) 이현희. 《대한민국임시정부사 연구》 2, 혜안, 2004, 서론 참조.
5) 박찬승, "일제하 자치운동과 그 성격", 〈역사와 현실〉, 2, 한국역사연구회, 한울, 1989, 169~210쪽.
6) 〈조선총독부관보〉, 1919. 9. 4.

연된 것은 동아일보가 지상에 이를 촉진하는 설득력 있는 논설을 게
재하면서부터였다.[7] 더욱이 1922년 1월 하순경 조선교육령의 개정
안이 일본 추밀원을 통과함에 크게 자극받아 이런 사업을 급속히 추
진하게 된 것이다. 그 내용은 놀랍게도 실업, 전문, 대학의 3단계 교
육을 일본과 같은 양식으로 동일하게 적용하겠다는 것이었다. 이는
물론 교육을 통한 일본으로의 동화책동을 의미하는 것으로서 우리 민
족으로서는 치명적인 예속상태로 빠져 들어가는 것임을 극명하게 알
아차렸기 때문에 인촌, 고하(송진우) 등 민족지도자들은 그냥 앉아서
당할 수만은 없다는 데 의견의 일치를 보았다.

  인촌은 "우리가 빨리 손을 써야 일제에게 먹히지 않을 것"이라고
설득하였다. 한국인으로서 일제 식민교육을 벗어나기 위한 궁여지책
으로 고안해 낸 것이 곧 한국인이 민립대학을 우리 손으로 만들어 그
대학에 우리 자제들을 입학시켜 민족교육을 이수하게 하자는 원대한
민족 백년대계의 획기적인 민족교육육성정책이었다. 이에 선각자 이
상재,[8] 남궁억 등이 앞장서 나서면서 이 민립대학 설립이란 사업을
강력히 추진하기 위해 인촌 등에게도 알려 모두 동참하여 작은 힘이
나마 각자가 보태자는 협력 공조론이 대세를 이루게 되었다. 우리 민
족이 일치단결하여 우리 손으로 투자해서 실력양성을 위해[9] 민립대
학을 세우자는 문화적 자립운동이 요원의 불같이 활활 타오르게 된
것이다.[10]

  이 사업에 가장 관심이 깊은 이는 인촌이었다. 그는 이미 3·1혁명

---

 7) 동아일보, 1922, 2, 3 사설 '민립대학의 필요를 제창하노라' 참조.
 8) 이현희, "월남 이상재와 한국민족운동", 〈문명연지〉, 19, 2007, 한양여대.
 9) 이현희, "1920년대 초 민족 실력 양성운동", 《신석호 고희기념논총》, 대구,
    1974.
10) 김호일, "일제하 민립대학 설립운동에 대한 일고찰", 〈중앙사론〉 1, 중앙대
    학교, 1972, 31~58쪽.

직후 1920년대 초 민족의 대학을 설립하기 위하여 백산학교를 설립하고자 시도하였으며, 이것이 방해를 받아 불여의하자 서울시내에 '한양전문학교'를 설립하려다가 뜻을 이루지 못하였으므로 민립대학을 설립함은 그의 숙원의 큰 꿈이었다. 물론 뒤에 보성전문학교를 인수 확장하여 오늘날 고려대학교로 발전시켰지만 민립대학 설립을 향한 그의 집념은 그리 쉽게 포기할 사안이 아니었던 것이다.

온건한 인촌에게는 그 같은 불굴의 집념과 의욕이 솟구치고 있었다. 일본인이 세워 일제의 식민교육을 펼치는 어떠한 관립형태의 대학이나 전문대학에도 우리 자제들을 보낼 수 없다는 것이 인촌 등 민족지도자들의 한결같은 확고부동한 민족교육관이기도 하였다. 이를 막을 어떠한 수단도 방법도 이유도 용납되지 않았다. 인촌의 교육고집이 이만저만이 아니었기 때문이었다. 11)

2. 민립대학의 설립추진

이 같은 추세와 필요성에 따라 3·1혁명 직후부터 문화통치를 회유책으로 내건 조선총독부의 유화정책을 역으로 이용하자는 슬기로운 제안이 나왔다. 1920년 6월 인촌을 비롯하여 한규설, 이상재, 윤치호 등 100여 명이 앞장서서 조선교육회를 조직하여 조속한 시일 내에 문리과, 농과, 상공과, 의과 등을 설치 운영하는 종합대학 안을 만들 것을 결의하고 "어떠한 난관이 닥친다 해도 민립대학을 우리 손으로 만들어 우리의 자손은 이 대학에 입학시켜 자율적으로 우리민족부흥교육을 받게 해야 한다"라는 민립대학 설립운동을 추진하였다. 12)

---

11) 앞의 《인촌 김성수전》, 1976, 242~244쪽.
12) 국사편찬위원회, 《한민족독립운동사》, 8, 1990, 116~8쪽.

한편 이보다 앞서 1910년에 보성전문학교 교주 이종호(李鍾浩)가 기금 10만 원을 모아 현재의 전문학교를 보성대학이라 명명하고 그 안에 법과, 경제과, 상과, 정치과를 두며, 중학교, 소학교, 도서부를 각기 설치한다는 소문이 무성하게 나돌았다. 평양의 숭실학교에서는 1906년부터 대학과를 설치한다는 말이 떠돌고 있었다. 우리의 대학을 설치하자는 말은 교육열이 높아감에 따라 1910년 이후부터 간간이 나돈 말로서 애국계몽운동 기간에 교육열의가 높아져서 내면적으로 자연스럽게 이어져 내려온 것이다. 이와 같이 교육을 통한 민족의 힘을 양성하자는 국민적인 열의는 조선청년연합회 등 애국단체의 건의안에도 그 취지가 자세히 나타나고 있다.

이 같은 배경 속에서 인촌 이하 월남, 남강, 유진태 등 민족지도자들은 지체하지 아니하고 1922년 11월 23일 조선민립대학 기성준비회를 결성하여 구체적으로 이 문제를 심도 있게 논의하고 다음 해 3월 29일 민립대학 발기인 총회를 종로 기독교청년회관에서 발기인 중 462명이 동참한 가운데 개최하였다.[13] 전국에서 추천된 발기인은 1,170명에 이르고 있었다. 쟁쟁한 민족계 인물이 거의 다 추천, 망라된 셈이었다.

발기인 총회는 위원장에 원로 이상재를 선임하였고, 상무위원에는 강인택, 고용환, 유성준, 유진태, 이승훈, 한인봉, 한용운 등 모두 8명을 선임한 뒤, 중앙집행위원에는 고하, 이갑성, 조만식, 최린, 허헌, 현상윤, 정노식 등 30여 명을, 회금보관위원에는 인촌 외에 김병로, 장두현 등 7명을 선출하였으니 인촌 측근에서는 고하와 기당 현상윤 등이 선임되어 막중한 업무를 맡게 되었다. 특히 동아일보계가 여러분 참여하게 된 것이다.

이처럼 민족지도자들에 의해 민립대학을 자율적으로 설립하려는

---

13)《고등경찰요사》, 43쪽.

움직임이 구체화되자 촉각을 곤두세운 일제 당국자들은 "만약에 조선인들이 자유롭게 대학교육을 받게 되면 일본의 조선지배는 고전을 면치 못할 것이며 종내는 종말을 고하는 날이 올지도 모른다"고 위협적인 언사로 민립대학 설치에 경고처분을 내렸다. 중지하라는 말과 다름이 없었다. 조선총독은 이에 관련된 기성준비위원들에게 "조선교육령은 조선에서 대학을 설립하는 것을 금지하고 있소. 조선민립대학을 설립하는 것은 불가능하니 일본의 동양대학 서울 분교를 세우는 것이 어떠하겠소" 하고 은근히 제의하였다.14) 일부에서는 그렇게 하자는 논의도 있었으나 조선교육령과 일본 대학령에는 분교의 설립도 절대로 허용할 수 없다는 규정이 있어 어차피 한국인의 집념인 민립대학의 설립은 당초 민족지도자들의 계획대로 추진하기가 제도적으로 어려웠다. 일제는 "민립대학 기성준비회와 조선총독부가 합동으로 지금의 경성의학전문학교를 관립 조선의학대학으로 개편하는 것을 추진하자" 라고 기만적으로 제안하였다. 그러나 이것 역시 인촌 등의 민립종합대학의 설립을 전면적으로 봉쇄하자는 속임수에 불과했다.

결국 1922년 2월 일제는 조선교육령을 개정하고 한국에서는 민립대학을 건립할 수 없도록 제도적인 장치를 마련하였다. 원천봉쇄하자는 것이 그들의 근본 계략이었다. 한국에서는 절대로 한국인의 4년제 대학을 설립할 수 없도록 제도적 장치를 마련한 것이다. 대신 관립대학을 설립할 수 있다는 제2차의 조선교육령을 공포하여 일제가 관립대학을 설립함으로써 한국인의 민립대학 설립의욕을 꺾어 보자는 방해심리로 종결되었다.15) 단지 숭실대학은 4년제였다.

---

14) 〈동아일보〉, 1924. 9. 21.
15) 조선교육령, 제12조 참조.

3. 민립대학 설립의 좌절과 경성제국대학의 방해

민립대학의 규모는 어떠하였을까? 그것은 곧 종합대학으로서의 큰 규모였다. 당초의 예정대로만 이 대학이 설립되었다면 일제 강점하의 한국 근현대사에 많은 변화를 가져왔을 것이다. 인촌 등이 계획한 민립대학의 설립안을 보면 모두 3기로 계획을 나누어서 집행하고자 하였음을 알 수 있다. 종합대학 규모로서의 웅장한 규모였다. 제 1기는 400만 원을 투입하여 한국인 교수를 양성하고 법과, 문과, 경제과, 이과를 설치하며, 제 2기에는 300만 원을 투입하여 공과를 확충하며, 제 3기에는 300만 원으로 의과와 농과를 설립하여 큰 종합대학 규모로 가장 웅장한 대학을 설립하여 한국인 자제를 한국식으로 교육하겠다는 거창한 프로젝트였다. [16]

이날의 설립모임은 가장 경건하며 대학설립이라는 사명감에 젖어 매우 침착하고 정숙한 분위기 속에서 회의가 진행되었다. 인촌도 이날의 엄숙했던 분위기를 전하면서 "국민 모두가 민립대학 설립의 넘치는 의욕 앞에 경건한 마음으로 회의에 임하여 진지한 토론이 이어졌다"고 언급한 바 있다.

각 지방에도 민립대학 설립을 위한 조직을 만들기 위하여 담당위원을 13명이나 선발하고 각지에 파견하여 적극 홍보하도록 독려했다. 따라서 각 지방에도 민립대학 기성회가 결성되어 구체적인 설립의 실무세칙이 시달되고 정해진 바 있었다. 기대를 걸고 있던 국민들은 "이제는 우리나라에도 4년제 대학이 설립되는구나" 하며 큰 기대 속에 그 후속조치에 신경을 곤두세우고 있었다. "우리 자녀들을 우리가 만든 대학에 보내 공부를 할 수 있게 되었다니 이보다 더 기쁜 일이 또 어디에 있겠는가?" 하고 기뻐서 용약하였다는 것이 신문지상에 상세

---

16) 〈동아일보〉, 1923. 3. 30.

히 소개된 바 있다. 17)

　자진해서 성금을 모금본부에 전달하는 열성국민들도 적지 않았다. 전남북에서만도 150만 원이 모금되었다고 하며, 특히 여성들이 큰 힘이 되어주기도 하였는데 화장품 값을 절약하는가 하면 장보는 바구니에 돈을 얼마간 아껴서 이를 모금본부에 위탁하기도 하였다. 안성에 거주하는 이정도라는 여성은 다음과 같이 주부의 간절한 대학설립의 염원을 표출하였다.

> 우리나라 사람이 여러 가지 사업을 일으키는 가운데 따져보면 민립대학 기성운동이 가장 보람 있는 큰일입니다. 나는 가진 것이 많지는 않으나 여러 지도자님들이 열성으로 이 운동을 지속적으로 진행한다고 하니 매우 감동하여 지난 1년 동안 매일 아침밥을 지을 때마다 식구 수대로 한 숟가락씩 떠 두었다가 19원을 마련하였으니 적더라도 기꺼이 받아 주셔서 민립대학을 꼭 세워주십시오.

　이 운동은 3·1혁명 이후 처음 보는 대대적인 국민저항운동으로 확산되어 요원의 불같이 활활 타올랐다.

　이 운동은 국외에서도 큰 호응을 얻어 미국, 일본, 중국 동북삼성에까지도 그 모금의 지부를 두어 모금운동을 전개해 나갔다. 그 뒤 전문 7호 19개 항으로 구성된 결의안을 가결하여 실행에 착수하고 성과를 거두었다. 온 세계의 우리 동포들이 의외로 큰 호응을 보여 모금과 함께 민립대학 설립운동은 박차를 가하게 된 것이다. 한때 이 운동이 문예운동(文藝運動)이란 표현으로까지 불리게 되어 조선조 후기에 문예를 부흥시킨 영·정조시기의 르네상스를 방불케 한다 라는 기록도 있다. 18)

---

17)　이현희, 앞의《한국민족운동사의 재인식》, 290~2쪽.
18)　김호일, 앞의 논문 참조.

보성전문학교 구교사

일본 측의 비밀자료를 보면 일제 측은 이런 민립대학 설립운동이
전 세계 한국동포에게 파급효과를 나타내게 되자 초조한 나머지 그대
로 방치했다가는 일제의 영원한 한국 통치에 치명적인 타격이 가해질
것이란 우려가 나타나 즉각적인 탄압조치를 취하게 엄명을 내린 것을
알 수 있다. [19] 그리하여 서둘러 민립대학을 대치할 일본의 제국대학
을 급설(急設) 하게 관계법령을 서둘러 개정, 실시하고 이를 반포 시
행하였다. 그것이 1925년도부터 서울 동숭동에 급히 설치한 경성제
국대학이란 식민지 선전용의 일본제국대학이었다. 이는 타이완, 중
국 등지에도 설립되었으며 일본 내의 주요도시에도 설립되어 식민지
선전에 열을 올렸다. 1925년도의 일이었다.

한편으로는 경찰력을 동원하여 설립기금의 준비를 위한 국민운동
을 배일사상의 고취라는 엉뚱한 누명을 씌워 즉각 중단을 엄명하였
다. 모금원들을 소환하여 협박하고 방해하면서 다시는 모금운동에
동원되지 않겠다는 서약서를 받고서야 풀어주기도 하였다. 이런 위

19) 사이토문서의 조선침략비밀지령문 참조.

협과 공포 속에서 이 모금운동도 실효를 거두기가 매우 어려워졌다. 더욱이 1923년 여름에 대홍수가 일어나 이재민과 재산상의 손실이 발생하여 이들에 대한 구호가 시급해졌다. 다음 해에도 연속 대홍수가 일어나 민립대학 설립 모금운동이 더욱 어렵게 추진되었다.

일제는 서울 동숭동에 식민지 사관의 고취와 침략전문 관리 양성을 위해 급히 경성제국대학 법무학부와 의학부를 갖춘 대학의 관제를 공포하고 대학 예과의 학생을 모집하면서 4년제 대학을 개교하였다 (1924년 5월 2일). 일제는 이 대학에서 일제의 한국침략을 위한 전문 관리를 양성하고 일제 관학자들로 하여금 식민사관 정립에 주도적으로 기여하게 하도록 전력을 조치하였다. 20) 하지만 엘리트 급의 우수한 일부 한국인 학생도 이 대학에 입학하여 고등지식을 습득하는 데 활용하기도 하였다. 이 대학 출신을 무조건 친일파라고 매도함은 옥석을 구분하지 못하는 소이(所以)인 것이다. 그 대학에서 오히려 한국의 역사와 문학 등을 공부하면서 일제에 맞서 투쟁한 민족문화 창달의 역군도 있음을 우리는 구분해서 선별, 평가해야 할 것이다.

이 대학이 설립된 후 민립대학 설립운동은 사실상 중단상태에 빠지고 말았다. 21) 그러나 이 대학 개교일에 이상재는 "경성제국대학은 우리 민립대학의 큰 변신이다"라고 언급하여 민족지도자 일부는 이를 인정하면서도 낙심하는 분위기가 들어 의아한 생각이 든다.

서울 수표동에 있는 조선교육협회의 '조선민립대학 기성준비회'라는 간판만 덩그러니 남겨놓은 채, 큰 기대를 걸었던 민립대학 설립운동은 인촌의 보성전문 인수확장으로 연결되었다. 22)

이 운동이 완벽한 결실은 거두지 못하였으나 이를 계기로 각급 학교에서는 격문을 제작하여 뿌리고 동맹휴학을 선도하며 일제의 탄압

---

20) 이현희, 《한국현대사연구》, 동화문화사, 1972, 89~105쪽.
21) 김을한, 《월남선생일화집》, 1972, 69~72쪽.
22) 앞의 《인촌 김성수전》, 2143~4쪽.

일변도의 식민교육의 부당성을 신랄히 규탄 성토하였다. 그것이 우리 민족이 할 수 있는 가장 최선의 적극적인 항거수단이기도 하였다. 인촌 등 민족지도자들은 "한국인의 교육은 한국인 중심으로 실시하라" 하거나 "교장은 한국인으로 확정하라", "학생들의 집회는 자유롭게 하라", "대학은 한국인 중심으로 설립하라"는 등의 여러 가지 민족적 구호를 절규하는 소극적인 투쟁만을 선택할 수밖에 없었다.

이 시기(1921~1928)에 전국적으로 벌어진 400여 건의 동맹휴학 건수가 말해 주듯이 한국인 학생들은 동맹휴학으로 소극적인 투쟁을 선택할 수밖에 없었다. 이때 수많은 사회단체들이 조직되어 일제의 악랄한 식민지 교육정책을 비판하였고, 한국인의 민족교육을 위한 범민족운동을 전개하여 대망의 1920년대 들어서 일제의 한민족말살정책에 정면으로 맞서서 투쟁의 고삐를 당겼다. 23)

이런 민립대학 설립운동의 사실은 동아일보사가 앞장서서 작은 기사라도 지면에 반영하여 인촌의 대학 설립의욕을 북돋아 주었다. 결국 인촌의 민립대학 설립의 큰 꿈은 보성전문학교 인수 확장과 광복 뒤 고려대학으로 구체화, 성숙화되었다고 할 수 있다.

---

23) 〈조선일보〉, 1924. 5. 29.

제
5 국산품 애호운동의 전개
장

1. 인촌의 국산품 애용의식

1919년의 전 민족적인 3·1혁명 이후 새로운 형태의 한층 업그레이드 된 차원의 질 높은 민족운동이 일어났다. 그것은 인촌 등이 주도한 국산품 애용 범국민운동이었다. 물자절약 정신의 선양은 그 자신이 경방을 설립운영하고 있었기 때문이기도 하였다. 우리 민족의 실력을 길러야 한다는 인촌 나름으로의 소박한 우국충정에서 출발한 이 운동은 조선물산장려회 조직으로 더욱 구체화되었다. 이 조직은 "우리는 우리의 상품만을 쓰고 일본 상품은 물리쳐야 한다"라는 요지로 국산품 애용을 전국적으로 극력 주장, 실시하였다.

3·1혁명이 진행되는 동안 전국의 상인들은 철시하고 노동자들은 파업하였으며 국민은 납세거부와 일본상품의 불매 등으로 맞섰다. 인촌, 고하 등 동아일보사 측은 경제자립을 주장하고 자급자족을 위한 물산장려운동과 함께 소비를 최대한 줄이고 담배와 술, 도박을 끊으며 건실한 신생활기풍을 진작시키자고 절규하였다. 신문의 사설로도 주장하였다. 소극적인 민족운동이었다. 3·1혁명에서의 의기소침이 이런 형태로 구체화된 것이다. 결국은 우리가 살 길은 민족의 실력을 양성하자는 자강자립의 강력한 의지밖에는 없다는 것이었다. [1]

이는 일제가 의도적으로 만들어 놓은 악법인 회사령(會社令)을 철폐하기 위한 사전조치였다. 조선총독부는 1911년 회사령이란 악한 굴레를 만들어 회사를 설립할 때에는 조선 총독의 허가를 받아야 회사가 존립, 활동할 수 있었다. 이는 일본이 자기네 제품을 한국인에게 팔아먹자는 흉계에서 시작된 경제침탈의 한 가지 방법이었다. 한국에는 유휴노동력과 지하자원이 풍부하여 이를 활용하기 위해서 크게 그 효과를 노린 것이다.[2] 이에 수력발전소를 건립하고 흥남에 일본인을 위한 질소비료공장을 세우는 등 경제적 침탈을 더욱 강화했다. 따라서 일본의 큰 회사들이 줄줄이 한국에 침투하여 활개를 치며 산업을 독점함으로써 한국인이 설립한 회사는 경영상의 어려움을 겪어야 했다.

인촌이 설립한 경방은 이런 것을 극복하자는 애국적 견지에서 국산품을 생산하고 그 제품을 애호하는 운동을 강력히 펼친 것이다. 그 당시 이런 생산적인 생각과 실제로 생산회사를 설립한 한국인의 공장이나 회사는 전무하였다. 3·1혁명으로 회사령은 폐지되었으나 한국인의 회사는 경영하고 있다 해도 운영상 곤경을 면하기 어려웠다. 애국인사들과 국민들 사이에서는 우선적으로 경제적 자립-독립이 성취되어야 살아갈 수 있다는 각성이 현실적으로 거세게 일어나고 있었다. 일본제품이 아닌 국산품의 애용을 적극 장려하는 운동이 일어나게 된 것은 이 같은 이유에서였다. 일종의 경제민족운동이었다.

이 같은 운동은 1919년 가을 서울에서 최진, 박승빈과 안국선, 심의성 등 애국 계몽가들이 앞장서서 물산장려주식회사를 설립하여 그 취지를 십분 발휘, 역설한 바 있고, 1920년 7월에는 평양에서 애국지사 조만식 등 70여 명이 모여 국산품 애호를 위하여 모임을 준비하다가 평양 예수교청년회관에서 조선물산장려회를 조직하였다. 큰 모

1) 이현희, "1920년대 초 민족실력양성운동,"《신석호 고희기념논총》, 1974.
2) 이현희,《일제시대사의 연구》, 삼진사, 1974, 92~105쪽.

임이 경제자립의 물꼬를 튼 것이다. 국산품 애용의 횃불이 지방에서 나마 거세게 올라간 사례였다. 3) 매우 장려할 사안이었다.

이 조선물산장려회의 설립목적은 '우리가 쓸 물건은 우리 스스로 만들어 쓰자' 라는 소박한 자립자활을 강조한 애국에의 구호요 취지인 것이다. 아울러 보호무역을 해야 한다는 것과 실업계의 발전을 힘써서 도모할 것도 힘차게 역설하였다. 그들은 "우리사회의 산업발전을 도모하려면 우리의 물품을 힘써 생산하는 동시에 우리의 손으로 무엇이든지 만들어 생산력을 높이는 것이 무엇보다 시급한 국가적 경쟁력의 제고이고 대과업이다"라고 합창하면서 절규하였다. 4)

2. 동아일보의 국산품 격려 논설

1922년 11월 1일 〈동아일보〉는 사설을 통해 일제당국을 의식하지 아니하고 경제적인 민족운동을 제창하고 나섰다. 일종의 국민운동을 제창한 셈이었다. 5) 그 사설은 "현재 조선민족의 생활형태는 어떠한가? 옷이라면 외지의 상품이며 먹는 것이 있다면 동양척식회사의 소작이며 만주황야에 떠돌 뿐이라"고 신랄히 현실의 모순을 비판하고 자성을 촉구하였다. 이어 "조선민족은 생활문제에 관하여 절실한 각성이 전무하니 이것이 무슨 이유인지 모를 일이라"고도 개탄하였다. 또 이어 "일본이 조선을 통치함에는 완완한 수단으로써 능할 바 아니오. 조선민족 1천 7백만을 일조에 박멸하기는 세계 이목상 도저히 불가능한 것이니 경제적 노력으로 우승열패의 인위적 도태수단에 의하여 조선민족의 생활 따라 그 생맥을 차차로 궁핍하게 하자는 경제적

---

3) 이현희, 《한국사대계》, 8, 삼진사, 1973. 119~122쪽.

4) 〈조선일보〉, 1923. 5. 9.

5) 〈동아일보〉, 1922. 11. 1 사설.

도태주의를 활용하고 있다"면서 당국의 침략책동을 신랄히 공박하고
반성을 촉구했다.

〈동아일보〉는 이어서 "조선인은 그 생활의식에 각성하여 경제적 자
위책을 강구하라. 철두철미하게 경제적 백병전(白兵戰)을 연출하라"
고 철저히 전투적인 경제적 자립을 절규하고 있다.6) 국민적 계몽의
이 호소력 있는 사설은 많은 국민 독자들의 감동과 각성을 불러일으
켰다. 동아일보는 계속 사설로 국민계몽에 열을 올렸다. "인도의 간
디가 인도인의 완전한 자치독립의 대업을 달성하는 유일한 방침으로
인도민족의 민족적 단결과 방적의 장려를 설득하고 있다"면서 인도의
부흥을 강조하고 국산품 애용의 효율성과 그 진지한 경제부흥의 민족
갱생적 의미를 시사했다.7) 이는 우리의 3·1혁명이 영국과 대적관계
에 있는 인도의 비폭력, 무저항주의 사상을 고취한 소이인 것이다.8)

이 같은 사설을 통한 국산품 애용의 의욕과 열기를 이어 받아 1922
년 12월 일제히 서울에서 조선청년연합회가 일정한 국산품 애용을 위
한 규약 정책하에 조선물산장려운동을 시작하였다. 이 같은 물산장
려운동은 같은 해 이광수 등의 지도를 받은 연희전문학교(연세대) 학
생 염태진 등 30여 명의 공동작품인 자작회(自作會)의 경제활동에서
영향을 받은 것 같다.9) 이들은 "외래상품인 일본 상품을 과감히 물
리치고 한국인은 오로지 한국의 제품만을 써야 한다"라고 국산품 애
용을 외치며 학생 중심의 생활개혁과 경제적 자립을 실천할 것을 열
렬히 표방하였다. 다음 해 1월 9일에는 50여 개 단체가 모여 조선물
산장려회 발기준비회가 마련되어 동 20일 명제세, 조만식 등 20여 명
이 창립총회를 열었다. 김철수, 박동완, 백관수, 송진우, 이갑성,

6) 〈동아일보〉, 1922. 11. 12 사설.
7) 〈동아일보〉, 1922. 11. 13 사설.
8) 이현희, 앞의 《3·1혁명 그 진실을 밝힌다》, 234~9쪽.
9) 《고등경찰관계연표》, 23~6쪽.

정노식, 한용운, 나경석, 설태희, 고유상, 김덕창, 장두현, 김윤수,
유광열, 이순탁, 이종린, 최원순 등 쟁쟁한 애국인사가 이 준비회의
의 핵심구성원이 되어 본격적인 국산품 애용사업을 전개하게 되었다.
인촌도 이에 동조하여 거들어 주었다.

　그들은 자급자족 국산품 장려와 활용, 소비절약, 금주단연, 건전
한 생활기풍 진작, 도박 박멸 등을 실천사항으로 결의하여 국민의 생
활개조와 혁신을 강조하고, 구정(舊正)인 2월 16일을 '물산장려일'로
정해 전국적인 기념행사를 개최하는 등의 활동을 통해 이를 실천하도
록 권면하였다.　새마을운동의 시초이기도 하였다.　평양의 물산장려
회와 서울의 조선청년연합회는 지방을 순회하며 계몽강연을 활발히
전개하여 큰 감동을 주었고 그에 따르는 국민들도 상당수에 달하였
다. 10) 인촌은 이 기쁜 소식을 듣고 동아일보에 그 같은 고무의 사설
을 게재하게 독려하였다.

　이들은 다음 사항을 실행해 나갈 것을 약속하였다.

　첫째, 옷은 남자는 두루마기, 여자는 치마를 조선무명으로 염색하
　　　　고 음력 1월 1일을 기하여 일제히 착용하도록 권장한다.
　둘째, 음식은 사탕, 소금, 청량음료, 과일 이외에는 순수한 우리
　　　　가 생산한 것을 사용하도록 한다.
　셋째, 일용품은 가급적 토산물을 사용하되 부득이한 경우에는 외
　　　　국제품을 사용한다 해도 경제적 실용품을 써서 절약한다. 11)

　조선물산장려회가 이러한 취지를 가지고 서울에서 1923년 2월 3일
강연회를 개최하자 무려 2천여 명의 경향의 유수한 국민이 운집하여
대성황을 이루었다.　이는 그 뒤 지방에도 확산되어 대구, 부산, 광주

10) 〈동아일보〉, 1922. 12. 30. 31.
11) 〈조선일보〉, 1923. 1. 25.

등지에서도 국산품 애용의 국민의식 계몽과 선양을 위한 참된 모임이 이루어졌다. 이 같은 운동은 급기야 전국으로 확산 파급되어 전국의 직업여성, 기생들까지도 이에 동참하여 국산품의 절약 풍조를 한층 북돋아주는 큰 효과를 거두게 되었다. 때문에 면포 값이 몇 배나 껑충 뛰어올랐다고도 한다. 그러나 일본에서도 일화(日貨)배척운동이 일어난 줄 알면서도 이를 억압할 수가 없었다. 울며 겨자 먹기였다고 평가하는 사람도 있었다.

　1923년 2월 2일 동래에서는 물산장려회가 조직되어 장날을 이용하여 선전물을 뿌리면서 홍보활동을 전개하여 효과를 거두었다. 기타 안주, 영동, 양산 등에서는 청년회 등이 농악을 울리며 국산품 애용을 힘주어 절규하였다.[12] 이 같은 여론을 등에 업고 홍보의 효과로 인하여 물자절약의 근엄한 분위기는 훨씬 성숙되어 갔다.

3. 경방제품의 국산품 애호 분위기

　인촌이 경방을 운영하면서 겪은 시련 중 가장 큰 타격은 가장 믿던 측근 이강현의 앞에서 말한 삼품(三品)사건이었다. 서울 영등포 역전에 공장을 건설하였던 경방은 1923년 4월 경 직기 100여 대를 가동하여 감격적으로 첫 제품을 출하할 수 있었다. 그것이 생산되던 때 모두가 감동하여 부둥켜안고 울었다고 한다. 너무나 감격하여서였을 것이다. 회사가 제 궤도에 오르자 아우 연수(수당)에게 업무를 일임하고 형 인촌은 취체역으로 물러나 회사운영을 원격조종하고 있었다. 그의 그런 양보의 처신은 처음이 아니었다. 동생은 상무 겸 지배인에 임명되었다. 퇴임한 박용희의 후임인 셈이었다. 삼품사건의 주인공

12) 〈조선일보〉, 1923. 1. 29.

인 이강현은 퇴사 직전에 인촌의 금도(襟度) 있는 신의와 아량으로 살아나자 분골쇄신하여 경방을 공고한 반석 위에 올려놓았다. 은혜를 회사의 부흥으로 바꾼 것이었다.

한 경제학자는 개척적인 기업가 인촌, 근대적 전문기업 경영인인 김연수, 기술기업가 이강현의 3명의 트리오가 경방을 크게 부흥하게 한 요인이 되고 있음을 지적하였는데 가장 적절한 평가라고 본다.[13] 경방은 산업자본으로 진출하여 성공한 뛰어난 민족기업체로서의 위상을 정립하는 데 크게 기여한 토종 사업체라고 평가할 만하다. 민족의 자본, 기술, 노동력 등 우리 민족 스스로의 자랑스러운 저력을 유감없이 선양하고 나타낸 것이다. 인촌이 자랑스럽고 뛰어난 기업인이라는 사실은 이런 면에서도 그 연원의 일단을 찾아 볼 수 있다. '일본의 기업은 일본인에 한하여 경영한다'라는 식의 배타성에 대한 민족의 얼을 선양하는 한 가지 방법이기도 하였다. 인촌다운 생각이고 처신이었다.

경방은 "조선인은 조선인의 광목으로"라는 강렬한 자립적 표어를 내걸고 국산품을 만들어 냈다. 그것은 곧 태극성(太極星) 상표로 구체화되었다. 경방은 원을 곡선으로 갈라서 태극형을 상표로 일본에 제출하여 마침내 승인을 따냈다. 일본에 제출했기 때문에 가능했던 일이었다. 총독부라면 걸림돌이 되었을 것이다. 일본은 그 당시 총독부같이 눈을 부라리며 간섭하지 않아서 그런대로 숨통이 터진 것이다. 이 틈을 이용하여 태극형 도안과는 사뭇 다르게 8궤 대신 별 8개를 배열하여 승인을 얻어냈다. 교묘히 그들의 눈을 피한 것이다. 태극성 상표를 단 경방의 제품은 1924년 봄부터 일반 시장에 출하되어 거래가 활발히 이루어졌다.

조선총독부에 불려간 이강현은 미리 준비한 대로 단단히 대책을 강

13) 조기준, "3·1운동 전후 민족 기업의 한 가지 유형", 《3·1운동 50주년기념 논집》, 동아일보사, 1969.

구하고 있었다. 그것은 방직이란 영어 Spinning의 첫 글자인 S자를 원형 속에 넣은 데 불과함을 역설하여 그들 역시 사정을 잘 알면서도 할 수 없이 묵인해 준 것이다. 이강현은 도매상들을 음식점에 초대하고서 다음과 같이 눈물로 호소하고 매달렸다.

> 우리 회사의 광목은 우리 손으로 실을 뽑아 직조하지 못하였기 때문에 일제보다 질적으로 좀 뒤지나, 태극성은 우리의 순수자본과 우리의 가냘픈 소녀들의 피땀으로 짜내는 알뜰한 우리민족의 뛰어난 제품임을 십분 이해해주시길 앙청하는 바입니다. 그저 조잡하다고 도외시하지 마시고 점포에 진열만이라도 해주시면 우리는 더욱 용기를 내서 보다 좋은 국산품 만들기에 전심전력할 각오입니다.

수당(김연수)은 이런 사정을 감안하여 일본제품이 아직 침투하지 않은 동북과 서북지역으로 새롭게 영역을 넓혀 진출할 계책을 강구하고 있었다. 남부 일대에는 이미 일본제품이 독무대를 형성하여 시장이 비좁아 뚫고 나갈 여유가 없었기 때문이었다. 또한 동북 서북 일대는 기독교의 영향으로 민족의식이 팽배해 있었기에 그것이 가능하였다. 수당의 계획은 안정적으로 먹혀 들어갔다. 수당의 사업적인 두뇌회전이 빠른 것을 우리는 이해할 수 있다. 이 무렵 경방은 경성 직뉴회사를 떠나 을지로 1가 143번지에 새로 사옥을 차렸다. 이곳은 서울의 포목상이 집결되어 있는 포목거리이기도 하여 상품판매에 크게 도움이 되었다.[14]

경방이 안정기에 들어간 것은 1928년경으로 연간 12만 3천 필을 생산해 냄으로서 그 결실을 수확하게 되었다. 우리의 힘과 땀으로 이룩된 큰 성과였다. 동시에 회사도 경방 본사로 활용되던 남대문로 1가 115번지로 이전하여 사세를 크게 확장했다. 인촌의 국산품 애호의

---

14) 앞의 《인촌 김성수전》, 250~2쪽.

집념이 그만큼 크고 현실적이며 웅혼(雄渾), 장대(壯大), 광활(廣闊)
하였던 것이다. 집념이 강한 인촌이 이 시기에 겪은 사업상의 애로나
독립운동상의 어려움을 미국에 체류하고 있던 애국선배 우남 이승만
에게 보낸 서한에서 엿보고 읽을 수 있다. 1928년 8월 23일 인촌이
이승만에게 보낸 서한에는 다음과 같이 적혀 있다.

> 동서로 떨어져 있어 뵐 기회가 없으나 늘 우러러 사모하는 마음만
> 은 간절합니다. 지난해 백 군(관수)이 돌아올 때 특별히 서신을 내
> 려주시니 감사하고 송구함이 아울러 지극합니다. 하생은 부모님을
> 모시는 일은 그런대로 해나가고 있으나 (회사를) 경영하는 일에 있
> 어서는 갈수록 어려워져 차라리 일일이 말을 하고 싶지 않습니다.
> 지금 박형(동완)의 편에 편지로 안부를 묻고 다소간에 (군자금) 보
> 내드리오니 그저 정으로 받아주시길 바랍니다.
>
> 1928년 8월 23일 하생 김성수 재배 15)

인촌이 그 어려운 사업(경방, 동아일보 등) 중에도 짜내어 군자금을
우남(雩南) 이승만에게 인편으로 송달한 것이 틀림없는 사실로 이 서
한 중에 잘 나타나고 있다. 같은 시기에 백관수가 우남에게 보낸 서
한 중에도 그런 사실을 알 수 있다.

> 동지 인촌, 고하가 이번 인편에 조품(粗品) 한 가지씩을 보내드리
> 려고 하는데 성심에서 우러나온 듯합니다. … 지리산 특제목기 한
> 벌씩도 보내드리려고 합니다.
>
> 백관수 16)

이 시기는 인촌과 고하가 필화사건으로 모두 그 자리에서 물러나

---

15)《이승만 동문 서한집》, 중, 연대 출판부, 2009, 32~33쪽.
16) 상동, 316쪽, 1928. 8. 28.

있을 때임을 알 수 있다. 17) 또한 같은 우남의 자료를 보면 동산 윤치영이 우남에게 보낸 서한 중 고하가 이 당시 동아일보의 필화사건으로 6개월간 투옥되었다는 사실과 춘원(이광수)이 다시 동아일보의 주필로 재입사하였다는 사실도 함께 알 수 있다. 18)

이 당시의 인촌은 1929년부터 1939년까지 경방의 고문직을 수행했을 뿐 다른 공식적인 직함은 없었다. 아우 수당(김연수)이 거의 그 자신의 능력과 수완으로 형님의 경방을 인수하여 운영해 나간 것이다. 인촌의 국산품 애용의식은 그 자신의 회사제품 때문에 이를 더욱 강조, 선양하고 역설한 것이 아니었다. 그것은 국산품의 애용을 생활화하려는 그의 타고난 애국적 공선사후적인 천성 때문이었다고 해야 할 것이다.

4. 인촌의 간디, 후세 변호사와의 교류

인촌이 동아일보사의 창업주로서 제 5대 사장(1924. 10. 21~1927. 10. 21)으로 재직하고 있을 때였다. 이 기간은 인촌이 직접 동아일보사의 경영을 관장하던 시기였다. 1926년에 인촌은 인도의 반영(反英)운동의 지도자로서 구국투쟁을 계속하던 M. K. 간디(1869~1948)에게 서신을 보낸 것으로 보인다. 이 당시 간디는 인도의 사바르마티 아쉬람에 머물고 있을 때였다. 인촌의 서신이 어떤 내용이었는지는 확실하지 않으나 당시가 일제의 혹심한 통치를 받고 있을 때인 것을 생각하면 인촌이 세계적인 지도자 간디에게 항일투쟁의 지혜를 얻으려고 간청한 것이 아닐까 하는 생각을 갖게 한다.

---

17) 상동, 207~8쪽. 김현구가 우남에게 보낸 서한 중.
18) 상동, 112~3쪽.

인촌 앞으로 보내온 간디의 서신(1927년 초)

이에 관해 바쁜 반영(反英)지도자 간디도 같은 식민지배를 받고 있는 한국인들을 극진히 애틋하게 생각해서 그 큰 지도자에게 실질적인 조언을 해준 것으로 보인다. 그 회신으로 이런 내용의 엽서가 동아일보사 사장 김성수에게 도착했다.

사랑하는 친구여
주신 편지는 잘 받았나이다. 내가 보낼 유일한 부탁은 절대적으로 참되고 무저항적인 수단으로 조선이 조선의 것이 되기를 바란다는 것뿐입니다.
1926년 11월 26일 사바르마티에서 M. K. 간디. [19]

이처럼 인도의 지도자 마하트마(위대한 영혼) 간디는 건국의 아버지로서 인촌에게 이런 희망을 가지라는 뜻의 격려성 서신의 회답을 보내왔다. 그러니까 조선 민족은 결코 일제의 혹심한 탄압에 굴하지

---

19) 1927년 1월 5일자로 간디가 동아일보사장 김성수에게 회신한 엽서.

말라고 조언해 준 것이다. 즉 "조선이 조선의 것이 되기를 바랄 뿐"이라는 사실을 동아일보를 통하여 우리 전 민족에게 메시지로 보낸 것이다.

인도의 간디는 전국적으로 영국을 배척하고 인도의 자주를 주장하여 "비폭력 무저항"을 표어로 전국적으로 이 같은 대 반영운동을 일으켰다. 그로 인하여 간디는 영국 관헌에 체포되어 6년 금고의 형을 받고 투옥되었다가 1925년에 석방되었다. 그는 거짓을 말라는 등 4가지를 대국민 맹서로 표명한 바 있다.[20] 이를 보면 당시 인촌은 간디 등 세계적인 지도들과의 교류가 빈번하게 있었던 것으로 미루어 생각해 볼 수 있다. 그만큼 인촌은 세계적인 지도자들과의 교류가 빈번했었던 것으로 짐작할 수 있는 것이다.

그 뒤 간디는 사바르마티 아쉬람을 떠나 곳곳에서 집회에 동참하면서 여행을 계속한 것으로 보인다. 그는 회의파 연차대회에 출석하기 위하여 동북 인도 아삼 주 고하티에 도착하였다.[21] 인촌은 간디의 영향으로 무저항적인 수단으로서의 조선인이 되기를 상약한 것 같다. 인도는 한국과 달리 식민통치가 직접통치가 아니고 간접통치였다. 총독을 파견하여 직접 무력통치하는 것과 다른 식민통치체제인 것이다. 말하자면 인도는 자치통치 형태를 취한 것이다. 인촌은 국내에서 세계적인 약소국의 지도자인 간디와의 교류를 통해 일제의 혹독한 통치를 받고 있는 한국국민들을 위로하고 일제에 저항할 묘책을 찾고 있었던 것으로 보인다. 간디에게 서신으로 그 지혜를 한 수 배우려 기도한 것으로 보인다.

이처럼 인촌은 간디와 서신을 교류함으로써 세계적인 지도자와 같은 반열에 들어갈 수 있었다고 본다. 인촌은 세계적인 약소국의 지도자로 급히 부상한 것이다. 분명히 그는 세계적인 지도자 중의 한 분

20) 〈동아일보〉, 1926. 11. 28.
21) 루이스 피처, 《인도의 성웅 간디》, 2, , 일신서적출판사, 1993, 6~7쪽.

조선 독립운동가들의 변호를 도맡았던 일본인 인권변호사 후세 다쓰지(布施辰治, 1880~1953)

으로 동일선상에 인정된 것이라고 평가할 수 있다.

인촌과 친밀한 교류를 나눈 또 한 사람의 지도자는 항일 변호사인 일본인 후세 다쓰지(布施辰治; 1880~1953)다. 그는 일본 센다이 시 근교 이시노마키(石卷) 시에서 출생하여 도쿄 메이지대학 법과를 졸업하였다. 1911년 그는 '조선 독립운동에 경의를 표한다'라는 충격적인 논문을 발표하였다가 검사국에 불려가 격분 속에 혹독한 취조를 받고 곤욕을 치르고 나왔다. 그는 정의파이며 의리의 사나이였다. 권력이나 무력 앞에 굴하는 나약한 변호사가 아니었다. 1953년 9월 13일 73세로 작고할 때까지 한국의 독립을 위하여 필설로 형언하기 어려울 정도의 갖은 고문과 탄압 속에서도 굴하지 아니하고 그의 법조인으로서의 소신과 양심과 법관으로서의 신념에 따라 한국에 열렬한 사랑을 보냈던 특출한 일본인이었다. 일본의 사찰기관이나 권력부서에서 후세는 일본인이 아니라고까지 인식하고 치지도외(置之度外) 하였던 인물이었다.

그는 1904년 일본 내의 판검사시험에 합격하여 검사대리가 되었으나 당년에 사직하고 변호사가 되었다. 호랑이 같은 검사로는 침략받고 있는 조선인 같은 사회적 약자를 구원할 수 없다고 판단하였기 때문이었다.[22] 그는 조선이나 중국 같은 전통 있는 문화국민을 무력으로 진압통치하는 것은 단연 '야만행위'라고 일제의 식민 통치를 통렬히 질타하였다. 그는 1919년의 한국인 유학생들의 2·8선언 당시 체포된 주동학생의 독립운동은 조선인으로서는 정당한 일이라고 두둔

---

22) 모리나가 에이사부로, 《일본변호사열전》, 사회사상사, 1984, 60~62쪽.

해 일본사회에 물의를 일으켰다. 이는 그 2 · 8선언 주동자 중의 하나
인 백관수의 회고록에서도 언급되고 있다. 한때는 함구령을 받기도
했다.

1923년 동아일보는 "신인(臣人)의 조선인상"이란 제목의 사설에서
"조선인을 위하여 무엇이 참다운 이익인가, 동양평화를 위하여 일본
위정자의 오산에 분개하고 조선민중이 협력하여 세계평화를 건설할
줌임을 띠고 있다"라고 후세 다쓰지를 극찬했다. 23). 인촌이 권유하
여 이런 고견으로 이 같은 사설이 나간 것이다. 그는 "그가 비록 일
본인이나 평화주의자이고 한민족을 위해 저렇게 애를 쓰고 있다니 얼
마나 기특한 일인가. 그런 일본인도 있다니 참으로 희한한 일이로
군!"이라고 극찬을 아끼지 않았다고 한다. 그래서 그와 국경을 넘어
교류의 물꼬를 튼 것이다.

후세 변호사를 인촌에게 소개한 것은 가인 김병로(金炳魯)와 이인
(李仁) 변호사, 정구영 변호사 등이었다. 24) 후세는 1926년의 박렬
(朴烈) 항쟁 당시에도 이른바 범죄의 증거가 성립되지 않는다면서 무
죄를 선고해야 마땅하다고 열을 올리며 강조하였다. 그러다 일제 당
국으로부터 미움을 사 마침내 변호사 자격을 박탈당하고 투옥되었다
가 석방되었고 1939년에는 다시 변호사 자격이 박탈되었으며 400일
간 일본 지바형무소에 투옥되었던 일도 있었다. 정의와 인권 옹호자
임에 틀림없다.

이런 반일(反日)운동으로 후세 변호사의 생계가 막연해지자 그 댁
에 하숙을 자청하는 한국학생이 늘어났다. 그러니까 한국유학생들이
자진하여 후세 변호사댁의 하숙생이 된 것이다. 25) 그를 돕기 위하여
서였다. 1944년 후세 변호사의 3남이 형무소에서 일제의 침략전쟁을

---

23) 〈동아일보〉, 1923. 8. 3 사설.
24) 앞의 모리나가의 저서 61~6쪽 참조.
25) 후세댁의 하숙비 입금장부 참조.

반대하다가 옥사하였다. 그 후에도 후세 변호사는 조선국민을 위하는 일이라면 어떤 일도 주저하지 아니했고 농민을 위하여 혈장(血章)을 찍어 진정서를 제출하고 일제의 침략정책을 정면으로 반박하며 끝까지 바로잡으려 진력하였다. 어떠한 강력한 간섭과 압력이 있어도 끝까지 조사하여 진실을 밝히겠다고 당당히 선언하였다.26) 그는 나주에 와서 한국농민들의 인권신장을 위하여 변론한 바도 있다.

그는 이 같은 공로로 인하여 2004년 10월 12일 한국정부로부터 건국공로훈장(애족장; 5등급)을 추서받았다. 일본인으로서는 최초의 일이었다. 매우 영광스러운 일이 아닐 수 없다. 여기에는 그를 사랑하는 후세선생 기념사업회장 정준영의 헌신적인 노력이 있었다. 각 요로에 진정하고 챙기며 그 같은 한국인을 위한 숨은 항일의 공로를 각종 숨어 있는 자료를 광범위하게 발굴 정리하고 이를 선양하며 정확히 밝혀냄으로서 그런 결실을 맺을 수 있었던 것이다. 인촌도 이런 기쁜 소식을 듣고서는 하늘에서 매우 잘된 일이라고 관계자들을 격려 칭찬하였을 것으로 확신한다.

인촌은 일제하에서 언론사를 중심으로 간디와 후세 등과 교류하면서 한국의 독립과 인권신장을 위하여 살신성인의 진리를 깨닫게 한 세계적인 인사들과 국적이 다름에도 불구하고 나라를 다시 찾을 수 있게 한 고마운 분들의 피나는 은공을 잊지 않았다.

이처럼 인촌은 전투와 대결보다는 생산하고 창조하며 건설하여 타협 대화하면서 구국을 위해 일본을 이성적으로 설득하고 이성에 호소하여 우리나라로부터 완전히 추방하자는 쪽으로 방향을 틀고 있었다. 이미 무력으로는 해내외에서 침략군을 격퇴할 수 없다는 판단이 섰기 때문이다. 그것이 인촌이 지향하는, 일제 침략하에서 한민족이 생존할 수 있는 현실적인 유일한 방도이기도 하였다. 즉 그 같은 방도가

---

26)〈조선일보〉, 1926. 3. 9.

강력한 무력 앞의 온 국민의 생존방법이라고 정의할 수 있겠다. [27] 후원자이며 협력자, 조력자로서의 인촌의 성격상 다른 방도는 그에게 맞아떨어지지 않았다. [28] 그것이 그의 인망, 덕망인 것이다. 그와 같은 인촌이기에 공산당은 물론 해방 직후 같은 극우파 가운데서도 3년 연속 그를 살해할 가공할 음모를 노골적으로 드러내어 위기를 여러 번 모면하였던 것이었다. [29] 인촌이 받은 전후 9번의 암살 위협은 그런 배경에서 출발한 것이다.

27) 백완기, "김성수, 자유민주주의 정치체제로 건국을 추구하다", 《한국사 시민강좌》, 2008, 43호, 41쪽.

28) 〈동아일보〉, 1924. 10. 23.

29) 〈동아일보〉, 1946. 8. 29, 동 1947. 12. 3, 동 1948. 7. 2 참조.

제 6 장   신간회의 애국운동 참여

1. 민족단일당 운동의 실현

1920년대에 들어서면서 우리의 민족독립운동은 일제에 회유당한 친일파 관료들과 공산주의자들이 등장함으로써 도전과 위협을 받게 되었다.[1] 일관된 독립운동노선 상에 큰 혼돈이 생긴 것이다. 일제와 타협하여 자치권을 얻자는 친일파의 주장은 한국의 독립을 포기하자는 엄청난 민족 배신행위였다. 친일관료 출신인 심천풍, 이기찬 등은 일본 제국의회에 대표의원을 파견하는 것으로 독립운동을 전개하자고 주장하였다. 1922년 정훈모 등 43명이 일본 제국의회에 '내정(內政) 독립청원'이라는 문서를 제출하여 주목을 끌었다.

1924년에는 연정회(研政會)가 결성되었는데 이 회의 회원인 이광수는 동아일보 지상에 '민족적 경륜'이라는 글을 집필하여 몇 번 연재하면서 "우리의 독립운동은 일본이 허하는 범위 내에서 자치운동으로 전환하자"라고 엉뚱하게 주장하여 열렬히 투쟁하는 국내외의 항일투사들을 무력하게 하고 어리둥절하게 하여 격렬한 반발과 성토를 받았다.[2] 이로 인하여 연정회는 큰 타격을 받았으나 1926년부터 다

---

1) 신용하, 1920년대 한국민족운동의 특징, 《한국민족운동과 신간회》, 신간회 창립60주년 기념 학술회의 논문집, 1987.

시 민족주의 인사들에 접근하여 그들을 끌어들였다. 이들의 힘이 점차 커지면서 활발한 활동을 전개하자 한민족의 완전 독립을 위하여 투쟁하던 민족주의자들에게 심각한 분열을 일으키는 요인이 되었다.

그 반대편에 서 있던 공산주의자들은 독립투쟁에 큰 혼란을 가져오게 되었다. 공산주의자들은 서울청년회, 화요회, 북풍회, 조선노동총동맹 등을 만들어 우리의 민족운동을 일부러 방해저지하면서 사상이나 이념 등을 들고 나와 광복투쟁에 큰 혼선을 야기하고 말았다. [3]

이 시기에 인촌의 영향으로 중앙학교 중심의 박용규 등 11명이 주동이 되어 순종의 인산(因山)일을 기하여 장지인 홍릉까지 상여가 서울시내로부터 정중히 운구되는 도중 도심 9개 권역에서 민족독립 만세절규운동을 일으켰다. 이를 6·10 만세운동이라고 하며 민족계열 학생들의 선도로 대중화된 순수한 학생민족운동이었다. 그 전단 중간에 인촌의 성함이 들어 있어서 인촌은 종로경찰서에서 문초를 당하기도 했다. [4] 이를 통해 민족진영의 운동가들은 독립운동은 민족주의 계열만 주도해서는 안 되며 공산계열도 동참하는 좌우익 합동의 뭉친 힘을 과시하여 다수의 단결된 힘을 일제 앞에 떨치는 슬기와 용맹을 보여주어야 승산이 있다고 판단하였다. 그러니까 민족계열의 지사들 — 인촌이나 고하 — 은 현실을 잘 판단하고 내다 본 것이다.

따라서 좌우(左右) 합작의 '민족유일당' 운동을 전개하자는 데 의견의 일치를 보게 되었다. 좌우가 힘을 합치자는 것이었다. 이런 독립운동은 일제총독부의 허가를 받아서 진행할 수가 있어서 일부 과격한 민족주의자들은 결단코 반대의견을 표출하고 이 운동에 불참할 것을 선언한 바도 있다. 그러나 현실은 어디까지나 현실인 것을 무시할 수 없다고 하면서 현실에 충실하자는 착실파도 있었다. 어느 정도는 총

---

2) 〈동아일보〉 1924, 1, 2~4.

3) 이균영, 《신간회연구》, 역사비평사, 1994, 250~93쪽.

4) 이현희, 6·10만세운동고, 〈아세아연구〉, 33, 고려대 아세아연구소 1971.

214

독부와 눈을 맞추어 나가야 승산이 있다고 판단한 것이다. 공산세력과의 합동이란 민족적 대동단결의 깊은 의미를 나타내는 것으로 이를 재생산하여 민족의 힘을 역사에 퍼부어 활용하자는 취지였다. 공산주의자들에게 기선을 제압당한다는 그런 비현실적인 생각은 처음부터 완전독립을 위하여 배제하였던 것이다. 현실적인 우리민족운동의 종합적인 독립운동 상의 지혜로운 한 가지 방법이라고도 평가된다.[5]

일제강점하 민족단일당과 협동전선의 구축은 합법적인 결사로서 총독부도 용인하는 범위 내에 진입한 것이었다. 그것은 일제와 민족진영의 한 가지 책략이라고 본다. 당시의 현실을 반영한, 한민족이 살아갈 최소한의 방도일 수도 있었다. 마치 인촌이 시도하였던 연정회의 재판이라고도 말할 수 있겠다. 합법적인 결사라는 면에서 그렇게 평가할 수도 있는 것이다.

인촌, 고하, 육당(최남선), 여암(如菴; 최린)이 손을 잡고 1926년 이래 동아일보의 최남선, 이광수, 한위건, 조선일보의 안재홍, 김준연, 민태원과 그 외 조병옥, 변영로, 홍병선 등 20여 명은 합법적 단체의 조직을 협의하게 되었다. 좌익계열에서는 안광천 등의 정우회 선언으로 참여하여 그 사실이 구체화되었다. 이들은 1927년 2월 15일 서울 종로 기독교청년회관에서 조선일보사의 신석우 등 34명의 각계 대표인사가 모여 거창하게 좌우익 대표 발기인이 동참한 가운데 창립총회를 개최하였다. 민족유일당 운동의 구체적인 모습이었다.[6] 그것이 신간회였다.

---

5) 이현희, 앞의 연구서, 《한국민족운동사의 재인식》, 자작아카데미, 1994, 361~72쪽.
6) 이균영, 앞의 저서 참조.

2. 신간회의 결성과 인촌

이 같은 절차를 거쳐 마침내 신간회(新幹會)는 동 2월 15일 서울에서 결성되었다. 이때 민족계열에서는 안재홍, 신석우, 김준연, 권동진 등이, 공산주의계열에서는 홍명희, 화요회파, 북풍회파가 중심을 이루고 있었다. 좌우 합작이었다. 그들의 강령을 보더라도 정치경제의 해결과 단결, 타협주의 배격 등 참신한 정치풍토 진작을 위해 열성을 경주하는 모습이 드러났다. 한때 '신한회'라는 회의 명칭문제가 떠올랐으나 모두 의논 끝에 '신간회'로 낙찰이 되어 무사히 이 회는 총독부의 승인하에 좌우합작의 단일당 운동으로 추진되었다. 7)

그러나 일제가 눈을 부릅뜨고 있어서 허가를 받으려면 강령이 그들의 마음에 들게 항일적이기보다는 온건해야 했다. 숙론 끝에 강령을 다시 손봐 "정치적 경제적 각성의 촉진과 단결을 굳게 하고 기회주의를 부인한다"라는 정도로 부드럽게 고쳤다. 일제당국도 그들의 의도대로 따르자 이를 대체로 받아들였다. 1926년도에 결성된 조선민흥(朝鮮民興) 회원들도 이 강령에 찬동하여 신간회에 가입, 활동하였다. 8) 일제는 합법을 가장하여 허가해 주었으나 실은 이 운동에 가담한 민족운동자들을 감시, 미행하고 조직과 성분을 파악하여 수사 자료화하는 데 그 허가의 참된 의도가 숨어 있었던 것을 알아야 한다.

인촌은 이 신간회에 찬동하였으나 중심적 임무수행은 못하였다 해도 이에 개의치 않았다. 그가 일찍부터 좌우합작으로 민족의 국력을 모으자고 주장한 것이 실현되었으니 인촌으로서도 기쁜 일이 아닐 수 없었다. 일찍부터 시도해 온 단결과 합작을 전제로 한 민족단일당이란 협동전선의 기반구축에서 소외되었다 해도 그런 문제에 낙심할 인

---

7) 〈조선일보〉, 1864, 5, 3 이관구의 회고담.
8) 《고등경찰요사》, 48~56쪽.

격의 인촌이 아니었다. 이를 오히려 내 일같이 중심을 잡고 동아일보 중요기사에 충분히 반영, 홍보하도록 편집진용에 격려한 것이 인촌이었다. 그것은 그가 신간회의 창립취지를 잘 알고 있었기 때문이었다.

이를 적극 홍보한 동아일보가 억울하게 피해를 본 소외된 일반농민을 위하여 신간회와 합동으로 널리 조사단을 결성하여 사태의 진상을 철저히 규명하고 억울하게 당하는 농민이 없게 배려한 점을 거론치 않을 수 없다. 평소 농민을 위한 인촌의 따뜻한 배려가 이런 결과를 갖게 된 것이다. 인촌은 배려의 폭이 넓어 독립운동을 전개함에는 공산, 또는 사회주의자와도 동포라는 동류의식에서 타협을 짜내서 함께 지혜를 짜고 협동함으로써 완전 독립운동의 결실을 보자는 것이 그의 지론이기도 하여 좌익에서도 인촌의 항일투쟁을 고무, 격려한 바도 있었다. 인촌의 갸륵한 덕망과 고품격의 한 단면이기도 하였다.

보전 교수였던 현민 유진오의 회고담이 이를 잘 증명하고 있다. 그가 솔직히 회고한 다음의 의미 있는 말을 생각해 봄직하다. 9)

> 인촌은 공산주의자들에 대하여 반대의견을 가지고 있었으나 그들을 특별히 미워하거나 거리를 두고 꺼리지 않았다. 가령 절친한 민족운동의 동지인 몽양이나 허헌이 인촌과 허물없이 지낸 것을 생각하면 사상여부나 그 유무를 떠나 그의 중후한 수양된 인격을 새삼 생각하게 한다. 남의 말을 경청하는 온순, 겸손한 태도에는 고개가 숙여진다. 인촌에 관해 공격적인 의견에 대해서도 이를 말할 충분한 기회와 시간을 주었다.

인촌은 공산주의자로 저명한 김준연(1895~1971)을 동아일보의 주필로 일부러 영입하여 좌우를 아우른다는 포용의 생각으로 봉사하게

---

9) 유진오, "지도자로서의 인촌", 〈동아일보〉, 1965. 2. 16.

한 사실도 그가 믿는 사람에 대한 일관된 인간적 융숭한 신뢰의 대접
이 어느 정도인가를 짐작하게 한다. 낭산(김준연)은 도쿄제대를 나온
한국인 중 손꼽히는 우수한 특별인재로서 마르크스 레닌 당(ML 당)
에 관여하고 있던 공산주의 엘리트였다. 낭산은 동아일보 편집국장
재직 6개월 만에 잡혀가 7년형을 선고받고 복역한 바 있다. 최익한
같은 좌익계열도 동아일보가 폐간될 때까지 동사의 사원으로 봉사하
게 배려한 바도 있다.

　인촌의 온화한 인간적 대우가 이런 정도였다. 이 같은 예는 얼마든
지 거론할 수 있다. 계급문학의 대표적인 작가로서 널리 알려진 팔봉
김기진(金基鎭) 등 당시 러시아로 망명한 인사의 거개가 인촌의 노자
를 얻어가지고 떠났다는 것이다. 사상은 서로 다르다 해도 계동의 인
촌자택을 심방하여 아쉬운 말로 비용을 조달하려 하면 서슴지 아니하
고 3백 원이나 그 이상을 쾌히 건네주었다고 한다. 민족주의자이던
인촌이 아무 상관없는 공산주의자에게도 차별 없이 거액을 선뜻 내준
다는 것은 그리 용이한 일이 아니다. 돈이 있다고 아무에게나 내주는
것은 결코 아닌 것이다. 일제 치하에서 왜적을 공격하겠다는 목표는
같았기 때문인 것이라고 말할 수 있다.[10] 이를 통해서도 다정다감한
인촌의 순후한 인간미를 감상할 수 있는 것이다.

　인촌은 1927년부터 4년간 활동한 신간회에 직접 간여하지는 않았
으나 간여한 사람 이상으로 애착과 관심이 많아 애국계몽단체로서 신
간회를 집중 육성함에 적잖이 기여한 것으로 알려져 있다. 그것은 신
간회가 인촌의 정치노선과도 합치하고 있었기 때문이었다. 그 자매
기관인 근우회(槿友會)도 이에 못지않게 발전하고 있었다.

　인촌은 만 3년간의 동아일보사의 사장직을 주필 고하(송진우)에게
물려주고 자신은 취체역으로 물러나 있었다. 사세가 어느 정도 상승

---

10) 〈사상계〉, 1961년 1월호 참조.

218

고종의 서거를 알리는 매일신보의
호외(1919년 1월 22일)

세를 타고 있었기 때문이었다고 생각된다. 일본의 대도시 도쿄와 오사카에 동아일보사 지국을 설치하고 측근 양원모와 이태로를 각기 지국장으로 임명하여 광고료도 제법 잘 들어오고 있어 인촌으로서는 그야말로 기지개를 펼 수 있었기에 고하 등에게 마음 놓고 신문사를 맡길 수 있었다. 이때가 신간회가 활동하던 1927년 10월경이었다. 인촌은 크게 애착을 갖고 있었던 민족유일당인 신간회와 근우회에 민족계몽을 위해 큰 기대를 걸고 그의 발전상을 면밀히 검토하면서 그때마다 박수를 치고 진로를 격려하였다. 물론 동아일보 지상에도 신간회의 활동을 고무 격려하고 권장하는 기사를 중점적으로 우선보도하면서 장려하였다.

이 당시(1928) 서울에서 발행하던 몇 가지 일간 신문의 발행부수를 살펴본다. 동아일보는 4만 1천부가 발행되어 가장 앞선 신문으로 평가가 나와 있었다. 다음 매일신보(2만 4천부), 조선일보(1만 9천부), 중외일보(1만 6천부) 순으로 발행부수가 나타나 있다. 당시 신문의 사세와 신문의 발행과 함께 독자의 인기도를 짐작할 수 있는 좋은 자료이다.[11]

인촌은 직접 신간회에는 참여하지 않았으나 그가 그리고 있던 좌우합작적인 통합의 민족독립운동 상의 노선에는 큰 변화가 없었다. 따

---

11) 조선총독부 경무국, 소화 4년도의 조선의 출판물 개요.

라서 인촌이 신간회에 거는 기대는 매우 컸던 것임을 알 수 있다. 그
것은 그 뒤에 연결해서 일어나는 보성전문대학의 인수 경영과도 연관
되는 민족의 실력양성으로 구체화되고 있다. 이제 인촌은 드넓은 미
지의 세계 속에 교육을 위한 학습차 세계를 답사하고 많은 것을 배우
려고 집을 나서게 된다. 그러므로 그의 세계여행은 단순한 관광성의
일주가 아니라 학습이고 대학을 설립하기 위한 실용적인 탐사였음에
큰 의미를 두고 강조하고자 한다. 그 뒤의 그의 행보가 이를 증명하
고 있기 때문이다.

　《논어》술이(述而)편에 보면 '군자는 마음이 평탄하여 넓디넓고 소
인은 길이 근심만 한다'(君子坦蕩蕩하고 小人長戚戚) 라고 하였다. 군
자는 인촌에 비견할 만하여 성인이 그렇게 살아가라고 권유하고 있
다. 따라서 군자는 자주성을 지닌 존재로서의 위상을 정립하고 있는
것이다. 인촌처럼 혼란스러운 세상에서 올바른 이념을 지켜 홀로 우
뚝하여 고민이 아예 없는 존재가 곧 성인이다. 왜 고민이 없었겠는
가. 단지 이를 극복하고 국리민복의 정도(正道)를 걸어가고 있었기에
그를 우리는 성인(聖人)이라고 부른다. 목은 이색(李穡)은 근심을 해
소하는 이가 현명한 사람이라고 평가하였다. 인촌의 경우가 그런 부
류에 속한다고 본다.

제3부

민족대학 인수운영과 인재육성책

구미 교육계의 학습탐사

1. 구주의 교육, 정치계 학습 탐사

20대의 인촌은 의욕적으로 중앙학교를 인수경영하면서 일본 와세다 대학의 유학시절부터 꿈꾸었던 사립학교 경영과 인재육성의 일선에 서자 감회가 너무나도 깊고 컸다. 더욱 성취감에 겨워 눈물이 앞을 가렸다. 감격의 순간이었다. '이것이 곧 나의 사립학교 경영의 초보라'고 늘 그런 겸손의 태도를 취하였듯이 겸양해 하면서 인재육성의 큰 야심을 품고 다음을 단계적으로 계획하고 있었다.

우선의 해결책은 운영할 구심체로서 중앙학교의 재단법인화 문제였다. 이를 토대로 장차 유수한 대학을 인수운영하거나 설립할 큰 꿈을 실현시켜 나가려 의욕적으로 계획한 것이다. 비록 일제 당국이 한국의 식민지 경영이라는 차원에서 허락하지 않는다 해도 그는 기어코 이를 관철하려는 강한 신념과 의지를 가지고 있었다. 그래서 그는 총독부 학무국 당국자를 빈번히 만났다. 그는 실천력이 뛰어난 고집쟁이이기도 하였다. 그렇게 애쓴 결과 마침내 1929년 2월 13일자로 동지의 협조를 얻어 '재단법인 중앙학원'을 설립하였다. 39세 때의 일이었다. 재단법인의 재원은 측근의 기부금 등을 합하여 약 60만원으로 충당하였으며, 설립자에는 인촌의 양부(원파) 친부(지산)를 비롯하여

224

박용희, 장현식, 김성수, 김연수, 김재수를 추가하였고, 주무이사는 인수자인 인촌이 담당하였다. 이사에는 박용희, 이중화, 현상윤, 최두선, 김연수, 장현식을 선임하였고, 감사에는 김재수, 조동식이 각기 임명되어 소정의 수속 끝에 법인등기가 완료되었다. 김재수(金在洙, 1899~1954)는 양가(養家)의 이복동생으로 니혼(日本)대학 출신이며 경방의 취체역이고 중앙학원 설립에도 상당액을 기부한 것으로 알려져 있다.[1]

이 학원이 재단법인으로 설립되자 인촌은 경방 취체역을 사임한 지 1년 만에 경방 고문에 추대되었다. 숙원이던 재단법인의 설립이 종료되자 해외 교육계와 문화계의 발전상을 학습하기 위하여 구미 답사(踏査)연구를 위한 출행을 결심한다. 유람이나 관광을 위한 여행이 아니었다. 세계 각국의 교육시설과 문화계의 인사를 만나 학교 경영에 관하여 폭넓은 조언을 구하는 한편 그 돌아가는 동향을 살피고 학습하기 위한 여행이었다. 그동안 여러 가지 공무로 인하여 미루어 왔던 본격적인 학습탐사를 결행한 것이다. 민족대학인 전문대학을 설립할 결심을 굳혔기 때문이었다. 해외 독립운동가도 격려할 예정이었다.

그동안 1926년의 중앙중학교 학생 중심의 6·10 만세운동과 1929년의 광주학생 항일운동 등으로 국내 정정이 불안하였으나 일제의 침략이 가중되면 될수록 편안하게 잠잘 수 없었던 인촌으로서는 구미 문물을 학습하여 그것을 통해 교육을 진흥하며 인재를 배양, 육성해야 한다는 사명감을 느끼고 있었다. 교육입지(敎育立志)라는 큰 목표가 인촌의 구미 답사행을 재촉한 것이다. 그것이 곧 호시탐탐 한국을 집어삼키려는 일제를 극복할 절호의 장기적 안정적 준비의 기회라고 믿고 구미행 계획을 마무리 짓게 된 것이었다. 일제에 대항하여 투쟁

1) 인촌기념회, 《인촌 김성수전》, 동 기념사업회, 1976, 311~314쪽.

하려면 이제는 중앙학교 같은 중등과정의 학교를 경영하는 수준이 아니고 의식화된 고급인재 즉 대학교육을 이수한 우수 고급인력을 양성해야 한다는 절박성이 인촌의 머리를 짓누르고 있었다. 그것은 시대적 사명이었다.

따져보면 그는 그동안 동아일보, 경방, 중앙학교를 거느리게 되었다. 상당한 개인적 야망을 달성한 것이라고 할 수 있었으나 더 이상을 꿈꾸고 지향하여 일제 강점하의 인재를 육성하려면 격변하는 세계를 돌아보고 배워야 할 것들을 챙길 기회를 얻고 큰 학습의 효과를 얻어야 만족하게 자신의 교육사업이 마무리될 수 있다고 믿었다. 교육입지(입국)의 산 표본으로서의 인촌의 결심이 이렇게 정립된 것이다. 구미학습을 위한 답사의 목표이기도 하였다.

명(名)과 실(實)이 포함된 뜻 깊은 답사였다. 나라의 주인인 선비들을 우대하지 않고 친일파만 우대하고 친밀히 대접하는 시국의 풍토를 개탄하면서 그는 묵자(墨子)의 이런 말을 떠올렸다.

'국가의 정치를 행함에 있어서 선비들을 우대하지 않는다면 나라는 곧 멸망할 것이다.'[2]

이러한 사실을 총독부 당국자가 얼마간이라도 알았으면 그런 무모한 탄압일변도의 몰살, 학살을 전제로 한 헌병경찰 통치는 지양하였을 것이다.

출발할 준비가 완료된 인촌은 서둘러 추동복 한 벌과 하복 한 벌만을 가방에 넣고 우리의 고유한 창이 수록된 레코드 판 10매를 별도로 준비한 채 기차를 이용하여 남대문 경성역(서울역)을 출발하였다. 39세 때의 일이었다. 1년 8개월에 이르는 장기간의 학습여정의 장도(壯途)에 오른 것이다. 인촌의 출발은 1929년 12월 3일이었다.

그의 날카로운 예지(叡智)와 형안(炯眼)을 통한 예리한 학습의 효

---

2) 《묵자》, 친사(親士) 조, 박문현 역, 지만지, 2008, 23쪽.

도산 안창호(1878~1938)

과가 잉태할 찰라가 눈앞에 전개되었고 마침내 당도하였던 것이다. 비행기가 없을 때였으므로 이런 기차여행이 일반적인 해외방문 일정의 순서요 절차였다. 그의 가슴에는 미지의 세계에 대한 호기심이 뭉게뭉게 피어오르고 있었다. 그의 기차 출발은 이 나라의 인재를 육성하겠다는 크나큰 각오이며 이 나라 독립운동의 큰 역군을 길러내겠다는 의미의 장엄한 광복의 청신호이기도 하였다. 그는 먼저 일본으로 향했다. 일본 유학 이후 두 번째 일본행이었다. 구미행은 일본으로부터 시작되었던 시대이기 때문이었다.

일본에 도착한 인촌은 서서히 기지개를 켜고 앞을 내다보았다. 얼마 뒤였다. 그가 구라파를 가기 위하여 승선한 배는 하코네마루(箱根丸)였다. 고베 항을 떠난 육중한 배는 수에즈 운하를 지나 이탈리아 나폴리 항에 당도하였다.

그 항해 도중에 중국 상하이에 기착할 때 그는 잠시 상륙하여 프랑스 조계에 있는 대한민국 임시정부의 청사를 방문하여 주석 이동녕과 안창호 등 임정 지도자를 상면, 격려하고 군자금의 일부를 헌납하였다. 해외이기에 이런 일은 누구의 감시나 취체의 대상이 아니었다. 도산(島山)은 인촌의 손을 잡고 고마움을 표하고 동아일보의 선전(善戰)을 당부하였다.

오랜 시간이 걸렸다. 한때나마 상하이의 우리 임시정부 지도자들을 상면하였으니 얼마나 다행스러운 일인가. 매우 큰 행복감을 느꼈다. 그들이 망명지에서나마 정통민주정부를 설립, 운영하고 군주제를 떠나 민주공화정치를 시작하였으니 이런 경사가 또 어디 있겠는가

하고 흐뭇한 기분으로 항행을 계속하였다.

　이탈리아의 평화로움을 보니 일제강점하에 신음하고 있는 우리나라와 비교가 되었다. 비록 독재자 무솔리니의 통제하에 놓여 있다 해도 너무나 평화롭고 문물이 발전하고 풍요하게 보였다. 우리와 비교하니 일견 부럽기까지 하여 아쉬움을 뒤로하고 당면한 해야 할 시급한 과제를 먼저 생각했다. 구라파에 첫발을 내디딘 인촌은 영국에서 일부러 이탈리아의 나폴리까지 영접차 나온 측근 설산 장덕수를 반갑게 맞고, 육로로 로마를 경유하여 다음 해(1930년) 4월 초 영국 런던에 도착하였다. 설산과는 이미 전보로 연락이 되어 일정에 맞추어 영접차 마중 나온 것이다.

2. 영국의 깊은 인상

　인촌이 도착할 당시의 영국은 맥도날드의 제 2차 내각이 집권하고 있을 때였다. 1929년의 총선에서 노동당이 제 1당이 되어 평화정책을 내세운 제 2차 내각이 조직되어 집권하던 시기였다. 그러나 이해에 세계경제공황이 일어나 영국에도 경제적으로 큰 타격을 안겨주었다. 인촌은 설산의 안내를 받아 맥도날드 내각의 노동장관인 란스베리 등 유력 정치가를 면담하고 발전하는 사회정책에 관하여 새로운 정책을 보고 들었다. 신기한 것을 많이 배운 것이다. 그는 일제강점 치하의 고통 받고 있는 한국국민을 위로하여 다소 마음이 가라앉았다고 하였다.

　인촌은 신기하기 짝이 없었다. 굶주리고 헐벗고 있는 일제강점하의 한국국민을 생각하니 눈물이 핑 도는 느낌을 받았다. 몰라보게 발전하고 있는 영국의 모습에 황홀함을 느꼈다. 선진국의 비약적인 모습에 부러움까지 들었다. 훨씬 발전한 선진국의 사회복지정책에 고

김성수가 세계일주 도중 런던에 들렀을 때 찍은 사진
(김성수, 이활, 신성모, 장덕수)

개가 숙여짐을 느꼈다. 이런 나라가 곧 앞선 민주국가로구나 하는 생
각을 하게 되었다.[3] 생각할수록 압박받고 있는 한국인이 더욱 불쌍
하다는 생각이 들었다.

설산(장덕수)은 1년 전에 런던에 와서 박사학위 논문을 준비하고
있었기 때문에 인촌의 학습탐방을 탐문하여 일정을 짜서 상세히 안내
하고 유력 정치인과의 면담도 주선하게 되었다. 마침 이곳에는 임정
의 의정원 의원으로 독립운동을 하다가 유학 온 해위 윤보선(尹潽善)
전 대통령과 이활, 신성모가 공부하고 있었다. 그는 그곳에서 영국국
민들의 검소한 생활기풍을 보고 새삼 놀랐다. 양복도 단벌 신사가 수
두룩하여 다시 놀란 것이다. 자신도 남 못지않은 근검절약자라고 자
부하고 있었는데 영국사람들을 보고 자신을 돌아보며 한없이 부끄러
워하였다고 한다.

인촌이 장남 상만(相万)을 영국에 유학 보낸 것도 이런 이유였다.

3) 앞의 책, 316~318쪽.

인촌은 런던의 러셀 스퀘어의 국제학생운동회관에 자리를 잡고 약 1년여 동안 체류하고 영국 일대를 연구답사했다. 저명한 대학을 둘러보았다. 그곳을 근거로 하고 아일랜드, 스페인, 포르투갈, 스웨덴, 노르웨이, 핀란드도 유심히 둘러보았다.

특히 아일랜드에 관심이 집중되었다. 아일랜드는 1916년 이후 반영투쟁이 격화되어 1921년에 아일랜드 자유국이 탄생하였고 자치령의 지위를 획득하였으나 신페인당을 주축으로 한 독립운동이 계속되고 있었다. 이곳에서 독립운동의 지도자이며 신페인당의 당수도 역임하였던 50여 세의 데 발레라를 만나 자세한 독립투쟁의 경과와 실마리를 듣고 큰 감명을 받았다. 우리와 비교하여 얼마나 부러운지 몰랐다. 그는 1919년에 아일랜드 의회를 구성하고 영국으로부터 독립을 선언하여 대통령이 되었으나 아일랜드 자유국이 탄생하자 대통령직을 사임하고 반정부운동을 펴다가 1924년에 아일랜드공화당을 창당하는 등 활발한 독립운동의 역군으로서 국민의 존경을 받았다. 여기서도 우리 3·1혁명의 영향을 받은 것을 눈여겨볼 일이다.

일제강점 치하에 압박받고 있는 한국인을 생각하니 인촌으로서는 더욱 그 사실이 부럽기 한이 없었다. 우리도 저런 전철을 밟아야 하는 것인데 하고 물끄러미 그를 바라보았다. 큰 학습이었다. 보람의 답사라며 스스로 잘한 일이라고 평가하였다. 인촌은 그로부터 '독립은 투쟁에서 얻어지는 산물'이란 말을 듣고 크게 감명을 받았다. 그 사실을 깊이 간직하고 유럽대륙으로 건너갔다.[4] 자신도 투쟁하여 독립을 쟁취해야 하겠다는 각오를 새롭게 다지고 일정을 재촉하였다.

이후 인촌은 독일, 덴마크, 체코, 오스트리아, 스위스를 경유하여 마침내 소련에 당도하였다. 무리한 장거리 여행이기도 하였으나 그

---

4) 앞의 책, 316~7쪽.

는 지칠 줄 모르며 신명나게 탐사하면서 일일이 기록하고 사진을 찍으며 눈여겨보았다고 한다. 독일에서는 유학생인 철학자 안호상, 공진항, 이극로 등과 어울리기도 하였다. 인촌은 어디를 가나 '도에 뜻을 두고 덕에 근거하며 인에 의지하고 6예(藝)에 노닐어라'(志於道하며 據於德하며 義於仁하며 遊於之藝이니라) 라는 《논어》 술이편에 나오는 말이 그 자신에게 적중하다고 생각하면서 중국고전을 음미해 볼 필요가 있다고 보았다. 인촌은 어디를 가고 오든지 이런 6예를 잘 활용한 것 같다.

소련에서는 레닌 사후(1924년) 스탈린이 독재자로 악명을 날리고 있었다. 소련은 선진국 형의 제1차 경제개발 5개년 계획을 실시하고 있었다. 소련을 본 인촌의 소감은 "평등을 강조하면서도 실제로는 계급차이가 극심할 뿐 아니라 빈부격차가 심하여 참다운 사회주의가 정착될 것 같지 않다" 라는 것이었다. 상상 외로 빈부격차가 극심하고, 당지도자들의 호화, 사치생활 풍조가 도를 지나치다는 것이고, 또한 그는 노동자의 천국이라는 소련이 노동자들이 아사(餓死) 상태 속에서 힘겨워 길가에 쓰러져 죽어나가고 있다는 사실을 지적하고 있다. 소련의 장래를 예견한 탁견이라고 본다.

소련이 중공과 같이 북한의 김일성을 격려하고 부추겨서 남침을 자행하게 하여 6·25 한국전쟁을 일으킨 것 하나만 보아도 소련의 음흉성을 익히 알 수 있다. 이미 인촌은 그 같은 소련의 내막과 사실을 20여 년 전에 완전히 파악한 것이다. 그의 예지 혜안의 역량에 찬탄을 금치 못하게 된다.

3. 미주의 교육, 정치계 학습탐사

인촌은 구라파를 두루 섭렵하면서 새삼 한국의 독립운동의 귀중함
을 인식하였다. 아일랜드의 독립투쟁을 한국에 그대로 적용시켰으면
하였던 것도 그가 나라의 독립을 너무나 갈구하였기 때문이다. 이런
아쉬움을 뒤로하고 인촌은 1931년 4월경 미국으로 향발하였다. 미국
은 어느 모로 보나 세계 강대국임에 틀림없었다. 그런 만큼 기대도
컸다. 자동차, 지하철, 건설, 빌딩, 텔레비전, 라디오, 영화, 음악,
매스컴 등이 모두 미국을 중심으로 해서 발전하기 시작하였기에 미국
에 거는 기대는 남달랐다.

제 31대 허버트 후버 대통령이 재임하던 시기가 1929 ~ 1933년이
었다. 인촌이 미주를 심방할 때가 이때였다. 공교롭게도 이 시기는
세계가 경제공황으로 생산이 극도로 위축되고 무역액은 3분의 1 정도
로 격감하였으며, 실업자가 1천만 명을 훨씬 상회하고 있었을 때였
다. 인촌이 미국에 도착하였을 때는 경제공황기로 경기가 극히 저조
할 시기였다. 더 이상 그곳에 머물 생각이 없어졌다. 마치 인촌이 불
경기를 몰고 온 것같이 느껴질 정도로 경기가 악화일로에 있었다.

인촌은 그곳에 4개월을 체류하다가 귀국길에 하와이를 경유하게
일정을 잡았다. 그곳에는 우남(雩南) 이승만(李承晩)이 독립운동을
열심히 펴고 있을 때였기에 반듯이 경유해야 했다. 이때가 초대면이
었으나 이미 외국 학습을 위해 고국을 떠나기 전에 서신으로 인사하
고 군자금도 얼마간 송금한 사실이 최근에 발견된 우남의 서한을 통
해 밝혀졌다.[5] 《인촌 김성수전》에는 초대면이라고 했으나[6] 서한으

---

5) 연세대 국제대학원, 《이승만 동문 서한집》, 중, 연세대 출판부, 2009,
   1928. 8. 23 인촌이 이승만에게 보낸 서한 32~33쪽. 이 서한 속에 인촌이
   우남(이승만)에게 군자금을 송부한 사실이 언급되어 있다. 이미 1927년 근
   촌 백관수가 돌아올 때 인촌에 서한을 내려준 것으로 보인다.

우남 이승만(1875~1965)

로는 서로 간에 대면이 있었던 것이다. 1925년경 고하가 범태평양회의에 참석차 하와이에 도착하였을 때 우남을 상면하였는데 그 당시 우남이 인촌의 안부를 물어본 일이 있었고 외롭게 대일(對日)투쟁하는 고하를 위로한 일도 있었다. 7)

이 당시 우남은 57세, 인촌은 41세, 고하는 42세였다. 우남은 눈물로 인촌을 만나서 부둥켜안고 "인촌이 주재한 동아일보의 언론항일투쟁을 격려합니다. 고국의 동포들이 고초를 당할 때마다 이 사람은 부끄럽고 한스러운 마음을 이길 수가 없었습니다"라고 최대의 경의를 표한 것으로 알려져 있다. 우남은 "곧 독립이 될 것이니 동아일보가 중심을 잡고 더욱더 국민을 격려하며 조선의 혼을 지켜 달라"고 신신당부하였다. 이 시기에 인촌은 우남을 보자 즉석에서 '장차 한국이 독립하면 이 민족을 이끌고 나갈 사람은 곧 우남밖에 없다'라고 첫 느낌으로 평가하고 최대의 영도자라고 말하였다는 것이다. 8) 큰 인물이라야 위대한 인물을 알아보는 모양이다.

인촌은 1937년 신흥우 등이 관여한 '흥업구락부 사건'을 전후하여 윤치호 등과 같이 구미위원부 책임자인 우남 이승만에게 수만 원의 군자금(軍資金)을 송부한 일이 있었다고 한다. 9) 인촌이 귀국한 것은 출발한 지 1년 8개월이 지난 1931년 8월 12일이었다. 아직 잔서(殘暑)가 가시지 않던 무더운 시기였다.

---

6) 앞의 《인촌 김성수전》, 319쪽.
7) 〈동아일보〉, 1925. 7. 14.
8) 앞의 《인촌 김성수전》, 320쪽.
9) 앞의 자료, 319~ 320쪽.

　인촌이 중점적으로 학습한 것은 주로 각국의 선진적인 교육시설과 제도, 규모였고 그에 관련된 중심인물들이었다. 보전(고려대 전신) 등을 곧 인수 확장해야 할 시기였기에 이런 그의 학습탐사는 주로 교육시설과 교육계 지도자에 치중된 것 같다. 다분히 보전을 의식한 학습탐사라고 평해도 과언이 아니다. 이미 그가 출발하기 전 보전 인수 문제가 공공연히 흘러나오고 있었던 때였기 때문이었다.

　그가 유심히 관찰한 대학은 영국의 옥스퍼드, 케임브리지, 프랑스의 소르본, 독일의 베를린, 하이델베르크, 체코의 프라하, 미국의 콜롬비아, 하버드, 예일 등이었다. 가히 세계적인 명문대학들이라고 손꼽을 만하였다. 이 대학에서 우수한 인재가 쏟아져 나왔던 것을 생각하면 인촌의 욕심도 무리가 아니었다. 묵자(墨子)에 보면 "나라에 바치는 보물로는 어진 이를 추천하는 것이 가장 좋다"라고 한 것을 상기할 필요가 있다.10) 인촌은 유능한 인재를 육성하여 일제침략자를 몰아내는 것이 자신의 최대 목표이기도 했기에 이런 큰일을 해낸 것이다.

　그는 저명하다는 대학은 다 순방했다. 그런 이유가 있었기에 일부러 명문대학을 방문하여 상세히 관찰한 것이다. 특히 인재육성에 남다른 관심이 집중되었다. 뿐만 아니라 교육계의 저명인사들을 기다렸다가 일일이 다 만나서 설립당시의 형편과 일화, 졸업생의 동향 등도 자세히 묻고 기록해 두었다. 이런 사실을 무비 카메라까지 동원하여 촬영해서 돌아왔다. 뒷날 우리의 민립대학을 우리 손으로 설립, 운영하겠다는 결심이 굳어져 있었기에 가능한 사업의 실현이었다. 콜롬비아 대학에는 그가 가지고 간 춘향전 등 한국 전통음악이 담긴 레코드를 기증하는 세심한 배려도 잊지 아니하였다. 한국적인 것이 곧 세계적인 것이라고 그는 굳게 믿었다.

---

10) 앞의 〈묵자〉, 친사 편 참조.

인촌은 귀국하고 나서 동아일보에 귀국소감을 피력하였다. 기행문이나 회고록을 체계적으로 남기지 않은 것은 유감스러운 일이다. 구라파 국 중 약소국(스칸디나비아 등)이 평화롭게 잘살고 있다는 사실을 언급하고, 소련이 강대국이 될 것으로 보았고, 약소국을 융화하려는 노력은 하나도 성공하지 못하였다는 사실을 힘주어 강조했다. 이는 일본이 한국을 오랫동안 식민지로 삼을 수 없다는 것을 은근히 빗대어 신랄히 비판한 것이다. 그의 저항정신(抵抗精神)은 이렇게 굳어 있었다. 그는 한국도 결국에는 자본주의 국가로 발전할 것이란 전망을 하였다. 각국을 시찰하면서 그런 전망을 할 수 있었던 것이다. 그러니까 우리의 권익은 우리가 잘 보호해야 한다는 것을 결론으로 맺고 있다. 11)

4. 동아일보의 정간 (3차)

인촌이 구미에 학습 답사차 서울을 비운 사이에 유감스럽게도 동아일보는 제3차 정간(1930. 4. 17 ~ 9. 1)을 당하였다. 제6대 사장 송진우가 재임할 당시였다. 동아일보 창간 10주년 축하메시지가 많이 답지하여 이를 게재하였는데 그중 〈네이션〉지의 주필 미국인 빌라츠의 축사를 조선 총독부에서 심사하고 나서 불온하다며 문제를 제기한 것이다. 축사의 주요 내용은 이 주간지가 군국주의에 항의하는 것으로 일관하여 왔다는 것을 강조하고 이를 적극지지한다는 것이었다. 총독부는 총독부 당국자를 겨냥한 축사라고 격분 속에 판단한 것이다. 그중에서도 국제적 평화를 위하여 전 세계에 민주주의 사회를 수립하도록 하라는 내용이 더 큰 문제를 야기하였다. 이를 그대로 묵과

---

11) 앞의 자료, 322쪽.

할 조선 총독부가 아니었으므로 정간의 중형을 내린 것이다.[12] 그렇지 않아도 저항하는 인촌을 노리고 있던 총독부로서는 마침 잘 걸려들었다고 쾌재를 불렀다.

그 외 윤치호의 발언도 문제가 되었다.[13] 약소국인 체코를 변명한 것이 문제의 발단이었다.[14] 이에 따르면 "체코는 소국이나 독립되었다. 우리 조선은 체코를 모범으로 해야 한다"라는 요지였다. 그러므로 발행정지 처분을 내린다는 억지의 취지인 것이다. 이 당시 조선총독은 우가키 가즈시게(宇垣一成)란 자였고, 경무국장은 아사리(淺利三朗)였다. 그러나 이런 곤욕과 재정적 어려움으로 곤란을 겪고 있던 시기에도 동아일보사는 오히려 월간지〈신동아〉(1931. 11)와〈신가정〉(1933. 1)을 잇달아 창간하여 경영측면에서는 오히려 사세가 일로 팽창되어가고 있었다.[15]

이 신문이 속간된 것은 4개월이 지난 9월 2일이었다. 인촌이 귀국 전인 5월에 신간회가 좌익의 선동으로 해산되었는데 세계경제공황으로 세계적화의 결정적인 시기가 도래하였다는 코민테른의 선동으로 좌익이 신간회의 해소론을 들고 나왔기 때문이었다. 창립된 지 4년 4개월만의 일이었다.[16]

7월 2일에는 만보산(万宝山) 사건이 일어났다. 동북삼성 만보산에서 수전(水田) 개척 사업을 하던 한국인 소작농민 43호 210여 명이 수로문제로 중국농민 5백여 명에게 폭행을 당한 것에서 발단된 국제적인 불행한 사건이었으나, 한중민 간의 감정다툼으로 확대되자 일본

---

12) 〈동아일보〉, 1930. 4. 16.

13) 〈동아일보〉, 1930. 4. 4.

14) 조선총독부 경무국, 《소화 8년 조선출판경찰개요》일본 문 참조.

15) 정진석, 언론인 인촌 김성수.《평전 인촌 김성수》, 1991, 동아일보사, 322쪽.

16) 이균영, 《신간회연구》, 역비사, 1994, 250~69쪽.

〈신동아〉 창간호 　　　　　첫 여성월간지 〈신가정〉 창간호

이 이를 악용하여 한중민 간의 악감정과 간격을 통해 이간책동을 써서 일제에 대한 적개심을 중국에 돌리려 한 간악한 떠넘기기의 '틈새작전'이었다고 평가된다. 17) 이 시기에 동아일보 상하이 특파원 신현준(신일철의 엄친)은 이런 간교한 일제의 계략을 간파하고 즉시 상하이 특전으로 한국인들에게 은인자중하여 보복행동을 삼갈 것을 간곡히 종용하고18) 민족적 이해를 위해 맹랑한 선전선동에 기만당하지 말라고 간절히 설득하고 당부하여 더 확대되지 않게 해결하였다. 신현준 특파원의 재치 있는 글 솜씨가 양국 간의 폭발할 감정을 조율해 주었던 것이다. 동아일보에서도 사설로 이를 적극 홍보, 설득하였다. 19) 이로 인하여 일본의 이간책동은 수포로 돌아가고 한중 양 민족 간의 감정대립과 오해도 잘 풀려 평화로운 전통적 우의의 관계정

---

17) 박영석, 《만보산 사건 연구》, 아세아문화사, 1978, 120~9쪽.

18) 《신언준의 논설선》 참조.

19) 〈동아일보〉, 1931. 7. 7.

상화로 돌아갔다. 그에 따르는 불상사의 위로금 5천 원을 중국영사관에 전달하여 이른바 한중 간의 민족적 감정싸움이었던 평양사건은 9·18 사변으로 인하여 사실상 해결의 길이 막막하였으나 장제스 중국총통의 선린우호라는 명분 속에서 유야무야로 종결되었다. 한중양국 간의 우호문제에 큰 도움을 준 것이다.

인촌이 귀국한 뒤 동아일보는 1931년도 신춘문예에서 조선의 노래를 지정하였으며 빚 2,400원 때문에 경매에 올라 있는 이충무공의 유적보존 운동을 펴서[20] 민족의식 고취에 기여하였다. 이것이 계기가 되어 5월 23일 각계유지가 모여 이충무공 유적보존회를 발기하여 성과를 거두었다. 이어 아산 염치면 백암리 방화산에 있는 현충사를 1,700원의 큰 예산으로 인촌이 귀국한 다음 해인 1932년 6월 5일 성황리에 마무리하고 준공식을 거행하였으며,[21] 그 전해 10월에는 임진왜란의 수훈자 권율 장군 기공사(紀功祠)를 그의 승전지인 고양시 행주산성 위에 중수하여 완공하였다. 이는 민족의식 고취에 진일보한 쾌거였다. 일제치하에서도 우리 국민은 동아일보사로 인하여 상당한 위로와 민족의 자부심을 만끽할 수 있었다.

1931년 7월 10일 동아일보 지상에 발표된 제 1회 학생 하기 브나로드 운동에서 고등보통학교 고학년생들로 조직된 학생계몽대가 한글과 숫자(數字)를 가르치는 획기적인 문맹퇴치 사업을 솔선수범하여 선도하는 등 대중을 인도하여 국민적 문화향상운동을 일으켜 선도한 바도 있었다.[22] 이는 갖은 탄압에도 불구하고 1934년까지 4년간이나 지속적으로 펼친 애국적인 대중계몽운동이었다.

이와 병행하여 동아일보는 그해 7월부터 8월 초까지 전국적인 규모로 조선어강습회를 주최하여 큰 성과를 거두었다. 이 당시 국어학

---

20) 상동, 1931. 5. 14 사설.
21) 〈동아일보〉, 1932. 6. 7.
22) 〈동아일보〉, 1931. 7. 11.

자 권덕규, 김윤경, 이윤재, 이병기, 최현배, 이극로, 정태진, 이석 린 등이 강사로 참여해 일제의 간섭을 물리치고 열심히 한국어의 중 요성을 역설했다. 여기에는 인촌의 숨은 후원의 따스한 손길이 미치 고 있었다. 23)

　동아일보 편집국장 춘원 이광수의 연재소설 〈이순신〉에 이어 브나 로드 운동의 계몽소설 〈흙〉이 동아일보에 연재되어 경향의 독자들을 감동, 흥분시킨 것도 이 무렵이었다.

---

23) 앞의 《인촌 김성수전》, 333~5쪽.

제 2 장

보성전문학교의 인수 확장

1. 인수 교섭론의 대두

인촌은 구미 각국을 학습연구차 탐방하고 교육시설 등을 학습한 뒤 많은 관련 자료를 챙겨가지고 돌아왔다(1931년 8월 12일). 그 시기는 마침 세계가 선진국마저도 경제공황으로 크나큰 경제적 어려움을 겪던 혼란과 역경, 시련, 충격의 소용돌이가 격랑을 일으키던 빈곤과 격동의 시기이기도 하였다. 우리의 경우도 큰 타격을 받아 휘청거리고 있을 때였다. 인촌은 39세에 출발하여 41세에 돌아왔다. 문화주의자, 교육자답게 '교육입국'이란 목표달성을 위하여 약 3년이란 장구한 세월을 구미 각국에서 의욕적으로 큰 연구와 학습을 익히고 해낸 것이다. 그 결과가 민립대학인 보성전문학교의 인수경영으로 구체화된다. 그것은 곧 우리의 자주적인 민립대학의 출발이라고 평가할 만한 것이었다.

호기심 어린 관광이나 유람이 아니었다. 남에 관해 말하기 좋아하는 사람들은 돈 많은 부잣집 맏아들이기에 돈 뿌리며 세계유람을 한 것이라고 빈정거리기도 했으나, 인촌은 전혀 다른 큰 목적수행을 위해 부득이 조국을 떠난 것이다. 따라서 의도적인 '목적 탐방'이며 학습이었다. 춘원은 인촌을 다음과 같이 촌평하면서 장래성 있고 희망

차게 앞을 내다보고 있다. [1]

> 나이로 볼 때 풍부한 장래가 보장되었으며 실업계에는 절대한 신용
> 이 있고 수만금의 재력이 그를 풍부하게 맞아주며 그런 위에 겸손
> 속에 헌신적 노력과 시대를 통찰하고 뛰어난 사업을 계획하며 인물
> 을 선별 간파하는 명석한 두뇌가 있다.

매우 예리한 인물의 객관적이고 분석적 관찰이라 아니할 수 없다.
《논어》술이편에 나와 있듯이 "인을 추구하여 인을 얻었으니 또 무
엇을 원망하겠는가"(求仁而得仁이어니 又何怨乎리오)를 새삼 음미할
필요가 있다. 즉 인촌은 인을 추구하여 인을 실행했다고 평가할 수
가 있는 인물이다. 구인과 득인이 인간의 숭고한 도덕적 행위임을
선각자들은 교육, 학습하고 있다. 또한 인촌은 '많이 듣고서 그 가운
데서 좋은 것을 가려서 따르고 많이 보고서 기억해 둔다면 완전한
지식의 다음은 될 것이다'(蓋有不知而作之者아 我無是也로라 多聞하야
擇其善者而從之하며 多見而識之가 知之次也)라는 《논어》술이편의 이
겸손한 고전의 명언은 곧 우리에게 암시하는 바가 큰 것이라고 동의
하였다.

대망의 교육 입지자 인촌이 20대 초에 인수 경영하던 중앙학교는
6·10만세운동 이래 광주학생 항일운동 속의 잦은 맹휴(盟休) 배척
등 시국문제로 인하여 공황을 겪고 있었다. 학생 40여 명이 퇴학당하
고 20여 명이 무기정학 처분을 당하는 등 큰 혼란이 계속되던 앞이
안 보이는 그런 혼돈의 불안한 상태였다. [2]

인촌이 귀국하기 3개월 전인 1931년 5월 중앙학원 설립자 중의 한
분인 박용희가 제14대 교장으로 선임되었으나 인촌이 돌아오자 곧

---

1) 이광수, 《동광》, 1931, 9.
2) 중앙학교, 《중앙60년사》, 256~9쪽.

사임하였다. 따라서 인촌은 학교를 수
습하기 위하여 9월 1일 제 15대 교장으
로 취임하였다. 그가 원래 후원자로 뒤
에서 유능한 인사를 학교의 책임자로 추
천한 것은 누누이 보아온 사실이다. 단
지 위기에 처할 때만 직접 일선에 나선
것을 우리는 너무나 잘 살피고 왔다. 인
촌은 1917년 이래 만 1년간의 교장 재
직 이후 두 번째로 이 학교의 교장이 된
셈이었다. 동지들을 교장으로 밀어주고
는 사실상의 실세교장으로서의 강력한
행사를 할 수 있게 뒷받침해 준 것이다.

이용익 (1854~1907)
보성학원(고려대의 전신) 설립자

　그러나 다음 해 4월, 7개월 만에 그 자리를 기당 현상윤(제 16대 교
장)에게 물려주고 인촌은 보성전문학교 인수문제에만 몰두하게 되었
다. 기당은 3·1혁명 당시 33인을 뒷받침해준 48인 중 한 분으로 서
대문 형무소에서 옥고를 치루고 출옥한 후[3] 중앙학교 교장으로 재직
하다가 신병으로 사임하였다. 그 뒤 고향에 가서 8년여 동안 요양하
고 건강을 회복하여 이때 학교의 요청으로 교장에 다시 복귀한 것이
다. 교장이었던 각천 최두선은 1932년 재단법인 중앙학원 상무이사
로 이동 근무하게 되었다.

　보성전문학교(普成專門學校)는 원래 북청출신 거물정객 이용익이
1905년 4월 3일 현 서울시 수송동 노어학교 교사(현 종로 태고종 터)
에 설립한 사립학교로서 법학과 등 5개 학과를 개설하려 하였으나 법
률학과와 이재학과(상학과)의 두 과만 문을 열었고 수업연한은 2년이
었다. 완전한 전문학교라고 칭하기에는 시설이나 규모면에서 부족한

---

3) 경성지방법원 조서〔대정(大正) 8년 4월 22일〕.

편이었다. 그 운영자금은 황실재단에서 지급하기로 약정이 되어 있었다. 그러나 처음부터 이 학교는 경영상 어려움이 계속되었다. 인촌이 귀국하자 경영난에 처한 보전의 관계자들이 그를 학수고대, 기다리고 있었다. 인수문제 때문이었다. 이 학교는 이용익이 망명한 후그의 손자 제2대 교주 이종호가 경영하다가 경영에 어려움이 닥치자 1910년 국망(國亡)과 동시에 블라디보스토크로 떠나버렸다. 사실상주인이 없던 학교였다.

그 뒤 이 학교를 인수 경영한 것은 천도교의 총수 의암 손병희였다.[4] 1911년에는 윤익선이 교장으로 취임하여 경영을 하였으나 1915년에 일제에 의하여 전문학교라는 명칭을 박탈당하고 '보성법률상업학교'로 격하되고 말았다.[5] 수난의 역사를 고스란히 겪은 것이다. 1919년 3·1혁명으로 인하여 경영자 손병희와 11대 교장 윤익선이 모두 투옥되고 말아[6] 후임으로 김상옥, 고원훈을 거쳐서 낙원동교사에서 수업을 재개하면서 겨우 명맥을 유지하였으나[7] 불경기로경영이 악화되었다. 1921년 4월 1일부터는 보전이란 명칭을 되찾았으며, 국민을 상대로 한 모금 운동을 전개하여 총계 40만 원을 모금하여 이를 토대로 하여 보성전문학교로 새롭게 탄생하였다.

학교의 교사는 낙원동에서 송현동의 천도교중앙본부 자리로 이전하였다. 이 기부자 58명 중에는 인촌 김성수도 포함되어 있었다. 1930년대로 들어서면서 보전은 다시 경영난에 봉착하여 고민 끝에마땅한 인수자를 물색하고 있었다. 이 시기에 보전재단 측에서는 구

---

4) 신일철, "보전 초창기의 근대민족주의 사상", 《근대서구 학문의 수용과 보전》, 고대, 1986.
5) 강만길, "보전 설립의 역사적 배경", 앞의 자료.
6) 이현희, "의암 손병희성사와 천도교의 3·1 운동", 〈동학학보〉, 제11호 2006.
7) 조기준, "한국경제학의 시원에 관한 연구", 앞의 자료.

미로부터 귀국한 재력가인 인촌에게 이 학교의 인수문제를 조심스럽
게 교섭하였다. 교섭대표로는 같은 종문인 가인 김병로 재단이사를
선임하여 위임하였다. 이리하여 가인(김병로)의 끈질긴 설득으로 인
촌이 보전을 인수경영하게 된 것이다. 인촌은 사실 구미를 학습차 탐
방할 때에도 보전 인수를 염두에 두고 떠났다. 그는 처음에는 이 학
교보다 발전 가능성이 크고 새로운 더 큰 전문학교를 설립 운영할 생
각도 품고 있었다. 가인이 그런 인촌을 설득하여 인촌도 이 학교에
마음이 끌리고 있었다. 기부자 58명 중의 한 사람이었던 작은 연분도
있어서 이를 수락하게 된 것이다. 1925년경에는 허헌 유성준(兪星
濬)을 거쳐서 박승빈(朴勝彬)이 교장을 맡고 있었다.

2. 민족사학 보전의 인수 경영 — 민립대학의 출발

인촌은 이 같은 과정과 적법절차를 거쳐 민족사학인 보성전문학교
를 인수하기로 마음을 굳혔다. 60만 원 상당의 토지를 헌납할 뜻을
비치고 나서 단지 3가지 조건을 제시하였다. 예전의 이사와 감사는
즉시 사임할 것, 후임 이사는 인촌의 의중 인물로 선임할 것, 재단법
인 평의원회를 폐지하기 위하여 기부행위 규정을 고칠 것 등이었다.
종전의 이사회는 현재 학교직원은 그대로 인수인계하고, 학교의
명칭도 그대로 할 것이며, 교사의 신축을 조속히 실행할 것 등 3가지
조건을 제시하였다. 이사회는 단지 이런 사항을 희망으로 내세웠다.
교사가 너무 비좁고 남루하여 더 이상의 확장이나 증축을 할 수 없는
한계상황이기에 이런 것을 이행하도록 권유한 것 같다. 그동안 절차
를 거쳐서 마침내 1932년 3월 26일 보전의 인계인수 절차가 성립되
었다.[8] 보전 재단을 대표하여 인계자 김병로, 허헌, 김용무(金用茂)
와 인수자 인촌 김성수 사이에서 문서상 인수 절차가 정식으로 성립

보성전문 교장시절의 김성수

되었다. 이로서 보성전문학교는 교육자 인촌 김성수에게 넘어간 것이다. 보전은 인수 확장의 계기가 마련된 것이다. 민족사학 (民族私學)의 주인이 바뀌는 역사적인 순간이었다. 9)

보전을 인수한 인촌은 이 학교가 그가 오래전부터 꿈꾸었던 한국민립대학의 실현이며 그 목표 달성을 실현시키기 위하여 출발하고 있다고 판단하였다. 그러니까 보전의 인수, 인계는 곧 그의 연래의 숙원이었던 민립대학 달성의 첫출발이었다고 평가해도 무리가 없을 것이다. 10) 인촌은 1932년 6월 4일 제10대 교장으로 취임하고부터 1945년까지 13년간 일제 침략하 보성전문학교의 확충과 비약적 발전에 신명을 다 바쳐서 경이로운 확대에 총력을 집중하였다. 그러기 위하여 일제 당국과 여러 번의 설득과 갈등 쟁투도 불사하였다. 그가 인수하고 나서 1945년 8·15까지 정원문제로 시끄러워진 2년간을 제외하고 교육일선에서 직접 교장으로 재임하였던 것을 감안해 보면 인촌이 다른 동류 업체보다 이 학교에 대한 애착과 발전에의 의욕과 열망이 얼마나 강렬, 충천하였는가를 잘 알 수 있을 것이다. 중앙학교나 경방의 운영방식과는 또 다른 친위적 경영방식을 채택한 것 같다. 중고등학교보다는 대학이라는 명칭이 매력적이었는지도 모를 일이다.

인촌은 학교인수와 함께 재단 임원을 새롭게 임명, 편성, 배치하

---

8) 〈동아일보〉, 1932. 3. 27.

9) 〈동아일보〉, 1932. 3. 28.

10) 이현희, 《한국현대사산고》, 탐구당, 1975, 13~61쪽.

였다. 새로운 이사에는 인촌 외에 최두선, 김용무, 감사에 조동식, 월봉 한기악을 지명하였고, 6월 27일 새 이사회는 김용무를 대표로 선임하였으며, 최두선은 재단법인의 실무로 일하게 자리를 정리하여 의욕적으로 보전 발전에 박차를 가하였다. 이 학교의 새 교장에는 논의 끝에 제9대 교장 박승빈(朴勝彬)을 당분간 유임시키기로 결정하였다.

보전을 운영할 재원조달이 큰 문제였다. 궁리 끝에 인촌은 양부 원파가 내놓은 5백 석 추수의 전답과 6천 평의 대지, 생부 지산의 5천 석 추수의 귀한 토지를 재단법인 중앙학원에 기부형식으로 희사, 재단을 보강하여 이를 새 학교운영주체로 만들었다. 매우 의욕적인 출발이었다. 이런 학교운영에 관한 제반 문제가 종결되자 인촌은 6월 4일 사임한 박승빈 교장의 뒤를 이어 보전의 제10대 교장으로 취임하였다.[11] 보전재단은 1946년 5월 31일 해산하고 중앙학원에 흡수되었다. 오늘날은 고려중앙학원으로 확대 발전하였다.

보전을 인수한 인촌은 "학교의 대지를 훨씬 넓게 잡아 두어야 장래 발전에 지장이 없을 것"이라고 먼 장래를 내다보았으며, "학자를 배출하게 하는 의미에서 교수들이 연구할 수 있는 넓고 자유로운 기관을 만들고 그들에게 기회를 주어야 할 것"이라고 웅대한 민족인재 육성에의 실질적인 청사진으로서 의욕에 찬 포부를 선양하며 상세히 밝히고 있다.[12]

그는 "교육은 민족의 백년대계(大計)"라고 피력하고 있으며, "학교 기지만은 1만여 평 이상을 서울 부근에 장만할 생각"이라고 웅대한 소신을 피력하였다. 외국의 경우를 잘 보고 왔기 때문이다. 그들의 비약적 발전의 경우를 잘 보고 배운 덕분이었다. 그런 평수라야 학교 부지로 충분하다고 믿었던 것 같다. 그러나 그것은 오늘날의 경우에

---

11) 〈동아일보〉, 1932. 6. 5.
12) 〈동아일보〉, 1932. 3. 8.

비교해보면 그리 넓지 않은 면적이라고 본다.

그는 이어 "교육은 이제부터 독립 자영(自營)의 정신을 고조하려 합니다. … 우리학교는 남을 부릴 삶을 양성하려 합니다"라고 선언하였다. 타인을 지배하는 그런 생을 살아가야 한다는 의미인 것이다. 남에게 지배당해서는 안 된다는 뜻이었다. 일제를 의식한 인촌의 자립적인 독립된 날카로운 인재양성론과 그 포부의 일단이기도 하였다. 그는 "이 학교가 조선민립대학이 될는지 어찌 알겠습니까?"라고 조심스러우면서도 기대 어린 전망을 역설하였다. 숙원이던 민립대학 실현의 열망을 피력한 의미로 받아들일 수 있을 것이다.[13] 의욕에 부풀어 있는 그의 취임사는 그가 얼마나 큰 희망과 장래를 내다보고 있었는지를 관찰하게 함에 무리가 없다.[14]

이제 해야 할 당면과제는 약속한 대로 바람직하고 참신한 새 교사 신축문제의 해결을 통해 장래성 있는 점진적 건설에 착수하는 것이었다.

---

13) 유광렬, "보전론", 〈동방평론〉, 1932. 7.
14) 〈동아일보〉, 1932. 3. 8.

제 안암골의 웅자와
3
장 인재육성의 집념

1. 안암골의 신축교사 착수와 위용

이 같은 절차를 거쳐서 의욕 속에 안정을 되찾은 인촌은 지금의 서울 신설동에 학교부지를 위하여 1만 4천여 평의 토지(밭과 산림)를 매입하였으나 사정상 곧 신축공사를 착수하지 못하였다. 다시 지금의 동작동 국립현충원 자리를 물색하기도 하였으나 주변에서 적격지가 아니라고 권유하여 최종적으로 확정한 신축 교지는 '경기도 고양군 숭인면 안암리', 곧 오늘날 서울시 성북구 안암동의 현 교지였다. 그는 1933년 5월, 7만여 원을 주고 도합 6만 2천여 평의 이 광활한 토지를 재단법인 중앙학원의 명의로 매입하였다. 당시 이곳은 한적한 농촌에 지나지 않았다. 한가한 시골이나 다름없는 논과 밭으로 가득 찬 그런 조용한 목가적인 농촌의 풍광을 띠고 있었다.

신축교사의 설계는 한국인이 맡는다는 인촌의 고집과 철칙하에 경성고등공업학교(서울공대의 전신) 출신의 착실한 건축기사 박동진(朴東鎭)에게 설계를 위촉하였다. 그는 박동진과 같이 보전 신축공사를 독려하기 위하여 계동 자택에서 침식을 같이하였다. 그는 일부러 구미 각국에까지 가서 대학들을 둘러보면서 감탄하여 멋있다고 느낄 때마다 일일이 찍어 가지고 온 환등사진을 설계자와 같이 펴 보면서 세세한 부분까지 서로 토론하고 보완하며 새로운 아이디어를 짜고 의견을 교환하였다.

인촌은 건축은 반드시 석조(石造) 신축이라야 한다는 확고한 신념을 갖고 있었다는 사실을 주변사람에게 말하곤 하였다.[1] 구미의 저명한 각 대학이 거의 그런 석조모델을 채택한 것을 유심히 관찰한 것이다. 매우 보기도 좋았고 견고하고 멋이 있어 백년대계의 건축물이 될 것으로 그는 판단했다.

인촌은 보전(普專) 교장에 취임한 지 1년여가 지난 1933년 9월 1일 안암골의 교사 본관신축을 개시하고 직접 나서서 독려하였다. 보전의 웅장한 본관인 이 건물은 총건평 1,144평의 고딕식의 석조 3층으로 이 당시만 해도 이런 웅장 굉대한 석조의 건축물은 일찍이 없었다. 그동안 그가 구미각국을 순방하며 학습하였던 외국의 대학건물을 본받아 건축하려는 의도가 이때 발동한 것이다. 마음먹은 대로 차분히 준비하였다가 이때 이를 실제로 응용하여 자신의 대학에 그대로 활용한 것이다. 그는 구미의 저명한 대학보다 더 월등하게 지어야 한다는 앞선 생각을 버리지 아니하였다.

그는 이 학교의 설계는 조선인에 의한 설계임을 늘 긍지로 여기고 있었다. 구미 각국을 돌아다니며 보고 느끼면서 그는 신축건물은 반드시 석조로 지어야 건실하고 장구한 세월을 지탱할 수 있다는 확신 즉 자신감을 갖게 되었다. 그것이 외국의 저명한 대학의 모습을 보고 느낀 큰 학습의 보람이었다. 석조라야 열 손실도 적고 냉난방시설에도 유실이 상대적으로 적다는 사실을 설계자에게도 인지시켰다. 물론 겉의 모양도 수려해야 했다. 그것은 그 자신이 구미 각국의 웅장한 대학의 건축물을 직접 살펴보고 절실하게 느낀 결과였다.

설계자 역시 이런 인촌의 구상에 무게를 실어주었기에 인촌은 자신

---

1) 박동진, 《그래니트의 변》, 1958. 앞의 《인촌 김성수전》에서 재인용함. 348쪽 참조.

인촌의 보성전문 신축교사 감독 사진(1930년대)

감이 넘쳤다. 석조 철근콘크리트의 대학 신축건물이라면 고딕식이
제격이라는 박동진의 의견에 인촌도 맞장구를 치고 대찬성의 환호를
울렸다. 따라서 인촌과 설계사 박 두 사람은 합치하는 의견을 내놓은
것이다.[2] 그 당시로서는 석조건물은 조선총독부 건물 외에는 전혀
없었다. 이 점이 인촌으로서는 매력 포인트였다. 그는 잠자리에서 잠
꼬대도 '석조야! 석조야!' 하였다고 한다.

 그는 중앙학교와 동아일보사를 건축하였지만 보전의 신축에는 남
달리 신경을 곤두세웠다. 물샐 틈 없을 만큼 설계와 시공이 일치하게
직접 시방서에 따라 감독하며 현장을 지켰다. 허름한 옷을 입고 현장
에 나가 매일 공사를 독려했다. 백년대계의 실증을 그는 서양의 건축
물에서 착실하게 경험한 것이다. 가령 사원 같은 큰 건물이 몇 십
년, 몇 백 년을 걸쳐서 완성되는 것을 예로 들면서 그들이 얼마나 큰
공을 들여서 작은 건축물이라도 소중하게 다루어 민족의 유산으로 남
기는가를 서양건축에서 배웠다고 실토하면서, 그는 우리의 대강대강
이나 빨리빨리 식의 속성의 건축 행태를 조심스럽게 비판하며 관찰하

---

 2) 앞의 《인촌 김성수전》, 1876, 346~7쪽.

곤 하였다.

인촌은 원래부터 생이지지(生而知之) 하지 않았다고 말하고, 계속 배우고 익혔다는 것을 강조하였다. 《논어》 술이편에서 공자가 스스로에 대해 말한 것처럼 자신 역시 옛것을 좋아하여 부지런히 찾아서 배운 사람(好古敏以求之者也)이라는 사실을 애써서 겸손히 강조함에서 인촌이 보통의 인물이 아님을 엿볼 수 있겠다.

과연 인촌다운 백년대계의 신중한 건축태도에 경의를 표한다. 지금으로부터 77년 전의 일이었다. 1925년 서울에 설립 개강한 일제 식민지 대학인 경성제국대학을 능가해야 한다는 것이 인촌의 움직일 수 없는 민족자립적이고 건전하고 경쟁적인 생각이었다. '인(仁)은 멀리 있을까? 내가 인하고자 하면 곧 인이 이르러 온다'(仁遠乎哉아 我欲仁이면 斯仁이 至矣니라)라고 논어에서는 표현하고 있다. 다산(茶山)은 인(仁)이란 사람에게로 향하는 사랑이라고 해석하였는데, 인이란 나 자신에게서 결코 멀리 있는 것이 아닌 것이다.

오늘날의 고려대학을 보면 당시 인촌이 얼마나 앞을 멀리 내다보고 백년대계의 초석을 다졌는가를 미루어 알 수 있다. 선현들이 술회하였듯이 선구자란 당 시대보다 30년은 앞서가는 지혜로운 인물이다. 인촌의 경우가 이에 해당할 것이다. 따라서 그의 집념이 새삼 위대하게 보이는 까닭이다. 더욱이 그는 일제의 식민지 대학인 경성제국대학과 대결하여 여러 면에서 승리할 수 있다면 그 이상의 민족적 기쁨이 없을 것이라고 믿었다. 그것은 자신만의 기쁨이 아니고 민족의 승리라고 본 것이다. 그가 늘 생각하였던 민립대학 설립의 의의를 새삼 음미하게 하는 대목이다. 서울 한복판에 우뚝 세운 경성제국대학 때문에 모처럼의 민립대학 계획이 물거품이 되니 인촌으로서는 내심 신경을 쓰지 않을 수 없었다. 그렇게 하여 완공을 본 것이 곧 오늘날의 고려대학의 웅장한 본관 건축물이었다. 필자같이 몇 년간을 그 안에

고려대 본관 앞에서. 맨 왼쪽은 현상윤 초대 총장

서 공부해 본 사람이라면 그의 진가를 인식, 평가할 수 있을 것이다. 그것이 인촌의 고마움을 새삼 느끼는 연유이다.

그는 거의 매일 건축현장에 나가 독려하고 격려하면서 하루를 지냈다고 한다. 오늘날 남아 있는 당시의 학교건축작업을 독려하는 인촌의 수수한 작업복 같은 한복 입은 건실, 진지한 모습에서 그의 일제 강점하의 인재육성의 참 충정을 함께 느낄 수 있다.

이 본관 건축을 위한 총 공사비는 도합 19만 원에 달했으니 당초 예산보다 6만 원이나 더 초과한 것이다. 인촌은 그동안 매입해 두었던 이들 토지를 전부 매각하였으나 총액이 16만 원밖에 안 되어 전체 예산으로 보면 3만 원이 부족한 상태로 그것은 그대로 빚으로 남게 되었다.

인촌은 이 건물에 남다른 애국의 표시를 하여 뒷날 총독부의 주의를 받은 일이 있었다. 본관 입구 양편에 우리 민족의 상징인 백두산 호랑이 머리 모양을 조각하여 후대인들에게 강력한 민족의 의지와 집념의 교훈으로 남겼고, 그 후문 기둥에는 나라의 꽃 무궁화를 조각하여 은근히 민족의식을 선양하는 데 기여한 것이다. 오늘날 고려대라면 곧 호랑이를 연상하는 것은 이 같은 이유에서이다. 인촌이 그곳에 호랑이를 심은 것이다. 뒷날 일제는 이것을 생트집을 잡아 인촌에게 추궁하곤 하였다. 그런 그가 친일의 혐의를 받는다는 것은 안타깝고도 억울한 일이 아닐 수 없다.

그런 언사를 함부로 내뱉는 무리들은 인촌의 참 뜻을 몰이해하고 있는 부류들이니 일부러 힘을 내보는 심사가 아닐까 한다. 참으로 어처구니없고 억울한 생각이 앞선다.

한마디로 어불성설인 것이다. 인촌은 결심하였다. 이제 보전이 몸담고 있던 송현동의 구교사를 떠나 대학다운 세계적인 참신한 시설과 으뜸을 자랑하는 권위 있는 교수진을 확보하여 청년들에게 새로운 세계적 신지식과 민족의식을 고취하겠다는 것이었다. 이 대학 출신들이 사회에 나가서 이 압박받는 나라와 겨레를 구해야 한다는 확고부동한 신념을 그는 스스로 다지며 앞을 내다보고 있었다.

2. 양부 원파 김기중의 서거

인촌의 든든한 후원자였던 양부 원파 김기중 옹이 1933년 9월 19일 향년 75세로 서울 계동 자택에서 노환으로 영면하였다. 그동안 인촌은 이곳에서 양정(養庭)과 모친 이기춘(李起春; 1855~1924)을 모시고 살았다.[3] 인촌은 어느 모로 보나 효자임에 틀림없다. 구약성경에서는 '네 부모를 공경하라 그리하면 너의 하나님 나 여호와가 네게 준 땅에서 네 생명이 길리라'[4]고 말씀하고 있다. 인촌은 부모님을 누구보다 더 극진히 모셨으며 공양함에 조금도 소홀함이 없었다. 마땅

---

3) 생정 지산과 모친 고씨는 아우 수당이 서울 봉익동에서 모시고 살아왔다.
4) 출애굽기 20-12. 신명기에도 이와 비슷한 내용이 나와 있다. 모두 부모 공경의 의미인 것이다.

히 하나님이 주신 땅에서 그 생명을
영구히 유지 보존할 것으로 굳게 믿
는다.

　인촌이 끝없는 도전 속에서 여러
차례의 큰 사업을 시작할 때마다 양
정은 어려움을 무릅쓰고 반대와 간
섭을 극복하고 인촌을 적극적으로
지원해 주었다. 동생인 생부(生父)
가 반대한다 해도 이를 적극적으로
후원하고 설득하여 성사가 되게 밀
어준 것이다. 그런 고마움을 모를
리 없는 인촌은 원파와의 사별에 너
무나도 허무하고 비통하여 며칠씩을

양정부친 원파 김기중공 동상
(중앙중학교 교정)

식음을 전폐하며 추모의 정을 못 잊고 있었다. 돌아보건대 전답을 저
당잡혀서 억지로 돈을 염출하기도 하는 등 인촌의 일이라면 발 벗고
나서서 무엇이든지 아끼지 아니하고 적극적으로 밀어준 분이 김기중
양정, 그분이었다. 인촌은 비통하고 애련하여 몸져누울 정도로 극심
한 슬픔과 허탈에 잠겨 있었다. 논어(論語)에 '부모님의 연세는 알지
않으면 안 되니 한편으로는 기쁘지만 한편으로는 두려워해야 한다'는
것을 인촌은 이제야 깨닫게 된 것이다.5)

　인촌은 부모님이 고희(古稀)를 넘기셨으니 마땅히 연세를 알아야
하나 한편으로는 언제 작고하실지 모르니까 앞일을 두려워할 수밖에
없었다. 그리하여 연세를 생각하지 않았다. 생부가 인촌의 의욕적인
사업을 일시 막아도 양정은 이를 가로막고 인촌을 십분 이해하여 동
생의 고집을 꺾으며 적극적으로 후원, 고무해준 것을 인촌은 너무나

---

　5)〈논어〉이인 편 '父母之年, 不可不知也, 一則以喜, 一則以懼'.

고마워하였다. 그처럼 다정다감하고 다시없이 정 많은 아버지가 돌아가셨으니 기가 막힐 노릇이었다.

도쿄제대 출신인 김우영(金雨英; 1886~1958)이 "그의 위대한 민족사업은 3·1운동이 그 결과를 가져왔으며 인촌의 생부 양부의 재력이 인촌으로 하여금 이런 위대한 사업을 용기를 얻어 안정 속에 일으키게 한 것이다. 나는 항상 이 두 분에게 감사의 인사를 게을리하지 않는다. 또한 인촌의 동생 수당(김연수)과 합부인 이아주 지사의 내조에 힘입은 바 크다고 아니할 수 없다"라고 실토한 것을 상기할 필요가 있다.6)

원파의 서거 사실은 동아일보뿐만 아니라 조선일보와 여운형이 사장인 조선중앙일보에서도 사설로 심심한 애도의 글을 나타내 정중히 조문했다. 뿐만 아니라 교육계와 실업계에도 지대한 영향과 공로를 끼쳤음에 대한 감사의 마음을 삼가 경건하게 정중히 표현했다.7)

11월 16일 윤치호, 오긍선 등 전국교장 유지 140여 명의 발기로 그들 학생소속의 학교까지 포함하여 42개교에서 1,800여 명이 추모의 성금을 쾌히 내서 5,600여 원의 의연금(義捐金)으로 서울 계동 중앙고보 교정에 동상을 건립하여 그의 나라사랑의 교육과 민족애를 기렸다. 원파 동상의 제막식은 다음 해 10월 27일 동교 교정에서 다수 유지의 참여 속에 엄숙히 거행되었다.

인촌은 그 돌아가신 양정의 3년 상을 규정에 따라 지성스럽게 지키며 흠모하고 몸을 닦고 자세를 가다듬어 정성을 다하여 모셨기에 이를 아는 많은 지인들이 이를 일러 "인촌은 최우선하여 지성으로 양정에 효도한다"라는 정당한 평가를 내렸다. 그가 하루도 혼정신성(昏定晨省)을 빠트리지 아니하고 정성을 다해서 극진한 효도를 다하여 근래에 드문 효성 지극한 효자라는 말을 들었던 것은 당연한 귀결이

---

6) 김우영, 앞의 "내가 아는 인촌", 1955. 6.

7) 〈조선중앙일보〉, 1933. 9. 26.

었다. 효가 지극하면 만사가 다 형통한다는 선현의 귀한 말씀이 그에
게 적중하는 경우가 된 것이다. 효자에게 실패가 없다는 명언도 귀담
아들을 가치가 있는 만고불변의 명언이다. 부모를 공경하라는 성경
의 가르침을 그는 몸소 실천한 것이다.

3. 도서관의 건립계획과 실천

인촌은 우람한 석조의 본관이 하루하루가 다르게 높이 올라가자 득
의만만하게 하늘을 우러러보며 하늘에 감사의 인사를 정중하게 올렸
다. 하늘이 나에게 주신 큰 은총의 선물이라고 감사의 눈물을 흘렸
다. 그는 이어 또 다른 대학 건축물 중 부속건물을 세울 계획을 품고
있었다. 도서관의 건립이 그것이었다. 그 외에도 대강당과 체육관의
건립이 시급하게 떠오르고 있었다. 이런 일련의 부속건축물이 들어
서 있는 구미 각국의 대학을 유심히 관찰하면서 우리의 보전(普專) 도
이에 맞게 웅장하고 멋진 부속건축물을 차례로 건립하여 구비해야 함
을 절실히 느끼게 되었다.

그는 보전 창립 30주년을 맞아 기념사업을 추진하기로 결정하였
다. 창립 30주년을 2년 남긴 시기에 이를 추진하였으니 그때가 1933
년 7월이었다.[8] 창립 30주년 기념사업 발기 준비회를 개최하였다.

그는 영원한 살아 있는 연구하는 도서관을 건립함에 있어서 이를
국민 모금운동으로 관심을 저변 확대하여 국민적 힘을 모아서 국민의
대학다운 사업을 펼쳐나가려고 마음먹었다. 이 보전은 인촌의 대학
이 아니고 한국의 대표적인 민립(民立) 대학이란 생각을 머리에서 떨
치지 못하였다. 한국인을 위한 민립대학으로서의 이념과 이상, 규모

---

8) 〈동아일보〉, 1933. 7. 23.

로 출발한 대학이기 때문이었다. 본관에 이어 도서관의 건축비는 도서관 약 10만 원과 도서구입비로 또 10만 원을 계획하였다. 도서관은 873평으로 계획하고 설계에 들어갔다. 5층탑과 4층의 석조 콘크리트 고딕의 양식으로 1935년 6월 기공하였다. 9) 부속건물인 대강당은 3단계로 계획을 잡아 6만 7천 원을 계상하였고 4단계로 체육관의 건축비 3만 원 등 모두 30만 원을 계상하였다. 큰돈이었다. 이를 위한 최종 납입기는 1934년도로 잡았다.

국민모금운동을 펴자 얼마 안 되어 전국에서 유림 등 유지 464명이 그 취지에 찬동하고 신청하여 큰 호응과 성과를 보였다. 총독부에도 알려 허가를 얻어냈다. 뒷날의 이런저런 말썽을 생각한 신중한 처신이었다. 서울 송현동의 구교사에서 기념사업 발기총회를 열었다. 각계대표 90여 명이 모여 원로 윤치호를 대표로 선임하고, 가인 김병로, 인촌 등 10여 명을 상임실무위원으로 뽑고 즉각 전국적인 모금운동으로 들어갔다.

인촌은 이를 독려, 집행하기 위하여 전용차를 3천 원에 구입하고 활용하였다. 이 차는 하도 많이 운행하여 얼마 되지 않아 낡아버렸다고 한다. "우리 학교와 우리 힘의 보전"이라는 표어 속에서 이 운동은 호응도가 예상 외로 좋았고 모금성과도 지대하였다. 민족 교육기관으로서의 보전을 지향하고 있었으므로 인촌은 가위 '민력(民力)의 조직자', '민의(民意)의 전달자', '민족사업의 기폭제'라고 일컬을 만하였다. 10) 바로 이런 진솔한 교육적 위업의 사실에서 인촌다운 그의 진면목을 찾아볼 수 있는 것이다.

모처럼 펼치는 전국적인 모금운동도 순조롭게 진행되었다. 우선 인촌 형제가 솔선수범한다는 의미에서 각 2만 원을 쾌척하였고, 김종

9) 백낙준, "인촌 김성수와 민족교육", 《인촌 김성수의 애족사상과 실천》, 동아일보사, 1982.
10) 신일철, 앞의 논설, 36쪽.

익이 1만 2천 원, 구성의 광산왕 최창익, 담양의 고광표, 서울의 박용희가 각기 1만 원을 격려와 함께 기쁘게 냈으며, 그 뒤로도 헌금은 줄을 이어 기부자가 민족의 학교를 육성한다는 큰 의미로 성금대열에 동참했다. 그 외에도 성금기탁자는 줄을 이어 121명에 달했다. 그 액수도 9만 7천 원이란 거금이 몰렸다. 해외에서의 호응도 놀라워 유학 중인 장덕수, 이철원 등 재외동포가 22명이나 참여하여 성금을 애국하는 마음으로 투척하였으며 뉴욕에 동 지부까지도 설치하기에 이르렀다. 모금운동을 시작한 지 만 1년 안에 17만 원이란 큰 성금이 답지하여 주최 측도 경악을 금치 못할 정도였다. 모금총액 30만 원에서 절반을 훨씬 상회하는 거금이었다. 이 모금운동에는 노파, 과부, 농부, 고학생 등의 성금도 함께 하는 우렁찬 격려가 부단히 이어져 고심하던 인촌을 고무, 격려해 주었다.

도서관의 건축비는 당초의 예상보다 배가 넘는 22만 원이 소요되었다. 이 같은 무리한 계획으로 대강당이나 체육관의 건립은 무기 연기하는 수밖에 없었다. 도서관은 보전 교수로 근무한 바 있는 교육철학자 오천석의 모교인 미국의 저명한 듀크 대학의 앨범에서 힌트를 얻어 그 건축양식을 본받아 지었기 때문에 지금도 볼 수 있듯이 본관 동편의 높은 구릉에 5층의 아름다운 석탑(石塔)으로 푸른 하늘을 항상 찌를 듯하게 높이 솟아 그 활달성과 위용을 자랑한다.

본관은 1934년 9월 중순경에 완공이 되어 웅장한 모습을 드러내 놓았다. 목가적인 농촌지역의 큰 혁명이었다. 안암골이란 시골구석에 이런 웅대한 건물이 들어서자 먼 곳에서도 이를 구경하겠다며 찾아와 매일 사람의 구름으로 웅성대다가 하루 해가 졌다고 한다.

인촌은 처음부터 이런 생각을 가지고 있었다. 본관 입구 좌우에 백두산 호랑이 두상(頭狀)을 조각하여 한국적인 이미지를 강하게 발산하였으며, 그 후문 두 기둥에는 나라의 꽃인 무궁화 모양을 그려놓아 한국적인 모습으로서의 대학의 이미지를 발산하였다. 뒷날 이것이

완공된 보성전문(현 고려대)의 본관교사
현재 서울특별시 사적이다(안암동 소재).

문제가 되어 고초를 당하였으나 이런저런 변명으로 간신히 넘어갔다.
호랑이는 민족의 활력으로서의 상징적인 동물로서 강한 민족성을 대
변하는 의미가 있었고 무궁화는 나라의 꽃으로 민족교육기관으로서
의 긍지와 상징으로서 큰 의미를 표출했다.[11] 보전이 이를 먼저 학
교의 이미지로 삼았던 것이다.

인촌은 석조 도서관을 식민지 대학인 경성제국대학에 뒤지지 않도
록 호화롭게 꾸미게 구상하였다. 도서관도 우람, 장중하였다. 5백
명의 반을 수용할 수 있는 2층의 대 열람실은 매우 호화롭게 장식하
여 전국에서 제일로 평가받아 자랑과 긍지로 여기게 잘 꾸며 놓았다.
3층의 서고는 장차 20만 권의 책을 장서할 수 있게 잘 확장조치하였
다. 서가도 잘 정비하여 설치했다. 석탑 3층 각 실은 민속품과 미술
품을 진열하도록 조화 속에 멋있게 어우러지게 마련하였다. 그 1층에
는 교수 연구실 32개를 마련하여 교수들로 하여금 충분히 연구실을
활용하여 마음껏 연구하게 자유 분위기와 여건을 충족시켜 주었다.

11) 이현희, "우리나라 무궁화의 연혁과 활용연구", 〈백산학보〉, 49, 1998.

본관 입구의 호랑이, 후문의 무궁화

인촌의 평소 주장이 교수들의 자유로운 연구풍토 조성에 있었기 때문에 이런 조치는 최우선적인 고려의 대상이 되었던 것이다. 12) 교수를 우대해야 학교가 발전할 수 있다는 진리를 그는 외국에서 터득하고 이의 실천을 최우선으로 삼았다.

역사학자 손진태에게 도서의 구입과 정리를 맡겼으며 신문에 글을 실어 도서의 공개모집을 시도하였다. 13) 이에 호응하여 안호상이 희귀본을 기증하여 서고를 채웠으며, 호남의 유지 이재량이 〈조선왕조실록〉을 6,100원에 구득하여 아낌없이 기증하였다. 경성제대의 법과 교수 오다카 아사오(尾高朝雄)는 양서 60여 부를 기증하여 주목을 끌었다. 인촌도 상당수의 도서를 기증하여 뒤에 구입한 것까지 합하면 한(漢)서적이 약 1만 3천여 권에 달하였다.

본관이 준공된 뒤 10일 후인 1934년 9월 28일 송현동의 구교사를 떠나 대망의 안암동 신축 석조교사로 학교살림의 대이동을 결행하였다. 보전은 이제 한국에서 최고의 고등교육기관으로서의 위상을 제고하며 거창한 민족대학으로서의 비약적 발전의 제일보를 힘차게 내

---

12) 〈동아일보〉, 1932. 3. 29.
13) 〈동아일보〉, 1934. 1. 4.

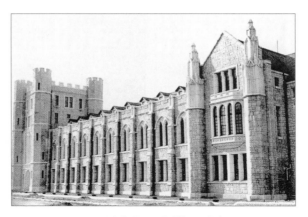

1937년에 준공 개관한 도서관

디디게 된 것이다.

도서관은 1935년 6월에 기공하였고 2년 뒤인 1937년 9월 2일 손진태를 관장으로 보임하고 개관하기에 이르렀다. 약 22만 원의 각종 비용이 들어가고 나서 완공된 것이다.[14]

《논어》 이인(里仁)편에 보면 '군자는 말을 신중하게 하고 행동에 민첩하려 한다'(君子, 欲訥於言, 而敏於行)라고 하였듯이, 인촌은 말을 눌언(訥言)이나 신중하게 함은 물론 행동은 얼마나 민첩, 쾌활, 신속한지 모를 지경이었다. 그는 말보다는 행동이 무엇보다 가장 빠르고 기민하였던 것이다. 그러니까 옛사람이 함부로 말하지 않은 것은 자신의 실행이 미치지 못할까 부끄러워서였다는 것을 의식한 소이라고 본다. 곧 언행일치(言行一致)를 중시하라는 교훈인 것이다. 그는 이것을 잘 실천한 보기 드문 뛰어난 의인(義人), 대인이었다.

---

14) 〈동아일보〉, 1937. 9. 3.

4. 교수진의 초빙과 민족계 인사의 포진

인촌은 학교가 학교다우려면 교수진이 훌륭해야 한다고 믿고 우수한 교수진 확보에 총력을 쏟았다. 인촌은 《논어》에서 배워 남 가르치는 문제에 관하여 이런 철학을 가지고 있었다. '말없이 마음에 두고 배우되 싫증을 내지 않으며 남 가르치길 게을리하지 않는 일이라면 무슨 어려움이 내게 있겠는가'(默而識之, 學而不厭, 誨人不倦, 何有於我哉). 보전 인수자로서의 교육철학을 이렇게 표현하였던 것이다.

이는 그가 오랫동안 해외 학습탐사 중 구미 각국의 저명한 대학을 살피면서 절실하게 느낀 내면적인 성찰의 결과였다. 우리의 현실에서는 단지 민족의식이 투철한 교육자라야 우리나라를 강점하고 있는 그들 침략자를 극복, 승복시키는 데 크게 활용할 수 있다는 것을 최우선으로 삼았다. 우리의 민립대학은 곧 민족의식을 고취하는 것이 최우선적인 조건이라고 믿고 선언한 것이다. 현실에 처한 인촌다운 건실, 무구한 선한 생각이었다. 그 무엇보다도 일제를 의식하지 않을 수 없었기 때문이었다. 이는 두말할 필요도 없이 민족의식이 투철 충만한 그의 사상과 실천의 결과였던 것이다.

인촌은 그가 인수하기 전부터 재직하던 교수 중, 우선 김영주(상과 과장), 홍성하와 일본인 다카하시(高橋豊), 그리고 법학의 옥선진, 최태영, 일본인 와타나베(渡邊勝美), 영어의 백상규, 이상기, 윤리학의 현상윤, 영어와 심리학에 오천석, 독일어와 철학에 안호상, 영어에 임정에 관여하였던 애국지사인 김여제, 최정우 등을 그대로 받아들이기로 약속하였으며, 그 외에 한글에 박승빈, 경제학에 박극채, 김광진, 법학에 유진오, 최용달 등 좌우익을 초월하여 국내와 일본이나 구미에서 연구과정을 이수하고 돌아온 장래가 촉망되는 젊은 학자들을 영입하여 재능을 마음껏 발휘할 수 있게 연구 분위기를 조성했으며 참신한 이미지로 교수진을 구성하였다.

어느 모로 보나 발랄한 의욕이 넘치고 민족의식이 투철한 민족계의 젊은 학자들이 대부분이었다. 인촌은 명망이 있다면 좌익도 문제삼지 않았다. 이 정도의 교수진이라면 어느 대학에 비교해서도 손색이 없는 그런 훌륭한 인격과 재능을 겸비한 준재, 탁재들이라고 말할 수 있다.

이들 신진과 중진들은 학술연구 단체인 보전학회(普專學會)를 조직하여 1934년 3월에는 그들이 연구한 결과를 《보전학회 논집》 제1호에 정선하여 편집, 수렴하고 발행, 배포하였다. 놀라운 성과의 집대성이었던 것이다. 이들 쟁쟁한 인재가 화려하지 않은 보전에 집중될 수 있었던 근본이유는 인촌의 끝이 없는 덕망과 인자함, 공선사후적인 신의에 기초한 인간적 대우에 있다고 평가할 만하다. 그러니까 인촌에게서는 사람냄새가 난다고 여긴 것이다. 인촌은 이를 통해 관학인 식민지 교육에 철퇴를 가하려 했고 경성제국대학을 의식하고 그들과 학술적인 경쟁과 대결을 목표로 하였다.15) 인촌은 교수를 채용할 때는 까다로운 듯 신중을 기하였으나 일단 수용하였으면 그를 존중하고 믿고 우대하는 습성을 가지고 있어, 교수들은 학교와 학생들을 위하여 신명을 바쳐서 연구와 학생지도에 전심전력하여 마음 놓고 분골쇄신 봉사하였다. 보전을 통한 인촌의 교육방침은 나라지도자의 양성이었다고 본다. "조선에는 지도받을 사람은 많은데 지도할 사람이 적기 때문에 고민이 크다"라고 한 소회를 보면16) 인촌의 지도자 양성의 근본 원인과 배경을 짐작할 수 있겠다.

그런데 보전에 큰 문제가 발생하였다. 1934년 보전이 신학기에 28명이나 정원을 초과하여 신입생을 입학시켰다는 것이다. 이해는 응시자가 369명에 달하여 그중 276명에게 입학을 허가하였다. 다음 해

15) 고려대 출판부, 《고대70년지》, 1975, 151~157쪽.
16) 앞의 《인촌 김성수 전》, 360~361쪽.

인 1935년에는 지원자가 증가할 것으로 보고 보전에서는 학교 총정
원을 400명에서 720명으로 증원하고 변경신청을 1934년 11월에 총독
부에 제출하였다. 당연히 총독부의 정원변경 승인이 나올 것으로 예
상하고, 1935년 4월 10일 입학절차를 완료한 288명을 입학 허가자로
확정했다. 그런데 총독부는 그날(1935년 4월 10일) 입학정원을 200명
으로 확정한다고 통첩을 내렸다. 따라서 초과입학시킨 총원 28명을
입학 취소해야 한다는 것을 알리고 입학허가 취소를 단행하라고 압박
하였다. 총독부는 그들의 지시를 틈틈이 어기고 있는 보전이 미워져
서 심한 교육압박을 가한 것이다. 보전이 이미 정원증원을 신청해 놓
았는데 총독부가 그 증원신청보다 적게 정원을 허가하였기에 결과적
으로 따지면 28명의 정원이 초과한 셈이었다. 그들이 이를 물고 늘어
진 것이다.

　인촌은 이를 수습하는 문제로 자신이 보전의 교장 직을 사임한다고
배수진을 쳤다. 진퇴문제를 걸고 총독부의 압력에 대항하면서 결국
은 인촌이 모든 책임을 지고 교장 직에서 물러난다고 선언하였다. 총
독부도 책임자가 스스로 사임한다고 결의를 표명하였으니 더 이상의
추궁은 하지 않기로 하고 사태를 그 선에서 마무리하였다. [17]

　단지 라이벌 신문인 조선일보가 사설에서 이를 물고 늘어졌다. [18]
보건농림과의 신설불허도 이 시기에 잇달아 일어나고 있었다. 1935
년 4월 1일자로 당국에 신청하였으나 가차 없이 거절해 버린 것이다.
인촌은 할 수 없이 이를 수용하고 나서 교장 직을 떠났다가 그 뒤
1937년 5월 보전 교장에 다시 취임하여 학교에서 확충할 것과 미비한
시설이 무엇인가를 면밀히 다각적으로 살폈다. [19]

17) 〈신동아〉, 1935. 7.
18) 〈조선일보〉, 1934. 6. 8 사설.
19) 신용하, "일제하 인촌의 민족교육 활동", 앞의 《평전 인촌 김성수》, 1991,
　　260~3쪽.

　이보다 앞선 1935년 5월 3일자 〈윤치호 일기〉에 따르면 "오전에 송진우 군이 찾아와 내게 보성전문학교 교장에 취임해 달라고 요청하였다"고 한다.[20] 이는 인촌이 인책 사직하게 되어 있어서 고하와 의논한 뒤 당시 명사인 저명한 좌옹(佐翁; 윤치호)에게 동교 교장의 취임을 요청한 것으로 보인다. 동 일기에는 보전은 알려져 있듯이 1935년도 신입생을 모집정원보다 총원 40명을 더 뽑았다고 기록되어 있다. 좌옹의 동 교장 취임에 관하여 원한경, 오긍선, 김활란 등과 의논한 결과 모두 윤치호의 보전 교장 취임을 반대하였다고 한다. 젊은 인재에게 양보해야 한다는 등의 몇 가지 이유로 극력 반대하였다는 것이다. 당시 윤치호는 71세였다.[21]

　인촌은 1938년 7월 안암 캠퍼스의 트랙과 필드잔디를 입힌 계단식 관람석을 완공하여 그 위용을 과시한 바도 있다.

　1942년부터 총독부는 압력을 가해 각과 각 학년에 매주 1시간씩 일본학강좌를 억지로 개설하게 하고 군사교련도 실시하였다. 뿐만 아니라 이해부터는 수업연한을 3년에서 2년 반으로 단축하는 교육적 만행을 단행하였으나 이를 거절하지 못하고 순종할 수밖에 없었다. 인촌의 저항의 한계점이 드러난 결과라고 이를 만한 것이다. 총독부에 의하여 교련과목이 강요되었을 때 인촌은 한말(韓末) 무관학교 출신의 애국지사이며 소년군의 창설자인 조철호를 임명하여 그를 통해 학생들에게 민족독립사상을 다각도로 고취하였다.

　학생들은 근로봉사라는 강제노역에 동원되어 시달리기도 하였다. 1943년 8월 1일부터는 조선 징병령을 강제 실시하고 10월 20일부터는 특별지원병제가 실시되어 전문대생 이상이면 누구나 침략전쟁에 나가 희생당하는 크나큰 충격적 수모를 감수하지 않을 수 없었다. 약자의 비애가 이런 부문에서 나타나고 있었다. 인촌은 총독부의 지시

20) 김상태, 앞의 《윤치호일기》, 창작과 비평사, 1935. 5. 3(금).
21) 김상태 , 앞의 책, 610~1쪽.

를 가급적 지키면서 학교를 살려 나가자는 온건한 방향으로 학교행정을 집행해 나간 것이다.

그러나 인촌은 끝까지 창씨개명(創氏改名)은 하지 아니하고 버티며 의연히 교장 직을 지켰다. 그 대신 시련과 고통이 이만저만이 아니었다. 매우 견디기 힘든 역경의 순간이었지만 그는 이를 끝까지 관철하였다. 이에 따라 일제당국은 보전을 '부데이 센징'(불온한 조선인)의 소굴이라고 낙인찍고 감시와 미행을 소홀히 하지 않아 보전은 크게 곤욕을 감내하지 않을 수 없었다. '불령보전'(不逞普專)이란 불명예로운 칭호가 곧 감시와 미행을 의미한다고 볼 수 있다. 이 말은 곧 반대로 애국사상이 충만하다는 의미였다. 이 불명예를 인촌은 매우 자랑스럽게 여겼다.

5. 민족문화의 육성후원

인촌은 해외문물 연구학습을 마치고 돌아온 후 이미 언급하였듯이 1931년 11월에 〈신동아〉라는 종합 교양월간지를 창간하였다. 뒤이어 〈신가정〉을 새로 발간하기 시작하였다. 동아일보사의 사세가 융성하지 못한 가운데서도 언론창달을 위해 종합지의 필요성이 그 어느 때보다 절실한 시대적 요구에 따라 두 월간지를 잇달아 창간하였던 것이다. 이 당시 월간지가 없는 것은 아니었으나 동아일보사에서 잇달아 두 개의 월간지가 창간되자 다른 월간지는 빛을 잃고 말았다. 논조와 내용, 필진이 다른 잡지보다 월등하였기 때문이다. 〈개벽〉지와 〈조선지광〉도 이때는 사라지고 없던 때였다. 단지 〈동광〉, 〈별건곤〉, 〈삼천리〉, 〈중앙〉, 〈신조선〉이 발행되고 있었으나 이에 미치지 못한 저조한 상태였다.

이 시기에 한글에 대한 통일된 표기법이라고 할 '한글맞춤법 통일

〈개벽〉 창간호 표지(1920년)

안'을 애국적인 국어학자들의 모임인 조선어학회가 만들고 있었는데, 인촌은 거금 3백 원을 쾌히 희사하여 민족문화를 육성, 유지, 보존하고 있는 최현배, 이희승 등 다수의 민족한글학자들을 육성, 격려하였으며, 동아일보사가 이를 솔선수범하고 이 철자법을 채택하여 큰 환영을 받았다.[22] 이 통일안에 따라 신문의 지면을 새롭게 장식하고 '신철자법 편람'을 그 부록으로 간행 배포하였다. 그 운동에 앞선 신문이 곧 동아일보였다. 그 중심에 인촌이 자리했기 때문이었다. 이 신문에서 먼저 이를 활용하여 최현배, 이희승, 이병기, 정인승, 이극로, 정태진 등 한글학자들을 환영, 격려, 초청, 고무시킨 바 있었다. 이를 채택함에는 인촌의 용단이 크게 주효했다.[23] 인촌의 민족문화 창달의 의지와 철학이 이런 위업을 양출하는 것으로 구체화되었다.

인촌은 보전 출신인 사학자 이병도가 주동이 되어 조윤제, 이상백, 신석호 등과 같이 1934년 5월 서울에서 결성한 학술단체 진단학회(震檀學會)에도 찬조회원이 되어 자금지원 등으로 동 학회를 격려, 육성함에 크게 기여한 바 있다.[24] 이 단체는 일본의 청구학회를 극복하려는 애국적 의지에서 한국학을 전공한 국학자들이 뜻을 모아 결성한 민족문화 창달의 종합적인 학술단체였다.

---

22) 〈동아일보〉, 1933. 4. 1 사설.

23) 한글 맞춤법통일안 머리말.

24) 이현희, "진단학회와 이상백", 《이상백 평전》, 을유문화사, 1999.

1935년도에 들어서면서 인촌은 민족문화 선양사업으로 '조선기념
도서 출판관'의 설립을 구상하고 역사에 남을 기념할 만한 고전이나
도서를 출판하도록 주선하고 장려하였다. 인촌이 앞장서서 비영리적
으로 출판을 대행하게 한 것이다.

3월 15일에 권상로, 김활란, 송진우, 안재홍, 여운형, 유진태, 이
은상, 이인, 정인과, 조만식, 주요한 등 민족주의자 24명이 발기인
이 되어 총회를 열고 임원을 호선한 결과 인촌이 그 초대 관장에 추
대되어 취임하였다. 이어 동 사업을 활발히 진행하여 큰 성과를 거두
었다. 이런 일련의 사업은 모두가 인촌이 솔선해서 앞장선 민족문화
선양, 장려사업의 일환으로 동지들이 동조, 참여하여 혁혁한 성과를
거둔 것이다.

6. 손기정 선수의 우승과 일장기 말소의거

이미 언급하였듯이 1936년 독일 베를린에서 개최된 제 11회 세계
올림픽 대회 마라톤부문에서 한국의 양정고보생인 손기정 선수가 세
계 신기록으로 당당히 우승함에 전국이 열광하였다. 그러나 그의 국
적이 일본이었다는 사실에 한국인들은 모두가 답답해 하고 우울증에
시달리고 있었다. 동아일보는 손 선수의 사진을 신문에 게재할 때 가
슴에 달고 있는 일장기(히노마루)를 삭제하고 발행, 배포하여 미나미
지로(南次郎) 조선총독에 의하여 8월 27일자로 가차 없이 제4차 무
기정간처분을 당하였다. 총독당국에 정면 도전하였다는 괘씸죄에 해
당한다는 것이다.

한국학생인 손기정이 세계대회에서 우승하였다는 소식은 8월 10일
(한국시간) 오전 2시경 입전되어 모두 알아차리고 흥분의 도가니 속
에 빠져 있었다. 이 소식이 전해지자 광화문 동아일보사 앞에는 수백

명 이상의 독자가 비를 맞으며 손기정 선수 만세와 동아일보 만세를 연호하면서 열광하였다. 25) 이에 부응하여 동아일보가 태극기 대신 손 선수의 가슴에 선명히 나타나 있는 일본 국기, 히노마루(日丸)를 몇몇 사람의 의론을 거쳐 하루아침에 삭제해 버려서 큰 문제가 발생한 것이 곧 일장기 말소의거였다. 26) 손기정 선수가 아무런 표지가 없는 순백의 유니폼을 입고 시무룩하게 시상대에 서 있는 초라한 모습에 온장안의 시민이 다 경악과 절망감, 민족적 비애를 동시에 느꼈다. 27)

이미 여운형이 사장으로 있던 조선중앙일보가 이런 전철을 밟았다가 문제가 일어나 사태가 커지자 자진하여 폐간한 일이 있은 지28) 얼마 안 되어 유력지 동아일보사에서 이런 의거를 단행하자, 일제 당국은 격분한 가운데 좌시하지 아니하고 일제히 관련자의 검거로 맞섰다. 따라서 3개의 민족지는 이제 동아일보와 조선일보 두 신문만이 양립하게 되었던 것이다.

우선 이에 관련된 사진 담당기술자 백운선과 서영호, 사회면 편집기자 장용서와 임병철, 사진부장 신낙균, 미술기자 이상범, 운동담당기자 이길용, 사회부장 현진건 등 9명이 경기도 경찰부에 즉각 체포되었다. 주필 김준연도 한때 연행되었다가 훈방되었으며 편집국장 설의식은 부재중이어서 화를 면하였으나 곧 인책 사퇴하였다. 뿐만 아니라 월간지 〈신동아〉나 〈신가정〉도 신문에 난 이 기사를 그대로 인용 보도하여 문제가 발생했다. 신동아의 주간 최승만과 사진부의 송덕수가 연행되었다. 29) 신동아도 동 10월호부터는 무기휴간하기에

---

25) 〈동아일보〉, 1936. 8. 11.
26) 〈동아일보〉, 1936. 8. 25.
27) 〈삼천리〉, 1936. 11.
28) 이현희, 《조동호 평전》, 솔과 학, 2008, 59~88쪽.
29) 〈신동아〉, 1936년 9월호.

이르렀다. 〈신가정〉도 관련기사를 게재하여 역시 발간이 중단되고 말았다.

담당자 이길용이나 최승만은 끝까지 자신의 독단으로 이 같은 엄청난 일을 행하였으니 동아일보사와는 전혀 상관없는 일이라고 회사와의 연관성을 극구 부인하고 개인적으로 죄를 달게 받겠다고 나섰다. 개인이 책임을 지고 사퇴하겠다는 것이다. 자신에게 모든 죄를 씌워 책임을 물으라고 한사코 우겨댔다. 그 외의 인사는 아무런 관련이 없다고 부인하고 단독적으로 행한 것이라고

원래 이 사진엔 가슴에 일본기(일장기)가 들어 있었으나 동아일보에서 이를 말소하고 신문에 게재하여 이른바 일장기 말소 의거가 일어났다.

다시금 애써서 몇 번이나 강조하였다. 연루설을 극구 부인한 것이다. 자신들만 잡아가라는 것이었다.

사실상 손기정 선수의 열기가 의외로 큰 파장을 일으키자 일제는 긴장하고 경계와 증오로 가득 차 격찬하는 보도에 신경을 쓰면서 자제할 것을 여러 번 간절히 당부하기도 하였다. 그들은 일간지의 편집책임자들을 연일 소환, 문초하고 손 선수 기사에 각별한 주의와 자제를 당부하기도 하였다. 그러나 한국인들은 이에 상관치 아니하고 세계적인 대회에서, 그것도 세계신기록으로 우승하였으므로 더욱 흥분을 억누르지 못하고 있었던 것이다. 신문사 앞에서 큰 소리로 연호하였다. 온 국민이 손기정의 신드롬에 빠져 연일 흥분의 도가니 속에 몰입하여 모처럼의 자유로운 기쁨을 만끽하고 있었다. 나라 없는 비애 때문에 손기정 선수의 이 같은 큰 의거는 당시에는 더할 수 없는

270

기쁨이며 용약할 특급사안이었다. 손기정의 환희를 화제로 하여 찌들었던 민족의 기개를 환하게 펴기에 여념이 없었다.

의로운 일을 결행한 민족의 신문 동아일보는 그로부터 9개월간의 정간으로 소멸될 위기에 봉착하였으나 인촌의 끈질긴 인내와 자성 속에서 조용히 이성을 되찾고 기다리며 해금될 때까지 자제하고 있었다. 해간(解刊) 교섭에서 총독 당국은 동아일보사의 간부가 총사직하고 동아일보 지면의 철저한 대개혁을 단행해야 한다는 조건으로 맞섰다.30) 이러한 교섭 속에 사태를 조심스럽게 관망하다가 총독부 당국에서 논의를 충분히 한 뒤 다음 해 6월 3일자로 복간이 허락되었다. 여기에는 말 못할 사연이 너무나 많았다. 수난의 연속이었다.

따라서 제7대 동아일보 사장으로 민족지사 근촌 백관수가 취임하여(1937. 5 ~ 1940. 8) 일제말기의 악랄한 단말마(斷末魔)를 극복하면서 위기의 동아일보사를 이끌고 나갔다.31) 독립유공자다운 인내와 뚝심으로 동향인 인촌을 생각해서 십자가를 지고 나선 것이다. 그는 1940년 8월 강제 폐간당할 때까지 사장으로 끈기와 항전 속에 민족지 동아일보사를 굳게 지켰다. 인촌의 협력이 크게 영향을 미쳤다. 사주인 인촌도 이에 책임을 지고 1936년 11월 19일 취체역 자리에서 스스로 물러났다.32)

이어 그는 인수한 보성전문학교의 교장으로 다시 취임하였다. 교육자로서의 임무에만 충실하겠다는 결심 속에 학교일에 진력하였다. 그는 그것으로 울화를 억제하려고 매우 애를 태웠다. 동 11월 11일 사장이던 고하와 미국에 체류 중이던 부사장 설산(장덕수)도 자리에서 물러나고 말았다. 총독부의 입맛대로 해준 것이었다.

이 당시 사원들은 조선일보사나 기타 직장을 얻어 떠나갔는데 잡지

30) 〈삼천리〉, 1936. 9.
31) 〈동아일보〉, 1937. 6. 4.
32) 〈동아일보〉, 1937. 6. 23.

부 기자였던 소설가 이무영(李無影)이 지조를 지킨 회고담은 눈물겹다. 그는 여러 신문사에서 유치를 위해 끈질기게 유혹하였으나 지조를 지키며 동아일보사에 그대로 잔류하고 있었는데 어려운 처지로 끼니를 굶는 등 매우 심각한 생활의 위협과 곤란을 겪고 있을 때 누군가가 백미(白米) 한 가마를 보내왔다는 것이다. 그 출처는 20년이 지난 후에도 모르고 있었으나 아마도 동사의 고재욱이 보낸 것이 아닌가 한다는 것이다.[33] 혹은 뒤에서 도와준 인촌의 숨은 미덕인지도 모를 일이다.

　이로부터 일제는 더욱 군국 파시즘으로 돌변하여 극렬악독통치의 극치를 보여주었고, 한민족은 모두 일제에 순종을 강요당하는 죽음 직전 빈사상태로 빠져들고 말았다. 인촌이나 보전이나 동아일보나 경방이나 다 같이 숨을 죽이며 이런 압박과 신음상태에서 벗어나기 위하여 지혜를 짜기 시작하였다. 대신 인촌은 보성전문학교의 교장으로 취임(1937. 5 ~ 1946. 2)하여 학교 교육입지 업무에 전심전력을 다하는 한편 일제와의 대화와 정면대결로 인재를 육성하고 민족의 자존심을 지키는 일에 종사하게 되었다. 그의 처세술의 예지와 혜안에 감동한다. 그러나 그는 일제 당국의 지시나 부당한 간섭은 가차 없이 물리치는 선별적 용기와 담력을 보여주었다.

　인촌은 군자(君子)로 표현된다. 묵자(墨子)는 군자를 다음과 같이 말한다.[34]

　　날마다 굳세어지며, 그의 이상은 날로 높아지고, 그의 공손하고 장중한 품행 역시 날로 완전한 선(善)에 가까워진다. 군자의 도란 가난하면 청렴함을 보이고, 부유하면 의로움을 보이며, 살아 있는 사람에게는 사랑을 보이고, 죽은 이에게는 슬픔을 보인다. 군자의 이

33) 〈동아일보〉, 1955. 3. 3.
34) 《묵자》, 수신 편, 박문현 역, 지만지, 2008, 30쪽.

네 가지 행동은 헛되이 꾸밀 수가 없다.

인촌의 경우에 잘 해당하는 명언, 명구인 것이다. 인촌은 부유하여 의로움을 보였고 사랑을 베풀었으며 죽은 이에게는 한없는 슬픔을 나타냈던 것이다. 그것이 그의 감출 수 없는 최선의 예의였고 인망, 덕망이었다.

제4장 보전 교장 시절의 대일 항전

1. 중일전쟁과 일제의 최후 발악

1937년 7월 7일 일제는 베이징 교외의 노구교(盧溝橋)에서 인위적인 사건을 일으키면서 더욱 포학 악랄해져 중국대륙을 침략하기 위하여 전면전쟁에 돌입하였다.[1] 이것이 중일전쟁의 시초였다. 근촌 백관수가 동아일보사 제 7대 사장으로 선임된 지 약 2개월이 경과한 뒤였다.

그보다 앞선 1931년 9·18 사변(만주사변)을 계기로 일제는 국제연맹에서 탈퇴하였으며,[2] 1936년 2월 26에는 쇼와유신(昭和維新)을 내걸고 황도파 청년장교들이 작당하여 군부쿠데타 사건을 야기하였다(2·26 사건). 이때부터 일제는 군국주의 국가로 갑자기 변신함을 선언하면서 문민통치는 종말을 고하고 잔인무도한 무장 위주의 파쇼 국가로 나서서 분에 넘치는 세계제패의 야욕을 드러내 놓고 말았다.

이 시기에 한국에 대한 식민정책은 완전한 군국주의 경찰국가로 공포 속에 강압일변도로 전환하고 말았다. 이에 따라 우리의 말과 글도

---

1) 〈동아일보〉, 1937. 7. 8.
2) 〈동아일보〉, 1931. 9. 20.

탈취하면서 우리의 성씨마저도 일본식으로 '창씨개명'하게 하는 막장 정책을 실시한 것이다. 그들은 침략야욕을 실현하기 위하여 일제 파 쇼화에 앞장서게 된 것이다. 신사참배강요에 이어 조선사상범 보호 관찰령을 공포하여 반일애국인사를 가려 탄압하는 재료로 활용하였 다.[3] 가히 우리 민족성의 말살로까지 치닫게 된 것이다. 이른바 동 근동조설(同根同祖說)을 퍼뜨리며 고유한 역사와 문화민족인 한민족 을 일본에 동화시키려는 중대하고 몰염치한 음모가 만천하에 드러나 게 된 것이다.

문화민족주의자 인촌으로서는 기가 막힐 노릇이었으나 이에 항쟁 의 횃불을 높이 들 생각을 하면서 신문사를 독려하여 이의 과감한 시 정을 위해 논설이나 사설로 강하게 저항하였다. 정간을 당하면서도 의연히 언론항쟁에 앞장섰던 것이다.

더욱이 일제는 1938년에 들어와서는 조선어 교육을 중등학교에서 폐지하게 조치하여 큰 분란을 야기하였다. 신문에서는 이를 신랄히 비판하였다. 일제는 침략자를 위한 근로보국대 조직을 지시하였으 며[4] 같은 목적으로 국민정신 총동원 조선연맹이 창립되었다.[5] 총독 부는 교원 공무원에게 제복착용을 긴급지시하여 막강한 '군국의 제복 세계'로 한국인을 공포 속으로 유도했다.[6] 이 시기에 이광수 등 28명 은 사상전향서를 제출하여 빈축을 산 바 있다.[7]

국내에서 이 같은 일련의 군국화가 진행되는 가운데 해외에서는 이 런 일이 일어나고 있었다. 일제의 급습을 받은 중국정부는 1937년 12 월에 난징(南京)을 탈취당하여 30만 명의 국민이 학살당하는 만행을

---

3) 〈조선총독부관보〉, 1936. 12. 13.
4) 〈조선총독부관보〉, 1938. 6. 27.
5) 상동, 1938. 7. 2.
6) 상동, 1938. 7. 24.
7) 상동, 1938. 11. 23.

감수해야 했다(난징 대학살). 승승장구하던 일본군은 12월에 베이징
(北京)에 임시정부, 다음 해 3월에 난징에 유신정부를 각기 수립하였
다. 장제스(蔣介石) 국민당 정부가 중국인의 절대적인 지지를 받고
있는 차제에 일제의 이 같은 천인공노할 만행은 실로 인류의 공통의
적을 만든 셈이 되었으니 큰 실수임에 틀림없다. 일제의 큰 실수는
마침내 태평양전쟁을 유발하는 씻을 수 없는 범죄를 도발하여 궁극적
으로는 파시즘의 대 패전을 자초하게 된 것이다.

조선총독은 내선일체(內鮮一體)라는 미명하에 일본군을 황군(皇
軍)이라고 부르게 강요하였으며, 8월 30일에는 고등보통학교 규정을
개악하여 조선어와 한문 과목에서 한문을 삭제하는 만행을 자행하였
다. 이어 동 10월에는 황국의 신민서사를 두 가지로 만들어 각종 집
회에서 암송하게 강제하였다.[8] 일본 황국의 신민으로 삼으려는 음모
가 역력하였다. 2009년에 선종한 사랑의 사도 김수환 추기경이 일찍
이 동성상업학교에 재학할 때 학생신분임에도 '나는 황국신민이 아니
기 때문에 이런 것을 암송할 수 없다'라고 거연히 버틴 사실을 기억
할 필요가 있다. 당시 장면 교장이 이를 높이 평가하였다고 한다. 가
히 추기경이 될 자격이 있다고 본다.

일본군의 난징 입성식이 있은 12월 17일 조선 총독부는 각급학교
학생을 동원하여 가두행진과 제등행렬을 실시하도록 강요했다. 이
시기에 보전 교장이었던 인촌은 동아일보 사장실에서 이 같은 비극적
사태를 응시하고 나서 "(일제는) 중국이 얼마나 광활한지 모른다"라
고 개탄하였다.[9] 백관수 사장도 이에 맞추어 "총독이란 자가 저 행
렬이 장례행렬로 이어진다는 것을 잘 모르는 모양이로군!"이라고 맞
장구를 치며 심심하게 개탄하였다고 한다. 일제의 패망이 점차 다가

8) 이현희, "일제 말기의 전시동원 수탈정책", 《이태영교수 화갑기념논문집》,
　　1992.
9) 앞의 《인촌 김성수전》, 403~5쪽.

오는 소리가 들리고 있었다.

이 시기에 신사참배를 강요하자 이를 물리치고 시골로 낙향하거나 농장으로 은둔하는 우국지사가 늘어났다. 인촌도 그중의 하나였다. 경기도 연천으로 소개(疏開) 간 것이 그의 한 가지 돌파구의 예였다.

일제 말기에 들어오면서 일제당국은 유명인에게 방송이나 신문에 학병(學兵)을 선동, 유도하는 글을 쓰게 강요하여 지식인들을 괴롭히고 있었다. 이를 읽거나 집필, 발표하지 않으면 상당한 제재가 뒤따랐다. 업체는 문을 닫아야 하는 일까지 일어났다. 업체나 단체를 운영하는 CEO 급 인사들은 이 같은 성화에 못 이겨 겨우 시키는 대로 읽거나 쓰거나 할 수밖에 없었다. 인촌의 경우도 예외는 아니었다. 그는 방송국에 불려 나와서 써놓은 시국에 관한 원고를 읽게 되었는데 엉뚱하게도 물자절약의 선전을 하거나 유언비어를 조심하라, 건강의 비결은 이런 것이다 라는 등 비정치적인 계몽의 발언을 해 핀잔을 들었다고도 한다.

친일지 〈매일신보〉에 학병권유 기명 글을 집필한 것이 이때였다. 그것은 이미 유진오 등 여러분의 증언으로 그 신문사의 기자(김병규)가 인촌의 명의로 쓴 것임이 밝혀졌다. 우물우물하며 바보같이 말도 안 되는 소리를 할 수밖에 없었던 경우도 있었다. 그럴 때면 어느 정도로 적당히 꾸며대며 위기를 모면하곤 하였다고 한다. 어떤 경우라도 죽지 않으면 살기라는 말이 이때 크게 유행하였던 것이다.

2. 통곡 속의 동아일보의 강제 폐간

이 시기에 민간신문인 동아일보와 조선일보는 조선 총독부에 의하여 처음으로 자진폐간의 온건한 권유를 받았다. 그것이 1939년 12월 중순경이었다. 총독부는 곧 권유차원을 넘어 다음 해 2월 11일까지

자진 폐간하라는 시한부 강제명령을 발동하였다. 자진폐간 해산한다
면 여러 사람이 다치지 않고 자연스럽게 해결된다는 그럴듯한 해답까
지도 제시하면서 동아, 조선의 두 민간신문을 폐간하도록 압박하였
던 것이다. 그러나 이 말에 순순히 응할 인촌이 아니었다.

사태가 악화되자 일제당국은 이제는 권유차원이 아니고 강제 집행
하겠다는 우격다짐을 보인 것이다. 일제의 군국주의자다운 거칠고
험악한 일방적 행동이었다. 전시체제이니 물자절약을 위하여 신문사
문을 스스로 닫고 해산하라는 청천벽력과도 같은 '신문의 사형선고'
였다. 바로 이날은 일제의 건국기념일인 기원절이었다. 일본식 성명
의 강요(창씨개명)도 이날을 기하여 실시하게 되어 있었다. 궁지에
몰린 동아일보는 백관수 사장이 맡고 있던 편집국장직을 고정주의 손
자이며 일본 교토제대 출신인 고재욱에게 맡겼다(1939년 11월 1일).

일제강점기 언론의 가시밭길을 장장 20년 동안 꾸준히 걸어왔다는
것은 스스로도 대견한 일임에 틀림없는 것이다. 따라서 이를 자축하
려는 마음에서 동아일보 사원들은 모두가 축하 준비에 들어갔다. 창
간 20주년을 맞는 동아일보는 폐간의 우울증보다 오히려 축제 분위기
속에서 그 창간축하 준비에 여념이 없었다. 이것도 일종의 소극적인
저항의 한 가지 방법이었다. 인촌다운 소극적 저항의 한 수단이었다.
이는 폐간강요에 대한 강력하고 독특한 무언의 정면항거였다. 인촌
의 지시이기도 하였다. 실무자인 총독부 경무국장 미쓰바시(三橋孝一
郞)는 1940년 1월 15일 백관수 사장, 고문 송진우, 조선일보 사장
방응모를 자신의 관저로 초청하여 자진폐간을 설득 겸 강제 지시하였
다. 자못 기세가 등등하였다. 시국문제 등으로 언론은 하나로 묶을
방침이라는 일방적 통고였다.

인촌은 더 이상 버티지 못하고 작심한 듯 그 부당성을 퉁명스럽게
내뱉듯이 대꾸하였다. 10)

동아일보는 전 조선인의 입입니다. 우리는 그 위임을 받아 관리하고 운영할 뿐 아침저녁으로 동아일보를 기다리고 있는 전국의 수많은 독자가 있는 한 제 마음대로 폐간할 수가 없다는 말입니다. 저의 어려움도 이해해 주시길 앙청합니다.

피를 토하는 심정으로 정중히 고충과 그 부당성을 강하게 읍소하였다. 그의 발언은 차라리 절규요 통곡의 피나는 처절한 울음소리였다.

일제의 자진폐간 강요는 한국인에게 희망과 용기를 북돋아 주는 동아일보가 일제가 일으킨 분에 넘치는 세계침략전쟁 수행상 지극히 방해가 된다는 그런 괴변이었다. 이 두 신문이 저항일변도로 치닫고 있었으니까 그런 제재가 나올 법했다. 더 이상의 변명을 듣고 싶지 않다는 최후의 통첩을 내린 조선 총독부 당국은 마침내 동 8월 10일자로 폐간 통첩을 일방적으로 내렸다. 물론 그동안 인촌은 고하와 의논하고 일본 정계의 거물들을 심방하며 연명운동을 전개하였다. 로비를 편 것이다. 얼굴조차 대면하기 싫은 조선총독도 여러 번 심방하여 담론을 폈다. 그것이 친일을 위한 면담이 아닌 것은 자명한 일이었다. 그리하여 폐간일자 통첩인 동 2월 11일의 시한은 겨우 모면할 수 있었다.

조선 총독부는 얕은 수를 썼다. 어떻게 해서라도 동아일보를 이쯤해서 끝내겠다는 작심의 심리작전이었다. 그리하여 고안해 냈다는 것이 곧 동아일보사에 대해 이른바 경리부정 사건을 형사사건으로 급히 조작 날조하여 간부를 구속하면서 위협한 것이었다. 그들은 한편으로 기존의 동아일보 폐간 방침에는 변함이 없다는 강제의 철칙을 재확인하였다.

경리부정 사건이란 통제물자로 배급제를 실시하는 신문용지를 불법유출하였다는 엉뚱한 죄목을 찾아 뒤집어씌운 것이었다. 그것은

10) 앞의 《인촌 김성수전》, 412~414 쪽

파지에 불과한 사소한 문제였던 것이다. 김병로의 자제인 경리담당 김재중이 종로경찰서로 연행당하고 아울러 경리장부 일체를 압수당하였으며 동시에 경리부장 김동섭도 체포되었다. 이것이 이른바 '동아일보의 경리부정 사건'이라는 날조된 엉터리 사건이다.

이 사건이 실패하자 총독부는 송진우 명의로 예금된 금원은 독립운동자금이고 전국의 수백 개의 지사(지국)는 모두 독립운동을 위한 사전 비밀 하부조직이라고 모함하면서 이를 중국에 있는 대한민국임시정부에 송금할 것이라고 누명을 뒤집어씌워 사건을 조작, 확대, 선전하였다. 신문사를 대표하여 고하(송진우)를 잡아가서 혹독한 고문으로 빈사상태로 몰고 가기까지 했다. 종로경찰서에서 약식으로 개최된 동아일보 중역회의에서 백관수 사장은 폐간계에 서명하여 제출할 수 없다고 단연 버티고 거부하였다. 독립운동가다운 배포였다. 산전수전 다 겪은 근촌이 이런 위협과 공갈에 고개를 숙일 분이 아니었다.

일본 경찰은 투병 중인 임정엽을 발행인 겸 편집인으로 명의를 변경하게 하여 온 사원이 다 응시하는 가운데 8월 10일자로 폐간계를 눈물 속에 제출하게 했다. 동아일보사 내는 일순간 침통한 표정 속에 온통 눈물바다로 변하고 말았다. 동아일보는 1920년 4월 1일 화동에서 창간한 지 20년 만에 일제에 의하여 강제폐간의 크나큰 쓰라림을 맛보았다. 11)

이미 구속되었던 백관수, 송진우, 임정택, 국태일 등이 8월 초순에 석방되었고, 김승문, 김동섭, 김재중은 폐간 후인 동 9월초에 석방되었다. 일제당국의 철저한 보복의 연속이었다. 8월 10일 김한주가 눈물 속에서 쓴 처절한 폐간사는 이렇게 비장격월하게 이어지고 있었다.

---

11) 〈동아일보〉, 1940. 8. 10. 눈물의 폐간사.

〈동아일보〉 폐간사(1940. 8. 10)

본지 제6819호는 독자에게 보내는 마지막 지면이다. 1920년 4월 1일 창간 이래 20년 본보가 조선의 문화운동의 일익적 임무를 다하여 왔음은 독자제위의 뇌리에도 새로울 줄 믿는다. 당국의 언론통제 대 방침에 순응함에 본보는 한 됨이 없고 미련 됨이 없는 오늘을 맞이하게 되었으니 독자 제위도 서량(恕諒)하는 바 있을 줄 믿는다. 신문의 사명이 … 변전하는 시류에 비판적 태도와 부동의 지도적 입장을 견지하였다. … 그러나 한번 뿌려진 씨인지라 오늘 이후에도 또 새싹이 트고 꽃 위엔 또 새 꽃이 필 것을 믿어 의심치 않는다. … 독자제위의 심절한 편달과 애호에 충심으로 사의를 표하는 바이다. … 끝으로 20년간 본보를 위하여 유형무형의 지도 원조를 불석(不惜)하신 사회 각반 여러분의 건강을 심축하며 폐간의 사를 마치려 한다.12)

참담한 이 통곡의 인사말은 문자 한 자 한 자가 모두 차라리 민족의 피를 토하는 격원한 고별사와도 같은 그런 비장하고 충격적인 심중을 유감없이 이해하게 하고 있다.

---

12) 〈동아일보〉 1940. 8. 10, 김한주의 고별사, 앞의 《인촌 김성수전》, 419~420쪽 재발췌 인용.

3. 인촌의 해동 농장 은둔

애지중지하던 동아일보사가 일제의 악랄한 간교와 억압에 의하여 조선일보사와 같이 강제폐간되자 인촌은 며칠을 몸져누웠다. 마치 손과 발을 절단당해 선혈이 낭자한 것 같은 가엾는 통증을 맛보았다는 것이다. 인촌은 자신이 소유하던 동아일보사 주식을 모두 고하(古下)에게 양도하였다. 고하는 동본사(東本社)라고 하여 임대업으로 그 영업방식을 변경하고 회사를 겨우 유지 운영하였다. 간신히 목숨을 부지하기 위한 하나의 연명수단에 지나지 않는 참담한 고육지책이라고 이를 만한 일이었다. 처절한 일이라고 아니할 수 없었다. 1945년 광복과 함께 고하의 손에 들어간 이 주식은 고스란히 인촌에게 반환되었다.

인촌은 더 이상 서울에 머물다가는 연설, 방송, 글쓰기 등에 동원되어 어떤 봉변을 당할지 알 수 없는 비상시국이라 판단하고, 경기도 연천군 전곡면의 60여만 평의 황무지를 매입하여 땀 흘려 개척해서 비옥한 농장으로 탈바꿈시켰다. [13] 이를 해동농장이라 불렀다. 인촌이 늘 생각하고 있던 보전의 농림과를 설치 운영할 때 이를 그 시험 농장으로 활용해야 할 최적지로 알고 일찍부터 터를 잡아놓은 것이라고 할 만한 일이었다. 이 염원은 고려대학교로 발전한 뒤에 실현된다. 몇 십 년 앞을 내다볼 줄 아는 선각자의 뛰어난 혜안(慧眼)과 예지(叡智)의 안(眼)이 이런 큰 사업을 개척하게 한 것이다. 이것이 곧 그의 뛰어난 혜안성이라고 지칭할 만하다. [14]

이 땅은 풍광이 수려하고 경치가 뛰어나 인촌 가족은 물론 그의 친지, 친구에게도 개방하여 활용하게 하였다. 인촌은 이에 관하여 "이

---

13) 앞의 《인촌 김성수전》, 405~6쪽.
14) 한기언, 인촌의 입지; 교육입국의 이상, 동아일보, 앞의 《평전 인촌 김성수》, 1991, 151~195쪽.

는 나의 농장이지만 모든 것이 내 소유가 아니고 우리 모두의 소유인 셈이다. 그러니까 나를 아는 모든 이의 공동소유라고 함이 가장 타당할 것이다" 라고 공동소유라는 점을 애써서 강조하였다. 하나님이 주신 선물이므로 하나님의 소유일 뿐 주인이 따로 없다는 논리인 것이다. 가장 정당 공정한 해석이다.

아름다운 한탄강을 끼고 있는 이 해동농장은 코스모스가 만발한 코스모스동산이 되어 얼마나 수려, 찬란한지 모를 지경이었다. 전쟁의 폐허 속에서도 이런 아름다운 피난처가 있다는 것에 인촌은 하나님이 주신 큰 자연의 축복이요 은혜이며 큰 선물이라고 늘 감사의 마음을 품었다. 보성전문이나 중앙학교의 교직원들이 전쟁 말기에 기근으로 허덕이고 있을 때 이 농장에서 수확한 소출로 얼마간 연명해 간 것은 크나큰 하나님의 은총이 아닐 수 없었다. 이곳 농장에서 산출되는 쌀, 감자, 호박, 옥수수, 고구마, 수수, 고추 등은 곧 이들 인촌의 각급학교 교직원들에게도 분배하여 전시하 극심한 식량난과 물자난을 극복함에 크게 기여했다. 그것은 어려움에 처한 교직원들에게 삶의 생명수와도 같아 그들로 하여금 겨우 연명하게 해주었다. [15] 인촌은 광복 직전 피난 가라는 소개령이 발동되었을 때 연천지역에 30여 평의 소형 가옥을 마련해서 서화, 골동품 등 희귀중품을 그곳에 옮겨 전쟁의 참화를 모면하게 조치하였다. [16]

인촌에게 괴로운 강요가 밀어닥쳤다. 그것은 일본식 성명의 강요로 한국인 성명을 일본인식으로 개명하자는 국가적 음모였다. 창씨개명이었다. 동근동조론의 개화된 양상이라고 볼 수 있겠다. 전혀 다른 종류의 인간을 일본식으로 개편하자는 인공적인 음모의 총칭인 것이다. 이른바 일시동인(一視同仁)의 성은에 보답하는 길이 곧 창씨개명이라는 국가적인 재앙의 황량한 계략이었다. [17] 이처럼 강요에 못

---

15) 강동진, 《일본의 조선지배정책사연구》, 도쿄대 출판회, 1979, 157~9쪽.
16) 앞의 《인촌 김성수전》, 405~406쪽.

이겨 이를 실시한 지 4개월여에 전 호수 87%에 해당하는 32만 6, 105
호가 이를 강제적으로 준수하였다는 통계적인 성과가 나타났다. 이
를 이행하지 않으면 식량배급, 학교입학 등에서 가차 없이 가중한 불
이익을 가해서 부득이 하지 않을 수 없게 궁지로 몰아넣은 것이었다.
심지어는 자신도 모르는 사이에 호적에 이런 일본식의 성명으로 둔갑
한 경우가 허다했던 것을 발견할 수 있다. 18)

　　인촌은 물론 고하, 기당, 낭산(김준연), 근촌, 설산 등 인촌 주변
의 주체성 있는 유능한 핵심인물들은 이를 단연 거부하였다. 19) 그러
나 인촌은 이를 두고 누가 창씨개명을 하였다고 비난하는 일도 없었
으며 안 했다고 해서 칭찬도 하지 않았음을 감안하면 그의 격조 높은
인격을 평가할 만한 일이라고 아니할 수 없겠다. 그것이 곧 그의 예
지성, 선견성이라고 평한 것을 눈여겨볼 수 있겠다. 20)

　　시국이 날로 각박해지자 '보전'의 시설 확충공사도 자연 중지할 수
밖에 없었다. 일본이 지시한 물자절약 차원이었다. 침략전쟁이 막장
으로 접어들자 일제가 전쟁승리를 위한 최후수단으로 군용물자 확보
에 혈안이 되면서 물자난이 극심해졌기 때문이었다. 일제는 한국인
에게 이를 떠맡기면서 놋대야, 놋사발, 수저, 제사용품 등 금붙이를
강제로 공출강탈하기까지 했다. 이 전쟁에서 패한다면 낭패가 이만
저만이 아니기 때문이었다. 어떤 수단을 동원해서라도 침략전쟁에서
만은 승리해야 하는 것이 그들의 최후의 수단과 목표였다. 패망한다
면 나라 전체가 여지없이 거덜 나기 때문이었다. 한국을 영구히 지배
하고 세계강대국으로서 살아남아야 했기 때문에 최후의 수단을 구사

---

17) 미야다(宮田節子), 《조선민중과 황민화 정책》, 미래사, 1985, 189~209쪽.
18) 고바야시(小林英夫), 《대동공영권의　형성과　붕괴》,　오차노미스　쇼보,
　　　1975, 46~89쪽.
19) 앞의 자료, 409쪽.
20) 한기언, 앞의 논설 참조.

인촌의 생정(生庭)모친 고 씨 부인

하지 않을 수 없었다.

그러던 중 1938년 6월 8일 인촌의 생모 장흥 고 씨가 향년 77세를 일기로 세상을 떠나셨다. 아들로서의 슬픔이 얼마나 큰지 몸을 가누지 못하고 한동안 멍하니 앞을 응시할 뿐이었다. 충남 논산군 벌곡면 덕곡리에 모셨다가 1959년 4월에 지금의 서울시 도봉구 방학동으로 이장하여 오늘에 이르고 있다.

4. 일제패전의 분위기와 최후의 발악, 보복

1942년 5월 9일 일제는 한국 청년들을 잡아갈 명목으로 강제징병령을 제정하여 이를 다음 해 8월 1일부터 시행한다고 널리 공포하였다. 6월 5일 미드웨이해전에서 일제는 항공모함 4척이 여지없이 격침당하는 참패를 맛보았다. 2개월 뒤인 8월 7일 미군은 솔로몬 군도의 과달카날 섬에 상륙하여 6개월간의 격전 끝에 1943년 2월 9일 이를 완전 점령하고 일본군을 격멸하였으니 이는 남태평양을 향해 힘있게 진격함을 개시한 승리의 청신호였다. 독일군과 소련군은 스탈린그라드에서 혈투를 계속하다가 1943년 2월 2일 30만 명의 독일군이 마침내 소련군에 항복하고 말았다.

전세가 점차 유엔군에 유리하게 돌아가고 있었다. 파시즘의 패배가 눈앞에 어른거리게 된 것이다. 동 7월 10일 연합군이 시실리 섬에 상륙하여 전세를 가다듬기 시작함으로써 연합군의 승리가 눈앞에 전개되고 있었다. 마무리 단계에 온 것이 아닌가 하는 승리의 청신호를 알려 주는 것 같았다. 그리하여 9월 8일에는 이탈리아가 견디지 못하고 동맹국 중 먼저 손을 들고 나왔으며, 11월 미군과 영국군이 아프리카에 상륙하여 독일 기갑부대를 대파함으로써 전세는 이미 결판이 난 셈이었다. 11월 27일 카이로에서는 '카이로 선언'이 크게 공포되어 세계를 경악하게 하고 자유분위기로 들뜨게 하였다. 이는 미국의 루스벨트 대통령, 영국의 윈스턴 처칠 수상, 중국의 장제스 총통 등 3거두가 이집트 카이로에서 만나 정상회담을 열어 이끌어낸 것이었다.

압박받던 약소국가국민들은 자유분위기가 감돌아 환희의 탄성을 올렸다. 은둔해 있던 한국의 유지들도 한숨을 내쉬며 "한국의 독립도 멀지 않았다"며 조심스럽게나마 축제분위기에 휩싸였다. 카이로 선언은 '야만적인 적국에 대하여 가차 없는 압력을 가할 결의를 표명하며', '제 1차 세계대전 이후에 일본이 탈취한 태평양에 있는 모든 도서를 박탈하고 만주, 타이완, 펭호도 등 일본이 청국으로부터 받은 모든 지역을 중화민국에 즉시반환하게 하며', 그 외 '조선인민의 노예상태에 유의하여 적당한 시기에 조선을 자유롭고 독립된 나라로 만들 것' 등을 공약하고 있었던 것이다.

한민족에게 이런 고무적이고 큰 복음이 또 어디에 다시 있을 수 있겠는가. 인촌도 경악을 금치 못했다. 세계강대국 수뇌들의 이 같은 합의에 전적으로 박수를 치고 용약하였다. 인촌은 일본 외무성 관리 장철수로부터 이런 고무적인 소식을 전해 듣고 아연 희열을 면치 못하였다고 전해진다.

그런 와중에 1943년 5월 29일 무단파인 육군대장 고이소(小磯國昭)가 제 7대 미나미 지로 조선총독의 후임으로 제 8대 조선총독에 부임하여 1944년 7월까지 임기를 채웠다. 일제는 작전상 11월에 동양침략을 효율적으로 통치하기 위하여 종래의 척식성을 폐지하고 조선과 타이완의 통치는 내무성에서 일괄하여 전담 관할하게 조치하였다.

국제정세의 약화를 만회하려는 교묘한 계산에서 국내정세의 돌파구
를 찾기 위해 어떤 주목을 끌 수 있는 사건을 불러일으켜야 했다.

　이렇게 국제정세가 미국과 영국의 승리로 굳어져 가자 11월 1일에
최현배 등의 조선어학회 사건이 야기되었다. 눈에 보이는 최후의 발
악이라고 표현할 수 있다. 조선어학회는 어디까지나 학술연구단체에
지나지 않았던 것인데 이를 트집 잡아 탄압한다는 것은 어느 모로 보
나 억압이자 보복임에 틀림없는 사안이었다.

　이때 조선총독부는 인촌이 조선어학회의 사업 중 중요한 조선어편
찬사업에 거액의 자금을 조달해 주었다는 사전정보사실을 알아차리
고 트집을 잡기 시작했다. 인촌은 동아일보사가 이 민족어의 국자(國
字)의 개척사업에 거금을 투자하여 직접 실천하고 그들을 고무 격려
하였다는 혐의로 불려가 상당한 곤욕을 겪었다. 2009년에 선종한 김
수환 추기경이 "인촌은 극기와 겸양의 자세로 세인에 모범을 보이고
스스로 마음을 비움으로써 천하 인재들의 마음을 산 것"으로 보았듯
이 덕망이 큰 인촌의 위대함이 바로 여기에 있었던 것이다. 21)

　때문에 일제는 신경을 곤두세우고 이를 문화사업이 아니라 정치단
체로서의 민족의식의 고취와 독립운동이 아니냐고 눈을 부릅뜨고 책
상을 내리치며 큰소리로 따져 물었던 것이다. 인촌이 초대 조선기념
도서출판관장을 지냈던 것도 다 이와 관련이 있는 것이라고 연계하여
혐의를 두고 일부러 덮어씌우려는 날조수작을 벌였다. 22) 그리하여
11월 1일 학회의 간부인 이윤재, 한징, 이극로, 이희승, 정태진, 김
법린, 김도연, 정인승, 이인, 서민호, 이석린 등 어학 관련자 30여

21) 김수환, "김수환 추기경의 인촌 50주기 추모사", 《인촌을 생각한다》, 동아
　　일보사, 2005, 26~31쪽.
22) 이현희, "민중문화운동으로서의 조선어학회", 《인문과학연구》 2, 성신여대,
　　1984.

명을 일거에 검거하여[23] 동 학회를 독립운동단체로 규정하고 이 학회를 일거에 폐기하려 음모를 꾸몄다.

인촌은 이 사건에 인촌이 깊이 간여하였다는 것을 염두에 두고 있던 경무국 보안과장 야기(八木)라는 기분 나쁘게 생긴 자에게 큰 시달림을 받았다. 야기라는 자는 인촌이 직접 이 학회에 돈을 대주었다는 증거가 있다며 실토하라고 고문과 우격다짐을 자행했다. 그자는 말이 궁해지자 인촌을 그의 집으로 모시고 가서 술대접을 하였다. 분위기를 부드럽게 하여 자백을 받아내자는 교묘한 수작이었다. 그 뒤에 조선어학회 사건은 더 이상 추궁하지 않았으나 이런 극진한 대접은 일부러 같은 한국인들을 이간책동하려는 수작이었는지도 모를 일이다.[24]

1943년 8월 1일부터 조선 총독부에 의하여 조선징병령이 단행되었고 12월에는 실제로 한국의 장정을 침략전쟁터로 잡아가기 시작하였다. 일제는 이보다 앞선 10월 20일 징병이나 학도병이란 미명하에 특별 지원병제라는 명목으로 한국의 젊은이들을 침략의 군문(軍門)에 일괄하여 몰아넣고 말았다.[25] 11월 14일에는 학도병에 지원하지 않은 학생은 강제 휴학시켜 징집하기로 결정하였다.[26] 이보다 앞선 11월 8일에는 학도병에 지원하지 않는 학생에게 징용영장을 발부하여 경각심을 불러일으켰다.[27]

일제는 학생들을 효율적으로 징집해 가기 위하여 잔머리를 짠 결과 이런 묘안을 냈다. 한국사회의 명망 있는 유명한 인사들을 강제로 친

---

23) 이현희, "일제강점시대의 파주", 《파주시지》, 제2권, 2009, 파주시, 306쪽.
24) 앞의 《인촌 김성수 전》, 425~428쪽.
25) 〈조선총독부관보〉, 1943. 10. 21.
26) 〈조선총독부관보〉, 1943. 11. 15.
27) 상동, 1943. 11. 10.

일파로 조작하여 함께 다 죽이겠다는 물귀신 작전이 이때 최선의 아이디어로 떠올랐던 것이다. 이에 따라 일제는 기울어가는 국제정세를 예의 주시하고 몸을 뒤로 피하며 주저하고 있는 저명한 명사에게 강연이나 글을 쓰게 강제하여 선전자료로 활용하려는 음모를 계획했다. 무명인사보다는 유명인사의 설득강연이 훨씬 효과가 있다고 판단한 것이다. 물론 하나의 기관장이며 한국인이 존경하는 인촌에게도 침략전쟁을 승리로 이끌기 위하여 학도출진을 격려하는 연설을 강요한 것은 당연했다. 유명인사의 말 한마디가 무명의 인사 수백 명보다 훨씬 파급효과가 있다고 판단한 것이다. 물론 그 대상에 인촌 등이 빠질 리가 없었다. 오히려 가장 우선적으로 손꼽은 것이다.[28]

이를 모면하기 위하여 인촌은 전곡의 농장으로 숨어버렸다. 병을 핑계로 두문불출의 의사를 강력하게 표하였다. 그러나 그것이 안 통할 수도 있었다. 그리하여 대중강연을 위하여 끌려간 것이 춘천이었다. 여기서 같이 간 현상윤과 짜고 마음에 없는 연설로 그 자리를 모면하려 하였다. 먼저 연단에 선 인촌은 "이 사람은 대중연설을 할 줄 모릅니다. 다음에 나와서 말씀하는 분의 말이 곧 나의 말과 같다고 생각해 주시길 부탁드립니다"라고 한마디 한 뒤 황급히 연단을 내려왔다. 이어 올라간 이는 설산이었다. 그러나 그것으로 서로 짠 인촌의 시국강연의 책임이 전부 면제된 것은 아니었다.[29] 오히려 더 이상하게 보고 수상하다는 신호를 보내고 끈질기게 인촌을 괴롭힌 것이다. 급기야는 그 후유증이 다음과 같은 보복성 조치로 구체화되었다.

1944년 1월 22일 총독부 기관지 〈매일신보〉에 '보전 교장 김성수 담'이라는 글이 나왔다. "징병이 닥쳐왔다. 군인원호사업에 한층 분발하자"라는 기사가 눈에 보였다. 이 기사에 이어 담당기자가 계동 자택을 찾아와서 제자들을 학병으로 보낸 보전교장으로서의 감격을

28) 김운태, 《일본제국주의의 한국통치》, 박영사, 1986, 234~44쪽.
29) 앞의 《인촌 김성수전》, 자료, 430~432쪽.

글로 써달라고 조르는 것이었다. 아울러 이는 신문사의 청탁이 아니고 총독부의 지시라고 위협했다. 자못 위협과 공갈이 뒤섞인 강제 권유였고 안 들으면 그대로 자신들의 뜻대로 하겠다는 최후의 위협적인 통첩이며 강제적인 언사였다. 그 기자가 "청년들이 전장에 나가게 된 것은 현실이 아닙니까" 라고 하며 "남은 우리는 그 가족을 도와야 하지 않겠느냐"고 한 것에 그저 그렇다고 고개를 끄덕인 것뿐이었는데, 이를 각색하고 윤문하여 학병 권유의 글로 둔갑하여 신문에 크게 보도된 것이다. 30) 이것이 뒤에 크게 문제화된 것이다.

이것이 이른바 친일혐의를 받게 된 주요 원인이 되었던 것을 간과할 수 없겠다. 이는 이미 밝혀졌듯이 친일신문인 〈매일신보〉의 김병규 기자의 조작이며 창작품임이 만천하에 드러나고 말았다. 이는 장을 달리하여 상술할 예정이기에 여기서는 이 정도로 생략하기로 한다. 인촌은 하도 어이가 없어 그 신문에 항의의 메시지를 강하게 보냈으나 이미 쏟아진 물과 같아서 별다른 효과는 거두지 못하고 인촌은 친일의 누명과 곤욕을 벗어나기 힘들게 되고 말았다.

5. 보전의 경성척식 경제전문학교로의 강제추락

더 기가 막힌 것은 인촌이 그렇게도 애써서 키우고 가꾸었던 자손과도 같은 민립대학으로서의 출발이었던 보성전문학교가 하루아침에 '경성 척식 경제전문학교'로 몇 십 배의 깊은 낭떠러지로 격하, 침체, 추락되는 크나큰 수모의 연속을 쓰라리게 경험하였던 것이다. 인촌으로서는 일생일대의 큰 수모요 최대의 치욕이라고 아니할 수가 없었다. 며칠을 뜬눈으로 하얗게 지새우고 말았다는 것이다. 인촌은 난감

---

30) 〈매일신보〉, 1944. 1. 22.

하기 짝이 없었다. 기어코 해결해야 하는 큰 문제에 봉착한 것이다. 그때가 일제 말기인 1944년 4월의 어느 날이었다.

보전과 함께 사립 연희전문학교도 '경성 공업경영전문학교'로 개칭 되어 그 학교 관계자들이 경악을 금치 못하고 항의와 변경을 요청하 는 '연희인들'의 큰 소동도 있었다.[31]

이즈음 관할 서울 동대문 경찰서 고등계 주임이 친일파 거두의 자 제를 보전에 입학시켜 달라고 청탁한 일이 있었다. 인촌은 기가 막혔 다. 교장인 인촌은 "누구를 막론하고 대학 입학은 성적순으로 허가하 는 것입니다. 성적이 부족하면 누구라도 불허할 수밖에 없습니다" 라 고 하며 어떤 자의 청탁이라도 단연 거부하고 말았다. 고등계주임도 이런 거절에 어찌할 바를 몰라서 씩씩대며 그냥 돌아가고 말았다. 이 에 동교의 척식과장인 현민 유진오에게 인촌은 이런 의미심장한 말을 남겼다고 한다.[32]

사람은 무슨 일에 집착하면 안 되는 것입니다. 성심껏 해보다가 안 되면 단념하는 것이지요. 일에 집착하여 의(義)를 굽힐 수는 없는 것입니다.

이 시기의 국제정세를 살펴보면 일제가 벌인 전쟁도도 머지않은 장 래에 패전으로 종결될 조짐이 농후하게 나타나고 있었다. 1944년 2 월 8일 일제는 한국인 청년들에게 대대적인 징용을 전면적으로 실시 하여 무고하고 순진한 한국의 청년들을 침략전쟁의 총알받이로 몰아 적진으로 깊숙하게 끌고 가고 말았다. 한국청년들의 등을 지옥 속으 로 마구 떼민 것이다. 이런 야만적인 인권유린의 경우가 또다시 이 밝은 세상에 있을 수 있겠는가 싶어진다. 6월 8일 연합군은 노르망디

31) 오세창, "일제 말기의 식민지 정책", 《한국사》 22, 국사편찬위원회, 1976.
32) 앞의 《인촌 김성수 전》, 435~6쪽 경향신문, 1955. 2. 24.

에 상륙하여 전세를 가다듬고 있었으며, 6월 15일에는 미군이 사이
판 섬에 상륙하여 전열을 가다듬었다.

　이 같은 압력에 굴하여 7월 18일 일제의 도조(東條) 내각이 퇴진하
였다. 7월 25일에는 제 9대 조선총독에 아베(阿部信行)가 부임하여
1945년 8·15 일제의 참혹한 패전 때까지 재임하였는데, 이자에 이
르러 일제는 패전의 쓴맛을 톡톡히 맛보았다. 침략자의 최후가 어떤
것인가 하는 실증이 이렇게 어김없이 백주에 구체화된 것이다. 그러
므로 8·15는 결코 일제가 말하는 종전(終戰)이 아닌 패전이다. 그런
망발을 발설하는 자는 우리의 빈축을 살 것이다. 그것은 여지없는 일
대 패전(敗戰)의 참상인 것이다. 침략자의 최후가 비참무도하게 결과
하며 혹독한 처참 극렬상태로 나타나는 것을 약여하게 보여준 하나님
의 부동의 섭리라고 평가할 수 있겠다. 33)

　1944년 10월 20일 미군은 더글러스 맥아더 장군에 의하여 필리핀
레이테 섬에 상륙하여 그들을 구원해 주었으며, 11월 24일 미군 전폭
기 B 29가 일본의 수도 도쿄를 비롯하여 주요 도시를 맹폭함으로써
일본은 거의 잿더미가 되어 전의를 상실했고, 항복해야 그나마도 국
민들을 살릴 수 있다는 여론이 강력하게 비등하여 항복할 것을 암암
리에 압력을 받아 궁리하고 있었다. 인촌도 이것을 짐작하고 있었다.
1945년 4월 일본은 오키나와를 점령당하였으며, 8월에 들어와 6일
히로시마와 9일 나가사키 두 곳에 원자탄을 맛보고서는 수십만 명이
대학살을 당하자 완전히 전의를 상실하고 말았다. 34) 항복의 그날이
곧 닥쳐올 것으로 믿는 사람들이 늘어나기 시작하였다. 유럽에서 전
쟁을 종결한 소련이 중립조약을 파기하고 8월 9일 대일전에 동참하여
미국 등 연합군의 승리는 시간문제였다.

　인촌은 이런 수모 외에도 갖은 협박과 엄청난 상상을 초월하는 친

---

33) 최문형, 《제국주의시대의 열강과 한국》, 민음사, 1990, 167~77쪽.
34) 김대상, 《일제하 강제인력수탈사》, 정음사, 1975, 1002~22쪽.

일적 협력을 강요받았다. 일본이 한국인의 협력을 받기 위해 내놓은 아이디어는 모조리 인촌에게 적용되었다고 볼 수 있다. 그가 영향력 있는 유명인사였고 이 시기에 한국민족의 큰 지도자였기 때문이었다. 그러나 일제 말기에 인촌은 그렇게 만만하게 당하고만 있지 않았다. 인촌의 위대한 방어의 묘책이 특이하게 보이는 이유이다. 35)

"밀알 하나가 땅에 떨어져 죽지 않으면 한 알 그대로 남아 있고 죽으면 많은 열매를 맺는다"36) 라고 작고한 김수환 추기경이 말하였듯이 일제말기 인촌의 경우 밀알이 많은 열매를 맺었다고 할 수 있다. 인촌이 결국 이에 해당하는 것이다. 그의 인격자로서의 위대함이 바로 여기에 있는 것이다.

6. 인촌의 작위 거부와 일제의 패망

인촌은 일제 침략 말기인 1944년 말 일본이 한국인과 타이완인의 처우개선을 내세우며 1945년 1월 통상의회에서 귀족원법과 중의원 의원법의 개정을 의결하여 4월 1일자로 공포 실시하였음을 알았다. 이것이 한국인을 회유하거나 일본인화하려는 엄청난 친일파 양산의 음모임을 알아차렸다. 이에 의하면 한국인 중 10명 내외의 귀족원 의원을 임명하고 차기 총선에서 23명의 중의원 의원을 선발한다는 것이다. 이는 한국인과 타이완 주민이 제국의회의 의원이 되는 길을 열고 일본국정에 동참하게 한다는 고육적이고 친일적 회유책이었다. 이를 칙어로 발표하였다. 일본은 그것이 한국인의 일본화로의 대전환을 의미한다고 믿고 있었다. 상당히 배려한 것으로 알라는 생색내기식

---

35) 이현희, 《한국현대문화사논고》, 동화문화사, 1973, 234~45쪽.
36) 〈요한복음〉, 12-24.

의 말투였다. 누가 원하지도 않았는데 말이다.

　동년 2월이었다. 일본 총독부의 정무총감 엔도 류사쿠(遠藤柳作)가 집무실로 인촌을 초청하여 한국인에게도 참정권을 부여한다면서 인촌에게 남작의 작위를 수여하고 귀족원 의원으로 천거하겠다고 말했다. 총독이 인촌을 특별히 추천하였다는 것이다. 영광스러운 자리이니 잔소리 말고 그대로 받아들이라는 엄명인 것 같았다. 그러니 얼마나 울산 김씨 가문의 영광이라는 말인가 하는 공치사가 개재되어 있었던 것이다. 그렇게 만든 자신의 공로도 그에 덧붙였다. 따라서 아무에게나 다 주는 것이 아니라는 말도 잊지 않았다. 선별하여 우수한 협력자에게만 은사가 주어진다는 소름끼치는 말도 잊지 않고 덧붙였다. 그런 영광을 수용하라는 것이다. 거절한다는 그런 겸양의 말은 필요가 없다는 것이다. 이런 경우는 일방적인 감투의 분배이니 가문의 영광이 아니겠느냐는 거듭된 공치사의 위협적 장광설이었다. 소가 웃을 일인 것이다.[37]

　인촌은 그것을 받을 자격이 없다고 일언지하에 정중히 거절하였다. 자신도 일본의 개화사상가인 후쿠자와 유키지같이 무관(無冠) 무위(無位) 속에 평생을 지내고 싶다는 생각을 힘주어 강조하였다. 4월 3일 일제는 귀족원 의원 7명을 발표하였으나 완강히 거절한 인촌의 성명은 누락되어 있었다.[38]

　인촌은 일제 말기 온갖 회유와 협박 설득에도 굴하지 않고 경륜가로서[39] 인의를 생활신조로 삼은 안목과 식견을 갖춘 의인(義人), 대인으로서의 고고 청아한 굳센 한국인의 자세를 흩트리지 아니하고 일제와 소극적인 저항의 자기 진지를 구축하고 싸운 결전의 용사였다.

37) 강동진, 《일본의 조선지배정책사연구》, 한길사, 1980, 223~34쪽.
38) 역사학회, 《일본의 침략정책사연구》, 일조각, 1984, 167~77쪽.
39) 유진오, 〈신동아〉, 1976, 4 인촌 서거 21주기 추모 강연록 참조.

인촌은 심지어 "우리 학교의 문을 닫아도 좋다"라는 새로운 각오 속에 경륜가로서의 자세를 의연히 지키고 바른 말로 일제에 대항했다.[40] 나는 한국인이란 점을 인식해달라는 주문이었다. 실로 힘겨운 투쟁의 연속이었다고 할 수 있다. 웬만큼 투철한 지사(志士)가 아니고서는 견디기 힘든 일을 과감히 집행 결단을 내린 것이다. 아무나 그렇게 쉽게 이 같은 어려운 길을 갈 수는 없는 것이었다. 인촌 특유의 뚝심이 그 중간에 우뚝 섰던 것이다. 겸손 속에서도 그가 주장하고 실행한 것은 얼마나 강렬한 것이지 모를 지경이다. 인촌의 인촌다움을 바로 그런 면에서 찾아볼 수 있다. 그는 인덕에서 오는 확연한 자세를 견지하면서 불복종의 항일투쟁을 지속적으로 수행하며 힘겹게 참된 가톨릭 크리스천으로서의 바람직한 자세를 원만히 지켜 나갔다.

인촌은 측근의 권유로 비록 늦게 깨닫고 그리스도인이 되었으나 그의 종교적 실천력은 대대로 이어온 기독교 집안의 전통보다 더욱더 강렬하였고 현실적으로 신실하였다.

그의 소극적 불복종의 저항은 인도의 간디로부터 영향을 받았을 것으로 간주된다. 그와의 왕래 서신이 있음을 감안하면 그런 추론이 가능해지기 때문이다. 때문에 현민이 지적하였듯이 인촌의 겸손 속에 무사(無私) 무욕(無慾)의 가르침에 모두가 승복하였다고 할 수 있다.[41] 유명한 좌우명으로서의 인촌의 움직일 수 없는 담박명지(談泊明志)가 바로 그 속에 자리 잡아 존재하고 있는 것이다.

---

40) 유진오, "겸손 무욕 무사의 가르침", 《인촌을 생각한다》, 인촌 서거 50주기 추모집, 2005, 124~130쪽.
41) 위의 책.

仁村金性洙

제4부

한민족
광복과
정국 운영

제
1   민족의 광복과 한민당의 창당
장

1. 광복 전야

1905년 일제와의 원천무효인 한국 외교권 박탈을 전제로 한 을사
늑약(제2차 한일협약) 이래 40여년을 국내외에서 항일 민족독립투쟁
을 신명나게 펼쳐온 2천만 한민족은, 대한제국 이래 무국적 상태이던
1919년 천도교의 총수 의암 손병희 등 민족대표 33인에 의한 거국적
인 3·1혁명을 통해 그해 4월 국제도시인 중국 상하이에서 최초로 성
문법에 의한 3권 분립의 민주공화국인 대한민국임시정부(大韓民國臨
時政府; 1919~1945)를 수립했다. 임시의정원(국회; 초대의장 이동녕)
의 제1회 회의를 통해 국호를 '대한민국'이라 명명하고 이때 건국하
여 대한제국을 청산한 뒤 민주공화국이 된 것이다.[1] 이 시기가 사실
상 대한민국의 실질적 건국이었다. 물론 법통성은 갖고 있었으나 실
효적 지배는 하지 못한 한계성이 있음을 부인하지 못한다.

1948년 8·15의 헌법적 건국은 역사적 평가와 사리에 맞지 않는
다. 그것은 국내외에서의 민족독립운동이 국가단위로서의 중심주체
가 그 내외를 통치, 통할하고 이후 전심전력하여 독립투쟁을 혈전으

---

1) 이현희, 《대한민국임시정부사 연구》, 제1권, 1983, 집문당, 서론, 결론
  참조.

민족의 광복풍경(1945.8.16. 서대문 형무소 앞)

로 전개하고 마침내 1945년 8·15 민족의 광복으로 결실을 맺은 것
이다. 따라서 우리는 피로서 국가를 다시 찾은 것이다. 그것이 비록
제2차 세계대전 승리의 결과라고 해도 우리 국민의 민족독립에 대한
끈질기고 강한 집념의 민족적 신앙으로 이를 희생 속에 달성하게 된
것이다. 2)

　여기에 한민족의 위대함이 담겨 있는 것이고 그렇게 평가해야 한
다. 비록 나라가 없어서 주체를 상실한 채 실효적 지배의 통치는 순
조롭지 못하였으나 지역적 제한 속에 성문 헌법에 의하여 변혁 속의
혁명성을 발휘하여 한민족의 법통성을 유지관리하면서 국가의 기본
인 헌정을 유지했다. 이 점이 일제 강점하의 한국이 국가적인 주체로
서의 정통 맥을 이어 온 법률적 실체였고 자긍심의 발로이기도 한 것
이었다고 평가한다. 3) 1948년 8월 15일은 대한민국정부가 수립되었
음을 내외에 선언한 역사적 의미가 주어지는 것이다.

2) 나사니엘 페퍼, 《한국독립운동의 실상》, 1920, 39~45쪽.
3) 국사편찬위원회, 《대한민국임시정부 자료집》, 2, 2008, 45~78쪽.

　돌아보건대 1941년 12월 미·일 개전인 태평양전쟁 때는 충칭(重慶)에 수도를 정하고 있던 임정도 이에 참가하여 대독일 선전포고에 이어 대일 선전포고로 연합군의 일원의 자격을 갖추고 국제전에 참여하였던 것이다. 충칭에 재류하던 김구 주석 등의 임정은 그 직할의 정규 단일무장부대인 7백여 명 규모의 한국광복군을 1940년 9월 17일에 충칭시 가룽 빈관에서 성립하여 장제스 총통의 후원 하에 정규군대로서 참전의 결의를 다짐하고 대일 전투에 소규모적이나마 참가, 승리하는 용기와 성과를 세계 자유인 앞에 과시하였다.

　우리 임정이 비록 중국의 지원을 받고 있는 영세성을 면치 못하였으나 우리민족은 5천년의 유구한 역사와 전통을 가지고 있는 문화민족으로서의 위상을 정립하고 자부심을 견지한 채 세계전쟁 중의 일원으로서 교전국이란 자격의 자긍심을 갖고 있었다. 미국의 협조 속에 광복군이 국내정진(挺進) 작전을 독수리 프로젝트에 따라 결행할 순간에 떨리는 목소리의 일본 왕의 포츠담 선언을 수락한다는 무조건 항복이 우리의 국제적인 발언권을 봉쇄당하게 만들고 만 것이다. 애석하기 짝이 없는 국제적인 최악의 사태를 연출하고 만 것이다.

　바꾸어 말하면 일제의 무조건 항복이 김구 임정주석이 인솔하는 정규군인 광복군의 국내정진 작전의 디데이보다 얼마간이나마 빠르게 종결되어 우리의 임정은 국제적인 발언권을 얻지 못하여 애석하게도 대외적으로 발언할 기회와 자격을 상실하고 말았다. 4) 김구가 "땅이 꺼지고 하늘이 내려앉은 듯싶은 한없는 비통함을 느꼈다"고 《백범일지(白凡逸志)》에서 고백, 실토한 것은 이와 같이 격변하는 국제정세에 능동적으로 대처하지 못한 우리의 실책에 있다고 평가하는 의미인 것이다. 이런 격변의 국제관계의 역작용이 국제적으로 고아가 된 우리의 현실을 잘 증명하고 있는 것이다. 5)

---

4) 최문형, 《제국주의시대의 열강과 한국》, 민음사, 1990, 267~89쪽.
5) 김구, 《백범일지》, 서문당, 1999, 212~8쪽.

1942년 이래 기세 좋게 반격에 나선 미국 등 연합군은 다음 해 9월 동맹국 중 이탈리아를 손들게 하였고, 12월 이집트 카이로에서 3개국 대표가 모여 장제스의 조언에 따라 그 선언을 통해 적당한 시기에 독립할 수 있다 라는 중대한 결의를 표명하여 한민족을 열광의 도가니로 몰아넣었다. "한국인의 노예상태에 유의하여 적당한 시기에 자유독립국가로 할 것을 결의하여" 한국의 해방에 관한 첫 국제공약을 문서적으로 받아낸 것이다. 〈동아일보〉와 〈조선일보〉 등의 순수 민간신문이 1940년 8월 일제에 의하여 침략전쟁 수행과 한글말살 책동에 희생되어 강제폐간되었으므로 이 같은 특호활자로 광포될 톱뉴스를 국민에게 선언적으로 발표하지 못한 것이 못내 아쉬운 사안이었다.

2. 일제의 패전과 한민족의 광복

1945년 5월 독일도 이탈리아에 이어 과분한 욕심을 드러내 놓다가 맥을 못 추리고 항복하여 파시즘 국가 중에서는 야심 많은 일제만이 외롭게 홀로 남게 되었다. 7월 포츠담선언에서 한국의 광복 분위기가 더 성숙, 구체화되어 갔다. 일본 내 두 도시에 원자탄이 3일 간격으로 잇달아 투하되어 파괴당하면서 수많은 인명의 살상을 당한 전쟁말기의 일제가 잿더미 속에 완전히 전의를 상실하고 항복할 순간에 소련이 일・소 불가침 조약을 무시하고 8월 6일 만주와 북한 지역으로 단독 중무장한 채 침략해 내려왔다. 일제는 속수무책이었다.

8월 10일 임정(臨政)의 노력으로 장제스 총통이 나서서 한국의 압제적 실정을 잘 모르던 동맹국 미국과 영국을 설득하여 한국의 독립 문제를 문서적으로 보장하게 되어 일제가 포츠담 선언을 무조건 수락하기로 내부 방침을 정한 뒤 아베(阿部信行) 조선총독은 항복 후의 조선 내에서의 치안유지와 60만여 명의 재조선 일본인들의 신변안전과 재산 등을 도모하기 위하여 유력한 지도적 위치에 있는 한국인을 물색하여 치안을 요청했다. 6)

조선총독부의 고위층은 먼저 인촌의 의중이기도 한 고하(古下) 송진우를 통해 서울일원의 치안을 부탁하면서 최대한 협조를 구하였다. 정권의 이양도 동아일보 팀을 고려할 것이라고 언질을 주었다. 그러나 다 같이 정권인수 교섭을 받은 몽양(夢陽) 여운형이 생각을 달리하고 선편을 쳐서 이에 적극 가담하여 치안문제에 개입하려 하고 부진하였던 정권인수 문제를 앞당겨 고려하게 되었다. 사실상 일제말기에 정권을 독차지하려고 제스처를 쓰자 이를 응시하던 고하는 몽양의 개입에 불만을 품고 인촌이나 자신은 충칭(重慶)에 체류하고 있는 법통성의 핵심에 있는 3·1혁명의 주체세력인 김구 등 임정세력이 나라의 정통성이 있고 온 국민이 그들을 존경하고 있으니 귀국하는 대로 연합군과 함께 그들에게 정권을 인수하라고 함이 순리이며 국가장래를 위한 대의명분에서도 사리에 합당하다면서 몽양의 선 개입을 몹시 꺼려하였다. 평소 몽양과 친한 인촌도 고하의 명분 있는 의견을 존중하고 그의 견해를 따르도록 하였다.

따져보면 몽양은 임정시기(1919~1945)에 내각에 깊숙이 참여하였음에도 방해세력 때문에 능력은 있었으나 높이 평가받지 못한 것을 안타깝게 생각하고, 7) 광복 이후 이번 기회에 이전 임정 27년 동안의 부진했던 정치참여를 만회할 것을 마음먹고 단단히 착목하게 된 것이다. 따라서 이번 기회에 절호의 정권획득의 기회가 왔다고 환호한 것이다. 그동안 주도권을 잡지 못하고 소외되어 내심 매우 서운해 하고 있을 때였으므로 이번 기회에 그런 실수를 만회하고 선편을 잡아 일

---

6) 〈조선총독부관보〉, 1945. 8. 11.
7) 이현희, 《대한민국임시정부사 연구》, 제 2권 혜안, 2004, 211~26쪽.

제의 협력을 얻어 권력의 첨단에서 한번 정권을 거머쥐자는 심계가 주어졌다고 판단할 수 있다. 정권을 누구보다 앞장서서 잡자는 야심을 드러내 놓고 이를 강력히 추진하였던 것이다.

몽양은 동아일보의 인촌과 고하를 만나 상당한 권한을 부여하겠으니 일본인을 위한 후방의 치안문제를 맡아달라고 애원하였다. 그러나 고하는 이 다급한 제안을 거절하고 말았다. 고하는 그 길로 인촌을 만났다. 고하는 여운형이 나서는 것도 못마땅하여 충칭에 있는 우리의 임정이 돌아오면 그들에게 정통성이 있으니 그 일행이 귀국한 다음에 정권인수 문제는 논의해도 늦지 않을 것이라고 좀더 시간을 두고 시국을 관망해 보자는 타당한 사실을 인지하게 하였다. 한국의 정권은 일본으로부터 인수하는 것도 아니었다. 정확히는 전쟁의 승전국인 연합군으로부터의 인수가 우정 속에 정당성 객관성을 갖는다고 믿고 있었다. 일제말기 고하의 권유로 경기도 연천에 거처를 마련하고 그곳에 임시로 소개했던 인촌에게는 신변안전을 위해 자중자애 할 것을 당부하였다. 일제가 쫓겨 가면서 어떤 흉측 무도한 광기(狂氣)어린 돌발작태를 연출할지 몰라서 인촌의 신변을 우려한 나머지 연천농장으로 피난갈 것을 강력히 권유하여 인촌은 즉시 연천으로 내려갔다.[8] 인촌을 극히 아끼는 고하의 충심어린 충고가 정당성을 갖는다고 본다.

서울에서는 8월 15일 정오 히로히토 일본 왕의 떨리는 라디오 목소리로 잘 들리지도 않는 잡음 속에 일본의 무조건 항복사실을 알렸다. 확실한 내용을 정확히 알아들은 사람은 많지 않았다. 설마 일본이 항복할 수 있을까? 하는 의구심 때문에 망설이는 이가 대부분이었다. 이 날부터 서대문 형무소 등 전국 각 형무소에서 독립운동자를 포함하여 2만여 명 내외의 재소자가 석방되었고, 전국 각지에서는 열광적

---

8) 앞의 《인촌 김성수 전》, 461~4쪽.

인 해방의 기쁨을 만끽하는 환호성이 장안 곳곳을 온통 뒤덮었다. 자유만세의 거센 물결이 전 시가지를 누비며 대한독립만세를 연창하였다. 모든 한국국민은 이제부터 한국은 완전 자주독립국가가 되었다고 기뻐 날뛰고 있었다. 누구 하나 그에 관하여 의심할 일이 전혀 없었다. 열광의 물결이 전국에 걸쳐 출렁거렸다. 누구나 완전한 나라의 독립이 올 것으로 열광 속에 기대하고 있었다. 미·소가 상호작용하여 만들어진 원한의 38도선 문제는 안중에도 없었고 상상 밖의 일이었다. 그것도 곧 없어질 것이라고 굳게 믿고 있었다. 거의 무정부 상태 속에서 서울에는 누가 조직하였는지 모르게 여러 가지 조직이 나타났다. 치안유지회, 자위대, 보안대, 자치대 등 여러 가지 명칭을 띤 자발적인 치안유지를 위한 사설 임의단체가 결성되어 시간을 다투면서 각 지역별로 구역을 맡아 질서유지를 자청하고 나섰다. 9)

40여 년 만의 해방을 맛본 감격의 한국국민들은 미·소의 국제적 작용은 생각지도 않고 곧 완전한 독립이 달성될 수 있다고 흥분 속에 기대하고 있었으나 미·소의 국제적인 역학관계로 인하여 우리의 완전 자주독립은 즉시 오지 않았다. 오히려 민족적 비극이 우리를 맞았다. 남북분단의 고통이 한국국민을 영구히 괴롭히게 된 것이다.

3. 연천의 인촌숙소와 상경

1945년 8월 15일 정오의 연천은 다른 날과 같이 조용히 점심때를 맞고 있었다. 지루하리만치 무더운 여름 날씨로 괴로움을 당하고 있었다. 해방의 그날이 언제 올지, 아주 아니 올지도 모른다는 비극적인 상념에 젖어 있던 인촌은 거의 지쳐 있었다. 기운도 나지 않았다.

9) 김대상, "9·15 직후의 정치현상", 《변혁시대의 한국사》, 동평사, 1979.

불확실성의 세상에 살고 있었기 때문이다. 인촌은 간간이 고하(古下)의 소식을 듣고 일제가 곧 항복할 것이라고 막연히 알고 있었을 뿐이었다. 그것이 8월 11일이었다.

말복이 지났건만 무더위는 여전하였다. 잔서(殘暑)가 기승을 부리던 시기였다. 신나는 그런 기분 좋은 시원한 소식이 없자 찌는 듯싶은 더위는 더 심한 것 같았다. 인촌도 더위에 지쳐 무슨 시원한 소식이라도 없을까하고 서울 하늘만 응시하며 기약 없이 기다리고 있었다. 애지중지하던 동아일보가 없어졌으므로 더욱 우울하고 산만하고 지루한 나날들이었다. 이날도 바람 한 점 없는 가운데 무더위가 기승을 부렸다. 며칠 전 말복이 지나갔는데도 찌는 듯싶은 더위는 조금도 꺾일 줄 모르고 있었다.

우정의 사절 고하의 권유에 의하여 신변 안전상 급히 연천 농장으로의 피신이 이루어졌으나 그것도 안심되지는 않았다. 여느 때처럼 말이다. 인촌은 그 이후 여러 차례 여러 요인들과 함께 암살의 위협 속에 불안한 세월을 보내게 되었던 것이다. 이날따라 어떤 흉측스러운 보복의 사태가 연출될는지 아무도 모른다면서 더 지방으로의 소개의 독촉이 심한 고하의 권유에도 서울에서 좀더 가까운 연천 농장으로 내려온 것이다. 아무래도 인촌은 해방 후 조국에서 자신이 무엇을 해야 할지를 깊이 염두에 두고 있었음을 암시하고 있는 것이다.

자중자애하던 인촌은 이날 일왕의 중대방송을 듣고 자신의 귀를 의심하였다. "혹시 내가 잘못 들은 것은 아닐까" 하고 일단 시간을 갖고 관망 자세를 취하였다. 매스컴이 없던 시대라서 궁금증은 한층 더 심각하였다. 시국이 하도 수상하여 눈물을 글썽이며 착잡한 마음을 정리하지 못하던 인촌은 일왕의 항복 소식에 "끝내 이 민족은 다시 살아났구나! 하늘이 우리민족을 버리지 아니하셨구나! 하느님 감사합니다!" 하고 하늘을 우러러보며 감격하여 두 손을 맞잡고 고개를 들어 고마움을 표하였다. 그는 말을 잇지 못하고 눈물만 흘렸다. 그의 나이는 어느덧 55세라는 중년기에 접어들었다. 부인이 옆에서 서울로 올라가야 하지 않겠느냐고 옷소매를 잡고 독촉을 해도 그는 묵묵부답이었다.

아무리 다급해도 서두르는 일이 없는 신중한 인촌이었다. 그리하여 군자라고 했던 게 아닌가 한다. 일제강점 하 35년간 여러 개의 민족 기업체를 경영하면서 얼마나 큰 곤욕을 치렀다는 말인가!

군자는 마음이 평탄하다고 하지 않았는가? 너무나 의외의 기쁜 소식에 기가 막혀 말문이 열리지 않았다. 감격하니까 그저 눈물만 주르르 흘러내리고 있었던 것이다. 바로 옆에 누가 있어도 전혀 의식할 수가 없었다. 감격이 계속되면 그런 현상이 일어나는 모양이다.[10] 그래도 인촌은 예의가 있었다. 예는 행동을 절제하고 욕망을 조절하며 관계를 조화롭게 한다. 용모로만 나타나는 예법이 그 근거가 되는 이치를 의미하기도 한다. 《논어》 태백(泰伯)편의 이런 귀한 말을 귀를 기울여 듣고 이해해야 한다. "공손하되 예가 없으면 고달프고(恭而無禮則勞), 신중하되 예가 없으면 두려우며(愼而無禮則葸), 용맹스럽되 예가 없으면 문란하고(勇而無禮則亂), 강직하되 예가 없으면 박절하다(直而無禮則絞)"고 교시한 바 있다. 이 시기에 인촌의 경우에서 이런 의미를 새삼 깨닫게 된다.

인촌은 여유 있게 "나라를 이끌 정치는 고하가 맡을 것이고, 나는 학교일에만 전념하겠으니 그리 아시오"라고 말하면서, 정치는 하지 않고 교육사업에만 전심전력한다는 그런 교육자적인 심중을 합부인 이아주 지사에게 털어 놓으면서 광복과 더불어 이런 각오가 섰던 것이다. 그러나 고하의 갑작스러운 피격 사망으로 인촌은 정치라는 불가피한 선택을 할 수밖에 없었던 것이다. 일제침략 시대를 벗어나면서 인촌은 벌써 자신의 갈 길을 스스로 정한 것이다. 교육입국 즉,

---

10) 앞의 《인촌 김성수 전》, 463~465쪽.

교육을 통한 구국의 길이었다. 그의 본령은 정치가 아니고 교육이었다. 그 스스로를 교육자로 자처하고 있었던 것을 감안하면 이런 그의 자기주장이 명확하게 특립(特立)되고 있음을 아는 것이다.

처음부터 정치하고는 담을 쌓은 인촌이었다. 정치는 불가항력적인, 그러니까 불가피한 선택이라고 표현함이 타당할 것이다. 어쩔 수 없는 운명적인 선택의 일이었다. 인촌은 또 정치할 그런 권모술수의 생김새도 아니었다. 정치를 하려는 전문가는 어떻게 보면 허우대가 그럴듯하게 생겨먹어야 한다고들 말한다. 남 앞에서 거짓말도 번드르르하고 그럴듯하게 해대야 모두 그런가 하고 넘어간다는 것이다. 그런 면에서 인촌은 그런 설처대는 자기홍보형의 인물도 또 모습도 아니었다. 꽁생원 같기도 하고 밭 냄새 나는 촌부(村夫)의 순후한 시골멋을 벗어나지도 못한 설익은 그런 순박한 편에 속한다고 보면 큰 실례가 아닐까 하는 생각도 든다. 스스로 과장하여 '자가발전'하는 그런 자만형의 타입도 아니었다. 오늘날에는 전혀 어울리지 않는 정치가의 타입일 것으로 본다. 그가 정치에 용심하였다면 일제가 패망할 시기에 몽양같이 사적인 정치조직을 생각하였을 것이고, 조선 총독부 당국과의 밀착도 고려하였을 것이다. 그리하여 일제 당국으로부터의 정권인수 판에 나서서 기웃거렸을 것이기도 하였다.

그러나 인촌은 어딘가 달라보였다. 단지 묵묵히 실천하고 남의 뒷바라지나 하겠다는 것이 애초 인촌의 고정된 인생철학이기도 하였다.[11] 어느 곳에나 고개를 반짝 쳐들고 나서지 않는 것이 그의 본태성 처세철학이기도 하였다. 인촌이 고하에게 "자네는 어떻게 할 셈인가"라고 물었을 때, 고하는 "나야 세상이 뒤바뀌는 것을 지켜봐야 하지 않겠나" 하였다. 정치에 관심이 있다는 간절한 의미의 목마른 대답이었다.[12] 그것이 결과적으로 빗나갔지만 인촌의 경우 당초에는

---

11) 〈동아일보〉, 1924. 10. 23.

12) 동아일보사, 《인촌 김성수; 인촌 김성수의 사상과 일화》, 1988, 261~3쪽.

교육자로서의 순후 무구한 일생을 보낼 것이라는 각오였다. 이것이
소박한 인촌의 그다운 자연스런 천연적 생각이었던 것 같다. 평소의
그의 주의와 주장이 이런 일에 몰두하고 싶어하였기 때문이다. 조용
하고 남을 밀어주는 것을 사명감으로 삼았기 때문이다. 평생 동지 고
하도 인촌의 인생철학을 너무나 잘 알고 있었기 때문에 그의 이런 소
신을 그대로 믿고 따르려 하였다.[13]

그는 학교교육 전반에 관한 일 중에서도 학교교육은 전문학자에게
맡기고 자신은 골동품을 보관, 유지, 관리하는 박물관장이면 그런 선
에서 대단히 만족할 것이라는 작은 소원을 말하곤 하였다.[14] 억만장
자다운 자만어린 소유주의 생각이 아니었다. 이를 통해 고려해 보건
대 인촌은 특출한 인격의 인물이라고 우리는 정의짓고 싶다. 얼마나
소박하고 검소하고 간결 질박한 범부(凡夫)의 소망이며 포부라고 아
니할 수 있겠는가 하는 것이다. 인촌은 우남(雩南; 이승만)이 자신을
국무총리에 지명하지 아니하고 조민당의 이윤영을 지명하여 한민당
원이 모두 격분하고 그를 성토할 때도 묵묵부답에 오히려 성토하는
같은 당원들을 앞장서서 적극 만류하고 자제하며 이성을 되찾으라고
설득한 인격자이기도 하였다. 어느 누가 그런 절박한 한계 상황 속에
서 금도(襟度) 있는 아량을 발휘할 수 있겠는가? 현민 유진오가 회고
하고 지적하였듯이 그는 진정으로 군자나 의인, 경세가가 아니면 이
르지 못할 그런 다시없는 속 넓은 경지의 인격자요 위인이었다. 그러
니까 인격자로서의 인촌을 다시 한 번 평가하게 하는 대목이다.

인촌은 합부인과 같이 해방을 맞고 이틀 후 서울로 향하였다. 인촌
이 경원선의 초만원 열차를 이용하여 상경한 것은 8월 17일이었다.
열차내의 일본인들은 모두가 굽신거리고 하라는 대로 하는 등 8·15

---

13) 고하선생전기편찬위원회, 《독립을 향한 집념; 고하 송진우전기》, 동아일보
　　사, 1990, 430~4쪽.
14) 앞의 《인촌 김성수; 인촌 김성수의 사상과 일화》, 동아일보사, 262~4쪽.

308

이전 하고는 그 태도가 완전히 달라져 있었다. 오히려 처연하게 보였다. 나라를 잃으면 이런 수모를 당한다는 사실을 우리 국민들은 너무나 잘 경험해 알고 있었다.

건국준비위원회(建國準備委員會; 건준)가 여운형에 의하여 결성된 다음날이기도 하였다. 그 본부가 들어선 지금의 안국동 풍문여중 앞은 온통 인산인해로 입추의 여지가 없었다. 그곳을 건국준비위원회 본부건물로 사용하고 있었기 때문이다. 이 시기에는 유언비어도 난무했다. 모두가 근거 없는 그런 헛소문으로 온통 장안이 뒤숭숭하던 무렵이었다. '카더라'라는 통신의 악영향이라고 볼 수도 있겠다. 소련군이 서울에 들어온다, 일본군이 치안을 다시 장악하였다는 등 어수선한 분위기는 해방의 기쁨하고는 동떨어진 믿지 못할 뜬소문에 지나지 않았다. 시국이 불안정했기 때문이다.

4. 건국준비위원회의 결성과 인촌

인촌과 고하에게 일본군과 일본 거류민이 한국을 떠날 때까지 그들의 신변과 치안을 부탁하려던 총독부의 계획도 고하의 거절로 실패하자, 이번에는 1944년에 비밀결사 건국동맹을 유정 조동호(1892~1954)와 같이 비밀리에 조직하여 지하에서 활동하던 여운형과 조동호 등에게 접근하였다.[15] 그 장본인이 곧 엔도 류사쿠(遠藤柳作) 정무총감이었다. 정치지향적인 웅변가이고 풍운아인 카이젤의 멋쟁이인 몽양은 사실상 임정 이래 정권에서 멀어진 것을 매우 애석하게 생각하며 절치부심(切齒腐心), 앙앙불락하고 있었는데 이렇게 정권포착을 위한 외적인 절호의 기회가 오자 이를 놓칠 리 없었다. 아무리 조

15) 이현희, 《조동호 항일투쟁사》, 청아출판사, 1992, 78~99쪽.

건이 까다롭다 해도 그는 기어코 일제 당국자와 담판하고 자신이 직접 나서서 정권인수에 중심을 잡으려 안간힘을 쓰고 있었다. 정무총감을 그의 관저에서 만난 몽양에게 일제당국자는 곧 소련군이 서울에 들어올 것 같고 한강을 경계로 미·소 양군이 남북으로 38선을 그어 분할 점령할 것 같다는 불확실한 사실을 알려주고 이들이 서울에 입성하기 전에 정치범을 석방할 것이니 그럴 경우에 대비하여 국민적 혼란 속에서도 치안유지에 적극 협력할 것을 간절히 요망한다고 설득하였다.

이에 몽양은 내심 매우 흡족해 하면서 조건을 내걸었다. 정치범과 경제사범의 석방, 3개월간의 식량 확보, 조선인의 치안유지 노력과 건국활동에 간섭하지 말 것 등 5개항을 요청하였고, 다급해진 조선총독부 측은 이를 수락하였다. 엔도 정무총감이 몹시 급하였던 것이기에 이를 그대로 수정 없이 수락한 것이다. 현실적으로 살아갈 방도가 더 급박하게 압박하고 있었기 때문이다. 그들의 다급한 정세의 동향을 살펴볼 수 있는 비상정황이었다. 추방당하는 일본인들을 다치지 않고 원만히 일본으로 호송해야 하는 큰 국가적 문제가 남아 있었기 때문이었다.

다급해진 엔도 정무총감은 마음에는 잘 안 내키나 자신들이 더 다급해진 이상 난문제를 수용하지 않을 수 없었다. 이에 합의하고 그렇게 이행할 것도 아울러 재확인해 주었다. 이 같은 어려운 시기에 누가 나서서 그들의 요청을 수락할 수 있겠는가 싶어진다. 마치 몽양이 전체 한국국민을 대표하는 양 알고 있었으며 정무총감도 시일이 급박하게 돌아가고 있으니 그런 대표성 유무의 사실조차도 확인할 시간적 여유가 없었기에 그대로 수용한 것이다. 자국민의 보호가 우선순위였기 때문이다. 이 시기에는 고하가 아니더라도 한국인 중 유력 지도자라고 인정하면 그에게 전적으로 매달릴 생각을 굳히고 있었다. 그러니까 한민족의 지도자 중의 하나인 몽양도 그에 적격자라고 믿은 것이다. 더욱 그는 조동호 등과 이미 1년 전에 건국동맹을 양평과 서울 경운동에서 비밀리에 결성해 놓고 은밀히 활동하고 있었지 않았던가?[16]

홍분한 몽양은 몇 번이나 입맛을 다시며 반복하여 고하를 그의 가까운 자택 원서동으로 심방하고 건준 활동에 적극적 협조를 요청하였다. 고하가 인촌을 대신하여 유력한 해방정국의 지도자 중 한 분이었기 때문이다. 그러나 고하는 이런 일에 먼저 나서서 앞뒤 안 가리고 설쳐대며 권력을 장악하려는 몽양의 눈먼 심보가 마음에 들지 않아 협력을 거부하였다. 더욱 고하가 협력하였다 해도 언제 고하를 소외시킬지도 모르는 그런 형국이기에 고하같이 신중하고 현명한 정치가가 몽양의 들러리 꾼으로 전락할 권유에 선뜻 나설 인물이 아니었던 것이다.

이것이 여의치 않자 몽양은 안재홍을 권유하여 함께 일하도록 합의했다. 몽양이 건준 위원장이 되고 민세는 부위원장으로 나선 것이다. 민세는 부위원장으로서 방송에도 출연하여 온 국민을 상대로 정국운영의 묘안을 짜내기도 하였다. 이리하여 건준은 큰 기대 속에 결성되었다. 8월 21일 현재 전국에 약 150여 개의 지부가 결성되어 곧 건국이 닥쳐올 것으로 알고 준비에 열을 올리고 있었다.

그러나 정권은 일본으로부터 인수인계하는 것이 아니고 법통성이 있는 임정과 세계대전에서 승리한 연합군으로부터 인수하는 것이 국제적인 순서이며 정당성을 갖게 되는 것이다. 파쇼국인 일본은 패전당하여 본국으로 추방당하는 신세를 면치 못하고 있었다. 이 건준에 처음에 순수한 좌익만 가담한 것은 아니고 좌우합작적인 균형의 인물이 동참하였다. 건준의 정부위원장의 구성을 보면 알 수 있다. 그러나 뒤에는 몽양이 공산당원들에게 이용만 당하는 형국이 되어버리자

---

16) 이현희, 《유정 조동호 평전》, 솔과 학, 2008, 123~36쪽.

우익에서는 건준을 공산당원들이 우글거리는 집단이라고 규정하고 마구 좌경으로 몰아간 것이다.[17] 그리하여 우익인 안재홍도 중도에 탈퇴하고 대신 좌익의 허헌이 그 자리를 대신하였다. 처음에는 몽양이 공산당들을 이용하여 자신의 정치적 야심을 어느 정도 충족시켜가는 것으로 미소 속에 계산하여 우익을 제압한다는 생각을 하였으나 반면에 공산당원들은 오히려 자신들이 야심 많은 몽양을 교묘히 이용하여 민족진영을 교란시키고 몽양은 단지 간판으로 삼아 이용만 하고 정국의 대세를 압도할 것으로 전혀 다른 음모를 꿈꾸고 있었던 것이다. 이 같은 엉뚱한 의외의 사실을 공산당원들은 용의주도하게 계산하고 나온 것이다. 몽양은 이용만 당했다고 보아도 족한 것이다.

몽양과 절친한 인촌은 정치적 성향으로 볼 때 몽양을 구해내기 위하여 고하에게 건준에서도 공산당원들과 구분하여 사리를 잘 판단하게 설득하고 충고하여 정확히 알아듣도록 일러주었던 것이다. 인촌이 연천에 소개되어 있을 때는 그곳까지 찾아줄 정도로 가깝게 지낸 사이였다. 몽양하고는 그가 조선중앙일보 사장을 지낸 같은 항일투쟁가이며 언론계의 동업자이기도 하였기에 가깝게 지내고 있었는데 건준을 통해 좌익으로 기울어 이용만 당하고 있다는 안타까운 소식을 설산 등 동료로부터 듣고 그를 구제하고자 노력한 것이었다.

그러나 몽양은 자신이 오히려 공산당원들을 배후에서 조종, 이용하고 있다고 호언장담하고 믿었으나 자신이 장악한 결사인 건준을 활용하지 못하고 오히려 이용만 당하고 끝내는 야만적인 테러로 숨지게 되었다. 공산당원들은 여운형과 절친한 원서동 그의 이웃에 사는 홍증식의 가택에서 몽양을 앞세우고 뒤에서 적극적으로 적화(赤化)운동의 추진을 암암리에 결의한 것이다.[18]

해방과 함께 공산당은 상하이파의 이영을 중심으로 한 장안파와 이

해방정국 초기의 박헌영과 여운형

시파(伊市派)의 박헌영(1900~1956)의 재건파가 쟁투하였으나 국내 공산세력의 중추세력인 박헌영이 장안파를 압도하고 8월 20일 8월 테제를 통해 조선공산당을 재건하였다. 이는 경성 콤그룹을 재건한 것이다. 그는 김일성에 의하여 1956년 7월 19일 57세를 일기로 총살형을 당하고 말았다.[19] 김일성에게 이용만 당하고 만 것이다.

자신을 이용하려는 공산세력과의 쟁투사실을 전혀 파악하지 못한 몽양은 끝내 자신의 정치적 입지를 구축하지 못한 채 1947년 7월 19일 서울 중심지에서 매우 애석하게 피살되고 만다.

집념 강한 한 애국지사의 애처로운 불의의 사망을 응시하게 되는 것이다. 사실상 해방직후 정국에서 민족, 공산지도자 중 가장 인기가 있었던 인물이 조사결과 몽양 여운형으로 집계되었다.[20] 따라서 건준에서는 이강국, 최용달, 정백 등이 주도권을 잡고 몽양은 간판에 지나지 않았음을 알게 된다.

---

19) 임경석, 《이정 박헌영 일대기》, 역비사, 2004, 476쪽.
20) 1945년 11월 선구회의 여론조사에서 몽양이 가장 많은 지지찬성표를 얻어서 1위의 인기를 마크하였다. 다음이 이승만이었다.

5. 남북으로의 분단, 38도선의 획정과 인공의 출발

　해방이 되던 해 8월 말경 조선군관구사령부는 미군사령부의 지령
에 의하여 조선은 북위 38도 선을 경계로 미·소 양군이 남북으로 분
할 점령한다는 포고를 발표하였다. 한민족에게는 청천벽력과도 같은
충격의 소식이었다. 연합군 최고사령부는 9월 2일 조선반도의 분할
점령을 정식으로 발포하였다. 소련군은 9월 22일경 평양에 들어와
각도에 인민위원회를 조직하고 소련군 사령관 치스챠코프의 관할 하
에 두고 남한 공산당에게 지령을 내려 여러 가지 어처구니없는 약
탈·강간·폭행·파괴 등 흉포한 야만행위를 자행하였다.[21] 신의주
반소반공운동도 모두 이런 배경 하에서 일어난 것이다.[22]
　동 9월 8일 존 하지(John Hodge) 중장 휘하의 미 8군 제24군단이
인천에 상륙, 9일 서울에 입성하여 일본군 대표와 조선총독의 항복문
서를 접수하였다. 더글라스 맥아더 원수는 미 태평양방면의 총사령
관으로 남한에 미군정을 실시한다고 선포하였다. 하지 중장은 아베
조선총독을 해임하고 아키볼드 아놀드(Archibald V. Arnold) 소장을
미 군정장관에 임명하여 그로부터 군정이 실시된 것이다.
　이 시기에 건준은 좌파 허헌을 부위원장으로 교체임명하고(9월 4
일) 공산당의 노선을 선명하게 표방하며 동 6일 약진을 위하여 건준
해소를 발표하였다. 9월 8일 미군이 들어온다는 것을 알아차리고 정
권을 미리 수립해 기정사실로 고정해 버리려는 야비한 수단의 일단이
었다. 뿐만 아니라 공산정권 창출을 인정해달라는 억지주장을 펴려
고 객관성이 없는 기만정책을 쓴 것이다.
　그들은 9월 6일 오후 9시경 경기여고 강당(재동, 현 헌재)에서 1천

21) 이현희 편, 《독립통일운동 사료집》, 1, 1989, 국토통일원, 153~214쪽, 김
　　인덕의 증언 참조.
22) 앞의 자료, 214~248 쪽 조동영의 증언.

여 명의 전국인민대표자회의를 개최하고 이른바 조선인민공화국(인공) 수립을 공포하였다. 23) 이는 어디까지나 불법단체에 불과한 것이었다. 여기서 인민위원 55명, 후보위원 20명, 고문 12명을 뽑고 중앙인민위원회를 결성하였다. 그들이 법통성과 전통이 없는 것을 만회하기 위한 불법적인 수단으로서의 전국적인 공개적 회합이라고 크게 선전한 것이다. 이는 어느 모로 보나 집회자체가 구성요건을 구비하지 못한 불법적 집회로서 원천무효인 것이다.

이 회의에서 인촌은 자신도 모르는 사이에 문교부장에 선임되었다. 24) 이날 인공 조직법안을 상정하여 축조심의하고 통과시켰다. 그 당시 인공 측에서도 인촌의 위치를 알 수 있는 상황인식으로 문교부장에 선임한 것이다. 그가 교육계에 종사하고 있었던 사실을 공산당원들도 익히 알고 있었기 때문에 그를 사전에 양해도 없이 타의로 인공의 문교부장으로 영입하려 했었다는 사실을 이해할 수 있다. 25)

전국인민위원에는 이승만, 인촌, 김규식, 김구, 김원봉, 신익희, 조만식, 조동호, 김일성, 김무정, 김병로 등 55명이 본인의 의사와는 상관없이 인민위원으로 선임되었다. 해방과 함께 〈매일신보〉를 장악한 공산당들은 9월 7일 〈조선인민보〉, 19일에는 〈해방일보〉(공산당기관지)를 접수하여 발행하는 등 발 빠르게 언론기관을 장악하고 선전에 열을 올리며 우익에 적대적 자세를 취하여 통일조국건설을 방해하는 작전을 구사하였다.

일제강점 하에서 인촌은 동족끼리는 어떤 불편한 일이 있어도 함께 고생하며 빼앗긴 조국을 속히 되찾아야 한다는 합당한 사실을 역설한 바 있다. 그런데 공산당원들의 망국적 파괴준동과 이간책동에 크게 실망하고 동포라 해도 그들과는 불구대천(不俱戴天)의 원수와도 같다

---

23) 〈매일신보〉, 1945. 9. 7 전단 참조.
24) 〈매일신보〉, 1945. 9. 7.
25) 〈매일신보〉, 1945. 9. 15.

라는 사실을 새삼 느끼게 된 것이다. 동포라 해도 이념이 다르면 저 같은 엄청난 반국가적인 작태가 일어난다는 사실을 새삼 깨닫게 된 것이다. 이제 우익 중심적인 상황에서 인촌은 정부를 수립할 주체로 서의 중심정당의 필요성을 새삼 인식하게 된 것이다. 그것이 통합된 한국민주당의 출현이었다.

6. 임정과 연합군 환영준비회의 조직 : 국민대회 준비회의 발족

인촌이 해방정국에서 첫 번째로 공익사업 결사에 관여한 것은 8월 31일 '조선 재외 전재(戰災) 동포 구제회'의 고문을 수락하고부터였다. 광복된 지 보름 만의 일이었다. 아직 치안과 사회질서가 잡혀있지 않았던 유동적인 시기였다. 일본, 중국, 만주 등지에서 일제의 위협으로 고초를 겪는 동포들이 수백만 명이나 되므로 이들을 구제하기 위해 돈이건 물건이건 유지들의 기부금을 성심성의껏 모집하고자 이날 서울 수송동 중동학교 대강당에서 구제회 창립총회를 개최하였다.

사무소는 태평로의 조선일보사 1층이고, 위원장에 유억겸, 부위원장에 소완규, 김상의(金相毅), 총무에 천도교의 조기간(趙基栞) 등이 선임되었다. 상임고문에는 인촌과 김활란, 김병로, 여운형, 백관수, 방응모, 허헌, 홍명희 등 좌우익 23명이 함께 추대되었으며, 평의원은 김준연, 김도연, 이숙종 등 13명이 선임되어 본격적인 구호품을 모집하게 되었다. 일제 강점기를 뼈저리게 경험한 인촌은 자진해서 구호물품을 내겠다고 하였으며 "해방이 되었으니 그들이 해외에서 속히 귀국해야 할 것이 아니겠느냐"면서 솔선하는 모범을 보였다. 이어 다른 유지들도 이에 동참하였다. 26)

9월 1일 인촌은 건국준비위원회 제1회 회의 개최를 위한 135명의 초청자 중 하나로 초청장을 받았으나 불참하고,[27] 그보다 더 급한 당면과제를 해결해야 한다면서 중국 충칭의 임정을 지지하고 연합군을 환영하는 준비회를 9월 4일 서울 종로 청년회관에서 결성하였다.[28] 연합국의 은혜를 모른다면 동방예의지국이 될 수 없다고 하여 이를 발기하게 된 것이다. 위원장은 민족대표 33인 중 한 분인 권동진이고 인촌은 동 부위원장으로 같은 직책의 허헌, 이인 등과 같이 이 일을 맡아 실행하게 되었다. 실행위원회의 사무장은 조병옥이며, 총무, 접대, 회계, 설비, 선전, 정보, 경호, 교운(交運) 등의 하부 부서를 두어 일을 능률적으로 분담처리하였다.

그러나 충칭의 임정이 언제 귀국할지도 모르는 불확실한 차제에 환영회를 조직해 놓고 마냥 기다리고만 있을 수도 없어 고민 중이었는데 공산좌익이 서둘러 '인공'을 수립하며 해방정국을 먼저 장악하고 공산주의 체제로 몰고 가려는 좌경적 움직임이 분명하게 나타났다. 인촌 등 민주주의적 성향의 우익인사들은 27년간이나 중국 각지를 왕래하며 장제스 중국 총통과 같이 항일투쟁 속에서 자유민주주의체제를 수호했던 김구 주석 중심의 임정을 전폭적으로 지지 찬성하여 임정과 연합군 환영 준비위원회를 조직하고, 전 민족적으로 그들을 환영하고자 거국적인 규모로 이들을 맞을 준비를 게을리 하지 않았다. 여기에 관여한 대부분의 인사들은 모임 자체를 해방정국을 유효하게 운영할 수 있도록 주선하기 위하여 그 명칭을 '국민대회 준비회'라는 거창한 전국적인 규모의 명의로 개편할 것을 결의하였다.

해방정국을 운영하면서 인촌이 표방하였던 정치노선은 완전한 자유민주 공화주의에 입각한 민족국가 건설과 이를 뒷받침하는 나라의 법통성인 대한민국 임시정부가 추구하던 자유민주 공화정부의 정체

---

26) 〈매일신보〉, 1945. 9. 2.
27) 〈전단〉, 1945. 9. 4.
28) 국사편찬위원회, 《자료 대한민국사》, 1, 1945. 9. 4.

였다. 따라서 그는 공산노선에는 처음부터 이념을 달리하고 있었다. 마침내 9월 7일 이를 정식으로 발족하였다. 8월 15일 이래 서울에 집결한 전국 각 계층 330여 명은 광화문 동아일보사 3층 대강당에 집합하고 3천만의 중의를 대표할 국민대회 준비회를 개최하였다.

이날 낭산 김준연의 개회사에 이어 의장에는 대구의 서상일이 추대되었다. 고하 송진우의 경과보고가 있은 뒤 결의사항으로 들어가 재외 임정을 적극 지지, 찬동, 영입하는 문제에 전원이 찬성의 의사를 표명하였으며 연합국에 대한 감사의 건은 협의한 결과 송진우, 장택상, 윤치영, 김창숙, 백상규, 최윤동 6명을 위원으로 선출하여 환영 행사를 일임하기로 결의하였다.

당면문제에 관한 것과 국민대회 소집준비는 각계각층을 망라한 1백여 명을 집행위원으로 선출하여 일임하기로 결의하였다. 이 결과 국민대회 소집과 연합국에 대한 감사표시는 예정대로 진행될 것으로 기대하고 있었다. 위원장에는 송진우가 선출되었으며 부위원장에는 서상일과 원세훈을 선임하였다. 이때 인촌은 늘 그런 과정을 거쳤듯이 뒤에 물러나 있으면서 고하를 앞장 세워 자유롭게 일하게 뒷받침해 주었으며 자신은 상임위원으로 장덕수 등 52명과 같이 선임되어 이 일을 후원하였다.[29]

인촌은 9월 9일에 결성을 본 민주공화주의 정체를 지지한다는 고려청년당의 고문으로 추대되었다.[30] 이 당의 고문은 76명이었다. 인촌은 그 중의 한 사람으로 고문에 추대된 것이다. 또한 인촌은 9월 28일 조선과학협회(위원장 김화제)의 고문으로 여운형 등 9명과 같이 추대되었다.[31] 창립취지에 맞는 사회활동의 한 가지 직분을 이행한 것으로 보인다.

---

29) 〈매일신보〉, 1945. 9. 8.
30) 상동, 1945. 9. 13.
31) 〈매일신보〉, 1945. 10. 3.

7. 인촌의 해방정국 운영방안

해방직전 상황 속에서 파쇼국가 일제가 불리한 패전의 여러 가지 전황을 감안할 때 손을 들고 나올 것이란 예측은 민족지사라면 어느 정도 짐작은 했으리라고 본다. 그러나 해방 이후 어떤 국가형태를 취하여야 가장 합당한 민주적인 민족국가를 건설할 수 있으리라는 특출한 구상은 대체로 불확실한 상황이었다. 어떤 밑그림을 그려야만 선진적인 세계 여러 나라와 어깨를 나란히 하며 문명국가 측에 동참할수 있을까를 구체적으로 그린 민족지도자는 흔치 않았다. 32)

다만 고하(古下)는 국내에 있는 몽양(夢陽) 여운형 등 정치지도자들이 작당을 해서 정부를 자기들의 입맛대로 만들어 독점하려는 욕심을 보이면서 기웃거리며 수작을 부린다고 해도 이것은 정통성이 없는것이고 전승국인 연합국의 승인이 가장 중요한 순리적 판단인데 몽양이 고하에게 협조를 구한다고 해도 한국의 정부는 독자적으로 수립할수 없음을 분명히 천명하였다. 몽양은 자신의 좁은 생각으로 일제로부터 정권을 인수하면 그것으로 나라는 수립할 수 있는 것이라고 좁은 즉자적인 견해 속에 그런 판단을 내린 것으로 보인다. 그러나 고하는 해외에 있는 법통성이 있는 임정세력의 귀국과 연합국의 최종승인이 있어야 정식으로 공인되는 그런 당당한 객관성 있는 국가가 탄생한다는 사실을 설명하였는데 사실상 이 같은 고하의 정치적 주장은매우 현실성이 있었던 것이다. 33)

이 같은 불확실성의 시기에 미군정(美軍政)이 실시되자 미군은 인공(人共)도 정통성이 없어 인정하기 어렵고, 해외에서 돌아올 임정(臨政)도 다 같이 인정하지 않는 상태 속에서, 좌익을 압도할 수 있

---

32) 김윤식, 《이광수와 그의 시대》, 3권, 한길사 1986, 1037~9쪽.
33) 앞의 《고하 송진우선생전》, 동아일보사, 1965, 306~9쪽.

는 우익의 정당이 조직되어야 민족의 정통성 있는 정당으로서의 정당
성이 존재가치를 발휘할 수 있다고 판단한 나머지 한국민주당(韓國民
主黨)의 탄력 있는 결성을 서두르게 된 것이다. 남한에는 미군이 군
정을 실시하게 되어 있으므로 좌우 양편 모두 부인하게 된 것이었다.

그러나 우익 정당은 민족국가 건설을 위하여 그 근거로서 존재해야
하였기에 한민당을 결성할 필요성을 인식하였던 것이다. 인촌은 이
시기에 한국민주당이 공산세력과 대결할 민족정당이라고 판단한 것
이다. 그러나 민족정당은 유력한 지도자급의 뛰어난 명사가 많지 않
아 고민 중이었다. 물론 공산계열보다는 우위에 있어서 다행이긴 하
였다. 이들이 혼미한 해방정국을 정면 돌파할 수는 있었던 것이
다. 34) 9월 9일 더글러스 맥아더 원수는 '조선인민에게 고함'이라는
포고 1, 2, 3호를 잇달아 발표하였다. 그에 의하면 38선 이남의 모든
행정권은 맥아더 사령부의 군정 하에 감독 시행된다는 점을 분명히
천명하였다(동 제1호). 이에는 좌우익 모두 부정한다는 메시지가 내
포되어 있었다. 인공은 이에 승복하지 않으려는 저돌적 자세를 취하
고 있었다. 35)

인촌과 고하는 이런 사태가 곧 민족정당의 출현을 요청하는 시대적
필요성, 객관성이라고 믿었다. 따라서 임정과 연합국을 환영하기 위
한 국민대회가 우익정당으로서의 한민당의 후원세력이 될 수 있었다.
한민당과 국민대회준비회는 상호 협력관계에 있었다. 이 대회의 중
심은 인촌과 고하였기에 상호 협력체제가 성숙될 수 있었던 것이다.
한민당의 결성이 이런 배경과 필요에 의하여 성립, 출범한 것이다.

---

34) 이택휘, "불가피한 선택 ; 정치지도자의 길", 《평전 인촌 김성수》, 동아일보
    사, 1991, 346~350쪽.
35) 앞의 《인촌 김성수: 사상과 일화》, 264~7쪽, SUMGAK vol. 1. 167~9쪽.

320

8. 한국민주당의 창당과 인촌

이렇게 충칭의 임정의 환국을 고대하던 동 8월 말부터 9월 초까지 낯선 미국 비행기가 서울 상공을 선회비행하며 미군이 곧 서울에 입성할 것이라고 예고편을 알리고 있었다. 그동안 서울을 소련군이 점령했다는 소문은 전적으로 루머에 지나지 않았다. 미국기의 전단 살포로 이런 소문은 곧 그 진실이 명백하게 드러나고 말았다. 그러니까 소련군이 서울에 오는 것이 아니고 미군이 일본의 확실한 항복문서를 받기 위하여 입성한다는 사실이 정당성을 갖게 되는 것으로 알려졌다.[36]

8월 28일 근촌 백관수, 김병로, 원세훈, 조병옥, 이인, 나용균, 함상훈, 김약수, 박찬희 등은 토론 끝에 민족정당으로 조선민족당(일명 대한민주당)을 발기하여 정당으로서의 출발을 기약하고 있었으며, 김도연, 장덕수, 백남훈, 허정, 유억겸, 윤보선, 윤치영 등은 정당명을 한국국민당이라는 명칭으로 9월 4일 발족하고 그들도 의욕적으로 해방정국의 정치일선에 나섰다. 공산진영에 대항할 민족진영의 단합이 중요한 과제가 되어 두 당은 9월 6일 '한국민주당'이라는 민족계열의 단합된 정당으로 82명이 모인 가운데 발기총회를 갖게 되어 우익진영 세력의 집결체로 거듭난 것이다.

인촌과 고하는 9월 4일 기존의 임정 및 연합국 환영대회 준비회를 명분있게 '국민대회 준비회'로 개편 결성하고 우익진영의 분발을 촉구하였다.[37] 인촌과 고하는 이 국민대회를 소집하고 임정의 지지와 연합국의 해방에 따르는 진정한 사의표명, 민족 총역량의 집결, 정당정치의 실현 등을 강령으로 표방하였다. 그들은 민족진영의 모체가 될

---

36) 〈매일신보〉, 1945. 9. 1.
37) 평남일보사, 《고당 조만식》, 1966, 172~6쪽.

것, 해외 환국지사와 동포에게 편의 제공, 민심안정과 치안유지에 적극적으로 협력할 것 등을 결의하였다. 38)

　이 일은 고하의 주장이 중심을 이루었으나 인촌이 곧 고하임을 미루어 본다면 합동작전이었다. 두 사람의 일은 곧 한 사람의 일이기도 한 것이다. 39) 이 시기에 건준이 해체되고(9월 6일) 인공이 선포된 것은 이미 논급한 바와 같다.

　이를 토대로 하여 9월 16일 천도교 중앙총부강당에서 1,600여 명의 발기인이 동참한 중에 통합 한민당(韓民黨)이 창당되었다. 이날 한민당은 미리 준비한대로 선언, 강령, 정책, 부서 등을 결정하였다. 먼저 선언서를 보면 "광복의 대업을 완성하게 되었다"라고 전제한 뒤, "우리의 반만 년의 역사를 밝혀 자주독립의 국가로서 영원히 발전을 약속하게 되었다"라고 미래지향적인 목표를 설정하고, 임정의 지지, 맹방 제국에 대한 사의표명, 국제평화 대헌장의 준수와 확충, 전제와 구속 없는 대중중심의 민주공화주의 제도로 국민생활의 향상과 근로대중의 복리증진에 힘을 쏟으며, 전민족의 단결된 총력을 경주하여 국가 기초를 반석 위에 두고 세계 신문화 건설에 매진할 것임을 천명하였다. 이를테면 앞으로의 나라발전의 힘찬 청사진을 펼쳐 보인 것이다. 40)

　다음으로는 5개의 강령이 알려졌다. ① 조선민족의 자주독립국가 완성을 기약함, ② 자유민주주의의 정부수립을 기약함, ③ 근로대중의 복지증진을 기약함, ④ 민족문화를 앙양하여 세계문화에 공헌함, ⑤ 국제헌장을 준수하여 세계평화의 확립을 기약함이었다.

　8가지 정책도 의욕적으로 발표하였다. ① 국민기본생활의 확보,

---

38) 앞의《고하 송진우선생전》, 311~4쪽.
39) 이상돈, "정통 야당으로 본 정치지도자상",〈신동아〉, 1981, 11 춘원의 표현도 이와 같았다.
40) 심지연,《한국민주당 연구》, 제1권 풀빛, 1982, 152~6쪽.

322

② 호혜평등한 외교정책의 수립, ③ 언론·출판·집회·결사 및 신
앙의 자유, ④ 교육·보건의 기회평등, ⑤ 중공업주의와 경제정책의
수립, ⑥ 주요산업의 국영 또는 통제관리, ⑦ 토지제도의 합리적 재
편성, ⑧ 국방군의 창설[41] 등을 동 당의 기본정책으로 마련한 것이
다.[42] 이는 조선민족당과 한국국민당의 정강 정책을 종합적으로 조
율 정리한 것이다.[43]

9. 민족주의 민주공화정체 지향

이상을 종합적으로 상고해 보면 한민당은 민족주의와 민주공화주
의 경제우선주의 속에서 수정주의 노선을 지향하고 있음을 알 수 있
다.[44] 한민당은 완전한 독립국가 달성을 위하여 미·소 양군의 조속
한 철수를 강력히 요청하기로 결의하고,[45] 이어 각 당이 공동의 목
표달성을 위하여 노력할 것도 주창하였다. 오늘날의 북한의 군사적
위협이 압박을 가하고 있지 않던 시기였으므로 철군문제가 핫이슈로
떠오르게 되었던 것이다.

한민당의 부서를 보면 영수급에는 이승만, 서재필, 김구, 이시영
등 원로 7명을 추대하였으며, 총무에 송진우(수석총무-당수), 백관
수, 서상일, 김도연, 조병옥 등 9명이 등재되어 있다. 사무국장에는
나용균, 당무부장 이인, 조직부장 김약수, 외무부장에 장덕수, 그
외 재무, 선전, 정보, 노농, 문교, 후생, 조사연락, 청년, 지방, 훈

41) 송남헌, 《해방 3년사; 1945~1948》 제1권 까치 1985 125~7쪽.
42) 심지연, 《한국민주당 연구》, 제1권, 풀빛, 1982, 150~55쪽.
43) 이현희, 《한국현대사의 인식방법》, 삼광출판사, 1998, 177~183쪽.
44) 심지연, 상동 자료, 65~67쪽.
45) 함상훈, "한국민주당의 정견", 《대조》, 1-2, 1946, 7.

련부서를 각기 결정, 임명하였으며, 중
앙감찰위원장에 김병로 등이 선임되어
의욕적으로 진용을 구비한 것이다. 이
정도로 잘 짜여 진 임원진은 다시없을
것 같다. 여기에 보면 인촌은 고하와 같
이 친숙해도 한민당의 일선에서 직책을
맡아 당무에 간여하고 있지 않음을 알게
된다. 인촌다운 처신에 새삼 경의를 표
한다.

이시영 (1869~1953)
초대 부통령

　물론 춘원이 지적하였듯이 인촌이 제
도적으로 이 당에 간여하지 않았다고 해
서 그가 한민당과 완전히 무관하다고는 말할 수 없다. 두 사람은 서
로간의 의견이 일치하고 있기 때문이다. 두 사람의 경우 성격이 다른
점이 많이 있다. 한 사람이 소극적이면 또 다른 한 사람은 적극적이
고 고하가 외교적이고 수호지식이라면 인촌은 군자적이고 얌전하다
고 평가하는 등 서로간의 상이함이 오히려 두 사람을 조합하여 한군
데로 뭉치게 한 힘이 아닐까 한다. 46)

　이들 임원진의 면모를 일별해 보아도 해외 유학생의 경력을 갖고
있거나 국내에서 고등교육을 이수한 특출한 경력의 화려한 내로라하
는 유학파 고급 지성의 소유자임을 알 수 있다. 인텔리 고급인력의
멋쟁이로 세련된 민족계 정당임을 파악할 수 있는 것이다. 물론 부정
적 견해로 보면 반드시 좋은 정당이라고 할 수만은 없는 처지인 것이
기도 하다. 가령 당수도 당수니 총재니 하지 아니하고 '수석총무'라는
민주적 명칭에서 독재성이나 1인 집중적인 권력의 전제현상이 일어
나지 않고 있음을 알 수 있다. 해방 이후 처음 나타난 민족진영을 대

---

46) 백릉, "동아일보사장 송진우 씨 면영", 〈혜성〉, 1931, 3.

표할 만한 전통적인 민주정당임을 객관적으로 일별할 수 있다. 47)

　이에 충격을 받은 좌익계열에서는 인공 타도를 표방하는 우익 중심의 한국민주당을 가장 큰 적대세력으로 간주하고 말도 안 되는 갖은 모략중상을 가리지 아니하고 토설해 냈다. 반동정당이며, 지주 부르주아 정당이고, 부자 정당, 고리채 정당, 친일파 정당, 지주 악질 정당 등의 모함성, 시기성, 비방성 발언이 끊이지 않았다. 인촌이 친일 혐의를 받는 것도 좌익이 의도적으로 불확실한 일제강점 당시의 행적을 과도하게 노출, 발설하여 문제삼아 의도적으로 폄하 왜곡선전함에서 비롯된 것임을 명백히 알아야 한다.

　한민당의 경제정책을 보면 경제적으로는 경쟁 자본주의 정책을 주장하였으나 주요 산업은 국영으로 통제 관리하고 토지제도의 합리적 재편성을 정책으로 내걸었다. 이는 결국 근로대중의 생활보장에 초점이 맞추어져 있음을 알게 한다. 48) 그런데 이 당의 강령 정책 등을 분석해 보면 친일파의 청산문제가 누락되어 지도부의 의중을 의심하게 한다는 것이다. 친일적 인텔리겐차가 아니냐 하는 의구심을 떨쳐낼 수가 없다는 강한 비판의 목소리가 내외에 높은 것을 생각지 않을 수 없다. 한민당 구성원 중 일제강점 하에서의 행적을 의심스럽게 보는 시선이 있음을 감안하면49) 그들의 주장이 마냥 허설(虛說)이라고만 치부할 수는 없는 것이다. 50)

　따져보면 좌익적 성향이 짙은 건준(建準)에 대항하려는 당시의 급박한 시대상황을 고려하다보니 반공세력의 영입이 자연스럽게 흡수되었던 사실을 무시 외면할 수는 없었던 정황을 이해해야 할 것이다. 51) 친일보다는 반공국가 건설이 우선적인 과제해결의 시급성을

---

47) 이기하, 《한국정당발달사》, 의회정치사, 1961, 52~54쪽.
48) 함상훈, "우리 당의 주요정책", 〈개벽〉, 8-11 1946, 1 참조.
49) 《고려대학교 70년지》, 1977, 181~5쪽.
50) 심지연, 앞의 자료, 30~33 , 102~105쪽 참조.

감안하여 당시의 정황 속에서 이런 사태가 일어날 수도 있었음을 감안하여 이해해야 할 사안인 것이다. 52) 그러나 당시의 정황을 긍정적으로 판단하고 평가하는 인사도 상당수 있었다. 53)

　오늘날 민주정치의 강한 틀을 기본으로 잡고 민주공화정체를 고수 견지한 자유민주주의 정치체제를 줄기차게 이어온 것은 한민당의 정강정책을 우직하게 집행해 왔기 때문인 것이다. 54) 그것이 오늘날까지 거의 60년에 이르고 있는 것이다. 뒤에 이승만의 독주에 대항하여 한국의 민주화를 위한 정통야당의 기초를 공고히 구축한 기여도 등은 충분히 고려되어야 할 정당정치의 발전과정임을 인정하고 그렇게 간주되어야 한다. 55)

　우남(雩南) 이승만 등을 영수로 추대하고 출발한 한민당은 9월 21일 총회의 위임에 의거하여 중앙부서를 결정하였는데, 1도 1원칙에 의거 전국을 대표할 8명의 총무와 당 대표로서 1명의 수석총무를 선발하였다. 수석총무는 당수와 다름없는 것이다. 송진우가 인촌과 협의한 뒤 이런 임무를 자담(自擔)한 것이다. 이 같은 원칙을 협의하고 찬동을 얻은 인촌은 후원자 즉 조력자로 남게 되었다. 56)

　이로서 해방정국은 좌우익 양 집단으로 나누어진 가운데 기술적으로 조정, 운영해야 하는 큰 과제가 남겨진 것이다. 57) 이로 인하여 해방정국의 정치적 현상은 소용돌이치는 일대 정치논쟁과 지독한 전투적 대혈전을 불사하게 되는 심각한 대결구도와 그 정국을 바라보게

51) 조병옥, 《나의 회고록》, 해동 , 1986, 140~147쪽.
52) 한태수, 《한국정당사》, 신태양사, 1961, 12~15쪽.
53) 허정, 《내일을 위한 증언; 허정회고록》, 샘터사, 1979, 101~105쪽.
54) 진덕규, "이승만의 단정론과 한민당", 《현대사를 어떻게 볼 것인가》, 1, 동아일보사, 1977, 101~5쪽.
55) 이기하·심지연, 앞의 자료, 78~82쪽.
56) 앞의 《인촌 김성수 전》, 478~9쪽.
57) 미군정문서에도 이런 사실이 명백하게 기재되어 있다.

되는 것이다. 58)

인촌의 무임소적인 다양한 임무로 인해 더욱 바빠지는 양상을 띠게 됨을 알 수 있다. 당초 그가 원하던 평생 직업인 교육자로서의 인촌은 정치적 소용돌이 속으로 깊숙이 빠져 들어가게 되고 본의 아니게 정치적 와중으로 크나큰 격랑 속에서 풍랑을 겪게 되는 것이다. 59)

---

58) 김학준, 《한국문제와 국제정치》, 박영사, 1980, 36~39쪽.
59) 이택휘, 앞의 논문, 352~355쪽.

제
2　미군정에의 참여와
장　동아일보의 중간

1. 미군정의 고문과 동 의장의 임무

인촌이 그 명성에 의하여 해방정국에서 처음 맡아 본 직책은 이미 언급한 1945년 8월 31일 '조선 재외(在外) 전재동포(戰災同胞) 구제회'의 고문직이었다. 이는 비록 고문직이었으나 실질적으로 재외동포들의 어려움을 듣고 해결방안을 제시한 바 있었다.

그 뒤 공식적인 정치활동에 나선 것은 미 군정청(軍政廳)의 고문직을 수락하고 그 의장으로서 협력하기 시작한 공무집행이었다. 즉 9월 12일 미국은 재조선미군사령관 존 하지 중장의 지휘 하에 있는 아키볼드 아놀드 육군 소장을 군정장관으로 임명한 뒤 남한을 군정으로 통치하기 시작하면서 직접통치의 시대가 열린 것이다.

처음에는 미국이 외부의 영향과 한국인에 대한 몰이해로 매우 적대적인 생각을 가지고 있었다. 광복 당시 한국인을 야만인 정도로 알고 있었던 것이 숨길 수 없는 사실이었다. 하지 장군 자신이 직접 한국 국민을 다스리면서 적대국인 일본과 조선총독부를 더 우호적인 존재로 인식하면서 오히려 한국인들은 역량이 부족하고 저열하며 준토인(準土人) 정도의 질 낮은 저항적 정신이 더 강렬한 민족으로 인식할 정도였다. 사실상 일본이 적대세력임에도 불구하고 일본인 관리를

오히려 우대하며 군정을 보좌하고 관여시킬 생각을 품고 있었다. [1]

이 같은 미군정의 정치적 판단의 오류가 일어나 여론이 악화되자 하지 중장은 9월 12일 아베 총독을 해임하였으며, 군정을 보좌하고 자문할 수 있는 능력 있는 한국인을 물색하기 시작하였다. 이에 따라 한민당은 중앙집행위원회를 열고 행정과 인사, 교육 문제의 공정성과 행정의 원활한 소통을 위하여 한국인 중 명망 있는 식견을 가진 인사를 추천하여 그들로 하여금 올바른 미 군정자문에 임하도록 행정력을 발휘하게 하였다. [2]

미군정의 정무총감과 각 국장급이 미군 장교로 교체임명된 것은 9월 17일 이후였다. 한편으로 공립초등학교는 9월 24일 개교하게 하였다. 우리말로 된 교과서를 가지고 유구한 조선의 역사를 배우고 익숙하게 할, 우리들의 자녀를 우리의 자유의사로 교육할 수 있는 날이 이제 도래한 것이다. 그것이 자유국가의 특권이기도 하였다.

아놀드 장관의 발표에 의하면 학교제도는 공, 사립의 구별이 없으나 우선 공립초등학교부터 개교하고 사립초등교는 학무과에 신청을 내어 허가되는 대로 개교하게 되었다. 중등 이상은 추후 결정할 것으로 발표되었다. 교과서는 조선어학회에서 편찬하는 것을 사용하기로 되었으며 과목 중에도 우리 조선의 이익에 배치되는 것은 배제될 것이라고 하였다. 교원등록도 10월 1일부터 10일 사이에 관계 학무당국에 전부 등록하기를 원하고 있다는 것이다.

미군정은 인촌 등 수 명을 초청하여 교육위원회를 조직하고 교육전반에 관한 사항을 결의 중이라고 했다. 미군정 하에 실시될 잠정적인 조선의 교육을 협의하고자 교육담당 학무국장 락카드 대위는 9월 15일 인촌 외에 유억겸, 현상윤, 이묘묵, 백낙준, 최현배, 조동식, 이덕봉, 김활란, 임영신, 이극로, 김성달 등 12명을 초청하여 협의한

---

1) 〈매일신보〉, 1945. 9. 14; 국제신문사, 《한국 미군정사》, 1947. 38~42 쪽.
2) 심지연, 앞의 책, 137~9쪽.

바 우선 교육위원회를 조직하기로 하였다. 이들이 학무국의 교육 자
문위원이 된 것이다. 그러니까 이들이 곧 조선인의 교육을 위한 한국
인 위주의 구체적인 새 교육방침을 세울 것이라고 전망했다.[3]

9월 29일 미 군정청 학무국장 락카드는 한국인 교육위원을 다음과
같이 선정 발표하였다. 이 날 선임된 7명은 인촌을 비롯하여 최규동,
현상윤, 김활란, 백낙준, 백남훈, 유억겸이다.[4] 이들은 학무정책 운
영방침 및 임명 등을 학무국장에게 건의할 것이라고 했다.

이와는 별도로 10월 5일 미 군정청 고문회의 위원에 조선의 국리민
복에 불타는 애국인사만을 천거하였다.[5] 그러니까 이들은 미 군정장
관 고문관이 되는 것이다. 선임된 인사는 인촌, 송진우, 김용무(변호
사), 전용순(실업가), 김동원(실업가), 이용설(의사), 오영수(은행
가), 강병순, 여운형, 조만식, 윤기익(광업가) 등 11명이었다. 이 중
조만식은 평양에 체류하고 있어서 당일 불참하였는데 상경하는 대로
임관될 것이었다.

인촌은 처음에는 이 직책을 고사하였다. 그 자신은 정치에 간여하
고 싶지 않은 평소의 소신 때문이었다. 그러나 그의 주변에서는 좌익
의 방해책동을 효과적으로 막기 위해서는 불가불 그 고문직을 수락하
는 것이 인촌다운 더 차원 높은 애국적인 처신이라고 간절히 충고한
것을 인촌은 기억하고 이 자리를 수락한 것이다. 그뿐만이 아니라 군
정 당국자도 오랜 시간을 두고 여론과 인촌의 인품, 경력, 애국심 등
을 감안할 때 그가 한국인을 대변하는 뛰어난 인물임을 알아차린 것
이다. 아무튼 인촌은 두 가지 부문에서 군정의 위원이 된 것이다. 이
날 무기명 투표에 의하여 인촌이 동 위원장(의장)에 당선되었다. 인
촌의 국민적 신뢰와 인기를 알 수 있는 사안이다.

---

3) 〈매일신보〉, 1945. 9. 16.
4) 〈매일신보〉, 1945. 9. 29.
5) 〈자유신문〉, 1945. 10. 7.

2. 공선사후의 업무처리 솜씨

권력을 장악하려는 정치적 욕심을 품고 있었던 웅변가로 잘 생긴 호남(好男)형의 신사이며 조동호와 절친한 몽양(夢陽)은 곧 그 직을 사퇴하였다.6) 직접적인 사퇴이유는 즉각 알려지지 않았다. 몽양은 미군이 인천에 상륙하기 전 9월 8일 동생 여운홍 등과 기함 카톡틴에 승선하여 주요 미군 장교들을 상견하였는데, 자신의 건준(建準)이 과도기적인 통치체제라고 주장하면서 한국에서 유력한 지도자 17명을 선정하여 천거하며 보여주었다는 것이다. 그 명단에는 좌익지도자 이강국 등은 없었다고 한다.7) 몽양의 이념적 실체를 이해하게 하는 한 가지 주요 사유이기도 한 것이다. 이런 사실은 몽양다운 자기 현시적 성향의 영웅심리에서 빚어진 자신을 나타내려 한 의도적인 과시였다. 자신이 곧 한국을 대표하는 명사임을 미군들에게 각인시켜 정권장악의 유리한 전기를 잡으려고 이를 활용하고자 한 의도를 함께 읽을 수 있다.

미군정은 그 속성상 한민당이 반공정당이며 인텔리층이 집중되어 있는데다가 엘리트 정당으로서 미군의 정서상 가장 부합되고 있었다. 따라서 반공국가인 미국으로서는 인공을 타도하는 데 앞장설 수 있는 정당이라고 인정하여 미군정과의 제휴가 필수적인 사항이라고 인정하지 않을 수 없었다. 이것이 미군정이 해방정국에서 유일하게 한민당과 손잡은 주요한 이유일 수도 있다.8)

10월 10일 아놀드 장관은 인공(人共)을 부인하는 성명을 발표하였다. 물론 그는 임정(臨政)도 부인하였다. 임정이 김구의 의견과는 달리 보통선거를 통해 수립된 정부가 아니기 때문이라는 구차한 답변을

---

6) 이현희, 《조동호 평전》, 솔과 학, 2008, 231~5쪽.
7) 김학준, 《한국민족주의의 통일논리》, 집문당, 1983, 113~117쪽.
8) 앞의 《고하 송진우 평전》, 327~9쪽.

내놓았다. 임정은 3·1 혁명정신을 본받
고 탄생한 법통성의 현주소인 것이다. 따
라서 혁명성을 띠고 발족한 혁명정부임을
인식해야 한다. 9) 사실상 1919년 4월부터
우리나라는 헌법에 의하여 상하이에서 건
국된 것이다. 오늘날까지 90년의 유구한
공화국의 역사를 간직하고 있음을 한국인
이라면 굳건히 인식해야 할 국가 정통성
이며 당위성이라고 확인한다.

초대 미 군정장관 아놀드 소장

　아놀드 군정장관은 이상의 군정청의 고
문을 위촉한 자리에서 다음과 같이 간절
한 의미의 고문을 영입하는 취지의 협조적 연설을 했다. 10)

> 나는 군정청 내 제 관리와 함께 적당한 시기에는 반드시 조선의 자
> 주독립을 용허한다는 취지의 태평양방면 군 최고지휘관의 선언을
> 이행할 임무를 지고 있다. 군정청은 모든 부분에서 조선을 조력하
> 고 조선 독립건설을 실현하도록 하는 것을 그 본래의 최대 목적으
> 로 하는 바이다. 우리들은 건국을 목적으로 활동하는 조선민족을
> 조력하기 위하여 전력을 집주(集注)하고 있다. … 조선건국 목적을
> 위한 조선민족의 총 단결에는 심심한 관심을 가지고 있다. … 우리
> 들은 조선이 자립할 수 있는 능력이 생길 때에는 어느 때든지 우리
> 의 책임을 조선인에게 반환할 것은 물론이다. … 제 뒤는 조선인이
> 신뢰하는 지도자이다. 조선인의 복리만을 생각하는 애국심에 불타
> 는 조선인의 솔직한 충고가 있기를 간절히 요망하는 바이다. … 모
> 든 당파적 감정을 초월하여 솔직하고 충실한 진언과 충고를 나에게

---

　9) 이현희, 《대한민국임시정부사 연구》, 제1, 2, 3, 권, 1983~2009, 서론, 결
　　　론 참조.
10) 상동 자료.

주시는 것을 의미하는 것이다.

그로부터 이틀 뒤인 10월 7일 인공대표 이강국, 이승엽, 박문규 3
인은 이 군정청 인사에 친일매국노 분자가 많이 등장하니 임시적인
조치가 아닐까 한다는 등 미 군정 고문 인선에 상당히 비판적인 불평
불만의 목소리를 높였다. 이들은 인민공화국은 좌익이 아니라고 항
변하기도 하면서 군정청 고문 인선에 대하여 극한적 불만을 토로했
다. 이념의 대결과 적대감이 벌써부터 해방정국을 소용돌이치게 하
고 있었다. 그들은 인공이 좌익이 아니라고 항변하면서 인공을 이해
한다면 조선의 건국을 방해하지 않을 것이란 궁색한 변명적 의견도
제시했다. 11)

이와 함께 10월 15일 미 군정청은 한국인 11명에 이어 친 한국적
인 미국인 선교사 언더우드, 윌리엄, 커트 선교사 3명을 고문으로 초
빙하였다. 언더우드는 일반정치를, 윌리엄은 농업과 산업, 커트는
교학방면을 각기 담당하리라고 했다. 그들은 늦어도 동 10월 말까지
도착하게 일정을 조율 중이라고 했다. 12)

이 같은 미 군정보고서는 이 고문회의의 면모가 다양한 한국인의
정치적 견해를 잘 반영할 수 있도록 원만히 구성되었다고 보고하고
있으나13) 면밀히 따져보면 그중 대부분인 10여 명이 인촌계의 현 한
민당원인 것을 부인할 수 없다. 그 당시는 정당이 흔치 않았었다는
것을 감안하면 이해할 수도 있다. 한쪽 정당의 당원으로만 치우쳐진
것을 일별할 수 있다.

한편 10월 27일 인촌은 학무국장 고문으로 임명(임명 사령 제 26호)
되었으며, 14) 11월 14일 조선 교육심의회는 9개 전문분과위원회를 결

---

11) 〈자유신문〉, 1945. 10. 9.
12) 〈자유신문〉, 1945. 10. 15.
13) 《SUMGAK》, 1945, 제1권 165~7쪽.

정하였는데 인촌은 조병옥, 유진오, 윤
일선, 박종홍, 크로포스 소좌, 백남운
등과 같이 고등교육위원회에 소속되었
다. 15)

조병옥(1894~1960)

그러나 12월 미 군정청이 한국인과
미국인의 두 명의 국장제도를 채택하면
서 사실상 유야무야로 집행이 종식되고
말았다. 한국인 국장에는 유억겸이 임
명되었다. 학무국에는 편집과, 소학교
육과, 중등교육과, 사범교육과, 전문교
육과, 특수교육과, 기획과, 미술 종교과, 기상학과의 9개 과로 편성
되었다. 학무국 고문관으로 재임하던 인촌은 이 자리를 사임하고 교
육심의위원회 위원으로 남았다. 16) 그러나 비록 그 자리가 없어졌다
해도 미군정과 한민당의 제휴 내지는 친밀관계 유지에 제도적으로 유
대관계를 맺어주었다고 평가한다.

그렇다면 인촌이 주재한 고문회의에서 시행한 일들은 무엇이 대표
적이었느냐고 묻는 이들이 많다. 그중 얼른 떠오르는 것은 미 군정청
법령 제9, 11, 19호 등을 실시한 것을 업적으로 거론할 수 있다. 그
중 제9호는 소작료를 총 수확고의 3분의 1을 넘지 못하도록 규정한
최고소작료에 관한 법령이고, 제11호는 정치범 처벌법, 치안유지법
등 10여 건의 폐기처분이었다. 제19호는 비상사태에 관한 선언 등이
었다. 그것이 인촌이 고문회의 의장으로 군정에서 주재한 그의 주요
업적이라고 생각된다. 평소의 인품과 같이 안건진행은 중의(衆意)를
물어 민주적으로 처리하여 독주하지 아니하고, 합리적이고 열린 행

---

14) 〈매일신보〉, 10, 28.

15) 〈중앙신문〉, 1945. 11. 16.

16) 〈서울신문〉, 1945. 12. 27.

정으로서의 공개적인 능력을 발휘하여 공정무사한 고문직을 수행하였다는 평가를 받고 있는 것이다.

　이 자리는 군정 하에서 큰 이권을 챙길 수도 있는 그런 막중한 권력을 거머쥐는 매우 특출한 자리이기도 하였다. 주변에서 도지사를 한국인으로 교체할 때 원파(圓坡) 농장 지배인인 그의 장남 상만(相万)을 전북도지사에 추천하라고 강력히 권유할 때 인촌은 크게 책망하면서 "이 자리가 내 아들의 도지사를 챙겨주는 그런 권력행사나 하는 자리라고 생각하느냐!"고 추상 같이 일갈, 규탄한 사실은 너무나도 유명한 알려진 일화이다. 17) 인촌의 공선사후의 좌우명을 다시 한번 생각하게 하는 대목인 것이다. 그의 공정성과 겸손의 낮은 자세를 느낄 수 있는 사안이기도 하다. '사람이 교만하면 낮아지게 되겠고 마음이 겸손하면 영예를 얻으리라'(잠언 29:23)고 한 성경의 귀한 말씀이 곧 인촌의 경우에 해당하는 말씀이 아닐까 한다. 인촌도 말년에는 하나님에게 귀의하여 오히려 그를 문병하러간 내방객에게 주님을 굳게 믿으라고 한 간절한 말씀을 기억해야 할 것이다. 18)

　한편 인촌은 1945년 12월 23일 한국의 광복을 달성하기 위하여 애국금을 모금하려는 일반의 열기가 무르익어가고 있는 이때 임정 재정부장 조완구의 요청으로 고하와 같이 발기인 70여 명이 12월 23일 국민대회 강당에서 모임을 갖고 애국헌금회를 결성하였다. 조완구는 적극적인 활동을 위해서 격려로 앞길을 축복해 주었다. 같은 취지로 발족한 대한독립 애국금 헌금회는 이 계획을 듣고 애국금 헌성회(獻誠會)라는 명칭으로 통합하여 그 본부를 국민대회 준비회 사무국에 두고 이를 광범위하게 확대 추진하기로 결정하고 담당부서도 설치하였다. 그 고문에 동 12월 12일 조선건국대학창립기성회의 고문직을 수락한19) 인촌이 가담하여 용기를 주었다. 본인도 얼마간 헌금하였

17) 앞의, 《인촌 김성수 전》, 481~2쪽.
18) 《인촌 김성수; 그 사상과 일화》, 267~9쪽.

다. 그 위원장은 오세창, 부위원장은 김준연과 김경식이 맡았다. [20]

3. 민족 지도자의 환국과 해방정국의 활기

8·15 해방정국은 우리의 예상과는 달리 좌우익의 소용돌이 속에서 이념적으로 출렁이며 독립보다는 사상의 대결장으로 변하게 되어 자못 미묘하게 돌아가고 있었다. 이때 백발을 성성하게 휘날리며 외국부인을 대동하고 세계에 한국의 독립을 위하여 진력하던 우남(雩南) 이승만(李承晩)이 10월 16일 돌연 귀국하여 막혀 있던 해방정국이 활기를 띠기 시작하였다. 그는 민족의 최대지도자이며 대한민국 임시정부의 초대 대통령을 역임하면서 불철주야 풍찬노숙하며 한국의 독립을 위하여 외교적으로 동분서주하고 제네바 등지를 오가며 2천만의 생명을 되살리기 위하여 가방을 분주히 열고 닫던 노 정객이었다.

인촌은 우남이 귀국한 다음날인 10월 17일 이승만을 숙소로 예방하고 귀국인사를 정중히 올렸다. 우남은 국내에서 갖은 핍박을 극복하며 동아일보를 비롯한 민족기업을 살려가면서 건국사업에 기여한 그의 공로를 높이 치하하면서 해방정국을 맞아 험난한 앞길에 큰 도움이 되게 해 달라면서 굳은 악수로 협력을 약속하였던 것이다. 인촌은 정치에 나서지 않을 것이므로 직접적인 협력은 못하나 뒤에서 성심성의껏은 도와드려 건국사업에 일조가 되게 하겠다고 작은 노력이나마 아끼지 않겠음을 약속하였다. [21]

고하(古下)도 우남을 찾아 한민당의 창당 경위와 정치적 이념을 설

19) 〈자유신문〉, 1945. 12. 12.

20) 〈동아일보〉, 1945. 12. 26.

21) 앞의 《인촌 김성수 전》 482～5쪽.

명하고 한민당의 총재 취임을 간절히 앙탁(仰託)하였다. 그러나 우남
은 건국대업의 계획이 서 있어서 고하의 청탁을 당장 들어 주기가 어
렵다고 거절하였다. 22) 물론 한민당을 창당할 당시 우남은 다른 분과
같이 영수로 영입된 바 있었다. 고하는 한민당원인 장진섭의 집을 우
남의 사저로 내준 것이다. 매우 어려운 결단을 내린 것이다. 해외 애
국지사에 대한 대접이 이 정도는 되어야 한다는 것이 고하의 소박한
예우차원의 심중이었다. 그것이 곧 뒤에 돈암장(敦岩莊)이 되어 우남
의 정치적 보금자리가 된 것이다.

10월 5일 인촌은 이미 초빙을 받아 미 군정청의 고문회의 의장으로
서 군정당국자들과 정치적 친분을 더해가고 있었다. 고하와 같이 인
촌은 군정 당국자들을 심방하면서 우남, 백범(白凡; 김구) 등 해외
임정요인 등 망명객들의 조속한 귀국을 주선해 줄 것을 간청하였다.
그것이 주효하여 그들은 곧 환국(還國)하게 되었다. 해방정국을 효과
적으로 운영하기 위해서는 거물 정객이 대거 환국해야 하였기 때문이
었다. 23)

인촌과 고하 두 한민당 창당자가 창립한 그 당의 선언문 속에 두
곳에 임정봉대론(臨政奉戴論)이 엄존하고 있음을 상고해 보면 이들이
임정의 지도자를 영접하여 나라의 법통성을 지키려는 의도가 다분히
상존해 있음을 인식할 수 있다. 그들 임정 지도자를 영입하려는 의도
는 분명히 나라의 법통성을 고수하며 견지하려는 건전한 정부수립의
법제적 의식이 상존해 있었기 때문인 것이다. 24)

아무리 국내의 민족지도자가 있다 해도 해외 낯선 고장에서 한국의
독립국가 달성을 위하여 진력한 우남이나 백범의 환국이 좌우익으로
꼬여 있는 해방정국을 돌파할 절호의 호기를 제공하였다고 평가한다.

---

22) 앞의 《독립을 향한 집념》 482~485쪽.
23) 앞의 《고하 송진우선생 전》 327~9쪽.
24) 한민당의 창립 선언 참조.

이승만과 임정의 제 1, 2진이 귀국하는 1945년 말에는 국내의 정치적 시장도 활황을 연출하게 되었고 정당도 덩달아 우후죽순인 양 여기저기서 고개를 들고 다양하게 나타나기 시작하였다. 이제 서울 중심으로 활기찬 정치력의 시험무대가 차분하게 펼쳐지게 되었다.

정치는 그를 잘 아는 양심적이고 진실된 국리민복을 챙기는 정치지도자가 임석, 등장해야 비로소 정치다운 질 높은 서민의 정치가 진솔하고 희망차게 일어나는 것이다. 망명하였던 정객의 환국은 우리 정치현실을 보다 활성화, 본격화하기에 부족함이 없었다. 이제 지도자를 만난 한민족은 이 땅에서 마음껏 자유와 독립을 만끽할 수 있게 되었다. 자유와 민주의 세계가 우리를 반겨주게 되었다. 우리는 완전한 자주독립국가로서 세계만방에 완전하고 벅찬 환희 속의 35년간이나 참고 억눌렸던 자유와 독립을 만끽할 수 있었다.

그러나 이 같은 자유의 나라에 38선을 긋고 우리 3천만 민족을 두 동강이로 갈라놓을 수 있을까를 곰곰이 생각하는 사람들이 있었다. 어처구니없는 날벼락이, 곧 남북분단의 크나큰 고통이 그것이었다.

대한민국 임시정부의 초대 대통령(1919~25)을 역임하고 하와이 미주를 중심으로 구미위원부 등을 이끌며 해외 독립운동에 투신하였던 이승만은 1945년 10월 16일 오후 5시 미군용기로 눈물을 흘리면서 3만 3천 리를 지나 김포공항에 착륙, 조선호텔에 여장을 품으로써 1912년 망명한 이래 33년 만에 그리운 고국 땅을 밟았다.[25] 10월 4일 워싱턴을 이륙한 지 12일 만의 일이었다. 그는 8·15 직후 즉시 귀국하려고 수속을 밟았으나 미 국무성이 허락하지 않아 두 달이 지난 뒤 이제 돌아오게 된 것이다. 도쿄에 들러 귀국을 적극 도와준 연합군 총사령관 더글러스 맥아더 장군을 만나 38선 분단의 배경과 경위를 질문하였으나 모두 노코멘트였다.

---

25) 이현희, 《이야기 이승만》, 신원문화사, 1995, 197~217쪽.

우남의 귀국은 즉시 매스컴을 통해 널리 알려졌고 전 국민은 열렬히 환영하였다. 이제는 우리의 대통령이 귀국하였으니 곧 한국이 예전처럼 독립국가로서 그리고 세계적인 공인된 국가로 거듭날 것이라고 굳게 믿었다. 그가 미리 작성하여 발표한 성명서는 이런 내용이었다. [26]

> 나는 조선의 자주독립을 위하여 일하겠지만 4천 년의 장구한 역사를 자랑하는 한국이 어둠에 묻혀 있는 것은 나와 같이 나이 많은 사람의 잘못이 많았다. 우리의 손으로 다시 꽃피워야 한다. 그 좋은 기회가 우리 앞에 가로놓여 있다.

모든 축적된 역량을 재가동하겠다는 야심찬 포부요 각오이기도 하였다. 귀국 다음날인 10월 17일 우남은 하지 장군의 안내로 미 군정청 제1회의실에서 내외신 기자단과의 회견을 가졌다. [27] 특히 모든 정치세력의 대동단결을 강조하였다. "뭉치면 살고 흩어지면 죽는다"라고 절규한 명언은 눈길을 끈다. 10월 18일에는 허헌 등이 우남을 예방하였으며 인공의 중앙인민위원회는 그를 주석으로 영입한다는 사실을 공표하였다. 조공의 박헌영은 동선동 돈암장의 이승만을 심방하고 조공의 당수로 취임해 줄 것을 간절히 요청하였다. 좌우익이 모두 우남을 자기편으로 영입할 적극적 태세를 취하고 있었다.

그러나 우남은 이를 전부 거절하고 임정(한성정부) 지지를 천명하면서 또 다시 대동단결하는 길만이 이 민족이 생존할 수 있는 유일한 방법이라고 노 혁명가다운 언질을 표명하였다. 10월 19일 우남은 각계인사 80여 명이 모인 자리에서 나라의 법통인 임정의 근황을 상세히 설명하고 정치적 활동과 사상적 통일을 새삼 강조하여 눈길을 끌

26) 국사편찬위원회, 《자료 대한민국사》, 제1권, 1968, 260~3쪽.
27) 〈매일신보〉, 1945. 10. 18.

었다. 28) 20일에는 옛 중앙청 광장에서 연합군 및 임정 영수환영대회
가 개최되었는데 우남은 하지 중장을 비롯한 미군 장교들과 같이 참
석하여 해방정국의 운영문제를 논의하기 시작하였다. 우남은 해방정
국이 풀리기도 전에 정당이 50여개가 넘는 기현상을 질타하면서 당파
적 편견을 과감히 버리고 대동단결만이 국제관계 속에 이 나라 이 민
족이 생존하는 유일한 방법이라고 일갈하였다. 동시에 원한의 38도
선의 철폐에 앞장 설 것도 강조하였다.

　1945년 10월 21일에는 남산의 중앙방송국을 찾아 공산당에 대해
자신의 견해를 공식적으로 천명하였다. 자신은 공산주의에 호감을
갖고 있으나 농민의 추수를 방해하고 동맹파업을 선동함은 유감이라
고 비교적 유화적인 생각을 피력하였다. 이는 초기의 경우였다. 아직
공산당을 기피하고 혐오감을 갖기 전의 일이었다. 29) 정치적 선입견
을 청산하고 통일된 자유민주 독립노선을 견지하려는 자신의 주의주
장이기도 하였다. 동 23일에는 각 정당 대표 2백여 명을 모아 독자적
으로 자신을 지지할 '독립촉성 중앙협의회'(독촉)를 결성하여 대표가
된 것이다. 그의 통일된 건국을 위한 기구의 구성은 곧 이 독촉(獨
促)의 결성으로 구체화되었다. 그것이 곧 대한민국정부 수립의 모체
가 된 것이고 우남이 그 기구의 회장이 된 것이다. 30)

　이어 임정의 제1진인 김구 일행 20여 명도 11월 23일에 귀국하였
다. 해공 등 제2진은 12월 2일 모두 개인자격으로 귀국하였다.

28) 〈자유신문〉, 1945. 10. 25.
29) 국사편찬위원회. 앞의 자료, 285~289쪽.
30) 이현희, 《한국현대사의 인식방법》, 삼광출판사, 1998, 82~84쪽.

4. 민족진영의 통합노력

이 같은 해방정국이 풀리고 있을 때 동 10월 24일 고하와 인촌이 중심을 이룬 국민대회 준비회는 우선 한민당이 중심이 되어 국민당, 공산당 장안파를 모아 광화문 동아일보사 강당에서 임정지지 찬성과 정부수립을 위한 독촉(獨促)의 강력한 출범을 축하하며 협력방안을 최대한 마련한다는 등의 3당 공동성명을 결의하고, 다음날 발표하여 꼬인 해방정국의 원만한 해법을 찾기 시작하였다. 민족진영의 통합을 위한 인촌의 적극성이 이런 결과를 초래한 것이다. 그는 한민당을 통한 여러 정당의 통합이 조국의 조속한 건국을 위하여 무엇보다 급선무라고 믿고 있었다. [31]

그러나 공산당 박헌영의 반동으로 소기의 성과를 얻지 못하고 말아 그들의 방해공작이 모처럼 단합하려는 민족계의 통합을 의도적으로 교란하고 있는 것이 아닌가 하는 의구심을 지울 수가 없었다. 이보다 앞선 10월 20일경 미 국무부 극동국장 빈센트가 한국문제에 관한 신탁통치를 언급하면서 모처럼의 민족진영의 통합을 기대하고 있는 민주정통세력에게 크나큰 충격, 낭패와 실망을 안겨주었다. 독촉 측은 조선의 즉각적인 독립달성을 위하여 38도선의 완전 철폐, 신탁통치 결사반대 등을 긴급히 의결하였다.

박헌영의 조선공산당(朝共)은 재건파로서 우남의 독촉이 마련하고 있는 민족진영의 대통합작업에 의도적으로 반대하고 방해함에 앞장선 것이었다. 더욱이 반대파는 건국의 중요성을 외면한 채 12월 4일 우남의 건국을 위한 정부수립의 독립노선을 비난하고 반대투쟁도 불사한다는 등 해방정국을 교란하며 강경노선으로 급선회하고 말았다.

12월 중순까지 우남과 공산당은 이념문제로 일격일투(一擊一鬪)로

31) 송남헌, 《해방 3년사; 1945~1948》, 1권, 까치, 1985, 123~128, 190~195쪽.

평안을 유지하지 못하고 옥신각신하다가 끝내는 화합하지 못한 채 타협은 결렬되고 말았다. 귀국한 지 얼마 되지 않은 우남(이승만)은 국내에서 일제와 정면으로 대결하며 끝까지 투쟁하던 인촌과 고하 송진우를 칭송하였다. 그 같은 항거의 경험이 있는 젊은 고하에게 시국을 생각하여 반공민주투쟁의 전면에 나서라고 격려하고 자신은 기력이 약하여 뒤로 물러나 있겠다고 일견 양보하였다.[32] 해방정국에서 해법을 찾지 못한 채 비록 좌우익간의 통합은 물 건너갔으나 우남과 한민당과의 밀월관계는 국내 지지세력이 미약한 우남이 간절히 희망하였듯이 오히려 더 결속된 결과를 가져온 것이다. 한민당은 우남의 우익 협력정당이 되었고 인촌은 그를 내세워 건국하기 위하여 적극적으로 후원한 것이다. 이러한 우남을 후원하는 실질적 상황의 변화가 더 건국을 위하여 다행스러운 일이 아니겠느냐고 정국을 내다보는 정객도 있었다.

이 시기에 임정지도자 김구 등 20여 명의 애국지사 제 1, 2진이 11월 23일과 동 12월 2일 충칭에서 상하이를 경유하여 감격과 눈물 속에 속속 귀국하였다. 해외에 체류하던 지도자들이 대거 속속 입국하자 정국은 민주준재(民主俊才)들과 공산당들로 대결하며 북적이기 시작하였다. 모두 "내가 가장 애를 쓴 진정한 애국자"라고 어깨를 펴며 뽐내는 형국이었다.

10월 20일 한민당이 중심이 되어 이들을 환영하기 위하여 한국지사 영접위원회가 결성되었다. 이 날 광화문 국민대회 준비위원회 강당에서 각계인사 중 주로 한민당 계열인사 80여 명이 동참한 중에 이승만 등의 숙소를 비롯하여 활동의 공간을 제공해야 한다는 것을 결의하고, 인촌, 김준연, 송필만, 윤치영, 변영태, 임영신, 유자후, 송진우 등이 동 위원으로 선임되어 활동하기 시작하였다.[33]

32) 앞의《독립을 향한 집념》, 472~6쪽.
33)〈매일신보〉, 1945. 10. 22.

인촌과 고하가 임정 지도자들을 심방하여 금융단과 실업계 유지들로부터 모금한 거금 9백여만 원(圓)을 제공하고 임정봉대론(臨政奉戴論)의 실천을 다짐하면서 장차 전개될 국정은 법통성이 있는 임정 중심으로 가닥을 잡고 운영되어야 함을 역설하였다. 이들이 군정에 의하여 개인 자격으로 환국하였다 해도 법통성은 그들에게 온존해있는 것이다. 이 말에 백범과 임정 지도자들은 매우 흡족해 했다. 이는 한민당 창당정신에 따르는 선언이나 정강 정책이기도 하였다.[34]

지사영접위원회를 통해 임정에 전달한 성금에 관해 임정 일부인사 사이에 '깨끗한 돈이니, 더러운 돈이니' 하면서 부정재설(不淨財說)이 난무하여 옥신각신한 일도 있었다고 한다. 더러운 돈이니 못 받겠다고도 하는 등 고성이 오고 간 일도 있었다고 전해진다. 참다못한 고하가 화를 버럭 내며 "정부가 받는 세금 중에는 양민의 돈도 있고 범인의 돈도 있는 법이오. 앞으로 큰일을 행함에 이런 사소한 일로 떠들어 대는 것은 누가 보아도 현명하지 못한 조잡스러운 일이라고 생각되오" 하고 일갈하여 웅성거리던 장내가 숙연해졌다고 한다.[35]

또 한 가지 분란도 일어났다. 고하가 12월 중순경 국일관에 임정 지도자들을 초청, 위로하는 환영모임에서 해공까지도 인촌에 대해 일제하 친일행적을 거론하며 친일행위의 일대 숙청론을 제기하면서 큰 소리로 일제 탄압 속에서도 어떻게 여러 개의 기업을 큰일 없이 운영할 수 있었겠느냐는 것을 무책임하게 발설하여 큰 소동이 벌어졌던 일도 있었다. 친일을 하였기 때문에 그것이 가능한 것이 아니었겠느냐 하는 빈정대는 투였다. 일종의 해프닝이었다고 볼 수도 있겠다.

고하는 울화가 치밀었으나 인격자 인촌의 만류로 꾹 참고 건국의 시급성과 대동단결을 위하여 대의(大義)에 순종하는 미덕을 발휘한 것이다. 참는 자에게 복이 있다고 한 사실을 그들은 다시금 깨닫고

---

34) 심지연, 앞의 자료, 13~16쪽.
35) 앞의 《독립을 향한 집념》, 474~477쪽.

대의를 위한 민족단결과 건국을 최우선시 한 것이다. 대의를 위해 소의(小義)를 희생한 것이다. 결국 지는 것이 이기는 것이라고 믿었다. 그는 《논어》 태백(泰伯)편의 '천하에 도가 있으면 나가고, 도가 없으면 숨어야 한다'(天下有道則見, 無道則隱) 라는 선현의 말씀을 실행한 것이다.

환국한 임시정부 요인들. 환국한 김구 주석 이하 임정요인은 경교장에 자리를 잡고 1945년 12월 6일 국내에서의 첫 번째 국무회의를 열었다. 사진 앞줄 왼쪽 세 번째가 법무위원이었던 이시영, 다음이 주석 김구, 부주석 김규식, 외무부장 조소앙, 내무부장 신익희

5. 임정봉대론과 김구의 국권인수 고집

해방정국 운영의 묘를 살린 인촌은 임정 지도자들의 귀국을 협조하고 임정봉대론을 제기, 내외국민의 총단결이 건국사업의 완성을 위하여 그 어느 때보다 절대적으로 필요한 시기에 내부적인 갈등과 쟁투가 미군정 당국자에게 알려지면 한민족의 단결을 의심받게 될 것이 아니겠느냐면서 거중 조절하여 일촉즉발의 험악한 분위기를 슬기롭게 조정, 모면하였던 것이다. 마치 국내에서 항일하던 지사들은 어딘가 친일적인 성향이 짙게 나타나고 있다는 일괄된 잘못된 편견의 혐의를 청산하지 못하는 결벽증의 일종이라고도 평가할 수 있겠다. 인촌이 과격한 고하의 큰 목소리를 낮추게 하기 위하여 그 본래의 군자로서의 인내심을 발휘하게 막후에서 조절하고 양보심을 발휘하게 하여 난장판으로 확대될 수도 있는 큰 싸움판을 미연에 방지할 수 있었다.[36] 인촌의 수양이 잘된 인내력과 군자다운 겸양의 아름다운 미덕을 발휘한 것이다.

돌아온 백범은 당연히 국가의 정권은 해외에서 고생한 자신의 임정이 인수하는 것이 그들의 국가적인 법통성을 고려해 보더라도 당연한 절차요 우선적인 귀결이 아니겠느냐고 되묻곤 하였다. 그러나 현실은 미군정이 집권하면서 우도 좌도 아닌 미군에게만 정통성이 있음을 감안하여 정국을 운영할 묘책을 짜내야 하나 임정의 김구 주석은 이를 인정하지 않으려 하였다. 우리나라의 '국권은 우리가 당연히 인수 인계해야 한다' 라고 법통성을 내세우며 강력히 희망하고 있었다. 임정이나 좌익이나 다 같이 개인자격임을 감안해 보면 임정의 김구도 사실상 국제적인 발언권은 미약하기 이를 데 없는 것이다. 임정 주석인 백범도 이를 미처 생각하지 못한 해법이 아니겠느냐고 보는 시각

---

36) 이택휘, 앞의 논문, 360~361쪽.

이 대다수였다. 따라서 이로 인하여 본의 아니게 갈등이 자주 일어나
곤 한 것이다. 따라서 부득이 정책적 갈등과 대립이 양출될 수밖에
없었던 것이다. 현실은 현실대로 받아들여야 하나 김구는 아직도 자
신이 법통국가인 임정의 주석임을 고집하고 있었다. 당연히 정권은
자신이 거머쥐어야 한다고 굳게 믿었다.

　따라서 그는 14항목의 임정의 당면정책을 선언하며 38도선의 완전
철폐, 독립국가의 완성, 좌우익의 대동단결 등을 역설하였다.[37] 그
러나 좌우익이 서로 상이한 주의와 정책을 마구 쏟아내니 상호간의
상당한 괴리와 이견, 잡음을 좁히지 못하고 타협보다는 갈등만 점차
커가는 형국을 면치 못하게 된 것이다.

　조속한 건국을 주장하고 임정의 법통성을 강조해 온 한민당은 김구
주석과 같이 시종일관하여 임정을 나라의 기본 법통으로 인식하고 그
들의 정책에 순응하였다. 인촌의 큰 배려였다. 이를 중심으로 각 정
파가 단일화할 것을 강력히 요청한 것이다. 인촌은 해방정국이 안정
되고 나라가 부흥하려면 우선적으로 건국의 기치를 올려야 한다고 굳
게 믿고 있었다. 국가가 중심을 잡고 국정을 운영해야 나라의 체통이
선다고 본 것이다. 따라서 임정 측이 제시한 정국의 해법으로 비상정
치회의, 즉 특별정치위원회를 발족시켰는데 인촌은 이를 적극적으로
찬동하고 지지를 표명하였다. 모두 임정의 정통 기치에 순종하고 따
를 것을 종용한 것이다. 이는 결국 우남의 '독촉' 조직과 맞먹는 해방
정국의 양대 민주세력구조로 형세가 이루어진 것이다. 임정과 우남
의 귀국으로 형성된 해방정국의 정치적 형세는 결국 인촌 중심의 한
민당의 대 우남으로 대변되었다.

　미군정과 각 정파의 주의주장이 상이하였기 때문에 얼른 민족계로
통합되기를 바랄 수는 없었다. 양보나 타협보다는 각자위심(各自爲

---

37) 송건호, 《김구》, 한길사 1980, 260～264쪽.

心)으로 흘러버렸기 때문에 통합의 의지가 퇴색되고 만 것이다. 진정으로 마음을 비우고 애국하는 마음에서 이런 통합의 일에 임해야 하였던 것이다. 따라서 난해한 해방정국은 더욱 꼬여갔다. 그러나 민족통합세력의 단합이 그런 와중에서도 실마리를 찾을 수 있게 된 것이다. 한민당의 인촌과 고하는 자신들이 희생되고서라도 나라의 법통성을 찾고 건국되기 위해서 타협을 우선적으로 표방했다.

인촌은 양대 세력권인 우남과 백범의 진정한 화합과 제휴가 건국을 위한 해방정국의 유일한 해법이며 단결의 최종적인 귀결이라고 믿고 있었다. 그는 얼마간의 권한 유보는 각오할 생각을 갖고 있었다. 내몫 챙기기를 단념하고 양보와 건국의욕의 충만, 우남의 독촉의 결성, 임정의 특별정치위원회, 좌파세력의 공산화 책동 등으로 해방정국은 갈기갈기 갈려진 형국을 연출하고 말았다.

특별정치위원회는 비상국민회의로 명칭이 변경되었고 이내 우남과 백범이 인선한 28명으로 최고 정무위원회를 구성하였으나 결국에는 남조선대한국민대표 민주의원으로 기능이 바뀌고 군정의 자문기구로 변질되고 말았다.

12월 초에 와서 한민당(송진우)을 중심으로 국민당(안재홍), 조선인민당(여운형), 장안파 공산당(이영)의 4개 정당의 범협의체를 구성할 것을 모색하였다. 그러나 모처럼의 단합과 통일의 호기를 철저한 공산주의자인 박헌영의 방해공작과 대중인기를 등에 업고 중심을 못잡는 여운형의 애매모호한 두 다리 걸치기 작전으로 인하여 갈피를 잡지 못하고 말아 모처럼의 단합의 호기를 상실하고 말았다. 임정이 돌아와도 화합은 잘 이루어지지 않았다. 과거 임정이 27년 동안 체류하는 가운데 중국에서의 좌우합작 등 대단결을 보지 못한 그런 분열적이고 고질적인 파당적 습성을 감안할 때 애초부터 통합의 밝은 전망과 큰 기대는 금물이었다고 평가, 판단되고 있었다.

6. 민족 신문 동아일보의 중간

　이런 해방공간 중 일제에 의하여 창간 20년 만인 1940년 8월 백관수 사장 때 강제 폐간당한 민족의 신문 동아일보가 복간 준비 끝에 12월 1일자로 중간(重刊)되었다. 제 7대 사장 백관수(1937. 5~1940. 8)에 이어 고하 송진우가 제 8대 사장에 취임하였으나 12월 30일 새벽에 원서동 자택에서 괴한에게 암살당하였다. 그는 한민당의 수석총무직(당수)도 겸하고 있었다. 이에 인촌이 운명적인 시대의 요청에 따라 1946년 1월 1일자로 제 9대 사장에 취임하였고 한민당의 수석총무(당수)도 겸하였다. 불가피한 시대적 요청의 선택이라고 볼 수 있다. 이로써 인촌은 타의에 의하여 정치에 입문하게 된 것이다.

　해방의 기쁨과 함께 인촌이 시작한 사업은 정치활동과 그가 창간한 동아일보의 중간(重刊)이었다. 그것은 한민당의 결성(1945. 9. 16)과 동아일보의 중간으로 구체화되었는데 신문은 빈약한 채로 간행해 냈다. 타블로이드 2면 정도의 보잘 것 없는 거친 지면이었다. 그러나 좌우익이 양분되어 대립이 첨예화되었을 때 이 신문의 민족사적 사명과 임무는 매우 중요하였다.[38] 동아일보가 뒤늦게 중간된 것은 인쇄시설이 구비되지 않았기 때문이다. 그나마도 경성일보의 일부 시설을 그대로 원용할 수 있었기 때문에 중간이 가능했다.

　1945년 8·15와 함께 언론계는 좌익이 주도하여 경성일보와 일본인 경영의 최대의 민간인쇄소인 긴자와(近澤)인쇄소를 독점하여 매일신보도 찍어 내면서 언론을 장악한 것이다. 총독부 기관지 매일신보는 친일적인 신문이었으나 해방이 되자 좌익으로 급선회하여 진보적 민주주의라는 애매모호한 정책을 구사하다가 본격적으로 좌익지로 나타난 것은 인공기관지로 9월 8일 창간된 조선인민보와 9월 19일

---

38) 정진석, "언론인 인촌 김성수", 앞의 책, 330~332쪽.

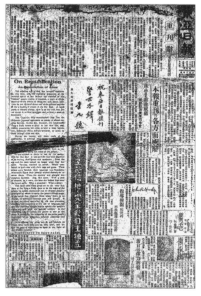

일제가 강제 폐간한 지 5년 4개월 만인
1945년 12월 1일 복간된 동아일보

창간된 해방일보와 함께 조공의 기관지로 좌익의 대변임무를 띠고 크게 활동하던 때부터였다.

우익지로는 영문 코리아타임스, 민중일보, 조선일보(11. 23 복간), 대동신문이 중간되어 간행, 활동하고 있었으나 좌익의 독주에 밀려 우익신문지는 크게 힘을 발휘하지 못했다. 독자도 적었다. 매일신보는 미 군정청이 접수하였으나 서울신문으로 제호를 변경하였다(11. 25). 그러나 실질적인 운영권은 좌익 손에 있었다. 해방공간의 신문들은 사실상 좌익이 우선권을 장악하고 있었다고 봄이 타당할 것이다.

이보다 앞선 시기에 전조선 신문기자대회가 10월 23일과 24일 양일간 24개 신문사에서 250여 명이 동참한 가운데 개최되었으나, 인공의 지지 찬성으로 일관되는 등 당시의 언론계는 좌익 우선적인 풍조와 경향으로 흘러버리고 말았다.39)

이런 시기에 동아일보의 중간은 민족 언론계의 획기적인 소식의 전령으로 거듭나게 된 것이다. 더욱 좌익언론이 판을 치고 있는 때여서 더욱 이 신문 중간의 의미는 민족계의 부활을 예고하여 크고 놀라운 쾌거의 일이었다. 잘 다듬어진 중간사(重刊辭)를 일별할 때 '주지(主旨)를 선명하노라'라는 제목은 큰 감명과 감동으로 가득 차 있었다.

---

39) 앞의 《인촌 김성수 전》, 487~489쪽.

천도(天道)가 무심치 않아 강토에 해방의 서기(瑞氣)를 배푸시고 … 이 천민(天民)에게 자유의 활력을 다시 주시니 오로지 국사(國事)에 순절하신 선열의 공덕을 기특타 하심이요 … . 40)

원래 동아일보가 1920년 4월 1일 화동에서 창간할 때의 3대 주지를 다시 천명하여 그 창간의 당초 웅대한 취지를 표방하였는데 이 주지는 고금에 동일함을 재확인하고 있다. 이제 중간을 맞아 현 시국에 처한 동아일보의 주지를 구체적으로 부연하되 4가지를 중점적으로 강조하고 있다. ① 우리의 독자성을 고조하며 5천년의 전통과 긍지, 아시아적 풍토로 순화된 우리의 이념과 향기로서 민족문화의 완성을 부익하고자 한다. ② 민주주의에 의한 여론정치를 지지한다. 민의를 위한 인민의 정체를 대성하여 국권의 존엄과 국운의 발양을 위한 모든 건설을 협찬한다. ③ 근로대중의 행복을 보장하는 사회정의 구현을 기약한다. 기회균등의 공도(公道)에 의한 이상사회의 실현을 추진한다. ④ 철두철미한 자주 호혜의 정신이 교린에 원칙됨을 신봉한다. 영토의 대소, 국력의 강약 등 차별을 초월한 국제민주주의 확립에 기여코자 한다.

신문은 독자에게 지도 편달을 아끼지 말 것을 간곡히 부탁하며, 광복의 홍업을 대성하여 우리 민족으로 하여금 영겁에 빛나게 하라고 당부하면서 1945년 12월 1일 동아일보사 일동이라고 정중하게 겸손 속에 중간사를 대신하고 있다. 매우 감동적인 중간의 말이라고 아니할 수 없다.

역경을 딛고 일어선 동아일보는 20여 년간 우익항일진영의 대변지로서 국내외 항일투쟁에 앞장서고 선전 고무하다가 이제는 공산주의와 쟁투하는 해방공간에서의 민족신문으로 거듭나게 되었다. 인촌이 주장하였듯이 민주공화주의 언론사로서의 사명을 밝히는 일에 신명

---

40) 〈동아일보〉1945. 12. 1 6820호.

을 다 바칠 각오 하에 중간에 임하였음을 다짐한 것이다.

그러나 아쉬운 것은 창간한 이래 20여 년을 인촌과 같이 동고동락하던 고하 송진우라는 큰 지도자를 잃은 슬픔은 동아일보사 차원을 뛰어넘어 쉽게 지워지지 않았다. 동아일보는 1950년 6·25 전쟁 때까지도 자체적으로 인쇄시설을 구비하지 못한 채 민족언론의 길을 외로이 굳건하게 걸어오게 된 것임을 이해해야 하는 것이다.

7. 신탁과 반탁의 소용돌이 정국

8·15 건국을 위한 우익의 움직임이 활발해지던 1945년 12월 16일부터 소련의 모스크바에서 미·영·소 3개국 외상이 모여 한국신탁문제에 관하여 토론이 전개되었다. 그 결과는 동 12월 28일에 공동성명 형식을 거쳐 발표된 '모스크바 의정서'라는 협정서의 내용이었다. 이미 미국은 1945년 2월 4일 영국, 소련 대표와 얄타에서 회담을 개최하고 소련의 대일 참전을 밀약한 바 있다. 이 시기에 벌써 해방을 맞을 한국의 신탁통치문제가 당사국은 외면한 채 비밀리에 거론된 바 있었다. 신탁통치문제는 새로운 충격적인 사실이 아니었다. 한국은 아직 일제의 통치를 35년간이나 받고 있었기 때문에 정치적으로 미숙한 국가임을 감안하여 향후 5개년 간 강대국의 신탁통치가 필요하다는 것을 공식 결의하였다는 보도가 발표되어 큰 반향을 일으켰다. 이 문제가 알려진 것은 이미 언급한 빈센트의 유포로 충격 속에 홍보되었는데 이것이 이번에 공식화된 셈이었다.

당시 동아일보에 알려진 내용은 신탁통치문제만 너무 자극적이고 성급하게 잘못 보도되어[41] 한국국민은 전체 문맥을 이해하기도 전에

---

41) 〈동아일보〉, 1945. 12. 27.

모두 흥분의 도가니에서 벗어나지 못하고 비탄과 절망 속에 차라리 다 죽어버리자고 집단자살론을 절규하며 사실상 신탁통치는 절대로 받을 수 없다고 피로써 결의하였다.[42] 신탁통치는 그 의정서 내용 중 일부에 지나지 않았다. 그 의정서 내용의 전체가 다 신탁통치로 일관된 보도는 아니었다. 한국인의 흥분이 너무 지나치다는 외국인의 평가도 귀담아 들을 점이 있는 것이다. 동아일보 1면 보도내용의 실상은 '소련은 신탁통치를 주장하였고 미국은 즉시 독립을 주장하였다'라고 크게 톱으로 보도한 것으로 오보 내지는 성급한 신경을 자극한 일부내용이었다.

그 보도의 내용을 살펴보면 ① 독립국가로 재건설하기 위해서는 조선민주주의 정부를 수립할 것이며, ② 그를 위해 미소공동위원회를 열 것이고, ③ 최고 5개년 기한으로 미, 영, 소, 중의 4개국의 신탁통치를 실시하되 미소공위가 조선 임시정부와 협의할 것이고, ④ 남한의 현안을 논의하기 위하여 2주 내로 미소공위를 개최할 것 등이었다. 3개국 외상회의의 골자는 조선의 통일정부 수립을 위한 전초준비단계로 먼저 할 일이 요점사항인 임시정부수립에 있는 것이다.

그런데 이를 흥분한 동아일보가 잘못 해석하고 성급하게 신탁통치 문제만을 전면에 부각하여 한국국민을 자극하고 해방정국을 일대 흥분과 격정으로 몰고 간 것이다. 미군사령부가 이런 사실을 정확히 파악한 것은 보도가 나간 지 2일 뒤인 동 12월 29일이었다.[43] 30일에는 국내 신문도 이를 정확히 사실대로 보도하였으나 누구도 이를 믿으려 하지 않았다. 모든 연합국이 조선을 5개년간 신탁통치로 몰고간다는 것이었다. 한국인의 자존심을 극히 자극한 일방적 처사였던 것이다.

---

42) 심지연, "신탁통치 문제와 해방정국: 반탁과 찬탁의 논리를 중심으로", 〈한국정치학회보〉, 19, 1985.

43) 〈서울신문〉, 1945. 12. 30.

반탁(反託)에는 우익이 모두 찬성하였으나 그 구체적인 방법문제로 오해가 생겨 고하가 암살당하는 비극이 연출되었다. 모두가 성급하게 자기 나름대로 자의로 해석하고 이성으로 해석하기보다는 감정을 앞세워 대중심리에 호소하는 우를 범하였기 때문에 이런 불상사가일어난 것이다. 해방정국에 있어서 이성적 해석보다는 모두 흥분하였기 때문에 고하가 마치 신탁을 찬동하는 반국가적인 인사로 오해받아 이런 어처구니없는 비극적 암살이란 난감한 사태가 일어난 것이다. 동시에 인촌도 불가피하게 타율적으로 정치일선에 함입되게 된것이다.

조선공산당대표 박헌영도 북한과 같이44) 처음에는 반탁을 찬성하였으나45) 북한이 신탁을 찬성하자 돌연 좌익도 1946년 1월 3일부터강하게 찬탁(贊託)으로 급선회하였다. 46) 박헌영은 신탁이란 미소 공동위원회로부터 조선독립의 협조를 의미한다고 강조하고 있었다. 47) 김구 등의 반탁운동은 큰 과오를 범한다고 비판하고 민중을 혼란의도가니로 몰고 간다는 등 극렬히 비판했다. 48) 뿐만 아니라 약 20년후 소련의 한 연방으로 편입되기를 희망한다는 엉뚱한 망언을 되풀이하였다. 49)

해외에서 30여 년을 항일투쟁으로 일관되게 항쟁해 온 김구 주석등 임정 지도자들은 민족의 자존심을 회복한다며 반탁운동을 항일투쟁의 연속으로 간주하고50) 행동통일로 이를 완전 철폐하기 위하여

---

44) 고준석, 《민족통일 투쟁과 조선혁명》, 힘, 1988, 106~8쪽.

45) 〈해방일보〉, 1945. 1. 2.

46) 중앙일보특별취재반 《조선민주주의 인민공화국》, 중앙일보사, 1992, 189 ~192 쪽

47) 박헌영, "박헌영의 외국기자단과의 회견내용", 〈조선인민보〉, 1946. 1. 6.

48) 상동.

49) 임경석, 앞의 《이정 박헌영일대기》, 265쪽.

50) 변형윤 외, 《분단시대와 한국사회》, 까치. 1985 송건호, 탁치안의 제의와

1945년 12월 28일 '신탁통치반대 국민총동원위원회'를 조직하고 전국적인 규모의 반탁운동으로 돌입하였으며 30일에 중앙위원 76명을 선임하고, 31일 서대문 경교장 임정 임시 숙사에서 제1차 반탁행동위원회를 개최하였다. 인촌은 그 위원으로 선임되어 회의에 동참하여 반탁의 의미를 강조하고 동조하는 분위기를 조성하였다. 위원장은 민족대표 33인 중의 한 분인 천도교인 권동진이고 부위원장은 안재홍, 김준연이 각기 담당하였다. 인촌은 고하가 암살당하기 직전이어서 아직 정치에 본격적으로 가담하지 않아 상임위원직을 맡지 않았다.[51]

한민당은 12월 27일 생명을 걸고 반탁을 결의한다고 성명서를 냈고[52] 29일에는 고하가 최후까지 투쟁할 것이며 3천만이 국민운동을 끝까지 전개할 것이라고 전의를 닦고 강조하여 고귀한 자유로운 민족주권을 쟁취하자고 역설하였다.[53]

이에 관하여 좌익 측은 탁치(託治)가 오히려 통일정부 수립의 지름길이라고 유혹, 오도하고 있다. 북에서는 우익인사인 조만식 등을 연금하고 찬탁으로 여론을 유도하는 등, 탁치를 극력 찬성하게 국민정서를 잘못 인도하고 있었다.[54]

이 당시 임정은 12월 28일 동 투쟁 총동원위를 구성하고 성명서를 미, 중, 소, 영 4개국에 발송할 것을 채택하며 미군정으로부터 직접 정권을 인수하려 억지를 쓰며 기도하자 군정당국은 강경조치를 취하겠다고 경고했다. 계속적으로 그런 고집을 강행하면 부득이 임정을 국외로 추방한다고까지 위협하여 험악한 분위기가 연출된 일도 있었다.[55] 이에 대하여 고하는 임정 측을 설득하면서 군정을 건드리면

───────────
찬반탁 논쟁 참조.
51) 〈서울신문〉, 1946. 1. 1.
52) 심지연, 앞의 책, 180~3쪽.
53) 심지연, 앞의 논문 154~6쪽.
54) 김학준, 《소련의 극동정책과 김일성 정권》, 동아일보사, 380~4쪽.

오히려 우리 측이 더 불리할 것이고 국권이양도 어려울 것이니 순리대로 하되 국민운동으로 우리의 진정한 의사를 표시하면 군정이 우리의 처지를 더 잘 이해할 것이라고 만류, 설득하였다. 따라서 임정이억지로 순리를 역행하면 우리가 더 불리해 질 수 있다고 신중론을 폈다.[56] 이에 관하여 임정 측에서는 고하를 회색분자 내지는 찬탁파로 오해할 수도 있었다고 본다.

동 12월 30일 새벽이 다 되었으나 진행되던 회의가 결론나지 않아 산회에 들어가고 피곤을 이기지 못한 50대 후반의 고하는 원서동 자택으로 늦게 돌아갔다. 이것이 그의 마지막 정치행사였다.

55) 앞의 《독립을 향한 집념》, 481∼3쪽 참조.
56) 앞의 《고하 송진우 선생전》, 336∼8쪽.

민족 지도자 송진우의 피살과
인촌의 한민당 당수 피임

1. 민족 지도자 송진우의 암살

1945년 12월 30일 새벽 6시 10분경 전날의 격무 때문에 곤히 깊은 잠에 들어 있던 고하는 원서동 74번지 자택에서 갑자기 침입한 흉한 무리 한현우 등 6명이 권총으로 고하의 안면에 1발, 심장에 1발, 복부에 3발, 하관절에 1발 등 흉탄을 맞고 현장에서 즉시 서거하였다. 향년 56세였다(1890~1945). 함께 취침 중이던 내종 양신훈도 하관절에 흉탄을 받아 인근 박창훈 외과병원에 입원했다. 범인은 급히 산정 뒤 철 양 벽을 뛰어넘어 저택 내에 침입한 듯하며 범행 후 밖에 계단이 있는 2협로로 응급히 도주했다. [1]

돌이켜 보면 일평생을 민족독립운동의 선두에 서서 일본 군국주의의 독아(毒牙) 밑에 꾸준히 항쟁한 청렴결백한 애국지사 고하는 민중여론의 지도자요 우리 민족의 큰 양심적인 영도자로 진력하다가 갔다. 그는 1890년 5월 8일 전남 담양군 수북면 남산리에서 출생하였다. 7세 때 국한문을 해독하였으며 12세 때 고향에서 30리나 떨어져 있는 창주 월동에서 영어선생을 모셔다 공부하였으며 그때부터 신문

---

1) 〈서울신문〉, 1945. 12. 31.

혼돈과 대립중에 송진우 암살기사(1945.12.30)

화를 호흡하여 새로운 문화를 이 땅위에 정립시키려는 뛰어난 정세를 관찰하였다. 그 뒤 그는 평생지기인 인촌 김성수와 같이 뜻이 맞아 도일하여 신학문을 배웠다.

1910년 4월 도쿄 메이지대학 예과에 입학하였는데 동 8월에 국권 피탈 소식에 귀국치 아니하고 후일의 광복의 꿈을 꾸면서 1912년 메이지(明治)대학 법과에 입학하였다. 그는 신문을 연구하다가 학업을 마치자 귀국하여 인촌과 같이 손잡고 사립 중앙학교를 인수 확장한 뒤 청년인재양성에 첫 걸음을 내디디면서 1918년에는 중앙학교의 교장으로 피임되어 준재를 양성하다가 1919년 4월에는 3·1혁명 당시의 48인 중의 1인으로서 내란죄에 연루되어 1921년까지 3년간 서대문 형무소에서 옥고를 치렀다. 만기 석방되어 1921년 9월에는 제2대 동아일보 사장 인촌에 이어 제3대 동아일보 사장에 취임하여 총독통치하에서 민중의 여론을 들어 탄압과 권력에 맞서 항쟁하고 민중의 지도와 민족문화 창달, 향상에 진력하여 언론문화계에 바친 큰 공적은 자타가 공인하는 바인 것이다.

1925년 7월에 만국기독교청년회 주최로 미국 하와이에서 개최된 범태평양회의에 김활란 등과 같이 조선대표로 출석하여 국위를 선양하였다. 그 뒤에도 해외에 나가 일제를 타도하고 침략정책을 성토하는 등 국위를 선양하였다. 1936년 11월 손기정 선수에 의한 일장기 말소의거 이후 총독부의 탄압으로 익년 6월부터 동아일보사장직을 버리고 고문으로 추대되어 1940년 8월 동아일보가 강제 폐간당할 때까지 총독통치와 정면대결하였다. 전쟁 중에는 일관된 전쟁 비협조자로 있다가 해방을 맞아 동 9월 한민당을 창당하고 그의 수석총무(당수)로서 임정지지와 국민대회 준비 등으로 활동 중 흉한에 의하여 피격 사망하였다.

민족의 참 지도자는 이와 같이 고결 청아한 애국 평생을 한국의 독립과 문화창달을 위하여 피나게 항쟁하다가 대한민국의 정부수립 건국을 눈앞에 둔 시기에 피격 급서하고 만 것이다. 인촌의 분신인 고하 송진우의 급서는 인촌으로 하여금 비애와 개탄, 통절함을 이기지 못하게 했다.[2]

한민당의 고하와 인촌은 12월 4일 국민대회 부위원장 김준연, 외교부장 장택상과 같이 한미호텔에 체류 중인 정부요인들을 심방하고 무사귀국에 감사인사를 교환하였다. 이날 고하는 신익희 임정의 내무부장과 요담을 마쳤는데 이 자리에서 우선 나라의 체제를 구비하여 열국의 승인을 받기까지는 그대로 직진하는 것이 제일 타당하고 첩경이며 국민 전부의 뜻이라고 설명하였다. 그 자리에서 고하는 시급히 국군을 편성할 필요가 있다는 주목할 건의를 하여 관심을 끌었다. 한국의 국군창설의 최대 공로자라고 아니할 수 없다. 또 대외사절을 각국에 파견하여 우리의 처지를 세계에 알려서 하루라도 속히 열국의 정식 승인을 얻어 건국의 기치를 높이 올려야 한다고 강조하면서 속히 나라를 바로 세우도록 노력할 것 등 주요한 현안의 건국 문제 등을 진지하게 교환하였다. 우리는 서서히 신 국가 건설을 협찬하여야 할 것이라고 건설적인 건의를 하여 임정 지도자들을 감동시킨 바 있

---

2) 〈동아일보〉, 1945. 12. 31.

1925년경 동경에서 인촌과 고하

다. 고하는 피격당하는 순간까지도 개인보다는 국가와 민족의 장래를 걱정하였던 참 애국지사였다.[3]

사실상 고하의 해방정국 해법은 매우 선진적이며 합리성과 타당성이 있었다고 평가한다. 북한을 점령한 소련은 동 9월에 남한에 철도, 전신, 전화, 우편 등을 단절하였고, 10월초에는 북조선 5도 임시인민위원회를 조직하였으며, 10월 말에는 북조선 5도 행정국을 설립하여 북한의 단독정부 수립을 한반도에서 가장 먼저 획책한 것이다. 결코 남한이 먼저 분단을 조장한 것이 아닌 것이다.[4] 이를 감안해 볼 때 고하의 친미나 훈정론 등이나 반탁반공론은 현실적인 건국을 위한 애국자의 건실한 점진적 시각의 일단이라고 평가하지 않을 수 없다.

인촌은 고하를 보내고 그에게 "깨끗한 일생이었구나!" 하고 처연(悽然), 통절(痛切)하게 통곡을 금치 못하였으며, 우남도 그를 보내고서는 가장 의지하였던 정치세력을 잃었다고 통곡했다고 한다. 위당 정인보는 고하의 비문 속에서 "장차 나라가 곤궁해 지겠다"라고 앞을 내다보며 개탄해 마지 않았다.[5] 고하를 암살한 배후와 그 범인에 관해서는 일부 알려져 있으나 대략 그를 찬탁파로 몬 측이 아닐까 하는 추측만 무성할 뿐이다. 해방정국이 이처럼 암살을 다반사로 했던 무법 불법천지였다고 개탄하는 사람들이 늘어나고 있었다. 장덕수나

---

3) 상동 1945. 12. 5.
4) 이상우 외, 《북한 49년》, 을유문화사, 1989, 33~37쪽.
5) 앞의 '독립을 향한 집념', 18~20쪽.

여운형, 김구 등의 암살이 계속 꼬리를 물고 일어나고 있었음을 보면 매우 개탄스러운 면이 없지 않아서[6] 해방정국은 '살인 정국'이라고 평가하는 공포 속에 비아냥거리는 분들도 있었다. [7]

인촌과 고하는 40여 년을 하루같이 호남 동지로서 다정다감하게 지내던 죽마고우요 형영상반(形影相伴)하는 가장 가까운 친구 중의 으뜸 친구였다. [8] 그러나 때로는 밖에서 들릴 정도로 고성대갈하며 의견의 불일치로 쟁투할 때도 있었다고 한다. 그러나 다음날 둘이 서로 만나면 언제 싸웠냐 싶게 다정한 말로 친근함을 과시하여 주변을 경악하게 하였다고도 한다. 아마도 그런 사이가 진정으로 서로를 위하는 가까운 친구사이가 아닐까 한다. 애국지사로 겸손도 으뜸이고 경력도 으뜸인 애국의 상징 김성수와 송진우 두 사람의 친우관계가 진정으로 끈끈한 가까운 친구사이라고 평가될 수 있는 것이다.

2. 인촌의 순국선열 추모사업 참여와 그 행사의 주도

인촌은 이승만이 귀국하면서 임정의 수반들을 영접할 한국지사 영접위원회를 결성 운영하는 데 주도적으로 간여하였다. 한민당 선언에도 상세히 나타났듯이 임정을 법통성의 본거지로 삼고 있었기 때문이다. 1945년 10월 20일 국민대회 준비위원회 강당에서 김준연, 송진우 등 80여 명과 같이 동 위원회를 조직하고 이들을 영접함에 추호도 소홀함이 없이 따뜻하게 환영영접 행사를 순리적으로 배려하였다. [9]

이어 10월 27일에는 미군정의 학무국장 고문에 임명된 인촌이 다

---

6) 김준연, "고하 송진우 선생 2주기를 맞이하여", 〈동아일보〉, 1947. 12. 29.
7) 이택휘, 앞의 논문 363~4쪽.
8) 앞의 《인촌 김성수 전》 495쪽.
9) 〈매일신보〉, 1945. 10. 22.

음날에는 순국(殉國) 의열사(義烈士) 봉건회(이사장 연병호)를 결성함에 시간을 아끼지 아니하고 전면에 나섰다. 일제 침략에 맞서서 항쟁하다가 순국하신 의열사들의 영령에 대한 감사와 길이 편안하기를 원하는 진혼의 마음은 날로 피어오르고 있다면서 순국 의열사(義烈祠)를 서울 장충단에 세우고 1884년 이래 1945년 8·15까지 희생하신 수많은 충혼을 조사하여 봉안하기로 결정하였다. 이에 인촌은 애국 동지와 같이 그 고문으로 추대되어 실질적인 사업을 총괄했다.

그 외 혁명역사(力士) 및 선열전기 편찬위원회를 두고 홍명희, 정인보 등 석학 23인을 그 위원으로 선임하였으며 선열사적 방사(訪査) 위원회의 위원으로는 이종욱, 장지영 등 15인을 선임하였고 그 기금 관리위원으로는 인촌과 이동녕의 장남인 반민특위 검찰관 이의식 등 12인을 그 주도위원으로 선임하여 본격적으로 이 일을 수행하게 조치하였다. 인촌은 특히 석오 이동녕의 장남에 대하여서는 큰 호감을 갖고 중국 치창(綦江)에 묻힌 그의 선부장의 유해를 속히 모셔 와야 되지 않겠느냐고 깊은 애정과 관심을 표하였다. 10)

이어 12월 23일에는 애국금 헌성회를 결성하였다. 임정의 재정부장인 우천 조완구의 요청도 있어 인촌은 동지 송진우, 장택상 등과 같이 동 23일 국민대회 강당에서 발기인 70여 명이 모여 애국 헌금회를 결성하였는데 조완구는 임정의 취약한 재정상태를 설명하면서 이 회의 적극적인 정치활동이 건국과 직결된다는 점을 강조하였다. 이런 소식은 대한독립 애국금 헌금회에도 알려져 동일 목적을 위한 일이라고 판단하고 합동을 결의하여 협의논의 끝에 애국금 헌성회(獻誠會)라는 명칭으로 대동 통합하여 그 중앙총본부를 국민대회 준비회 내에 두도록 하고 국민적 모금운동을 일원화하기로 약속한 바 있다. 이때 인촌은 동 고문으로 추대되어 실질적인 헌금모집에 앞장서서 성

---

10) 〈매일신보〉, 1945. 10. 28.

금과 심혈을 바치기로 작정하였다. 그
의 임무는 헌금을 어떻게 효율적으로
모금하는가 하는 문제였다. 위원장은
오세창이고 부위원장은 김준연, 김경
식, 총무부장에 장택상 등 약 150여 명
이 동참하여 큰 성과를 거두었다.[11]

안재홍 (1891~1965)

인촌은 1946년 2월 13일 각 정당 사
회단체가 하지 장군에게 한국인 홍사익
중장의 구명진정서를 제출할 때 한국민
주당 대표로 이승만, 안재홍, 권동진,
백세명 등 각계 대표와 같이 그가 전쟁
범죄혐의자로 필리핀에 억류중인 바, 비록 일본의 육군 중장으로 재
직하고 있었으나 탁월한 군사적 기술을 가진 그를 우리나라 건국도상
에 그대로 방임할 수 없다는 취지하에 그의 구명운동에 인촌도 적극
참여하여 아까운 인재구출에 신명을 바친 바 있다.[12]

지주출신인 부호 인촌은 식량대책시민대회 개최준비위원으로도 선
임되어 4월 2일 동 준비위원들을 동아일보사에 모이게 하여 식량대책
을 협의할 때 그 주요 준비선도위원으로 안재홍, 방응모, 임영신, 김
법린 등과 같이 대책과 준비를 게을리 하지 않아 식량대책에 앞장서
서 묘책을 수립하는 등 식량대책에 실질적인 모범을 보였다.[13]

이 시기에 서북학생 원호회가 조직되었는데 이때 인촌은 4월 21일
그 고문으로 선임되어 재경 서북 학생들의 반공, 반소운동 등의 제반
애로사항을 청취, 격려하는 모범과 따뜻한 선심을 보여주었다.[14] 인

11) 〈동아일보〉, 1945. 12. 26.

12) 〈조선일보〉, 1946. 2. 13.

13) 〈동아일보〉, 1946. 4. 4.

촌은 4월 29일 윤봉길 의사의 의거기념일에 조소앙, 한시대 등 애국지사와 같이 그 추모 식장에 나가 정중한 격려사로서 그 열렬한 상하이 의거의 피눈물 나는 애국의지를 정중히 칭송, 추모하였다. 15) 이준 열사 추념대회에서도 인촌은 자발적으로 그 발기인으로서 동 의거일인 7월 14일에 동참하였는데 네덜란드에 있는 그의 유해를 하루 속히 본국으로 모셔 와야 함을 역설하여 긍정적인 반응을 불러 일으켰다. 16) 이준 열사의 유해는 1963년도에 고국으로 모셔왔다.

1946년 6월 21일에 미국과 필리핀의 독립기념 축하준비회를 결성할 때 인촌은 이승만 회장을 협조하여 그 총무부장이란 직책의 실무자로서 축하준비에 차질없게 활동하였다. 17)

인촌은 1945년 12월 9일과 10일 대한국민총회의 발기인 41명 중 한 사람으로서 경제원조와 즉각적인 독립을 갈망하는 메시지를 4개국 연합국에 요청하였다.

독립촉성은 각계각층에서 고조되며 38도선과 경제문제 등 국내정세는 긴장되어 감에 따라 권동진, 오세창 등 40여 명이 발기하여 12월 9일 휘문중학교 강당에서 대한국민총회를 개최하기로 되었다. 그 취지서를 보면 다음과 같다.

국가 민족의 융체를 제회(際會)하여 우리들은 그 책임이 중대함을 감지하는 바이다. 3천만 민족은 세계 대국민이며 4천 년의 민족문화를 가진 것은 역사적 사실이다. 우방제국의 원조와 순국선열의 공덕이 우리 대한민족의 해방적 결정체가 된 것이다. 우리 국민은

14) 〈동아일보〉, 1946. 4. 21.
15) 〈조선일보〉, 1946. 4. 29.
16) 상동 1946. 5. 7.
17) 상동 1946. 6. 24.

특히 우방의 호의에 만강의 열의를 표한다. 반세기적 장구한 시일에 노예적 생활에 신음하던 우리 동포는 1일이 여삼추(如三秋)와 같이 정치적 자결과 국제적 독립을 갈망하는 바이다. 이는 억제할수 없는 민족적 주장이며 정의감의 발로이다. 이에 오배(吾輩)는우방연합국에 대하여 급속히 국제적 독립을 주장하기 위하여 대회를 소집하는 바이다.18)

이어 동 12월 10일 대한국민총회는 부흥구제위원회에 경제원조와 즉각적인 독립을 요청하였다. 인촌의 완전자주 독립에의 열망과 집념이 얼마나 심대 절실한가를 알려주는 활동이라 아니할 수 없겠다. 국민총회 의장 선거에서 인촌이 의장에 선임되어 곧 결의안을 가결하고 회의를 완료하였다. 인촌은 그 자리에서 한국의 즉시 독립을 연합국 4개국에 요청하고 원한 맺힌 38선의 철폐를 다시 4개국에 긴급히 간청하였다. 8·15 이후 일본은 45억이나 되는 거액을 남발함으로써 총액 80억 원에 달하여 우리 경제계를 혼란하게 하였다.19)

3. 건국에의 열정과 여론 환기

1919년 4월 이래 나라의 완전한 건국을 열망해 오던 인촌은 고하가 암살당한 뒤 한민당 수석총무(당수)로서 동지와 같이 애써오던 대한민국의 건국사업을 속히 마무리 지어야 한다는 사실을 사명감으로 알고 이에 매진하였다. 따라서 1946년 6월 22일 덕수궁으로 가서 미군정의 민정장관이었던 아놀드 장군과 회견하고 2시간 정도 건국을 위한 중요회담을 교환하였다. 한민당이 당론으로 결정한 조속한 시

18) 〈동아일보〉, 1945. 12. 8.
19) 〈동아일보〉, 1945. 12. 10.

일 내로 건국을 달성해야 함을 다시 한 번 힘써서 강조하였다.[20] 이를 통해 당이 동시에 자율적 정부수립의 국민적 의지를 당론으로 삼아 건의한 것을 엿볼 수 있다.[21] 그는 이승만이 1946년 6월 3일 정읍에서 발언한 남한 단독 자율정부 수립의 강한 의지가 충만해 있음을 감지하고 이를 적극 찬성, 지원하고 협력하였다.

인촌은 해방 1주년 기념행사에서 통일여부에 대한 견해를 물었을 때 "오는 8월 15일 기념행사는 누구나 한마음 한뜻을 모아 거족적으로 식전을 베풀어야 될 줄 믿는다. 그러므로 우리 당에서는 당의 개별적 의견 혹은 방침은 없고 다만 대략 대한독립촉성국민회의 주도로 조직된 8·15 기념 준비위원회에 동참하여 앞으로 거족적 식전을 베풀 구체안을 결정할 것이므로 그 결정대로 추종 참가할 방침이다"라고 한민당을 대표하여 공식적으로 언급하였다.[22]

7월 31일 전국학생총연맹이 서울 종암동 예배당에서 조직되었는데 인촌은 우남, 정인보, 이극로, 정준모 등과 같이 참석하여 전국학생 2천여 명이 동참한 가운데 감동적인 축사로 반탁결의와 연합군에 보내는 메시지 낭독이 있었음을 주의 깊게 바라보고 있었다. 여기서 인촌의 애제자 보성전문의 대표인 이철승이 대표의장에 선임되어 동 의장 채문식, 박용만과 같이 손잡고 하루 빨리 조선의 독립국가가 달성될 수 있도록 힘써 줄 것을 간절히 요청하는 메시지를 연합국 지도자들에게 발송하였다.

인촌은 8월 16일 한민당의 당수 자격으로 이날 하지 장군을 예방하고 그를 통하여 조선해방의 은인인 연합국 4개국 미, 영, 소, 중의 원수와 연합국 국제기구사무총장에게 메시지를 보내고 국제적으로 공약된 한국독립정부의 즉시 수립에 적당하고 합당한 조치가 있기를

---

20) 이현희, 대한민국의 건국과 인촌 김성수의 기여도, 〈경주사학〉 28, 2008.
21) 〈동아일보〉, 1946. 6. 23.
22) 〈서울신문〉, 1946. 7. 17.

간절히 요청하였다. 4개국 원수에게는 '각하가 카이로 선언과 포츠담 선언에서 공약된 한국독립 정부의 수립에 필요한 조치를 즉시 취하여 주시기를 경망한다' 라고 하여 간절한 우리의 소원인 완전한 독립정부 수립을 갈망하고 있다. 아울러 유엔 사무총장에게도 이와 같은 취지의 요청서를 보냈다.[23]

9월 9일에는 임정 의정원 의장 홍진(1877~1946)의 장례식이 서울 천주교당에서 거행되었는데 이 자리에는 우남, 백범, 조소앙, 인촌, 안재홍, 설의식 등이 동참하였다. 조문객 1천여 명이 참례하여 고인의 70의 애국일생을 기리며[24] 추모의 정을 이기지 못하였다. 영세를 받은 그의 묘는 인천시 관교동 선영에 모셔졌다.[25]

난득호도(難得糊塗)라고 할 수 있는 인촌은 1946년 9월 16일 한민당 결당 1주년 기념식을 중앙중학교 대강당에서 개최하였다. 이 자리에는 우남, 소앙(조소앙), 최동오, 하지 중장, 아놀드 소장, 러취 (Archer L. Lerch) 군정장관 등이 동참하고 간절한 축사가 있었다. 그 속에 대의원 5백 명도 동참한 가운데 엄숙히 거행하였다.[26]

인촌은 9월 24일 전재동포원호회 중앙본부를 조직하였을 때 그의 부위원장으로 선임되어 위원장 조소앙을 도와 의식주와 직업을 알선하는 중앙위원 4백여 명과 각부 위원 1백여 명이 모인 가운데 심혈을 기울여 구호사업에 지속적으로 관심을 보내고 사업에 열중하였다.[27]

10월 8일 인촌이 요청한 하지 중장의 유임을 간청하는 전문을 미 육군성이 공개하였다. 그 주요 내용은 다음과 같다.

---

23) 〈동아일보〉, 1946. 8. 17.

24) 한시준, 《의회정치의 기틀을 마련한 홍진》, 탐구당, 2006, 231~323쪽.

25) 〈동아일보〉, 1946. 9. 14.

26) 〈서울신문〉, 1946. 9. 17 동 9, 7 동 9. 14.

27) 〈동아일보〉, 1946. 9. 24.

한민당은 최근 극동지구를 내방하였던 미 하원 군사위원 중 세리단이 하지 중장의 경질을 진언하였다는 사실에 경악하였고 이를 유감으로 생각하는 바이다. 우리는 남조선 미군의 사기는 왕성하다는 사실을 확신하는 바이며 조선대중은 하지 중장을 절대로 신임하고 있으며 장군의 민주주의적인 지도하에서 작추(昨秋) 이래 남조선은 정치적 경제적으로 위대한 발전을 보이고 있는 것이다. [28]

한편 한민당은 긴급 중앙집행위원회를 개최하고, 수석총무제를 변경하여 당수를 위원제로 하는 기구를 개혁하였다. 이에 따라 수석총무라는 명칭은 위원장으로 변경하고, 13부 중 후생, 문교, 지방 3부를 폐지하고 기획, 정치를 신설하여 12부로 조종, 개혁하였다. 인촌은 공식적으로 개편에 의하여 한민당의 위원장이 된 것이다. 부위원장에는 백남훈이 선임되었으며 중앙상무집행위원은 백관수 등 59명이 새로 선임되었다.

사법부장인 법조인 가인 김병로는 11월 1일 "전 중추원 참의 김성수는 입법의원인 인촌 김성수와는 동명이인(同名異人)"이라고 분명히 밝히면서 친일혐의에 관하여 부당한 인식을 극명하게 청산 교정해 달라고 간절히 요청하였다. 혹시라도 오해의 소지가 있지 않을까 하는 노파심에서 이런 중대한 발언을 한 것으로 간주되고 있다. [29] 인촌 김성수는 중추원 참의인 김승수(金承洙)로 발음상 유사하여 가끔 오해되기도 하는 등 인촌 인식에 큰 혼선이 일어나곤 하였다.

인촌은 11월 26일 한국민족대표 외교후원회(위원장 조소앙)의 재정부장으로서의 임무도 맡아 우남의 도미(渡美) 외교를 물심양면으로 후원한 바 있다. 인촌은 도미 건국외교를 위해 우남에게 1,400여만 원이란 거금을 당의 이름으로 후원하여 조속히 건국사업에만 전심전

28) 〈서울신문〉, 1946. 10. 9.
29) 〈조선일보〉, 1946. 11. 2.

력해 줄 것을 간절히 기원하였던 것
을 알 수 있다. 30) 우남에 대한 미군
정의 절대 지지와 강력한 대중조직
의 활용, 호응도, 막강한 정치자금
의 확보 등이 해방정국에서 단연 그
를 백범 등을 제치고 우익진영의 최
고 지도자로 우뚝 서게 한 것이
다. 31) 여기에는 인촌의 일정한 기
여와 임무가 크게 작용된 바 있다.

김병로 (1887~1964). 초대 대법원장

인촌은 1947년 2월 4일 제 27주년
기미독립선언 전국대회 준비위원회
에 천도교 총부 회의실에서 준비회를 개최하고 준비위원 595명을 선
출하였으며 총무부 외 13부를 설치하였다. 그는 특별위원으로 66명을
선임해두고 임시사무소는 천도교 총부 내에 설치하였다. 명예회장은
이승만, 권동진, 김구, 김규식, 이시영이고, 회장은 오세창, 부회장
에는 인촌을 비롯하여 조성환, 조완구, 김창숙, 조소앙, 함태영, 유
림(柳林) 등이라고 한다. 준비위원장에는 엄항섭이 선임되었다. 32)

1947년 4월 11일 대한민국입헌 28주년 기념식이 창덕궁에서 거행
되었는데 인촌은 그 자리에 나가 감명깊은 축사를 하였다. 33) 임정의
수립은 초대 의정원 의장 석오 이동녕에 의하여 수립되었고 확정일이
1919년 4월 11일이지만 이것을 대외적으로 공포한 것은 이틀 뒤인 4
월 13일이었다. 그러므로 이 날은 임정수립 기념일이 아니고 '입헌 기
념일'이라고 하여 대대적인 기념식을 창덕궁에서 거행한 것이다. 34)

---

30) 정병준, 《우남 이승만 연구》, 역사비평사, 2005, 606~608.
31) 유영익, "이승만, 건국대통령", 《한국사 시민 강좌》, 2008, 43, 1~24쪽.
32) 〈조선일보〉, 1947. 2. 6.
33) 〈조선일보〉, 1947. 4. 12.

임정의 수립을 대외적으로 선포한 4월 13일로 보는 일제 측 자료는 사실상 우리 임정의 일지를 토대로 하여 만든 임정의 자료이기 때문에 그것이 곧 일제 측의 신빙할 수 없는 자료는 아닌 것이다. 이를 정확히 인식해야 한다.

이 자료를 반대자들은 일제의 기록이라고 치지도외하며 그냥 건너 뛰고 있어서 안타까운 것이다. 이는 잘 모르는 자들의 무식의 소치라고 생각한다. 임정의 일지를 토대로 일제 측이 만든 것이기 때문에 신빙성이 있다고 확인한 날짜인 것이다. 단지 임정 27년 동안 4월 11일에도 기념식을 거행하였던 사실은 당시의 신문 등에서 확인되고 있음을 알고 있다.

인촌은 1948년 대한민국의 정부가 천신만고 끝에 수립된 이틀 뒤인 8월 17일 각계 대표들과 같이 석오 이동녕, 곽낙원, 동암 차리석, 민병길 4인의 애국선열 봉안위원회를 조직할 때 그 위원으로 참석하였다. 인촌과 절친한 회현동의 석오 자제 이의식 댁에 안치되어 있는 석오 유해와 경교장에 있는 곽낙원 등의 유골은 국민장으로 거행하기로 결정되어[35] 17일 경교장에서 인촌 등 20여 명이 참석하여 회의한 결과 석오와 동암은 사회장으로 장례식을 거행하고 이를 효창공원 서쪽에 봉안하기로 결정하였다. 그리하여 오늘날까지 그곳에 영면하고 있다. 천안시는 2009년 12월 석오의 생가에 기념관 등을 시 예산 41억 원을 투입하여 완료한다. 석오, 동암 유해봉안위원회는 위원장에 석오와 동갑인 이시영, 부위원장에 조완구, 명제세가 각기 선출되었으며, 봉안위원은 70여 명을 위촉하고 19일 경교장에서 제1회 봉안위원회를 소집하기로 결정한 뒤 산회하였다. 함께 운구되어온 김구의 합부인 최준례와 그 아들 김인(김신의 형)의 유골은 가족장으로 8월 20일 경교장에서 조촐하게 거행하기로 확정하였다.[36]

34) 이현희, 《역사의 힘》, 솔과 학, 2007, 213~221쪽.
35) 이현희, 《임정 주석 석오 이동녕과 그 시대》, 동방도서, 2002, 결론.

인촌은 대한민국이 수립된 후인 1949년 4월 5일 단군 성적호유회 (聖蹟護維會) 준비위원회를 결성하였는데 이의 주동자는 오세창, 이범석, 김규식 등 90여 명이며, 이 회를 발기하여 이날 결성하고 12일 강화도 마니산 등 성적지를 실지 답사하여 단군의 첫 번째 나라 펴심을 송축하였다. 인촌은 그 고문으로 위촉되었고 신익희, 안호상, 김창숙, 장도빈 등과 함께 위원으로도 활동하였다. 37) 4월 30일에도 강화도 마니산 천단을 답사하였다. 38) 인촌은 그 전해 11월 17일 순국선열 추념식에 임석하여 정인보 등과 같이 추모사를 낭독하고 오세창의 선창으로 만세삼창을 마친 뒤 폐회하였다. 39)

3·1혁명 29주년 기념행사에는 이윤영, 김법린 등과 같이 동 준비부위원장으로서 민족대표 33인 등의 강렬한 독립정신을 기렸다. 40) 인촌은 다음과 같은 요지로 언명하였다. 41)

내년 3·1절에는 기필코 독립국가로서 맞는 의의 있는 국경절이 되도록 3천만이 일심으로 노력하여야 할 것이다. 천(天)도 무심치 않음인지 국제정세 역시 우리에게 서광을 보여주어 독립의 문이 열리는 듯한 감이 없지 않다. 유엔총회에서 32 대 2로 가능지역에서만이라도 총선거를 단행하여 정통성의 중앙정부를 수립하기로 가결하였음은 우리에게 명랑한 소식이 아닐 수 없다. 이때에 동포 여러분이 한마음 한뜻으로 3·1 혁명정신을 다시 한 번 깨우쳐 독립전취의 민족대업을 차제에 완성하여 주기를 간절히 희망하여 마지않는 바이다.

36) 〈대한일보〉, 1948. 8. 19.
37) 〈조선중앙일보〉, 1949. 4. 12.
38) 〈동아일보〉, 1949. 5. 4.
39) 〈서울신문〉, 1948. 11. 18.
40) 〈경향신문〉, 1948. 2. 28.
41) 〈동아일보〉, 1948. 2. 29.

3월 1일 발표한 인촌의 다음과 같은 기념문은 역사적 명문장으로 오랫동안 기억될 것이다.

> … 용감하게도 비무장항쟁이 발작됨에 따라 3천리 방방곡곡에 태극 깃발을 휘날리며 3천만의 이구동성으로 울려퍼져 나오는 고함소리 는 태산을 움직일 듯 밀리는 조수같이 … 총칼에 맞아 기10만 명의 형제자매는 희생되었다. … 기미 3월 1일에는 싹트고 잎 되기 시작 하여 을유(1945) 8·15에 그 열매를 맺게 되었으매, 기미(1919) 운 동이 수인사(修人事)라 하면 1945년 을유(乙酉) 해방은 대천명(待 天命)의 격이었나니 전자는 인(因)이며 후자는 과(果)였다. … 민족 총의를 계속한 혁명 선배들의 해내외에서 악전고투한 결정이니 우 리는 선열 각위께 못내 사의를 표하는 바이다. … 항시 천은을 감사 하며 일층 더욱 깊이 보우하심을 성심으로 기원할진저.

> 단기 4281년(1948) 3월 1일 기미독립선언 기념대회[42]

4. 인촌의 한민당 당수 취임 ― 운명적 타율적 선택

고하 송진우의 애통한 피살은 한민당뿐 아니라 모든 애국국민과 정 치인들에게 크나큰 충격과 비탄 통석함을 느끼게 하였다. 그중에서 도 당수를 배출했던 한민당은 고하의 후임을 누가 맡아 당을 정상적 으로 이끌고 우남을 도와 정통정부를 수립할 것인가가 더 화급한 현 안문제였다. 한때는 백남훈과 원세훈이 그 대안으로 떠올랐으나 토 의결과 거부되어 1946년 1월 7일 오후 4시에 열린 중앙집행위원회에 서 본인의 의사와는 전혀 다르게 양해 없이 인촌이 그 후임으로 수석

---

42) 〈조선일보〉, 1948. 3. 2.

충무에 선택된 것이다.[43] 운명적인 선택이고 불가피한 임무이기도
하였다.

인촌은 펄펄 뛰며 손사래를 치고 "나는 안 된다"고 큰 소리쳤으나
당원의 의중은 그게 아니었다. 인촌밖에는 대안이 없다는 것이 대세
이며 숙고한 끝에 내린 모두의 결론인 것이다. 인촌이 그 자리를 맡
아야 한다는 중의(衆意)의 압박성 결론이 난 것이다. 처음에는 측근
장덕수가 인촌을 만나 설득하였다. 그러나 인촌은 만나주지도 않고
거절해 버렸다. 최측근도 이처럼 물리치니 난감하기 그지없었다. 다
음으로 절친한 서상일과 백관수가 독한 마음먹고 설득하였으나 역시
별 소용이 없었다.

세 번째로 법조인 김병로가 그를 찾아 큰 소리로 "인촌 고집 때문
에 모처럼 결성한 우리의 한민당이 깨져도 좋단 말이오?" 하고 야멸
차게 반 위협조로 책임지라며 큰 소리를 치자 인촌도 이런 위협조의
우정어린 간청에는 차마 발길을 매정하게 돌릴 수 없었던 것 같다.

가족회의까지 열고 이 문제를 심각하게 논의하였다고 한다. 동생
(수당)과 합부인(이아주) 등 가족의 동의를 얻어 마침내 당수직을 수
락하였다고 전해진다.[44]

대구 서상일의 회고 속에 나타난 기록을 보면 그 전말이 잘 이해되
고 있다. 그는 장택상과 상의하고 인촌을 움직이게 공작을 진행하였
다는 것이다. 인촌이 당신은 교육계를 위하여 그 일에만 전심하겠다
고 고집을 부리자 그들은 '나라와 민족이 있은 연후에 학교도 존재하
는 것이 아니겠느냐'고 한바탕 매정스럽게 쏘아붙였다는 것이다. 그
결과 겨우 승낙을 얻어냈다는 당사자 서상일의 주장이다.[45]

43) 〈조선일보〉, 1946. 1. 9.
44) 앞의 《인촌 김성수 전》, 497쪽.
45) 서상일, "인촌 김성수 동지는 왜 위대하다 하는가", 〈신생공론〉, 1955, 6~
   7 앞의 자료 동일.

정당생활 시절의 인촌

동시에 더 화급한 문제는 고하가 맡고 있던 동아일보사의 제9대 사장직이었다. 인촌은 1946년 1월 1일자로 사장에 취임한 지 6개월 뒤인 동 7월 1일자로 동본사(東本社)의 정관을 고쳐서 주식회사 동아일보사로 개편 확장하고, 1947년 2월 20일에는 70만원이던 회사의 자본금을 일약 5백만 원 선으로 증자, 보강하는 용단을 내렸다. 동시에 제10대 사장에 측근인 각천 최두선이 선임되어 취임하였다. 이에 따라 인촌은 사실상 이 신문사의 경영일선에서는 물러난 셈이었다. 그러나 연관을 갖고 있던 인촌은 1949년 7월 28일 동아일보사의 고문으로 추대되어 1955년 2월 18일 그가 서거할 때까지 이 직책을 고수했다.46)

한편 인촌은 1946년 1월 14일 탁치와 통일전선문제에 관한 자신의 복안을 천명하였다. 그는 이날 당수 피선 이래 출입 기자단과 첫 회견을 하였다.

열강에 의한 신탁통치는 조선의 완전 독립원칙에 배치되는 것이니까 절대로 반대한다. 나로서는 분열된 것은 민족이 아니요 동지라고 본다. 현재로서 이상적인 비상정치회의의 기관을 통해 조선독립이란 공통된 목표를 세운 동지들이 소이(小異)를 버리고 대동(大同)의 입장에서 일치단결하도록 노력할 각오이다. 비상정치회의보다 더 나은 기관을 세운다면 언제든지 그 기관에 참가할 터이다. 그러나 독립의 피안에 건너가는 다리로서 임정 27년의 역사를 가진 임정의 법통 이외에 무슨 다른 신통한 다리가 있을 것인가?

46) 정진석, 앞의 논문, 《언론인 인촌 김성수》, 331~3쪽.

라고 임정의 법통을 잇는 일 외에 무엇이 더 중요한 당면 해법이라는 말이냐 하면서 임정의 찬성과 지지를 다시 한 번 확인하고 있는 것이다.[47] 그것은 한민당 창당 당시 한민당 선언에서도 두 번씩이나 임정 27년의 법통성의 고수 유지를 강조하고 지지 찬성함에서 충분하게 엿볼 수 있는 우호적인 기본원리인 것이다.

불가피하게 타의로 정치에 입문하면서 인촌은 늘 생각하고 겸손함을 잃지 않으려고 중국고전을 항시 암송하고 지켜나갔다. 가령 《논어》 태백(泰伯) 편의 "배움은 미치지 못할까 여기듯이 하고 또한 잃어버리지나 않을까 두려워해야 한다"(學如不及, 猶恐失之)는 구절을 늘 마음속에 간직하고 살았다. 더욱이 어려움이 그를 엄습할 때에는 더욱 그런 명현의 말씀을 굳이 새겨두었던 것이다.

인촌은 3·1혁명 27주년에 제하여 그 행사를 거행할 때 그 준비위원으로 선임되어 그 임무를 충실히 수행하였다.[48] 그는 비상국민회의 산업경제위원을 겸하고 있었다. 인촌은 1946년 2월 1일 임정이 제기한 비상국민회의 제2일째에 그 위원을 선정할 전형위원 9명 중 하나로 선임되었다. 그 외 위원은 홍진, 최동오, 김관식, 김붕준, 김여식, 안재홍, 김법린, 이종현의 8명이 선임된 바 있다.[49]

5. 계속되는 인촌의 암살 미수 위협과 남로당의 공작

한민당의 위원장을 맡은 인촌은 지속적으로 몇 번에 걸친 암살의 위협 속에서도 의연히 정치활동을 계속하였다. 암살은 좌익 쪽에서만 노린 것이 아니었다. 몇 번에 걸친 암살미수에서 그 사실을 알 수

---

47) 〈조선일보〉 1946. 1. 15.
48) 〈조선일보〉, 1946. 2. 1.
49) 상동, 1946. 2. 3.

있다. 첫 번째는 1946년 8월 26일의 일이었다. 사명을 띤 그들은 북조선인민위원회에서 특파된 남조선 요인 암살대원 8명이었다. 제1경찰청장 장택상은 8월 28일 출입기자단과 회견하고 북으로부터 요인암살과 프락치대 교란대원 11명이 대거 남한에 잠입하여 암약 중 26일 새벽에 발각 체포되었다고 발표하였다. 총지휘자 한성(韓誠) 이하 11명은 북조선인민위원회 평양 보안국 특찰과장 김광빈의 특명에 의하여 남조선미군정청 경무부장 조병옥, 경기도 제1관구 경찰청 장택상, 한민당 김성수, 장덕수와 이승만, 김구 등 6명을 동 8월 30일까지 암살하는 동시에 좌익사상으로 프락치 공작을 꾀하여 미군정의 반동을 촉진시킬 목적으로 지난 6월 24일 두 번이나 상경하여 주위를 살폈다고 언급하였다.

　그동안 이종섭(25), 최한(30)과 협력하여 정보수집과 프락치대 조직에 활약하였고 범인 중 이원희(26)는 주모자와 3차나 연락하여 정보를 교환하는 동시에 무기입수 공작에 암약하고, 김천호(33)는 연락할 동지를 얻기에 힘쓰고, 허철갑(20)은 재경 함북청년회에, 이동건 (20)은 동 평안청년회에, 김병규(22)는 학생단체에 각각 잠입하여 좌익사상을 고취하고 프락치대 동지를 모으는 한편, 이영화(26), 최치겸(23), 김덕수(24) 3명은 암살하수인으로서 실질적으로 기회를 포착하려고 암약 중이었다고 한다.

　이런 맹렬한 암살의 암약이 제1관구 경찰 청원에게 발각되어 8월 26일 경기도 포천에서 이종섭, 최한, 이원희, 김천호, 김병규, 이영화, 최치겸, 김덕수 등 8명은 체포되고, 한성, 허철갑, 이동건은 체포하지 못한 채 그동안 수배 중이었는데 압수된 권총 8자루, 수류탄 6개와 군자금 6만원은 현재 포천군 영평 보안서에 보관되어 있다고 했다. 50)

---

50) 〈동아일보〉, 1946. 8. 29.

두 번째로는 1947년 11월 30일 인촌 등을 암살하고자 한 남로당원 일당 7명을 일거에 체포한 사건이다. 11월 30일 호남선 연산과 두계역 사이 열차 내에서 제8구 경찰청 사찰과 형사가 범인을 체포함과 동시에 서울 시내 회현동 해양구락부에서 연루범인 6명으로 이들도 체포한 사실이 있다. 그 주범은 남로당 강원지부위원장 고진성(高鎭成) 등 6명을 모두 체포하였다. 남로당 지령을 받고 전남 영암에서 김준연의 선부장의 장례식에 참석한 김준연과 인촌 김성수, 8관구 경찰청장 홍낙구를 암살하려고 하수인 백영기(24)를 장지로 파견하였으나 뜻을 이루지 못하고 상경도중 열차에서 체포된 것이 단서로, 수도청의 응원을 얻어 8관구청 형사 3명이 시내 다동 67번지 김경수 방에서 주범인 고진성을 체포하고 암살단 본부인 시내 회현동 1가 91번지 해양구락부를 급습하여 6명을 체포하였는데 그 연루자를 수사 중에 있다고 했다. 그들은 조병옥, 장택상 등도 함께 암살하려는 계획을 갖고 있어 관련된 권총, 기타 무기도 전부 압수되었다고 했다.[51]

바로 이 시기에(12월 2일) 장덕수가 또 자택에서 암살당하여 비상시국이 선포되었다. 세 번째로 이보다 앞선 11월 3일 수도경찰청이 발표한 바에 의하면 김규성, 김중익, 허유경, 박우량 등이 북로당원인 이성일을 만나 우남, 인촌, 장택상 등 3명을 암살하라는 지령을 받고 제1차로 인촌을 암살할 결의를 다짐하였으나 수표를 은행에서 교환하다가 10월 29일 발각되어 현장에서 체포되었다고 했다.[52] 그리하여 요인을 보호해야 하는 차원에서 12월 7일 테러방지책이 긴급히 요청되었다.

네 번째로는 1948년 6월 18일 국회의원 장면과 인촌을 동시에 암살하려고 계획하던 범인을 체포하였다. 남로당원 성동구 선행대원 김봉환 외 5명은 6월 9일 성동구 약수동 선거위원장 한용건(韓龍健)

---

51) 상동, 1947. 12. 3.
52) 〈경향신문〉, 1947. 11. 4.

을 살해할 당시 사용한 권총 한 자루와 실탄을 가지고 재차 이번에 국회의원에 당선된 장면과 나명균 외 2명, 그리고 정계요인으로 인촌 등을 암살하고, 관공서, 전화국, 변전소 등을 파괴 방화할 계획으로 기회를 포착 중 18일 성동서 형사에게 탐지되었다. 이때 서장 이하 모든 대원이 총동원되어 범인을 전부 체포했다.[53]

다섯 번째로 1948년 7월 8일 인촌 김성수 등을 암살하려던 남로당원 김광영 등을 구속 기소하였다. 6월 16일 인촌 등을 암살하려던 남로당 성동구위원장 조 모를 비롯하여 학생 김광영(金光永), 김익문 등은 서울 검찰청 오제도 검찰관의 문초를 받던 중, 살인 예비포고 제2호와 법령 제5호 위반죄로 8일 구속 기소하였다.[54]

이처럼 인촌은 고하가 암살당한 후 늘 몇 번이나 암살의 위협 속에서 험난한 정치일정을 소화해야 하는 풍전등화 같은 살얼음 인생길을 걸어가고 있었다. 더욱이나 몽양이 가고 이어 설산이 그 뒤를 잇는다고 생각하니 불안과 위협이 늘 도사리고 있음을 명확하게 감지하였던 것이다.

6. 임정의 비상국민회의와 공산계 민전의 대결

반탁운동이 치열하게 전개되고 있을 때인 1946년 1월 초 김구는 통일조국을 위한 정국 구상을 위해 답답한 마음을 달래면서 독립통일정부 수립에 한발 앞으로 다가서고 있었다. 그 구체적인 안이 곧 과도정권을 수립할 비상정치회의체의 제안이었다. 여기서 국민대표 대회를 소집하여 국회의 기능을 행사하게 하고 헌법을 제정하여 정권을

---

53) 〈동아일보〉, 1948. 7. 2.
54) 상동, 1948. 7. 9.

수립 선포함으로써 열강의 신탁통치를 단연 배격한다는 것이다.

우익 중심의 임정계의 이 같은 움직임에 공산당 등 좌익계는 이에 대결할 자세로 민주주의민족전선(民戰)을 구성하여 민족의 분열을 획책하였다. 인촌은 1월 14일 앞에서 언급한 바와 같이 민전 문제에 관하여 임정계의 법통 이외에 무슨 다른 대안이 있을 수 있겠느냐고 단연 일갈하였던 것이다. 55) 이는 인촌의 임정에 대한 애정, 친밀감과 나라의 법통성의 현주소를 극명하게 밝힌 당론이기도 하여 비상정치회의를 신뢰한다는 깊은 믿음을 드러낸 것이다. 뿐만 아니라 독촉의 우남 이승만에게도 이에 동참하라는 간절한 뜻을 전달한 우정의 메시지이기도 한 것이다.

인촌의 간절한 화합의 권유로 우남과 백범계가 손잡고 합류하여 비상정치회의는 비상국민회의로 변경, 격상된 것이다. 이들은 2월 1일 서울 명동성당에서 긴급회의를 열고 긴급동의로 그 아래에 정무최고위원회를 두기로 상약하고 휴회하였다. 56)

2월 3일 비상국민회의는 상임위원회를 동회 조직대강 제 9조에 의거하여 한민호텔에서 의장 홍진, 부의장 최동오, 정무위원장 안재홍, 외교위원장 조소앙, 산경위원장 김성수, 국방위원장 유동열, 법제위원장 김병로, 교통위원장 근촌 백관수, 문교위원장 김관식, 예산위원장 이운, 노농위원장 유림, 후생위원장 이의식, 선전정보위원장 엄항섭, 청원징계위원장 조경한 등을 새로 임명하였다.

이어 2월 13일 동 정무최고위원에 우남, 백범 영도 아래 김규식, 조소앙, 조완구, 김붕준, 최익환, 함태영, 장면, 정인보, 김준연, 김도연, 김법린, 김선, 김여식, 백상규, 김창숙, 권동진, 오세창, 이의식, 여운형, 백관수, 백남훈, 박용희, 원세훈, 황진남, 황현숙, 안재홍의 28명이 선임되었다. 57) 그러나 인촌은 여기에 선임되지 않

---

55) 〈조선일보〉, 1946. 1. 15.
56) 상동, 1946. 2. 14.

378

앉다. 이들 28명의 의원이 열석하고 그 방청석에 임영신과 인촌이 착석한 뒤 순서에 따라 회의가 시작되었다. 이날 선임된 의원 28명 중 출석의원은 23명이고 결석의원은 5명(여운형, 함태영, 김창숙, 정인보, 조소앙)이었다. 선언문을 보면 다음과 같이 신정부의 수립을 촉진하고자 함을 엿볼 수 있다.[58]

> 한국의 여러 민주주의 정당과 사회단체에서 피선된 남북 한국민주주의 대표회의의 의원인 우리는 대표회담의 모든 일을 봉행하며 이 땅에 머무른 미군 총사령관이 한국의 과도정부 수립을 준비하는 노력에 자문 자격으로 협조하기를 동의함 … 그로써 한국의 완전 독립을 실현하기에 공헌하기를 기약함.
> 1946년 2월 14일 의장 이승만, 부의장 김구, 김규식'

이는 남조선 대한국민대표 민주의원(민주의원)이라고 명칭을 변경하여 2월 14일 군정청 제1회의실에서 개막되어 구체적으로 가동된 것이었다. 우남은 동 의장, 김구와 김규식은 동 부의장으로 선임되어 역사적인 민주의원의 출범식이 거창하게 막을 올렸다.[59] 이는 마땅히 과도정권의 산파역이 되어야 하였으나 미군정의 자문기관으로 변경되고 말았다. 매우 안타까운 일이었다. 인촌도 크게 낙담하고 향후의 정국동향을 주시하게 되었다. 이 민주의원은 하지 장군의 의중과는 달리 정권인수를 위한 국민대표기관으로서의 기능과 체제가 구비된 것이다. 2월 23일에 통과된 전 32조의 민주의원 규범은 민주의원의 기구로 총리와 15부 4국을 설치하기로 함과 동시에 백범은 부의장을 사임하고 총리를 맡았다.

---

57) 〈조선일보〉, 1946. 2. 14.
58) 〈동아일보〉, 1946. 2. 15.
59) 〈동아일보〉, 1946. 2. 15.

이에 대하여 좌익 측은 2월 15일 '민주주의민족전선'(민전)이라는 독자적인 기구를 구성하여 여운형, 박헌영, 허헌, 김원봉 등이 의장단에 선임되어 대결자세를 취하였다. 따라서 모처럼의 민족통일의 기도는 수포로 돌아간 것이다. 이 시기에 박헌영은 1월 8일 〈뉴욕타임스〉 기자에게 소련 1국의 조선 신탁통치를 절대적으로 지지한다고 언명하였으며 5년 뒤에는 조선이 소련연방에 편입되기를 갈망한다는 무책임한 매국적인 발언을 하여 화합은 고사하고 좌익과의 담벽을 더 굳게 한 요인이 되었다. 해방 후 맞는 첫 번째의 3·1절 기념행사도 좌우익이 각기 남산과 서울운동장에서 따로 거행하는 등 좌우익의 간격은 더욱 섬뜩해져 멀어져 갔던 것이다. 기념식이 종료되어 좌우익이 기념 시가행진을 벌이다가 강하게 충돌하여 폭력이 횡행하였던 가슴 아픈 일도 있어 설산(雪山)은 눈물을 흘리며 개탄한 바도 있었다. 실무자인 설산이 인촌을 도와서 4당 통합을 서두른 까닭이 여기에 있다.[60]

공산당(남로당)이 가장 암살하고 싶은 해방정국의 인물이 우남, 백범, 인촌 3명이었다. 그 이유는 우남은 전 국민적 인기가 충천해 있고, 백범은 임정을 배경으로 하여 국민적 지지를 얻고 있었으며, 인촌은 실력과 조직, 재력이 뒷받침되고 있었기 때문이다. 그중에서도 공산당이 가장 혐오한 인물이 인촌이었다. 그리하여 앞에서 언급하였듯이 대체로 네 번에 걸쳐 공산당 계열의 암살위협을 받았던 것이고 심지어 우익 측에서도 그런 위협을 받았다.

인촌이 고하의 후임으로 당수직을 맡았을 때는 훌륭한 인재가 나타나면 언제든지 그에게 그 자리를 물려주고 자신은 교육계로 복귀한다는 애국적 교육자적 신념을 가지고 있었다. 그러나 당의 막중한 대사를 중도에 포기할 수 없다는 신념과 국민적 지지를 받고 있는 우남과

---

60) 김학준, 장덕수, "대한민국 건국의 논거와 방략을 마련하며", 《한국사 시민강좌》, 43, 2008, 80~92쪽.

백범이 손잡고 이 나라를 건국할 때까지 민족진영 4개 정당의 단합을 이끌어 내야 한다는 사실을 사명감으로 알게 되었다. 인촌은 우익진영의 대동통일과 건국을 통한 국가의 성립을 어느 과제보다 최우선으로 삼고 있었기 때문에 이를 성사할 때까지는 무슨 난관이 닥쳐도 이를 극복하고 통합을 성사시킬 각오 하에 이 직분을 그대로 유지하게 된 것이다. 61) 인촌은 좌우통합을 위한 교섭위원직을 수락하고 통합에 전념하였다. 통합만이 우익의 단결과 정부수립으로 나갈 수 있다고 굳게 믿고 있었기 때문이었다.

7. 제 1, 2차 미소공위의 무성과와 우익정당의 통합 노력

미소 공동위원회(共同委員會)의 개최는 곧 1945년 12월 27일 발표된 모스크바 의정서의 충실한 이행과정에서 성립된 후속조치였다. 민주임시정부 수립을 위하여 미소공동위원회가 남북의 조선인 대표들과 협의한다는 합의정신에 의하여 서울에서 소집하게 되어 있었다. 통일된 민주임시정부가 수립되면 정부를 5년 이내에 4대 연합국이 신탁통치한다는 개략적인 내용이었다.

그러나 제 1차(1946. 3. 20~5. 6)와 이어 열린 제 2차(1947. 5. 21~10. 21) 미소공위(美蘇共委)는 국민의 큰 기대를 저버리고 아무런 성과 없이 토론 속에 결렬되고 말았다. 이런 일련의 사태가 남한만의 단독 자율정부 구상의 실마리를 더 앞당겨 제공하였다고 평가함이 현명한 판단일 것 같다.

제 1차 미소공위는 1946년 3월 20일부터 서울 덕수궁 석조전에서 미국 수석대표 아키볼드 아놀드 장군과 소련 수석대표 스티코프 장군

---

61) 〈서울신문〉, 1946. 4. 9.

미소공동위원회 양국 대표들

이 공동의장이 되어 정식으로 회의를 개최하였다. 이 회의는 통일 임시정부의 수립을 위한 사전 조율작업이기 때문에 국민의 기대는 어느 때보다 매우 크고 비상하였다. 62)

소련 대표는 엉뚱하게도 "모스크바 3상회의 결정을 지지 찬동하는 정당과 사회단체만이 협의대상이 될 수 있다"라고 제한을 두고 주장함에 미국대표는 좀 평화스러운 분위기를 나타냈다. "어떠한 정당이나 사회단체라도 협의대상이 되어야 한다"라는 진폭있는 주장이 맞서서 회의 벽두부터 설왕설래 하였다. 공위는 연구 끝에 4월 18일 공동성명 제5호를 발동하여 "비록 과거에 반탁을 주장하였다 해도 신탁통치를 포함한 3상회의 결정을 수락한다는 내용의 선언서에 서명하는 정당이나 사회단체는 미소공위의 협의대상이 된다"라는 것이었다. 63) 공산당은 지지하였으나 우남과 백범은 반대하였으며 김규식 대리의장만 찬성하였다.

인촌은 설산과 의논한 뒤, 협의에는 응한 다음 탁치(託治) 문제의 토의에서는 단연 반대의사를 표명하였다. 우남에게 이를 권고하였으

---

62) 〈동아일보〉, 1946. 3. 22.
63) 〈조선일보〉, 1946. 4. 20.

나 우남은 이에 격분하고 결연히 반대하였다. 하지는 선언서에 서명하지 않으면 협의대상이 될 수 없다고 단호하게 미국 측의 입장을 설명하였다. 미국으로서는 간절하게 설득하여 공위에 참가할 것을 종용한 것이다.

30일 비상국민회의와 민주의원이 이 제5호 성명을 지지하고 5월 1일 우익계 21개의 사회단체와 정당이 선언서에 서명하였다. 소련은 반탁을 지속적으로 강행할 의사가 있는 단체는 협의대상에서 제외되어야 함을 계속 주장하고 있어 결국에는 이 회의 자체가 무기휴회로 돌입하고 원점에서 맴돌게 되고 말았다.

한편 좌익정당들이 앞을 다투어 통합작업을 순조롭게 성사시키고 있을 때 우익 정당들은 이에 자극받아 통합의 분위기 속에 잠겨 있었다. 우선 3월 22일 한독당(김구)과 국민당(안재홍)이 조건 없이 합당에 합의하였고, 신한민족당(12월 14일 권동진, 오세창 등의 한독당 탈당파 22개의 모임)과 한민당도 합동 교섭에 적극성을 띠었다. 인촌은 3월 27일 한독당의 김구, 국민당의 안재홍, 신한민족당의 김여식 등을 만나 회합하고 대동 합류할 것을 간청하였다.

그러나 한독당의 고자세로 인하여 기득권 고수의 의사가 강렬하여 뜻을 이루지 못하고 말았다. 4월 7일 한민당은 국민당, 한독당, 신한민족당 등 4당 합동교섭위원회를 열고 대동단합의 명분과 당위성을 강조 역설하였다. 이 날 오전 김구숙사(경교장)에서 모임을 가졌는데 한독당에서 조완구, 조경한, 조소앙, 국민당에서 엄우룡, 한민당에서 인촌, 신한민족당에서 권태석 등이 대표로 출석하여 최종적인 합당협의를 하고 있었다.[64] 그 결과 최대한 양보하여 당명과 총재 문제는 한독당 원안대로 한다, 정강정책은 현실에 입각하여 적정히 세

64) 〈서울신문〉, 1946. 4. 9.

운다, 중앙위원과 부서를 증원 증설한다 라고 하였다.

이에 관하여 한민당에서는 임시중앙집행위원회를 열고 합당 후의 중앙위원수와 인선배치 등이 불분명하여 동당의 중집위원 150명 전원이 신당의 중앙위원으로 자동 포섭되느냐에 관심을 두고 있었다. 그것이 불여하면 한민당은 헌당(獻黨)하는 결과 밖에는 안 되니 이는 부당하다는 것이다. 한독당은 해외에 있던 수개의 정당이 아직 남아 있는 만큼 그런 조건이 충족되지 않으면 합당에 불찬성한다는 뱃심 좋은 취지인 것이다. 신한민족당도 남조선 단정(單政)의 말도 있어 완전 자주독립을 목표로 진정한 민족혁명세력을 집중시킬 진정한 민족진영의 단일화를 위한 전단계인가 하는 점도 의심스럽다는 등 당 전체의 합류는 지난한 문제로 부각되는 실정이었다. 65)

결국 한독당의 독주에 합동은 사실상 국민당과 신한민족당만 서로 통합의 미덕을 보여줄 수밖에 없었다. 이를 다시 시도하기 위하여 인촌, 김병로, 김약수, 백남훈 4명을 교섭위원으로 재선임하였다. 4당 합동은 실패하고 다음을 기약할 수밖에 없었다. 66)

하지는 우남이나 백범이 너무 개성이 강하여 타협이 잘 이루어지지 않자 두 지도자를 견제한다는 명분 속에서 중립적인 우사 김규식을 활용할 카드를 생각하였다. 제 1차 미소공위가 실패하자 남한단독정부 수립론, 반탁을 통한 통일정부의 수립론, 미소공위의 재개를 희망하면서 좌우합작을 도모하려는 김규식과 여운형의 정부수립론, 반미노선의 공산당 노선 등으로 해방정국은 4분 상태를 면치 못하였다. 몽양과 우사 두 인물을 내세워 좌우합작을 도모하고자 한 것은 미 국무성의 작품이며 속셈이었다.

이런 와중에 6월 3일 이승만은 전라도를 순행 중 정읍에서 통일정부 수립이 불가능하면 남조선만이라도 우리 임시정부나 위원회를 세

---

65) 〈조선일보〉, 1946. 4. 9.
66) 〈서울신문〉, 1946. 4. 11.

위 38선 이북에서 소련군을 철퇴하도록 세계공론에 호소하여야 한다
면서 이를 통해 독립을 쟁취해야 한다는 놀라운 '정읍발언'으로 정계
를 충격으로 몰고 갔다. 67) 이미 북한에서는 2월 8일 임시인민위원회
를 구성하여 단독정부의 기능을 다각적으로 발휘하고 있었다.

우남은 6월 29일 민족통일총본부를 결성하였다. 이는 독촉을 모체
로 한 전진된 그의 독립노선이라고 본다. 그는 민족통일 선언과 함께
본부임원을 결정하였다. 그는 "광복대업을 완성하기에 민족통일이 최
요(最要)하니 현 시국의 정세와 총 민의의 요망을 순응하여 민통 총
본부를 성립하고 대한민족이 다시 통일함을 이에 선언한다"라고 하
는 소신을 피력하였다. 총재는 우남이고 부총재는 백범이며 협의원
은 인촌 등 12명이었다. 이에 관하여 민주의원 측은 민주의원은 최고
정무의원이고 민통 총본부는 국민운동의 총본부라고 규정하였다. 68)

그러나 백범은 7월 4일 "나의 흉중에는 좌도 우도 없고 단지 조국
의 독립과 동포의 행복만을 위하여 분투할 뿐이다"라고 독자적으로
선언하여 좌우합작에도 희망을 걸고 공위에도 한 가닥 독립의 희망을
보이고 있음을 알게 한다. 7월 9일 하지는 점령지역에 입법기관을 설
치한다고 언명하였으며, 8월 24일에는 조선과도입법의원을 창설한다
고 군정법령으로 공포하였다. 69) 그것은 우남을 배제하고 중립적이고
우호적인 우사를 수반으로 하는 임정을 수립한다는 복안인 것이다.
좌우합작(左右合作) 운동은 이래서 일어나게 된 것이다. 70)

인촌은 좌우합작이나 그 뒤에 올 남북협상에 회의적인 견해를 가지
고 백범의 북행(北行)을 반대했다. 김일성에게 이용만 당할 것이 너
무나 확실하기 때문인 것이다. 71) 인촌의 견해는 사실상 적중된 셈이

67) 〈서울신문〉, 1946. 6. 4.

68) 〈서울신문〉, 1946. 6. 30.

69) 〈서울신문〉, 1946. 8. 26.

70) 이현희, "우사 김규식의 생애와 사상", 〈강원문화사 연구〉 6, 2001.

었다.

이런 가운데 대망의 해방 1주년을 맞게 되어 그는 동아일보 지상에 장문의 구국과 자주자강 독립의 피나는 애로와 경륜을 피력하여 보는 이의 심금을 울렸던 것이다. 72) 인촌은 한민당을 탈당한 인사들을 인정하고 대폭적인 기구개혁을 단행하였다. 이로서 당수제는 위원장제로 변경되었다. 73)

제 2차 미소공위도 제 1차 때와 같아서 큰 기대를 걸지 못했다. 옥신각신하는 가운데 귀중한 시간만 낭비한 셈이 되었다. 좌우합작에 관하여 인촌은 이런 견해를 피력하였다. 74)

> 좌우합작에 대하여 본당(한민당)은 금후에도 노력을 경주할 것이다. 그러나 이번에 발표된 좌우합작 7원칙 중에는 본당과 상위(相違)되는 점이 있으므로 과감히 지적하였는데 신탁문제와 토지정책은 임시정부 수립 후 정식 결정될 것이다. 입법기관 설치에 대하여 일부 반대하는 사람도 있으나 본당은 조선의 통일정부가 하루라도 속히 건립되기를 희망하고 통일정부가 건립되기 전에라도 행정 등 시급한 시국문제를 조선인 자체가 해결할 필요가 있으므로, 본당은 행정권의 철저한 이양을 주장하며 입법기관의 설치에 대하여 적극적으로 찬의를 표하는 바이다.

기대를 걸었던 제 2차의 미소공위도 종전의 태도를 수정하지 않고 소련은 모스크바 결정서를 지지하는 정당 사회단체만 협의대상이 된다고 우겨대면서 고집을 부려 미국이 이를 용납하지 않자 그들은 보

---

71) 이현희, 《우리나라 현대사의 인식방법》, 삼광출판사, 1998. 215, 218, 223, 225쪽.

72) 〈동아일보〉, 1946. 8. 16.

73) 〈서울신문〉, 1946. 10. 15.

74) 상동, 1946. 10. 16.

따리를 챙겨가지고 서울을 떠나 평양으로 총총히 사라지고 말았다. 제 1, 2차의 미소공위는 다 같이 자주독립을 갈망하는 한국국민의 열망을 뒤로 하고 어떤 확실한 결론도 도출하지 못한 채 무성과로 종료된 것이었다.

우남이나 인촌은 미·소 양국의 냉전논리 원칙을 잘 알고 있었다. 좀처럼 해빙의 무드가 나오지 않을 것으로 감지하고 다른 방도를 모색하게 되었다. 우남의 정읍발언이 나온 배경을 우리는 이해해야 한다. 조선문제의 해결은 미소공위가 아닌 다른 경로를 경유해야 할 것으로 기대하게 되었다. 그것은 유엔의 권능에 의한 국제적인 힘의 결의를 기다리게 된 것이다.

인촌은 9월 24일 전재동포 원호회 중앙본부의 부위원장으로서 위원장 조소앙을 협조하며 부위원장 이훈구와 같이 취임하여 의식주와 직업알선, 해외에 남아 있는 동포의 호송 귀국, 교화 선도, 보건시책 등 3가지를 주요 사업으로 착수할 것이라고 언명하였다. 75)

8. 광복 1주년에 제한 인촌의 감상

인촌은 해방 1주년을 맞아 남다른 감회가 있었으며 국민에게 하고 싶은 메시지도 있었던 것 같다. 그것은 그의 동아일보 지상에 손수 집필한 장문의 회고담이 이를 증명하고 있는 것이다. 이를 요약해서 그 참의미를 추출할 것이다.

국제협약에 의해 우리의 자주독립이 약속되었다. 그러나 이런 역사적 사실이 우리에게 무엇을 요청하는지 미처 깨닫지 못하였다. 원한의 38선, 단절의 횡액은 민족적 불행의 표상이다. 모스크바 결정

75) 〈동아일보〉, 1946. 9. 21.

서는 신탁조항을 규정하여 비극의 파문을 일으켜 놓았다. 미소공위
는 미·소 간의 이념과 방촌(方寸)의 상위(相違)로 휴회되고 있다.
자주독립이 올 것은 전도요원하다. 통합이 아니고 분산 대립파괴로
독립의 기회를 구축(驅逐)하였고 자주의 휴세(休勢)를 거부하였
다. 민생은 극도로 도탄에 빠져 있으니 조선의 비운을 어떻게 직시
해야 되나? 국가재건의 목표와 신조를 정립함으로써 이날을 맞아야
한다. 근엄 진지하게 자기를 알아야 된다. 그러므로 광복의 홍업을
달성함에 옳은 방안을 우의적으로 경쟁할 것을 열망할 때이다. 우
리는 민족의 완성에 자(資)하도록 재건 개조하는 건설적 비판을 해
야 한다. 원만한 국가를 재건할 수 있는 진리를 발견할 수 있는 것
이다. 민족전체의 자유와 이익을 포섭할 수 있는 국가, 이것이 현
실이 요청하는 원만한 국가가 아닐까?[76]

　우리는 먼저 자주 자강해야 한다. 세계에 자립해야 한다. 자기의
생존과 지위를 보전하고 자기의사를 발휘하여 건설해야 한다. 자립
자강은 생존발전의 원칙이다. 폴랜드의 망국의 비애, 우리의 비극
도 자립자강하지 못함에 연유함이 있으니 자립자강할 수 있는 생활
능력을 창조 확충함에 전력을 경주해야 한다. 우리의 존망을 국제
환경이 이를 결정하려는 위기에 봉착하였다. 조선독립의 결정력이
국제정세에 있는 것같이 혼동하여 우리에게는 자기보존의 지상명령
이 앞서 간다는 사실을 망각하여서는 안 된다. 역사의 광영을 계승
하여 자주독립의 인격을 확립코자 성업을 달성하려는 이 마당에 외
세가 있다면 항거치 않을 수 없다. 국제정세가 자기보존의 지상명
령과 배치되지 않도록 절대 노력해야 한다.[77]

이어 인촌은 마지막으로 이런 말을 남기고 있다.

　연합국의 승리의 연속성을 확보하기 위하여 유해한 존재가 아니라

---

76) 〈동아일보〉, 1946. 8. 15.
77) 상동, 1946. 8. 16.

는 심판이 내려지게 해야 한다는 것이다. 분단되어 북은 소련이, 남은 미국이 지도하고 있다. 공존의 의식은 갈수록 희박하여 형제 상극의 통심할 바인 것이다. 분열된 이태리는 단결하였다. 아니 분발하였다. 이태리의 통일은 1860년에 달성하지 않았던가. 이 땅은 민족구원의 생존번영을 보전하고 국가 영원의 독립자강을 수립할 땅이다. 이 겨레의 자유는 우리 정열과 의무로 방위하고 발양할지라. 우리에게는 자립자강의 힘쓰는 방도밖에 없는 것인데 그 도리는 자조(自助)의 정신을 계발하고 자구의 능력을 함양함에 있는 것이요, 민족의 자신은 회복되고 민족의 일치가 촉진되는 것이다. 역량은 집중되고 행동은 통일할지니 숭고 원만한 국가의 존엄을 유호(維護)할 것이다. 78)

인촌은 해방정국을 맞아 곧 완전 자주독립국가로 거듭날 것으로 알고 있었는데 국제정세와 그 역작용이 의외로 우리의 자유로운 독립국가 달성을 이처럼 방해하고 간섭함에 크나큰 실망과 허탈감을 감추지 못하고 이런 감상의 일단을 피력하게 된 것이다. 더욱 미·소 공위도 두 번 다 무위로 돌아가자 인촌의 기대도 허탈감을 면치 못하여 해방정국을 산란한 눈으로 바라보게 되었다.

이상이 인촌의 8·15 1주년을 회고하는 그의 간절한 자립정부 수립의 감상이며 향후의 우리의 각오이기도 하였다. 79)

78) 상동, 1946. 8. 17. 조선의 장래.
79) 〈동아일보〉, 1946. 8. 17.

9. 입법의원의 발족과 인촌의 민선의원 당선

좌우합작은 공산당, 인민당, 신민당 3당 합동 문제로 진전을 보지 못하고 있다가 10월 7일 합작원칙에 합의하였다. 그것은 ① 모스크바 의정서에 의하여 민주주의 임시정부를 수립한다, ② 미소 공위의 재개를 요청하는 공동 성명서를 발표한다, ③ 토지개혁에는 몰수, 유조건 몰수, 체감매상 등으로 토지를 농민에게 무상으로 나누어 준다, ④ 친일파 등을 처리할 조례를 본 합작위원회에서 입법기구에 제안하여 심의결정한다 등이었다.[80]

이에 관하여 좌우익이 다 반대하여 정계에 큰 혼선이 일어났다. 한민당에서도 파동은 그런대로 다시 일어났다. 합작원칙에 찬성하는 원세훈과 김약수가 못마땅하다면서 감정을 나타내며 탈당하였고, 한독당에서도 국민당계인 안재홍이 탈당하는 등 큰 파란이 일어났다. 이들은 우사 김규식에게 들어가 중간세력을 형성하였다. 이의 실패는 공산당의 의도적인 파괴공작 때문이었다.

그것은 조선정판사의 위폐사건이었다. 1946년 5월 15일 군정당국의 발표에 의하면 남한의 경제를 의도적으로 교란할 목표하에 해방일보를 발행하는 조선정판사에서 1,200여만 원의 위조지폐를 마구 찍어 낸 것이다. 따라서 군 당국은 9월 6일자로 공산당 기관지 〈해방일보〉에 정간명령을 내리고 그 장본인인 박헌영, 김삼룡, 이주하 등 공산당 주요 간부급을 체포하도록 명령을 하달하였다.[81]

이것이 발전하여 10월 1일 대구를 중심으로 공산당들에 의한 일대 폭동이 일어나 경북일대를 혼란과 무질서의 도가니 속으로 몰아넣었다. 관공서가 파괴되고 도처에서 학살사건이 일어나 치안을 극도로

---

80) 〈서울신문〉, 1946. 10. 8.
81) 〈동아일보〉, 1946. 9. 8.

390

불안하게 하였다. 82) 1946년 10월 20일 현재 사망 136명, 부상 262명으로 집계되었다. 한편 이 시기에 북에서는 10월 28일 공산당과 신민당이 합동하여 북조선노동당(북로당)이 결성되었으며, 83) 남한에서는 공산당, 인민당, 신민당이 합당하여 11월 23일 남조선노동당(남로당)이 결성되었다. 84) 모두 우익을 파괴할 독심을 품고 있었다. 신민당은 독립동맹의 후신이며 남한에서는 백남운을 위원장에 선임하였고 북한에서는 김두봉이 위원장이 되었다.

여운형은 장건상(인민당), 백남운(신민당), 김철수(공산당) 등과 같이 11월 12일 사회노동당을 조직하였다. 그는 다음해 5월 24일 근로인민당으로 재출발하였다. 85) 이런 시기에 군정은 조선과도입법의원을 결성하였다. 86) 그 구성을 보면 민선의원 45명과 동수의 관선의원을 두어 도합 90명으로 의원을 구성하였다. 우남이나 백범, 좌익계열은 이를 거부하였다. 들러리를 설 수 없다는 명분이었다.

1946년 10월 28일 덕수국민학교에서 시행된 민선의원 선거는 전서울구, 갑구, 을구 각 1명을 선택하였으니 모두 3명이 당선되었는데 투표자 530명 중 53명이 기권하였다. 전서울구에 인촌이, 갑구에서 장덕수, 을구에서 김도연의 3명이 각기 최종 당선되어 결국 11명의 한민당원이 독점한 것이다. 87) 따라서 종합적으로 합계하면 각도 선거구의 경우 한민당원은 11명의 민선의원이 당선되었다. 88)

입법의원 선거결과에 대해 미소 공위 미국대표 브라운 소장은 인촌

82) 정해구, 《10월 인민항쟁연구》, 열음사, 1998, 156~9, 190~7쪽. 이 시기에 박정희 전 대통령의 형 박상희가 살해당하였다.
83) 〈서울신문〉, 1946. 10. 29.
84) 〈동아일보〉, 1946. 11. 24.
85) 〈서울신문〉, 1946. 11. 13.
86) 군정 법령 제118호로 공포하였다.
87) 〈경향신문〉, 1946. 10. 31.
88) 〈조선일보〉, 1946. 10. 29.

과 설산을 맞아 김규식이 요청한 입법의원 선거는 불공평하게 되어
이를 무효로 하여 재선거하든지 합작위에서 90명을 전부 추천해 달라
고 했다고 말했다. 그러나 브라운 소장은 피선자가 좌익이 적고 친일
파가 많다하여 무효로 돌리라고 하나 선거된 인물은 조선인이 선출되
었고 조선인이 투표하여 피선된 만큼 이를 무효로 돌리기는 곤란하며
파업 때문에 애국자가 나오지 못하였다 하여 이를 석방하여 달라고
하나 참다운 애국자라도 범죄를 저질렀다면 선거 때문에 석방할 수는
없다고 답변하였다. 89)

　이로써 우남의 노선을 지지하는 의원 수는 31명이나 늘어나게 되
어 민선의원의 3분의 2선을 넘게 되었다. 불만을 품고 있던 우사(김
규식)가 서울과 강원도에 선거부정이 발생하였다고 강력히 이의를 제
기하자 군정청은 골치 아프다면서 이를 수용하여 재선거가 실시되었
다. 이에 대해 인촌이나 한민당 간부들은 군정청의 일방적 처사에 회
의를 느끼고 재출마를 단념하였다. 그러나 재출마한 조소앙, 신익
희, 김도연은 당선되었다. 45명의 관선의원은 중간파와 임정계가 점
유하였으나 한민당과 독촉계는 1명 정도 들어가 있었다.

　1946년 11월 26일 민통회의실에서 정당 사회단체가 모여 한국민족
대표 외교후원회를 결성하였다. 이는 우남의 도미외교를 물심양면으
로 후원하기 위한 성격의 모임이었다. 부위원장은 신익희와 이윤영
이 선임되었으며, 인촌은 동지 30여 명과 같이 재정부의 일을 맡았
다. 90) 이 시기에 언급하였듯이 인촌은 백성욱 등과 같이 도미외교
후원금 명목으로 거금인 1,470만 4,820원 정도를 정치자금으로 헌납
하여 자주독립의 열망을 나타내고 있었다는91) 연구 성과가 나오고
있다. 92)

89)〈동아일보〉, 1946. 11. 8.
90)〈서울신문〉, 1946. 11. 29.
91) 정병준,《우남 이승만 연구》, 역사비평사, 2005, 606~610쪽.

조소앙 (1887~1957)

인촌, 설산, 상산(김도연) 등 3명이 하지 중장을 방문하고 입법회의 대의원 근본문제를 날카롭게 질의하는 등 여러 가지 문제를 제기하였고 석연치 않은 문제를 명쾌히 해명하지 못한 가운데[93] 겨우 성립된 입법의원은 12월 12일 개원하였다. 그러나 정원이 미달되어 편법으로 운영하기로 하고 성원수를 2분의 1로 대폭 수정한 가운데[94] 김규식이 의장에 선임되어 이날 역사적인 개원을 보게 되었다.[95]

동 12월 23일 입법회의 서울시 대의원의 재선 최종선거가 실시되었는데 조소앙, 신익희, 김도연 3명이 당선되었다. 인촌은 조소앙 다음으로 차점자가 되었다. 그러나 조소앙이 이를 거부하여 차점자인 인촌이 당선 자리에 올라섰는데 출마여부는 불분명한 상태였다.[96]

1947년도에 들어와 입법의원도 1월 20일에는 반탁운동에 동조하여 큰 파문이 일어났다. 또한 1월 16일 한민당 위원장실에서 민족진영 35개 정당 단체대표가 모여 반탁운동을 표명하고 단체를 구성하여 조소앙 등 9명을 선임하여 김구를 보좌하고 군정 제5호 성명을 취소하자는 결의 하에 반탁의 의지를 강력히 나타내며 좌우합작위에 결의를 분쇄한다는 등의 결의문을 발송하였다.[97] 인촌도 이에 동참하였다.

우남이 외교를 펴기 위하여 미국에 체류하는 동안 서울 부재중의

92) 이정식, 《대한민국의 기원》, 일조각, 2006, 314~9쪽.
93) 〈서울신문〉, 1946. 11. 27. 동년 12. 12.
94) 〈경향신문〉, 1946. 12. 20 동 〈서울신문〉 동일자.
95) 〈경향신문〉, 1946. 12. 14.
96) 〈조선일보〉, 1946. 12. 27.
97) 〈조선일보〉, 1947. 1. 18.

해방정국은 김구 중심으로 진영이 구성되었다. 우남이 외유 중이었음으로 한때나마 백범이 주도권을 장악한 것이다. 1월 24일 백범 중심의 반탁독립투쟁위원회를 구성하여 반탁투쟁 대열을 공고히 구축하고 나섰다. 98) 위원장은 김구이고, 부위원장은 조소앙과 인촌 김성수였으며 지도·중집위원은 조완구, 이의식 등 40여 명에 이르고 있다. 99) 이미 언급한 민통 본부와 독촉이 합동하여 비상국민회의까지 가담하려고 힘썼으나 그것은 성사되지 못하였다.

백범은 독립운동 할 당시를 떠올리면서 환국 이후 임정의 주권을 선언한다고 단단히 마음을 독하게 먹고 있었으나 우남의 전보 만류로 성사되지 못하였다.

동 3월 3일 국민회의는 임정을 개편하여 주석에 우남을 추대하였으며 부주석에 백범을 선임하고 국무위원에 인촌을 비롯하여 13명을 선출하였다. 반탁독립투쟁위원회는 김구를 위원장에 추대하고 인촌, 조소앙, 조성환 등 3명을 위원으로 선출한 뒤 우남을 고문으로 위촉하였다. 100) 이 시기에 한민당과 한독당이 다시 통합회의를 개최하고 2월 26일 김구는 한독당 간부들에게 합당에 성공하지 못하면 당 위원장직을 사퇴하겠다는 배수진을 치고 결의를 단단히 굳히고 있었다. 그러나 이 시도도 역시 수포로 돌아가고 말았다.

---

98) 〈서울신문〉, 1947. 1. 17 동 1, 25 각 참조.
99) 〈경향신문〉, 1947. 1. 21, 〈동아일보〉, 1947. 1. 26.
100) 〈동아일보〉, 1947. 3. 4.

10. 단독정부 수립의 가능성

1947년은 단독적인 자주독립정부 수립의 가능성이 가시적으로 나타나는 형세에 돌입한 것으로 예측할 수 있었다. 인촌은 2월 20일 동아일보 사장에 측근인 각천 최두선을 임명하고 자신은 본격적으로 정치에 몰두하게 되었다. 그것은 운명이기도 하였다. 어떤 면에서는 고하가 야속하기까지 함을 어쩔 수 없었다. 온 한국국민이 열망하는 자주독립정부의 수립을 위한 희망의 구체적인 진전된 정치형태였다. 미군은 2월 5일 여론을 감안하고 민정장관에 민세 안재홍을 임명하여 군정도 전진적인 정치발전을 꾀하고 있었다. 101) 6월 3일에는 조선인 기구를 '남조선과도정부'라고 고쳤으며 종래의 국을 부로 개칭하였다. 102) 각부의 장과 처의 장을 한국인으로 보임하였다가 9월 20일 행정권을 전진적으로 한국인에 이양하고 미국인은 고문으로 거부권만 행사하겠다고 언명하였다. 민정으로의 전향이 가까웠음을 알리는 청신호이기도 하였다. 103)

이보다 앞선 3월 12일 미국의 트루먼 대통령은 상하합동회의 석상에서 중대한 발언을 하여 우익에게 큰 힘을 실어주었다. "독재정치를 강요하는 침략세력에 항거하여 자유제도와 영토보전을 위하여 투쟁하는 국가들을 일괄 원조할 방침"이라고 하는 '트루먼 독트린'을 발표한 것이다. 104) 이를 구체화하기 위하여 조지 마셜 미 국무장관은 4월 12일 조선통일문제에 관하여 미소 공위의 재개를 요청하였다. 공산진영에 대한 일종의 선전포고와도 동일한 성격의 힘 있는 선언이라고 볼 수 있다. 이 사태는 미소 냉전이 개시되었다고도 간주할 수 있

---

101) 〈동아일보〉, 1947. 2. 6.
102) 〈동아일보〉, 1947. 6. 4.
103) 〈조선일보〉, 1947. 9. 21.
104) 〈조선일보〉, 1947. 3. 15.

는 사안이다. 소련이 남한에서 좌익 친밀의 정부를 수립할 의사가 농후한 만큼 이의 재개가 이루어지지 않으면 남한 단독으로라도 모스크바 결정서를 실시할 수밖에 없을 것으로 방침을 수립할 것이라고 남한의 단독정부 수립의 가능성을 제고, 암시하여 정읍발언 이래 우남 등을 크게 고무한 바 있다. 105)

 이는 선거가 가능한 남한만이라도 우선적으로 선거를 통해 자율정부를 수립하겠다는 우남의 정부수립의 열망에 부응하는 매우 고무적인 발언이라 아니할 수 없다. 우남은 대미외교를 성공리에 완수하고 4월 21일 광복군 총사령 지청천 장군을 대동하고 당당히 회심 속에 돌아왔다. 그의 얼굴에는 어떤 포부와 희색이 만연해 있었다. 조지 마셜의 선언이 있은 지 1개월여 만인 동 5월 21일 제 2차 미소공위는 그 당사자의 의지로 재개되었다. 그러나 이 회의도 언급하였듯이 10월 21일 소련대표가 평양으로 돌아감으로써 사실상 제 1, 2차의 미소공위는 아무런 가시적 성과 없이 한국인의 통일정부 열망을 외면하고 실망만 남긴 채 다음 통일의 방법을 기다리게 하고 말았다.

 한민당은 6월 16일 이 공위에 참가하기로 당론을 결정하고 애국단체가 한민당과 보조를 같이 해줄 것을 강력히 요청하였다. 106) 한민당의 주장에 호응하여 170여 단체가 참가하겠다고 호응해 왔다. 한민당 등 공위 참가파들은 ① 남북을 통한 총선거로서 우리의 통일정부를 수립할 것, ② 수립되는 정부는 신탁을 반대할 것, ③ 수립되는 정부는 임정의 법통을 수호할 것 등 3가지 항목을 공동결의하고 이를 공위 측에 발송하였다. 그러나 소련은 이에 반대하고 나서면서 10월 21일 소련대표가 서울에서 철수하여 평양으로 향하자 제 2차 공위회의도 사실상 무성과로 종료되고 만 것이다. 107)

---

105) 〈동아일보〉, 1947. 4. 14.
106) 〈조선일보〉, 1947. 6. 17.
107) 〈경향신문〉, 1947. 10. 22.

하지 장군과 우남의 관계가 더욱 악화되는 가운데 하지는 수단을 썼다. 우남의 스승이기도 한 서재필을 초빙하여 7월 1일자로 특별의 정관에 임명하였다. 6월 24일 서재필의 귀국환영회의 부서가 결정되었다. 그에 따르면 서 박사 귀국 환영준비위원회가 개최되었는데 그 명예회장은 오세창과 이시영이 맡았고 위원장에는 김규식이 선임되었으며 부위원장은 이극로 등 5명이고, 인촌은 준비위원으로 선임되어 준비에 여념이 없었다.[108] 7월 3일에는 우남은 야심차게 감정을 이기지 못하고 '이 이후부터 나는 하지에게 절대로 협력하지 않겠다'라고 폭탄 선언하여 하지와의 일정한 거리를 두고 통일정부 수립에 매진하였다.

한민당이 미소공위에 불참의사를 표명하였다가 참여 쪽으로 선회한 것은 설산(장덕수)의 판단과 충고에 따른 것이었다. 설산은 국제정치학자 출신이었다. 국제정세 판단에는 일가견을 갖고 있어서 인촌이 그를 각별히 우대한 것으로 알려졌다. 그는 소련의 한반도 적화책동과 미소간의 냉전체제로의 고정화를 이미 잘 파악하고 있었기 때문에 공위에 좌익 측만 참가할 경우 임시정부는 공산주의자 손에 넘어갈 우려가 있다고 보고 균형유지를 위해 우익의 동참을 역설한 것이다.[109] 이론가인 설산은 임정의 수립은 미소공위를 통하는 것이 순리이며 첩경이라고 내다 본 것이다.[110]

7월 19일 백주에 서울 도심에서 몽양 여운형이 그 특유의 좌고우면(左顧右眄)을 하다가 암살당하는 비운을 맛보았다. 모두들 움칠하고 자신의 목을 만져 보곤 하였다. 몽양과 절친한 인촌은 고하에 이은 암살사건이 일어나자 자신도 안심할 수 없는 살얼음판이 해방정국을

108) 〈조선일보〉, 1947. 6. 26 27.

109) 심지연, 앞의 책, 143~6쪽.

110) 장덕수, "미소공동위원회와의 협의에 관하여", 상·하, 〈동아일보〉, 1947. 6, 21, 22 참조.

강타하고 있다고 믿고 있었다. 이미 언급하였듯이 인촌도 여러 번 암살의 위협을 받고 있었기에 이번 일이 남의 일 같이 범상하게 들리지 않았다.

미군정은 이런 암살 사건이 빈발하자 그 배후에 공산계가 사주집단으로 도사리고 있을 것으로 인식하고 동 8월 11일부터 공산계열의 준동을 감시하며 일대 검거선풍을 일으켰다. 소련대표는 정치적 탄압이라고 비난하였으며 미국대표는 내정간섭이라고 맞불작전을 놓고 날카로운 대립양상을 연출하였다. 111)

1947년 9월 4일 우남은 마포 숙사에서 한민당의 인촌과 설산 등 10여 명을 초빙하고 남한 총선문제에 관하여 회담한 바 있다. 112) 이에 관하여 국민회의 제 43차 임시대회에서는 남한 단독선거를 확정하려는 움직임에 반대하는 긴급 제의안을 토의하고 폐회하였다. 113)

이 날 정부주석과 국무위원을 보선하였는데 주석에 우남, 부주석에 백범, 국무위원은 조소앙 등 12명이 연임되었으며, 인촌과 김승학은 신임으로 보선되어 이에 동참하게 되었다. 114)

111) 〈동아일보〉, 1947. 8. 12.
112) 〈조선일보〉, 1947. 9. 6.
113) 〈동아일보〉, 1947. 9. 7.
114) 〈조선일보〉, 1947. 9. 13.

제 4 장 독립정부 수립 구상의 구체안

1. 고려대학교의 설립과 종합대학으로의 확장

고려대의 전신은 인촌이 천도교 총수 애국지사 의암 손병희 성사로부터 인수확장한 민족의 대학 즉 민립대학으로서의 보성전문학교였다. 그러나 일제 말에는 '경성척식 경제전문학교'라는 식민지 학교로의 교명추락을 의미하는 치욕적인 학교 교명을 받아 큰 수치 속에 신음하고 있었다. 그러나 해방과 동시에 1945년 9월 25일자로 본래의 이름인 보성전문학교로 환원되었으며 나아가 척식과와 경제과를 각기 법과와 경제과로 개명, 운영하였다. 10월 5일 개학과 동시에 학생들의 학병징병 등의 유고가 많아 부득이 개학을 지연할 수밖에 없었다.[1]

보전교장으로서의 인촌은 당초 계획대로 교육계에 전념할 생각으로 이 학교를 한국에서 어떻게 하면 큰 대학으로 성장시킬 수 있을까 하고 노심초사, 예의주시하고 다각도로 그 육성 확장정책에 고심하고 있었다. 그러나 전문학교도 정치바람을 막을 도리가 없어 여운형 등의 건준에 참가하는 학생이 날로 늘어나 조선학도대니 학병동맹이

---

1) 〈매일신보〉, 1945. 10. 7.

니 하고 불참하여 정치세력의 이용물로 전락하는 형세를 면치 못하였
다. 이 시기에 좌익학생들이 인공의 깃발아래 모이자 민족계열 학생
들은 우익정당인 인촌의 한민당으로 모여들었다. 그 중 보전학생 소
석 이철승을 중심으로 한 학생들은 '학련'(전국반탁학생연맹)을 결성하
여 이철승을 위원장에 선출하였으며 우익에는 주로 보성전문학교 학
생이 중심을 이루고 그 위원장을 도와 반탁(反託) 반소(反蘇) 반공(反
共) 대열에 동참하여 기성 우익성향의 선배 정치인들을 지원하였다.

다음 해 1월 2일에는 좌파의 공산당을 중심으로 한 찬탁파인 '학통'
(전국학생행동통일연맹)을 따로 조직하고 이철승 등 학련에 대항하여
학생계도 좌우익 두 파로 갈라져 심각한 이념대립과 항쟁을 계속하였
다. 학련은 반탁을, 학통은 찬탁을 각기 주장하고 나서서 해방정국을
혼란의 도가니로 몰아간 것이다.[2] 이 시기에 고하가 암살당하자 인
촌이 교육계 잔류를 뒤집고 한민당의 당수로 그 자리에 올라 타의에
의하여 정치에 전념하게 되자 보전 교장직은 1946년 2월 19일 민족
운동가인 기당 현상윤이 보임되었다.

재단의 주무이사로 피선된 인촌은 5월 31일 재단법인 보성전문학
교를 해산하고 그 재산을 재단법인 중앙학원에 흡수 인계하였다.[3]
동시에 이 재단이 보전을 맡아 경영한 것이다. 1946년 8월 5일 재단
법인 중앙학원은 인촌 주무이사의 명의로 종합대학설립인가 신청서
를 군정청에 제출하여 8월 15일 종합대학인 고려대학교로 설립인가
를 정식으로 받아냈다. 보전은 이제 고려대학교로 확장되어 거듭나
게 된 것이다.[4]

고려대학교(高麗大學校)란 교명은 인촌의 작품이라고 이은상은 증
언하고 있다. 가장 진취적인 5천년 역사 중 역대 국가 가운데 고구려

---

2) 학련 위원장 이철승의 증언.
3) 〈동아일보〉, 1946. 6. 2.
4) 〈동아일보〉, 1946. 8. 16.

고려대학교 설립인가서

보다 더 활달하고 팽창정책을 잘 쓰며 기개가 헌걸찬 국가가 또 어디에 있었느냐는 것이 교명으로서 채택된 대체적인 실질적 명분이었다.[5] 새롭게 탄생한 고려대학교는 정법대, 경상대, 문과대의 3개 대학을 보유한 종합대로서의 석조건물로서 위용을 구비하고 출범하였다.

고려대의 종합대로의 출범과 동시에 초대 총장은 기당 현상윤이 맡았으며, 정법대학장 유진오, 경상대학장 이상훈, 문과대학장 이종우, 도서관장 진승록, 학생감 이상은 등이 집무하기 시작하였다. 3개 단과대학에 8개 학과를 설치하였으며 학생 정원은 1,440명이었으나 전과에 정원이 찬 것은 1949년에 들어온 이후부터였다.

인촌이 그토록 염원하였던 농림대학의 설치는 훨씬 뒤인 1952년 피란지 대구에서였다.[6]

2. 한국 문제의 유엔 이관

인촌은 1947년 9월 17일 중앙중학교 강당에서 한민당 창립 2주년 기념식을 거행한 데 이어 10월 14일에는 직제와 부서를 개편하였는데 인촌은 위원장으로 추대되었으며, 동 부위원장에는 백남훈이, 정치부장에는 설산(장덕수)이 선임되었다.[7]

---

5) 이은상, "아 인촌은 가시다", 〈신생공론〉, 1955, 6~7쪽; 앞의 《인촌 김성수전》 525쪽에서 재인용.

6) 앞의 《인촌 김성수전》 526쪽.

　11월 29일 국민회의는 유엔위원단의 내조(來朝) 환영 국민대회를 열기 위한 임원을 결정하였다. 회장은 조소앙이고, 부회장에는 인촌 등 11명이 선임되어 거족적으로 환영하고자 국민회의 주최로 환영국민대회를 이들이 입국한 3일째 열기로 확정하고 이 같이 대회 임원을 결정하였다. 8)

　여러 가지 논의 끝에 결론은 자력으로 통일정부를 성립하기는 힘들어졌다고 믿고 권능 있는 유엔을 통한 통일문제 해결이 해방정국 해법의 가장 최선의 객관적 방법이라고 그에 희망을 걸었다. 9)

　마침 1947년 8월 26일 미국 트루먼 대통령의 특사 알베르트 웨더마이어(Albert Wedemeyer) 중장이 서울에 왔다. 그는 소련이 그 회의석상에서 거부한다면 선거가 가능한 자유지역인 남한만이라도 총선을 실시하여 우선 대외 신용도를 높이기 위하여 정식정부(대한민국)를 수립하여야 한다는 취지의 고무적인 안을 내놓고 이를 국내지도자들과 의논하게 주선한다고 하였다. 10)

　이 문제에 관하여 6 · 3 정읍발언으로 단정(單政: 자율정부)을 암시한 우남은 한민당의 인촌과 같이 절대적으로 찬성하였으나 평생을 독립운동에 몸 바친 백범이나 우사는 반대의사를 분명히 하였다. 우남과 인촌은 미소의 냉전이 성숙되고 있는 이때 통일정부의 성사는 이상적인 공상에 불과하다고 믿고 있었다. 북쪽은 이미 1946년 2월에 인민위원회를 구성하고 실질적인 국가 즉 정부를 성립시켜 각종 국가적 개혁을 단행 중인데 우리만 그대로 앉아 있을 수는 없다고 믿었다. 속히 남한만이라도 독립정부를 수립하도록 하는 이론에 따르는 것은 국제적인 흐름을 능동적으로 수렴하려는 발전적인 조치로서 이

---

　7) 〈동아일보〉 1947. 10. 16, 10. 17.

　8) 〈동아일보〉, 1947. 11. 29.

　9) 심지연, 앞의 책, 90〜92쪽.

10) 〈동아일보〉, 1947. 8. 27.

를 급속히 수렴하여 우리의 정부구성으로 이어져야 한다는 것을 우남이나 인촌은 화급하게 당면과제로 여기고 있었다. 11) 남한만이라도 우선 국가를 수립해야 하는 시급성에서는 서로간의 공통점이 있었다.

　논의 끝에 9월 17일 마셜은 한국문제를 유엔에 넘겼다. 유엔 정치위원회를 경유하여 총회에서 한국위원단 설치가 41 대 6으로 가결된 것이다. 이제 남북한의 통일문제는 유엔으로 넘어가 그의 권능에 따라 통일문제도 해결되게 된 것이다. 물론 소련은 결의안 채택을 거부하였다. 그러나 양식 있는 유엔총회의 결의에 대하여 우남이나 백범이 모두 찬성하였다. 백범은 12월 1일 유엔결의안을 찬성한다는 뜻을 보여주었다. 단지 북한이 이에 찬동하고 통일을 위하여 동참한다는 것을 조건으로 총선을 치러 남북의 통일정부를 수립해야 함을 역설했다. 그의 지론인 곧 '남북의 통일정부' 수립을 위한 통일론의 주장이기 때문이다.

　이어 10월 17일 미국대표는 한국의 선거를 실시하기 위하여 특별위원단을 설치하고 독립촉진을 제안하는 결의안을 유엔 총회에 제출하였다. 10월 30일 유엔 정치위원회는 소련대표가 퇴장한 가운데 특위안을 41 대 0인 절대다수로 가결하고, 12) 11월 14일 총회에서는 43 대 0으로 이를 완전 통과시켰다.

　그 결의안은 ① 위원단은 호주, 캐나다, 중국, 엘살바도르, 프랑스, 인도, 필리핀, 시리아, 우크라이나의 9개국 대표로 구성하고, ② 동 위원단의 감시하에 1948년 3월 31일 이내에 총선을 실시하며, ③ 선거 후 국민의회를 소집하여 중앙정부를 수립하고, ④ 중앙정부는 위원단과 다음사항에 관해 협의한다. 첫째, 남북한의 점령군으로부터 정권을 인수하고, 둘째, 국민보안군을 편성하고 군사와 반 군사단체를 해산하는 일, 셋째, 속히 90일 이내에 점령군의 완전 철수에

11) 심지연, 앞의 책, 89~92쪽.
12) 〈동아일보〉, 1947. 11. 2.

관하여 점령국과 협의하는 일 등이라고 규정하고 있다. [13]

이렇게 규정한 결의안에 따라 통일을 위한 전초단계로서의 한국위원단인 '유엔 한위'의 설치로 말미암아 온 국민의 염원인 38선 이남만의 한국의 독립은 실현되게 되었다. 오랜 인내가 성공을 가져온 것이다. 그러나 남북을 통일한 국가의 단일화는 요원한 것이었다. 소련과 북한의 야욕 때문이었다. 우여곡절 끝에 이런 결론이 도출된 것이었다. 그러니까 많은 노력과 토론이 지난 뒤에 이런 결론이 나온 것이다. 강점을 벗어난 뒤의 통일을 위한 민족적 진통이라고 본다. 그러나 북에 주둔하고 있는 소련이 동 결의안을 거부하였으므로 온 국민의 소망인 완전통일을 위한 남북의 총선은 불투명하게 이어지고 있었다. 그렇게 된다면 자연 총선은 남한에서만 단독으로 행할 수밖에 없는 불가피한 선택의 실정이었다.

그런대로 성과가 있었다면 온 민족이 팔을 걷고 나선 신탁통치 반대라는 국민의 단결된 지극한 열성으로 인하여 그것을 무효로 돌린 것이다. 우남도 그의 일련의 주장이 남한 단독정부의 수립이라는 큰 오해를 받았다고 유감을 표할 정도였다. 백범도 이미 언급하였던 것을 전제로 할 경우에는 이와 같이 유엔결의안을 지지한다는 것이다.

3. 국제정치이론가 설산 장덕수의 암살과 한민당의 충격

한국문제가 우리의 염원이던 국제기구로 넘어가 원만한 해결을 눈앞에 둔 시점에서 1947년 12월 2일 뜻밖에 국제정치이론가이며 한민당의 브레인인 인촌 측근 설산 장덕수가 그의 자택에서 괴한이 쏜 흉탄에 맞아 그 자리에서 절명한 충격적인 사건이 벌어졌다. 해방정

---

13) 〈서울신문〉, 1947. 11. 15.

404

국에서 고하, 몽양에 이은 세 번째의 암살사건이었다. 국민 모두가 아연실색되어 있었다. 민족적으로 크고 엄청난 손실이 아닐 수 없었다. 특히 인촌의 경우는 더 큰 충격 속에 빠져 들어갔다. 14) 향년 54세의 아까운 나이였다. 이날 하오 6시 50분경이었다. 서울시 제기동의 자택을 심방한 괴한 2명이 집에 들어서자마자 현관에서 갖고 있던 권총으로 두 발을 연속 발사하여 설산이 그 자리에서 운명하는 비애를 맛보았다.

흉보가 알려지기 이틀 전인 11월 30일 인촌 등 한민당 간부 암살을 모의한 괴한 7명이 체포된 사실의 발표가 있어서 모두가 공포 속에 움츠리고 있었던 터였다. 범인은 정복을 착용한 경찰관이었고 안면이 있어서 아무런 경계도 하지 않은 채로 잠시 문을 열어주려고 나갔다가 흉변을 당한 어처구니없는 사건이었다. 손쓸 사이도 없었다고 한다.

범인은 나중에 밝혀졌듯이 박광옥이라고 한다. 설산은 인촌의 측근인사로 1923년부터 1936년까지 동아일보사의 부사장으로서 미국에 유학하였고 효자로서 모친을 극진히 보살폈다고 한다. 그 자당 회갑에는 인촌이 수연(壽宴)을 마련하는 등 그 후의가 두터웠다고 전해진다. 인촌이 보전을 인수 확장운영할 때는 보전 교수로서 봉사하였다. 특히 인촌이 학병을 권유하려는 마당에 그가 인촌을 대신하여 학병권유에 희생적 임무를 수행한 바도 있다. 친일의 혐의를 받은 것은 이같은 이유에서였을 것이다. 인촌의 최측근으로 정치적 결단을 내릴 때마다 그의 탁월한 이론과 예리한 판단, 고견, 충언을 따라 인촌이 향후의 움직임을 결정하곤 하였다. 인촌은 고하의 암살이 민족해방의 대가였다면 설산의 피살은 한국의 완전 독립을 부른 민족적 희생사건이라고 경황 중에도 높이 평가하고 통곡을 금치 못하였다.

14) 〈동아일보〉, 1947. 12. 3.

이에 관하여 장택상 총감은 장덕수가 보호경관을 두지 못하였기 때문에 암살당하였다는 뜻을 표명하였다. 그러나 범인 박광옥은 한민당의 당수 김성수의 소개로 경관이 되었고, 설산은 정치부장이며 정계의 큰 요인이니 신변을 보호하는 데서는 전기 박 경관이 믿을 수 있는 최적임자라고 보아 암살하지 않았을 가능성도 있지 않았을까 한다는 것이다. [15]

한민당은 12월 12일 설산 암살사건에 관하여 다음과 같은 특별담화를 발표하였다.

1930년 로마에서 장덕수(右)와 인촌(左)

> 본당 수석총무 고하 선생의 살해범을 엄벌에 처하지 못해 이런 일이 또 발생하였다. 전자와 같이 경하게 처리한다면 이런 범행은 계속 접종될 것으로 보아 우리의 염원인 건국을 방해하게 될 것이다. 본당은 이 기회에 우리 동포들에게 요청하길 어디까지나 냉정히 법의 처단을 기다리고 사감으로서 복수적 행동을 하여서는 아니 될 것이며 건국을 지연시키고 방해하는 행동을 엄중 경계해야 될 것이다.

이 시기에 장덕수 선생 유아교육후원회에서는 성의를 다하여 그의 유아들을 보살펴 주기로 결정하였다. 위원회의 총무위원은 안동원, 재무위원은 기업인 전용순(전 참의원 의원) 등이며, 위원은 인촌 등

---

15) 〈동아일보〉, 1947. 12. 7.

16명이 선정되어 본격적인 후원을 위한 업무추진에 들어갔다. 16)

아울러 인촌은 당의 위원장 자격으로 백남훈 부위원장과 같이 설산 암살 진상발표 촉진을 위하여 관계요로에 진정하기로 결정한 뒤 허정 등 3명이 하지 군사령관, 딘 군정장관, 장택상 수도청장 등을 역방하고 이 사건의 배후관계를 철저히 수사하여 전모를 밝혀 달라고 간청하였다. 17) 이 시기(3월 13일)에 백범은 설산 암살범을 심판하는 법정에 증인으로 소환되어 그 배후에 촉각이 곤두세워졌던 일도 있었다. 18) 70평생을 독립운동으로 살아온 백범으로서는 매우 큰 수치인 동시에 설산의 암살배후가 곧 한독당이란 의심을 받아 세인의 주목을 받은 것이다.

1948년 3월 19일 장덕수 암살사건 제13회 군율재판이 속개되었다. 이 날 범인 박광옥에 대한 심문이 계속되었는데 장덕수를 살해하고자 20일 전부터 계획하고 이를 위하여 한민당과 민대(民代)사무소와 경상도, 그리고 인촌자택, 천도교 강당 등으로 그를 따라다녔으나 뜻을 이루지 못하자 결국에는 제기동 설산 자택에 이르게 되었다고 했다. 다음에는 경찰관으로부터 권총, 장총과 증거품 21호부터 29호의 제시에 대해 틀림없다고 답변하고 김성수의 소개로 경관이 되었으며 살해한 것은 후회하지 않으나 나는 항상 동족끼리 상쟁하지 않으면 안 되는 환경을 원망한다고 말한 뒤 휴정하였다. 19)

이보다 앞선 2월 20일 한민당 선전부는 장덕수 살해사건의 배후를 속히 밝혀줄 진상발표를 요망하는 공개담화를 발표하였다. 20)

16) 〈경향신문〉, 1947. 12. 13.
17) 〈경향신문〉, 1947. 12. 27.
18) 〈동아일보〉, 1947. 12. 14.
19) 〈경향신문〉, 1948. 3. 20.
20) 〈동아일보〉, 1948. 2. 21.

고 장덕수 암살사건이 발생한 지 벌써 80일이 되건만 아직도 이 사
건의 전모를 발표치 않음은 유감이다. 장 씨 사건의 진상을 속히 천
하에 공포하여 국민의 심판을 받아야 할 것이다. 발표가 늦어지면
여러 가지 불상사가 돌발할 것이다. 세상에 선전되고 있는 살인 명
부에 이승만, 김성수, 장덕수, 김준연, 조병옥, 장택상, 윤치영 등
30여 명이 기재되어 있다는 한 가지 사실만 보아도 장 씨 암살사건
배후에는 전율할 만한 집단암살계획과 음모의 조직이 있음을 규지
할 수 있다.
   이 같은 살인마의 조직과 명령계통을 근절하지 않는 한 사회의
암운은 일소되지 않는다. 당국으로서는 마땅히 장씨 암살사건의 진
상을 그대로 종국에는 그 배후인물까지 시급히 발표할 것은 물론이
며 송진우 사건도 동일계통에 속한다고 추측되는 만큼 재심하기를
간절히 요망하는 바이다.

4. 유엔한위 단원의 서울 도착과 5 · 10 총선의 확정

   1948년 1월 12일 서울 덕수궁에 사무소를 차린 유엔 한국임시위원
단 일행을 환영하는 그 준비위원의 명단이 발표되었다. 그들은 이미
1948년 1월 8일 도착하게 스케줄이 잡혀 있었고 이 날 서울에 도착하
였다. 이들을 환영하기 위한 준비위원 명단이 13일 알려졌다. 그 명
칭은 '국제연합 조선준비위원단 환영준비위원회'라고 하며 그 위원명
단은 이승만을 위시하여 인촌 등 113명에 이르렀다.[21] 뿐만 아니라
우익진영 단체도 유엔한위단의 내조에 대비 한국민족 대표단원을 위
한 모임이 있었다. 고문에는 우남과 백범, 의장단에는 인촌 등 7명,
사무총장과 대표 보조위원 등 4백여 명을 선임, 발표하였다.[22] 대대

21) 〈경향신문〉. 1947. 12. 20.
22) 〈조선일보〉. 1947. 12. 20.

적인 환영준비가 거족적으로 마련된 것이다.

한민당 위원장 인촌 김성수는 1948년 신년을 맞아 우남 등과 같이 희망찬 연두사를 발표하였다. 인촌은 일제와 싸운 애국우국지사로 건국을 열망하는 평소의 소신을 근엄하게 표명하였다. 23)

> 통분하지 않을 사람이 그 누구이랴! 열화 같은 소망인 독립 완전통일한국의 민족대업을 완수하지 못한 것은 차치하고라도 민생은 도탄에 빠지고 교통수단과 산업부흥이 날이 갈수록 악화, 빈약하여 최악의 위기에 직면하게 되었다. 해방된 이 강토에 악조건이 구현될 것을 예기치 않았던 만큼 우리의 생활은 한층 심대한 바가 있다. 독립전취의 민족적 염원을 달성하기 위하여 사리사욕을 초월해서 민족의 총역량을 집결하여야 할 중대한 역사적 단계에 직면하였음에도 우리정계는 분열과 대립이 심각한 이념적 국면에 처해 있다. 이 시기에 큰 인물(장덕수)을 잃게 된 것은 통천곡지하여도 부족함이 있다. 희망찬 무자년을 맞아 우리는 독립전취에 총력을 집중할 자세를 갖추지 않으면 안 될 것이다. 3천만의 큰 소망은 하나도 독립, 둘도 독립이다.

또한 인촌은 유엔한위단에게 다음과 같이 남한만이라도 독립정부 수립의 집념과 열망을 피력하고 있다. 24)

> 카이로 선언과 포츠담 회담의 약속이 구체적으로 실현되게 된 것을 매우 기뻐한다. 그들의 임무수행에 남북총선거가 실시되면 더욱 좋겠고 북에서 총선이 실시되지 못하면 가능한 남에서만이라도 보통선거로서 정부를 수립해야 한다. … 이렇게 하여 성립된 정부는 전한국의 통일정부가 될 것이다. 우리는 유엔 우호국 43개국에 열렬

---

23) 〈동아일보〉, 1948. 1. 1.
24) 〈동아일보〉, 1948. 1. 9.

한 감사를 드리는 바이다.

유엔한위의 시리아 대표 자비는 총선을 위하여 1월 17일 한민당 위원장 인촌과 회견하고 장시간 요담하였다.[25] 총선문제로 인한 구체적인 회담이었다. 1월 초에 서울에 도착한 유엔한위단은 인도의 메논(V. K. K. Menon)을 동 임시의장으로 선임하고 그의 주재하에 활동에 나섰다. 그리하여 분과위원회를 설치하고 1월 23일 한국대표단원과 협의하였다. 여기에는 인촌, 우남, 백범, 우사, 김일성 등 9명이 들어 있었다. 동일 소련의 유엔대표는 돌연 위원단의 입북을 거부한다고 선언하여 민족적 분노를 일으켰다.

26일 처음으로 유엔한위와 면담한 우남은 그들이 입북을 거부하면 남한만이라도 총선을 실시하여 우리의 염원인 통일정부를 수립해야 한다면서 정읍발언 이후 힘을 얻어 단정(자율정부)의 실시를 더욱 강조하였다. 이는 인촌의 의도와 일치하는 총선관이기도 하였다. 이에 비해 백범은 동일 미소 양군이 철수한 다음 남북요인회담에서 충분히 논의한 후 총선을 실시하자고 종래의 주장을 되풀이 하였다. 우사는 27일 한국위원단을 만나 소련이 입북을 거부하면 유엔 소총회가 그 대책을 심의해야 한다고 주장하였으며 그들의 입북여부와는 관계없이 남북요인회담(남북협상)은 열어야 한다고 백범과 같은 주장을 되풀이 하였다.

인촌은 북한이 이 위원단의 입북을 저지한 것은 언어도단이며 그렇게 간다면 남한만이라도 선거에 임할 수밖에 없다고 그 자율정부의 필요성과 절박성을 피력하였다. 인촌은 이에 관하여 다음과 같이 시급한 한국독립문제 해결방안을 강력히 제시하여 속히 총선체제로 돌입할 것을 간절히 요망하였다.[26]

---

25) 〈경향신문〉, 1948. 1. 21.
26) 〈서울신문〉, 1948. 1. 27.

이는 예상했던 일이다. 남부에서만이라도 속히 총선거를 실시하여 전조선의 독립정부를 수립하고 유엔의 일원국(一員國)으로서 참가하여 세계열강과 대등하게 외교관계를 맺고 통상을 행하여 민생문제를 해결하고 남북통일을 기하여야 할 터이니 유엔한국위원단의 신속한 행동이 있기를 한민당은 3천만 동포와 같이 간절히 요망하는 바이다.

결국 우남과 인촌은 즉각적인 총선거로의 돌입을, 백범과 우사는 남북협상 안을 카드로 들고 나선 것이다.[27] 이는 결국 김일성에게 이용당하는 아쉬움을 결과한 것이다.

5. 우남 · 인촌과 백범 · 우사의 상반된 정치적 견해

1월 27일 북한주둔 소련군사령관은 정식으로 유엔한위단의 입북조사를 전면거부하고 나섰다. 점차 냉전구조가 강화되는 징조가 보였다. 인도의 외무장관으로 영전한 바 있는 메논 유엔한위 의장은 2월 11일 한국의 통일문제를 유엔소총회에 회부하기로 결정한 후 메논 의장과 호세택 사무총장을 즉시 유엔총본부에 특파하기로 하였으니 이는 소련의 입북거부문제 등 4개 안을 정식으로 건의한 것이었다.

유엔 소총회는 1947년 11월 6일 정치위원회에서 설치안이 통과되고 13일 총회가 이를 채납하여 성립된 기구였다. 그만큼 이 기구는 권능이 주어짐을 이해해야 한다. 그 4개 안은 ① 남한의 총선을 실시하고 한국의 국민정부로 승인될 정부를 남한에 수립하고, ② 선출된 국민대표 기구설치를 목표로 선거를 실시하며, ③ 남북한 지도자

---

27) 이현희, 앞의, 《우리나라 현대사의 인식방법》, 삼광출판사, 215, 218, 221, 223, 225쪽.

의 회담과 같은 가능한 방법을 고안하며, ④ 기능의 지속적인 불능 상태를 인정하고 문제를 동 총회에 회부할 것 등이었다.

이들 4개 안건 중 어떤 항목을 선택하는가에 따라 한국의 운명이 결정될 것으로 보인다. 충분히 의논한 대안 중 1안과 2안이 남았는데 메논 의장은 제 1안을 표결에 회부한바 부결되었다고 언명하면서 2안 은 자문기구의 선출을 의미하는 것이었다. 이는 남북총선이 불가능 하다면 가능지역만으로라도 보통선거를 치러야 함을 강력히 암시하 는 결론이었다. [28] 우남(雩南)과 인촌(仁村)의 주장이 채택되는 순간 이었다.

메논 의장은 우남을 인도의 네루에 해당하는 마술적 지도자라고 촌 평하였으며, 인촌에 관해서는 가장 효과적인 조직을 보유하고 있으 며 최근 수개월 동안 놀라운 세포조직을 통해 발전시킨 큰 지도자라 고 극구 호평한 바 있다. [29]

북한은 이 중요한 시기에 흉금을 털어 놓고 민족의 이름으로 호소 도 하고 한 민족 한 핏줄로서의 동포애를 표방하며 사랑하는 입장에 서 입북을 허용해야 하는 차제에 이를 외면한 채 전면 거부하였다는 것은 통일을 저해하고 북한 방문을 불가능하게 하려는 불순한 파괴적 의도가 아닐 수 없는 것이다. 유엔한위(8개국 구성)의 한국 통일에의 소임을 다하여야 할 위원단으로서는 최대한 자신들의 임무수행에 최 선을 다하였다고 평가한다.

이미 언급하였듯이 메논 의장의 한위는 모두 3개 분과를 구성하여 운영하였다. 1분과는 자유분위기 속에서 선거하게 하였고, 2분과는 한국인의 의견을 종합하고, 3분과는 선거법을 검토하기로 정하였다. 1월 23일에는 우남, 김일성, 인촌 등 9명을 협의대상으로 삼았으며, 1월 28일 인촌 등 4명을 유엔 위원단의 법률고문 슈라이버가 초빙하

---

28) 〈동아일보〉, 1948. 2. 20.
29) 앞의 《인촌 김성수 전》, 534～535쪽.

여 선거법에 관한 실질적인 문제를 토의하고자 하는 것으로 그간의 사태를 감지할 수 있다.

인촌은 1월 29일 보전교수 이인수를 대동하고 제2분과 회장 잭슨 등 다수위원과 총선문제를 협의하였다. 이 자리에서 인촌은 매우 절박하고 시급한 총선문제를 다음과 같이 제기했다. [30]

> 소련의 입북거부 사태는 천재지변으로 간주하고 그에 의하여 선거 가능성이 있는 남한에서만이라도 총선거를 강행해야 한다는 점을 분명히 천명하고 국제연합이 43 대 0으로 남북 총선 건을 압도적으로 결정하였으므로 부득이하여 남한에서만이라도 선거하여 구성한 국회를 이런 사정 아래에서라면 그것을 불완전한 단정(單政)이라고 보지 못할 것이다. 그것은 통일을 위한 총선거의 임무 하에 불가항력적으로 남한만 선거를 실시한 국회이기 때문이다. [31] … 그 책임 소재는 대다수의 총의를 쫓지 않는 측에 있다고 본다. 남한에는 정치범이 없고 정치범은 북한에만 있다.

북에서는 이미 1946년 2월에 김일성이 인민위원회라는 정식의 국가를 성립시키지 않았던가를 상기할 필요가 있는 것이다. 따라서 남한의 총선이 곧 한반도의 분단을 먼저 책동한 것이 아님을 증명할 수 있는 것이다. [32] 인촌과 우남은 '선 총선 후 통일'이라는 남한만의 단독자율정부 수립을 간절히 희망하였으며 백범(白凡)과 우사(尤史)는 완전무결한 남북 총선을 통한 소통의 한반도 통일정부의 구성을 끝까지 주장하고 실현시켜야 한다면서 대망의 5·10 총선거를 전면 거부

30) 〈동아일보〉, 1948. 1. 30.
31) 이상돈, "투쟁 20년", 《이상돈의 정치평론집》, 신민당 출판국, 1969, 33~37쪽.
32) 김학준, "분단구조의 고착화", 《해방의 정치사적 인식》, 대왕사, 1990, 221~6쪽.

한 것이다.

그러나 우사나 백범의 이상론이 얼마나 비현실적이고 공상적인가 하는 점은 김일성의 남침 야욕이 노출됨으로써 늦게나마 자각하게 된 것이다. 이것이 국제정치의 판단과 감각이 우남보다 뒤진 백범이 우남을 따라 잡지 못하는 까닭이라고 보는 것이다.

6. 남북협상의 허구성과 대한민국의 탄생 확인

백범(白凡)과 우사(尤史)는 2월 9일 유엔한위에 남북요인회담 즉 남북협상 카드를 제시하고 북한의 수뇌부가 이에 응할 것을 강력히 요청하였다. 그들은 유엔에서 한반도 남한만의 총선이 결정되자 2월 26일 북한인민위원장인 김일성과 김두봉에게 단정(單政)을 막고 남북협상을 통해 통일한국정부 수립의 강력한 의지를 나타냈다. 그러나 회신은 없었다.

2월 28일 영향력을 행사할 수 있는 북한주둔 소련군 사령관 스티코프에게 남북회담을 주선해 주도록 요청하였다. 백범과 우사 두 요인은 김일성과 김두봉이 함께 서울에 와주기를 진심으로 요청한다는 내용이었다. 그러나 응답이 없다가 3월 25일에 가서야 남북협상이 아닌 4월 17일 평양에서 정당 사회단체 연석회의를 열자고 방송을 통해 알렸다.[33] 그러니까 북쪽에서는 남북협상이 아니고 정당 사회단체의 연석회의라는 것이다. 여기서 언급한 미군정 보고서는 양 김의 남북협상에의 수락은 매우 획기적인 사실로 받아들여진 것이다.

백범어록에 명시되어 있듯이 백범은 어떤 일이 있어도 우남 등이 단독정부를 수립하는 데는 절대로 협력하지 않을 뜻을 밝힌 바 있다.

---

33) SUMGAK vol 5. 170~172쪽.

백범 김구 (1876~1949)
임시정부 주석

우사의 경우도 남북 통일정부를 수립하는 일에만 전념할 것임을 단단히 결심하고 38도선을 비장한 애국적 심중으로 넘은 것이다. 마치 그들만이 가장 애국자인 양 의기양양하여 평양에 간 것이다. 34) 놀랄만한 큰 성과라도 얻을까 하고 말이다.

그러나 그들 일행이 애국심을 갖고 평양에 도착하기도 전에 아랑곳도 하지 않은 채 '전조선 정당 사회단체 연석회의'는 개막되어35) 북한정권의 합법성 구축에 합리적으로 이용당하는 어처구니없는 낭패를 맛본 것이다. 36) 남북의 김구, 김규식, 김일성, 김두봉의 4김 씨는 회의를 계속하고 있는 중에 29일 김일성의 인민공화국 헌법을 채택하는 데 일조, 방관하고 말았다. 남한의 두 김 씨는 볼셰비키적인 공산혁명의 실체를 인식하지 못한 가운데 일방적으로 이용만 당하는 희극적 상황을 연출하고 말았다. 37) 너무나도 안일하고 순진한 두 애국자가 단수 높은 양 김을 능가하지 못한 한계점을 지적하지 않을 수 없다.

남한의 애국자 두 김 씨를 교묘히 이용한 북한 양 김의 정치쇼에 온 국민은 분노와 허탈감을 감출 수 없었다. 두 애국지사는 북의 양 김에게 '정치협상을 통해서 통일정부 수립의 방안을 진지하게 협의하

34) 송남헌, "비극으로 끝난 중간 노선, 김규식"〈신동아〉1977, 8월호.
35) 이정식, "1948년의 남북협상", 양호민 외, 《민족통일론의 전개》, 형성사, 1986.
36)〈동아일보〉, 1948. 4. 6.
37) 이택휘, 앞의 논문, 387쪽.

자' 라는 순진성에 북의 양김은 우습게도 냉소와 치소(恥笑)로 답변한
것이다.

이 4자 회담은 최종적으로 계산해 본다면 김일성의 공산정권을 정
당화하고 승인해 주는 그런 요식행위를 거친 순서에 지나지 않는 정
치쇼인 것이었다. 인촌은 이런 의사를 표하였다. [38]

> 비록 남북회담에 두 김 씨 같은 위대한 지도자들이 참석하였다 해도
> 그것은 남한의 민의를 대표하였다고 볼 수 없으며 과반에 남북회담
> 은 하등의 가시적인 성과도 전혀 없었다. 이용만 당한 것이라고 아
> 니할 수 없다. 아쉽게도 남북회담의 선거방해 공작은 우리 총선에
> 하등의 영향을 주지 못하고 말았다.

이 당시 소련은 북한의 각도에 서둘러 인민위원회를 두고 이를 통
합하는 통일정부 수립을 모색하고 있었다. 김일성은 야심차게 1946
년 2월에 벌써 북한인민위원회 위원장에 취임하고 3월에 토지를 대개
혁하며 사회법 등을 과감히 개정하는 등 1당 독재체제를 구축하였다.
이울러 조민당의 조만식 등 우익인사를 대폭 숙청하는 등 공산주의
체제를 확립시켜 놓고 통일정부 구성을 위한다는 명분 속에 가장된
남북협상안을 제기한 것이다. 대국민 사기극인 것이다.

그는 처음부터 결코 남북통일을 원치 않고 적화통일에만 주력하고
있었다. 6·25 남침전쟁이 그 직접적인 증거가 되는 것이다. 이는 대
국민 모욕의 극치라 아니할 수 없는 참담한 사실로서 동족임을 빌미
로 허구성을 노출한 민족적 비극이었다. 김구나 김규식 두 애국지사
는 평생을 조국 광복에 몸 바친 분으로 세상에 드문 본받을 만한 뛰
어난 애국지사임을 누구나 다 잘 알고 있다. [39]

---

38) 〈동아일보〉, 1948. 5. 16.
39) 백완기, 앞의 논설 참조, "김성수, 자유민주의 정치체제로 건국을 추구하

충격 속에 5월 5일 서울에 돌아온 김규식은 모든 책임을 지고 곧 정계를 은퇴하였으며, 백범은 북이 협력한다고 약속하였노라고 호언 장담하였으나 남한이 원하는 송전(送電) 계속의 약속을 파기하여 그들의 속셈을 짐작하게 했다. 즉 송전을 약속하였다고 주장하였으나 그 다음 주에 단전(斷電)해 버려 백범을 곤궁에 처하게 하고 말았다.[40] 그런 것이 곧 북한임을 왜 잘 몰랐을까? 백범의 항일투쟁의 경력을 잘 알고 있는 우리들로서는 매우 안타까운 일이 아닐 수 없다. 반론자도 있을 수 있으나 그는 대한민국 수립에 결코 큰 공로는 없는 것이다.

인촌은 북한의 생리를 잘 알고 대처해야 실수 없이 그에 응전할 수 있다고 북한의 김일성을 자세하고도 길게 내다 본 것이다.[41] 백범은 남북협상, 그 자체로 볼 때 그 이상이나 전망은 매우 긍정적으로 평가하고, 개시하였다. 그러나 북측의 음모가 깔린 의도적인 책략 앞에 속수무책이었던 것을 철저히 파악하지 못한 불찰을 반성해야한다. 따라서 정치적 미숙과 실수에서 연유하였음을 솔직히 고백하고 먼저 철저히 북한을 연구하여 치밀하게 교섭했어야 했을 것이다.

이제 유엔 다수결의에 의하여 남한에서 선거가 가능한 지역에서의 총선거가 5월 10일로 잡혀졌다. 대한민국은 1919년의 임정의 법통성을 연결하는 독립된 국가 즉 대한민국이 곧 탄생하게 되었다. 민족적 환희인 동시에 일제에 강점당한 이래 잃어버린 국가를 다시 찾게 되었으니, 이는 피의 대가이며 3천만 염원의 결정인 한민족 최대의 경사가 아닐 수 없는 것이다.

다", 40~51쪽.

[40] 김정원, 《분단한국사》, 동녘, 1985, 534~535쪽.

[41] 〈동아일보〉, 1948. 4. 5.

仁村 金性洙

제5부

대한민국
정부
수립과
정치력 발휘

제
1
장

대한민국 정부수립 의지

1. 불안한 국내 치안상황과 5 · 10 총선 실시 준비

남한 총선의 권한을 장악한 유엔 한위단과 미군정의 합의하에 정부수립을 위한 5 · 10 총선이 임박하였다. 이때 국내 치안상황은 매우 불안하였다. 러취 소장의 후임인 소장 윌리엄 딘(William F. Dean) 미 군정장관의 담화에서도 나타나 있듯이 각 향보단(鄕保團)이나 18개 단체가 합친 대한청년단원이 경찰을 도와 엄중하게 선거치안을 감시, 유지했다.[1]

전국이 다 그런 테러의 위기에 놓여 있었는데 그 중 가령 예를 들면 충북 청원군 강외면 봉산리의 제헌의원 선거기간 중 제5투표소에서 경비원 중 이옥남, 서용하, 박귀남이 공산당원 김원영 등이 투척한 수류탄에 맞아 현장에서 사망한 사건을 들 수 있다.[2] 이 사건은 대형 사건임에도 국내신문에는 보도되지 않고 일본의 〈니혼게이자이〉(일본경제) 신문에[3] 보도된 것을 국내의 〈한국일보〉(1973. 3. 13)

---

1) 〈조선일보〉, 1948. 5. 8.

2) 청주지방법원 형공 제395호(1950. 12. 11) 그 외 제282호(1952. 4. 30) 참조.

3) 〈니혼게이자이 신문〉 1973. 3. 12.

등이 이를 인용 보도하여 25년 만에 처음 세상에 알려지게 된 것이다. 큰 사건임에도 국내에는 알려지지 않았던 것이 이상한 일이었다.

또한 거제도에서도 이런 유형의 유혈사태가 계속 일어났다. 4) 물론 제주도에서의 4·3 유혈사태로 국회의원 선거 당시 그곳의 2개 선거구가 유고가 되어 그 뒤에 보충하여 200명 (209명) 의 제헌의원을 선출하였으나 그만큼 북의 지령을 받은 공산당의 방해, 교란, 파괴, 살상 책동이 거의 전국적으로 다 일어났던 것이다. 그러므로 중소도시에서는 그런 불안사태를 거의가 다 경험했거나 일어날 조짐이 역력하였던 것이다. 그만큼 치안의 부재현상이 뚜렷하였다는 상황판단인 것이다.

유엔 한위단은 1948년 3월 12일 전체회의를 열고 남한에서 선거가 가능한 지역에 한하여 총선을 실시하라는 유엔 소총회의 권고안을 표결결과 4 대 2 (기권 2) 로 이를 가결하여 이제 총선은 권능있는 국제허락과 감시 속에 실시시기만 남겨놓게 된 것이다. 5) 우남이나 인촌의 통일정부 구성의 피나는 노력이 주효한 결과인 것이다.

3월 19일 유엔 한국임시위원단의 메논 의장이 인도의 자기 본국 외무장관으로 영전하기 위하여 약 2개월간의 활동을 완료하고 이날 김포공항을 통해 그 나라로 귀국하였다. 6) 인촌도 김활란 등과 같이 김포공항에 나가 정중히 전송하였다. 메논 의장은 한국국민의 열렬한 애국열은 통일 한국을 건립하고야 말 것이라고 확신한다면서 덕담의 격려와 함께 총총히 인도로 향발하였다. 7)

제 3 분과위원회는 3월 22일자로 승인한 선거법을 공포하게 하였다. 70여 개에 달하는 당시의 정당 사회단체들은 공산당 등의 선거

---

4) 〈민주중보〉 1949. 2. 18, 〈거제군지〉 321쪽 참조.
5) 〈조선일보〉 1948. 3. 13.
6) 〈조선일보〉 1948. 3. 20.
7) 〈동아일보〉 1948. 3. 20.

방해 공작이 극심함에도 이를 제압하고 가장 공정무사한 총선을 진행하여 큰 기대 속에 우리의 자치능력을 세계 자유우방인에게 과시해야 한다는 사명감에서 3월 30일 총선추진위원회를 조직하여 계몽과 안내의 임무를 다하고 있었다.[8] 당초에는 총선일자가 5월 9일로 잡혀졌으나 하루 연기하여 5월 10일로 확정되었다. 9일에는 일식(日蝕)이 있다는 예보 때문이었다.[9]

UN 한국위원회 대표인 인도의 메논 박사. 친한파의 한 사람으로 건국초에 협력이 컸다.

4월 28일에 유엔 한국위원단은 전체회의를 열고 총선의 감시자 임무를 충실히 수행할 것이라고 한국국민들을 안심시켰다. 이제 최초로 치러지는 대망의 5·10 보통 총선거는 실시 날짜만 기다리게 되었다. 단지 불안한 치안을 어떻게 효과적으로 대처 극복하여 무사평온한 가운데 공정한 선거가 치러질 수 있느냐 하는 것이 초미의 관심사였다. 역사적인 대한민국의 정부수립을 위한 총선이기 때문에 모두가 긴장 속에 투표할 준비에 국민 모두가 분주하였다. 나라의 정부를 선택하는 총선은 그 어떤 선거보다 귀중하고도 초유의 신성한 국민의무이기도 하기 때문이다.

이보다 앞선 2월 8일 전국애국단체연합회 주최 총선거 촉진국민대회가 서울운동장에서 열렸다. 이 대회는 독립문제를 촉진시키려고 유엔 한국위원단에 대하여 한국인이 얼마나 자주독립을 갈망하고 있느냐 하는 것을 보여주는 동시에 하루 속히 총선을 실시하여 우리의 독립정부를 세우게 해달라는 절실한 국민적 열망의 주장을 실현하려는 민중의 자발적인 모임으로서 민족진영 각 정당 사회단체 결의로

---

8) 〈동아일보〉, 1948. 4. 1.
9) 〈경향신문〉, 1948. 5. 10.

422

열렸다.

이 날 신익희의 개회사에 이어 지청천의 선언문 낭독, 백남훈의 유 엔 한위단에 보내는 이승만 박사의 의견서 낭독 등이 있은 후 만세 3 창으로 폐회하였는데, 회장은 오세창이고, 부회장은 인촌, 해공 등 6 명이며, 총무, 재무, 동원, 선전, 경호, 연락부 등으로 각 부서의 임 원이 구성되어 있었다. 10) 우남이나 인촌은 속히 남한에서의 총선 투 표가 북의 방해 없이 원만히 평온하게 개시되어야 한다는 사실을 재 차 확인하고 강조한 바 있다. 11)

인촌을 중심으로 한 남한 단선(單選) 주장자를 비롯한 각 정당 사 회단체 대표자대회는 총선을 촉구하고 대비하여 33인 민족대표단을 구성하였다. 이는 3월 5일 독촉(獨促) 회의실에서 68개 단체 대표 참 집 하에 개최되었다. 이 회의에 임석한 우남은 "사상 초유의 보통선 거이니 모범적 선거로서 대외에 성숙한 우리 민족의 우수성과 역량을 선양하기 위하여 총선에 대비한 민족대표단을 구성하라"는 간곡한 격려의 인사가 있은 다음 토의에 들어가 각 정당 사회단체 대표자대 회에서는 유엔 한위단과의 협의대상이 되며 총선실시에 관한 문제를 처결할 민족대표단 멤버로 다음의 33명을 선출하였다.

그들은 이승만, 오세창, 이시영, 권동진, 명제세, 이윤영, 김성 수, 신익희, 백남훈, 서상천, 지청천, 박순천, 전진한, 채규항, 이 범석, 문봉제, 유진산, 김준연, 황현숙, 이철승, 황보익, 박현숙, 변영태, 이종현, 강인택, 황애덕, 오윤환, 최구설, 김헌, 김활란, 김창숙, 윤세복, 임영빈 등이다. 이 민족대표단은 3월 7일 처음 회합 을 갖고 7명 정도의 최고 상무위원을 선정했다. 12)

3월 9일 민족대표단은 종로구 이화장에서 부서를 결정하였다. 단

10) 〈경향신문〉, 1948. 2. 8.
11) 〈서울신문〉, 1948. 2. 14.
12) 〈조선일보〉, 1948. 3. 6.

장은 우남이고, 부단장은 오세창과 이시영이 선임되었고, 인촌, 해
공, 이윤영, 황애덕 등 7명은 상임위원이 되었다.[13] 누구나 흥분 속
에 총선일인 5월 10일을 손꼽아 기다리고 있었다.

2. 총선의 준비와 인촌의 불출마 선언

인촌이 서울 종로 갑구에서 제헌국회의원으로 출마할 것으로 한민
당원은 물론이려니와 온 국민도 그렇게 알고 기대하고 있었다. 그러
나 현실은 그렇지 않았다. 그의 지역구를 국무총리 후보였던 조민당
의 동지 이윤영에게 양보하였다는 놀라운 사실이 알려졌다. 한민당
의 위원장이 제헌국회의원에 출마하지 않으리라고는 전혀 예상하지
못하였다. 그러나 불출마는 사실이었다. 이유가 있었다. 모두 감탄
할 일이 벌어진 것이다. 그 소식이 전해진 것은 3월 31일이었다. 보
도에 따르면 한민당 위원장 김성수는 국회의원 선거입후보를 조민당
(위원장 조만식)의 이윤영 부위원장에게 양보하기로 하였다는 요지의
성명서를 발표하여 잔잔한 감동과 흥분, 감탄, 충격을 주었다.[14]

> 본 당 위원장 김성수 선생이 금번 총선에 당연히 출마해야 할 것은
> 본당은 물론이고 전 국민이 크게 기대하는 바로 그동안 만반의 준
> 비를 다하여 오던 바 최근 우리 진영에 후보난립이 점점 심하여 감
> 을 매우 우려하고 또 한편으로는 특별선거구가 없어져서 38선 이북
> 출신의 동지들이 국회에 참여할 기회를 가지지 못한 것을 크게 유
> 감으로 생각해서 김 위원장 자신은 입후보를 그만두고, 그 선거구
> 에는 북한 동지의 결합체인 조선민주당 부위원장 이윤영을 추천하

---

13) 〈경향신문〉, 1948. 3. 11, 12.
14) 〈서울신문〉, 1948. 4. 1.

424

겠다는 의사를 중앙 상임위 석상에서 정식으로 표명하였다.

　신중히 토의를 거듭한 끝에 위원장의 제의를 받아들이기로 동의 결정하였으니 만천하 동지 여러분은 본당 위원장의 이 같은 갸륵한 양보와 화합의 큰 뜻을 체득하여 호양(互讓)의 미덕과 소통, 희생 정신으로 이번 총선에 동지 상투(相鬪)를 불연출하고 대업을 그르침이 없도록 하기 바란다.

　이에 관하여 인촌은 이런 자신의 의도를 다음과 같이 피력하면서 양해를 구했다.15)

　　이번 총선에 통한사(痛恨事)는 김일성의 방해로 북한에서 총선을 못하게 되어서 조만식 동지 같은 분이 조민당 당수로서 국회에 참여하지 못하는 것이다. 조만식은 학생시대부터 나의 가장 신뢰하고 존경하는 분이지만 8·15 이후 그가 취한 성자적 태도에는 진실로 경복하지 않을 수 없다. 조만식은 못 오더라도 특별선거구로 그의 몸과 같은 지기들이 국회에 많이 나오게 되려니 하였더니 그 기대도 어그러졌으니 남북통일을 위해서나 민족적 화해를 위해서도 크게 유감 되는 일이다.

　　이윤영 동지를 국회에 참석하도록 하기 위하여 그 분을 종로 갑구 선거구에 의원 후보자로 추천하기로 하였다. 그 분은 현재 '독촉'의 부위원장 등 여러 가지 직책을 가지고 계신 분이니 본당 계와 그 선거구 유권자 여러분은 양지하시고 적극 협력해 주시길 바란다.

　이에 관하여 당사자인 이윤영은 인촌의 양보에 관하여 극진히 치하하였다. 이윤영은 감격하여 다음과 같은 정중한 답사로 인촌의 후의

15) 〈동아일보〉, 1948. 4. 1. 앞의 《인촌 김성수의 사상과 일화》 287~290 쪽 군정 보고서에서는 같은 당에서 많은 후보가 나서면 혼란의 우려가 있기 때문에 불출마하였다고 기록하고 있으나 인촌의 인품으로 볼 때 본인의 의사 표시가 정당한 이유가 될 것으로 보인다.

에 정중히 사의를 표명하였다. 16)

> 금반 인촌의 후의에 대하여 지극히 감사한다. 그러나 나 개인으로
> 서는 이 문제를 결정할 수 없으므로 쌍방이 다 좋은 안이 나오기를
> 바란다. 선거구가 없다 하더라도 우리는 총선거를 반대하거나 그런
> 일은 절대로 없고 더 좋은 애국자가 국회에 나가도록 선거에 적극
> 협력할 것이다.

이에 관하여 우남은 4월 1일 다음과 같이 감사와 정치풍토의 청신
한 기풍을 진작함에 매우 감동을 갖는 것 같은 감탄의 말을 감동적으로
발표하였다. 17)

> 인촌이 이윤영 후보에게 선거입후보의 권리를 양보한 데 대하여는
> 나는 지극히 기뻐한다. 애국정신으로 정치상 후의로서 상호 양보하
> 여 국가대업을 도와주기로 한 것은 누구나 다 감탄하지 않을 수 없
> 다. 인촌의 인격을 존경한다. 경향 각지 모든 정치지도자들은 이러
> 한 정신을 지켜 우리의 소중한 국권수립으로만 목적하면 우리 앞길
> 은 저절로 잘 열리게 될 것이다.

사실 누가 이런 판국에 자신의 자신 있는 지역구를 양보한다고 선
뜻 나선다는 말인가? 인촌이 아니고서는 불가능한 일을 그는 끝내 해
낸 것이다. 의인의 성자다운 결단인 것이다.

---

16) 〈동아일보〉, 1948. 4. 1.
17) 〈경향신문〉, 1948. 4. 2.

총선의 실시와 한민당의 참여

1. 총선의 실시와 인촌 ― 정부수립의 실현

인촌은 당시 입후보 난립에 동지애와 민족발전의 대계로서 근엄하게 심성(審省)할 것을 촉구했다. 민족적 대과업을 앞둔 시기에 다음과 같이 애국적인 판단과 명철한 견해를 피력하여 모리배 정치상배에게 일대 자성과 경각의 기회를 부여하고 있다.[1] 모두가 경복, 감탄하였다.

> 우리의 자주독립은 오는 5·10 총선거를 계기로 결정적 단계로 들어가게 되었다. 이번의 선거는 국제연합의 감시 하에서 거행되는 것인 만큼 우리는 자주독립을 위하여 그런 우호적인 분위기 속에서 일치단결하여 싸우고 있다는 것을 현시(顯示)하여야 할 것이다. 지도적 위치에 있는 공인으로서 개인적 감정에 사로 잡혀서 동지가 보기 사납게 상쟁하는 결과는 어떠한가? 개인적 영달에 사로잡힌 사람들이 절호의 기회라고 도량하지 않는가? 해방 후 4개 성상에 걸쳐 우리가 쌓아온 것이 일조에 수포로 돌아갈 위기에 봉착하고 있다는 것을 심성 반관(反觀)하여 주기를 여러분에게 간절히 바라

---

1) 〈동아일보〉, 1948. 4. 18.

마지 않는다.

매우 경청할 정치풍토 쇄신의 청신한 기풍진작이라 아니 할 수 없겠다. 인촌이기에 가능한 결단이었다.

인촌은 의아해 하고 있는 한민당 당원 동지 등 간부들에게 불출마의 변을 이렇게 설명하고 심심한 이해를 구하였다. "내가 출마하여 당선되는 것보다 다른 분이 당선되는 것이 우리 민족이나 남북통일의 염원을 위해서나 도움이 된다고 생각되면 내가 물러서는 것이 도리라고 본다. 이것이 공선사후(公先私後) 정신인 것이다"라면서 월남 동지 이윤영을 그 대신 자신의 지역구에 출마하도록 적극 권유한 것이다. 그가 뒤에 인촌을 제치고 국무총리로 지명되었다.

월남한 이북 동포 450만 명의 의사를 대변하는 조민당의 이윤영 동지는 사실상 출마할 선거구가 없어 고민 중이었는데 이 사정을 잘 알고 있는 인촌이 결연하게 자신의 선거구를 깨끗하게 양보한 것이다. 그 누구도 이윤영에게 선거구를 양보할 인물이 없었다. 오히려 이윤영의 지역구가 이남에 있었다면 그것을 자신들이 먼저 차지하려고 앞을 다투어 로비를 벌였을 것이다. 인촌의 자신의 선거구 배려는 이북 동포와 고당 조만식 당수에 대한 우정과 경의와 화합의 표출이라고 판단한다.

성경 중 〈잠언〉(29:23)에 나와 있듯이 '사람이 교만하면 낮아지게 되겠고 마음이 겸손하면 영예를 얻으리라'고 한 말을 새삼 새겨들을 일이다. 고당은 이윤영을 월남하게 하고 자신은 동포들을 공산당의 마수에 남겨두고 혼자만 떠날 수 없다면서 반탁투쟁을 평양 중심으로 펼쳤으며, 그로 인하여 김일성에게 미움을 사서 1946년 1월 5일 이후 강제연금 상태에서 활동의 제약을 받다가 1947년 7월 9일부터는 더 압박을 가해 감금상태로 반공투쟁을 일삼다가 종래에는 살해 당한 것으로 본다. 이런 사실을 누구보다 잘 알고 있는 이는 인촌이었다.

428

서울 종로 갑구에서 출마를 포기하고 이윤영에게 선거구를 넘겨준 인촌은 동년 동아일보 지상에 선거와 국민의 자각이란 감동적인 글을 게재하여 자신의 정치적 소신을 간절히 피력하였다.[2] 그는 이 논설에서 소련의 유엔한위단 입북거부를 비난하고 모처럼의 통일조국의 달성을 위한 총선을 적극적으로 지지 찬성하는 간절한 그의 건국에의 열성과 집념 그리고 일제강점 이래 열망해 오던 찬란한 자주독립국가 건설의 필요성을 외국의 예를 들면서 강조하였다. 감동적인 그의 글에 동감하지 않는 이가 없었다고 한다.

인촌은 5월 9일 총선을 하루 앞둔 시기에 이승만과 같이 이런 담화를 발표하였다. 우남은 "총선을 위해 분투하던 일부 선거위원이 불의하게 피살되는 일이 일어나고 있으니 심히 유감이란 표시를 하고 우리 남녀 애국 동포는 한 사람도 기권 말고 모범적 선거를 행하여 우리 민족의 우수성을 세계 자유우방 앞에 자랑하여야 할 것이다"라고 총선 동참을 언급하였으며, 출마하지 않는 인촌은 다음과 같이 총선 필참(必參)의 간절한 애국적 선택을 독려했다.[3]

우리 3천만 동포가 일각(一刻)이 여삼추(如三秋)로 숙망하여 오던 독립은 드디어 오늘을 기하여 그 첫 단계에 들어섰다. 얼마나 기다렸던가? 기쁘기 한량없도다. 해방 이래 우리 민족은 일부 그릇된 지도자들이 10인 10색으로 각각 분열되어 동족 상륙, 상쟁의 엄청난 비극을 보았다. 애국지사 우남 이승만 박사를 영도자로 모시는 우리 민족은 좌익계열의 악질음모 파괴살상행동을 타파하고 오늘의 영광스러운 날을 맞이한 것이다. 그동안 92%라는 유권자등록 성적을 비롯하여 난립된 입후보자들의 양심적 기권 등 조국지견을 위한 진정한 애국열을 발휘하였다. 유권자 여러분은 오늘 빠짐없이 투표장으로 나서서 깨끗한 한 표를 행사하셔서 진정한 애국자를 선출하

2) 〈동아일보〉, 1948. 4. 6.
3) 〈동아일보〉, 1948. 5. 10.

여 우리의 국권을 회복하는 동시에 평화스러운 우리 민의의 전당인 국회를 수립하는 데 만전을 기하시기 바란다.

인촌의 애국적 열의와 집념이 넘치는 우국적인 그다운 간절한 발언이었다. 5·10 총선은 이렇게 순조롭게 진행하여 대한민국을 만들게 된 것이다.

대망의 첫 선거인 5·10 총선은 김구 등 임정인사와 파괴적인 좌익의 불참 방해 속에 순조롭게 진행되었다. 최초의 보통선거임에도 불구하고 수준 높은 투표결과를 갖게 된 것은 놀라운 국민적 수준의 행사요 결과라고 아니할 수 없는 최대 경사인 것이다. 번번이 좌익계열의 방해파업 폭동난동에도 불구하고 남한 총인구 1,919만 명의 40.9%, 총유권자 813만 명의 96.4%인 784만 명이 등록하고, 등록자의 95.5%인 740만 명이 모두 투표하여 큰 성과를 거두었다. 이는 우리 민족이 자치능력이 있음을 세계적으로 과시한 놀라운 민주적 성과라고 아니할 수 없다.

UP특파원도 이런 선거에 관하여 칭송을 아끼지 않았다.[4] 이 촌평을 보면 5·10 총선은 매우 자연스럽고 원만하게 성공적으로 치러진 보통선거였다고 평가할 수 있다.

조선 역사상 최초의 총선을 공산주의자들은 파괴하지 못하였다. 수백만 명이 자진 투표하였으며 … 사실상 불안한 하루를 앉아서 보냈다. 미군이 집계한 사망자는 78명, 부상자 수십 명이고 수백 명이 구타를 당하였다고 한다. 사망자는 대부분이 공산주의자들이 습격하여 불행하게 발생한 것이다. 그러나 이런 위협으로 한국인의 자유로운 투표행사를 못하게 하지는 못한 것이다.

---

4) 앞의 《인촌 김성수전》 542쪽.

2. 총선 결과와 인촌의 입각문제

역사적인 1948년 5·10 총선이 평온하게 끝난 1주일 뒤인 5월 17일 경무부가 총선결과를 발표하였는데 그에 따르면 총선 전후 공산당이 자행한 살인, 테러로 인한 범죄상황은 구체적으로 살상이 846명이나 발생하였고 습격과 폭행건수가 1,047건에 이르고 있다고[5] 발표하였다.

유엔 한위는 5월 14일 우익계 지도자 우남과 인촌을 초청하고 총선을 지내면서 현 한국정세에 관해 고견을 청취하였다. 5·10 총선거에 관한 부정적인 견해를 발표한 습관성 반대론자인 유엔 한위의 시리아 대표 무길의 악의적 감상은 사실상 유엔 한위 전체의 의견이 아니라고 밝히면서[6] 어디까지나 개인적인 편견, 소견일 뿐이라고 큰 뜻이 아님을 설명하였다.[7]

5월 15일 인촌은 유엔 한위와의 협의내용을 소상히 피력하였다. 인촌은 이미 언급하였듯이 김구, 김규식 등의 남북협상에 관하여 크게 회의적인 반응을 보인 바 있고, "남한에서 위대한 지도자가 참가하였다 할지라도 그것은 남한의 민의를 전부 대표하였다고 전연 볼 수 없으며, 과반의 남북회담은 통일정부 수립에 있어서 하등의 가시적 진전과 성과가 없었다고 잘라 말하였다"[8] 라고 기록된 것을 볼 때, 남한의 양 김씨(김구, 김규식)의 입북회담(남북협상)은 세평과는 달리 평가절하되고 있는 것이다.

인촌은 총선에 관하여 언급하였다. 남북협상이 총선에 미친 영향은 무엇인가에 대하여, "유권자 등록에 있어 그 통계를 볼 때 놀랍게

5) 〈동아일보〉, 1948. 5. 18.
6) 〈동아일보〉, 1948. 5. 15.
7) 〈경향신문〉, 1948. 5. 15.
8) 〈조선일보〉, 1948. 5. 16.

도 90%에 달하였고, 투표 역시 93%라는 유례가 없는 다수가 자발적으로 참여한 우수한 동참의 성적을 나타냈다. 기권은 여행이나 질병으로 인한 부득이 한 경우가 대부분이었다. 이를 볼 때 남북협상은 이번 선거에 절대 영향을 미치지 않았다고 확신하는 바이다."

다음은 남북통일 방법에 대한 고견을 본다. "대서양 헌장은 세계 약소국가의 영토를 획득하지 않을 것을 약속하였고 이 헌장에 소련도 서명하였다. 그러나 제2차 세계대전 후 소련도 발틱 3국을 비롯하여 구주 약소국가를 연방화하지 않았는가? 북한에 있는 절대다수의 독립국가를 원하는 한국인민은 남한 같은 자유로운 분위기의 총선을 열렬히 바라고 있으나 소련과 극소수의 김일성 등 한국인 공산주의자가 이를 못하게 작용하고 있다. 남북통일의 유일한 방법은 소련이 이데올로기를 포기하고 북한을 남북 총선거에 대폭 개방, 동참하는 데에서만 실현할 수 있다. 평화적 남북통일에 임하여서는 미국인과 한국인보다 책임이 더욱 중요할 것이다"라고 설명하여 인촌의 건전한 통일관을 엿볼 수 있다.

이어 전력(電力)과 수리조합 문제에 관하여, "김구, 김규식 두 분이 전력을 절단하지 않을 것과 연백(황해도) 수리조합문제와 더불어 남북의 미소 양군이 철퇴하더라도 북한에서 양성한 보안군은 남한을 침해하지 않기로 되었다고 한다. 그것은 공수표일 것이다. 이미 전력문제도 약속과 달리 좋은 예가 될 것이다.[9] 곧 단전해 버렸기 때문이다. 김구의 대국민 약속은 사실상 허언이 되고 만 것이다"라는 견해를 발표하였다. 결국에 이 충격으로 우사(김규식)는 정계를 은퇴하였다.

유엔 한위에서 늘 부표행사만을 전문으로 하던 유엔 한위단원 중 시리아 대표도 총선 직후인 5월 11일 이런 솔직한 감상을 남겼다.

---

9) 〈동아일보〉, 1948. 5. 16.

"남한의 5·10 총선거는 매우 성공적이었다. 투표장을 순시하였는데 투표는 원활하고 매우 조직적이었다. 이는 극히 양호한 선거라고 아니 할 수 없다"라며 습관성 만성 반대자도 우리의 5·10 총선거를 성공적으로 완료하였다고 칭송과 함께 긍정성을 표명하였다. 이를 통하여 5·10 총선은 그 실시 결과 대한민국의 국가적인 초석이 확고하게 정립되었다고 평가할 수 있는 것이다.

제헌국회의 총원 200명 중 전국의 총 입후보자는 948명인 상태임에도 정당보다 인물본위로 찍어 유권자의 선택이 가장 공정하였고 최선이었다고 본다. 평균 경쟁률은 4.7 대 1이었다. 입후보자 상황을 보면 독촉(獨促) 235명, 무소속과 48개 정당 사회단체가 총선에 동참한 것이다.

그중 4·3 사건으로 유고가 된 제주도의 2명을 제외한 198명이 제헌국회의원으로 당선되었다.[10] 선거 결과 1인 이상 당선자를 낸 정당 단체는 16개였다. 대한독립촉성 국민회(이승만)는 55석(26.1%)을 획득하여 1위였으며, 2위는 한민당(김성수) 29석(13.5%)이고, 다음은 대동청년단(지청천) 12석(9.6%), 조선민족청년단(이범석) 6석(2.2%), 대한독립촉성 농민총연맹 2석(0.8%), 대한노동총연맹 1석(0.6%)의 순으로 표를 얻었고, 무소속이 85석(40.3%)을 점유하였다. 그 외 조선민주당 등 8개 정당 단체는 각기 1석 정도씩을 획득하였는데 이 득표율은 합산할 경우 5.9% 정도가 된다.[11]

---

10) 4·3 사건으로 선거를 실시하지 못한 제주도에서는 1년 후인 1949년 5월 10일 2인의 국회의원이 선출되어 새 국회의 정원은 모두 200명 선을 유지할 수 있었다.

11) 김현우, 《한국정당통합운동사》, 을유문화사, 2000, 참조.

제헌국회 선거 입후보 현황

소 속	인원(명)	소 속	인원(명)
무소속	417	대한독립촉성 국민회	235
한민당	91	대동청년단	87
조선민족청년단	20	대한노동총연맹	12
대한독립촉성 농민총연맹	10	대한독립촉성 애국부인회	7
조선민주당	5	대한청년단	4
조선불교 교무원	4	한국독립정부수립 대책협의회	3
대한독립청년단	3	조선예수교장로회	3
대한부인회	3	한국독립당	3
교육협회	2	조선여자국민당	2
대한정의단	2	대한독립촉성 국민총연맹	2
기독교청년회	2	기독교도연맹	2
유도회	2	단민당	2
대성회	1	전도회	1
민족통일본부	1	조선공화당	1
부산일오구락부	1	여성단체총연맹	1
한국기독교연합회	1	민주주의자주독립당	1
조선건국청년회	1	대한민국총동원본부	1
조선불교중앙총무원	1	상무사	1
민족사회당	1	민중당	1
이재민 동포 자치회	1	애국부인동지회	1
고려진보당	1	청우당	1
민주의원	1	민족통일건국전선	1

총계: 948명

중앙선거관리위원회, 〈역대 국회의원 선거상황, (제1대~제11대)〉, 1989, 69 ~ 72쪽

단일 정당으로서는 한민당이 제1당이 된 것이다. 그 당시 무소속이나 독촉국민회, 대동청년단, 민족청년단의 명의를 갖고 출마하여 당선된 한민당원이 의외로 상당수에 이르고 있어 이들의 친 한민당적인 성향의 당성(黨性)을 고려해 보면 한민당 계열의 당선자수는 줄잡아 84명에 이르고 있다는 계산이 나오는 것이다. 따라서 한민당원이 독촉보다 훨씬 다수 의석을 점유하고 있다고 볼 수 있다.

3. 인촌의 한민당의 승리와 정·부통령 선출

더욱이 한민당과 정치노선을 같이 하고자 하는 당원까지 합산하면 당선자가 약 100명 선은 족히 될 것으로 보인다.[12] 그러니까 반탁 반공이나 정부수립을 위하여 부단히 투쟁한 공로를 고려해 보면 한민당이 제헌국회에서는 승리하였다고 평가해도 무리는 아닐 것이다.[13] 그러나 여타의 정당단체들이 저조한 것은 확고한 정치적 기반, 이념, 정책 등을 구축하지 못하였다는 점을 분석적으로 평가해야 하고, 정당정치의 운영미숙도 이런 저조한 결과를 초래한 요인으로 여길 수 있다.[14]

여기서 주목되는 사실은 총선을 반대해 온 한독당의 당원이 당선된 무소속 중 30여 명 선에 이르고 있다는 점이다. 이 같은 사실을 감안하면 총선을 반대한 한독당의 당론은 백범을 따르려 한 흔적이 역력하였으나 개인적으로는 제헌국회의원이 되려는 인간적 욕망과 출세욕이 누구보다도 충만했다는 증거가 나타나는 것이다.

이렇게 구성된 최초의 국회인 제헌국회는 한국민주당, 한독당 등

---

12) 문창성, "한민당은 어디로 가나?"〈신천지〉. 3-7 1948. 8.
13) 미군정 보고서 참조.
14) 김운태, 《한국현대정치사》, 2, 성문각, 1986, 17~23쪽.

반한민당 세력 팀, 우남 중심의 독촉세력 팀 등 3갈래로 원내 세력권
이 정립되고 있음을 간파할 수 있다. 이런 세력 분포 속에 역사적인
제헌국회가 5월 31일 개원된 것이다.

광복 후 최초의 5·10 총선은 선거에 익숙하지 못한 유권자의 투표
행위가 있었음에도 불구하고 의외로 인물본위로 선출하였으므로 수
준 높고 질서 있는 고품격의 성공적인 보통선거였다고 총평한다.[15]
무효율은 3.6% 선에 멈추었다.

유엔 한위단 주관 하에 제정한 국회의원선거법(1948. 3. 17)이 적용
된 이번 선거는 일부가 불참한 가운데 실시된 총선거였다. 이들 제헌
국회의원의 임기는 2년이었다. 따라서 제2대 국회의원 선거는 1950
년 5월 30일에 실시하였다.[16] 제헌국회 임기 중인 1948년 12월 23일
국회의원선거법이 일부 개정되었으며 1950년 4월 12일 구 국회의원
선거법이 폐지되고 새로운 국회의원선거법이 개정, 공포되었다. 그
주요 내용은 인촌이 염려하던 이북에서 남하한 동포의 민의를 최대한
반영시킨 것이 특징이라고 할 수 있다.[17]

전문 103조의 헌법을 통과시킨 제헌국회는 개원한 이래 7월 20일
국회에서 정·부통령을 선출하는 선거를 실시하였다. 그 결과 재석
196명 중 180표라는 절대 다수로 우남 이승만이 임정에 이어 초대 대
통령에, 부통령에는 임정 27년을 고수하던 독립 운동가이며 법통성
의 상징인 양심가 성재 이시영이 제2차 투표까지 가는 힘겨운 투표
끝에 133표로 당선되어 정·부통령이 모두 결정되었다.[18] 노령의 애
국지사인 성재 이시영은 이동녕 임정 주석과 동갑으로 80 고령임에도
정정한 편이었다.

---

15) 김현우, 《한국국회론》, 을유문화사, 2001, 502~504쪽.
16) 중앙선거관리위원회, 《대한민국선거사》, 제1집, 1973, 616~618쪽.
17) 김현우, 앞의 책, 505쪽.
18) 〈동아일보〉, 1948. 7. 21.

우남은 처음에는 북에 억류되어 행동도 자유롭지 못한 조민당 당수 조만식을 부통령으로 지명하였으면 하는 강력한 의지를 가지고 있었다. 인촌을 만난 우남은 남북통일이라는 대국적 견지에서 평양에 연금상태인 조만식을 부통령으로 선출하는 것이 상책이 아니겠느냐고 슬그머니 의견을 타진한 바 있다. 그러나 인촌은 우남의 의지를 받들어 고당을 부통령에 선출하면 막 출발하는 국가의 기능이 마비될 뿐 아니라 감시상태인 그에게 공산당이 신체적 위해를 가할 우려가 있다고 극구 반대하였다.

투표결과는 이시영이 113표로 3분의 1을 넘는 후보가 없어 제2차 투표로 들어가서 성재가 133표를 획득하여 부통령에 당선된 것이다. 여기서 문제되는 것은 김구의 득표상황이었다. 백범은 제1, 2차 투표에서 공히 60표 이상을 얻었다는 사실이다. 대통령 선거에서 백범이 얻은 표수는 불과 13표에 지나지 않았다.

7월 20, 21일 양일간 국회내 무소속구락부는 전체회의를 열고 조각에서 국무총리, 내무, 재무, 국방장관 등 요직은 한민당측에서 기용함을 반대하기로 결의하고 그 대표로 이진수, 김익로 등 10여 명을 선발하여 22일 이승만 대통령과 면담하고 동 구락부 120여 명의 연명건의서를 제출하였다. 자신들의 뜻이 관철되게 해달라면서 간절히 진언하였는데 그 자리에서 이 대통령은 찬의를 표명하고 참고할 것이라고 언명하였다고 동 대표 이문원 등이 기자단에 말하였다. [19]

---

19) 〈경향신문〉, 1948. 7. 23.

4. 야당이 된 한민당과 총리후보 이윤영의 인준부결

정·부통령 선거가 민주적으로 종료된 다음의 국민과 정당 사회단체의 관심은 초대 국무총리 인선에 집중되었다. 초대 국무총리에는 그 적격인사로 곧 한민당을 이끌고 있는 인촌에게 시선이 집중되었다. 우남은 그가 33년 만에 귀국하여 후원세력이 없이 외톨이 신세일 때, 마침 한민당이 우남을 적극적으로 밀어 주었다. 일찍이 결성한 인촌의 우익정당인 한민당이 우남을 적극적으로 지원하여 후원자가 된 만큼 은혜를 입은 우남으로서는 국정에 협조하고 있는, 그래서 당연히 비중 있는 당의 위원장인 인촌을 국무총리 후보로 지명할 것으로 누구나 확신하고 있었다. 그것은 의심의 여지가 없었다. 그것은 인간의 기본적인 예의라고 믿고 있었기 때문이다. 그러나 예상과는 전혀 달리 나타나고 있어 국민 모두가 의아해 하고 격분해 있었다.[20] 헌법에 보면 국무총리는 대통령이 지명하여 국회에서 인준절차를 밟아 인준이 되면 대통령이 임명하게 되어 있었다.

그러나 조각 본부인 서울 이화장에는 이상한 공기가 감돌고 있었다. 나쁜 공기였다. 국무총리 후보로 인촌이 아니고 의외의 인물이 하마평에 오르내리고 있었다. 7월 24일 유엔 한위단이 수도호텔에 우남과 인촌 부부를 초대하였다. 물론 하지 장군도 합석한 자리였다. 한위단의 메논 의장이 대통령이 된 우남을 위해 축배를 들었고 이어 인촌을 향해 축배사를 하면서 '곧 국무총리가 되실 분을 위하여!'라고 큰 소리 치자 당황한 우남은 즉석에서 받아 '아니지요. 국무총리보다 더 중요한 자리를 맡겨야지요'라면서 어리둥절해 하는 것 같았다.[21] 그때는 이미 국무총리를 다른 인물로 지명할 뜻을 굳게 가지

---

20) 〈동아일보〉, 1948. 7. 27.
21) 〈동아일보〉, 1948. 7. 25.

고 있었던 우남이었다. 우남답게 시치미를 떼고 표정을 관리하며 천연덕스럽게 앉아 있었던 것이다.

　이처럼 음흉한 것이 곧 우남의 실체인 것이다. 정치적 술수가 능한 국제적인 큰 인물이었다. 그때까지도 보통의 상식을 갖고 있는 사람이라면 인촌이나 기타 아무도 그가 곧 어떻게 자리를 이어 받을지 진실게임을 전혀 몰랐던 것이다. 우남은 이처럼 권모술수에 능한 '백곰'이었다. 음흉성의 인물이 바로 그인 것이다. 국제정치 감각은 남들보다 훨씬 뛰어나고 세련되며 상위에 있었으나 한국적인 의리나 은혜, 겸손의 참 뜻을 전혀 무시한 그런 냉혈인간이었다고 보아도 좋을 것이다. 4·19 혁명으로 인하여 무참히 추방된 우남이었다. 그는 그 나름대로의 카리스마의 매력과 지도력은 있었으니까 임정 초대 대통령에 이어 독립된 한 나라의 초대 대통령을 역임한 것이 아닐까 한다.

　7월 27일은 국무총리를 지명하는 날이었다. 언론에서는 계속 국무총리 후보에 인촌의 성명이 자주 거론되고 있었다.[22] 그러나 우남은 태연히 국회에 나와 국무총리 후보에 조선민주당 부위원장인 목사 이윤영을 지명하였다. 우남은 27분간 물 한 모금 마시지 아니하고 일사천리로 그 배경을 설명하였다.[23] 이윤영을 지명하기 위하여 약 1주일을 소비한 것이다. 이는 다른 인물도 아닌 인촌이 자신의 지역구를 물려주면서까지 후의를 베푼 장본인이 아닌가? 그는 목사가 아닌가? 그리하여 종로 갑구에서 제헌국회에 진출한 초선 국회의원이 아닌가? 모두가 너무나 기가 막혀 할 말을 잃고 아연실색하고 말았다. 우남은 이윤영을 지명한 이유를 이렇게 풀이하고 있다.[24]

　그동안 물망에 오른 인물은 인촌을 위시하여 해공, 소앙, 신흥우,

22) 〈조선일보〉, 1948. 7. 23.
23) 〈서울신문〉, 1948. 7. 28.
24) 〈조선일보〉, 1948. 7. 28.

백성욱, 이범석 등이었다. [25] 그 이유는 이렇게 설명할 수 있다. 몇 정당이 주의주장으로 대립하여 공선(公選)을 따라서 그 정당이 득세하면 정당이 권력을 잡을 것이고 다른 정당은 정치에 참여치 못하고 정권을 사용하게 될 것입니다. 특정한 정당주의로 권리를 다투게 되어 행정처리를 못하게 될 것입니다. 덕망이 있는 인촌은 내가 애중히 여기는 사람입니다. 인촌은 국무총리보다 더 중요한 자리를 맡기려 합니다. 이러한 각오 하에서 이번에는 피한 것입니다.

우남의 고도로 간교함에 모두가 경악하였다. 마침 이날 필리핀이 최초로 대한민국의 정부를 승인해 주었다. [26]

5. 이범석의 국무총리 인준과 인촌

이런 구차스러운 이유로 인촌은 국무총리 인선 지명전에서 사실상 물 건너간 것이다. 이유가 불분명한 가운데 일부러 인촌의 세력이 원내를 상당하게 지배할 것이란 지나친 우려로 인하여 그를 후보지명에서 제외한 것이다. 인촌의 세력이 크게 자신을 위협할 것으로 지레 겁을 집어 먹은 것이다. 자신의 입지를 먼저 생각한 처사였다. 우남의 교활함이 여기에 숨어 있었다. 그러니까 배은망덕의 이유가 여기에 있다고 보는 것이다. 지명받은 이윤영은 국회 제35차 본회의 개회에서 재석의원 193인 중 가 59대 부 132로 절대다수표에 의하여 인준이 완전 부결되고 말았다. [27]

정치는 상식이며 더욱 정권이 어디로 가느냐는 이 판국에서 국무총

---

25) 〈조선일보〉, 1948. 7. 15.

26) 〈동아일보〉, 1948. 7. 27.

27) 〈경향신문〉, 1948. 7. 28.

철기 이범석 (1900~1972)
초대 국무총리

리 임명을 국회 내 세력관계와 국내적 신망의 정도 그리고 국제여론 등 제반조건을 완전히 무시하고는 할 수 없다는 것은 상식인데 우남은 이를 여지없이 외면하고 중망(衆望)을 뭉개버린 것이다. 인촌의 인망, 덕망을 배신한 정치적 망동이었다. 우남의 심중은 매우 울화가 치밀어 올라온 것 같다. 양 볼이 유난히 거세게 실룩거렸기 때문이다. 여러 명의 분노한 의원 중 노일환 의원은 대표로 등단하여 우남을 노골적으로 성토, 비난하는 극한의 발언을 하여 장내가 잠시 소연한 일도 있었다. 그의 담화를 보면 말이다. 28)

다음으로는 물망에 오른 인물 중 철기(鐵驥) 이범석(李範奭) 장군을 지명하였다. 29) 그는 중국 충칭에서 광복군(光復軍) 참모장으로 활약하던 중 귀국하였다. 그러나 미군정에 의하여 임정과 같이 개인자격으로 환국한 것이다. 돌아온 그는 1946년 10월 이후 조선민족청년단(족청)의 단장으로 있으면서 정치와는 일정한 거리를 두고 있었다. 철기가 지명을 받자 그는 먼저 계동의 인촌 자택을 찾았다. 협조를 앙청하기 위한 조심스러운 행보였다.

사실상 마음을 평정한 인격자 인촌은 국무총리 출마를 포기한다고 선언하였다. 30) 그것은 일시적인 감정의 발로가 아니었다. 그의 대인군자 같은 인격과 겸손이 그렇게 한 것이다. 배신당했다고 흥분하는 당원들을 무마, 설득하고 소속의원들에게 정중히 철기를 인준(認准)하는 데 협조하도록 설득하고 당부하였다. 그 대신 찾아 온 철기에게

---

28) 〈조선일보〉, 1948. 7. 29.
29) 〈동아일보〉, 1948. 7. 30.
30) 〈동아일보〉, 1948. 8. 1.

인촌은 정중하게 언급하길 정부 12부 4처 중 6개 부처의 장관을 한민당에 배정해 주도록 요청하여 쾌히 수락을 받았다. 인준이 깔려 있었기 때문에 다급해진 그는 우남과 상의도 없이 자의적으로 요청한 인촌의 정중한 뜻을 받아들이기로 하고 성급하게 총리인준에 협조를 당부, 상호 약속하였다. 31)

당시 무소속이나 일부 한민당원들은 철기를 국무총리로 인준할 수 없다고 완강히 거부하였다. 32) 이때까지도 인촌은 당원 동지들이 국무총리에 출마하라고 강권하였으나 자신은 출마를 극구 고사하고 대신 철기에게 가표(可票)를 던지게 설득하고 여론을 유도한 것으로 보인다. 33) 인촌의 설득 끝에 마침내 국회는 동 8월 2일 투표결과 가 110표, 부 84표, 무효 3표로 철기의 국무총리 인준은 완전히 약속한 대로 가결되었다. 청산리대첩의 용장 철기 장군의 대승리였다. 34)

이날 인준받은 이범석 국무총리의 취임 소감이 있었다. 35) 그는 남북통일 문제에 관하여 "우리는 단일민족이므로 이 강토가 양단되면 완전한 국가로 행동하지 못하게 됨을 잘 알기 때문에 국가민족을 위하여 적극 추진할 것이다"라고 소신을 피력하였다. 36) 한편 누구보다 굳게 믿었던 조각(組閣)에서의 한민당의 6석 진출의 꿈은 산산조각이 나고 말았다. 조각에서 한민당은 완전히 소외당하고 말았다. 인촌과 철기와의 굳은 약속은 물거품이 되고 말았다. 대통령과 국무총리에게 모두 속았다고 흥분한 당원들은 들고 일어나서 펄펄 뛰며 성토하고 비난하며 울분을 토하여 벌집 쑤셔놓은 형상이었다.

31) 〈조선일보〉, 1968. 1. 1 이범석의 담화 참조.
32) 〈서울신문〉, 1948. 7. 31.
33) 〈조선일보〉, 1948. 8. 1.
34) 〈서울신문〉, 1948. 8. 3.
35) 〈조선일보〉, 1948. 8. 3.
36) 〈경향신문〉, 1948. 8. 3.

뒤에 우남은 인촌에게 재무장관직을 맡으라고 권유하였다. 인촌도
당황하였다. 돈을 계산하라는 것은 그에게는 전혀 어울리지 않는다
고 생각한 것이다. 당 간부들은 모멸감을 느낀다고 성토하였고 인촌
도 우남의 교섭을 재정에는 전혀 문외한이란 이유로 정중하게 인사하
며 고사하고 말았다. 그 대신 한민당의 김도연이 이 자리를 맡았다.
그의 자리는 한민당의 몫이 아니었다. 그는 재미(在美) 시절부터 우남
과의 개인적으로 친분이 있어서 그 자리를 맡은 것으로 보인다. 곧
한민당의 몫이라고는 생각되지 않는 그런 의외의 배려였다고 보는 견
해가 지배적이었다.

한민당의 당세가 충천하였고 단일당으로서는 너무 비대하다고 느
낀 우남이 의리를 저버린 채 자신에게 더 위협적이라고 스스로 판단
하고 인촌을 조각에서 배제한 것이다. 그러니까 인촌의 기를 살리면
나중에 후환을 당할 것이란 지레 겁이 그를 조각인사에 일찍이 제외
시킨 것이다. 사실상 칼자루는 우남이 굳게 쥐고 있었기 때문이었다.
제도적으로 인촌을 강력하게 분리, 견제한 결과라고 결론 내린다.

그 뒤 인촌에게는 무임소장관 자리를 맡을 수 있겠느냐고 하는 우
남의 간절한 간접적 교섭이 왔다. 그러나 인촌은 결연히 거절하고 말
았다. 인촌은 마음을 비우고 있었다. 이제 한민당은 야당이 된 것이
다. 8월 3일 우남은 인촌, 지청천, 이윤영 등 3명을 무임소 국무위원
에 내정하고 수락할 것을 요청하였다.[37] 그러나 인촌은 정중히 사양
하였다. 국무총리에서 무임소장관 자리를 내준다는 것이 자존심을
무척이나 손상하게 하였다고 여긴 결과였다. 그래도 건국에 기여한
다는 뜻에서 이를 수락해야 한 것이 아니었나 한다.

8월 6일 현재 11부 장관과 2개 처장이 임명되어 국무회의에서는
오랜 시간에 걸쳐 성명서를 발표하는 등 국무원 제2차 회의에서는

37) 〈경향신문〉, 1948. 8. 7.

일반은 동요치 말고 안심하라는 성명서를 발표하였고, 국무총리와
각부 장관의 서명으로 이를 공포하였다. 이 대통령은 "동포의 뜨거운
애국심으로 대한민국 정부가 구성되었다. 우리의 건국은 폐허에서
시작하는 건설인즉 전도에 어려움이 무수히 개재하여 있다. 그러나
새로 구성된 각료는 결사적으로 열심 협력하여 국가에 정진할 것을
굳게 맹약하는 바이니 만천하 동포는 동요치 않기를 바라마지 않는
바이다"라고 신정부에 적극 협력할 것을 당부하였다.

　이제 인촌은 7월 20일에 구성한 '정부수립 축하 준비위원회'의 부회
장으로서 이윤영, 명제세, 신익희 등과 같이 회장 오세창을 도와 거
국적으로 경축하기 위한 준비에 열중하는 낙동강 오리알의 신세가 되
고 말았다.38) 위원장에는 조병옥, 사무장에는 정일형, 사무총장에는
강인택이 선임되어 일을 분담하게 되었다.39)

　한편 물색 중이던 총무처장에는 김병연, 기획처장에는 이순탁이
각각 결정되었다고 하며40) 인준을 받은 총리 이범석은 8월 11일 김
구와 김규식, 오세창, 신익희, 지청천, 조소앙, 조성환, 김창숙, 인
촌 등을 예방하고 정중하게 취임인사를 올렸다.41)

6. 대한민국의 헌법 제정 공포

　1948년 5·10 총선으로 이루어진 제헌국회는 임기가 2년으로 정해
졌다. 그 최대의 과업이 국가의 기초를 다지는 헌법의 제정공포였다.
국회는 5월 31일 옛 중앙청 홀에 임시로 마련한 국회의사당에서 역사

38) 〈경향신문〉, 1948. 7. 21.
39) 〈동아일보〉, 1948. 7. 22.
40) 〈동아일보〉, 1948. 8. 8.
41) 〈서울신문〉, 1948. 8. 12.

적인 개원식을 거행하였다. 6월 1일 헌법 및 정부조직법 기초위원회가 구성되었는데 서상일이 위원장에 선임되었고 백관수, 허정 등 30명의 의원이 위원으로 동참하였다. 전문위원에는 헌법학자 현민 유진오, 노진설, 윤길중 등 10여 명의 전문가가 위촉되었다.

유진오의 초안을 기본으로 하고 권승렬 안은 참고로 삼기로 확정하였다. 6월 4일부터 본격적인 심의에 돌입하였다. 두 안은 대체로 양원제, 내각책임제, 농지개혁, 기업의 국영화 등 4가지로 분류되고 있다. 본안은 인촌이 헌법전문가인 고대 법정대학장인 유진오에게 맡겨 1948년 3월 사법부 법전편찬위원회에 보낸 초안을 참고삼아 만든 것이다. 특히 농지개혁 문제는 매우 민감한 사안임으로 지주인 인촌에게 양해를 구하였다. 대인인 인촌도 쾌히 승낙하여 현민이 손을 대기 시작한 것이다.[42] 민감한 토지문제는 토지부호인 인촌의 양해가 선결문제였기 때문에 사전에 양해를 구한 것이다. 그러나 인촌은 옹졸한 분이 아니기 때문에 이를 쾌히 승낙하고 믿는 헌법학자 유진오에게 헌법의 일을 맡긴 것이다. 국호는 논의 끝에 '대한'으로 확정하였고, 양원제는 단원제로 수정 통과되었다.

우남이 내각책임제를 극구 반대하고 나서서 애로에 봉착하였다. 그는 대통령중심제를 극구 찬성하고 내각제가 통과되면 자신은 미국으로 돌아가 국민운동이나 하면서 여생을 보내겠다고 극력 우겨대는 통에 한민당으로서는 그를 대치할 마땅한 인물이 없어 할 수 없이 그의 강청을 수긍하기로 내부방침을 세우고 하루아침에 대통령중심제로 급선회하였던 것이다. 성공 사후의 조치인 것이다. 우남은 처음부터 대통령중심제 하에서 반드시 대통령을 꿈꾸고 있었기 때문에 내각제가 통과되면 큰 혼란이 야기될 것으로 보았다. 결국 인촌도 우남의 고집을 억누르지 못하고 양보하여 대통령중심제로 변경하였다. 내각제는

---

42) 앞의 《인촌 김성수 전》, 544~546쪽.

제헌국회의 개원. 1948년 5월 31일 옛 중앙청 회의실에서 개원식
이 거행되었고 임시의장에 이승만이 선출되었다. 사회를 하고 있
는 사람이 이승만이다.

인촌이 실권을 장악할 수 있는 유일의 기회포착이 될 수 있을 것으로
예상하였기 때문에 실무진들이 힘을 합하여 공을 들인 것이다.[43]

　내각책임제를 찬성한 것은 기초위원들도 간접선거로 선출된 대통
령이 행정을 책임진다면 독재체제로 흐를 위험성이 있다는 우려 때문
에 내각책임제를 찬성하였다는 설명인 것이다.[44] 인촌은 고민하였
다. 우남의 고집을 정면으로 부정하기도 힘들었고 유엔총회에서의
독립국가 승인문제도 걸려 있어 독립국가 수립이 최급무라고 판단하
고 우남의 의견을 수정 없이 따르기로 한 것이다. 우남은 자신이 대
통령을 하지 않으면 할 사람이 없다고 우쭐해 하는 성미가 다분한 자

기 과욕적 자신에 넘치고 있는 인물임을 잘 알고 있었다. 무엇보다 독립이 선결문제임을 들어 우남의 주장을 수납하기로 한 것이다.

마침내 논의 끝에 6월 23일 이를 본회의에 상정하여[45] 7월 12일 국회를 무난히 통과하고 17일 이를 공포하기에 이르렀다. [46]

7. 대한민국 정부수립의 정식선포

이렇게 하여 일제 강점 35년 하의 압박과 신음 속에서 해방된 한민족은 5·10 총선을 통해 제헌국회를 구성하고, 5월 31일 개원하여 정·부통령과 국무총리를 선출하였으며 이윤영 후보지명 부결 이후 논란 끝에 이범석을 국무총리에 인준하여 그가 초대 국무총리에 선임되었고 이어 12부 4처의 각료와 처장이 순차적으로 임명되어 대한민국의 초대 내각 행정부가 구성되었다. 이어 대법원장(김병로)이 선임되는 등 입법부까지 구비하여 한 독립된 국가로서의 인적 구성이 완료되었다. 대한민국이 탄생하는 역사적 순간이었다.

해방 3년을 맞는 1948년 8월 15일 서울 중앙청 광장에서 전 정부 각료와 3부 요인, 국민들이 동참한 가운데 대한민국의 독립된 국가임을 세계만방에 자신 있게 선포하였다. 일제에 강점당한 지 38년 만에 억눌렸던 한민족은 우리 민족이 흘린 피의 대가가 더 귀중하게 작용하여 환희의 광복을 맛보게 되었다. [47] 따져보면 대한민국의 독립은 일제하 우리 민족의 줄기찬 항일투쟁이란 희생의 결과와 카이로선언, 포츠담선언에 근거를 두고 유엔의 감시 하에 총선거로 대한민국 임시정부(1919~1945)의 건국을 법통적으로 계승하여 대한민국 정부를 이

---

45) 〈동아일보〉, 1948. 6. 24.
46) 〈서울신문〉, 1948. 7. 13.
47) 〈동아일보〉 1948. 8. 16.

때에 새롭게 수립한 것이다. 그리하여 대한민국은 오늘날까지 90년의 역사를 간직하게 되었다.

　미국은 트루먼 대통령의 특사로 무초 전 대사를 파견하여 축하하였고, 도쿄의 맥아더 원수는 연합국 최고사령관 자격으로 동참하여 우남 이승만 대통령의 취임과 국가성립을 마음으로부터 축하해 주었다. 이 경축식에 인촌은 야당의 당수로서 식전 말미에 초라하게 앉아 심축의 여유를

대한민국 정부수립 선포식 (1948. 8. 15)

갖고 축하의 인사를 잊지 않고 박수만 치고 있었다. 인촌이 비록 그의 희망이 다 이루어지지는 않았으나 꿈에도 못 잊을 조국 대한민국이 완전 독립하였다는 것 자체로서 그는 비록 축하하는 좌석 말석에서 박수를 보냈으나 감격과 환희는 이루 형언하기 어려울 정도로 폭발적이었다. 대한민국 독립만세를 3창할 때 인촌의 눈에서는 자신도 모르게 두 줄기 눈물이 흘러내리고 있었다.

　12월 12일 파리에서 개막된 유엔총회는 가 38표, 부 6표, 기권 1표라는 절대다수로서 대한민국이 한반도에서 유일한 합법정부임을 국제적으로 승인하였다.[48] 이제 남은 과제로는 선 건국이었으니 후 통일의 민족적 대과제가 남아 있게 된 것이다. 국회는 우남의 대통령 당선으로 인하여 부의장 신익희가 동 8월 4일 입법부의 수장 국회의

---

48) 〈조선일보〉, 1948. 12. 13.

장이 되었으며, 부의장에는 무소속의 김약수가 선임되어 당초에 선임된 김동원과 같이 두 명의 부의장 시대를 맞게 된 것이다.[49]

---

49) 〈동아일보〉, 1948. 8. 6.

제
3   민주국민당으로의 확대 발전
장

1. 이승만의 태도 표변과 국회의 동향

대한민국의 이승만 초대 대통령이 집무하자 곧 그의 태도는 매우 급박하게 변화되고 있었다. 그것은 권위를 표출하려는 카리스마의 표본이라고 보기보다는 한국을 내가 완전히 장악하였다는 일종의 영웅심리가 작동한 것이 아닐까 하는 그런 자만의 느낌을 지울 수가 없었다. 순박하였던 상하이 임정 대통령 때와는 사뭇 다른 가슴을 펴는 양상을 띠고 있어 누구나 의아한 마음을 억누르지 못하였다.

세계적인 대 정치가라고 하여 존경한 우남을 지나치게 믿었던 한민당 당원들은 그의 태도 변화에 경악과 분노를 억제하지 못하며 자못 앙앙불락하고 분을 새기지 못하고 있었다. 믿는 도끼에 발등을 찍힌 그런 형국이었기 때문이기도 하였다. 이를 두고 한민당의 일방적인 짝사랑에서 경과한 낙망이고 실망이라고도 비판하였으며[1] 또 한편으로는 미소공위에의 한민당의 부실한 대처가 이런 낙담스러운 의외의 결과를 가져왔다고 촌평하는 이들도 있다.[2] 더욱 미군정 하에서의

---

1) 애산동문회, "애산여적", 《이인 선생 수상평론》, 세문사, 1961, 80~85쪽.
2) 손세일, 《이승만과 김구》, 일조각, 1970, 270~277쪽.

혼란의 책임도 면하기 어렵다는 등 한민당의 임무수행상 미숙을 지적하는 세밀성도 보이고 있다. 3)

아무튼 우남이 인촌을 이용할 때는 매우 아쉬운 자세를 취하면서 오랜만에 만난 후원자로서의 인촌을 극진히 대접하였던 것을 잊을 수 없다. 그러나 그런 것보다는 우남의 개인적인 정치적 판단으로는 인촌을 중심으로 한 일당의 세력이 불어나 국회를 지배할 정도로 비대해짐으로써 이를 견제하겠다는 연륜있는 정치경륜가로서의 단순한 생각이 더 크게 작용한 것이 아닐까 하는 생각도 그냥 흘려버릴 일이 아닐 것으로 판단된다. 4)

대통령이 된 후의 우남의 언동도 방만하기 이를 데가 없었다. 우남 본래의 성격이 나타난 것이 아닌가 하는 우려를 낳았다. 더 야속한 것은 철기(이범석)가 국무총리로 인준받기 위하여 인촌을 자택으로 배방하였을 때 약속한 초대 내각의 상당수의 국무위원 배정문제 양해도 철기는 식언하고 말았다. 5) 물론 자세한 내막은 알려지지 않아 확실하지는 않으나 철기의 의견을 우남이 무시할 수도 있었음을 감안해야 할 것이다. 이시영 부통령도 초대 내각의 인물 선정에는 전혀 관여하지 못하였다고 푸념을 하니 철기의 경우도 그런 전철을 밟지 않았을까 하는 우려가 있다.

우남의 인촌에 대한 회유적인 각료제안에 관하여 더 이상 인촌은 미련을 버리고 재무장관이나 무임소장관 등의 어떤 내각의 자리에 연연하지 않았다. 오히려 그의 몸만 추하게 국민들이 평가할까 보아 매우 송구스럽게 여겼다. 동아일보는 동 8월 8일자로 성명을 발표하였다. "신정부에 대하여 시시비비주의로 임할 것임은 물론이고 나아가 정부로 하여금 속히 남북의 통일과 시급한 민생문제를 해결하는 건전

---

3) 한태수, 《한국정당사》, 신태양 출판사, 1961, 45~48쪽.
4) 이 인, 해방 전후 편편록, 〈신동아〉 1967. 8.
5) 〈조선일보〉, 1968. 1. 1.

한 민주주의의 복지와 독립국가를 건설하도록 책선적(責善的) 편달
과 감시를 게을리 하지 않을 것"을 명백히 밝혔으며, 8월 13일에는
민주주의적 국가육성이 국제적으로 승인된 건국의 기본 원칙이요 우
리 민족이 의지하여 생존을 유지발전시킬 부동의 철칙임을 지적하고,
재조 재야를 물론하고 내외 일념이 되어 민주이념에 투철하여 나치,
파쇼, 계급 독재 등의 전철을 따르지 않도록 명심해야 할 것 등을 특
히 강조한 바 있다.[6] 의미있는 주문인 것이다.

윤치영 내무장관, 장택상 외무장관, 이 국무총리의 '족청', 독촉국
민회의 신익희 등이 여당을 모아 하나의 실력단체를 결성할 움직임이
있었으나 이들이 다 합친다 해도 모두 50석 내외일 뿐이어서 큰 힘을
발휘할 수는 없게 되었다. 한민당은 이 시기에 당선된 의석수를 합하
면 29석이지만 같은 한민당의 성향과 계열 의원 수까지 합산하면 200
명의 과반수는 초과할 수 있었으나 한민당이 조각에서 소외되고 인촌
이 정치적으로 타격을 받자 신규 입당자가 거의 없었고 오히려 다른
당으로 기웃거리는 눈치보는 의원이 늘어나고 있는 형편이었다.

정치는 현실이기 때문임을 인촌도 절실하게 느끼고 있었다. 평소
생각하였듯이 정치인은 철새와도 같다는 사실을 새삼 뼈저리게 느끼
고 있었다. 더욱 좌익계열의 모략중상이 한민당의 인기를 추락시키
는 데 일조하였다고 생각한다. 인촌은 국민의 소리가 무엇인가를 귀
담아 들으려한 몸을 낮추며 겸손한 정치가로서의 자세를 잃지 않고
여론이나 국민이 원하는 것이 무엇인가를 예의주시하며 있었다. 그
는 인기 만회를 위하여 한민당이 거듭나야 한다고 믿고 있었다. 인촌
은 우남이 1인 중심적으로 표변하여 가는 것을 막기 위하여 특단의
조치가 무엇인가를 예의주시하고 연구하고 있었다. 그러기 위해서는
청년층의 활력 있는 의원들을 과감히 영입하고 민족진영의 대동단결

---

6) 심지연, 앞의 책, 336~338쪽.

을 위하여 자신의 분신과도 같은 한민당을 해체하고 범민족 민주세력의 큰 단결을 도모할 생각을 가다듬고 있었다.

한때 강화되었던 민주세력도 이완되었거나 분열을 거듭하여 이합집산의 지리멸렬 상태를 면치 못하는 실정이었다. 이런 혼란기를 틈타 소장파 모임이 공공연히 부화뇌동하는 안타까운 양상을 보였다. 그들 중 대표적인 소그룹은 동인회, 청구회, 성인회 등이라고 할 수 있다. 이들은 임정계열과 좌우익 합작파 등과 백범을 따르며 대한민국의 정부수립을 비방하고 다니는 등 현 정부를 못마땅하게 여겼다. 이즈음에 여순 군반란 사건이 불거져 민족진영의 대동단결과 민족적 대통합의 필요성이 그 어느 때보다 더 중요한 단합의 긴급한 과제로 떠오르고 있었다. 1949년 1월에 내한하는 유엔의 신한국위원단을 맞는 민족진영의 한목소리가 어느 때보다 더 중요하다는 정치적 압박도 고려의 대상이 되어야 하는 과제가 다시금 시급하게 떠올랐다.[7]

11월 3일 경교장에서 김구는 미소 양군이 철수한 뒤 우리끼리 통일정부를 수립해야 한민족이 민족적으로 통일할 수 있는 것이라고 그 나름대로의 통일관을 피력하였다. 그러나 그 반응은 오히려 냉담할 뿐이었다. 북한은 이미 1946년 2월에 정부를 수립하였으나 1948년 9월 9일 조선민주주의 인민공화국을 정식 수립한다고 내외에 대대적으로 선전하였다.

---

7) 앞의 《인촌 김성수전》, 556~558쪽.

2. 합당운동과 민주국민당(민국당)의 탄생

11월 26일 인촌은 미군철수 문제에 관하여 "공산화를 방지하기 위하여 미군의 주둔을 요청하였다. 공산화가 됨은 물론 소련의 위성국가가 된다고 믿기 때문에 우리는 미군의 주둔을 요청한다. 우리의 중앙정부의 국군조직이 완성될 때까지 있어 달라는 것이다. 외국인이 주둔하였다고 외국의 신탁을 받는 것은 아니다. 지금으로서 우리는 힘이 부족하니까 강력한 힘이 될 때까지만 있어 주고 물러가라는 것이며 그 시기는 정부의 기술적, 실질적 여하에 따라 단축할 수 있다고 생각된다"라고 하여 인촌의 건전한 국토방위와 국방관을 엿볼 수 있다.[8] 인촌은 12월 21일 '민족정신앙양 전국문화인총궐기대회'에서 그 고문직을 수락하여 이날 총궐기하였다.[9]

12월 11일에는 조소앙, 명제세 등이 사회당을 창당하였고[10] 22일에는 신익희 등의 대한국민당과 지청천 등의 대한청년단이 손잡고 연합하였다. 한민당은 조민당과 통합을 두 번이나 추진하였으나 여러 가지 조건이 잘 맞지 않아 의논 끝에 결렬되었다. 1948년 12월 지청천이 대한국민당의 최고위원에 취임하고 나서 숙원이던 한민당과의 합당이 급진전을 보아 실질적 합당 논의가 풍성하게 이루어지고 있었으며 이는 신년(1949)에 들어와서 급진전을 보게 성숙되었다. 서로간의 통합의 필요성이 요청되었기 때문이었다. 12월 22일에는 대한국민당의 최규설 등 5인이 18명의 정계거두 합동운동 등 민족진영 대동단결을 위한 회합을 적극 추진한다고 하였다.[11] 인촌과 조소앙 등 5인이 정당 합작운동에 찬성할 의사를 표시하였다.[12]

---

8) 〈세계일보〉, 1948. 11. 26.
9) 〈국제신문〉, 1948. 12. 23.
10) 〈동아일보〉, 1948. 12. 12.
11) 〈서울신문〉, 1848. 12. 23.

해공 신익희 (1894∼1956)
초대 국회의장

1949년 1월 14일 식도원에서 인촌, 해공, 민세, 소앙, 지청천 등 5당 지도자가 모여 한민당이 대한국민당과 합당을 결의하였다. 13) 이어 1월 21일 한민당은 중앙집행위원회에서 대한국민당과의 합당할 것을 최종 결의하였다. 이는 흩어진 민족진영의 대동합동을 의미한다고 평가할 수 있다.

논의 끝에 당명은 한국민주당의 '민주'와 대한국민당의 '국민'을 따서 '민주국민당'(민국당)으로 최종 확정하였으며, 정·부위원장 각 1명, 최고위원은 양측에서 4명씩, 상임당무위원 15명씩, 감찰위원 20명씩, 당무위원 25명 등으로 정하였다. 이들은 북한에서도 남한과 같이 유엔 감시 하에 선거를 실시함으로써 남북통일을 이룩하자는 것이었다. 14) 1월 22일 한민당은 합당동의서를 대한국민당에 전달하였다. 조소앙의 사회당은 이 5당 대표회의에서 이탈하여 별도로 대표회의를 추진한다고 하여 일반의 빈축을 사고 있었다. 15)

마침내 1월 26일 대한국민당과 한국민주당이 합당하여 민주국민당으로 거듭날 것을 결의하고 공동 성명서를 발표하였다. 16) 이날 인촌과 백남훈, 신익희, 지청천, 배은희, 우덕순 등 6명이 양당 대표로 민국당 본부에서 공동 성명서를 발표하여 합당이 공식적으로 이루어진 것이다. 민국당의 최고위원으로는 신익희, 지청천, 김성수, 백남

12) 〈서울신문〉, 1948. 12. 24.
13) 〈한성일보〉, 1949. 1. 16.
14) 〈동아일보〉, 1949. 1. 23.
15) 〈서울신문〉, 1949. 1. 25.
16) 〈동아일보〉, 1949. 1. 27.

훈 4명을 선출하였다. 배은희와 우덕순은 신당에 불참할 것을 표명하여 빠진 것이다. [17]

2월 10일 서울시공관에서 합당한 민국당은 이날 결성대회를 개최하였다. 이날 이승만 대통령, 이시영 부통령, 오세창 등으로부터의 축사가 있었다. 민국당이 야당으로서 정식으로 출범한 것이다. [18] 한민당원 중에는 합당에 반대하는 당원도 있었으나 인촌은 이들을 설득하였다. 철저하게 소아(小我)를 버리고 대국적인 견지에서 성의있는 노력을 기울여 합당의 실현을 본 것이다. [19] 민국당은 합당성명서에서 국가의 독립과 민족의 자주는 국제적 승인만으로 이룩되는 것은 아닌 것이라 하였다. 따라서 국토의 통일, 민심의 합치, 시급한 민생문제의 원만한 해결 등 중차대한 정치적 큰 당면과업이 완전하게 달성될 때 우리의 소망이 완성된다고 내다 본 것이다. [20]

인촌은 늘 그런 정치적 견해를 갖고 있었듯이 적당한 인물이 나오면 당을 그에게 위임하고 자신은 일선에서 물러날 생각을 가지고 있었다. 그것은 국회의장인 정통 정치가인 해공 신익희였다. 인촌은 그를 당의 실질적 책임자로 맡길 생각을 하고 있었다. 그 인촌이 고하(송진우)나 설산(장덕수)에게 하였듯이 말이다.

---

17) 〈서울신문〉, 1949. 2. 5.
18) 〈동아일보〉, 1949. 2. 11.
19) 이상돈, "정통 야당으로 본 정치지도자상 (1)", 〈신동아〉, 1981, 11.
20) 심지연, 앞의 책, 380~385쪽.

456

3. 제 2대 국회 개회와 개헌론

1949년 5월 국회의 남로당 프락치 사건이 불거져 소장파 의원들이
잡혀가는 등 몰락하고 이어 6월 26일에는 백주에 백범이 경교장에서
현역 육군소위 안두희에게 저격당해 암살당하는 변고가 야기되었다.
뿐만 아니라 동 6월에는 내각총사퇴 안이 가결되었으며 내각책임제
개헌론이 고개를 들기 시작하였다. 그러나 인촌은 국내외 정세가 급
박하게 돌아가고 있는 이때에 개헌론의 논의는 신중을 기하는 것이
가하다고 신중론을 폈다. 21) 이로 인하여 개헌론과 행정부와 입법부
간의 갈등도 어느 정도 완화되었다. 인촌의 중재가 주효한 것으로 보
인다. 인촌은 감격적인 8·15 정부수립 제 1주년을 맞아 소회를 피력
하는 기념담화를 발표하였다. 22)

> 대한민국이 독립을 선포하고 열국으로부터 승인을 받은 것을 생각
> 할 때 감개무량하다. 애국선열들이 폭압과 공포와 기아 중에서 백
> 절불굴하고 투쟁치 않았던들 어찌 해방의 기쁨을 맞이하였으랴! 신
> 탁통치를 반대하고 공산주의에 대하여 투쟁하지 않았던들 금일의
> 독립을 전취하였으랴! 아직도 38도선의 장벽은 그대로 횡재하고 있
> 으며 민생은 경제적 도탄에서 이탈하지 못하고 있다. 금후 대한민
> 국의 완전한 독립과 통일은 우호국과의 협조와 민족적 단결과 국민
> 적 희생심의 발휘 없이는 완성할 수 없다.

민국당의 인촌은 동 8월 20일 민족진영강화위원회(민강위)의 김규
식 의장을 도와서 그 24명의 상무위원 중의 하나로 사무국장 이묘묵
과 같이 민족진영의 결속을 다지는 과업에도 매진하였다. 23)

---

21) 앞의 《인촌 김성수전》, 567~569쪽.
22) 〈자유신문〉, 1949. 8. 16.
23) 〈경향신문〉, 1949. 8. 22.

10월 4일에는 민국당 최고위원으로 국회의원의 임기연장은 불가하며 남한의 실력강화를 통한 통일을 주장하고 나섰다. [24]

인촌은 10월 20일 전형한 상임집행위원 40명 중 한 위원으로 선임되었으며 25일 상집의장으로 선임되었다. 기타 지청천이 최고회의 의장, 백남훈이 중앙상집위 의장, 신익희가 대의원대회 의장에 각기 선임되었다. [25]

1950년대로 접어들면서 인촌은 민국당 최고위원으로서 신년 연두담화를 발표하였다. 당의 최고위원으로서의 복지증진과 국태민안의 요체를 간절히 요망한 것이다. [26]

4. 인촌의 연두담화 발표

선결문제는 민생문제이고 관리, 상인, 농민, 근로자, 개인, 단체 모두 생활고에 시달리고 있다. 그를 위해서는 생산을 증강해야 한다. 다행하게 외국의 원조가 있으므로 이를 잘 이용하면 효과를 얻을 수 있다. 치안문제도 크다. 오지 등에는 시설의 파괴, 반역분자의 난동, 선동으로 기업을 위축시키고 있다. 우리 민간도 이 문제 해결에 총동원되어야 한다. 생산, 교통, 교육, 보건, 문화도 다 해결해야 한다.

새해에 들어서 잠잠하던 개헌론이 다시 대두되어 정치개혁의 실마리를 잡고자 하였다. 인촌이 이를 반대하였으나 행정부의 잘못이 민국당에 돌아오자 재적 의원 3분의 2 이상의 찬성이 있어야 헌법 개정

---

24) 〈서울신문〉, 1949. 10. 5.

25) 〈동아일보〉, 1949. 10. 27.

26) 〈자유신문〉, 1950. 1. 1.

이 가능하기 때문에 인촌은 이를 당론으로 결정하자 묵인하고 말았
다. 민국당이 개헌을 당론으로 결정하자 인촌은 추인하였다. 1월 27
일 내각제 개헌안이 국회에 상정되어 3월 14일 표결결과 부결되고 말
았다. 그러나 우남의 통치권을 견제함에는 일정한 기여를 하였다고
평가한다. 27)

2월 13일 새로 온 유엔 한위단 제1차 회의가 덕수궁에서 거행되었
다. 정계에서는 인촌, 조소앙 등이 참석하였다. 이 날의 회의는 의장
인 터키의 글랙 의장의 개회사로 시작되었다. 유엔 한위는 한국의 평
화통일을 원조하기 위한 과업달성에 매진할 것을 약속하고, 28) 2월
27일에는 인촌과 지청천을 초빙하여 통일방안을 집중적으로 논의하
였다. 29)

국회는 210명 정원의 제2대 국회의원선거를 앞두게 되어 동 5월
30일에 투표를 실시하게 되었다.

민국당은 이승만의 여당과 중간파의 협공에 맞서서 어려운 선거를
치러야 하는 과제를 안고 있었다. 인촌은 동아일보에 '총선거와 국민
의 각오'라는 글을 실어 국민들이 이번 선거를 어떻게 지혜롭게 잘 치
러야 국민된 사명과 도리를 다할 수 있을까 하는 의미의 절실한 내용
의 애국적인 캠페인을 전개하였다. 총선에 국민들이 공평하고 엄숙
하게 임하여 깨끗한 한 표를 어떻게 투표, 행사할 것이며 특히 애국
자와 인격자를 잘 선택할 것도 주문해야 한다는 것 등을 구구절절 심
층적으로 호소하였다. 30)

총선결과는 민국당과 여당인 대한국민당이 각 24석, 무소속이 126

27) 이달순, "제1공화국과 한국전쟁(1948~1960)",《한국현대사의 재조명》, 대
  왕사, 1990, 99~102쪽.
28) 〈평화일보〉, 1950. 2. 14.
29) 〈서울신문〉, 1950. 3. 1.
30) 〈동아일보〉, 1950. 5, 26. 27.

석이나 점유하여 의아한 결과를 나타냈다. 기이한 현상은 민국당의 신익희, 지청천, 김용무 등은 당선되었으나, 조병옥, 백남훈, 김준연, 백관수, 김도연 등 쟁쟁한 거물급의 정치인이 낙선의 고배를 마셨다는 사실이다. 이에 관하여 외신들은 정치적 혼돈의 시대가 올 것으로 보았고 이승만 정부에 대한 국민의 인심이 이반된 현상이라고 분석, 촌평하였다. 6·25전쟁을 1개월도 남기지 않던 시기였다.[31]

대한국민당의 윤치영이 낙선하고 제헌의원 중 31명만이 재당선되었다. 중간파가 약진한 결과를 초래한 것이다. 6·25전쟁 직전인 6월 19일 제2대 국회는 개원식을 거행하였으며 정·부의장 선거와 원내 교섭단체 구성에서 민국당 40, 대한국민당 35, 대한청년단 20, 무소속 46명이라는 세력 분포를 나타냈다. 제2대 국회의원의 임기는 제헌국회의 2년과는 다르게 4년이었다. 제2대 국회의장에는 신익희를 선출하였는데 야당세가 강화되는 현상을 나타냈다.[32] 여당은 쓴잔을 마셔야 했다. 얼마 뒤에 적화통일을 주장하던 김일성이 급침한 6·25 남침전쟁이 터지고 말았다.[33]

민국당의 포섭 대상자는 45명으로, 주요인사는 정일형, 김용우, 이용설, 서범석, 곽상훈, 이동영, 서민호, 변진갑, 김익기, 김익로, 장택상, 권중돈, 김지태, 정헌주, 신중목, 윤길중 등이었다.[34]

6월 7일 민국당 최고위원 인촌은 무소속 의원 영입 등에 관하여 무소속 출마자까지 합산하면 약 60명은 될 수 있다고 내다보았으며 민련(民聯)과의 합작은 고려치 않는다고 언명하였다.[35]

6월 7일 평양방송은 전국 정당 사회단체 대표자회의의 개최를 남

31) 하야시 다케히코, 최현 역《한국현대사》, 삼민사, 1986, 136～139쪽.
32) 김운태, 앞의 책, 62～66쪽.
33) 이택휘, 앞의 논문, 398～399쪽.
34) 〈한성일보〉, 1950. 6. 5.
35) 〈연합신문〉, 1950. 6. 8.

460

한에 제의하였다. 모두가 위장전술이었다. 그에 의하면 동 6월 15일부터 동 6월 17일 사이에 해주나 개성에서 전국 정당 사회단체 대표자회의를 개최하여 조국평화통일 조건, 남북을 통한 총선 실시, 총선 실시를 위한 중앙지도위원회 창설 등을 협의할 것이며, 조국통일 민주전선 중앙확대위원회에서는 인촌, 이범석 등 8명을 제명한다는 등 광상적인 이른바 '평화적 조국통일추진 제의서'를 발표하고 유엔한위에도 통일제의의 호소문을 전달할 것이라고 언급하였다.[36]

그러나 그의 진위여부는 판별하기가 쉽지 않다. 6·25전쟁 발발이 20일도 남지 않은 시점에서의 제의라는 점에서 남침을 가장한 사기제의, 위장평화 공세라고 지적할 수밖에 없는 것이다.

---

36) 〈국도신문〉, 1950. 6. 11.

6 · 25 한국전쟁과 피란

1. 기습남침 전쟁의 도발과 수도 서울의 함락

겉으로 평화를 가장하고 민족통일을 필요로 하며 이를 달성하기 위하여 애쓰는 것 같이 위장하던 김일성은 6월 25일 일요일 새벽에 소련과 중공의 협력을 얻어 155마일 전 전선에 걸쳐 미리 준비한 소련제 T-34 탱크를 비롯하여 소련제 비행기, 기관총, 대포 등을 앞세우고 기습남침을 감행하였다. 우리 역사상 이런 참변은 처음 맛보는 쓰라린 큰 참화였다. 6월 7일 북한은 남북총선을 제의하였고,[1] 11일에는 방송으로 '민주주의 조국통일 전선 중앙위원회' 명의로 3월 하순경 검거했던 남로당의 총책 김삼룡과 이주하를 북한에 억류 중인 조만식과 교환하자고 제의하였다. 이승만 대통령은 16일 이를 수락하였으나 북한은 이를 거절하고 말았다.[2]

우리정부는 23일 고당(조만식)을 38도선 이남으로 보내오면 즉시 김삼룡과 이주하를 26일 상호 교환하겠다는 것을 서면 통고하였다.[3] 그러나 이런 일련의 교섭은 모두가 남침을 위한 위장 기만술이고 가

---

1) 〈동아일보〉, 1950. 6. 8.
2) 〈조선일보〉, 1950. 6. 22.
3) 〈동아일보〉, 1950. 6. 27.

장된 평화회담 제안에 지나지 않았다. 이미 북한군은 6월 23일까지 모두 최전선의 전투배치를 완료한 상태인 것이다. 이미 박정희 장군도 육군본부에 북한군의 남침징후가 역력하다고 보고서를 제출하였으나 총참모장 채병덕 장군은 이를 검토도 하지 않은 채 묵살하고 대비하지 않다가 이런 큰 참변을 앉아서 당한 것이다. 4)

6월 28일 개전 3일 만에 곧 북으로 퇴각시키겠다고 큰소리치던 군 수뇌부는 맥을 못 추고 서울을 빼앗기고 말았다. 우리 정부는 수원으로 해서 대전, 대구를 찍고 부산에 임시수도를 정하였다.

인촌은 6월 27일 오전 6시경 김정호 대령의 전갈을 받고 급히 서울역으로 달려갔다. 인촌이 서울역으로 피란기차를 타기 위하여 도착할 때는 이미 타려던 기차는 떠나고 정적만 흐르고 있었다. 지프차를 타고 가던 인촌은 대전에서 다시 대구를 경유하여 27일 비오는 부산에 도착하였다. 난리 중 인촌의 가족은 한 명도 희생자가 나오지 않았다. 하늘이 도왔다고 말하였다. 5)

부산에서는 도쿄 유학시절부터 알고 지내던 김우영의 알선으로 경남지사 양성봉의 관저에 임시로 유숙하였다. 양 지사는 김우영의 처남이었다. 그 뒤 인촌은 양 지사의 사저로 이사하였다. 8월 초에는 동래의 금정관이란 여관으로 다시 거처를 옮겼다.

9월 15일 맥아더 원수의 인천상륙작전이 성공하여 28일 서울이 수복되어 29일 이승만 대통령 등이 맥아더 원수와 같이 서서히 서울로 올라왔다. 정부가 다시 국정을 운영하기 시작하였다. 실로 피란 3개월 만에 수복의 기쁨을 맛본 것이다. 인민군 치하의 서울 3개월은 문자 그대로 암흑이었고 기아와 죽음, 공포의 세월이었다.

필자는 개인적으로 그간 적어 두었던 6·25 일기를 토대로 김일성 적치하 서울 90일 간의 역사를 232쪽으로 정리하여 2008년 6·25를

4) 이현희, 《박정희 평전》, 도서출판 효민, 2007, 245~249쪽.
5) 앞의 《인촌 김성수전》, 588~591쪽.

계기로 출판했다.[6]

　인촌은 가족과 같이 김일성의 침략군이 퇴각한 뒤 10월 12일 경 서울로 환도하였다. 서울에 와보니 경방의 시흥과 의정부의 공장이 모두 폐허가 되고 말았다. 영등포의 공장도 방적공장은 소실되고 말아 슬픔 속에 있었다. 단지 그의 손때가 묻은 동아일보, 고려대, 중앙중학교는 건물이 대체로 무사하였다. 이 시기에 동아일보의 고영환 논설위원, 정균철 영업국장이 학살당하고, 지인 백관수 전 사장 등 상당수가 강제납북되었다. 인촌이 아끼던 고대 영문과 교수 이인수가 부역혐의로 체포되었을 때 그를 구출하기 위하여 대통령과 신성모 국방장관에까지 구명운동을 폈으나 끝내 사형당하고 말았다.[7]

2. 6 · 25 전시하의 정치 현상과 인촌의 견제

　9 · 28 서울 수복 후 제 2대 국회는 전쟁으로 인하여 35명의 의원이 유고가 되었다. 사망과 피살자가 8명, 납북 행불자가 27명에 달했다. 정당별로 보면 대한국민당 5, 국민회 2, 민국당 2, 무소속 23, 일민구락부 1, 민족자주연맹 1 등의 분포였다.[8] 이 시기에도 행정부와 국회는 대립과 갈등의 연속이었다. 그동안 국회는 백낙준 문교부 장관의 국무총리 인준을 부결시켜 행정부와 갈등이 표면화되었고, 내각총사퇴 결의의 문제, 의원 보수 인상법안 심의 등으로 옥신각신하는 등의 불협화음으로 조용할 날이 드물었다.

　11월 23일 장면의 국무총리 인준이 가결되면서 갈등문제는 어느 정도 해소, 완화되었다. 1951년 1 · 4 후퇴 이후에도 행정부와 국회

6) 이현희, 《내가 겪은 6 · 25전쟁 하의 서울 90일》, 효민, 2008.
7) 상동 598쪽.
8) 김운태, 앞의 책, 66~68쪽.

는 갈등이 심화되었으나 1951년 3월 4일 이후 국회의 교섭단체가 결성되었는데 그에 따르면 민정동지회와 국민구락부가 논의 끝에 통합하여 신정동지회가 70석을, 민국당이 40석을, 공화구락부가 40석을, 민우회가 20석을, 기타 무소속이 5석을 점유하는 정당별 의원의 세력분포를 형성하였다. 9) 이 시기에 민국당은 공화구락부와 손잡고 여당계열인 신정동지회를 견제하고 있었다.

기세등등한 이승만 대통령의 독재는 점차 강세를 보였는데 국민방위군 사건과 경남 거창양민학살 사건 등에 이르러서는 그 극치에 달하고 있어 민심이 이반상태를 면치 못하고 있었다. 10) 그 외에도 많은 사건이 일어났는데 함량 미달인 국방장관 신성모와 국민방위군사령관 김윤근 준장은 그런 사실이 없다고 위증하는 가증스러운 작태까지 연출하여 국민들로부터 큰 저항을 불러 일으켰다. 이를 계기로 항의하는 깊은 뜻에서 양심가인 초대 이시영 부통령이 돌연 사임하는 사태까지 일어났다. 결국 이 대통령이 군 장성을 사병화하고 군고위층에게 축재의 수단으로 삼게 하였던 기회도 제공해 주는 크나큰 모순까지 일어난 것이다. 이것이 군을 잘못 성장하게 한 원인이 되어 1961년 5·16 군사정변까지 야기하였다고 보는 견해도 있는 것이다. 11)

무소불위의 이승만 대통령은 부정과 비리투성이의 마도로스 출신 신성모를 끝까지 비호하고 변명하면서 그를 감싸고 있어 국제적으로도 국가적 위상이 손상되었던 일도 있었다. 결국 조병옥 내무장관과 김준연 법무장관이 애매모호하게 거창 양민학살 사건으로 몰려 사표를 제출하는 소동이 일어났다. 이런 일련의 사건이 계속되는 가운데 군 간부들이 작당을 하여 부정 처리한 금품을 국회의원 일부에게 상납하였다가 적발되어 정국이 극도로 불안 속에 빠져 들었다. 천하의

9) 이기하, 앞의《한국정당사》, 214~216쪽.
10) 이현희, 앞의 책《우리나라 현대사의 인식방법》, 316~324쪽.
11) 하야시 다케히코, 앞의 책 164~167쪽.

참선비 성재 이시영 같은 양심적인 애국지사가 허록되게 국록만 축내
는 시위소찬의 이런 자리에 더 이상 머물 수 없다고 결연히 부통령직
을 사퇴한 용단을[12] 우리는 그나마 양심세력이 아직 살아 있다는 산
증거로 삼고 환영한다[13]고 위안을 받을 수 있는 것이다. [14] 이시영
부통령은 5월 10일 국회의장에게 사퇴서를 제출하고 이런 일련의 망
국적인 사건을 철저히 규명하여 온 국민이 의혹을 씻고 다 잘 알 수
있게 하라고 강력히 촉구하였다. 그 결과 김윤근 등 사건 관련자 5명
에게 사형을 선고하고 곧 집행하였다.

　거창 양민학살 사건의 책임자로 거명된 김종원에게도 응분의 벌이
내려졌다. 이들은 1952년 3월 대통령의 특사령을 받고 석방되었으며
김종원은 곧 경찰국장으로 다시 영전되어 고개를 쳐들고 나타나는 형
상을 연출하여 의아하다는 소리가 거리를 메우면서 국민의 빈축을 사
고 이승만 대통령의 부당한 인사처리에 고개를 설레설레 저어댔다.
이 대통령의 위대함은 익히 알고 있었으나 이런 일련의 모순된 작태
는 그가 애국자로서의 모범적인 행위라고는 생각되지는 않았다. 4·
19로 축출된 이승만의 최후가 긍정성을 띠는 이유이다. [15]

　이 같은 전시 하의 정치적 무질서와 비리 등 역변동 상황을 보고
있던 양심적인 교육자, 정치가인 인촌은 이를 바로 잡을 묘책을 마련
하기 위하여 동료 국회의원들을 독려하고 이 대통령의 그릇된 정치행
보를 억제, 조절하기 위하여 여러 번 직언한 바도 있었다. 그러나 그
때마다 돌아오는 회신은 늘 부정적인 모략적 반응뿐이었다.

---

12) 김운태, 앞의 책, 68~72쪽.
13) 오소백, 《해방 20년사》, 문학사, 1967, 315~316쪽.
14) 이택휘, 앞의 논문, 403쪽.
15) 이현희, 《이야기 이승만》, 1995, 신원문화사, 126~129쪽.

제
5   부통령 시절의 국리민복 추구
장

1. 서울 환도와 동아일보의 복간

갑작스러운 6·25전쟁으로 인해 부산에 피란 가 있던 인촌은 10월
12일 가족과 같이 환도하였다. 폐허가 된 서울은 너무나 황폐화되어
마음이 아팠다. 더욱 아끼던 고려대 영문과 교수이며 영국 런던대 출
신인 이인수(李仁秀)를 부역한 죄로 잃고 나니 더욱 황량하기 이를
데가 없었다. 복구작업은 여러 곳에서 바쁘게 일어났다. 동아일보도
복간해야 했다. 10월 4일자로 타블로이드판 2면을 우선적으로 간행
해 냈다. 인쇄시설도 미비하여 서울 을지로 2가 대성빌딩에 임시로
본사를 두고 서울공인사(公印社) 별관의 인쇄시설을 활용하여 의욕
적으로 복간호를 간행한 것이다. 1950년 6월 27일자로 전쟁에 관한
호외를 긴급 발행한 이래 1백여 일만에 보는 신문이었다. 인촌은 이
를 받아 보고 감격한 나머지 하염없이 눈물을 흘렸다. 흥분과 회한이
뒤섞였기 때문이었다. 1)

신문사의 기구도 대폭 축소하여 간소하게 운영하였다. 편집국장은
주필 김삼규가 겸임하게 하는 등 전시체제에 맞게 운영한 것이다.

---

1) 앞의 《인촌 김성수전》 600쪽.

공산주의에 관한 국민들의 반공사상은 철저히 무장되어 있어 별다른 반공교육이 필요 없을 지경이었다. 누구나가 다 경험을 통해 반공전사로서의 일가견을 갖고 있었기 때문이었다. 중공군이 개입되어 임표가 인솔하는 대군부대가 한만(韓滿) 국경선을 넘어 침략했다. 북진하였던 우리 군과 유엔군도 맥을 못 추고 강추위 속에 후퇴하기 시작하였다. 6·25전쟁 당시 피란 못 가서 김일성 치하에서 고생하던 서울 시민들은 거의 다 모두 피란길을 재촉하였다.

인촌도 1·4 후퇴 시에 다시 피란길을 재촉하였다. 그는 가족과 같이 12월 20일경 부인을 대동하고 승용차 편으로 부산에 도착하였고, 가족은 인천에서 배편으로 피란을 떠났다. 부산에 도착한 인촌이 삼양사 부산지점에 임시로 거처를 정하였다.

2. 진해시에 서민주거 마련

한때 한민당 당수 인촌이 6·25 당시 서울을 탈출하지 못하고 체포당했다는 설이 유포되기도 했다.[2] 1950년 7월 23일 서울시 전재민(戰災民) 연락사무소가 부산 중앙동 4가 32에 설치되었는데, 그 고문에 인촌과 백남훈, 신익희, 조병옥 등 8명이 위촉되었고, 상담역에는 정일권, 송요찬, 양성봉 등 14명이, 그 소장에는 임흥순이 각기 임명되었다.[3] 동 9월 1일에는 전시선전대책위원회가 결성되었는데 인촌은 그 위원으로 선정되어 업무를 보았다고 한다.[4]

또한 9월 13일 국토통일촉진국민대회 준비위원회를 소집하였는데 그 대회위원으로 인촌이 100여 명의 위원과 같이 동참하여 통일에 관

2) 드럼라이트, FRUS, 1950, 247~248쪽.
3) 〈부산일보〉, 1950. 7. 23.
4) 〈민주신보〉, 1950. 9. 3.

한 업무를 다각적으로 맡아보았다. 5) 이 모임에서 인촌은 김도연, 이
범석, 신익희 등과 같이 그 대표위원으로 선임되었다. 6) 9월 15일 인
촌은 국토통일촉진국민대회가 부산역 광장에서 개최되었을 때 미국
트루먼 대통령에게 보내는 우리 국민의 절실한 내용의 구원을 위한
메시지를 낭독하여 열렬한 박수갈채를 받았다. 7)

피란지인 부산에서 인촌 등은 9월 25일 민국당 전국대회를 개최하
였다. 인촌의 기념사는 감동을 주어서 운집한 군중들로부터 눈물 속
에 큰 박수갈채를 받았다고 전해진다. 8)

정부가 환도한 뒤인 10월 27일 '정부환도 평양탈환 경축 유엔군 국
군 환영 국민대회'가 서울 운동장에서 거행되었다. 여기에 초청받은
인촌은 "자유냐 죽음이냐. 우리는 음흉한 독재주의자들에게 최후의
일격을 가할 때까지 일어나 연합군의 승리에 보답해야 하겠다"라고
하는 요지의 감동적인 환영사를 하여 큰 박수를 받았다. 9)

한편 인촌은 진해로 피란 간 이후인 1951년 2월 4일 '민간외교촉진
국민대회 준비회의' 준비위원장으로 위촉되어 시내 충무로 광장에서
민간외교촉진국민대회를 개최한 바도 있다. 10) 뿐만 아니라 3월 30일
에는 국제연합 한국협회 경북지부 회원을 모집함에 인촌은 김도연,
윤보선 등 20여 명의 동지와 같이 그 중앙본부 이사로서 국제적인 큰
일을 해냈다.

인촌은 정당활동을 하면서도 국회 중심적 입법활동은 사실상 해공
신익희에게 위임하고 자신은 이를 뒤에서 후원하는 활동을 계속했다.

---

5) 〈부산일보〉, 1950. 9. 13.
6) 〈부산일보〉, 1950. 9. 15.
7) 〈부산일보〉, 1950. 9. 16.
8) 〈민주신보〉, 1950. 9. 26.
9) 〈서울신문〉, 1950. 10. 28.
10) 〈민주신보〉, 1951. 2. 4 〈대구매일〉, 1951. 3. 30.

이 시기에 인촌은 이미 언급한 바와 같이 진해 익선동에 작은 양철지 붕인 서민의 집을 마련하고 거주하고 있었다. 국회는 성재 후임으로 5월 16일 제 2대 부통령을 선출하였다.

3. 인촌, 제 2대 부통령 당선 - 고사 - 수락

초대 이시영 부통령의 돌연한 사임으로 공석이 된 뒤, 그 후임인선 을 5월 16일 국회 제 82차 본회의에서 비밀투표로 뽑게 되었다. 제 1 차 투표에서는 과반수가 미달되어 제 2차 투표로 들어가 최고득표자 인촌과 이갑성 두 사람 후보를 놓고 결정선 투표를 행사하였다. 그 결과 인촌이 78표, 이갑성이 73표로 다수 득표자인 인촌이 대한민국 의 제 2대 부통령으로 당선되었다. 국회의원 151명의 의원이 투표에 임하여 투표하고 개표로 들어갔다. 제 1차 투표 결과는 인촌 65, 이 갑성 53, 함태영 17, 장택상 11, 지청천 2, 김창숙 1로 나타나 다시 2차 투표로 들어갔다. 그 결과 인촌이 78표로 최다득표자가 되어 장 택상 부의장이 인촌 김성수가 제 2대 대한민국 부통령으로 당선되었 다고 우렁차게 선포하자 의원석에서는 일제히 축하의 박수소리가 요 란하게 울려 퍼졌다. [11]

동아일보 김준철 특파원은 진해 익선동에 위치한 그의 새로 구입한 자그마한 서민풍의 자택을 심방하고 부통령 수락 후의 소감을 물었 다. 인촌은 "국회나 국민이 기대하는 그러한 자리가 아니므로 여러분 이 선출해 준 의도에 어그러짐이 있을까 걱정이다"라고 매우 겸손해 하였다. 이어 "대한민국은 어디까지나 명실상부한 민주주의국가가 되 어야 한다"라고 소신을 피력하면서, 다음과 같이 그의 진술한 심중

---

11) 〈동아일보〉, 1951. 5. 17.

을 내보였다. 12)

내가 이 소식을 전해들은 것은 오늘 하오 2시경 진해경찰서로부터
였다. 역량이나 능력으로 보아 수락할 수 없어 수차 거부하였으나
간곡한 권유로 금일 하오 4시 25분에 수락하였다. 국가 장래를 위
하여 하고 싶은 말은 한국은 독재를 배제하는 민주국가로서 세계
민주우방과 단결하여 공산당 합작에 대항해야 할 것이다. 지금 공
산당의 침략을 당하고 있는 우리나라에 14개 우방국의 정의군이 전
투에 동참하고 53개국의 민주 우방이 성원을 아끼지 않고 있는 것
은 대한민국이 민주공화국가로 지향하고 있는 까닭이다. 독재가 계
속되면 국기(國基)가 무너지고 말 것이다. 국사를 다스리는 데 있
어서 민주국가로 육성되길 바라는 바이다.

인촌은 당선 소감 중에 부통령이 되어도 민국당의 당적은 계속 가
지고 있을 것임을 공개적으로 약속하였다.

인촌은 부통령 수락을 65분 동안이나 고사의 고집을 보이다가 측
근들이 강청하고 위협조로 일갈하자 그때서야 마지못해 수락의 의사
를 표하였다. 민국당의 임홍순 간사는 "그는 대한민국의 부통령이며
우리 민국당의 최고위원일 뿐이다"고 말했다. 13)

인촌이 그 자리를 수락한 데는 신각휴, 윤영선, 이춘기, 나용균,
김준연, 동아일보 주필 김삼규 등의 순차적인 위협적이고 논리적인
유화의 강청에 크게 감동을 받아 최종적으로 결심하기에 이르렀다고
전해지고 있다. 14) 특히 인촌에게 "국회에서 결정을 본 것인데 이를
거절한다면 이는 국민에 대한 도리가 아니라"고 신랄히 추궁하자 격
렬히 반대하던 인촌도 더 이상 고집을 꺾고 마침내 그 자리를 승낙하

---

12) 〈동아일보〉, 1951. 5. 18.
13) 〈민주신보〉, 1951. 5. 18.
14) 〈경향신문〉, 1951. 5. 18.

였다.

인촌의 고사는 인사치례가 아닌 진정으로 이시영 같은 인격자가 감당 못한 큰일을 내가 어찌 해결할 수 있겠느냐는 양심가로서의 걱정이 앞서고 자질도 이에 따르지 못한다는 인촌 특유의 겸손과 도덕심이 그를 그렇게 고사 일변도로 내몬 것 같다.

4. 인촌의 진해 임시거택 형태와 기자 탐방

인촌 김성수가 1·4 후퇴 피란시절 구입한 진해시 익선동 생철 집(일본식 가옥)은 첩첩이 둘러싸인 감나무 끝의 산허리를 타고 가야 겨우 찾을 수 있는 그런 아담하고 작은 서민주택이었다. 거부인 인촌으로서는 사실상 어울리지 않는 초라한 가옥이라고 생각되었다. 그의 인격을 새삼 떠올리게 되는 그런 수수한 집이었다. 나라의 형편을 생각해서 이런 집을 구한 것으로 보인다. 그를 인터뷰 차 찾아간 민주신보 특파원은 다음과 같이 솔직한 고백과 뭉클한 감상을 전했다.

> 감나무, 상록수로 곱게 둘러싸인 문짝 없는 대문을 열고 들어가야 그 집안을 알 수가 있었다. 그의 집 문안에는 아침에 널린 빨래가 걸려있고 내실에는 어린 아들이 제멋대로 누워자고 있는 폼이 있는 그대로 평범한 서민의 생활 그 자체였다.
>
> 깨끗한 배추밭 왼쪽 우물 맞은편 방이 인촌이 거처하는 좁은 방이었다. 이미 내방객이 4, 5명 있었다. 축하차 온 모양이다. 한 칸 반 정도의 온돌방에 아무런 장식도 없고 첫눈에 띄는 것은 고리짝과 보따리 살림이 연연하였다. 밤색 조끼에 흰 은반 견저고리, 거기에 회색 바지, 국산품 양말이 인촌의 마음씨를 말하는 듯 수수하였다. 그는 백구담배를 내놓고 로이드안경을 벗으며 하는 첫 말이 "하도 의외의 일이어서 말이 안 나온다. 아직 정식 전달을 못 받았

피란시절 진해 익선동의 임시사저

고 나는 이런 자리를 맡을 수도 없다"라고 또 다시 딱 잡아떼는 것
이다. 그로부터 30여 분 뒤 국회사무총장이 들어와서 정식으로 부
통령 당선 통고서를 전달하자 그는 낯을 변하지 않고 취임을 딱 잡
아뗀다. 방안의 공기는 우울했다.

그는 "일제 때는 카이젤 수염이었는데…" 하는 기자의 말에 그는
"수염이 없어도 김성수는 어디까지나 김성수다"고 하고는 미소를 띠
며 로이드안경을 벗어든다. 방 오른편 책상 위에는 영어콘사이스
두 권과 전기스탠드가 아담하게 서 있다. 재떨이는 소라껍질인데
이것은 그가 고기잡이를 좋아하니 바다에서 주워온 것 같아 보인
다. 보스톤 백이 고리짝의 책상과 병행해 있고 겨울 외투가 그대로
벽에 걸려 있는 것이 피란생활의 냄새가 짙게 나는 듯하였다. "지난
겨울 양복 한 벌 더 장만하시라고 말씀드리지 않았어요. 양복 한
벌도 없이 …"라고 하는 당원의 말에, 인촌은 "이시영 부통령은 양
복 한 벌도 없이 한복이었는데 …" 하고는 또 로이드안경을 벗는다.

하오 7시 15분, 인촌이 65분간 사퇴를 고집하다가 조용히 눈을
감았다. 다시 눈을 뜨며 "그럼 수리하는 것으로 합니다" 하고 말하
자 방안에는 박수의 멜로디가 흐른다. 집으로 돌아가겠다는 손님들
에게 인촌은 반찬 없는 저녁이지만 같이하자고 권유하였으나 사양

하고 떠난다.

　기자가 인촌을 조심스럽게 바라보니까 "너무 젊어서 … 부통령 자리에…" 하고 가벼운 미소를 띤다. 기자가 "환갑이신데요" 하니 인촌은 그냥 크게 웃는다. 웃는 표정을 보니 청년 같은 맛과 멋도 나는 듯 … . 방을 나와 그의 부인(이아주 지사)을 찾았다. "기쁘시지요" 하는 말에 "글쎄 저는 몰라요. 하오 2시경 서장이 오셔서 말하기에 알았어요" 한다. 53세라는 부인은 두발에 흰 물결이 나부끼기는 하나 40대의 부인처럼 풍모가 좋았다. 부인은 강계출신의 정신여고 출신이었고, 유관순과 반일투쟁을 했던 독립지사였다. 13남매의 자모로 있다. "방이 깨끗해졌습니다" 하니 부인은 너그러운 앳된 미소를 지으며 "부끄럽기 한이 없습니다. 소제를 미처 못해서 …"라고 겸연쩍게 말하였다. 손자가 우는 소리에 부인은 그쪽으로 발을 옮겨놓았다.

　산기슭에 붉은 황혼이 짙어지고 초하의 저녁바람이 몸에 알맞게 불어오고 있었다. 민주신보 기자는 대문을 나왔다. 밖에는 벌써 인사하러 온 차가 10여대 머물고 있었다.[15]

　일찍이 공자께서 구이(九夷) 땅에 거처하시려고 생각하시자 어떤 이가 '누추할 텐데 어찌하실 것인가요?' 하고 물었다. 공자께서 말씀하시길 '군자가 산다면 무슨 누추함이 있겠는가'(君子居之면 何陋之有리오) 라고 하였다(《논어》 자한(子罕) 편) 는 말이 전해진다. 군자 같은 인촌의 경우가 이에 꼭 해당되는 것은 아니라 해도 이 같은 누추한 피란 와서 구한 보잘것없는 작은 누옥, 소옥인 이곳에 대부호의 집이 초라하다고 생각되어서 공자의 구이 땅을 연상하면서 이런 생각을 하게 되었다.[16] 그러나 인촌은 매우 겸손하고 낮은 자세를 즐겨 하였고 서민의 집을 자주 찾아 위로의 말씀을 서로 주고받는다는 것을 생

---

15) 〈민주신보〉, 1951. 5. 18.
16) 《논어》, 자한 편.

각하면 그 같은 누옥 정도는 대부호에게 아무런 문제가 없는 것이다.

국회 제94차 본회의가 5월 17일 오전에 조 부의장 사회로 개의하여 부통령 선거 결과를 정부와 인촌에게 통고하였다는 보고가 있었다. 이어 이 국방장관의 취임인사가 있었다. [17]

5. 인촌의 부통령 취임인사와 국리민복의 추구

1951년 5월 17일 이승만 대통령은 김성수 부통령에게 정부에 일심으로 협력해 줄 것을 정중히 요청하였다. [18] 인촌은 5월 18일 제 85차 국회 본회의장에 나가 부통령 취임인사를 하였다.

> 국민을 대표하는 여러분의 결정은 주권국가인 국민의 의사이며 여러분의 결정에 순종하여 최선의 직무를 충실히 하겠습니다. 공산주의를 격멸하기 위하여 우리를 원조해 준 자유우방과의 제휴와 친선을 촉진시키고 인간의 자유와 존엄성을 확보하여 확고부동한 민주주의를 이 나라에 정착, 확립하고자 합니다. [19]

5월 19일 신정동지회와 공화구락부의 합동결의가 발표되어 주목을 끌었다. 이는 비민국계 각파의 규합공작이 더욱 박차를 가하게 되었음을 의미한다. 이는 인촌의 부통령 취임을 계기로 더욱 활발하게 합동의 분위기가 조성된 것으로 보아도 좋을 것이다. [20]

인화 단결을 강조한 인촌은 행정부와 국회와의 협조를 더욱 긴밀하

---

17) 〈부산일보〉, 1951. 5. 19.
18) 〈경향신문〉, 1951. 5. 19.
19) 〈대구매일〉, 1951. 5. 20 앞의 《인촌 김성수; 사상과 일화》, 311·313쪽.
20) 〈부산일보〉, 1951. 5. 21.

대한민국 제2대 부통령에 취임한 김성수(맨 왼쪽)와 각료들

게 하려는 움직임을 보여 화해무드가 조성되는 분위기로 변해 갔다. 인촌은 측근 헌법학자인 유진오를 찾아 부통령의 의무와 권리에 관한 충분한 지식을 얻어 국정에 최대한 반영하였다. 그는 6월 4일 월례조회에 참석하여 각부 장관과 고위 공무원들에게 민주국가 건설과 공무원의 복무자세와 수칙을 강조하기도 하였다. 공산주의를 이길 수 있는 방법은 민주주의적 기본 질서와 자유를 확립해야 할 것을 역설하였다. 특히 공직자의 기강을 바로 잡아야 한다는 사실을 알아듣게 강조한 것이다. 《목민심서》를 인용하면서 공직기강을 강조하였다. 특히 국리민복(國利民福)을 위한 기본 정책부터 충실히 실시할 것을 강조하고 곧 실천으로 옮기도록 철저를 기하였다. 더욱 공직자는 국민의 공복임을 명심하도록 당부하였다.

인촌의 부통령 취임은 대한민국의 민주주의 신장과 국리민복을 지향하는 큰 의미가 담겼던 것이었으며 이러한 국민을 위한 낮은 자세로서의 그의 정치인으로서의 본분은 곧 이승만 대통령의 독재에 항거하는 다양한 모습으로 구체화되었다. 그는 흔히 부르는 '각하'라는 권위주의적인 호칭을 못 쓰게 단속하였으며21) 부정부패의 시발점인 공

부통령 당시 이승만 대통령과의 한때

무원의 부정과 비리를 근원적으로 방지하기 위하여 공무원의 처우개
선을 강력히 주장하였다. 공무원의 부정은 곧 월급의 부족 때문에 일
어나는 병폐라고 진단한 것이다. 주 2회 열리는 국무회의에는 가급적
동참하여 공무원의 기강확립을 강조하고 이를 영구히 실시하기 위한
제도적 장치를 강구하게 강조하였다. 대통령이 이 회의에 불참하는
경우가 많아 인촌이 이를 주재하곤 하였다.

이 대통령은 인촌을 매우 못마땅하게 여기고 있었다. 일부 국무위
원은 대통령에게 국무회의를 부통령이 주재하니, 인촌이 국정을
감독하고 있다는 모함도 서슴지 않았다. 심지어는 야당의 주장을 대
변한다고도 대통령에게 모함하여 두 사람 사이를 이간질하는 경우도
적지 아니하였다. 이 같은 모함성 발언에 인촌이 동요할 인물은 아니
었다. 그는 누가 무엇이라고 모함중상해도 이에 관심을 두지 아니하
였다. 소신껏 일하였다.

21) 앞의 《인촌 김성수의 사상과 일화》, 313~317쪽.

6. 인촌의 와병과 개헌론의 대두

인촌이 부통령에 취임한 다음날 이승만 대통령은 국회 양원제와 대통령 직선제를 골자로 하는 개헌을 강력하게 추진할 의도가 있음을 암시하였다. 다음 대통령 선거에서 당선될 가능성이 희박해지자 직선제가 자신에게 유리할 것으로 보고 이런 속보이는 야비한 영구집권의 인위적 공작을 추진한 것이다. [22] 이에 대응하여 야당 각파는 대결하듯 내각책임제 개헌론을 들고 나왔다.

이미 언급한 여당인 신정동지회는 공화구락부와 합동하여[23] 공화민정회를 구성하고 단결을 과시하면서 세력을 모아 원내 여당세를 약 100석으로 넘길 수 있었다. 원내 의석수 3분의 2에 육박하는 숫자였다. 그러나 그들 사이의 이해관계로 분열이 일어나고 있었다. 이에 비하여 민국당은 야당으로서 수적으로는 다소 미치지 못하였으나 선명야당으로서의 단합의 위상을 정립해 가고 있었다.

그러나 온갖 악법을 자행하는 이 대통령에 대한 정치적 스트레스로 인하여 겸손한 의인 인촌은 인내 끝에 병석에 눕게 되어 안타까운 투병생활을 해야 했다. 대통령이란 위치에서 인사문제를 명확히 고려해야 했음에도 불구하고, 우남은 지탄받고 있는 방위군 사건 등에 연루되어 문제가 된 함량미달의 국방장관 신성모를 독단적으로 주일대표부 대사로 임명해 버렸다. 이런 정치적 일방적 처리와 불합리로 인하여 인촌은 병을 얻은 것이다.

'나 이외는 누구도 이 나라를 다스릴 적격한 사람이 없다'라는 유아독존적 우남식 사고방식 때문에 일부 아첨분자 외에는 우남을 따르려 하지 않았다. 그는 점차 독재자로 전락하고 말았다. 귀가 점차 엷

---

22) 이명영, "자유당 통치의 특성", 〈사회과학〉 19 성대 사회과학대 1975.
23) 〈부산일보〉, 1951. 5. 19.

어져 가고 있었다. 충언(忠言)을 하면 모두가 반역자인 것처럼 인식하고 큰 불이익을 주었다. 그 옆에는 이익흥 같은 아첨하는 무리들만 꾸역꾸역 모여들기 시작한 것이다.

정치적으로 스트레스를 받은 인촌은 우남과는 달리 양심적인 교육자요 기업가인 동시에 겸손과 타협을 잘 알고 있는 양심가이기 때문에 우남같이 배짱이 유할 수는 없었다. 정치적으로 갈등이 일어났다. 건국 대통령이라는 우남 같은 후안무치한 정치가에게는 그에 상응하는 사람이라야 그런 인고를 견딜 수 있는 것이다. 이런 고통과 화를 날려버리지 못하는 천성이 곱고 심약한 양심의 인촌으로서는 화병을 얻지 않을 수 없었다. 와병하자 의사가 긴급 진찰을 하였다. 결국 뇌혈전증이라고 판명되었다.

우남은 1951년 광복 6주년 기념사에서 다시금 대통령 직선제 개헌론을 주장하여 그 의도를 의심하게 하였다. 그는 농민과 근로대중을 중심으로 하는 신당 결성의 화급성을 들고 나왔다. 그 진정한 의도는 정국의 안정과 개인적 영도력의 발휘라는 변수가 작용한 것이다.[24] 그러나 우남의 참 의도는 야당인 민국당을 능가하겠다는 계산과 자신의 영구집권의 야심이 그 근저에 짙게 깔려 있었던 것이다.

7. 자유당의 탄생과 우남의 개헌론

결국 신당 결성은 12월 23일 완료되었는데 이것이 4·19혁명을 불러온 비리로 가득 찬 자유당(自由黨)의 탄생이었다. 그로부터 12년간 우남, 이기붕 등 자유당 무리는 국민을 무시하고 온갖 부정불의 모순을 잉태하여 우남이 백주에 추방당하는 크나큰 정치적 파탄을 일

---

24) 김운태, 앞의 책, 71~74쪽.

어나게 하고 만 것이다. 이리하여 원내 세력분포는 자유당 93석, 민국당 39석, 민우회 35석, 무소속 18석으로 형성되었다.

1952년 한국전쟁이 치열하게 전개되고 있을 때인 1월 18일 정부는 개헌안을 제출하였으나 가 19표, 부 143표로 부결되고 말았다. 우남은 이제 희망이 적은 8월에 실시할 국회의 간선 대통령 선거를 바라볼 뿐이었다.[25] 우남은 백골단(白骨團) 등 관제민의를 동원하고 국회를 위협하였다. 동시에 시·읍·면 의회의원·도의원 선거를 동 4월과 5월에 실시하였다.

인촌은 신병이 호전되지 않아 부통령직을 사임하려 했으나 당이 적극적으로 막아 실현을 보지 못하였다. 국회에서 결의하고 뽑은 자리인데 자신만 편안하자고 민의를 외면할 수는 없다고 주변에서 적극 만류한 것이다. 2월에 들어서면서 우남 정부는 개헌부결에 대한 보복수단으로 국회의원을 민의로 소환한다는 등 위협을 곁들이면서 관제데모를 충동했다. 국회는 야당 중심으로 호헌(護憲)을 명분으로 내세우고 결사투쟁의 선언서를 낭독하는 등 험악한 대결상태로 돌입하였다.[26]

국회는 4월 17일 정·부통령 직선제와 양원제 내각책임제 개헌안을 제출하였다. 우남은 직선제를 반대하는 국회는 민의를 배반하는 국회이니 반민주적 국회의원을 성토한다는 명분으로 이른바 민중 자결단, 백골단, 땃벌떼 등의 정체불명의 민의조작의 폭력배를 동원하여 민심을 동요하게 하였다.[27]

---

25) 〈부산일보〉, 1952. 1. 19.
26) 중앙선거관리위원회, 《대한민국선거사》, 1964, 166~169쪽.
27) 김운태, 앞의 책, 85~87쪽.

480

8. 부산 정치파동

이 시기에 민국당 등 내각제 추진파들은 6월 국회에서 뽑을 제 2대 대통령 후보를 결정해야 하였다. 인촌이 와병 중이라서 그 대안으로 떠오르는 인물이 이시영, 신익희, 장면, 조봉암 등이었으나, 그중 이시영과 장면 중에서 사전에 투표하여 다(多) 득표자를 단일 후보자로 추천하고자 하였다. 그러나 이 비밀이 새나가 선편을 제압당하고 말았다. 우남은 속히 손을 써서 히틀러의 추종자로 비난 받고 있는 사임한 국무총리 이범석을 내무장관에 전격 임명하여 야당의 이런 일련의 사전조치를 강력히 저지 작전으로 맞서서 야당의 활동을 원천봉쇄한 것이다. 마침내 6월 25일을 기하여 남부의 공비를 완전 소탕해버린다는 명분하에 우남은 손을 써서 계엄령을 선포하고 동 계엄사령관에 이종찬 장군을 임명하였으나 그간의 사정을 알고 있는 양심가이 장군이 이를 거절하여 대신 원용덕 소장을 대타로 임명하는 해프닝도 있었다.

이런 와중에 서민호 의원이 재구속되었으며,[28] 5월 26일에는 국회 전용버스를 타고 등원하던 국회의원 50여 명이 헌병대로 집단 납치되는 사태가 일어났다.[29] 국제공산당 사건을 급조하여 곽상훈 등 10여 명의 국회의원을 구속하여 부산 정치파동이 일어난 것이다. 이들 중 민국당 소속의원 서범석 등 10여 명은 국제공산당과 연관이 있다는 이유를 붙여 즉각 구속수감하는 어처구니없는 사태도 벌어졌다. 권력에 눈이 가려지면 물불을 가리지 못한다는 말이 여기에 해당한다고 볼 수 있겠다. 국회는 부산지역에 한하여 계엄령의 즉각적인 해제를 확정하였으나 정부는 이에 불응하고 시간을 끌기 시작하였다. 이에

---

28) 오수열, "월파 서민호의 생애와 정치사상", 〈민족사상〉, 2-2,, 2008 203~236쪽.
29) 이범석, 《사실 전부를 기록한다》, 교학사. 1966, 141~146쪽.

대하여 새로 부임한 7개국 대표의 신유엔한위단은 무고하게 구속된
국회의원들의 즉각적인 석방을 강력히 요청하였다. 국제적으로 망신
을 당한 것이다. 인촌이 5월 29일 부통령직을 사임했으며 6월 21일
발췌개헌안이 제출되어 7월 3일 국제공산당사건으로 체포되었던 국
회의원들이 투표차 석방되었다. 동 7월 4일 기립표결로 이 발췌개헌
안은 통과되었다. 이로써 정·부통령은 직선제로 선출하고 국무총리
요청으로 국무위원을 임면하는 국회가 국무위원에 대해 불신임결의
를 할 수 있게 조치하였으며 양원제로 국회를 운영한다는 것이다. 40
년 가까운 독재의 서막이었다.

9. 인촌의 국리민복 실시

한편 이보다 앞선 1951년 12월 28일 민국당은 상무집행위원회를
개최하고 주요 간부를 선출하였다. 최고위원회 의장 신익희, 상무집
행위원회 의장 인촌, 부위원장에 김시현, 중앙집행위원회 의장 백남
훈, 대의원대회 의장 지청천, 부위원장에 나용균, 사무총장에 조병
옥을 각기 선출하였다. 대여투쟁을 위한 전력강화라고 평가한다.[30]
인촌의 국리민복을 위한 서민정치의 한 가지 예를 들어 보면 예비
역 육군대장 백선엽의 회고 중에서 이런 대목이 나온다.
6·25전쟁 중 지리산 공비토벌 사령관인 백선엽 장군은 그의 회고
록 중에서 그가 사령관 임명 직후 새로 임명된 김성수 부통령으로부
터 친서를 받았다고 공개한 후 이런 내용을 언급하였다. "인촌이 한
지에 친필로 정성스레 쓴 편지에는 주민생활이 도탄에 빠져 있는데
군경의 민폐가 심한 현실을 직시하고 부디 국민을 애호하여 민간에

---

30) 〈동아일보〉, 1951. 12. 31.

폐를 끼치지 말고 치안을 확보해 국민이 안심하고 살 수 있도록 해 주십시오" 하고 신신당부하였다는 것이다.

　민생 부통령의 국리민복에 열심인 인촌의 애민애족(愛民愛族) 하는 하나의 열성스러운 감동적인 모습을 이 회고록 속에서 눈여겨 볼 수 있는 것이다. 31)

---

31) 백선엽, '노병이 걸어온 길', 〈국방일보〉, 2008. 10. 15.

제
6
장 반독재 호헌운동의 전개

1. 인촌의 부통령직 사임과 호헌운동의 계획

　격렬한 전쟁이 계속되는 중인데도 정치적 야욕으로 충만한 이승만 대통령은 그의 정치 경제의 취약성이 6·25전쟁을 일어나게 하였다는 연구결과도 있는데, [1] 우남은 방약무인하게도 계엄령을 마구 선포하여 국회와 함께 크게 성장하려는 우리의 민주주의를 새싹부터 잘라 버리려는 천하의 만행을 자행한 것이다. 이 같은 사태는 우방국가의 정치 지도자들까지도 우려하고 선의의 충고를 하였던 사례도 있었다.

　인촌은 이 같은 무정부적 사태에 일련의 책임이 충분히 있다고 판단한 뒤 역사에 고발하고 기록으로 남겨 후세 역사가들의 국정기록의 자료로 활용하게 뒷날까지 남기겠다는 비장한 결심 하에 그 자리에서 물러날 결심을 굳혔다. 그는 결국 부통령 취임 만 1년 정도의 기록을 남기고 정부를 떠나게 된 것이다. [2]

　인촌의 비장한 내용의 부통령 사퇴이유서는 장장 15미터의 길이로서 구구절절이 가슴을 파고드는 그런 섬뜩한 내용으로 가득 차 있었

---

　1) 하영선, 《한국전쟁》, 동아일보사, 1988, 70~74쪽.
　2) 〈서울신문〉, 1952. 5. 31.

다.[3] 이를 1952년 5월 29일 국회 본회의장에서 낭독하였다.

> 우리나라에서 대통령 직선제는 곧 현 집권자의 재선을 보장하는 의미이며 그가 재선되면 국회는 장차 그 추종자 일색으로 변할 것이며 그 후 그의 영구집권을 위해 헌법을 자유자재로 변개할 것이 틀림없을 것으로 봅니다. 그리하여 종신대통령, 세습대통령이 출현하지 않으리라고 누가 장담할 수 있겠습니까? 우리나라에 진정한 민주주의를 희망하는 자라면 누구나 직선제를 반대하고 내각책임제를 찬성할 것입니다. 나는 여기서 그의 정부에 머물러 있지 않기로 결심하였습니다.[4]
>
> 나의 지위가 시위소찬(尸位素餐)에 불과하지만 현 정부의 악정(惡政)에 가담한 일이 없다고 하더라도 나의 이름을 정부에 연하는 것만으로 내 성명 3자를 더럽히는 것이며 민족 만대에 작죄(作罪)하는 것이기 때문입니다. 여러분은 저의 이 같은 솔직한 심중을 십분 이해해 주시고 사퇴이유를 적의하게 받아주실 것을 크게 앙망하는 바입니다.

인촌은 이승만 대통령의 독재에 국민대중과 손잡고 민주화를 위해 결사항쟁할 것을 공개적으로 맹서하였다.[5] 그의 비장한 사퇴서는 보도관제로 극소수의 인사들만 인지하였으나 유엔 한위단과 트루먼 미 대통령에게도 알려져 우남이 경고장을 받기도 하여 국제적인 모욕을 당한 것이다.

6월 8일 이 대통령은 다음 선거에 절대로 나서지 않겠다고 공언하였다. 그러나 6월 20일경에는 지방의회 의원들을 부산에 집합시켜 '반민족국회 해산 국민총궐기대회'를 열고 반민족적 행태를 보이기도

---

3) 양재윤, 《역사를 바로 알면 미래가 보인다》, 에스엠, 2007, 112~115쪽.
4) 이원순, 《인간 이승만》, 신 태양사, 1965, 407~409쪽.
5) 앞의 책, 《인촌 김성수의 애족사상과 그 실천》, 361~366쪽.

하였다.

사퇴이유서를 접수시킨 인촌은 무초 미 대사의 주선으로 신병 치료차 미 병원선에 입원하여 가료를 받았다. 인촌은 그곳에서 유석(조병옥)을 불러 독재 반대를 위한 국민운동을 전개하고 호헌운동을 시작하는 것이 정치지도자들의 의무가 아니겠느냐고 간곡하게 나설 것을 제의하였다.6) 그 시초는 민국당이 앞장서도록 종용하였다. 이것이 곧 호

장 면 (1899~1966) 전 총리

헌운동의 단서라고 본다. 이 호헌범국민운동은 성재, 인촌, 장면, 유석, 곽상훈, 김동명, 신흥우, 서상일 등 66명의 민주재야 세력이 단합하여 부산시 남포동에 있는 국제구락부에서 '반독재 호헌구국선언대회'라는 이름으로 구체화되어 조직하였으며 크게 국민적 관심을 불러일으키려 하였다. 국민들에게 관심을 심어주기 위하여 가두시위도 계획되어 있었다.7)

그러나 6월 20일 정체불명의 괴한 수십 명이 갑자기 나타나 이 운동을 원천무효로 돌리고 참석한 수십 명이 참변을 당하는 등 큰 불상사가 야기되어 무참히 저지당한 것이다. 인촌은 이 자리에서 결연히 독재타도에 총력을 기울이자고 사자후(獅子吼)를 연속 발언할 예정이었다.8) 그야말로 대대적인 민주주의 수호를 위한 죽음의 결의를 부산 시민에게 보여주기 위한 정치력을 발휘할 생각이었던 것이다.

6) 이상돈, "정통 야당으로 본 정치지도자상, 1", 〈신동아〉, 1981. 11 참조.
7) 〈서울신문〉, 1952. 7. 7.
8) 김운태, 앞의 책, 85~88쪽.

2. 헌정사의 오점, 발췌개헌안

이 당시의 국회는 실세인 신라회가 사실상의 의정무대를 좌지우지
하고 있었다. 이들은 두 가지 개헌안을 절충하여 제3의 개헌안을 극
비리에 만들어 날인공작을 하고 있었다. 이것이 이른바 지탄받고 질
타당하는 직선제의 발췌(拔萃)개헌안이다. 이는 간단히 언급하자면
대통령제와 내각제를 혼성한 절충안이라고도 말할 수 있다.[9] 이때
이 대통령 저격미수사건이 터졌다. 바로 6・25전쟁 2주년 기념식장
에서였다. 이 사건의 배후자로 지목된 민국당 최고위원 백남훈이 구
속기소되는 일이 일어났다. 이는 사실무근으로 판명이 났으나 백 최
고위원은 구속되는 과정에서 큰 곤욕을 당하였다.

6월 28일 인촌의 부통령 사직서 건으로 제출된 박영출 의원의 긴급
동의안이 재석 98명 중 가 83, 반대 무로 가결되었다. 그런데 본회의
가 산회되어 해산하려 할 때 민중자결대원들이 출입을 봉쇄하고 시비
를 걸었는데 이는 이갑성 의원 등 66명이 제출한 국회해산 결의를 통
과시키고 나오라는 신호였다. 그 중 박성하 의원은 의사당 내의 방청
객으로 보이는 사람에게 구타당하였다. 의사당 내에서 의원이 구타
당한 것은 국회가 생긴 이래 최초의 일이었다.

7월 1일 77명의 의원이 모여 제3회 임시국회가 열렸다. 이때 이
대통령은 의원들을 강제로 끌어내거나 풀려나온 의원들을 다시 호송
하여 국회에 처박아 놓고 7월 4일자로 헌병과 경찰이 합동으로 경계
를 펴는 가운데 강제적으로 기립표결로 문제된 발췌개헌안을 무리하
게 통과시켜 버렸다. 부산정치 파동의 연속인 것이다. 완전히 이성을
잃은 독재자의 망국적인 경거망동이라고 아니 할 수 없는 것이다.[10]

---

9) 이명영, 앞의 논문, 62~64쪽.
10) 이기하, 《한국정당사》, 227~229쪽.

권력 쟁탈전이 일어난 것이다.

권력의 마술사 이승만은 대통령 재출마를 기정사실화하였음에도 체면을 살린다는 의미로 사양하였으나 민의에 따른다는 명분 속에 다시 번복하고 출마하여 8월 15일 당선되었다. 노욕이 부른 국가적 망동이었다. 이 시기에 부통령은 무명의 목사 함태영이 이범석 후보를 무려 112만 표 차이로 누르고 당선되었다. 이로서 평화적인 정권교체의 명분과 아름다움이 사라져버렸다. 동시에 영구집권의 권모술수만 늘어나게 된 것이다. 우남이 학생데모로 추방당할 때까지 이런 잘못된 전통은 이어지고 있었다. 11)

---

11) 김운태, 앞의 책, 286~289쪽.

제
7 환도와 민주화에의 투신
장

1. 환도와 독재 투쟁

인촌은 이런 정치풍토에 환멸을 느끼고 정계은퇴까지도 고려하고
있었다. 휴전협정이 1953년 7월 27일 우여곡절 끝에 조인되자 인촌
은 1953년 8월 20일 서울로 환도하였다. 그 전에 인촌은 5월 초 부인
과 같이 대구를 거쳐서 올라온 것이다. 대구에는 독립운동가 김창숙
의 병을 고친 유명한 안마사가 있다는 소식을 듣고 그 길로 향한 것
이다. 대구에서는 경성방직 당시의 주주인 이영면의 자제의 집인 대
봉동의 사랑채를 얻어 임시로 거처했다.[1] 병원선에 입원한 인촌은
자유당 소속 경찰의 감시망 속에서 힘겹게 병마(病魔)와 싸웠다. 그
러나 큰 효과가 없자 이내 서울 자택으로 돌아온 것이다.

우남의 자유당은 점차 당세를 확장했으나 인촌의 민국당은 점차 쇠
운을 맞아 후퇴하고 있었다. 탈당하는 당원도 속출하였고, 특히 충격
적인 사실은 1952년 여름 최고위원이던 지청천 장군 같은 중진도 정
치파동 당시 7명과 같이 탈당하여 당세를 위축시켜서 인촌은 큰 실망
속에 앞날을 걱정하고 있었다. 중진인 김시현에 이어 1953년 7월에

---

1) 앞의 《인촌 김성수 전》, 656~657쪽.

는 서범석, 임홍순 등 5명이 다시 집단 탈당하여 민국당으로서는 큰 타격을 받았다. 국회 내의 의석수도 25석으로 줄어들었다.

그 외 민국당의 중진들의 동향도 불운으로 일관되고 있었다. 우선 백남훈은 구속 중에 있었고, 조병옥은 대통령의 거제도 등지의 반공포로 석방에 정면 반대하였다가 미움을 사 테러를 당한 후 구속 중에 있었다. 단지 신익희만이 국회의장으로서 건재한 편이었다. 그 외 중진으로는 서상일, 김준연, 이영준 등이 있었으나 이들은 국회의원의 직책을 갖고 있지 않았다. 자연 힘을 쓸 수가 없었다.

반면에 우남은 반공포로 석방으로 인하여 일약 영웅대접을 받게 되자 그는 국민적 영웅으로 갑자기 부각되어 자유당의 인기는 충천하고 있었다. 더욱 우남은 자유당의 부총재인 이범석의 족청(族靑) 세력이 비대해 지자 이들 무리를 자유당에서 축출하고 우남 중심적 독재체제로 승승장구하는 일당 체제를 구축한 것이다. 이제부터는 우남의 독무대가 된 것이다.

한때 해공이 인촌을 오해하여 그를 비방하였으나 인촌이 사심 없이 애국적 견지에서 민주정당을 운영하겠다는 순후한 진의를 살핀 이후 공선사후 정신을 이해한 뒤 개심하여 다시 인촌을 도와서 민국당의 재건을 위해 헌신하였던 것이다.[2] 인촌은 병이 완쾌된다 해도 대통령에 출마하지 않고 해공을 적극적으로 밀어줄 것이라는 상호간의 약속하에 그간의 오해를 풀고 해공도 겸손한 인촌의 사심 없음을 알아차렸다. 이제부터 더욱 적극성을 띠고 인촌을 도와주었다.[3]

인촌이 당을 구하기 위하여 소를 버리고 대를 위해 일한다는 사실에 감동을 받고 해공은 다시금 민국당을 위해 분골쇄신의 충성을 약속하였다. 해공은 이를 토대로 하여 적극적인 대여투쟁을 펼쳐나간 것이다. 뒤에는 민주당의 출현을 보게 되어 대여투쟁의 고삐를 단단

2) 정경환 외, 《해공 신익희 연구》, 삼화출판사, 2007, 350~390쪽.
3) 앞의 정경환 외, 《해공 신익희 연구》, 356~377쪽.

히 챙기게 된 것이다. 4)

동아일보는 부산에서 임시로 신문을 발행하다가 1953년 8월 19일 환도하였다. 광화문 현 사옥으로 들어온 것이다. 폐간 13년만의 일이었다. 이 시기의 사장은 최두선, 전무 국태일, 주필 고재욱, 편집국장 민재정, 영업국장 김상만, 공무국장 이언진 등이 맡아 재도약을 위하여 심혈을 경주하고 있었다. 독재투쟁을 위하여 동아일보는 민주국민과 함께 대여투쟁에 앞장 선 것이다. 정도를 걷고 있는 동아일보는 국민들에게 인기가 충천하였다.

2. 민국당의 참패와 자유당의 승승장구

야당의 수장이 된 독립투사요 대 여당 항쟁의 선두에 선 해공 신익희는 1953년 11월 22일 제4차 민국당 전당대회에서 당헌 개정에 의하여 위원장으로 선임되었다. 부위원장에는 김도연과 최두선이 당직을 맡아서 야당의 전열을 가다듬게 되었다. 인촌과 백남훈, 서상일, 조병옥은 고문으로 추대되었다. 인촌의 의도대로 해공 중심체제로 당이 정비된 것이다.

이들은 힘을 합하여 반독재와 건전한 민주화 운동을 펼치기 위하여 온갖 정성을 다 기울이고 있었다. 그러나 1954년 5월 20일 민의원 선거에서 민국당은 의외로 고전하여 참패를 면치 못하였다. 민국당은 겨우 15석에 머물고 말았다. 인촌의 공선사후 정신이 그만큼 퇴색된 것 같았다. 원내 교섭단체 마저도 구성하지 못할 정도로 몰락하여 영세성을 면하기 힘들어졌다.

그 반면에 승승장구하던 이승만의 자유당은 의외로 관권과 부정선

---

4) 이상돈, 앞의 논설 참조.

거 등으로 기세를 타고 확대되어 국회의석 모두 203석 중 137석을 점유하는 놀라운 저력을 발휘한 것이다. 무소속동지회가 31석, 무소속이 20석을 차지하는 데 그쳤다. 자유당은 무난히 개헌선을 확보한 것이다. 9월 6일 자유당은 이 의원수를 믿고 개헌안을 국회에 제출하여 정부는 9일자로 이를 지체 없이 공고하였다. 그 개헌안의 주요 골자를 살펴보면 현 대통령에 한하여 중임제한을 전면 금지한다는 놀라운 독재적 시도였다. 동시에 민의원의 국무위원 불신임권을 완전 폐지한다는 독소조항이 들어 있었다. 소수인 민국당은 9월 2일 개헌반대 성명서를 발표하였으나 힘이 실리지 못하였다. 이에 동조하여 무소속동지회도 같은 취지의 성명서를 발표하였다.

마침내 11월 27일(토) 개헌안이 표결에 회부되었다. 203명 중 202명이 출석한 중에 표결에 붙인 결과는 가 135표, 부 60표, 무효표 1, 기권 6표로 개헌선인 136표에서 1표가 부족하여 사실상 부결되고 말았다. 그것이 순리였다. 한 의원이 글을 몰라 무효로 처리되었다고 한다. 인촌은 이 소식을 듣고 매우 기뻐하였다. 그러나 29일(월) 개회된 국회에서 야당 의원이 총 퇴장한 가운데 자유당은 엉뚱한 괴변의 논리를 펴고 사사오입(四捨五入)이라는 되지도 않는 억지를 내세우면서 이 개헌안이 가결되었다고 선언하였다. 즉 이기붕 의장 아래 최순주 국회 부의장이 느닷없이 개헌안 부결 번복 가결 동의안이 통과되었다면서 황급히 선포하고 말았다.5) 이는 자유당보다 정부에서 먼저 나온 것이다. 이철승 등 젊은 의원이 최순주 국회부의장의 멱살을 잡고 격렬하게 저항하는 모습이 보였다. 이에 따르면 초대 대통령에 한해 중임제한이 철폐되고 대통령중심제가 강화되어 이승만의 영구 집권의 기반이 제공된 것이다. 국가의 안위문제는 국민투표제를

---

5) 한승인, 《독재자 이승만》, 일월서각, 1984, 170~174쪽. 정부의 공보처장도 11월 28일 수학적으로 사사오입을 설명하고 개헌안이 통과되었다고 언급하였다.

494

실시하게 되어있었다.

　이는 자유당 중진으로 권모술수에 능한 법조인 장경근의 잔머리를 굴린 잔꾀에서 나온 아이디어였다고 한다. 정부는 이 사실을 즉시 공포하였다. 자유당은 외형적으로는 승리하였다. 그러나 국민의 마음은 자유당으로부터 이미 멀어져 갔다. 민심이 이반된 것이다. 4·19 혁명의 원인도 여기에서부터 연유한 것으로 보아야 한다.

　이를 알아차린 병중의 인촌은 너무나 큰 실망에 아연실색하고 말았다. 그의 병세는 이런 저런 일로 인하여 치유는커녕 안타깝게도 더욱 악화일로에 있었다.

3. 헌정의 추태와 호헌동지회

　1954년 11월 29일 사사오입이란 추태의 개헌안의 통과를 앞두고 뛰쳐나온 야당의원들은 곽상훈 부의장 실에서 민의원 위헌대책위원회를 만들었고, 30일에는 61명의 의원 서명으로 헌법을 수호하자는 취지하에 대동결합한 호헌동지회가 결성되었다. 동 12월 3일 호헌동지회는 위헌대책위원회에서 뽑은 조병옥 등 7인 위원회를 중심으로 신당결성촉진위원회로 확대, 변경하고 범야적인 신당결성에 나섰다.

　자유당은 말도 안 되는 사사오입이라는 엉뚱한 궤변을 늘어놓고 개헌안이 통과되었다고 백주에 환희 속에 기뻐하면서 민의를 무시한 채 하늘을 배반하는 악행을 서슴지 않고 선포하였다.[6] 자유당은 개헌에 성공하였으나 민심에는 낙제생이었다. 온 국민은 야당인 민국당과 같이 이승만의 일당독재에 항거하면서 일제히 민주화수호운동에 동참하였다. 사사오입 같은 몰염치한 작태를 지켜보던 인촌은 울화가

---

6) 신일철, 앞의 논문, 66~68쪽.

치밀어 소강상태였던 병세가 더욱 악화되어 가고 있었다. 그는 이 같은 몰염치하고 부도덕한 정치형태를 극복하고 재기할 묘안을 짜내고 있었다. 그것은 최악의 경우를 고려할 때 아끼던 당을 해체해서라도 재야 민주세력이 대동단결하고 일치하여 정의와 진리를 펼칠 수 있는 신당 조직에 앞장설 것을 주변의 당 중진들에게 간절히 당부, 권고하였다.

반(反) 이승만 라인을 구축하여 피 흘려 찾은 자유민주주의 보루를 지켜가야 한다는 것을 인촌은 민주주의를 살리는 유일의 방도라고 생각하였다. 그러나 당 간부들은 고분고분하게 이 같은 간절하고 치밀한 인촌의 당부에 찬성을 표하지 않았다. 재야세력의 대동단합에는 찬성하였으나 당을 갑자기 해체한다는 의견에는 부정적이었다. 기존 사실을 믿으려 하고 있었다. 새로운 적용에는 익숙하지 못하였다.[7] 그들은 그들 나름대로의 정치철학이 있었기 때문이었다.

인촌은 눈물로 대동단결만이 무너져 버리려는 자유민주주의를 수호하고 자유 우방에 떳떳한 우리의 민주주의 실현을 위한 보루 구축에 일조할 수 있다는 사실을 널리 알렸다. 이를 토대로 하여 민주주의와 야당세력을 신장할 수 있다는 사실도 함께 인지시켰다. 이를 더욱 발전시킬 수 있다는 말에 한때 반대한 자도 모두 감동, 수긍하고 그의 고견을 따르게 된 것이다. 신당을 조직하여 민주주의를 수호하고 헌법을 통해 민주주의를 더욱 발전시킬 수 있다는 의견에 모두 감명을 받고 수락한 것이다.

12월 23일에는 해공을 위시하여 조병옥, 김도연 등 야당 중진들은 민국당을 해체하고 신당 결성의 과업을 담당하도록 주선하였다. 동 신당 결성추진위원회는 12월 24일 신당발기취지문을 발표하여 찬동자를 모았다.[8] 27일에는 결성추진위원수를 7명에서 18명으로 확대

7) 앞의 《인촌 김성수 전》, 673~678쪽.
8) 〈동아일보〉, 1954. 12. 26.

결정하고 문호를 개방하면서 대동단결을 강조하는 동시에 공산주의와 독재에 반대하는 민주주의 수호인사들에게는 큰 조건을 묻지도 따지지도 않고 널리 문호를 개방하였다. 민주 범야권의 통합이라는 큰 틀의 취지를 찬동하고 적극 민주화를 위하여 몸을 던질 것을 강조한 것이다. 이 같은 민주화의 개방 취지에 찬동하고 동조한 자유당 의원도 있어서 관심을 끌었다.

그동안 14명의 자유당 의원이 탈당과 동시에 야권의 기초인 호헌동지회에 가담하는 양상을 띠어 당초에는 얼마간 걱정하였으나 원래 계획하였던 신당운동은 순조롭게 착착 진행되었다. 새로운 인적 지원이 뒤따라 주었기 때문이었다. 따라서 신년(1955년) 1월 중순까지 범야권의 힘을 쓸 수 있는 신당준비위원회가 결성되고 2월 중에는 발기인 대회를 열 수 있다고 낙관적으로 앞을 내다 본 것이다.

그러나 신당 발기인 중 조선공산당의 경력이 있는 인사가 가담하게 되어 문제가 불거졌다. 그 장본인인 죽산 조봉암을 이 멤버에 포함시킬 것인가 아닌가 하는 여부문제가 큰 쟁점으로 대두되어 갈등을 겪었다. 이때 죽산을 대범하게 받아들이자는 의견을 가진 인촌 등은 민주 대동파의 견지에서 대화합을 강조했다. 공산당의 전력이 있다 해도 현재의 처신이 더 중요한 것이 아니겠느냐는 긍정적인 이론이 더 무게를 갖게 되었다. 그러나 공산당과 싸우는 무리는 이를 반대한다는 파도 상당수 있어서 상호간의 힘겨루기가 만만치 않았다. 이에 가담한 무리를 자유 민주파라고 잠정 규정하였다.

화합과 겸손, 천연의 미를 자랑하는[9] 인촌은 민주 대동파에 속하였다. 그는 대동단결을 강조한 정치가로서의 정도를 걷고 있었기 때문이었다. 죽산이 비록 공산당이었다고 해도 해방 전에 이미 그 같은 전력을 청산하고 전향서를 발표하였으며 대한민국 건국대열에 동참

---

9) 이광수의 인촌론의 근거는 곧 그가 천연의 미를 간직하였다고 평가한 것이다. 이광수, "김성수론", 〈동광〉, 1931. 9.

하여 장관과 국회부의장을 역임하였다. 대통령 후보로서 국민의 지지를 받은 바 있는 그를 지금에 와서 공산당의 전력 때문에 냉대하여 대동단결을 긴급히 요구하는 이 위기에 누군 되고 누군 안 된다는 것은 적전에서의 분열을 의미하는 참패작전이며 고질적인 병폐라고 신랄히 성토하고 죽산의 의견을 참작하여 그를 과감히 받아들이자고 기왕에 결의하였듯이 대동참여를 강조하였다. 그러나 완강한 장면 등은 이를 한사코 반대하여 대동단결에 문제점을 던져주었던 것이다.

4. 인촌 사후 민주당의 탄생

1955년에 접어들면서 150명 선으로 예정되었던 신당준비위원이 2백 명으로 증가하여 선정에 어려움이 뒤따랐고, 모체인 민국당원이 집단 입당을 기득권으로 강조하여 이런저런 논의가 제기되어 지연되었으며, 신당의 당 이념상의 견해차도 현저하여 논의가 미루어지고 있었다.[10]

논의한 결과 준비위원 수는 원내외를 합하여 공히 75명 선으로 잠정 합의를 보았다. 민국당의 집단 입당도 양보로 타협이 이루어졌다. 18인 위원회가 작성한 조직요강에는 좌익 전향자, 독재, 부패행위자는 신당준비위원이 될 수 없다고 규정하고 있어서 당내 인사를 이에 대입하면 죽산 조봉암, 부산정치파동 당시 민주세력을 탄압한 철기 이범석 등이 이에 해당되었다. 철기는 예외로 하더라도 죽산은 곽상훈, 장택상, 신도성 등이 찬성하였으나, 장면, 신익희, 조병옥, 김도연, 김준연 등은 반대하고 나섰다.

10인 위원회는 죽산의 경우에 한하여 예외로 한다면서 일단락 지었

---

10) 〈동아일보〉, 1955. 1. 23.

민주당이 창당되어 전국을 누비며 지방조직을 다질 무렵 (1955년 12월). 신익희를 비롯한 최고위원들과 임원들

다. 죽산을 영입하자는 의견이었다. 인촌은 1955년 1월 18일 백남훈, 조병옥, 송필만, 김준연 등을 자택으로 오게 하여 소아에 구애받지 말고 대국적 견지에서 과감히 죽산을 영입하여 합작, 대동합류하고 이승만 독재에 민주세력으로 대동단결할 것을 간곡히 권면하였다. 11)

결국 논의 끝에 신당은 죽산을 제외한 채 인촌이 작고한 지 7개월 만에 9월 19일 '민주당'이란 명칭으로 정통선명야당의 기치를 내걸고 화려하게 출범하였다. 12) 이는 분명 인촌의 살신성인(殺身成仁)의 모범을 보인 야권의 대동단결의 한 모범적인 대동통합이며 한국 야당사(野黨史)에 한 획을 긋는 일대 역사적 합류의 위업이라고 아니 할 수 없겠다. 13)

---

11) 〈동아일보〉, 1955. 1. 20. 조병옥은 죽산이 당권을 장악할지도 모른다는 위기감을 갖고 있었다.

12) 〈동아일보〉, 1955. 9. 20.

13) 〈부산일보〉, 1952. 9. 24.

민주당 최고위원들을 중심으로 당간부 기념촬영 (1959년경). 앞줄 왼쪽부터
곽상훈, 장면, 조병옥, 백남훈, 박순천

　인촌은 이보다 앞선 시기인 1952년 8월 4일 제 2대 대통령 후보로
이시영 전 부통령을 추대하자는 성명서를 발표하는 등 독재자 우남을
반대하는 일련의 정의로운 가시적 결단을 내리고[14] 선거운동을 강렬
하게 펼친 일도 있었다. 인촌의 이 같은 이시영의 대통령 추대에 동
조하는 유지로는 김창숙, 이동화, 유림, 신익희, 장면, 조경한, 신
석우 등이 있었다.[15] 당시의 부통령 후보로는 조병옥이 선정되어 8
월 1일 부산시내 충무로 광장에서 약 1만 여명의 군중이 운집한 가운
데 등단하여 인사행정에 있어 당파와 정실을 떠나 조야의 유능한 인
재를 발굴하고 총망라하여 그들로 하여금 기능과 역량을 발휘할 수
있도록 크게 혁신하겠다는 포부를 말하였다.
　이때 제 2대 대통령 추대를 위한 서울특별시 애국단체 대표자대회
에서 이승만을 대통령 후보로 추대하였고, 현 내무장관인 이범석을

14) 〈동아일보〉, 1952. 8. 4.
15) 〈동아일보〉, 1952. 8. 3.

185표로 부통령 후보로 추대하기로 결의하였다.[16] 민주주의의 정착을 위한 인촌의 열성을 엿보는 한 가지 예였다고 평가한다.

8월 13일 이승만 대통령은 523만 8,769표로 당선되었고, 무명의 목사 함태영이 249만 3,813표를 얻어 부통령에 각기 당선되었다. 조봉암이 797,504표로 2위, 이시영이 764,715표를 얻어 3위가 된 것이다.[17]

그만큼 민주주의 정착과 독재자의 척결을 극원하였다는 증좌인 것이다. 그의 정치노선은 이처럼 선명 야당으로서의 투명한 청결, 무균성을 유지 관리해 왔다고 높이 평가할 수 있는 것이다.

---

16) 〈조선일보〉, 1952. 7. 17 이날 거행된 부통령 추대 표결결과 인촌은 4표를 얻는데 그쳤다. 신익희는 16표를 얻었다.

17) 〈동아일보〉, 1952. 8. 14.

제
8   민족지도자의 최후
장

1. 인촌의 병세 악화

와병 중인 인촌의 병세 악화는 여러 가지 정치적 스트레스의 결과가 누적되어 일어난 것으로 판단되고 있다. 철저한 기독교인인 우남의 독재도 그중 큰 몫을 차지하였다고 생각된다. 하나님을 돈독히 믿고 있는 대통령이 무슨 큰 욕심이 발동되었을까 하는 것을 생각하면 그가 진정으로 하나님의 종이라고 볼 수 있을지 의문이 앞선다. 혹시 독실한 신자가 아닌가 하는 의아한 생각도 든다. 인촌이 만 4년간의 지병이었던 뇌혈전증이 자라서 이런 큰 병으로 연결되어 악화된 것이다. 갑작스러운 위출혈도 따지고 보면 그런 종류의 작은 병이 외부의 충격으로 인하여 점차 크게 자란 것으로 미루어 판단되고 있다.

인촌은 그 가족에 따르면 유년기부터 위(胃)가 약하였으나 별다른 처방은 하지 않은 채 만성화의 길을 걷고 있었다고 한다. 30대 초부터 이로 인하여 불면증에 시달렸다는 가족의 증언을 들어보면 짐작이 간다. 이를 초기에 휴식을 취하면서 양방이나 한방으로 철저히 다스려 나갔다면 근치가 될 수도 있었으나 치료할 시기를 놓친 것으로 보인다.

더욱이 교육, 언론, 기업, 항일투쟁, 건국사업 등으로 인한 스트레스를 그때그때 풀지 못하여 점차 피로와 고단함이 축적되었던 것으로 단정할 수 있는 것이다. 더욱 우남의 독재가 그를 이런 사지로 몰아내지 않았을까 하는 우려의 생각도 들고 있다.

광복 후에는 동지의 암살, 분단, 반소, 반공, 정부수립, 반독재, 야당 통합운동 등으로 잠시도 휴식의 틈이 없이 동분서주하였던 인촌의 고단한 삶이 그를 그렇게 정신적 곤혹, 궁핍으로 몰고 간 것이 아닐까 한다. 그동안 9번의 암살위협도 병세 악화에 일조하였다고 본다. 더욱 장기간의 피로증후군이나 정신쇠약증, 만성기관지염의 성장, 근육 류머티즘 등의 신경성 악화 등으로 심신이 쇠약해진 것이다.[1]

그는 와병 전후 4년간의 남모를 투병의 고통 속에 겉으로 소강상태에서 좀 더 휴식을 취해야 했으나 이를 무시하고 무리하게 일신의 안위를 돌보지 아니한 것이다. 그리하여 지병인 급성 위출혈의 증상을 알게 된 것이다. 그것이 인촌에게는 치명적인 병세를 방치한 셈이어서 막다른 골목까지 몰고간 것이다. 병세가 호전되는 듯하다가 2월 중순에 접어들면서 갑자기 뇌출혈 증세를 일으켰다.

2월 15일 밤 11경이었다. 두 번째로 크게 위출혈 증세가 일어나 혼수상태 속에서 긴급히 수혈을 받았으나 병세는 돌이킬 수 없는 절망상태로 점차 빠져 들어갔다.[2] 가족들은 안타까워 어쩔 줄을 몰라서 발만 동동 굴렸다. 묘안이 떠올라오지 않아서 였다. 운명의 시간은 야속하게도 더욱 더 지나가고 있었다.

---

1) 앞의 《인촌 김성수 전》, 678~679쪽.
2) 앞의 자료, 678쪽.

2. 천주교로의 아름다운 귀의 ─ 천국으로의 승천

1955년 2월 17일이었다.[3] 인촌의 병세는 절망상태로 빠져 들어가고 있었다. 백약이 무효라고 검진 의사도 심각하게 고개를 내저었다. 인촌은 부인 이아주 지사의 손을 잡고 "내가 이제 가려는가 보구먼…" 하고 체념하는 듯싶은 굳은 얼굴과 개미소리 같은 가느다란 목소리로 이런 푸념을 늘어놓고 있었다. 지사는 "왜 그런 나약한 말씀을 하세요. 곧 차도가 있을 것이니 조금만 참고 계셔요. 곧 회복된다고 해요" 하고 희망과 용기를 주었다. 당시 도하 여러 일간지에서는 인촌이 위독하다는 등 운명소식을 시시각각으로 전달하고 관심을 표하고 있었다.[4]

따져보면 인촌은 40대 중반 때 잡지기자가 "몇 살까지 살고 싶으십니까?" 하고 묻자, 그는 즉석에서 "적어도 한 80세까지는 살아야, 이 세상이 어떻게 돌아가는지 내 이 두 눈으로 똑똑히 보고 싶소이다" 라고 또렷하게 말했다.[5] 인촌은 하늘의 홍복을 받을 일을 손수 해낸 인물이었다. 그렇게 65세라는 짧은 생애로 마감할 인재가 아니었으니 안타깝기 그지없다. 그는 낙천주의자였다. 그런 성격의 인재는 오랫동안 생을 누린다는 것이 예부터의 정설이었기 때문이다.

2월 18일(음 1월 26일) 인촌의 운명도 얼마 남지 않았다고 주치의사의 전갈이 왔다. 병세 악화 속에 많은 문병객들이 분주히 찾아왔다. 그 중에는 가톨릭의 장면도 있었다. 장면은 이아주 부인을 통해 천주교에 입신하도록 간곡히 권유하였다. 오랫동안 유학자의 집안에서 성장한 인촌에게는 천주교로의 귀의(歸依)가 그렇게 쉬운 결단이 아니었다. 그러나 제사를 모실 수 있다는 말에 인촌은 가능성을 열어

---

3) 〈동아일보〉, 1955. 2. 18.

4) 〈조선일보〉, 1955. 2. 18.

5) 〈월간 삼천리〉, 1935. 9.

놓고 있었다. 오전에 잠시 깨어난 인촌은 장면의 권유를 전해듣고 곧 고개를 끄덕였다. 신부님 말씀에 그렇게 알고 곧 귀의하겠다는 뜻이었다.

장면은 이 기쁜 소식을 듣고 그와 가장 가까운 신부님 중 가회동 성당의 박병윤 신부와 같이 계동자택에 들어섰다. 그의 권유에 따라 인촌은 곧 영세를 받았다. 영세명은 '바오로'라고 하였다. '김 바오로', 그것이 김성수의 영세명이었다. 인촌은 한없이 평화스럽고 평안한 미소를 짓고 있었다.

명을 얼마 남기지 아니한 민족의 사표(師表) 인촌 김성수는 이런 말을 남겼다. "마음이 편하고 고통이 없도다. 천주님이 나를 보살펴 주시는 것 같도다"라고 아주 평화스럽고 자연스런 표정으로 묵주를 쥐고 여유 있게 편안함을 알리고 있었다. 인촌은 모여 앉은 가족들의 얼굴을 하나하나 둘러보았으나 사사로운 다른 말은 아니 하고 "나라의 앞날이 걱정이다"라는 마지막으로 나라를 걱정하는 공적인 말을 남기고 십자가상을 쥔 채 영영 세상을 등지고 하늘나라로 올라갔다. [6] 그것이 곧 이 나라에 마지막으로 남긴 공인의 공적 유언의 말씀이었다. 옆방에 있던 신부님이 들어와서 종부성사를 인촌에게 주었다.

때는 1955년 2월 18일 오후 5시 25분에 65세의 인촌은 운명한 것이다. 찬송가 가운데 이런 구절(542장 제3절)이 생각난다.

세상 풍조는 나날이 갈리어도 나는 내 믿음 지키리니 인생 살다가 죽음이 꿈같으나 오직 내 꿈은 참되리라. 나의 놀라운 꿈 정녕 나 믿기는 장차 큰 은혜 받을 표니 나의 놀라운 꿈 정녕 이루어져 주님 얼굴을 뵈오리라.

---

6) 앞의 《인촌 김성수 전》, 680~682쪽.

천주님의 품에 안긴 인촌의 착실, 평안한 꿈이 큰 은혜받을 징조로 확신한다. 65년간(1891~1955)의 착실한 공인의 생애 중 온갖 고통, 역경, 시련, 소망, 절망, 욕망, 원망, 실의, 낙망, 의욕, 화합, 겸손, 화해, 단결, 독재타도, 공선사후, 신의일관, 자강입국, 담박명지(淡泊明志) 등을 다 곱게 놓아두고 자연인 인촌은 훌훌 맨손으로 아주 총총히 편안하게 하늘나라로 갔다. 이 세상에서 그 누구보다도 가장 편안하게 승천한 것이다.

〈뉴욕타임스〉에 실린 김성수 기사
- 왼쪽은 민주국민당 지도자 김성수의 부통령 선출을 알리는 1951년 5월 17일자 기사.
- 오른쪽은 김성수의 서거를 알리는 1955년 2월 20일자 기사. 김성수를 서구 문화를 이해했던 한국의 저명한 정치지도자이자 교육자, 언론인으로 묘사했다.

3. 인촌의 국민장 결정과 고대 동산에 안장

2월 18일 인촌이 서거하자 정부는 2월 19일 그의 장례를 국민장(國民葬)으로 모시기로 결정하였다. 정부수립 이후 세 번째의 일이었다. 김구, 이시영에 이은 큰 국가적인 예우였다.[7] 이 같은 결정에 의거하여 정부는 '고 김성수선생 국민장의위원회'를 구성하였다. 위원장에는 부통령 함태영, 부위원장에는 국회의장 이기붕, 대법원장 김병로, 민주국민당 위원장 신익희, 교육계대표 조동식이 추대되었다. 책임위원으로는 총무 유홍, 재정 최두선, 예식 고희동, 연락 유진산, 경호 백한성이 위촉되었다. 동 위원회는 2월 24일 서울 운동장에서 영결식을 거행하게 일정이 잡혀져 있었다.

인촌의 최후 장지는 고대(高大) 동산으로 가족과 인촌 본인의 뜻을 최대한 살려 결정하였던 것이다. 당일에는 가가호호마다 조기를 걸게 하였으며 오전 10시에는 전 국민이 고인을 위하여 1분간 묵념을 하도록 하였다. 이보다 앞서 이승만 대통령은 인촌의 자택인 계동에 찾아와 부인과 같이 영전에 애도의 정중한 뜻을 전하였다. 그는 "정의와 공심에서 건국과 지도에 몸을 바친 덕망 있는 지도자를 잃어 깊이 애도하는 바이다"라고 간략한 애도의 담화를 발표하였다.

2월 21일 상주 등 유가족 30여명이 지켜보는 가운데 천주교 노기남 주교의 천주교식 집전으로 입관식이 있었고, 관은 문화재 관리국 소장의 동원비기로 마련하여 정중한 최대예우로 짰다고 한다.[8]

2월 24일 명동 성당에서 노기남 주교가 집전하는 가운데 대례미사를 마치고 영구는 서울 운동장에 도착하여 국민장의 대례에 따라 국민장의 예식을 정중하게 거행하였다. 조가(弔歌) '길이 두고 못 잊

---

7) 〈동아일보〉, 1955. 2. 20.
8) 앞의 《인촌 김성수 전》, 682~683쪽.

어라' 를 경기여고 합창단이 구슬프게 제창하는 중에 분향하고 영결식은 종료되었다. 오후 3시 동대문에 영구(靈柩)가 당도함으로써 국민장의 장례식은 종료되었다. 오후 4시 10분 경 안암동 고대 동산에 노 주교의 집전으로 연도가 울려 퍼지고 성수가 뿌려지는 가운데 유해는 영구히 편안하게 묻혔다.

"나는 부활이요 생명이다. 나를 믿는 이는 죽을 지라도 살 것이요, 무릇 살아 나를 믿는 이는

인촌의 계동 자택을 방문하여 조문하는
이승만 대통령

영원히 죽지 않으리라"한 뒤 영구는 흙 속으로 들어갔다. 인촌 김성수의 65년 귀한 생애는 이것으로 역사 속에 묻혔으며 종료된 것이다. 밖에는 비가 줄기차게 오고 있었다.

4. 언론에 나타난 인촌 김성수의 애도, 추모문과 평가

인촌 김성수가 2월 18일 오후 서거하여 24일 국민장으로 장례가 결정되었다고 하자 전국 10여개의 일간지들은 앞을 다투어가면서 그를 애도, 추모, 평가하는 사설과 기사가 연일 지면을 장식했다. 어떤 신문은 두 번이나 인촌에 관한 추모와 애도, 그리고 평생의 업적을 기리는 일반 기사를 집중 게재하여 인촌을 높이 평가하였다. 이를 다한 곳에 모으기는 어려워 수집할 수 있는 한 모아 여기에 그 참뜻을 서술하여 인촌의 고귀한 65 평생을 기리며 참 면모를 소개하고자 한

다. 전혀 순서가 없이 수집된 것부터 논의하고자 한다.

〈한국일보〉에서는 사설로 인촌을 추모하고 있다(1955. 2. 20. 사설
'인촌선생 서거의 비보를 듣고').

선생의 생애가 오로지 민족정기의 발양으로 시종하였고 그의 유풍
이 이 땅에 훈향을 남기고 있다. 일제의 폭정에 항거함에 그는 인재
배양에 착안하셔서 중앙고보와 보성전문이 이 나라의 동량을 배출
하기 그 얼마였으며 교육을 통한 민족운동의 지도자로서 불멸의 취
지를 쌓으신 것이다. 한국인의 경제적인 자활과 자립으로서 강인한
실력의 축적이 급무이기도 하였다. 일찍이 경방을 창립하여 민족 산
업 육성의 모범을 보이셨으니 최고의 근대적 시설이 이것이었다.
  인촌의 동아일보가 일제의 갖은 탄압에도 불굴하며 혹독한 적의
식민지 정책을 비판하고 형극의 길을 걷던 2천만 동포의 울분을 대
변해 주었던 것은 민족운동사의 찬연한 한 페이지를 기록하는 것이
다. 초지일관 유혹에도 눈을 돌리신 일이 없는 것이다. 장자의 풍
과 국사(國士)로서의 자취는 한민족의 가슴마다에 길이 남아 있는
것이다.

〈경향신문〉에서도 사설로 인촌을 애도하였다(1955. 2. 20 조(弔)
인촌 김성수 선생).

65생애를 통하여 종시일관 민족운동의 최선봉으로 조국의 자주독립
과 민족정기 고수에 몸 바쳐서 분골쇄신하심으로써 실로 민족적 찬
양을 일신에 모으셨다. 1940년 동아일보가 폐간될 때 백절불굴하는
고절과 덕망에는 고개가 숙여지지 않을 수 없다. 정계에 나서면서
도 늘 일선에서 물러나 인재를 밀어주고 키우는 선량한 양인의 모
습을 보여주셨다. 민족의 참 지도자를 영결하려 함에 애도, 애정을
무엇으로 표할지 모르나 이 겨레의 통일과 발전을 성수(成邃)할 것

김성수가 1955년 2월18일 홀연히 별세. 국민장으로 엄수.

을 맹세하는 바이다.

〈서울신문〉에서는 서거를 애도함이라고 전제하고 "온 국민의 애
도의 간절한 가슴과 찬사의 자자한 선율이 교착되는 가운데 국민장으
로 결정하였다. 최근 60년의 한국사에 있어서 뚜렷하게 서 있는 인간
상을 찾을 때 곧 인촌을 지적할 수 있다"고 하였다. [9]

〈평화신문〉에서는 "고하와 설산을 잃어 정계로 나왔으니 단지 위
국애족의 핍진한 일념이 그를 끌어 낸 것이다. 노 대통령을 받들어
부통령으로서 금회를 덜어 드리고자 하는 것이다"[10] 라고 칭송을 마
다하지 않았다.

〈자유신문〉은 "8·15 후 공산당들이 나라를 그르치려 할 때 민족진
영을 채근하고 고수하여 구국투쟁에 힘쓰다가 그 뒤 부통령으로 취
임, 위난한 조국 광복에 힘썼으니 실로 나라와 겨레를 위하여 평생을
바쳐왔던 것이다. 그 인격은 고결 공정하여 일호의 사심과 공리를 떠

---

9) 〈서울신문〉, 1955. 2. 22.
10) 〈평화신문〉, 1955. 2. 20.

났다는 점으로도 존경치 않는 사람이 없었다"고 보도했다. 11)

〈중앙일보〉에서는 "그분이 정치적 이념으로서 여인(與人)이건 야인이건 일상 검소한 생활양식과 나를 모르는 비(非)이기(利己)의 위인이었거늘 어찌 우리 애도의 정이 없으리요"12) 라고 보도하면서, 사설(1955. 2. 21)을 통해 이런 글을 실었다. "그는 35년간 일제 암흑시대에 있어서 실로 광명적인 존재가 아닐 수 없었던 것이다. 그 같은 공결하고 고매한 우리의 선비를 잃어버리게 되는 것은 일대 손실이요 한사가 아닐 수 없도다. "

〈연합신문〉에서는 다음과 같이 그를 애도하였다(1955. 2. 21. 사설 '인촌선생의 장서를 곡함').

> 그는 영면의 마지막 순간까지도 일신의 안일과 가족의 걱정보다도 국가민족의 장래를 위하여 비원을 가슴에 안은 채 명목(瞑目)하였음을 볼 때 그의 영면을 애석해 마지 않는다. 그의 높고 깊은 애국정신과 찬연한 업적은 우리 국가민족의 산 거울과 등불로서 나라와 겨레가 영속하는 한 영원불멸할 것이니 그의 뜻과 남긴 열매는 한층 더 새로워질 것이다. 그는 교육, 경제, 언론의 3대 무기로서 항일투쟁을 하였으니 인재의 양성과 자급경제의 확립과 충족에 있으며 민족의식을 고취하려면 언론기관이 필요하다는 것을 간파한 일대 선각자였다.

〈조선일보〉는 다음과 같이 애도하였다(1955. 2. 26, 홍효민의 '인촌선생을 추모함').

> 이 나라의 국민이 모두 그의 일생을 경모하지 않는 사람이 없습니다. 이 우리의 진세를 떠나셔도 그 큰 보람이 계시옵니다. 사상과

---

11) 〈자유신문〉, 1955. 2. 20.
12) 〈중앙일보〉, 1955. 2. 20.

사업에 사는 사람이 이 나라에는 아직도 많지 않습니다. 일생을 사상과 사업에 시종하신 위대한 사표이십니다. 그는 이 나라에 위대한 사표이십니다. 어지러운 세상에 나시어 고생만 하시고 가시는 일 생각하면 필설로 이를 다 위로해 드릴 무엇이 없습니다. 시인이 올리는 조가와 학도가 뿌리는 눈물은 오늘의 울음이 아니오며 이해의 울음이 아니옵니다. 영원히 가시는 위대한 사표에게 드리는 조가이며 눈물이 옵니다. 그를 추모하는 3천만 민족이 있을 때 지하에서 미소하실 것입니다.

〈경제일보〉의 사설은 다음과 같다(1955. 2. 25 사설, '고 인촌선생의 경영정신을 모범하자').

민족지도자의 한사람으로서 가혹하였던 일정의 탄압에 굴하지 않고 육영사업으로 인재를 양성하였고 언론기관을 통해 민족의 소리를 내외에 외쳤으며 민족산업을 진흥시켰다는 공로에 대해 민족적 애도를 받게 되었다고 본다. 국내 애국인사 중에서도 유독 빛나는 존재가 되신 인촌의 배경은 무엇일까? 그는 농민에게 발생한 부를 민족을 위하여 환원 투자할 줄 알았던 것이다. 여기서 그의 현덕을 볼 수 있으며 그것을 가능하게 한 돈의 힘을 우리는 알 수 있다. 일제의 유혹에 넘어가지 않았다는데 그의 지조를 느낄 수 있다. 이 같이 시리와 지리를 이용할 줄 알았던 것이다. 농민이나 방적 여공으로부터 모은 부가 민족을 위하여 뜻있게 쓰여졌다는 데 대해서는 추호의 이론이 없으나 그것이 대부분 그의 공로의 한계성이 있다.

〈자유민보〉(1955. 2. 24 사설) : "일제 악정에 시달리면서도 전 재산을 경주하여 경제 문화 사회 각 방면으로 조국건설에 쏟은 위대한 지도자였다. 평생을 애국애족의 일념으로 사리사욕 없이 겸손과 희생 봉사적인 위대한 지도자였다. 온후하고 인자하여 동포를 대할 때에 부형 자질과 같은 친절과 애호를 마지 않았다."

〈대전일보〉(1955. 2. 24 사설) ; "우리 민족의 교육가이며 민족운동의 지도자시다. 그 유풍을 본받아서 조국통일의 성업을 완수해야 한다."

〈대구매일신문〉(1955. 2. 24 사설) ; "그의 지식은 방가와 민족을 위하여 쓰여졌고 그 유족한 환경은 남을 위하여 제공되었으니 그 고매하고 겸허한 달덕은 무위이화(無爲而化)의 묘경에 이르렀다. 모략과 중상이 정객의 상도 같은 이 시기에 언감히 그를 비방하는 자 없을뿐더러 … 그의 덕망은 정치적 도의의 상징이기도 하려니와 일세의 사표로서 숭앙하기에 족하다."

〈민주신보〉(1955. 2. 23. 사설) ; "그는 진실로 최후의 일각까지 우국애족의 단충에 철두철미하였다. 그의 65생애는 조국광복을 위하여 깨끗하게 바쳐졌다. 끝까지 지조를 굽히지 않았음은 우리가 다 아는 바이다. 그는 관후 겸양하였으며 애지중지 민족을 사랑하시던 진실일 본(本)의 단충은 그가 떠난 후에라도 길이 흠모될 것이다."

〈전남일보〉(1955. 2. 22. 사설) ; "반공 민주 건국에 정진하였고 불타는 민족정신을 강렬하게 감득하거니와 인간의 일생이 어디 그렇게 고결과 정의와 투쟁으로써 엮어질 수 있을까? … 속세에 남은 우리는 그의 위대한 역사 속에서 그를 다시 찾는 것으로써 자위로 할까?"

〈충북신문〉(1955. 2. 21 사설) ; "이 땅에 계실 때 쌓아 올렸던 민주적 애족 정신의 유덕에 위배됨이 없도록 통일과 발전에 이바지 할 것을 맹세한다."

〈국도신문〉(1955. 2. 21 사설) ; "그가 남긴 바 우리 민족과 국가를 위한 족적이 너무 큰 까닭일 것이다. 그의 경륜과 포부는 반듯이 개화될 것이다. 우리는 그의 유지를 받들어 민족과 국가를 위하여 일할 것이다."

5. 각계 인사의 인촌 평가

인촌과는 정치적으로 껄끄러운 사이였던 이승만 대통령은 '인촌 국민장 영전에 드리는 조사'에서 다음과 같이 애도했다.

> 내가 하와이에 있을 때부터 김 공과 송진우, 장덕수 등과는 친분이 생겨 이 분들을 사모했다. 김 공이 나를 도와서 지지하여 준 것과 공개적으로 구호한 것은 그 당시 우리 입장을 백절불굴하고 나가는 자리에 막대한 힘을 주었다. 모든 지도계급 중 특출한 인물이었다. 애국주의에서 나온 것을 깨달아 그와 같이 행하여 온 것이므로 그 애국심을 우리가 추앙하는 것이다. 큰 지도자를 잃은 것을 통곡하니 김 공이 세상을 떠난 것에 대해서 또다시 통곡할 것이다.

김창숙 옹; "가시어야 알았던가. 가신 뒤에야 느꼈도다. 선생의 높은 뜻 인제서야 안단 말이…"

이범석 전 총리; "언제 다시 만나오리 따뜻한 선생의 얼굴 애달파라 머나먼 길 어이 홀로 가시나이까?"

지청천; "누가 안 가리만 선생 가시는 길 더욱 슬프다."

이희승; "어허 가시도다. 이 땅에 태양이신 스승님이 가시도다. 달 못 본 겨레와 함께 못내 설어합니다". (제1절)

최현배; "아아, 슬프도다. 인촌이 가시었다. 두 쪽 난 나라두고 인촌이 가시었다. 그 길이 무삼 길이기 임의 행차 바쁜가". (제1절)

김수환 추기경; "인촌의 특징은 평범의 비범이라고 보며 매사를 평범 속에서 구상하고 이를 겸허하고 성실하게 실천하는 데 있습니다. 스스로 몸을 낮추어 겸양으로 마음을 가다듬고 뒷자리에 앉아서 남의 공로를 드높여 주는 것이 그의 국량이요 경륜이었습니다. 그는 담박 명지의 무욕한 천성을 가진 분이었습니다. 그는 부호소리를 듣는 대

경영인이면서도 사생활은 일반 서민들의 궁핍에 비견할 만큼 검약 절제 극기를 닦았습니다. ”[13]

전대법원장 김병로; “어떤 사업과 경륜도 애국애족의 정신을 떠나서 한 것이 없고 동지의 뒷받침도 공로를 의도함이 아니요 동지애의 자연 발로였다. 국내외에서 투쟁하던 지사들의 여비를 걱정해 주고 봉투에 감사와 애정을 담아 주었던 것이다. 그것은 결코 재력만으로 행할 수 있는 일이 아닌 것이다. ”[14]

전 국회의장 신익희; “그는 마음이 결백하고 언행이 올곧고 활달하여 사소한 일에 구애받지 않고, 서로 믿고 서로 사랑하면서 앞날을 기약했는데 진실로 내 마음을 아프게 하도다. ”[15]

조병옥; “그는 부이불치(富而不侈) 라 하면서도 사치하지 않고, 귀이불교(貴而不驕) 라 하면서도 교만하지 않고, 빈이불굴(貧而不屈) 이면서도 굴하지 않는 성품과 도야된 인격의 수양을 가진 분이시다. 신임한 동지나 선배에게는 의심치를 않아 그 포용력이야 말로 머리를 숙이게 하였다. ”[16]

허정 전 국무총리; “인촌은 일은 자기가 하더라도 자신을 앞세우지 않으려는 분이었다. 어느 경우라도 그는 자신의 명성이나 명예를 추구하지 않았다. 고하는 임정의 법통을 지켜서 그분들이 환국하면 그 분들이 나라를 수립하면 된다고 생각하였다. ”[17]

김준엽 전 고대 총장은 해방이 되자 그가 임시정부 선발대로 충칭에서 여의도 비행장에 도착해서 경비를 서는 이가 한국인 같아 “김성수 선생 같은 분에게 이 사실을 알려주시오” 하였더니 분명 잘 알리

13) 김수환 추기경의 인촌 탄생 백년 기념사(동아일보, 1991. 10. 13).
14) 〈동아일보〉, 1955. 2. 26.
15) 신창현, 《해공 신익희》, 1992, 799~800쪽.
16) 조병옥의 추모사(동아일보, 1955. 2. 25).
17) 허정 회고록《내일을 위한 증언》, 샘터사. 1979, 96~99쪽.

겠다고 하여 안심하였다는 것이다. 인촌의 명성이 이미 중국에도 알려진 것이다.[18] 그는 인촌은 사람 모으는 힘을 가진 지도자라고 하였다. 6·25 당시 부산으로 피란을 갔더니, 7월 하순 경 인촌이 피란 나온 교수들을 불러서 월급을 나누어 주었다면서 비록 반액이었으나 일생 내내 그때의 고마움을 잊지 못하고 있다는 것이다.[19]

김성식 전 고대 교수는 인촌의 말대로 고대 본관 뒤로 갔더니 무궁화 두 송이가 있었다. "이건 무궁화야 고대를 지으면서 한국의 상징을 만들어야 하는데 호랑이와 무궁화 꽃을 붙인 것이지. 일제침략시대 시학관이란 자가 그것은 미처 못본 모양이야' 하였다는 것이다.[20]

전 동아일보사 잡지부장 최승만; "인촌의 교육열의에 감복하여 사람을 길러야 하겠다는 장학의 필요성을 절감한 인촌의 심정이 아닌가 한다".[21]

언론인 우승규; "인촌은 지역색 없는 고른 인재를 등용했다. 동아일보는 인촌이 각도 사람을 다 골고루 써서 화합을 강조하였다."[22]

언론인 유광렬; "인촌이 어린 자신에게도 깍듯이 인사를 잘하였다면서 누구에게나 인사 잘하는 것이 민주주의의 기본이라고 말하였다"는 것이다.[23]

손기정 선수가 인촌을 찾아 인사하니 인촌은 "손 선수가 왔으니 환영회하자"면서 서둘러 몸소 인촌이 창(唱)을 부르며 축하해 주었다는 것이다. 그의 애국심을 보는 것 같았다고 술회하였다.[24]

18) 김준엽 회고록, 《장정》, 1, 나남, 1987, 431~432쪽.
19) 《인촌 김성수의 사상과 일화》, 동아일보사, 1985, 374쪽.
20) 1982, 10 22 녹음된 김 교수의 증언.
21) 최승만, "만족지로 키워온 사람들 동아일보 창간 60주년 기념좌담회", 〈신동아〉 1980년 4월호.
22) 1982년 9월 30일 증언.
23) 인촌기념회, 이의신청 첨부자료, 2009. 4. 3, 165쪽.
24) 《인촌 김성수의 사상과 일화》, 동아일보사, 1985, 370~373쪽.

한만년 전 일조각 사장은 인촌으로부터 학비를 받았다면서 "나는 인촌의 특별장학생이었다"고 회고하였다. 25)

학술원 회원인 최태영은 법학자로서 보전의 교수로 재직하였다. 그는 인촌과의 밀약으로 최초의 대학 학술지인 《보전논집》을 한글로 발표한 일을 가장 소중한 성과로 꼽고 있었다는 것이다. 26)

성신여대 이현희 명예교수이며 국사편찬위원은 "인촌 김성수를 친일파라고 무책임하게 매도하는 것을 보고 개탄과 한심함을 느낀다"면서 성신학원의 설립자인 이숙종이 자신이 그 당시 듣고 본 일이라면서 "인촌은 군자금 모집책이 오면 금고문을 열고 슬쩍 나간다"는 것이다. 은밀하게 지원하는 일이 인촌의 이중적인 삶이었다고 내게 증언한 바 있다. "인촌은 1948년 반민특위 때도 거명되지 않았다"며 인촌의 결백을 당당히 선명하게 증언하였다. 27)

윤택중 전 문교장관은 부통령 당시 길이 막혀서 지나갈 수가 없어 사이렌을 울리라고 하였으나 옆에 앉아 있던 인촌이 이를 못하게 하여 짜증이 났었다고 실토하였다. 인촌이 "다른 사람이 놀란다면서 서서히 가자"고 하여 여간 곤욕이 아니었다고 회고하였다. 28)

인촌은 설산 장덕수가 미국으로 유학을 떠나자 그 동생(장덕희) 등에게 13년간이나 생활비를 대주었다고 한다. 보통 사람이 할 수 있는 일이 아닌 것이다. 인촌 아니고는 말이다. 설산의 모친 회갑도 다 그가 마련하여 해드렸다고 한다. 29)

유진오는 보전에 일본 형사가 부정입학을 해달라고 왔었다. 그러

---

25) 〈계우회보〉, 제110호 2003. 9. 30.

26) 〈고대신문〉, 2005. 5. 2.

27) 이현희, 《역사를 알면 미래가 보인다》. 이경, 2006, 208~214쪽, 〈동아일보〉, 2006, 3, 24 참조.

28) 앞의 《인촌 김성수의 사상과 일화》, 316~318쪽.

29) 앞의 책, 285~287쪽.

고려대에서 경기도 남양주로 천묘된 인촌의 묘소

나 인촌은 유진오에게 "사람은 무엇에 집착하면 안 되는 것입니다. 성의껏 해보다가 안 되면 단념하는 것이지요. 일에는 집착하여 의(義)를 구부릴 수 없는 것입니다"라고 했던 그때의 감명을 평생 잊을 수가 없다고 내내 실토하였다.[30)]

김두한은 "친일파는 이승만이다"고 소리 지르면서, "인촌이야 말로 평생을 교육과 자선사업에 바친 분인데 진정한 애국지사를 키운 분이 아닙니까?" 하였다.[31)]

---

30) 〈경향신문〉, 1955. 2. 24.
31) 김두한, 《피로 물들인 건국 전야》, 연우출판사, 1963, 258~262쪽.

제
9 인촌의 친일파 혐의문제
장 변정(辯正)

1. 왜 친일문제가 다시 일어났는가?

"진리를 알면 무엇이 거짓인지 분별할 수 있게 된다"고 성경에서는 말씀하고 있다. 인촌에게 있어서 친일문제는 애당초부터 어불성설의 문제도 안 되는 궤변 중의 궤설이라고 볼 수밖에 없다는 점을 먼저 말해둔다. 이미 인촌의 경우 변정(辯正)이 다 완료된 문제인 것으로 알고 있는데, 그것은 곧 일제하의 매일신보와 경성일보 등에 게재된 학병 권유의 위장된 기록이나 대필 또는 강연 때문이라고 생각된다. 우선 일제강점 하에 그런 류의 어용, 기관신문이 과연 외압이나 간섭 없이 모두 공정하고 정의에 입각하여 제작한 믿을 만한 객관적인 자료라고 평가할 수 있는지 여부를 가려야 할 것으로 판단된다.

그런 종류의 신문이 신빙할 가치가 있는가 여부에 관점이 모아져야 한다고 본다. 그런 자료들은 인촌의 친일여부를 확인시켜 주려는 의도가 아닌 허위, 날조, 왜곡, 과장, 선전, 선동물의 기명기사는 이미 알려진 대로 같은 회사의 도쿄제대 출신의 김병규 기자가 자신의 책무를 다하기 위하여 총독의 지시에 따라 인촌을 찾아 명의를 도용하여 대리 집필한 내용임은 만천하에 공개되어 더 이상 구구하게 설명을 요구하지 않는다.

유진오의 《양호기》(養虎記)라는 기록에도 상세히 나와 있으므로 다시 재언을 요하지 않는다.

한국 신문사(新聞史)의 대가 최준은 "당시의 매일신보는 완전히 일제 침략주의의 앞잡이였음은 새삼 놀랄 일조차 없는 엄연한 사실이었다. 신문사상 영원히 씻을 수 없는 큰 죄악이었다"[1]고, 신문사 전문가답게 술회하였다.

친일문제를 심층적으로 개발하여 큰 업적을 남긴 임종국은 "조선총독은 명사들에게 꼭두각시 노릇을 강요하면서 협박을 자행하였다. 함부로 명의를 도용해 허위로 날조한 학병 권유문을 발표하였다. 명사에 대해서는 다른 어떤 경우보다 교활하고 악랄했던 것"[2]이라고 말했다.

김진섭(전 매일신보 기자)은 조만식 명의로 나간 글은 매일신보의 평양지사장 고영한의 대필이었다고 증언하였다.[3] 동 신문은 총독부의 기관지니까 그럴 수밖에 없었다고 밝혔다.[4]

김달수(전 경성일보 기자)는 "신문이 하나의 결의 하에 행동하면 그 신문이 거대한 윤전기에 말려들어갔다 나오듯이 주변의 모든 것들도 말려들어가지 않고는 배겨나지 못한다. 편집국 간부들은 미네라고 하는 사회부장이나 차장들을 포함하여 그 날의 신보기사와 호소의 표어와 기획을 정하고 담화를 받아야 할 조선인 명사들의 명단을 한손에 들고 부원들을 닦달했다. 그것은 반듯이 데스크에서 빨간 펜으로 고쳐 써졌다. 경성일보 편집국은 이 같은 거짓을 만들기 위하여 마치 정신이 돈 것 같았다"[5]고 증언했다.

1) 최준, 《한국신문사》, 일조각, 1990, 301~304쪽.
2) 임종국, 《빼앗긴 시절의 이야기》, 민족문제연구소, 2007, 249쪽.
3) 《녹취 한국언론사》, 2001, 대한언론인회, 97~99쪽.
4) 김진섭의 2009. 3. 19 면담 참조.
5) 김달수, 《나의 아리랑 노래》, 중앙 공론사, 1977, 231~236쪽.

와코대 명예교수인 이진희 재일 사학자는 김달수의 증언을 이렇게 전하고 있다. "인촌은 매우 당당했다"라는 것이다. 6)

백철(전 매일신보 기자)은 1943년 11월 19일부의 큰 제목에 "지원 않으면 비신민"이란 것이 협박하듯이 나와 있다. 지도급 인사들을 동원하여 학병권유의 시국강연을 시켰다. 7)

학병출신 서석연은 "경성일보 한 장씩을 배포받았다. 용약 지원하였다는 찬사와 각자의 포부마저 빼지 않고 날조 보도한 것이다"8) 라고 말했다.

매일신보는 1938년 4월 기구를 확충한 후에는 전황보도와 시국인식의 철저함을 위해 매진하여 내선일체의 강화촉진에 공헌한 바가 아주 큼이라고 하였다는 것이다. 9) 매일신보는 동아일보가 일장기 말소 의거로 인하여 큰 곤욕을 겪었는데 동 신보 1936년 8월 1일자에 "일장기를 말소하는 기교까지 부려 그 정상을 조금도 동정할 점을 발견하기 어렵게 되었다"라고 비아냥거리던 그런 류의 신문인 것이다. 10) 이런 신문의 기사를 100% 믿을 수 있다는 말인가?

이미 앞에서 언급하였듯이 1945년 2월 인촌은 귀족원 의원의 제의를 단연 거절하였다. 당시(1959. 9. 16)〈식민통치의 허상과 실상─조선총독부 고위관리의 육성 증언〉에서 엔도 류사쿠 정무총감은 "김성수 군은 거절했어요"라고 회상하였으며, 이어 그는 "맨 처음 거론된 이가 인촌이었어, 인촌은 당시 누구의 눈에도 정말 훌륭한 사람으로 보였다고 생각해요"라고 솔직하게 증언하였다.

이런 교섭을 받았을 때 인촌은 "나는 지금까지 민족주의자로서 살아왔다. 지금 와서 그런 일을 받아들이고 싶지 않다"라고 결연히 거절하였다고 엔도는 증언하였다. 11) 인촌은 야기 노부오(八木信雄)의 저술 속에 "한국의 대표적인 민족주의자가 총독정치에 협력하여 주셨으면 하는 마음 간절합니다. 쉽게 이루어지지 않을 일인 줄 알고 있습니다만…", 하고 이와 같은 뜻을 표명한 것이다. 12)

최서면은 야기 노부오(八木信雄)에게 "조선사람 중 진짜 애국지사 한 명만 꼽으라"고 하자, "즉시 인촌을 지적하였다"라는 것이다. 야기는 인촌의 본심이 항일에 있었다고 확인하였다는 것이다. 13)

2. 인촌의 친일혐의 논박과 항일투쟁의 평가

국가기관에서는 인촌의 학병 독려 등 일제 협력행위에 대한 학병 출신자의 수기라는 문화일보 1947년 7월 5일자에 나온 김상훈의 '생환 학병의 수기'를 인용하여 인촌의 애국열의를 폄하하고 있다. 그러나 김상훈은 학병 출신이 아니며 그 당시의 문화일보는 공산당 신문이었음을 이해해야 한다. 인촌이 직접 매일신보나 경성일보, 춘추 등에 친일적인 글을 집필한 사실이 없다는 것을 확실하게 알아야 진리를 말할 자격이 있는 것이다. 인촌은 그 같은 글을 쓴 적이 없음이 명백해진 것이다.

최재동 당시 보전 학생은 "인촌이 미쳤다고 그런 글을 써요" 하면서 인촌의 명의로 나왔으니까 그가 쓴 것처럼 보이지만 우리 학생들은 그것을 믿지 않았다고 증언하였다. 김진웅 당시 보전 학생도 "그것이 신문에 실렸더라도 본인이 직접 쓴 것이라고 믿을 사람은 전혀

---

11) 도서출판 혜안, 2002, 《엔도 류사쿠 정무총감에게 듣는다》.
12) 야기 노부오, 《일본과 한국》, 일한문화출판사, 1981, 260~265쪽.
13) 최서면, "한일 막후 괴물 최서면의 현대사 비화", 〈월간조선〉 2002, 6월호.

없다"라고 극구 부인하고 있다. 이철승도 "인촌은 조용히 말했다. 일
제가 학병지원을 서두르는 것은 그만큼 전황이 불리하다는 증거야.
이 기회에 교육받은 조선인의 씨를 없애버리려는 것 같다. 그러면서
알아듣겠지 하면서 나를 의미 깊게 응시하는 것이 아닌가"라고 글을
통해 귀한 말씀을 남기고 있다.14)

윤석헌 보전 학생은 "김성수 교장 선생님이 단상에 올라가 총독부
에 불려가 지원병 권유에 대한 지시를 받은 사실을 이야기하고, 자세
한 것은 말솜씨 좋은 설산(장덕수)에게 미루고 하단하셨다"고 증언했
다.15)

김진섭(전 매일신보 기자)은 "매일신보에 난 글과 인촌의 언행을 비
교해 보면 직접 쓴 글인지 아닌지 누구나 다 곧 알 수 있다. 인촌이
했다는 것은 평소에 말씀하는 그 어른의 언질과 언법과 언행이 절대
일치하지 않는다"라고 증언하였다.16)

유진오 당시 보전교수는 "인촌은 글을 안 쓰기로 유명한 분이다.
그의 식사(式辭)는 대개 내가 대필하였다. 사전에 검열을 받아야 했
다. 그것은 매우 어려운 일이었다"라고 회상한 바 있다.17) 결국 인
촌은 평생에 문장을 쓰지 않았다고 증언하고 있음은 주목할 사안인
것이다.18)

이상의 사실을 종합해 보면 인촌은 유창한 글을 쓸 줄 몰랐다는 것
이 정설인 것으로 판단된다. 인촌은 국가기관에서 학병 징병 징용 등
을 위한 전국적 규모의 선전이나 선동을 강요한 행위 그리고 조사의

---

14) 이철승, "남기고 싶은 이야기", 〈중앙일보〉 1976년, 동양방송, 20~21쪽.
15) 윤석헌, 《먼 길을 후회 없이, 윤석헌 회고록》, 동아일보, 1993, 53~56쪽.
16) 2005, 6, 17 증언.
17) 유진오, 《교육자 인촌, 구름 위의 만상》, 일조각, 1966, 285~286쪽.
18) 〈동아일보〉, 1965. 2. 18.

대상이 될 수 없는 사실이 명백해진 것이다. 인촌이 흥아보국단의 준비위원이나 조선 임전보국단에서 발기인과 감사로 활동하였다고 하였으나 인촌은 두 단체에서 아무런 활동을 한 사실이 전무함을 확인한다. 인촌의 명의가 도용되어 사용되었을 뿐임을 알아야 한다. 그가 워낙 유명인사이기 때문이었다. 자료에 의하면 모든 조선인을 강제적으로 모아 조직하여 일사불란하게 동원하고자 함에 근본 원인이 있었던 것을 알아야 한다.[19] 본인도 모르는 사이에 명의를 도용당한 것이 친일 반민족 행위가 될 수는 없는 것이다. 흥아보국단은 존속기간이 불과 15일 정도였다. 이 어간에 인촌이 무슨 큰 친일행위를 할 수 있었을까 매우 의문스러운 사실이 아닐 수 없다.[20]

인촌은 조선 임전보국단의 전신인 임전대책 협력회 결성행사에 전혀 참석한 일이 없다. 또한 채권 가두판매 행사에 참여하지도 않았음이 확인되고 있다.[21] 결국 유명한 인촌의 고명(高名)만 도용되어 선전 자료화하였던 사실을 우리는 알아야 한다.

3. 마녀사냥식의 혹평 문제점

당시 인촌은 '징병제도실시 감사축하대회'에 보전, 연전 등 전문학교 관계자가 대거 동참하였는데 그 장소에 동참하였다. 이런 억지 참석이 기관이 지적한 대로 "주도적으로 선전 선동하거나 강요한 행위"라고 규정할 수는 없는 것이다. 인촌이 집필하였다는 "문약의 고질을 버리고 상무정신을 조장하라"는 기관지의 글을 그에게 뒤집어씌우는

---

19) 민족문제연구소, 《일제협력단체사전-국내 중앙편》, 2004, 296~297쪽. 국민정신 총동원 조선연맹 참조.
20) 《반민특위 재판기록 14》, 다락방, 1993, 96~97쪽.
21) 〈삼천리〉, 1941, 11월호, 45~47쪽.

것은 그의 인품이나 애국적 숨은 행위를 살펴볼 때 전혀 앞뒤가 맞지 않는 전후 모순의 극치를 이루는 고의적인 친일파 양산을 위한 궤변이고 중상일 뿐인 것이다. 22)

여기 등장하는 인촌의 글이란 것은 사실상 총독 훈시의 내용과 매우 유사한 문장임을 그 누구나 즉각적으로 인식하고도 남음이 있는 것이다. 누군가의 대필임이 분명한 것임을 입증하는 증좌인 것이다. 뿐만 아니라 고이소 조선총독의 훈시를 보면 더 인촌의 글이 아니란 내용이 명백해진다. 인촌이 집필하였다는 대목이 조선총독의 그것과 매우 유사함을 즉각 인식하게 된다. 23) 이는 임종국의 지적과 같이 "명의를 도용해 가면서 허위로 날조한 학병 권유문"임이 명백해지는 것이다.

전 고려대 총장 유진오는 매일신보의 학병권유에 대하여 매신 기자 김병규가 인촌의 글을 대필하겠다고 해서 창피한 글이나 되지 않게 주의하라고 나에게 일러서 그 뒤에 그 글을 보았더니 "창피한 것은 없는 조촐한 글이었다"라고 술회하였다. 그러니까 그 글은 인촌이 아닌 총독부 당국자의 명령을 받은 김병규 기자가 인촌 명의로 대필한 것임이 명백한 것이다. 24)

매일신보에 나오는 6회 연속 좌담회에서 인촌의 발언은 모두 동 연맹 사무총장의 말을 게재한 것으로 판명되었다. 25) 이 날 행사에 동참했던 보전 학생 김진웅은 "인촌은 나오더니 주머니에서 무엇을 꺼냈다. 오늘 아침에 총독부에서 이걸 가져와서 이 자리에 나와 읽으라고 하길래 이제부터 읽겠습니다. 이게 친일이란 말인가"라고 분개하며 말을 이어나갔다. 26) 이것을 보면 총독부에서 문건을 만들어 주어서

22) 〈매일신보〉, 1943. 8. 5.
23) 〈경성일보〉, 1943. 10. 26.
24) 유진오, 《양호기》, 고대 출판부, 1977, 114~116쪽.
25) 〈매일신보〉, 1943. 11. 8. 9.

이를 읽었다는 사실을 명백히 알 수 있는 것이다.

당시 보전 학생 중 서태원, 문병윤 등은 인촌이 학병 가지 말라고 하기도 하였느냐는 질문에 "나를 포함하여 몇 명에게 개별적으로 만나면 그런 얘기를 하곤 하였다. 당시 보전 학생들은 모두가 그런 생각이었다"라고 하였으며, 문병윤은 "네가 가고 싶지 않으면 군대가지 않아도 된다고 그러시더라. 네가 마음대로 하라고 하신다"면서 절대로 강제성을 띠지 않았다고 증언하였다. "매신에 학병권유에 대하여 그는 진짜 인촌이 그런 글을 쓰셨다면 나보고 학병 가라고 권유하였을 것이다. 그것이 인촌의 본심이었을 것이다"라고 증언하였다.

최기일은 "나에게 가장 힘을 준 이야기는 보전 교장이던 인촌과 학생들 간의 만남에 대한 일화였다"[27]고 증언하였다. 이어 인촌은 "학생이 없는 대학이 무슨 소용이 있겠소. 텅 빈 건물들은 나에게 아무 쓸모가 없소. 여러분이 옳다고 생각하는 바를 행하시오. 학교와 나에 관해서는 걱정하지 마시오"라고 하였다.

문투는 겸손하고 문장에는 강건체가 전혀 없는 것이 그의 글의 특징이었다.

인촌이 동아일보의 새해 아침 각계인사의 일반 가정에 보내는 말씀을 보면 "천륜의 인정을 무시한 서자 학대는 말자, 축첩을 금함은 당연하다"는 표현이 전부가 아닌가 한다. [28] 인촌은 졸업생을 보내면서 "독립정신과 실행의지에서 근래 청년들의 독립정신이 부족하고 실행의지가 박약하다는 것입니다"라고 강조하였다. [29]

인촌은 동아일보 사장에 취임하면서 "나는 일개의 조력자가 되기를 좋아하되 직접적으로 국(局)에 당하는 것은 즐기는 바도 아니오. 동

26) 전 고려대 총장서리 김진웅의 증언.
27) 최기일, 《자존심을 지킨 한 조선인의 회상》, 생각의나무, 2002, 314~316쪽.
28) 〈동아일보〉, 1933. 1. 3.
29) 〈제1선〉, 1933. 3월호.

524

료의 근실한 협력과 주주제위의 애호는 물론 독자의 진지하고 열렬한 사랑이 저를 격려하고 지도하여 주실 것을 확신하는 바입니다"30) 라고 겸손의 일성을 발하고 있는 모습에서 인촌의 참 애국적 고뇌의 겸손한 인간상을 연상할 수 있겠다.

온화하고 평화로움의 대명사인 인촌은 열화 같은 언변도, 갈채를 받을 만큼의 넘치는 정열도 잘 나타나지 않고 있었다. 국가기관에서 거론한 "제군은 세계 무비의 황군의 일원의 광영을 입게 되었으니" 라는 투의 문구는 매일신보와 경성일보가 사용한 상투적인 선전을 위한 문구였음을 감안하면 인촌의 주의 주장이 어떤 투의 문장인가를 미루어 짐작할 수 있는 것이다. 터무니없는 글을 내밀며 인촌의 친일적 문장이라고 밀어붙이는 것은 언어도단이라고 아니할 수 없는 것이다.

시국인식의 철저를 역설하는 라디오 강연회 연사로 한 차례 동원된 사실의 문제를 본다. 그 중의 일부 내용은 이렇게 이어지고 있다.

일제의 동아에 처하여 있는 세력, 이번 북지(北支) 사변과 비상시국의 철저한 각오를 환기하여 민심의 동요를 각각 자제하며 각각 그 업에 안정하여 총후봉공에 노력하는 것이 이 시국에 대처하는 방도이다.31)

이런 사실을 두고 적극적으로 일제에 협력한 행위에 해당한다고 보기에는 매우 부족하고 가당치 않은 면이 있다고 평가한다. 이미 언급하였듯이 인촌에게 시국강연을 부탁하면 물자절약이나 유언비어를 조심하라고 하는 매우 소극적이고 일반적인 말을 5분 정도하고 총총히 내려오는 것이 그의 습관처럼 되어 있는 것이다.32) 이런 사실을

30) 〈동아일보〉, 1924. 10. 23.
31) 〈조선일보〉, 1937. 8. 3.
32) 인촌기념회, 앞의 《인촌 김성수 전》, 404~405쪽.

우리는 충분히 이해해야 한다.

인촌이 출정군인 유가족을 위한 원호사업에 협력할 것을 주장한 것은 그 군인 유가족을 위한 원호사업에 적극 협력하자는 관례적이자 한국적인 미풍양속 중의 하나인 것이다.[33] 뿐만 아니라 인촌 등 보성전문 그룹은 일제의 그물을 용하게 피하면서 최대한 민족적 양심을 살리느라고 고심했지만 … 국민총력조선연맹이란 것이 총독부의 손으로 날조되고 그 간부 명단에는 모모하는 조선인사회 유력자의 이름이 나열되어 있었는데도 누구나 성명서도 못 내고 속절없이 당하는 수밖에 없었다.[34]

인촌은 1922년에서 1926년 사이에 13번 총독을 면담하였는데 퇴임한 총독에게 유감스럽다는 말과 바둑판을 선물로 보낸 것이 친일이라고 간주될 수 있을까? 극히 의문스럽다고 본다. 해당 전문 국가기관은 인촌이 사상범 선도를 위한 소도회의 이사, 조선방송협회 평의원, 기원제 거행을 위한 발기인 활동, 협화회 관민유지 간담회 참석, 부여신궁 근로봉사 참여, 조선동아연맹의 자금후원, 조선사회사업회 평의원 활동, 국민동원 총진회 감사활동 등에 관여하였다고 그 성분을 가리지 아니하고 모두 일괄하여 친일혐의를 두고 일괄매도하고 있는 것이다. 그러나 인촌과는 전혀 상관없는 단체임을 명백히 말한다.

서병조는(전 연합신문 편집부국장) 특별검찰관이며 독립운동가였던 장홍염이 인촌댁에 가서 독립자금을 달라고 졸라댔다고 했는데 그 분이 곧 제헌의원인 장홍염이었다는 것이다.[35] 동아일보 정치부장을 지낸 박경석 전 2선 국회의원은 "장홍염은 자신이 1929년 12월 광주학생 항일운동 당시 이를 서울 등지로 확대시킨 휘문고보 대표로서

---

33) 〈매일신보〉, 1943. 12. 7, 동 1944. 1. 22.

34) 유진오, 《양호기》, 고려대 1977, 85~88쪽.

35) 서병조, 《정치사의 현장, 제1공화국》, 중화, 1981, 195~1298쪽.

삐라 격문 등을 만드는데 동갑나기 친구인 김상만에게 부탁하여 인촌을 만나서 군자금을 얻어 썼다"고 증언하였다.[36]

윤치호의 기록에 흥업구락부에서는 "윤치호가 중심이 되어 김성수 등이 몰래 수만 원을 모아서 미국으로 송금하였다"는 것이다.[37]

흑백당은 1942년에 주낙원 가택에서 모인 경복중학교 중앙학교 학생들의 항일결사였는데 인촌 등은 그 고문에 추대되었다고 한다.[38]

이극로로 하여금 조선어학회를 운영하게 한 장본인이 곧 인촌이었다고 하였다.[39] 신도성은 "인촌은 수신(修身) 시간에 자신의 얘기를 많이 해주셨다. 은근히 민족정신을 불러일으켜 주셨다"고 실토하였다.[40] 김일성의 부친이 동아일보 지국을 맡아 보았는데 신문은 그저 얻어 볼 수 있었다[41]는 것이다.

홍일식 전 고려대 총장은 인촌을 "인자(仁者)는 무적(無敵)이란 성현의 말씀을 몸으로 실천한 큰 그릇이다"라고 종합적으로 요령 있게 정확히 평가하였다.[42]

우리는 인촌의 애국충절이 일제 강점하에 민족을 살리고 경제를 부흥하게 하려는 자립 자강의 참 진리였음을 하루라도 망각해서는 아니 된다. 그의 일제에 대한 항거의 자세는 일제 강점하 하루도 쉴 날이 없었다. 어떤 형태로든지 민족을 최우선시하였던 공선사후의 애민애국의 겸손한 숨은 실천의 거룩한 애국지사(志士)였다고 평가한다.

36) 서랑 박경석 의원의 증언(2005. 2. 2).
37) 《윤치호의 생애와 사상》, 을유문화사, 1998, 115~117쪽.
38) 김호일, 《한국근대학생운동사》, 선인, 2005, 346~355쪽.
39) 한글학회, 《얼음장 밑에서도 물은 흘러》, 1993, 22~25쪽.
40) 신도성, 《중앙 80년사》, 1993, 37~39쪽.
41) 김일성, 《김일성회고록, 세기와 더불어》, 제1권, 평양, 65~66쪽.
42) 홍일식, 〈고대문화〉, 13, 1972, 171~175쪽.

결 론

　　참선비 애국지사 의인 인촌 김성수(1891~1955)의 65평생은 나라
사랑과 겨레를 위해 공적인 사실을 먼저 내세우는 공선사후의 고귀한
일생이었다고 말할 수 있다. 그의 모든 사업은 여기서부터 출발하였
다고 생각한다. 전북 고창의 토지 부호의 자제로 태어난 그는 전통적
이고 유교적인 선비의 덕망을 갖추고 독서인으로서의 교양과 자질,
고귀한 인품을 타고난 선비형 인재였다. 그는 외세가 국내에 침투하
던 한말의 각종 민족자강운동에서 자극받아 개화 자강만이 이 나라가
외세로부터 침해받지 아니하고 응전 속에 풍족하게 자립자족할 수 있
다고 믿은 것이다. 그는 창평의 한 학숙에서 평생의 지우 고하 송진
우를 만나게 되어 이후 그가 흉탄에 쓰러질 때까지 자주와 자립을 위
한 사업과 민족독립운동에 몸을 바치기로 굳게 상약하였다. 그는 일
본의 와세다대학의 설립자 오쿠마의 교육입국의 건국정신을 본받으
려 하였으며 후쿠자와의 자유 민권 사상의 영향으로 근대적 교육의
중요성을 새삼 자각하게 된 것이다. 그의 교육입국의 아이디어는 그
들 일본인 선구자로부터의 영향이었다고 생각한다.
　　그는 귀국 후 민족의 유능한 역군을 배양 활용해야 하겠다는 구국
의 일념으로 20대 때 사립중앙학교를 인수 확장하여 인재들을 길러냈
고, 1919년 3·1혁명 때는 중앙학교를 거점으로 삼아 종교계와 연계

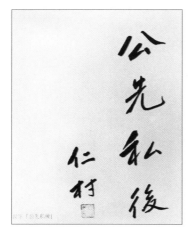

인촌의 생활철학이었던 '公先私後'.
인촌의 친필이다.

하여 대대적인 민족운동을 전개할 웅도를 품고 이종일 등 천도교 지도자와 연락하여 이 운동을 대중화로 성사시키게 된 것이다. 이 시기에 경방을 창업하여 민족의 자립을 최우선시하여 민족 실력양성에 앞장서기도 하였다. 민족의 실력양성은 민립대학 설립운동으로도 구체화되어 1930년대에는 보성전문을 인수 확장하여 민족주의 의식을 가진 교수진으로 보강, 편성하고 일제하의 민족운동의 세계적인 일꾼들을 길러낸 것이다. 그런 면에서 보전의 인수경영은 곧 민족의 실력양성의 실현이었다고 간주된다. 이것이 곧 광복 뒤에 고려대학으로 연결되어 수많은 국가의 동량을 배출한 것이 아니겠는가?

이처럼 교육자로서의 인촌은 유위유능한 인재육성만이 이 나라의 참 희망이라고 믿고 일제의 갖은 회유와 억압 속에서도 끝내 굴하지 않고 소신껏 민족교육에 앞장 선 것이다. 그것이 때로는 오해를 불러일으켜 친일파라는 낙인도 찍혔던 것이다. 이렇게 문화민족주의자를 멋대로 평가하는 것은 참으로 민망한 민족적 수치가 아닐 수 없다. 진심을 너무나 왜곡해석하고 있기 때문이다. 왜 그를 그렇게 민족의 역적으로 몰고 가려고 하는지를 모를 일이다. 매우 안타까운 일이 아닐 수 없다. 이 연구에서는 그 중심사상과 활동에 천착하였다.

여러 선각자들이 인촌을 평가하였지만 그 중 민족광복론을 제기한 춘원의 평에서도 지적하였듯이 그의 사업이나 교육 정치활동 중에서 가장 힘이 될 수 있었던 근본은 그의 헤아릴 수 없는 덕망과 고매한 인격, 놀라운 인내심이었다. 그는 천연(天然)하고 친절하며 겸허하고 충성된 특출한 인간미가 있다고 말할 수 있다. 천연이라는 근본적인 덕을 줄거리로 한 내면적 인격의 발산이었다고 볼 수 있다. 오랫동안 인촌을 곁에서 보아왔던 분들 중 유진오의 평도 크게 참고가 된다. 겸손하고 건실하며 신중하지만 어떤 경우에서나 자신의 신념은 무슨 난관이 닥쳐도 굽히지 아니하고 원칙을 철저히 지키고 소신을 관통하는 철저히 자기관리에 투철한 분이라고 평가하였다. 겸손과 천연의 덕은 매우 유사성이 있다고 하는 공통점이 있는 것이다. 이를 종합해 보면 인촌은 온후하고 성실성이 강한 참 의인적 큰 선비라고 평가할 만하다.

인촌은 민족교육, 사업, 언론을 경영함에 있어서 주식회사 방식을 도입하여 종사원에게 명리를 제공하였으며, 유능한 인재를 먼저 앞세우고 자신은 뒤에서 후원자의 임무를 수행하는 것으로 조직을 리드해 나간 것이다. 그의 위대함이 여기에 있는 것이다. 어떤 업체에서나 다 내 것이라는 오만한 오너십의 개념은 처음부터 존재하지 않음을 그의 경우에서 경험한다. 언론에서 고하와 근촌을, 정치에서 설산, 해공, 각천을 앞세우고 신문사나 정당이나 기관을 이끌어 나간 것이다. 그것은 그의 가장 능률적인 사업수완이기도 한 것이다.

그는 용인술에 있어서 가장 뛰어난 신호등의 임무를 수행한 것이다. 그는 인물을 키우고 배출하며 적재적소에 배치하여 적격의 임무를 맡겼기 때문에 그의 주변에는 기라성 같은 준재들이 몰려들었고 그를 따랐다. 가히 인물을 키우고 모으며 인재를 개발하는 창업자의 임무를 맡았다고 평가한다. 신임하는 이는 끝까지 안심시키고 설혹 실수가 있다 해도 이를 탓하지 않는 대범한 사람 취급이 그만이 갖고 있는 큰 인재육성의 장점이며 특징이고 비법이었다고 보는 것이다. 신의일관(信義一貫)의 독특한 경영방법이라고 평가한다.

최근에 발견한 문서 중 인촌은 이미 1920년대에 인도의 간디에게 조선의 독립운동 방략을 묻는 서신을 보낸 일이 있었다. 그의 회신이

"조선은 조선의 것으로 무저항적인 방법으로 항일투쟁을 전개하라"고 일러주었다. 벌써 인촌은 이 시기에 세계를 리드하는 인물군(群) 속의 한 뚜렷한 지도적 인물로 위상이 정립되었음을 알 수 있었고, 그 무리 속에 포함되어 있었다고 보아도 무방할 것이다. 법조인인 가인 김병로와 이인의 소개로 무료 변론의 항일 변호사 후세 다쓰지(布施辰治)를 알게 되어 동아일보의 사설로 그를 위로, 격려하고 칭송하는 이벤트도 잊지 않고 거론한 바 있다. 그 항일 변호사는 2004년 한국 정부에서 최초로 건국공로훈장을 추서한 분이기도 하다.

인촌은 포용력 있는 교육가, 기업가, 정치가이기도 하였다. 광복 뒤 민주당을 통합 조직할 때 모든 동료들이 조봉암을 공산당의 전력이 있다고 합류를 꺼리고 반대할 때도 화합 차원에서 의연히 찬성하였다. 따라서 그와의 대동합동을 강조하고 대단합의 원칙과 금도(襟度)를 보여 군자대인(君子大人)다운 약여한 모습으로 말미암아 동료들로부터 신뢰할 수 있는 대단한 인물이라고 친밀감과 존경심이 충만하다면서 우러러 평가한 일도 있었다.

그는 광복 이후 대한민국의 정치노선을 자유민주공화주의 정체를 고수하였고 대한민국 임시정부 27년사의 법통성을 끝까지 지켜 이승만과 김구를 신생 대한민국의 정 부통령으로 추대하고 남북이 하나 되는 아름다운 모범된 복지의 나라를 건설하자고 역설한 것이다. 그가 건국에 기여한 공로는 매우 적극적이었고 최우선적이었다. 그럼에도 불구하고 언제나 인촌은 뒤에서 조력자로 남아 통일된 나라의 일개 평범하고 떳떳한 국민이 되는 것이 그의 소박한 희망이기도 한 것이었다.

그는 충성스러운 애국자였고, 그가 그렇게 적극적으로 추대한 이승만이 대통령이 되자 자신과 소속 당을 헌신짝 버리듯이 차 버려도 조금도 원망하거나 보복의 칼을 갈지 않고 정부 수립과정에서 화합과 단결을 강조한 것은 그의 교양 있는 고품격의 장자다운 풍모의 일단이라 아니할 수 없겠다. 단지 지나친 독재체제로 흐를 때는 가차 없이 이를 제어하고 국리민복 편에 서서 정의로운 투쟁에 앞장섰다. 제2대 부통령 시절 1년여 동안 그는 국리민복에 전념하였음을 열거한 바 있다. 마땅히 대한민국의 대통령으로서 추앙되어야 할 겸손한 인재였다.

그는 정부수립 초에 공산당의 무리가 건국과정에 개입하여 정부수립을 방해하였을 때 이를 철저히 방어함에 신명을 바친 외곬의 자유민주공화주의 신봉자였다. 이로 인하여 인촌은 그간 정밀하게 조사한 바로는 대략 9번의 암살위협을 받았던 것이다. 이미 송진우, 장덕수, 여운형, 김구 등이 잇달아 암살테러로 비명에 유명을 달리한 것을 언급하였듯이 우파들은 언제 비명횡사할지도 모르는 살얼음판과도 같았던 암살의 전성시절이었다. 때로는 단체로, 때로는 단독으로 암살의 마수가 그의 귀한 목숨을 노렸던 범상치 않은 일도 있었다.

이런 일련의 불굴의 인품은 공선사후(公先私後), 신의일관(信義一貫), 담박명지(淡泊明志), 자립자강(自立自彊) 사상에서 출발한 인촌의 특유한 유교적 원형사상 체계에서 찾아볼 수 있다. 그가 우리 곁을 떠난 지 벌써 55년이 되었으나 아직도 그의 지도력이 더 아쉽게 느껴지는 요즘의 일이다.

1. 국내문헌

가다노 쯔기오(片野次雄),《일제시대의 얼굴(역사의 앙금)》, 윤봉석 역,
　　　우석출판사, 2003.
강동진,《일제의 한국침략정책사》, 한길사, 1980.
강만길 외,《해방전후사의 인식》전 5권, 1979~1989.
강영훈,《나라를 사랑한 벽창우 — 강영훈 회고록》, 동아일보사, 2008.
강홍수,《조선독립혈투사》, 고려문화사, 1946.
강재언,《한국의 근대사상》, 한길사, 1983.
권태억,《한국근대면업사 연구》, 일조각, 1989.
경방,《경방 50년사》, 1969.
＿＿＿,《경방 70년》, 1989.
＿＿＿,《경방 80년》, 1999.
고려대학교,《고대 70년지》, 고려대, 1977.
＿＿＿,《고려대학교의 사람들》, 고대 출판부, 1988.
고당전평양지간행회,《고당 조만식》, 평남 민보사, 1966.
고승제,《한국금융사》, 일조각, 1970.
＿＿＿,《한국경영사 연구》, 한국능률협회, 1975.
고원섭,《반민자 죄상기》, 백엽문화사, 1949.
고준석,《민족통일 투쟁과 조선혁명》, 힘, 1988.
고하전기편찬위원회,《독립을 향한 집념 — 고하 송진우전기》, 동아일보사,
　　　1990.
고하송진우전기편찬위원회,《고하 송진우 선생전》, 동아일보사, 1965.

534

국가보훈처, 《독립운동사》, 전 20권, 동 자료 편 15권, 1972 · 2003.

국사편찬위원회, 《자료 대한민국사》 전 15권, 1970~2008.

_____, 《조선폭도 토벌지》, 1907년분.

_____, 《독립운동사》 전 5권, 1965~1969.

_____, 《대한민국임시정부 자료집》 전 50권, 2005~10.

_____, 《한민족독립운동사》 전 10권, 1991.

국회도서관, 《한국민족운동사료 중국편》, 《3 · 1운동 편》 전3권, 1976~
1979.

국회사무처, 《국회속기록》, 제 1~10회, 1948~1950.

김구, 《백범일지》, 서문당, 1999.

김기석, 《남강 이승훈》, 현대교육총서출판사, 1964.

김남식, 《남로당 연구》, 돌베개, 1984.

김대상, 《일제하 강제인력수탈사》, 정음사, 1975.

김달수, 《나의 아리랑 노래》, 중앙 공론사, 1977.

김도연, 《나의 인생 백서; 상산 김도연》, 〈상산김도연회고록출판동지회〉,
1965.

김동성, 《한국민족주의 연구》, 오름, 1996.

김동춘, 《전쟁과 사회; 우리에게 한국전쟁은 무엇이었나?》, 돌베개, 2000.

김두한, 《피로 물들인 건국전야》, 연우출판사, 1963.

김만규, 《한국의 정치사상》, 현문사, 1999.

김병하, 《한국경제사상사》, 일조각, 1983.

김삼규, 《민족의 여명》, 38(三八)사, 1950.

김상태, 《윤치호일기; 1916~1943》, 역사비평사, 초판 2001, 3판 2003.

김성식, 《일제하 한국학생운동사》, 장음사, 1974.

김성칠, 《역사 앞에서; 한 사학자의 6 · 25일기》, 창작과 비평사, 2005, 13
판.

김순규, 《현대국제정치학》, 박영사, 1997.

김승학, 《한국독립사》, 독립문화사, 1965.

김연수, 《수당 김연수》, 수당기념사업회, 1971.

김영국, 《한국정치사상》, 박영사, 1991.

김영진, 《반민자 대공판기》, 한풍출판사, 1949.

김운태, 《한국현대정치사》, 성문각, 1986.

_____, 《일본제국주의의 한국통치》, 박영사, 1986.

_____, 《한국정치론》, 박영사, 1982.

김원모, 《영마루의 구름; 이광수의 친일과 민족보존론》, 단국대 출판부, 2009.

김윤식, 《이광수와 그의 시대》, 한길사, 1986, 제3권.

김일성, 《김일성회고록, 세기와 더불어》 1, 1993.

김정원, 《한국분단사》, 동녘, 1985.

김종오, 《변질되어 가는 한국현대사의 실상》 상·하, 종소리, 1989.

김준연, 《독립노선》, 시사시보사, 1957.

김준엽, 《장정》, 전5권, 나남, 2002.

_____, 《역사의 신》, 전2권, 나남, 2008.

_____, 《나와 중국》, 전2권, 나남, 2008.

_____ 외, 《한국공산주의운동사》 전5권, 청계연구소, 1986.

김중순, 유석춘 역, 《문화민족주의자 김성수》, 일조각, 1998.

김지형, 《데탕트와 남북관계》, 선인, 2008.

김진배, 《가인 김병로》, 삼화출판사, 1983.

김학준, 《고하 송진우 평전; 민족민주주의 언론인. 정치가의 생애》, 동아일보사, 1990.

_____, 《한국민족주의의 통일논리》, 집문당, 1983.

_____, 《한국정치론》, 한길사, 1983.

_____, 《한국문제와 국제정치》, 박영사, 1980.

_____, 《이동화 평전; 한 민주사회주의자의 생애》, 민음사, 1987.

_____, 《가인 김병로 평전》, 민음사, 1988.

김행식, 《사선을 넘어서》, 도서출판 우삼, 2008.

김혁동, 《미군정하의 입법의원》, 범우사, 1970.

김현우, 《한국국회론》, 을유문화사, 2001.

김호일, 《한국근대학생운동사》, 선인, 2005.

노영택, 《일제하 민족교육운동사》, 탐구당, 1979.

다할편집실, 《한국사연표; 북한·세계사 포함》, 다할미디어 편집실, 2008, 증보판.

대한민국 국회, 《대한민국 국회 50년사》, 1998.

국회사무처, 《국회 50년 연표》, 2000.

도진순, 《한국 민족주의와 남북관계》, 서울대 출판부, 1997.

동아일보사, 《인촌 김성수의 애족사상과 그 실천》, 1982.

_____, 《인촌 김성수; 인촌 김성수의 사상과 일화》, 1988.

_____, 《3·1운동 50주년 기념논집》, 1969.

_____, 《평전 인촌 김성수》, 1991.

_____, 《현대사를 어떻게 볼 것인가》, 전3권, 1979.

_____, 《근대한국명논설선》, 신동아 편집실, 1979.

_____, 《비화 제 1공화국》, 전2권, 홍우출판사, 1975.

라우터바흐(Richard E. Lauterbach), 《한국 미군정사》, 국제신문사 출판
부, 1948.

리종복, 《광복 30년 중요 자료집》, 중앙일보사, 1975.

마한, 《한국정치의 총 비판》, 한국정치연구원, 1959.

모리나가 에이사부로, 《일본변호사열전》, 사회사상사, 1984.

문정창, 《군국일본의 조선강점 36년사》, 전3권, 백문당, 1965.

민경조, 《춘원 이광수와 남양주 사릉》, 남양주문화원, 2005.

민족문화협회, 《3·1운동》, 1982.

민주주의 민족전선, 《조선해방연보》, 1946년 판.

박갑동, 《박헌영》, 인간사, 1983.

박경식, 《일본 제국주의의 조선지배》, 청아출판사, 1986.

박명림, 《한국전쟁의 발발과 기원》, 나남, 1, 2, 2003, 3판.

_____, 《한국 1950; 전쟁과 평화》, 나남, 2002.

박계주 외, 《춘원 이광수》, 삼중당, 1962.

박도, 《지울 수 없는 이미지》, 1, 2, 3, 눈빛, 2006~2007.

박성수, 《독립운동사 연구》, 창작과 비평사, 1980.

박세길, 《다시 쓰는 한국현대사》, 돌베개, 1988.

박영석, 《만보산사건 연구》, 아세아문화사, 1978.

박지향, 《해방 전후사의 재인식》, 1, 2, 책세상, 2006.

박현채 외, 《해방 전후사의 인식 2》, 한길사, 1987.

백남훈, 《나의 인생》, 백남훈 선생 기념사업회, 1968.

백범사상연구소, 《백범어록》, 화다출판사, 1978.

백선엽, 《백선엽회고록》, 노병이 걸어온 길, 국방일보 연재분 참조.

_____, 《군과 나》, 대륙연구소, 1989.

_____, 《실록 지리산》, 고려원, 1992.

백영철, 《제1공화국과 한국 민주주의》, 나남, 1995.

백철, 《속 진리와 현실》, 박영사, 1975.

변형윤 외, 《분단시대와 한국사회》, 까치, 1985.

부산일보사, 《전시수도 천일》, 1985.

사토 타쿠미, 《8월 15일의 신화》, 궁리, 원용진 역, 2007.

수당김연수선생전기편찬위원회, 《한국근대기업의 선구자; 수당 김연수선생
      일대기》, 삼양사, 2006.

상해 총영사관, 《조선민족운동연감, (1919~1932)》.

서병조, 《정치사의 현장; 증언 제1-3공화국》, 중화출판사, 1981.

_____, 《주권자의 증언; 한국 대의 정치사》, 모음출판사, 1963.

서석연, 《그림자 잃은 사나이, 1, 20학병사기—1권》, 1987.

서중석, 《한국현대사》, 웅진 지식하우스, 2006, 5판.

_____, 《한국현대민족운동연구 1, 2》, 역사비평사, 1996.

설의식, 《해방 이후》, 동아일보사, 1947.

성곡 전기간행위원회, 《별일 없제; 성곡 김성곤선생 일화집》, 1985.

손세일, 《이승만과 김구》, 전 10권, 나남, 2009~11.

송건호, 《김구》, 한길사, 1980.

_____, 《서재필과 이승만》, 정우사, 1980.

_____, 《한국현대인물사론; 민족운동의 사상과 지도노선》, 한길사, 1984.

_____, 《한국현대사론》, 한국신학연구소, 1980.

_____ 외, 《해방 전후사의 인식 1》, 한길사, 1989.

송남헌, 《해방3년사》, 까치, 1985.

_____, 《한국현대정치사 1, 건국전야》, 성문각, 1986.

송대성, 《한반도 평화체제; 역사적 고찰, 가능성, 방안》, 세종연구소,
      1998.

신언준, 《신언준의 논설선》, 1991.

신용하, 《한국문화총서. 제23집; 한국민족독립운동사 연구》, 을유문화사,
      1985.

심산사상연구회, 《김창숙 문존》, 성균관대 출판부, 1999.

심지연, 《한국민주당 연구 1; 정치적 성장과정과 정치이념 및 관계자료》,
      풀빛, 1982.

538

_____, 《한국현대정당론; 한국민주당 연구 2》, 창작과비평사, 1984.

_____, 《이강국 연구》, 백산서당, 2006.

_____, 《이주하 연구》, 백산서당, 2007.

_____, 《최창익 연구》, 백산서당, 2009.

_____, 《조선신민당 연구》, 동녘, 1988.

_____, 《한국정당정치사; 위기와 통합의 정치》, 백산서당, 2004.

_____, 《허헌 연구》, 역사비평사, 1994.

_____, 《대구 10월 항쟁 연구》, 청계연구소, 1991.

안병직 외, 《변혁시대의 한국사》, 동평사, 1979.

애산동문회, 《애산여적, 이인선생 수상평론》, 세문사, 1961.

야기 노부오, 《일본과 한국》, 일한문화출판사, 1981.

양동안, 《대한민국건국사; 해방 3년의 정치사》, 현음사, 2001.

양재윤, 《역사를 바로 알면 미래가 보인다; 한국근대정치사》, 에스엠, 2007.

양호민, 이상우, 김학준, 《민족통일론의 전개》, 형성사, 1986.

여증동, 《나라 잃은 시대 동아일보》, 문음사, 2002.

언론인 김삼규 간행위원회, 《언론인 김삼규》, 조일신문 동경본사, 1989.

여운홍, 《몽양 여운형》, 청하각, 1967.

역사학연구회, 《일본사연표》, 이와니미 쇼텐, 1981.

연세대학교 국제대학원, 《이승만 동문 서한집; 정서·번역·교주》전 3권, 연세대 출판부, 2009.

오소백, 《해방 22년사》, 문학사, 1967.

와세다대 한국유학생회, 《와세다의 한국인; 조도전대학 한국유학생구십년 사》, 한국문학사, 1983.

우쓰미 아이코, 《해방되지 못한 영혼》, 동아시아, 이호경 역, 2007.

원주문화사, 《미군정활동보고서》, 1990.

유광열, 《기자반세기》, 서문당, 1970.

유영구, 《남북을 오고간 사람들; 남의 조직사건과 북의 대남사업》, 글, 1993.

유진오, 《양호기; 보전고대35년의 회고》, 고대출판부, 1977.

_____, 《교육자 인촌, 구름 위의 만상》, 일조각, 1966.

_____, 《헌법기초회고록》, 일조각, 1980.

윤석헌, 《먼 길을 후회 없이, 윤석헌 회고록》, 동아일보사, 1993.

유치송, 《해공 신익희일대기》, 동 기념사업회, 1984.

윤재근, 《근촌 백관수; 봄기운은 어찌 이리 더딘가》, 동아일보사, 1996.

윤천주, 《한국정치체계 서설》, 문운당, 1963.

의암 손병희선생기념사업회, 《의암 손병희선생 전기》, 1967.

이강훈, 《민족해방 운동과 나》, 제3기획, 1994.

_____, 《이강훈 역사증언록》, 인물연구소, 1994.

이경남, 《설산 장덕수》, 동아일보사, 1981.

이광린, 《한국개화사상 연구》, 일조각, 1979.

이광수, 《나의 고백》, 춘추사, 1948.

_____, 《이광수전집》, 전20권, 삼중당, 1963.

이균영, 《신간회 연구》, 역사비평사, 1994.

이기택, 《한국야당사》, 백산서당, 1984.

이기하 외, 《한국의 정당》, 한국일보사, 1987.

_____, 《한국정당발달사》, 의회정치사, 1961.

이기형, 《몽양 여운형》, 실천문학사, 1984.

이만규, 《여운형투쟁사》, 총문각, 1946.

이만열, 《한국근현대 역사학의 흐름》, 푸른역사, 2007.

_____, 《한국사연표》, 역민사, 1985.

_____, 《역사의 중심은 나다》, 현암사, 2007.

이범석, 《사실 전부를 기록한다》, 교학사, 1966.

이상돈, 《투쟁 20년; 이상돈 정치평론집》, 신민당 출판부, 1969.

이상우 외, 《북한 40년; '조선민주주의인민공화국'의 특성과 변천과정》, 을
　　　유문화사, 1989.

이연복, 《한민족독립운동사 연구》, 국학자료원, 2004.

이영희 외, 《한국의 민족주의운동과 민중》, 두레, 1987.

이완범, 《한국 해방 3년사; 1945~1948》, 태학사, 2007.

_____, 《38선 획정의 진실; 1944~1945》, 지식산업사. 2001.

_____, 《한국전쟁; 국제전적 조망》, 백산서당, 2000.

이우성 외, 《한국의 역사인식》, 창작과 비평사, 1973.

이원순, 《인간 이승만》, 신태양사, 1965.

이정식, 《김규식의 생애》, 신구문화사, 1974.

540

_____, 《대한민국의 기원; 해방 전후 한반도 국제 정세와 민족 지도자 4인 의 정치적 궤적》, 일조각, 2006.

이종석, 《조선로동당연구; 지도사상과 구조 변화를 중심으로》, 역비사, 1995.

_____, 《북한-중국 관계; 1945~2000》, 중심, 2000.

이종일, 《묵암비망록》, 민족대표 33인 이종일의 회고록, 일부 공개, 1979 ~1988.

이철승, 《오! 대한민국 누가 지키리》, 월간조선사, 2002.

이태호, 《압록강변의 겨울; 납북 요인들의 삶과 통일의 한》, 다섯수레, 1991.

이현희, 《대한민국임시정부사 연구》, 전 3권, 이경, 2010~2011.

_____, 《조동호 항일투쟁사; 급진적 항일투쟁가의 일생》, 청아출판사, 1992.

_____, 《유정 조동호 평전》, 솔과학, 2008.

_____, 《독립통일 사료집》 전 2권, 국토통일원, 1989.

_____, 《한국현대사의 인식방법》, 삼광출판사, 1998.

_____, 《이야기 이승만》, 신원문화사, 1995.

_____, 《3·1혁명 그 진실을 밝힌다》, 신인간사, 1999.

_____, 《역사의 힘》, 솔과학, 2007.

_____, 《박정희 평전; 역사적으로 본 박정희 60년》, 효민, 2007, 3판 2009.

_____, 《내가 겪은 6·25전쟁하의 서울 90일》, 효민, 2008.

_____, 《임정 주석 석오 이동녕과 그 시대》, 동방도서, 2002.

_____, 《정한론의 배경과 영향》, 한국학술정보, 2006.

이형근, 《군번 1번의 외길 인생》, 중앙일보사, 1993.

이호재, 《한국외교정책의 이상과 현실》, 법문사, 1986.

_____, 《한국인의 국제정치관》, 법문사, 1994.

인촌 김성수 서거 50주기 추모집간행위원회, 《인촌을 생각한다 ─ 서거 50주 기 추모집》, 인촌 김성수 서거 50주기 추모집간행위원회, 2005.

임경석, 《이정 박헌영 일대기》, 역사비평사, 2004.

임종국, 《빼앗긴 시절의 이야기》, 민족문제연구소, 2007. 〈아세아문화사〉

_____, 《친일문학론》, 평화출판사, 1966.

_____, 《친일논설선집》, 실천문학사. 1987.

장리욱, 《도산의 인격과 생애》, 대성문화사. 1975.

장효근, 《동암일기, (미간)》.

전택부, 《이상재 평전》, 범우사, 1985.

정경환 외, 《해공 신익희 연구》, 삼화출판사, 2007.

_____, 《백범김구연구전집》 전 5권, 이경, 1999~2005.

_____, 《한국현대정치사연구》, 신지서원, 증보판, 2001.

_____, 《해방전후사 연구 1》, 세종출판사, 2000.

_____, 《민족분단과 통일문제》, 신지서원, 2002.

_____, 《백범 김구의 정치사상》, 이경, 2008.

_____, 《백범평전; 상해의 함성은 끝나지 않았다》, 이경, 2005.

정문연, 《한국사연표》, 2004.

정병준, 《우남 이승만 연구》, 역사비평사, 2005.

_____, 《한국전쟁; 38선 충돌과 전쟁의 형성》, 돌베개, 2006.

정시우, 《독립과 자유 합작》, 좌우합작위원회, 1946.

정용욱, 《해방 전후 미국의 대한정책》, 서울대 출판부, 2003.

정운현, 《창씨개명》, 학민사, 1994.

_____, 《실록 군인 박정희》, 개마공원, 2005, 4판.

정진석, 《대한매일신보와 배설(裵說)》, 나남, 1987.

_____, 《한국현대언론사론》, 전예원, 1985.

_____, 《한국언론사》, 나남, 1990.

_____, 《일제하 한국언론투쟁사》, 정음사, 1975.

_____, 《언론 조선총독부》, 커뮤니케이션북스, 2005.

정해구, 《10월 인민항쟁 연구》, 열음사, 1998.

조기준, 《한국자본주의 성립사론》, 고려대 출판부, 1973.

_____, 《한국기업가사 연구》, 박영사, 1973.

조선일보사, 《조선일보 70년사 1》, 1990.

_____, 《전환기의 내막》, 1982.

조성윤 외, 《빼앗긴 시대 빼앗긴 시절》, 선인, 2007.

조선통신사, 《조선연감》 1947년 동 1948년 판.

조병옥, 《나의 회고록》, 해동, 1986.

조순승, 《한국분단사》, 형성사, 1983.

조용만, 《경성야화》(京城野話), 창, 1992.

조용중, 《미군정하의 한국정치현장》, 나남, 1990.

조항래, 《한말일제의 한국침략사연구》, 아세아문화사, 2006.

주요한, 《도산 안창호전》, 마당문고사, 1983.

주익종, 《대군의 척후: 일제하의 경성방직과 김성수·김연수》, 푸른역사, 2008.

중앙선거관리위원회, 《대한민국선거사》, 제 1집, 1973.

중앙학원, 《중앙 60년사》, 1969.

지수걸, 《일제하 농민조합운동 연구》, 역사비평사, 1993.

진단학회, 《한국사연표〈한국사 7: 연표〉》, 을유문화사, 1965.

진덕규, 《한국정치의 역사적 기원》, 지식산업사, 2002.

_____, 《현대민족주의의 이론구조》, 지식산업사, 1984.

_____, 《현대정치사회학이론》, 삼영사, 1995.

_____ 외, 《1950년대의 인식》, 한길사, 1981.

차기벽, 《일제의 한국식민통치: 식민통치의 전개·사회경제적 변화·민족운동》, 정음사, 1985.

최기영, 《식민지시기 민족지성과 문화운동》, 한울, 2003.

차동석, 《김구: 삶과 뜻 1》, 참한출판사, 1990.

최기일, 《자존심을 지킨 한 조선인의 회상》, 생각의 나무, 2002.

최문형, 《제국주의시대의 열강과 한국》, 민음사, 1990.

최민지 외, 《일제하 민족언론사론》, 일월서각, 1978.

최상용, 《미군정과 한국민족주의》, 나남, 1989.

최승만, 《극웅(極熊) 필경》, 최승만 문집 출판동지회, 1970.

최영희, 《격동의 해방 3년》, 한림대 출판부, 1996.

최종기, 《현대국제관계론》, 박영사, 1988.

최준, 《한국신문사》, 일조각, 1990.

최흥조, 《민주국민당의 내막》, 신문의 신문사, 1957.

하야시 다케히코, 《한국현대사(최현 역)》, 삼민사, 1986.

한국공자학회, 《기당 현상윤 연구; 현대적 학문체계의 정초》, 한울, 2009 (김기승 외 지음).

한국민주당 선전부, 《한국민주당 소사》, 1980.

한국사회사연구회, 《해방 직후의 민족문제와 사회운동》, 문학과지성사, 1988.

한국정치외교사학회, 《한국현대사의 재조명; 1945~1980년대의 정치·외교 분석》, 대왕사, 1990.

_____, 《해방의 정치사적 인식》, 대왕사, 1990.

한국학중앙연구원, 《내가 겪은 해방과 분단》, 선인, 2006.

_____, 《내가 겪은 건국과 갈등》, 선인, 2006.

한기언, 《한국교육사》, 박영사, 1983.

_____, 《한국인의 교육철학》, 서울대출판부, 1988.

한배호, 《비교정치론》, 법문사, 1980.

한승인, 《독재자 이승만》, 일월서각, 1984.

한승조 외, 《해방전후사의 쟁점과 평가》, 전 2권, 형설출판사, 1990.

한시준, 《의회정치의 기틀을 마련한 홍진》, 탐구당, 2006.

_____, 《한국광복군 연구》, 일조각, 1999.

한태수, 《한국정당사》, 신태양 출판사, 1961.

한홍구 외, 《한국현대사자료총서》, 전15권, 돌베개, 1986.

함석헌, 《뜻으로 본 한국역사》, 제일출판사, 1964.

허재일 외, 《해방전후사의 바른 이해》, 평민사, 1991.

허정, 《내일을 위한 증언: 허정 회고록》, 샘터사, 1979.

홍성찬, 《한국근대농촌사회의 변동과 지주층: 20세기 전반기 전남 화순군 동복면 일대의 사례》, 지식산업사, 1992.

황묘희, 《중경 대한민국 임시정부사》, 경인문화사, 2002.

2. 국내신문

동아일보, 상해판 독립신문, 중앙신문, 해방일보, 민주중보, 국도신문, 계우회보, 조선일보, 중경신문, 조선인민보, 세계일보, 국제신문, 한성일보, 시사신문, 자유신문, 대한일보, 평화일보, 평화신문, 연합신문, 대한매일신보, 조선중앙일보, 경향신문, 부산일보, 민주신보, 대구매일, 고대신문, 경성일보, 매일신보, 서울신문, 경제일보, 자유민보, 대전일보, 대구매일신문, 전남일보, 충북신문

3. 국내잡지

개벽, 신동아, 신가정, 삼천리, 동광, 신천지, 제1선, 농민, 신가정, 신생
공론, 대조, 혜성, 별곤건, 어린이, 동방평론, 학지광, 사상계, 월간 조선,
월간 중앙

4. 국내 논문 논설

김명식, "필화와 논전", 〈삼천리〉, 1934, 11.
김성수, "난관은 두 가지", 〈별건곤〉, 1927, 2.
_____, "대학시대의 학우들", 〈삼천리〉, 1934, 5.
_____, "총선거와 국민의 각오", 〈동아일보〉 1950, 5, 26.
_____, "백만장자의 백만원 관", 〈삼천리〉, 1935, 9.
김성식, "인촌의 인격과 사상", 《인촌 김성수의 사상과 일화》, 동아일보사,
        1988.
김우영, "내가 아는 인촌", 〈신생공론〉, 1955, 6-7.
김준연, "인촌 김성수선생을 보내면서", 〈동아일보〉, 1955, 2, 24
김영상, "헌법을 싸고도는 국회풍경", 〈신천지〉 3-6, 1948, 7.
문창성, "한민당은 어디로 가나", 〈신천지〉 3-6, 1948, 8.
백릉, "동아일보 사장 송진우 씨 면영", 〈혜성〉, 1931, 9.
변영로, "아관 인촌", 〈동아일보〉, 1955, 2, 24.
복진흥, "인촌 김성수를 친일파로 몰 수 있는가?", 한승조, 《해방 전후사의
        쟁점과 평가 1》, 형설출판사, 1990.
서상일, "인촌 김성수 동지는 왜 위대하다 하는가", 〈신생공론〉, 1955.
손세일, "해방 전후", 〈신동아〉, 1965, 8.
송남헌, "비극으로 끝난 중간노선, 김규식", 〈신동아〉, 1977, 8.
심지연, "신탁통치문제와 해방정국 ― 반탁과 찬탁의 논리를 중심으로", 〈한
        국정치학회보〉 19, 1985.
_____, "송진우와 한민당", 〈월간 조선〉, 1985, 8.
오기형, "5원칙과 8원칙", 〈신천지 1-8〉, 1946, 9.
유광열, "조선대재벌총해부 1, 김성수계의 5백만 원", 〈삼천리〉, 1930, 10.

_____, "보전론", 〈동방평론〉, 1932, 7.

윤병석, "조선독립신문의 습유", 〈중앙사론〉, 1, 1972.

윤치영, "제헌국회", 《전환기의 내막》, 조선일보사, 1982.

이인, "해방 전후 편편록", 〈신동아〉, 1967,

이경남, "풍운의 설산 장덕수", 〈신동아〉, 1981, 9.

이광수, "인물월단, 김성수론", 〈동광〉, 1931, 9.

이동화, "해방 전후의 정치집단과 여운형", 〈오늘의 책〉, 1985, 봄.

_____, "몽양 여운형의 정치활동", 〈창작과 비평〉 13-3, 1978.

이명영, "자유당 통치의 특성", 〈사회과학〉 13권, 성균관대, 1975.

이병헌, "내가 본 3 · 1운동의 단면", 《3 · 1 운동 50주년 기념논집》, 1989.

이상돈, "정통 야당으로 본 정치지도자상(상), 인촌 고하 해공 유석을 중심
　　　　으로", 〈신동아〉, 1981, 11.

_____, "눈부신 정치공작, 쓰러진 거목 송진우", 〈신동아〉, 1977, 8.

이은상, "아! 인촌은 가시다", 〈신생공론〉, 1955, 6-7.

이종모, "퇴역기자의 회상기, 반도신문으로부터 조선통신까지의 30년", 〈신
　　　　문평론〉, 1075, 7-8.

이현희, "3 · 1운동과 인촌 김성수", 《평전 인촌 김성수》, 동아일보사, 1991.

_____, "대한민국의 건국과 인촌 김성수의 기여도", 〈경주사학〉, 28,
　　　　2008.

장덕수, "미소공동위원회와의 협의에 관하여(상)", 〈동아일보〉, 1947, 6,
　　　　21.

_____, "미소공동위원회와의 협의에 관하여(하)", 〈동아일보〉, 1947, 6,
　　　　22.

정용석, "이승만 정권의 외곽세력, 동아일보사, 현대사를 어떻게 볼 것인
　　　　가", 1989.

진덕규, "이승만의 단정론과 한민당", 상동.

천관우, "인촌과 민주언론", 〈신동아〉, 1976, 4.

하영선, "한국전쟁", 《현대한국을 뒤흔든 60대 사건》, 동아일보사, 1988.

함상훈, "우리당의 주의 정책", 〈개벽〉 8-11, 1946, 1.

_____, "보통선거문제와 우리 당의 태도", 〈민주조선〉, 1-1, 1947, 12.

_____, "좌익 측 합작 5원칙에 대한 비판", 〈신천지〉, 1-8, 1946, 9.

_____, "한국 민주당의 정견", 〈대조〉(大潮) 1-2, 1946, 7.

현상윤, "3·1운동 발발의 개요", 〈사상계〉, 1963, 3.

5. 외국어 문헌

Berger, Carl, *The Korean Knot: A Military Political History.* (Philadel-
phia: University of Pennsylvania Press, 1957).

Scalapino, Robert A. and Chong-Sik Lee, *Communism in Korea*, 2
Vols. (Berkeley: University of California Press, 1972).

Cumings, Bruce, *The Origins of the Korean War*, 2 vols. (Princeton:
Princeton University Press, 1981)

Carter Joel Eckert, "The Colonial Origins of Korean capitalism: The
Koch'ang Kims and the Kyongsong Spinning and Weaving
Company, 1876~1945", unpub. ph. D. . diss (Seattle: University
of Washington, 1986).

Hak-Joon Kim, *Unification Policy South and North Korea.* (Seoul National
University Press, 1977).

仁村 金性洙 年譜

연 대	세	인촌 김성수	일반역사
1891	1세	• 10월 11일, 전북 고창군 부안면 봉암리 인촌에서 김경중의 4남으로 태어남.	• 시베리아 철도 착공.
1893	3세	• 큰아버지 김기중의 양자가 됨.	• 최초로 전화기 들여옴.
1896	6세	• 동생 연수 출생.	• 〈독립신문〉 발간.
1897	7세	• 훈장을 초빙하여 4서3경 공부.	• 대한제국 성립.
1903	13세	• 장흥 고 씨 집안의 5살 연상인 고광석과 혼인.	• YMCA 발족.
1906	16세	• 창평 영학숙에서 신학문을 접하며, 평생의 동지 송진우를 만남.	• 통감부 설치.
1907	17세	• 전북 부안군 줄포리로 이사. • 내소사 청련암에서 송진우, 백관수 등과 함께 공부 3총사로 불림.	• 헤이그 밀사 파견.
1908	18세	• 10월, 군산 금호학교에서 공부하던 중 부모 허락 없이 송진우와 일본유학 단행.	• 의병 서울 진공작전.
1909	19세	• 도쿄 긴조중학교 5학년 편입. • 조부 낙재 김요협 별세.	• 안중근 의사 의거.
1910	20세	• 와세다대학 예비과정 입학. • 장남 상만 출생.	• 국권피탈.
1911	21세	• 와세다대학 정치경제학과 3년 과정 진학. • 조모 영일 정씨 별세.	• 중국 신해혁명.
1914	24세	• 와세다대학 졸업 후 귀국.	• 1차 세계대전 발발.
1915	25세	• '백산학교' 설립 실패. • 중앙학교 인수. • 평교사로서 영어와 경제학 강의.	• 이시영 등 조선국권회복단 조직.
1916	26세	• 장녀 상옥 출생.	• 박중빈, 원불교 창시.

연 대	세	인촌 김성수	일반역사
1917	27세	• 3월 5일, 조선산직장려계 사건으로 일경에 체포, 조사. • 3월 30일, 중앙학교장에 취임. • 12월, 중앙학교를 화동에서 계동의 새 건물로 이사. • 윤치소의 경성직뉴회사 인수 경영.	• 이광수 〈무정〉 매일신보에 연재.
1918	28세	• 3월, 중앙학교장 사임 후 평교사로서 교육. • 2남 상기 출생.	• 영친왕 일 황족과 혼인발표.
1919	29세	• 경성방직 설립, 사장에 박영효 추대. • 3남 상선, 4남 상흠 출생. • 합부인 고광석 사망. • 박승직 등과 농상공업 진흥을 위하여 조선경제회 결성.	• 3 · 1 혁명. • 대한민국임시정부 수립.
1920	30세	• 4월 1일, 〈동아일보〉 창간. 곧이어 판매 배포 금지. 무기정간 등을 당함.	• 김좌진, 청산리 대첩.
1921	31세	• 여성독립운동가인 용인 이 씨 이아주와 재혼. • 〈동아일보〉 사장 사임.	• 조선어연구회 창립.
1922	32세	• 〈동아일보〉를 통해 물산장려운동 전개. • 차녀 상숙 출생.	• 어린이날 제정.
1923	33세	• 민립대학 설립운동 전개. • 서울로 이사.	• 조선물산장려회 창립.
1924	34세	• 〈동아일보〉 제5대 사장 취임. • 제5남 상오 출생.	• 의열단 김지섭 일본 도쿄궁성 나주바시에 폭탄 투척.
1925	35세	• 〈동아일보〉 광화문에 신사옥 착공.	• 서울운동장 개장.
1926	36세	• 중앙학교 학생들의 6 · 10 만세운동 참여로 경찰의 조사 받음. • 〈동아일보〉 광화문 신사옥으로 이전. • 3녀 상현 출생.	• 6 · 10 만세운동.
1927	37세	• 〈동아일보〉 오사카, 도쿄에 지국설치. • 〈동아일보〉 사장 사임.	• 신간회 창립. • 근우회 조직.

연 대	세	인촌 김성수	일반역사
1928	38세	• 경성방직 이사 사임.	• 김구 등 한국독립당 창당.
1929	39세	• 2월, 재단법인 중앙학원 설립. • 경성방직 고문에 추대. • 12월, 1년 8개월간의 구미 학습답사 출발. • 6남 상종 출생.	• 광주학생 항일 운동. • 조선어사전편찬회 조직.
1930	40세	• 4월, 〈동아일보〉 3차 정간 당함. • 동아마라톤 개시. • 7남 상남 출생.	• 김좌진 암살당함.
1931	41세	• 8월, 귀국. • 9월, 중앙고등보통학교장 취임. • 11월, 월간지 〈신동아〉 창간.	• 신간회 해산.
1932	42세	• 3월, 보성전문학교 인수 확장. • 중앙고보 교장 사임. • 6월, 보성전문학교장 취임.	• 이봉창, 윤봉길 의거.
1933	43세	• 월간지 〈신가정〉 창간. • 8남 상석 출생. • 양부 김기중 별세.	• 한글맞춤법 통일안 제정.
1934	44세	• 보성전문학교 안암동 신축교사로 이전. • 장손 병관 출생. • 진단학회 찬조회원으로 거액 자금지원.	• 진단학회 조직.
1935	45세	• 3월, '조선기념 도서 출판관' 관장에 추대. • 6월, 보성전문학교 도서관 기공. • 보성전문학교장 사임. • 9남 상겸 출생.	• 민족혁명당 창당.
1936	46세	• 8월, 〈동아일보〉 손기정 일장기 말소 게재로 인해 4차 무기정간. • 10월, 자매지 〈신동아〉 무기 휴간, 〈신가정〉 발간 중단. • 11월, 〈동아일보〉 이사직 사임.	• 양정고보 손기정 선수 베를린올림픽 마라톤 신기록 우승.

550

연 대	세	인촌 김성수	일반역사
1937	47세	• 5월, 보성전문학교장 재취임. • 9월, 보성전문학교 도서관 개관. • 4녀 순문 출생.	• 7월, 중일전쟁 시작.
1938	48세	• 중앙고등보통학교 중앙중학교로 개칭. • 생모 장흥 고씨 별세.	• 중등학교에서 조선어교육 폐지.
1939	49세	• 경성방직 고문직 사임.	• 경춘선 개통식.
1940	50세	• 8월, 〈동아일보〉 강제 폐간.	• 민족말살정책 강화. • 충칭에서 한국광복군 결성.
1941	51세	• 중앙학교 대강당 준공.	• 임시정부 대일선전포고.
1942	52세	• 보성전문학교 학제가 3년에서 2년 6개월로 강제 단축됨. • 조선어편찬사업에 자금조달협의로 일경에 시달림.	• 5월 9일, 강제징병령 공포. • 조선어학회사건.
1943	53세	• 〈동아일보〉사 해산하고 동본사를 세워 송진우 사장 맡아 임대업 함. • 일제의 학도출진 격려연설 강요를 피해 칭병하고 경기 연천군 전곡농장으로 내려감.	• 8월, 조선징병령 단행.
1944	54세	• 4월, 보성전문학교가 강제로 경성척식전문학교로 격하됨.	• 여자정신대, 종군위안부 강제징용.
1945	55세	• 4월, 생부 김경중 별세. • 8월, '조선재외전재동포 구제회' 고문. • 9월, '국민대회준비회' 상임위원. • 9월, 고려청년단 고문 추대. • 9월, 조선체육협회 고문 추대. • 9월, 16일 한민당 결성. • 10월, 미군 군정자문위원회 위원으로 선출. • 12월, 〈동아일보〉 복간. • 12월, 애국금 헌성회 고문 추대. • 12월, 대한민국총회 의장 선임. • 12월 31일, 반탁국민총동원위원회 중앙위원 위촉.	• 8·15 광복. • 고하 송진우 피살.

연 대	세	인촌 김성수	일반역사
1946	56세	• 1월, 한민당 수석총무로 선출. • 〈동아일보〉 제 9대 사장 취임. • 서북학생 원호회 고문 선임. • 이준 열사 추념대회 발기인으로 동참. • 보성전문학교장 사임. • 보성전문학교를 종합대학인 고려대학교로 인가받음. • 9월, 전재동포원호회 중앙본부 부위원장. • 11월, 한국민족대표 외교후원회 재정부장.	• 제 1차 미소 공동위원회 개최.
1947	57세	• 1월, 반탁독립투쟁위원회 부위원장. • 2월, 제27주년 기미독립선언 전국대회 준비위원회 부회장. • 〈동아일보〉 사장 사임. • 〈동아일보〉 이사(~1949년까지).	• 유엔 한국위원단 구성.
1948	58세	• 2월, 전국애국단체연합회 주최 총선거 촉진국민대회 부회장. • 3월, 33인 민족대표단 상임위원. • 7월, 정부수립축하 준비위원회 부회장.	• 5·10 총선거 실시. • 대한민국 정부 수립.
1949	59세	• 1월, 민주국민당 창당, 당 최고위원으로 선출. • 〈동아일보〉 고문(~1955년까지).	• 반민특위 발족. • 6월, 김구 피살.
1950	60세	• 부산으로 피란 갔다 돌아옴.	• 6·25 전쟁.
1951	61세	• 부산으로 피란. 부산에서 〈동아일보〉 복간. • 국회에서 제 2대 부통령으로 선출. • 와병(뇌혈전 판명받음).	• 대구, 부산 제외한 전국에 비상계엄령 선포.
1952	62세	• 이 대통령 탄핵하고 국회에 부통령 사표 제출.	• 부산정치파동. • 제 1차 한일회담 개최.
1953	63세	• 8월, 전시 수도 부산에서 서울로 돌아옴. • 11월, 민국당 고문으로 추대.	• 평화협정 조인.

연 대	세	인촌 김성수	일반역사
1954	64세	• 병상에서 호헌세력의 단결 호소.	• 국회개헌안 사사오입 이론 적용 통과.
1955	65세	• 2월 18일, 서거. • 2월 24일, 국민장으로 장례식 거행. 고대 동산에 안장.	• 민주당 창당.
1962		• 대한민국 건국훈장 대통령장 추서.	

인촌 김성수 가계도
2009년 10월 현재

김기중(1859~1933) = 이기춘(1855~1924) = 김영희(1875~1963)
　　　　　　김성수(1891~1955) = 고광석(1886~1919) = 이아주(1898~1968)
　　　　　　　　　　김상만(1910~1994) = 고현남(1909~1999)
　　　　　　　　　　　　　　김병관(1934~2008) = 안경희(1939~2001)
　　　　　　　　　　김상옥(1916~　) = 류일석(　~1978)
　　　　　　　　　　김상기(1918~　) = 원종숙(1931~　)
　　　　　　　　　　김상선(1919~1979) = 이환기(1921~　)
　　　　　　　　　　김상흠(1919~1991) = 이군엽(1926~　)
　　　　　　　　　　김상숙(1922~　) = 이병린(　~2004)
　　　　　　　　　　김상오(1924~) = 홍정임(1929~　)
　　　　　　　　　　김상현(1926~1996) = 이한직(?~1976)
　　　　　　　　　　김상종(1929~1997)
　　　　　　　　　　김두연
　　　　　　　　　　김　남(1930~1998) = 고영희(1930~　)
　　　　　　　　　　김상석(1933~2000)
　　　　　　　　　　김안나(1938~　)
　　　　　　　　　　김상겸(1935~2004) = 장근숙(1937~　)
　　　　　　　　　　김순민(1937~　) = 서원룡(?~1975)
　　　　　　김재수(1899~1954) = 고재현(1899~1973)
　　　　　　　　　　김상규
　　　　　　　　　　김상희
　　　　　　　　　　김상덕
김경중(1863~1945) = 고 씨(1862~1938)
　　　　　　김수남(1896~1979) = 정익원
　　　　　　김성수
　　　　　　김연수(1896~1979) = 박하진(1894~1970)
　　　　　　　　　　김상준(1918~2004)
　　　　　　　　　　김상협(1920~1995)
　　　　　　　　　　김상홍(1923~　)
　　　　　　　　　　김상돈(1925~　)
　　　　　　　　　　김상하(1926~　)
　　　　　　　　　　김상경(1927~　)
　　　　　　　　　　김상민(1928~　)
　　　　　　　　　　김정애(1931~　)
　　　　　　　　　　김정유(1933~　)
　　　　　　　　　　김영숙(1934~　)
　　　　　　　　　　김상철(1936~2007)
　　　　　　　　　　김희경(1940~　)
　　　　　　　　　　김상응(1946~2002)
　　　　　　김영수(1898~1980) = 김오진(1901~1922)
　　　　　　김점효(1901~1993) = 김용완(1904~1996)

찾아보기

ㄱ

간디 24, 205, 206, 207, 529

강기덕 120

강병순 329

강우규 186

강인택 189, 422, 443

고광석 39

고광표 257

고영환 463

고용환 189

고원훈 242

고유상 200

고이소(小磯國昭) 285

고재욱 271, 490

고정주 40

고　종 46, 124

송진우 26, 58, 71, 73, 79,
　　　83, 94, 105, 111, 114,
　　　137, 170, 174, 189, 214,
　　　270, 281, 283, 308, 318,
　　　321, 336, 342, 355, 379, 529

고희동 98, 504

곽낙원 368

곽상훈 485, 492, 495

국태일 279, 490

권덕규 98, 168, 238

권동진 117, 121, 128, 138, 215,
　　　353, 361, 362, 367, 377, 422

권병덕 88, 114

권상로 267

권승렬 444

권영한 74

권태석 382

길선주 131

김경식 335, 361

김경중 31, 78, 80, 82, 147

김관식 373, 377

김광서 74

김광진 261

김　구 26, 71, 299, 314, 316, 322,
　　　336, 341, 344, 352, 359,
　　　365, 367, 374, 376～379,
　　　382～384, 392, 393, 397,

407, 409, 412~415, 430,
431, 434, 456, 530, 531
김규식 120, 314, 367, 369, 377,
378, 381, 383, 392, 409, 412,
413, 414, 416, 430, 431, 456,
김기순 125
김기중 31, 72, 78, 82, 147, 252
김달수 517
김덕창 142, 200
김도연 74, 286, 315, 320,
322, 377, 391, 392,
442, 468, 490, 493, 495
김동명 485
김동섭 279
김동원 171, 329
김두봉 390, 413, 414
김두한 515
김명식 163, 168
김명환 33
김무정 314
김법린 286, 361, 369, 373, 377
김병규 25, 289, 522
김병로 74, 209, 243, 256, 279,
314, 315, 320, 323, 366,
371, 377, 383, 504, 512, 530
김병석 174
김병연 443
김병조 131
김붕준 373, 377
김사용 111
김삼규 470
김삼룡 389
김상만 70, 228, 334, 490

김상옥 242
김상의 315
김상훈 519
김 선 377
김성달 328
김성식 513
김세환 132
김수남 44
김수환 275, 292, 511
김승문 279
김승학 158, 397
김시현 481
김약수 320, 322, 383, 448
김여식 373, 377, 382
김여제 261
김연수 31, 71, 79, 105, 201,
202, 203, 205, 224, 371
김영수 44
김영주 261
김요협 33
김용무 107, 243, 245, 329, 459
김우영 74, 113, 254, 462
김원벽 120
김원봉 314, 379
김윤경 238
김윤근 464
김윤수 200
김윤식 89, 90, 125
김익로 436
김 인 368
김인후 103
김일성 312, 314, 409,
412, 413, 414, 415

김점효 44

김재수 224

김재중 279

김종익 256

김준연 74, 107, 174, 177, 214～216,
        268, 283, 315, 317, 335,
        341, 353, 357, 359, 361, 377,
        422, 464, 470, 489, 495, 496

김준엽 512

김준원 74

김진섭 517, 520

김진웅 519, 522

김창숙 317, 367, 369,
        377, 422, 497, 511

김철수 199, 390

김학준 127

김한주 279

김 헌 422

김현구 175

김형석 50

김활란 174, 264, 267, 315,
        328, 329, 420, 422

ㄴ

나경석 200

나명균 376

나용균 320, 322, 470, 481

나원정 98

남궁억 51, 184, 187

남궁훈 88

남상일 162, 163

노백린 96, 184

노일환 440

노진설 444

ㄷ · ㄹ · ㅁ

다이쇼(大正) 106

다카하시(高橋豊) 261

데라우치 마사타케(寺內正毅) 185

락카드(Earl Lockard) 328, 329

러취(Archer L. Lerch) 365, 419

루스벨트 285

맥아더 291, 313, 337, 447

메논(V. K. K. Menon) 409, 411, 420

메이지 106

명제세 199, 368, 422, 443, 453

문병윤 523

문봉제 422

문상우 182

미쓰바시(三橋孝一郎) 277

민병길 368

민병석 142

민영휘 85, 147

민재정 490

민태원 214

ㅂ

박경석 525

박귀남 419

박극채 261

박동완 131, 199

박동진 247

박문규 332

박병윤 502

박성하 486

박순천 422

박승빈 197, 243, 245, 261
박승직 148
박영출 486
박영효 24, 121, 147~150,
　　　162, 167, 168
박용만 364
박용희 74, 147, 149,
　　　150, 224, 257, 377
박은식 158, 184
박정희 462
박종홍 333
박찬희 320
박해돈 98
박헌영 312, 338, 340, 352, 379, 389
박현숙 422
박희도 120, 132
방응모 315, 361
배은희 454
백관수 23, 45, 115, 134, 176,
　　　199, 270, 275, 279, 283,
　　　315, 320, 322, 347, 366,
　　　371, 377, 444, 463, 529
백낙준 328, 329
백남운 333, 390
백남훈 320, 329, 366, 370, 377,
　　　383, 400, 406, 422, 454, 457,
　　　467, 481, 486, 489, 490, 496
백상규 261, 317, 377
백선엽 481
백성욱 391, 439
백성흠 125
백세명 361
백운선 268

백　철 518
백한성 504
변광호 147
변영로 214
변영태 98, 341, 422

ㅅ

사이토 마코토(齋藤實) 185
서민호 286, 480
서병오 144
서병조 525
서상일 144, 171, 322, 371,
　　　444, 485, 489, 490
서상천 422
서석연 518
서영호 268
서용하 419
서재필 174, 322, 395
서태원 523
선우일 158
선우전 149
설의식 177, 268, 365
설태희 200
소완규 315
손기정 267, 269, 513
손병희 117, 118, 119, 120, 128,
　　　138, 154, 242, 297, 398
송계백 122, 128
송덕수 268
송요찬 467
송진우 23, 42, 121, 126, 127,
　　　169, 174, 187, 199, 217,
　　　267, 279, 301, 317, 322, 325,

329, 341, 346, 359, 360, 531
송필만 341, 496
스티븐스 62
스티코프 380, 413
신각휴 470
신구범 170
신규식 85
신낙균 268
신도성 118, 495, 526
신석구 131
신석우 170, 215
신석호 266
신성모 228, 463, 464
신 숙 71
신익희 74, 107, 109, 314, 357,
369, 391, 392, 422, 423,
438, 443, 447, 453, 454,
457, 459, 467, 468, 480, 481,
489, 495, 497, 504, 512, 529
신현준 236
신홍식 131, 132
신흥우 96, 174, 438, 485
심의성 197

ㅇ

아놀드(Archibal V. Arnold)
313, 327, 330, 363, 365, 380
아베(阿部信行) 291
아사리(淺利三朗) 235
안경수 142
안국선 197
안동원 405
안세환 132

안재홍 75, 171, 214, 215,
267, 310, 346, 353, 361,
365, 373, 377, 382, 454
안종건 149
안창호 48, 85, 157
안호상 261, 369
야기 노부오(八木信雄) 519
양기탁 162
양성봉 462, 467
양원모(梁源模) 73, 74, 107, 170, 182
양전백 131
언더우드 332
엄귀비 85
엄우룡 382
엄주익 85, 120
엄항섭 367, 377
엔도 류사쿠(遠藤柳作) 293, 308, 518
여운형 76, 109, 267, 268, 301, 308,
309, 310, 312, 315, 318,
329, 330, 346, 359, 377,
379, 383, 390, 396, 531,
연병호 360
염상섭 163
염창섭 74
오긍선 264
오기선 131
오다카 아사오(尾高朝雄) 259
오상근 131
오세창 117, 121, 128, 138,
335, 362, 367, 369,
377, 422, 423, 443
오영수 329
오윤환 422

오천석 261
오쿠마(大隈重信) 67, 68, 80, 82, 107
오화영 131, 132
옥선진 261
와타나베(渡邊勝美) 261
우가키 가즈시게 235
우덕순 454
우승규 513
원세훈 320, 370, 377
원용덕 480
원한경 264
윈스턴 처칠 285
윌리암 332
딘(William F. Dean) 419
윌슨 121, 126
웨더마이어(Albert Wedemeyer) 401
유경상 98
유광렬 513
유광열 163, 200
유 근 90, 93, 162, 164
유길준 88
유동열 377
유림 367, 377, 497
유성준 189, 243
유신영 125
유억겸 74, 107, 174,
        315, 320, 328, 329
유여대 131
유자후 341
유진산 422, 504
유진오 95, 216, 261, 276,
        333, 400, 444, 475,
        514, 517, 520, 522

유진태 90, 189, 267
유태로 98, 162
유 홍 118, 504
윤기익 329
윤길중 444
윤보선 228, 320
윤봉길 362
윤상은 149
윤석헌 520
윤세복 422
윤영선 470
윤용구 121
윤익선 158
윤일선 333
윤치소 141
윤치영 317, 320, 341, 451
윤치호 25, 85, 120, 121,
        126, 129, 141, 188,
        235, 256, 264, 526
윤택중 514
윤효정 51
이갑성 131, 132, 189, 199, 486
이강국 312, 332
이강년 47
이강현 74, 98, 107, 141, 142,
        149~151, 182, 202
이광수 107, 109, 128, 157, 158,
        181, 182, 199, 214, 238
이광종 98
이규영 98
이극로 238, 266, 286, 328, 364, 526
이기붕 491, 504
이기춘 252

이길용 268, 269
이덕봉 328
이동녕 48, 360, 367, 368
이동화 497
이명룡 131
이묘묵 328, 456
이무영 271
이범석 27, 369, 422, 432, 439~441,
        446, 468, 487, 489, 495, 511
이병기 238, 266
이병도 266
이병헌 121
이봉래 85
이상기 261
이상백 266
이상범 268
이상설 46
이상은 400
이상재 89, 90, 129,
        184, 187~189
이상협 158, 160, 162, 163
이상훈 400
이서구 163
이석린 238, 286
이성준 147
이숙종 315, 514
이순탁 200, 443
이승만 26, 120, 175, 204, 231,
        307, 314, 322, 325, 335~337,
        341, 361, 364~367, 374,
        377~379, 383, 386, 394, 397,
        401, 407, 409, 412, 422, 423,
        425, 428, 432, 435, 447, 449,

        464, 474, 483, 498, 530
이승엽 332
이승준 149
이승훈 85, 115, 130, 171, 189
이시영 322, 367, 368, 422,
        423, 435, 450, 465,
        480, 485, 497, 498
이아주 24, 159, 371, 501
이언진 490
이 영 346
이영준 489
이옥남 419
이용설 329
이용익 85, 241
이용직 87
이 운 162, 377
이위종 46
이윤영 27, 307, 369, 422, 423,
        424, 427, 438, 442, 443, 446
이윤재 238, 286
이은상 96, 267, 399
이응준 74
이의식 368, 377
이 인 107, 209, 267,
        286, 316, 320, 322
이인수 412, 463, 463
이인영 47
이일우 147, 149
이재량 259
이종린 200
이종우 400
이종욱 360
이종일 115, 119, 158

이종찬 480
이종현 373, 422
이종호 189, 242
이주하 389
이 준 46, 85, 362
이중화 98, 224
이진수 436
이진희 518
이철승 364, 399, 422, 520
이철원 257
이춘기 470
이토 히로부미 62
이필주 131
이항직 91
이현희 514
이 활 228
이희승 266, 286, 511
임면순 162
임병철 268
임영빈 422
임영신 328, 341, 361
임정엽 279
임정택 279
임종국 517
임흥순 467, 470

ㅈ

장건상 390
장경근 492
장덕수 26, 75, 107, 109, 162,
        163, 174, 177, 227, 257,
        270, 283, 317, 320, 322,
        358, 371, 374, 375, 381,
        391, 400, 403, 529, 531
장덕준 159, 162, 163, 168
장도빈 160, 369
장두현 147, 149, 200
장 면 275, 375, 377, 463,
        480, 485, 495, 497, 501
장용서 268
장인환 62
장제스 237, 275, 285
장지연 43
장지영 360
장춘재 149
장춘택 147
장택상 317, 357, 360, 361,
        374, 405, 451, 495
장현식 224
장홍염 525
전명운 62
전용순 329, 405
전진한 422
정구영 209
정균철 463
정노식 73, 74, 189, 199
정 백 312
정인과 267
정인보 364, 369, 377
정인승 266, 286
정일권 467
정일형 443
정준모 364
정준영 210
정춘수 131
정태진 238, 266, 286

조경한 377, 382, 497

조기간 315

조동식 85, 224, 245, 328

조동호 107, 157, 308, 314, 330

조만식 27, 74, 171, 189, 199, 267,
     314, 329, 353, 423, 424, 436

조병옥 214, 316, 320, 322, 333, 374,
     443, 464, 467, 481, 485, 489,
     490, 493, 495, 496, 497, 512

조봉암 480, 494, 495, 498

조설현 149

조성환 367, 393

조소앙 74, 109, 362, 365~367,
     377, 382, 391, 392, 393,
     397, 401, 438, 453, 454, 458

조완구 334, 360, 367, 368, 377, 382

조윤제 266

조철호 74, 98

주요한 267

지석영 87

지청천 74, 422, 432, 442, 453,
     454, 457~459, 481, 511

진승록 400

진학문 160, 162, 163

진학신 85

ㅊ

차리석 368

채규항 422

채문식 118, 364

최구설 422

최규동 98, 329

최기일 523

최남선 107, 115, 121,
     128, 160, 174, 214

최동오 365, 373, 377

최두선 74, 107, 182, 224,
     241, 245, 372, 490, 504, 529

최 린 115, 117, 121, 128,
     138, 171, 174, 189, 214

최서면 519

최성모 131

최순주 491

최승만 112, 268, 269, 513

최용달 261, 312

최원순 200

최윤동 317

최익환 377

최재동 519

최정우 261

최 준 147, 517

최준례 368

최 진 148, 197

최창익 257

최태영 261, 514

최현배 238, 266, 286, 328, 511

ㅋ · ㅌ

커트 332

크로포스 333

트루먼 394, 401, 447, 468, 484

ㅎ

하지(John hodge) 313, 327, 365, 378,
     391, 395, 437

한규설 121, 188

564

한기악 163, 245
한만년 514
한승이 51, 55
한용건 375
한용운 189, 200
한위건 214
한인봉 189
한징 286
함상훈 320
함태영 131, 132, 367,
    377, 487, 498, 504
허 위 47
허 정 320, 406, 444, 512
허 헌 189, 243, 311,
    315, 316, 338, 379
현상윤 24, 74, 107, 111, 114,
    121, 127, 129, 137, 189, 224,
    261, 283, 288, 328, 329, 400

현 순 131, 132
현준호 74
현진건 268
홍명희 54, 59, 74, 215, 315
홍범식 53
홍병선 214
홍사익 74, 361
홍성하 261
홍일식 526
홍 진 365, 373, 377
황보익 422
황애덕 422, 423
황진남 377
황현숙 377, 422
후세 다쓰지(布施辰治) 208, 530
후쿠자와 유키치(福澤諭吉) 107, 108

• 저자약력

죽당(竹堂) 이현희(李炫熙)

1937년 서울 출생
고려대학교 사학과와 동 대학원 사학과 졸업
동국대학교 대학원 문학박사
중화민국 중앙연구원 근대사연구소에서 연구
성신여대 사학과 교수
일본 도쿄여자대학 객좌교수
국사편찬위원회 편사연구관
국사편찬위원, 문화재위원, 국사강화위원, 서울시 문화재위원
정문연 역사연구실장, 칭타오대학 객원교수
서울시 표석자문위원장, 보훈처 독립유공자 공적 심사위원
자유지성 300인회 공동의장
진실화해를 위한 과거사 정리위원
한국민족운동사학회장, 동학학회장

서울시문화상, 5 · 16민족상 등 6건 수상

현재 성신여대 사학과 명예교수
　　　조동호 선생 기념사업회 회장
　　　석오 이동녕 선생 기념사업회 회장

저서:《임정과 이동녕연구》(영문, 중문, 일문) 외 88권
역서:《한국근대병합사》외 5권
논문: "대한민국 임시정부사 연구"외 288편